中國國家圖書館編

國家圖書館藏敦煌遺書

第五十九冊　北敦〇四三五六號——北敦〇四四一九號

北京圖書館出版社

圖書在版編目(CIP)數據

國家圖書館藏敦煌遺書・第五十九册/中國國家圖書館編;任繼愈主編.—北京:北京圖書館出版社,2007.7

ISBN 978-7-5013-3211-3

Ⅰ.國…　Ⅱ.①中…②任…　Ⅲ.敦煌學—文獻　Ⅳ.K870.6

中國版本圖書館 CIP 數據核字(2007)第 035893 號

書　　名　國家圖書館藏敦煌遺書・第五十九册
著　　者　中國國家圖書館編　任繼愈主編
責任編輯　徐　蜀　孫　彦
封面設計　李　璀

出　　版　北京圖書館出版社　(100034　北京西城區文津街 7 號)
發　　行　010-66139745　66151313　66175620　66126153
　　　　　66174391(傳真)　66126156(門市部)
E-mail　cbs@nlc.gov.cn(投稿)　btsfxb@nlc.gov.cn(郵購)
Website　www.nlcpress.com
經　　銷　新華書店
印　　刷　北京文津閣印務有限責任公司

開　　本　八開
印　　張　46
版　　次　2007 年 7 月第 1 版第 1 次印刷
印　　數　1-250 册(套)

書　　號　ISBN 978-7-5013-3211-3/K・1438
定　　價　990.00 圓

編輯委員會

主　編　任繼愈
常務副主編　方廣錩
副主編　李際寧　張志清
編委（按姓氏筆畫排列）　王克芬　王姿怡　吴玉梅　胡新英　陳　穎　黄　霞（常務）　劉玉芬

出版委員會

主　任　詹福瑞
副主任　陳　力
委　員（按姓氏筆畫排列）　李　健　姜　紅　郭又陵　徐　蜀　孫　彦

攝製人員（按姓氏筆畫排列）

于向洋　王富生　王遂新　谷韶軍　張　軍　張紅兵　張　陽　曹　宏　郭春紅　楊　勇　嚴　平

原件修整人員（按姓氏筆畫排列）

朱振彬　杜偉生　李　英　胡玉清　胡秀菊　張　平　劉建明

目録

北敦〇四三五六號　金剛般若波羅蜜經……一
北敦〇四三五七號　金剛般若波羅蜜經……八
北敦〇四三五八號　大般若波羅蜜多經卷二二六……一五
北敦〇四三五九號　金剛般若波羅蜜經……二〇
北敦〇四三六〇號　妙法蓮華經卷七……二七
北敦〇四三六一號一　鳩摩羅什法師誦法……二八
北敦〇四三六一號二　初受三歸菩薩戒羯磨文（擬）……二九
北敦〇四三六二號　金剛般若波羅蜜經……三〇
北敦〇四三六三號　妙法蓮華經卷四……三一
北敦〇四三六四號　金剛般若波羅蜜經……三三
北敦〇四三六五號　金剛般若波羅蜜經……三五
北敦〇四三六六號　大般若波羅蜜多經卷一九〇……三五
北敦〇四三六七號　阿彌陀經……四三

北敦〇四三六八號　佛名經（十六卷本）卷八　四五
北敦〇四三六九號　金剛般若波羅蜜經　六一
北敦〇四三七〇號　妙法蓮華經卷三　六二
北敦〇四三七一號　無量壽宗要經　六八
北敦〇四三七二號　四分比丘尼戒本　六九
北敦〇四三七三號　妙法蓮華經卷七　七三
北敦〇四三七四號　佛頂尊勝陀羅尼經（佛陀波利本）　八〇
北敦〇四三七五號　無量壽宗要經　八五
北敦〇四三七五號背　觀世音經　八七
北敦〇四三七六號　大般若波羅蜜多經卷七六　九〇
北敦〇四三七七號　維摩詰所説經卷中　九五
北敦〇四三七八號一　陀羅尼雜集卷一　一〇九
北敦〇四三七八號二　護諸童子陀羅尼咒經　一一〇
北敦〇四三七八號三　陀羅尼雜集鈔（擬）　一一一
北敦〇四三七九號　維摩詰所説經卷上　一一三
北敦〇四三八〇號　摩訶般若波羅蜜經（四十卷本）卷一一　一一四
北敦〇四三八一號　金光明最勝王經卷一　一二四
北敦〇四三八二號　無量壽宗要經　一三〇
北敦〇四三八三號　妙法蓮華經（兑廢稿）卷七　一三四
北敦〇四三八四號　大般若波羅蜜多經卷七四　一三五

北敦〇四三八五號 天地八陽神咒經……一四〇
北敦〇四三八五號背 藏文……一四六
北敦〇四三八六號 四分律比丘戒本……一四七
北敦〇四三八七號 大乘入楞伽經卷四……一五二
北敦〇四三八八號 妙法蓮華經（兌廢稿）卷三……一六三
北敦〇四三八八號背 紙歷（擬）……一六四
北敦〇四三八九號一 維摩詰所說經卷上……一六五
北敦〇四三八九號二 國家轉經儭施歷等（擬）……一六五
北敦〇四三九〇號 維摩詰所說經卷下……一六六
北敦〇四三九一號 大般涅槃經（北本）卷一三……一六七
北敦〇四三九二號 妙法蓮華經卷二……一六八
北敦〇四三九三號 金剛般若波羅蜜經……一七三
北敦〇四三九四號 大般若波羅蜜多經（兌廢稿）卷一〇三……一七五
北敦〇四三九五號 大般若波羅蜜多經卷二一三……一七七
北敦〇四三九六號 金剛般若波羅蜜經……一八一
北敦〇四三九七號 維摩詰所說經卷上……一八四
北敦〇四三九八號 大佛頂如來密因修證了義諸菩薩萬行首楞嚴經卷一〇……一八六
北敦〇四三九九號 大般若波羅蜜多經卷二二六……一八八
北敦〇四四〇〇號 大乘百法明門論開宗義記……一九四
北敦〇四四〇〇號背一 張留德索文文等祭師兄文（擬）……二〇二

北敦〇四四〇〇號背二　殘人名（擬）……二〇四
北敦〇四四〇一號　大般若波羅蜜多經卷一六三……二〇五
北敦〇四四〇二號　大佛頂如來密因修證了義諸菩薩萬行首楞嚴經卷九……二一六
北敦〇四四〇三號　大般若波羅蜜多經卷二一三……二一九
北敦〇四四〇四號　妙法蓮華經卷七……二二三
北敦〇四四〇五號　金光明最勝王經卷二……二二六
北敦〇四四〇六號　大乘百法明門論述記（擬）……二二七
北敦〇四四〇六號背一　大乘百法明門論開宗義記……二四六
北敦〇四四〇六號背二　大乘百法明門論隨聽手記（擬）……二四七
北敦〇四四〇七號　灌頂章句拔除過罪生死得度經……二五二
北敦〇四四〇七號背　殘文書（擬）……二五五
北敦〇四四〇八號　大般若波羅蜜多經卷五二……二五六
北敦〇四四〇九號　大般若波羅蜜多經卷三一七……二五七
北敦〇四四一〇號　大般若波羅蜜多經卷五二……二六五
北敦〇四四一一號　維摩詰所說經卷上……二六六
北敦〇四四一二號　般若波羅蜜多心經疏……二六八
北敦〇四四一三號　大般涅槃經（北本）卷一四……二八一
北敦〇四四一四號　維摩詰所說經卷上……二九二
北敦〇四四一五號　佛名經（十六卷本）卷一五……三〇二
北敦〇四四一六號　大般若波羅蜜多經卷五二……三一九

北敦〇四四一七號　大般若波羅蜜多經卷二〇……三二一
北敦〇四四一八號　妙法蓮華經卷五……三三四
北敦〇四四一九號　金剛般若波羅蜜經……三三六
著錄凡例……一
條記目錄……三
新舊編號對照表……一九

女人發阿耨多
如是降伏其心　唯然世尊
佛告須菩提諸菩薩摩訶薩應如是降伏其
心所有一切衆生之類若卵生若胎生若濕
生若化生若有色若无色若有想若无想若
非有想若非无想我皆令入无餘涅槃而滅
度之如是滅度无量无數无邊衆生實无衆
生得滅度者何以故須菩提若菩薩有我相
人相衆生相壽者相即非菩薩
復次須菩提菩薩於法應无所住行於布施
所謂不住色布施不住聲香味觸法布施須
菩提菩薩應如是布施不住於相何以故若
菩薩不住相布施其福德不可思量須菩提
於意云何東方虛空可思量不不也世尊須
菩提南西北方四維上下虛空可思量不不
也世尊須菩提菩薩无住相布施福德亦復
如是不可思量須菩提菩薩但應如所教住
須菩提於意云何可以身相見如來不不也
世尊不可以身相得見如來何以故如來所

BD04356號　金剛般若波羅蜜經　（15–1）

於意云何東方虛空可思量不不也世尊須
菩提南西北方四維上下虛空可思量不不
也世尊須菩提菩薩无住相布施福德亦復
如是不可思量須菩提菩薩但應如所教住
須菩提於意云何可以身相見如來不不也
世尊不可以身相得見如來何以故如來所
說身相即非身相佛告須菩提凡所有相皆
是虛妄若見諸相非相則見如來
須菩提白佛言世尊頗有衆生得聞如是言
說章句生實信不佛告須菩提莫作是說如
來滅後後五百歲有持戒脩福者於此章句
能生信心以此為實當知是人不於一佛二
佛三四五佛而種善根已於无量千万佛所
種諸善根聞是章句乃至一念生淨信者須
菩提如來悉知悉見是諸衆生得如是无量
福德何以故是諸衆生无復我相人相衆生
相壽者相无法相亦无非法相何以故是諸
衆生若心取相則為著我人衆生壽者若取
法相即著我人衆生壽者何以故若取非法
相即著我人衆生壽者是故不應取法不應
取非法以是義故如來常說汝等比丘知我
說法如筏喻者法尚應捨何況非法
須菩提於意云何如來得阿耨多羅三藐三
菩提耶如來有所說法耶須菩提言如我解
佛所說義无有定法名阿耨多羅三藐三菩
提亦无有定法如來可說何以故如來所說
法皆不可取不可說非法非非法所以者何
一切賢聖皆以无為法而有差別

BD04356號　金剛般若波羅蜜經　（15–2）

……如来得阿耨多羅三藐三
菩提耶如来有所說法耶湏菩提言如我解
佛所說義无有定法名阿耨多羅三藐三菩
提亦无有定法如来可說何以故如来所說
法皆不可取不可說非法非非法所以者何
一切賢聖皆以无為法而有差別
湏菩提扵意云何若人滿三千大千世界七
寶以用布施是人所得福德寧為多不湏菩
提言甚多世尊何以故是福德即非福德性
是故如来說福德多若復有人扵此經中受
持乃至四句偈等為他人說其福勝彼何以
故湏菩提一切諸佛及諸佛阿耨多羅三藐
三菩提法皆從此經出湏菩提所謂佛法者
即非佛法
湏菩提扵意云何湏陁洹能作是念我得湏
陁洹果不湏菩提言不也世尊何以故湏陁
洹名為入流而无所入不入色聲香味觸法
是名湏陁洹湏菩提扵意云何斯陁含能作
是念我得斯陁含果不湏菩提言不也世尊
何以故斯陁含名一往来而實无往来是名
斯陁含湏菩提扵意云何阿那含能作是念
我得阿那含果不湏菩提言不也世尊何以
故阿那含名為不来而實无来是故名阿那
含湏菩提扵意云何阿羅漢能作是念我得
阿羅漢道不湏菩提言不也世尊何以故實
无有法名阿羅漢世尊若阿羅漢作是念我
得阿羅漢道即為著我人衆生壽者世尊佛
說我得无諍三昧人中最為第一是第一離

BD04356號　金剛般若波羅蜜經　（15–3）

故阿那含名為不来而實无来是故名阿那
含湏菩提扵意云何阿羅漢能作是念我得
阿羅漢道不湏菩提言不也世尊何以故實
无有法名阿羅漢世尊若阿羅漢作是念我
得阿羅漢道即為著我人衆生壽者世尊佛
說我得无諍三昧人中最為第一是第一離
欲阿羅漢我不作是念我是離欲阿羅漢世
尊我若作是念我得阿羅漢道世尊則不說
湏菩提是樂阿蘭那行者以湏菩提實无所
行而名湏菩提是樂阿蘭那行
佛告湏菩提扵意云何如来昔在然燈佛所
扵法有所得不世尊如来在然燈佛所扵法
實无所得
湏菩提扵意云何菩薩莊嚴佛土不不也世
尊何以故莊嚴佛土者則非莊嚴是名莊嚴
是故湏菩提諸菩薩摩訶薩應如是生清淨
心不應住色生心不應住聲香味觸法生心
應无所住而生其心湏菩提譬如有人身如
湏弥山王扵意云何是身為大不湏菩提
言甚大世尊何以故佛說非身是名大身
湏菩提如恒河中所有沙數如是沙等恒河
扵意云何是諸恒河沙寧為多不湏菩提言
甚多世尊但諸恒河尚多无數何況其沙湏
菩提我今實言告汝若有善男子善女人以
七寶滿尒所恒河沙數三千大千世界以用
布施得福多不湏菩提言甚多世尊佛告湏
菩提若善男子善女人扵此經中乃至受持
四句偈等為他人說而此福德勝前福德

BD04356號　金剛般若波羅蜜經　（15–4）

甚多世尊但諸恒河尚多无數何况其沙須
菩提我今實言告汝若有善男子善女人以
七寶滿尒所恒河沙數三千大千世界以用
布施得福多不須菩提言甚多世尊佛告須
菩提若善男子善女人於此經中乃至受持
四句偈等為他人說而此福德勝前福德
復次須菩提隨說是經乃至四句偈等當知
此處一切世間天人阿脩羅皆應供養如佛
塔廟何况有人盡能受持讀誦須菩提當知
是人成就最上第一希有之法若是經典所
在之處則為有佛若尊重弟子
尒時須菩提白佛言世尊當何名此經我等
云何奉持佛告須菩提是經名為金剛般若
波羅蜜以是名字汝當奉持所以者何須菩
提佛說般若波羅蜜則非般若波羅蜜須菩
提於意云何如來有所說法不須菩提白佛
言世尊如來无所說須菩提於意云何三千
大千世界所有微塵是為多不須菩提言
甚多世尊菩提諸微塵如來說非微塵是名
微塵如來說世界非世界是名世界須菩提
於意云何可以三十二相見如來不也世
尊不可以三十二相得見如來何以故如來
說三十二相即是非相是名三十二相
須菩提若有善男子善女人以恒河河沙等身
命布施若復有人於此經中乃至受持四句
偈等為他人說其福甚多
尒時須菩提聞說是經深解義趣涕淚悲泣

BD04356 號　金剛般若波羅蜜經　（15–5）

尊不可以三十二相得見如來何以故如來
說三十二相即是非相是名三十二相
須菩提若有善男子善女人以恒河河沙等身
命布施若復有人於此經中乃至受持四句
偈等為他人說其福甚多
尒時須菩提聞說是經深解義趣涕淚悲泣
而白佛言希有世尊佛說如是甚深經典我
從昔來所得慧眼未曾得聞如是之經世尊
若復有人得聞是經信心清淨則生實相當
知是人成就第一希有功德世尊是實相者
則是非相是故如來說名實相世尊我今得
聞如是經典信解受持不足為難若當來世
後五百歲其有衆生得聞是經信解受持是
人則為第一希有何以故此人无我相人相
衆生相壽者相所以者何我相即是非相人
相衆生相壽者相即是非相何以故離一切
諸相則名諸佛
佛告須菩提如是如是若復有人得聞是經
不驚不怖不畏當知是人甚為希有何以故
須菩提如來說第一波羅蜜非第一波羅蜜
是名第一波羅蜜
須菩提忍辱波羅蜜如來說非忍辱波羅蜜
何以故須菩提如我昔為歌利王割截身體
我於尒時无我相无人相无衆生相无壽者
相何以故我於往昔節節支解時若有我相
人相衆生相壽者相應生瞋恨須菩提又念
過去於五百世作忍辱仙人於尒所世无我

BD04356 號　金剛般若波羅蜜經　（15–6）

須菩提忍辱波羅蜜如来說非忍辱波羅蜜
何以故須菩提如我昔為歌利王割截身體
我於尒時无我相无人相无衆生相无壽者
相何以故我於往昔節節支解時若有我相
人相衆生相壽者相應生瞋恨須菩提又念
過去於五百世作忍辱仙人於尒所世无我
相无人相无衆生相无壽者相是故須菩提
菩薩應離一切相發阿耨多羅三藐三菩提
心不應住色生心不應住聲香味觸法生心
應生无所住心若心有住則為非住是故佛
說菩薩心不應住色布施須菩提菩薩為利
益一切衆生應如是布施如来說一切諸相
即是非相又說一切衆生則非衆生
須菩提如来是真語者實語者如語者不誑
語者不異語者須菩提如来所得法此法无
實无虛
須菩提若菩薩心住於法而行布施如人入
闇則无所見若菩薩心不住法而行布施如
人有目日光明照見種種色
須菩提當来之世若有善男子善女人能於此
經受持讀誦則為如来以佛智慧悉知是人
悉見是人皆得成就无量无邊功德
須菩提若有善男子善女人初日分以恒河
沙等身布施中日分復以恒河沙等身布施
後日分亦以恒河沙等身布施如是无量百
千万億劫以身布施若復有人聞此經典信
心不逆其福勝彼何況書寫受持讀誦為人
解說

BD04356 號　金剛般若波羅蜜經　（15–7）

人初日分以恒河
沙等身布施中日分復以恒河沙等身布施
後日分亦以恒河沙等身布施如是无量百
千万億劫以身布施若復有人聞此經典信
心不逆其福勝彼何況書寫受持讀誦為人
解說
須菩提以要言之是經有不可思議不可稱
量无邊功德如来為發大乘者說為發最上
乘者說若有人能受持讀誦廣為人說如来
悉知是人悉見是人皆得成就不可量不可
稱无有邊不可思議功德如是人等則為荷
擔如来阿耨多羅三藐三菩提何以故須菩
提若樂小法者著我見人見衆生見壽者見
則於此經不能聽受讀誦為人解說須菩提
在在處處若有此經一切世間天人阿脩羅
所應供養當知此處則為是塔皆應恭敬作
礼圍遶以諸華香而散其處
復次須菩提若善男子善女人受持讀誦此經
若為人輕賤是人先世罪業應墮惡道以今
世人輕賤故先世罪業則為消滅當得阿耨
多羅三藐三菩提須菩提我念過去无量阿
僧祇劫於然燈佛前得值八百四千万億那
由他諸佛悉皆供養承事无空過者若復有
人於後末世能受持讀誦此經所得功德於
我所供養諸佛功德百分不及一千万億分
乃至筭數譬喻所不能及須菩提若善男子
善女人於後末世有受持讀誦此經所得功
德我若具說者或有人聞心則狂亂狐疑不
言須菩提當知是經義

BD04356 號　金剛般若波羅蜜經　（15–8）

人於後末世能受持讀誦此經所得功德於
我所供養諸佛功德百分不及一千万億分
乃至筭數譬喻所不能及須菩提若善男子
善女人於後末世有受持讀誦此經所得功
德我若具說者或有人聞心則狂亂狐疑不
信須菩提當知是經義不可思議果報亦不
可思議
尒時須菩提白佛言世尊善男子善女人發
阿耨多羅三藐三菩提心云何應住云何降
伏其心佛告須菩提善男子善女人發阿耨
多羅三藐三菩提者當生如是心我應滅度
一切衆生滅度一切衆生已而无有一衆生
實滅度者何以故若菩薩有我相人相衆生
相壽者相則非菩薩所以者何須菩提實无
有法發阿耨多羅三藐三菩提者
須菩提於意云何如來於然燈佛所有法得
阿耨多羅三藐三菩提不不也世尊如我解
佛所說義佛於然燈佛所无有法得阿耨多
羅三藐三菩提佛言如是如是須菩提實无
有法如來得阿耨多羅三藐三菩提然燈
佛則不與我受記汝於來世當得作佛号釋
迦牟尼以實无有法得阿耨多羅三藐三菩
提是故然燈佛與我受記作是言汝於來世
當得作佛号釋迦牟尼何以故如來者即諸
法如義若有人言如來得阿耨多羅三藐三
菩提須菩提實无有法佛得阿耨多羅三藐
三菩提須菩提如來所得阿耨多羅三藐三

BD04356 號　金剛般若波羅蜜經　（15–9）

提是故然燈佛與我受記作是言汝於來世
當得作佛号釋迦牟尼何以故如來者即諸
法如義若有人言如來得阿耨多羅三藐三
菩提須菩提實无有法佛得阿耨多羅三藐
三菩提須菩提如來所得阿耨多羅三藐三
菩提於是中无實无虛是故如來說一切法
皆是佛法須菩提所言一切法者即非一切
法是故名一切法
須菩提譬如人身長大須菩提言世尊如來
說人身長大則為非大身是名大身
須菩提菩薩亦如是若作是言我當滅度无
量衆生則不名菩薩何以故須菩提實无有
法名為菩薩是故佛說一切法无我无人无
衆生无壽者須菩提若菩薩作是言我當莊
嚴佛土是不名菩薩何以故如來說莊嚴佛
土者即非莊嚴是名莊嚴須菩提若菩薩通
達无我法者如來說名真是菩薩
須菩提於意云何如來有肉眼不如是世尊
如來有肉眼須菩提於意云何如來有天眼
不如是世尊如來有天眼須菩提於意云何
如來有慧眼不如是世尊如來有慧眼須菩
提於意云何如來有法眼不如是世尊如來
有法眼須菩提於意云何如來有佛眼不如
是世尊如來有佛眼須菩提於意云何恒河
中所有沙佛說是沙不如是世尊如來說是
沙須菩提於意云何如一恒河中所有沙有
如是等恒河是諸恒河所有沙數佛世界如

BD04356 號　金剛般若波羅蜜經　（15–10）

提於意云何如来有法眼不如是世尊如来
有法眼須菩提於意云何如来有佛眼不如
是世尊如来有佛眼須菩提於意云何恒河
中所有沙佛說是沙不如是世尊如来說是
沙須菩提於意云何如一恒河中所有沙有
如是等恒河是諸恒河所有沙數佛世界如
是寧為多不甚多世尊佛告須菩提尒所國
土中有衆生若干種心如来悉知何以故
如来說諸心皆為非心是名為心所以者何
須菩提過去心不可得現在心不可得未来
心不可得須菩提於意云何若有人滿三千
大千世界七寶以用布施是人以是因緣得
福多不如是世尊此人以是因緣得福甚多
須菩提若福德有實如来不說得福德多以
福德无故如来說得福德多
須菩提於意云何佛可以具足色身見不不
也世尊如来不應以具足色身見何以故如
来說具足色身即非具足色身是名具足色
身須菩提於意云何如来可以具足諸相見
不不也世尊如来不應以具足諸相見何以
故如来說諸相具足即非具足是名諸相
具足
須菩提汝勿謂如来作是念我當有所說法
莫作是念何以故若人言如来有所說法即
為謗佛不能解我所說故須菩提說法者无
法可說是名說法
須菩提白佛言世尊佛得阿耨多羅三藐三
菩提為无所得耶如是如是須菩提我於阿

BD04356 號　金剛般若波羅蜜經　（15–11）

須菩提汝勿謂如来作是念我當有所說法
莫作是念何以故若人言如来有所說法即
為謗佛不能解我所說故須菩提說法者无
法可說是名說法
須菩提白佛言世尊佛得阿耨多羅三藐三
菩提為无所得耶如是如是須菩提我於阿
耨多羅三藐三菩提乃至无有少法可得是
名阿耨多羅三藐三菩提復次須菩提是法
平等无有高下是名阿耨多羅三藐三菩提
以无我无人无衆生无壽者修一切善法則
得阿耨多羅三藐三菩提須菩提所言善法
者如来說非善法是名善法
須菩提若三千大千世界中所有諸須弥山
王如是等七寶聚有人持用布施若人以此
般若波羅蜜乃至四句偈等受持讀誦為
他人說於前福德百分不及一百千万億分
乃至筭數譬喻所不能及
須菩提於意云何汝等勿謂如来作是念我
當度衆生須菩提莫作是念何以故實无有
衆生如来度者若有衆生如来度者如来則
有我人衆生壽者須菩提如来說有我者則
非有我而凡夫之人以為有我須菩提凡夫
者如来說則非凡夫
須菩提於意云何可以卅二相觀如来不須
菩提言如是如是以卅二相觀如来佛言須
菩提若以卅二相觀如来者轉輪聖王則是
如来須菩提白佛言世尊如我解佛所說義
不應以卅二相觀如来尒時世尊而說偈言

BD04356 號　金剛般若波羅蜜經　（15–12）

須菩提於意云何可以卅二相觀如來不須
菩提言如是如是以卅二相觀如來佛言須
菩提若以卅二相觀如來者轉輪聖王則是
如來須菩提白佛言世尊如我解佛所說義
不應以卅二相觀如來尒時世尊而說偈言
若以色見我以音聲求我是人行耶道不能見如來
須菩提汝若作是念如來不以具足相故得
阿耨多羅三藐三菩提須菩提莫作是念
如來不以具足相故得阿耨多羅三藐三菩
提須菩提汝若作是念發阿耨多羅三藐三菩
提者說諸法斷滅莫作是念何以故發阿耨
多羅三藐三菩提者於法不說斷滅相須菩
提若菩薩以滿恒河沙等世界七寶布施若
復有人知一切法无我得成於忍此菩薩勝
前菩薩所得功德須菩提以諸菩薩不受福
德故須菩提白佛言世尊云何菩薩不受福
德須菩提菩薩所作福德不應貪著是故說
不受福德
須菩提若有人言如來若來若去若坐若卧
是人不解我所說義何以故如來者无所從
來亦无所去故名如來
須菩提若善男子善女人以三千大千世界
碎為微塵於意云何是微塵衆寧為多不甚
多世尊何以故若是微塵衆實有者佛則不
說是微塵衆所以者何佛說微塵衆則非微
塵衆是名微塵衆世尊如來所說三千大千
世界則非世界是名世界何以故若世界實
有者則是一合相如來說一合相則非一合相

BD04356號　金剛般若波羅蜜經　（15–13）

須菩提若善男子善女人以三千大千世界
碎為微塵於意云何是微塵衆寧為多不甚
多世尊何以故若是微塵衆實有者佛則不
說是微塵衆所以者何佛說微塵衆則非微
塵衆是名微塵衆世尊如來所說三千大千
世界則非世界是名世界何以故若世界實
有者則是一合相如來說一合相則非一合相
是名一合相須菩提一合相者則是不可說
但凡夫之人貪著其事須菩提若人言佛說
我見人見衆生見壽者見須菩提於意云何
是人解我所說義不世尊是人不解如來所
說義何以故世尊說我見人見衆生見壽者
見即非我見人見衆生見壽者見是名我見
人見衆生見壽者見須菩提發阿耨多羅三
藐三菩提心者於一切法應如是知如是見
如是信解不生法相須菩提所言法相者如
來說即非法相是名法相須菩提若有人以
滿无量阿僧祇世界七寶持用布施若有善
男子善女人發菩薩心者持於此經乃至四
句偈等受持讀誦為人演說其福勝彼云何
為人演說不取於相如如不動何以故
一切有為法如夢幻泡影如露亦如電應作如是觀
佛說是經已長老須菩提及諸比丘比丘尼
優婆塞優婆夷一切世間天人阿脩羅聞佛
所說皆大歡喜信受奉持
金剛般若波羅蜜經

BD04356號　金剛般若波羅蜜經　（15–14）

我見人見衆生見壽者見須菩提於意云何
是人解我所說義不世尊是人不解如來所
說義何以故世尊說我見人見衆生見壽者
見即非我見人見衆生見壽者見是名我見
人見衆生見壽者見須菩提發阿耨多羅三
藐三菩提心者於一切法應如是知如是見
如是信解不生法相須菩提所言法相者如
來說即非法相是名法相須菩提若有人以
滿无量阿僧祇世界七寶持用布施若有善
男子善女人發菩薩心者持於此經乃至四
句偈等受持讀誦為人演說其福勝彼云何
為人演說不取於相如如不動何以故
一切有為法　如夢幻泡影　如露亦如電　應作如是觀
佛說是經已長老須菩提及諸比丘比丘尼
優婆塞優婆夷一切世間天人阿脩羅聞佛
所說皆大歡喜信受奉持
金剛般若波羅蜜經

BD04356號　金剛般若波羅蜜經　（15–15）

得見如來何
身相佛告須菩提
是虛妄若見諸相非相則見如來
須菩提白佛言世尊頗有衆生得聞如是言
說章句生實信不佛告須菩提莫作是說如
來滅後後五百歲有持戒脩福者於此章句
能生信心以此為實當知是人不於一佛二
佛三四五佛而種善根已於无量千萬佛所
種諸善根聞是章句乃至一念生淨信者須
菩提如來悉知悉見是諸衆生得如是无量
福德何以故是諸衆生无復我相人相衆生
相壽者相无法相亦无非法相何以故是諸
衆生若心取相則為著我人衆生壽者若取
法相即著我人衆生壽者何以故若取非法相
即著我人衆生壽者是故不應取法不應取
非法以是義故如來常說汝等比丘知我說
法如筏喻者法尚應捨何況非法
須菩提於意云何如來得阿耨多羅三藐三
菩提耶如來有所說法耶須菩提言如我解
佛所說義无有定法名阿耨多羅三藐三菩
提亦无有定法如來可說何以故如來所說

BD04357號　金剛般若波羅蜜經　（13–1）

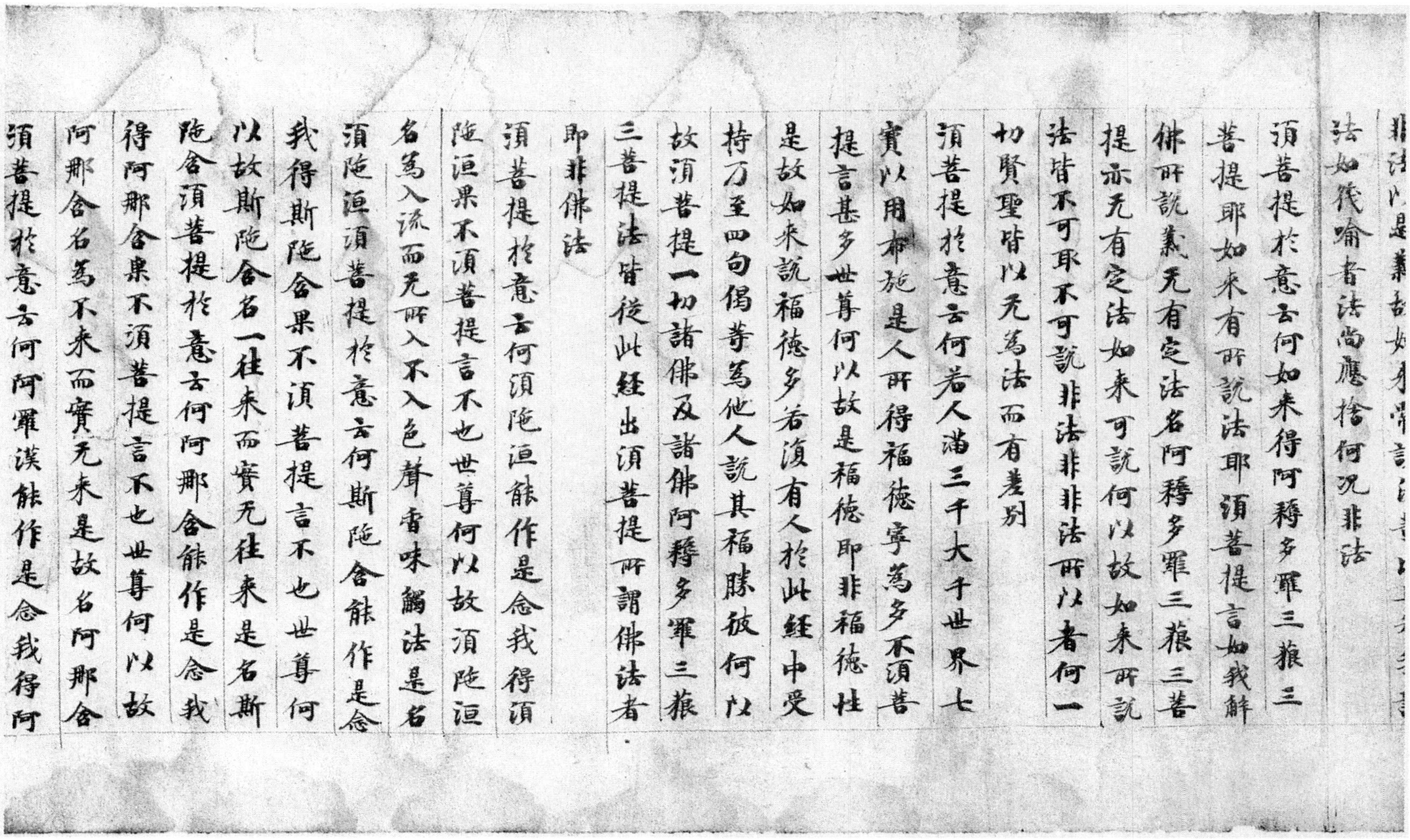
非法以是義故如來常說汝等比丘知我說
法如筏喻者法尚應捨何況非法
須菩提於意云何如來得阿耨多羅三藐三
菩提耶如來有所說法耶須菩提言如我解
佛所說義无有定法名阿耨多羅三藐三菩
提亦无有定法如來可說何以故如來所說
法皆不可取不可說非法非非法所以者何一
切賢聖皆以无為法而有差別
須菩提於意云何若人滿三千大千世界七
寶以用布施是人所得福德寧為多不須菩
提言甚多世尊何以故是福德即非福德性
是故如來說福德多若復有人於此經中受
持乃至四句偈等為他人說其福勝彼何以
故須菩提一切諸佛及諸佛阿耨多羅三藐
三菩提法皆從此經出須菩提所謂佛法者
即非佛法
須菩提於意云何須陁洹能作是念我得須
陁洹果不須菩提言不也世尊何以故須陁洹
名為入流而无所入不入色聲香味觸法是名
須陁洹須菩提於意云何斯陁含能作是念
我得斯陁含果不須菩提言不也世尊何
以故斯陁含名一往來而實无往來是名斯
陁含須菩提於意云何阿那含能作是念我
得阿那含果不須菩提言不也世尊何以故
阿那含名為不來而實无來是故名阿那含
須菩提於意云何阿羅漢能作是念我得阿

BD04357 號　金剛般若波羅蜜經　（13–2）

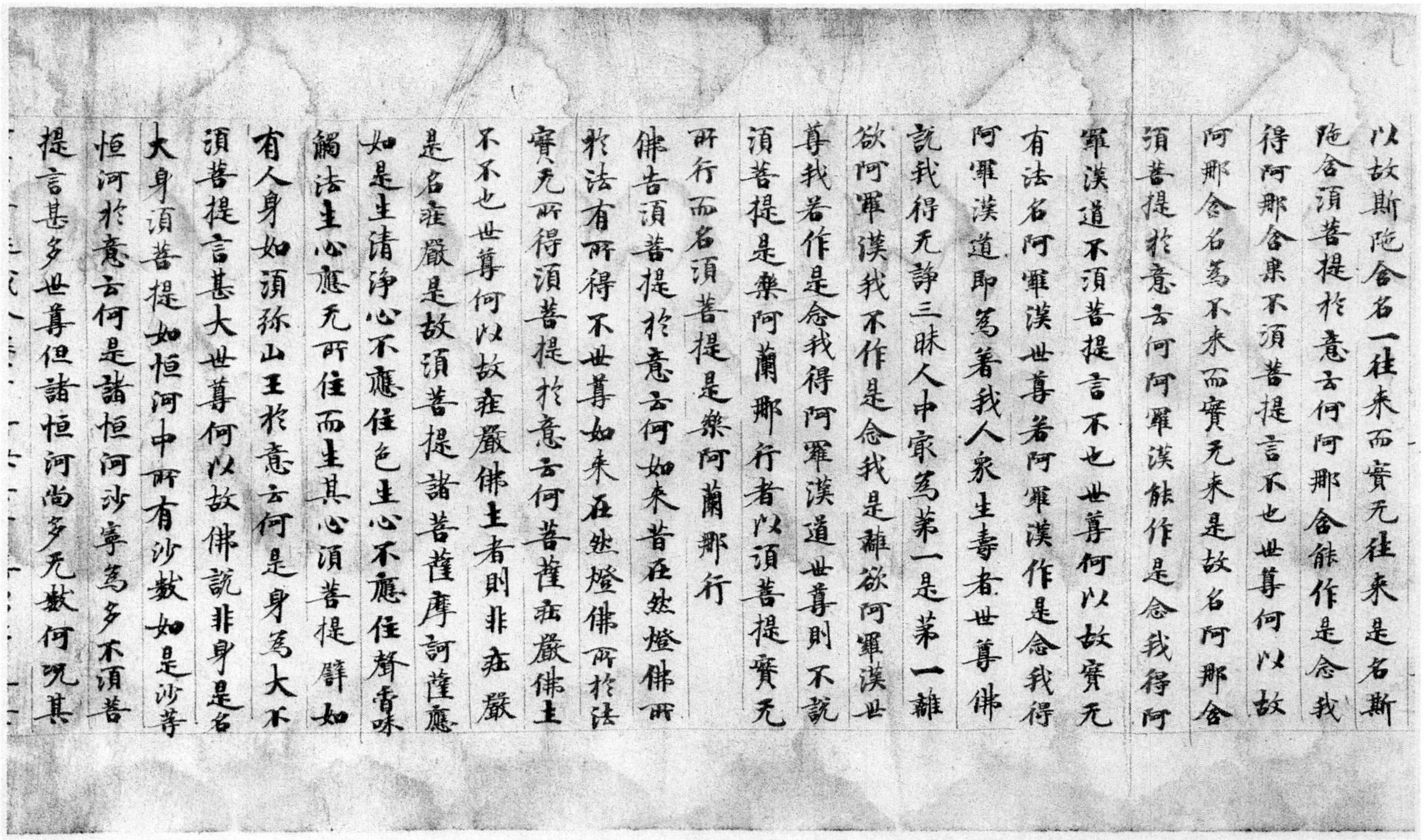
以故斯陁含名一往來而實无往來是名斯
陁含須菩提於意云何阿那含能作是念我
得阿那含果不須菩提言不也世尊何以故
阿那含名為不來而實无來是故名阿那含
須菩提於意云何阿羅漢能作是念我得阿
羅漢道不須菩提言不也世尊何以故實无
有法名阿羅漢世尊若阿羅漢作是念我得
阿羅漢道即為著我人衆生壽者世尊佛
說我得无諍三昧人中最為第一是第一離
欲阿羅漢我不作是念我是離欲阿羅漢世
尊我若作是念我得阿羅漢道世尊則不說
須菩提是樂阿蘭那行者以須菩提實无
所行而名須菩提是樂阿蘭那行
佛告須菩提於意云何如來昔在然燈佛所
於法有所得不世尊如來在然燈佛所於法
實无所得須菩提於意云何菩薩莊嚴佛土
不不也世尊何以故莊嚴佛土者則非莊嚴
是名莊嚴是故須菩提諸菩薩摩訶薩應
如是生清淨心不應住色生心不應住聲香味
觸法生心應无所住而生其心須菩提譬如
有人身如須彌山王於意云何是身為大不
須菩提言甚大世尊何以故佛說非身是名
大身須菩提如恒河中所有沙數如是沙等
恒河於意云何是諸恒河沙寧為多不須菩
提言甚多世尊但諸恒河尚多无數何況其

BD04357 號　金剛般若波羅蜜經　（13–3）

有人身如須弥山王於意云何是身爲大不
須菩提言甚大世尊何以故佛說非身是名
大身須菩提如恒河中所有沙數如是沙等
恒河於意云何是諸恒河沙寧爲多不須菩
提言甚多世尊但諸恒河尚多无數何況其
沙須菩提我今實言告汝若有善男子善女
人以七寶滿尒所恒河沙數三千大千世界
以用布施得福多不須菩提言甚多世尊佛
告須菩提若善男子善女人於此經中乃至
受持四句偈等爲他人說而此福德勝前福
德復次須菩提隨說是經乃至四句偈等當
知此處一切世間天人阿脩羅皆應供養如
佛塔廟何況有人盡能受持讀誦須菩提當
知是人成就最上第一希有之法若是經典
所在之處則爲有佛若尊重弟子
尒時須菩提白佛言世尊當何名此經我等
云何奉持佛告須菩提是經名爲金剛般若
波羅蜜以是名字汝當奉持所以者何須菩
提佛說般若波羅蜜則非般若波羅蜜須
菩提於意云何如來有所說法不須菩提白佛
言世尊如來无所說須菩提於意云何三千
大千世界所有微塵是爲多不須菩提言甚
多世尊須菩提諸微塵如來說非微塵是名
微塵如來說世界非世界是名世界須菩提
於意云何可以三十二相見如來不不也世尊

BD04357號　金剛般若波羅蜜經　（13–4）

言世尊如來无所說須菩提於意云何三千
大千世界所有微塵是爲多不須菩提言甚
多世尊須菩提諸微塵如來說非微塵是名
微塵如來說世界非世界是名世界須菩提
於意云何可以三十二相見如來不不也世尊
何以故如來說三十二相即是非相是名三
十二相須菩提若有善男子善女人以恒
河沙等身命布施若復有人於此經中乃至
受持四句偈等爲他人說其福甚多
尒時須菩提聞說是經深解義趣涕淚
悲泣而白佛言希有世尊佛說如是甚深經典
我從昔來所得慧眼未曾得聞如是之經世尊
若復有人聞是經信心清淨則生實相當
知是人成就第一希有功德世尊是實相者
則是非相是故如來說名實相世尊我今得
聞如是經典信解受持不足爲難若當來
世後五百歲其有衆生得聞是經信解受持
是人則爲第一希有何以故此人无我相人相
衆生相壽者相所以者何我相即是非相人
相衆生相壽者相即是非相何以故離一切
諸相則名諸佛
佛告須菩提如是如是若復有人得聞是經
不驚不怖不畏當知是人甚爲希有何以故
須菩提如來說第一波羅蜜非第一波羅蜜
是名第一波羅蜜

BD04357號　金剛般若波羅蜜經　（13–5）

佛告須菩提如是如是若復有人得聞是經
不驚不怖不畏當知是人甚爲希有何以故
須菩提如來說第一波羅蜜非第一波羅蜜
是名第一波羅蜜
須菩提忍辱波羅蜜如來說非忍辱波羅
蜜何以故須菩提如我昔爲歌利王割截身
體我於尒時无我相无人相无衆生相无壽
者相何以故我於往昔節節支解時若有我
相人相衆生相壽者相應生瞋恨須菩提又念
過去於五百世作忍辱仙人於尒所世无我相
无人相无衆生相无壽者相是故須菩提
菩薩應離一切相發阿耨多羅三藐三菩提
心不應住色生心不應住聲香味觸法生心
應生无所住心若心有住則爲非住是故佛
說菩薩心不應住色布施須菩提菩薩爲利
益一切衆生應如是布施如來說一切諸相
即是非相又說一切衆生則非衆生須菩提
如來是真語者實語者如語者不誑語者
不異語者須菩提如來所得法此法无實无虛
須菩提若菩薩心住於法而行布施如人入
闇則无所見若菩薩心不住法而行布施如
人有目日光明照見種種色須菩提當來之
世若有善男子善女人能於此經受持讀
誦則爲如來以佛智慧悉知是人悉見是人
皆得成就无量无邊功德

BD04357號　金剛般若波羅蜜經　（13–6）

人有目日光明照見種種色須菩提當來之
世若有善男子善女人能於此經受持讀
誦則爲如來以佛智慧悉知是人悉見是人
皆得成就无量无邊功德
須菩提若有善男子善女人初日分以恒河
沙等身布施中日分復以恒河沙等身布施
後日分亦以恒河沙等身布施如是无量百
千萬億劫以身布施若復有人聞此經典信
心不逆其福勝彼何況書寫受持讀誦爲
人解說須菩提以要言之是經有不可思議不
可稱量无邊功德如來爲發大乘者說爲發
最上乘者說若有人能受持讀誦廣爲人說
如來悉知是人悉見是人皆得成就不可量不
可稱无有邊不可思議功德如是人等則爲
荷擔如來阿耨多羅三藐三菩提何以故須
菩提若樂小法者著我見人見衆生見壽者
見則於此經不能聽受讀誦爲人解說須菩
提在在處處若有此經一切世間天人阿脩
羅所應供養當知此處則爲是塔皆應恭敬
作禮圍繞以諸華香而散其處
復次須菩提善男子善女人受持讀誦此經
若爲人輕賤是人先世罪業應墮惡道以今
世人輕賤故先世罪業則爲消滅當得阿耨
多羅三藐三菩提須菩提我念過去无量
阿僧祇劫於然燈佛前得值八百四千萬億

BD04357號　金剛般若波羅蜜經　（13–7）

復次須菩提善男子善女人受持讀誦此經
若為人輕賤是人先世罪業應墮惡道以今
世人輕賤故先世罪業則為消滅當得阿耨
多羅三藐三菩提須菩提我念過去无量
阿僧祇劫於然燈佛前得值八百四千萬億
那由他諸佛悉皆供養承事无空過者若復
有人於後末世能受持讀誦此經所得功德
於我所供養諸佛功德百分不及一千萬億分
乃至筭數譬喻所不能及須菩提若善男子
善女人於後末世有受持讀誦此經所得功
德我若具說者或有人聞心則狂亂狐疑不
信須菩提當知是經義不可思議果報亦不
可思議
尒時須菩提白佛言世尊善男子善女人發
阿耨多羅三藐三菩提心云何應住云何降
伏其心佛告須菩提善男子善女人發阿耨
多羅三藐三菩提者當生如是心我應滅度
一切衆生滅度一切衆生已而无有一衆生實
滅度者何以故若菩薩有我相人相衆生
相壽者相則非菩薩所以者何須菩提實无
有法發阿耨多羅三藐三菩提者須菩提於
意云何如來於然燈佛所有法得阿耨多羅
三藐三菩提不不也世尊如我解佛所說義
佛於然燈佛所无有法得阿耨多羅三藐三
菩提佛言如是如是須菩提實无有法如
來得阿耨多羅三菩提須菩提若有法如

BD04357號　金剛般若波羅蜜經　（13–8）

意云何如來於然燈佛所有法得阿耨多羅
三藐三菩提不不也世尊如我解佛所說義
佛於然燈佛所无有法得阿耨多羅三藐三
菩提佛言如是如是須菩提實无有法如
來得阿耨多羅三藐三菩提須菩提若有法如
來得阿耨多羅三藐三菩提者然燈佛則不
與我受記汝於來世當得作佛号釋迦牟尼
以實无有法得阿耨多羅三藐三菩提是故
然燈佛與我受記作是言汝於來世當得作
佛号釋迦牟尼何以故如來者即諸法如義
若有人言如來得阿耨多羅三藐三菩提須
菩提實无有法佛得阿耨多羅三藐三菩
提須菩提如來所得阿耨多羅三藐三菩提於
是中无實无虛是故如來說一切法皆是佛法
須菩提所言一切法者即非一切法是故名一
切法須菩提譬如人身長大須菩提言世
尊如來說人身長大則為非大身是名大
身須菩提菩薩亦如是若作是言我當滅度
无量衆生則不名菩薩何以故須菩提實无
有法名為菩薩是故佛說一切法无我无人
无衆生无壽者須菩提若菩薩作是言我當
莊嚴佛土是不名菩薩何以故如來說莊嚴佛
土者即非莊嚴是名莊嚴須菩提若菩薩通
達无我法者如來說名真是菩薩
須菩提於意云何如來有肉眼不如是世尊
如來有肉眼須菩提於意云何如來有天眼

BD04357號　金剛般若波羅蜜經　（13–9）

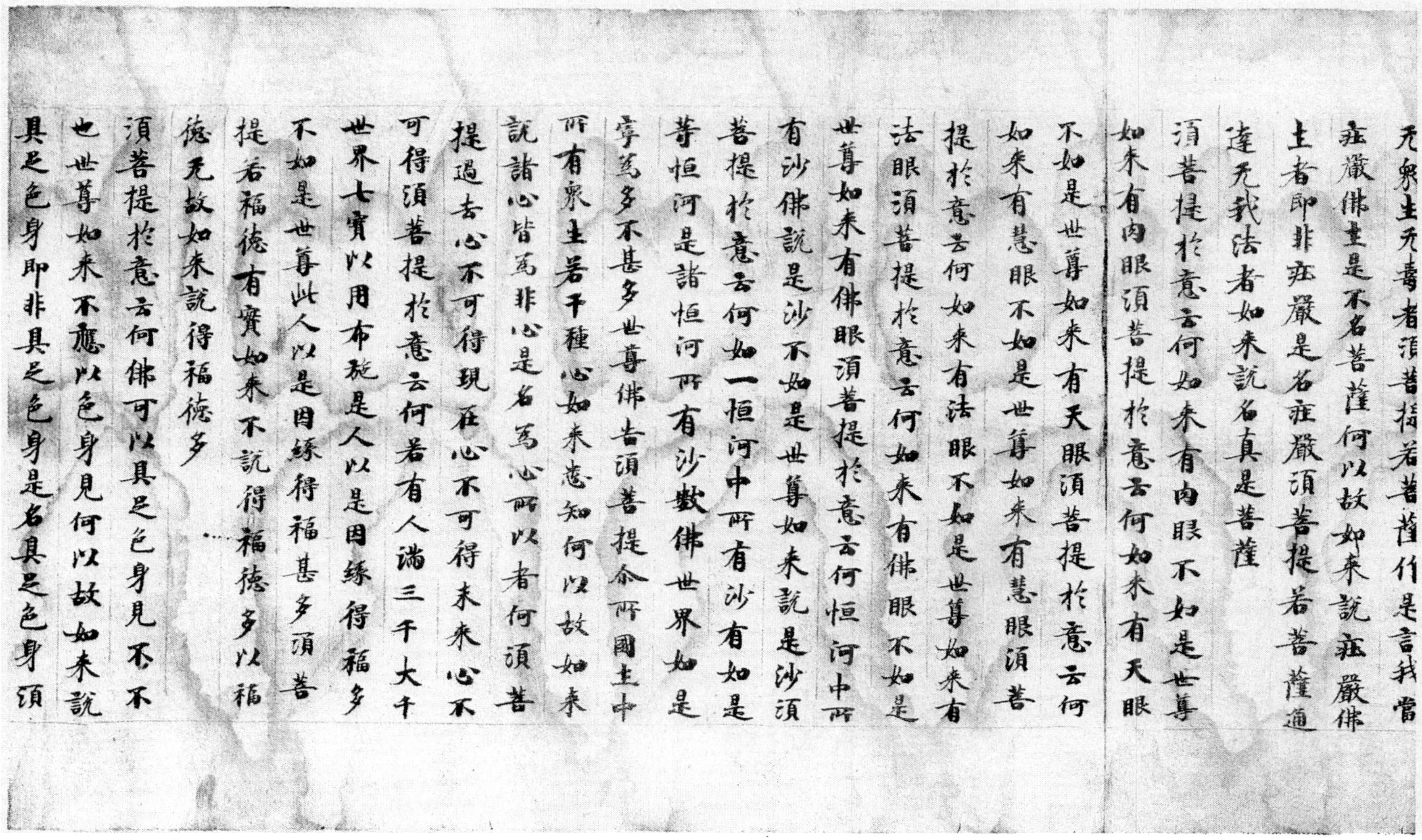
无衆生无壽者須菩提若菩薩作是言我當
莊嚴佛土是不名菩薩何以故如來說莊嚴佛
土者即非莊嚴是名莊嚴須菩提若菩薩通
達无我法者如來說名真是菩薩
須菩提於意云何如來有肉眼不如是世尊
如來有肉眼須菩提於意云何如來有天眼
不如是世尊如來有天眼須菩提於意云何
如來有慧眼不如是世尊如來有慧眼須菩
提於意云何如來有法眼不如是世尊如來有
法眼須菩提於意云何如來有佛眼不如是
世尊如來有佛眼須菩提於意云何恒河中所
有沙佛說是沙不如是世尊如來說是沙須
菩提於意云何如一恒河中所有沙有如是
等恒河是諸恒河所有沙數佛世界如是
寧為多不甚多世尊佛告須菩提尒所國土中
所有衆生若干種心如來悉知何以故如來
說諸心皆為非心是名為心所以者何須菩
提過去心不可得現在心不可得未來心不
可得須菩提於意云何若有人滿三千大千
世界七寶以用布施是人以是因緣得福多
不如是世尊此人以是因緣得福甚多須菩
提若福德有實如來不說得福德多以福
德无故如來說得福德多
須菩提於意云何佛可以具足色身見不不
也世尊如來不應以色身見何以故如來說
具足色身即非具足色身是名具足色身須

BD04357 號　金剛般若波羅蜜經　（13–10）

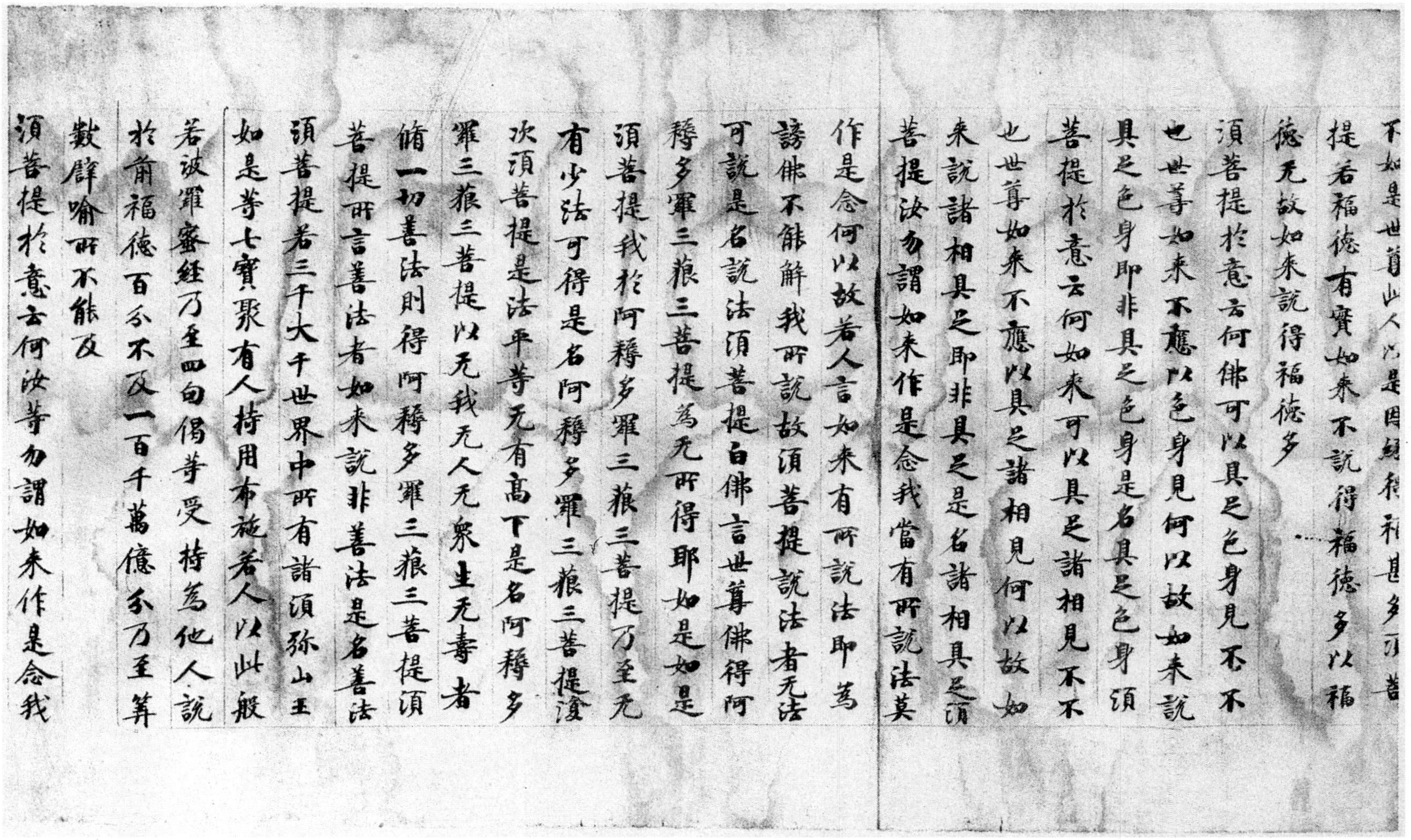
不如是世尊此人以是因緣得福甚多須菩
提若福德有實如來不說得福德多以福
德无故如來說得福德多
須菩提於意云何佛可以具足色身見不不
也世尊如來不應以色身見何以故如來說
具足色身即非具足色身是名具足色身須
菩提於意云何如來可以具足諸相見不不
也世尊如來不應以具足諸相見何以故如
來說諸相具足即非具足是名諸相具足須
菩提汝勿謂如來作是念我當有所說法莫
作是念何以故若人言如來有所說法即為
謗佛不能解我所說故須菩提說法者无法
可說是名說法須菩提白佛言世尊佛得阿
耨多羅三藐三菩提為无所得耶如是如是
須菩提我於阿耨多羅三藐三菩提乃至无
有少法可得是名阿耨多羅三藐三菩提復
次須菩提是法平等无有高下是名阿耨多
羅三藐三菩提以无我无人无衆生无壽者
脩一切善法則得阿耨多羅三藐三菩提須
菩提所言善法者如來說非善法是名善法
須菩提若三千大千世界中所有諸須弥山王
如是等七寶聚有人持用布施若人以此般
若波羅蜜經乃至四句偈等受持為他人說
於前福德百分不及一百千萬億分乃至筭
數譬喻所不能及
須菩提於意云何汝等勿謂如來作是念我

BD04357 號　金剛般若波羅蜜經　（13–11）

若波羅蜜經乃至四句偈等受持爲他人說
於前福德百分不及一百千萬億分乃至筭
數譬喻所不能及
須菩提於意云何汝等勿謂如來作是念我
當度衆生須菩提莫作是念何以故實无
有衆生如來度者若有衆生如來度者如來
則有我人衆生壽者須菩提如來說有我者則
非有我而凡夫之人以爲有我須菩提凡夫
者如來說則非凡夫須菩提於意云何可以
三十二相觀如來不須菩提言如是如是以三
十二相觀如來佛言須菩提若以三十二相
觀如來者轉輪聖王則是如來須菩提白
佛言世尊如我解佛所說義不應以三十二相
觀如來尒時世尊而說偈言
若以色見我　以音聲求我　是人行邪道　不能見如來
須菩提汝若作是念如來不以具足相故得
阿耨多羅三藐三菩提須菩提莫作是念如
來不以具足相故得阿耨多羅三藐三菩提
須菩提汝若作是念發阿耨多羅三藐三菩
提者說諸法斷滅相莫作是念何以故發阿耨
多羅三藐三菩提者於法不說斷滅相須
菩提若菩薩以滿恒河沙等世界七寶布施
若復有人知一切法无我得成於忍此菩
前菩薩所得功德須菩提以諸菩薩
德故須菩提白佛言世尊云何菩

BD04357號　金剛般若波羅蜜經　（13-12）

須菩提汝若作是念如來不以具足相故得
阿耨多羅三藐三菩提須菩提莫作是念如
來不以具足相故得阿耨多羅三藐三菩提
須菩提汝若作是念發阿耨多羅三藐三菩
提者說諸法斷滅相莫作是念何以故發阿耨
多羅三藐三菩提者於法不說斷滅相須
菩提若菩薩以滿恒河沙等世界七寶布施
若復有人知一切法无我得成於忍此菩
前菩薩所得功德須菩提以諸菩薩
德故須菩提白佛言世尊云何菩
須菩提菩薩所作福德不應貪
受福德須菩提若有人言如來若
坐若卧是人不解我所說義何以
者无所從來亦无所去故名如來
須菩提若善男子善女人以三千大
碎爲微塵於意云何是微塵衆寧
多世尊何以故若是微塵衆實有者
說是微塵衆所以者何佛說微塵
塵衆是名微塵衆世尊如來所說三
世界則非世界是名世界何以故若
有者則是一

BD04357號　金剛般若波羅蜜經　（13-13）

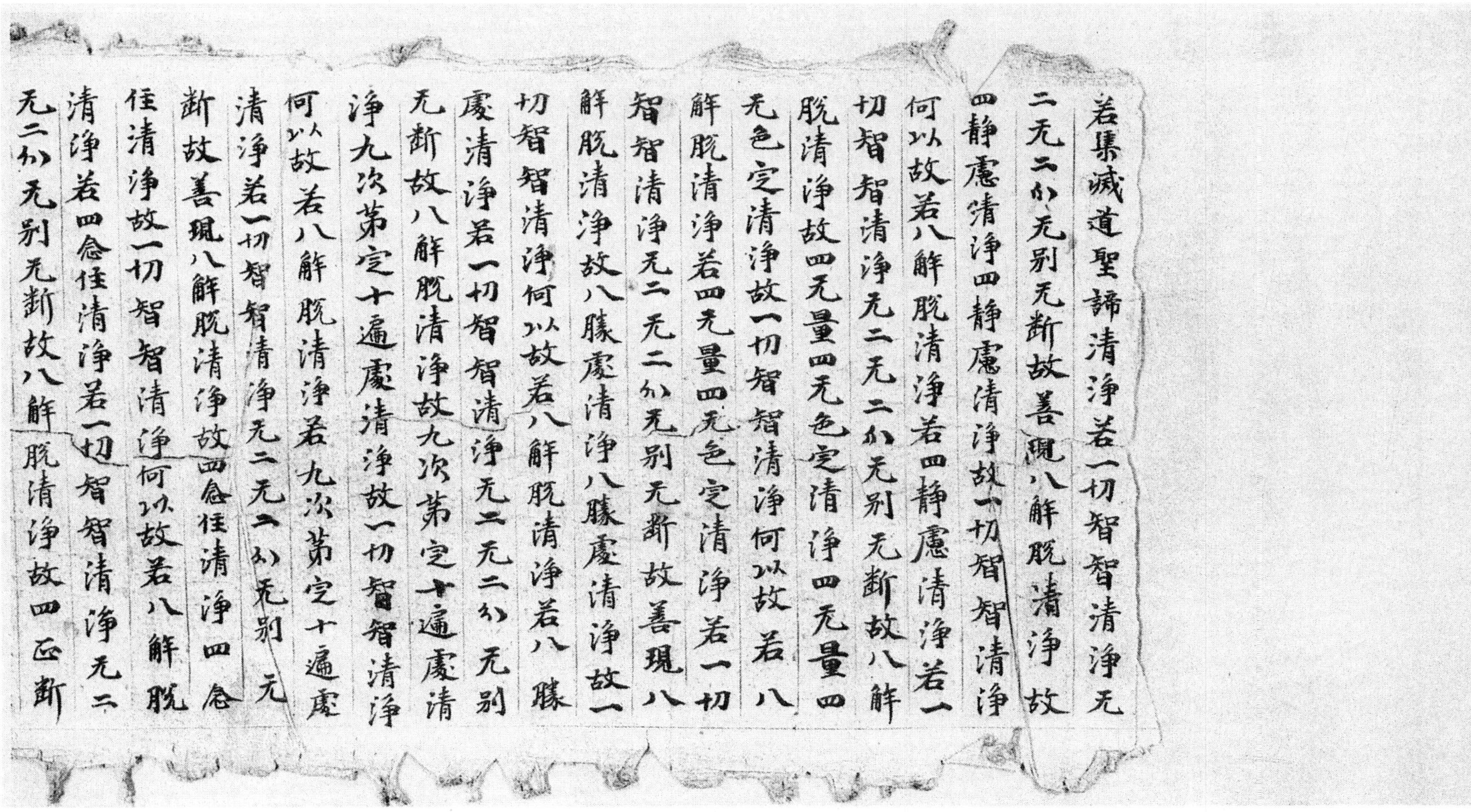
若集滅道聖諦清淨若一切智智清淨无
二无二分无別无斷故善現八解脫清淨故
四靜慮清淨四靜慮清淨故一切智智清淨
何以故若八解脫清淨若四靜慮清淨若一
切智智清淨无二无二分无別无斷故八解
脫清淨故四无量四无色定清淨四无量四
无色定清淨故一切智智清淨何以故若八
解脫清淨若四无量四无色定清淨若一切
智智清淨无二无二分无別无斷故善現八
解脫清淨故八勝處清淨八勝處清淨故一
切智智清淨何以故若八解脫清淨若八勝
處清淨若一切智智清淨无二无二分无別
无斷故八解脫清淨故九次第定十遍處清
淨九次第定十遍處清淨故一切智智清淨
何以故若八解脫清淨若九次第定十遍處
清淨若一切智智清淨无二无二分无別无
斷故善現八解脫清淨故四念住清淨四念
住清淨故一切智智清淨何以故若八解脫
清淨若四念住清淨若一切智智清淨无二
无二分无別无斷故八解脫清淨故四正斷

BD04358號　大般若波羅蜜多經卷二二六　（10–1）

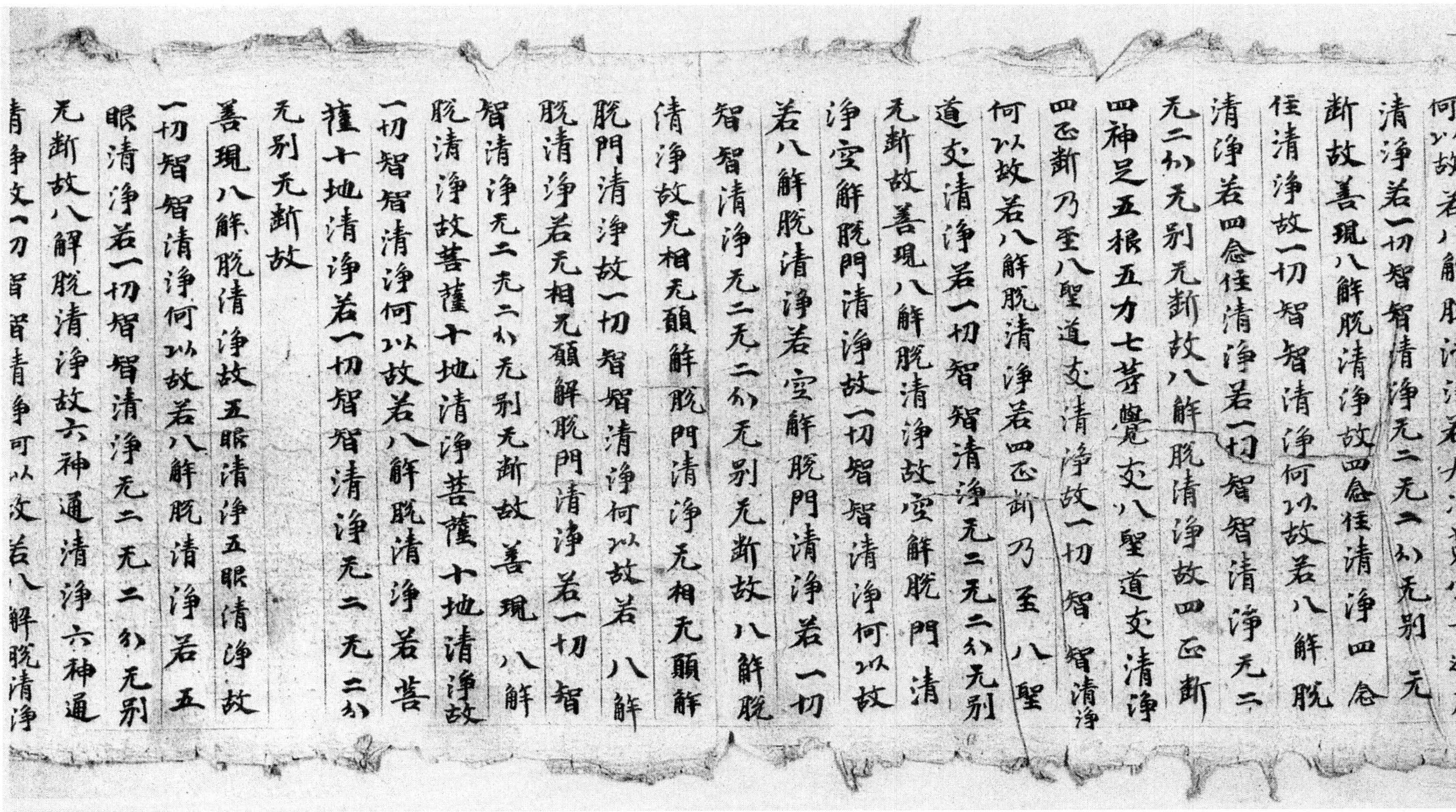
何以故若八解脫清淨若九次第定十遍處
清淨若一切智智清淨无二无二分无別无
斷故善現八解脫清淨故四念住清淨四念
住清淨故一切智智清淨何以故若八解脫
清淨若四念住清淨若一切智智清淨无二
无二分无別无斷故八解脫清淨故四正斷
四神足五根五力七等覺支八聖道支清淨
四正斷乃至八聖道支清淨故一切智智清淨
何以故若八解脫清淨若四正斷乃至八聖
道支清淨若一切智智清淨无二无二分无別
无斷故善現八解脫清淨故空解脫門清
淨空解脫門清淨故一切智智清淨何以故
若八解脫清淨若空解脫門清淨若一切
智智清淨无二无二分无別无斷故八解脫
清淨故无相无願解脫門清淨无相无願解
脫門清淨故一切智智清淨何以故若八解
脫清淨若无相无願解脫門清淨若一切智
智清淨无二无二分无別无斷故善現八解
脫清淨故菩薩十地清淨菩薩十地清淨故
一切智智清淨何以故若八解脫清淨若菩
薩十地清淨若一切智智清淨无二无二分
无別无斷故
善現八解脫清淨故五眼清淨五眼清淨故
一切智智清淨何以故若八解脫清淨若五
眼清淨若一切智智清淨无二无二分无別
无斷故八解脫清淨故六神通清淨六神通
清淨故一切智智清淨何以故若八解脫清淨

BD04358號　大般若波羅蜜多經卷二二六　（10–2）

无別无斷故
善現八解脫清淨故五眼清淨五眼清淨故
一切智智清淨何以故若八解脫清淨若五
眼清淨若一切智智清淨无二无二分无別
无斷故八解脫清淨故六神通清淨六神通
清淨故一切智智清淨何以故若八解脫清淨
若六神通清淨若一切智智清淨无二无
二分无別无斷故善現八解脫清淨故佛十
力清淨佛十力清淨故一切智智清淨何以故
若八解脫清淨若佛十力清淨若一切智智
清淨无二无二分无別无斷故八解脫清淨
故四无所畏四无礙解大慈大悲大喜大
捨十八佛不共法清淨四无所畏乃至十八
佛不共法清淨故一切智智清淨何以故若
八解脫清淨若四无所畏乃至十八佛不共
法清淨若一切智智清淨无二无二分无別
无斷故善現八解脫清淨故无忘失法清淨
无忘失法清淨故一切智智清淨何以故若
八解脫清淨若无忘失法清淨若一切智智
清淨无二无二分无別无斷故八解脫清淨
故恒住捨性清淨恒住捨性清淨故一切智
智清淨何以故若八解脫清淨若恒住捨性
清淨若一切智智情淨无二无二分无別无
斷故善現八解脫清淨故一切智清淨一切
智清淨故一切智智清淨何以故若八解脫
清淨若一切智清淨若一切智智清淨无二

BD04358號　大般若波羅蜜多經卷二二六　（10–3）

智清淨何以故若八解脫清淨若恒住捨性
清淨若一切智智情淨无二无二分无別无
斷故善現八解脫清淨故一切智清淨一切
智清淨故一切智智清淨何以故若八解脫
清淨若一切智清淨若一切智智清淨无二
无二分无別无斷故八解脫清淨故道相智
一切相智清淨道相智一切相智清淨故一
切智智清淨何以故若八解脫清淨若道相
智一切相智清淨若一切智智清淨无二无
二分无別无斷故善現八解脫清淨故一切
陁羅尼門清淨一切陁羅尼門清淨故一切
智智清淨何以故若八解脫清淨若一切陁
羅尼門清淨若一切智智清淨无二无二分
无別无斷故八解脫清淨故一切三摩地門
清淨一切三摩地門清淨故一切智智清淨
何以故若八解脫清淨若一切三摩地門清
淨若一切智智清淨无二无二分无別无斷
故
善現八解脫清淨故預流果清淨預流果清
淨故一切智智清淨何以故若八解脫清淨
若預流果清淨若一切智智清淨无二无二
分无別无斷故八解脫清淨故一來不還阿
羅漢果清淨一來不還阿羅漢果清淨故一
切智智清淨何以故若八解脫清淨若一來
不還阿羅漢果清淨若一切智智清淨无二
无二分无別无斷故善現八解脫清淨故獨

BD04358號　大般若波羅蜜多經卷二二六　（10–4）

分无別无斷故八解脫清淨故一來不還阿
羅漢果清淨一來不還阿羅漢果清淨故一
切智智清淨何以故若八解脫清淨若一來
不還阿羅漢果清淨若一切智智清淨无二
无二分无別无斷故善現八解脫清淨故獨
覺菩提清淨獨覺菩提清淨故一切智智清
淨何以故若八解脫清淨若獨覺菩提清淨
若一切智智清淨无二无二分无別无斷故善
現八解脫清淨故一切菩薩摩訶薩行清
淨一切菩薩摩訶薩行清淨故一切智智清
淨何以故若八解脫清淨若一切菩薩摩訶
薩行清淨若一切智智清淨无二无二分无
別无斷故善現八解脫清淨故諸佛无上正
等菩提清淨諸佛无上正等菩提清淨故一
切智智清淨何以故若八解脫清淨若諸佛
无上正等菩提清淨若一切智智清淨无二
无二分无別无斷故
復次善現八勝處清淨故色清淨色清淨故一
切智智清淨何以故若八勝處清淨若色清
淨若一切智智清淨无二无二分无別无斷
故八勝處清淨故受想行識清淨受想行
識清淨故一切智智清淨何以故若八勝處
清淨若受想行識清淨若一切智智清淨无
二无二分无別无斷故善現八勝處清淨故
眼處清淨眼處清淨故一切智智清淨何以
故若八勝處清淨若眼處清淨若一切智智
清淨无二无二分无別无斷故八勝處清

BD04358號　大般若波羅蜜多經卷二二六　（10–5）

清淨若受想行識清淨若一切智智清淨无
二无二分无別无斷故善現八勝處清淨故
眼處清淨眼處清淨故一切智智清淨何以
故若八勝處清淨若眼處清淨若一切智智
清淨无二无二分无別无斷故八勝處清淨故
耳鼻舌身意處清淨耳鼻舌身意處清淨
故一切智智清淨何以故若八勝處清淨若
耳鼻舌身意處清淨若一切智智清淨无二
无二分无別无斷故善現八勝處清淨故色
處清淨色處清淨故一切智智清淨何以故
若八勝處清淨若色處清淨若一切智智清
淨无二无二分无別无斷故八勝處清淨故
聲香味觸法處清淨聲香味觸法處清淨故
一切智智清淨何以故若八勝處清淨若聲香
味觸法處清淨若一切智智清淨无二无二
分无別无斷故善現八勝處清淨故眼界清
淨眼界清淨故一切智智清淨何以故若八
勝處清淨若眼界清淨若一切智智清淨无
二无二分无別无斷故八勝處清淨故色界
眼識界及眼觸眼觸為緣所生諸受清淨色
界乃至眼觸為緣所生諸受清淨故一切
智智清淨何以故若八勝處清淨若色界乃
至眼觸為緣所生諸受清淨若一切智智清
淨无二无二分无別无斷故善現八勝處清
淨故耳界清淨耳界清淨故一切智智清淨
何以故若八勝處清淨若耳界清淨若一切

BD04358號　大般若波羅蜜多經卷二二六　（10–6）

界乃至眼觸為緣所生諸受清淨故一切
智智清淨何以故若八勝處清淨若色界乃
至眼觸為緣所生諸受清淨若一切智智清
淨无二无二分无別无斷故善現八勝處清
淨故耳界清淨耳界清淨故一切智智清淨
何以故若八勝處清淨若耳界清淨若一切
智智清淨无二无二分无別无斷故八勝處
清淨故聲界耳識界及耳觸耳觸為緣所生
諸受清淨聲界乃至耳觸為緣所生諸受清
淨故一切智智清淨何以故若八勝處清淨
若聲界乃至耳觸為緣所生諸受清淨若一
切智智清淨无二无二分无別无斷故善現
八勝處清淨故鼻界清淨鼻界清淨故一切
智智清淨何以故若八勝處清淨若鼻界清
淨若一切智智清淨无二无二分无別无斷
故八勝處清淨故香界鼻識界及鼻觸鼻
觸為緣所生諸受清淨香界乃至鼻觸為緣所
生諸受清淨故一切智智清淨何以故若八勝
處清淨若香界乃至鼻觸為緣所生諸受
清淨若一切智智清淨无二无二分无別无斷
故善現八勝處清淨故舌界清淨舌界清淨
故一切智智清淨何以故若八勝處清淨若
舌界清淨若一切智智清淨无二无二分
无別无斷故八勝處清淨故味界舌識界及
舌觸舌觸為緣所生諸受清淨味界乃至舌
觸為緣所生諸受清淨故一切智智清淨何

BD04358號　大般若波羅蜜多經卷二二六　（10–7）

故一切智智清淨何以故若八勝處清淨若
舌界清淨若一切智智清淨无二无二分
无別无斷故八勝處清淨故味界舌識界及
舌觸舌觸為緣所生諸受清淨味界乃至舌
觸為緣所生諸受清淨故一切智智清淨何
以故若八勝處清淨若味界乃至舌觸為緣
所生諸受清淨若一切智智清淨无二无二分
无別无斷故善現八勝處清淨故身界清
淨身界清淨故一切智智清淨何以故若八
勝處清淨若身界清淨若一切智智清淨无
二无二分无別无斷故八勝處清淨故觸界身
識界及身觸身觸為緣所生諸受清淨觸
界乃至身觸為緣所生諸受清淨故一切智
智清淨何以故若八勝處清淨若觸界乃至
身觸為緣所生諸受清淨若一切智智清淨
无二无二分无別无斷故善現八勝處清淨
故意界清淨意界清淨故一切智智清淨何
以故若八勝處清淨若意界清淨若一切智智
清淨无二无二分无別无斷故八勝處清淨
故法界意識界及意觸意觸為緣所生諸
受清淨法界乃至意觸為緣所生諸受清淨
故一切智智清淨何以故若八勝處清淨若
法界乃至意觸為緣所生諸受清淨若一切
智智清淨无二无二分无別无斷故善現八
勝處清淨故地界清淨地界清淨故一切智
智清淨何以故若八勝處清淨若地界清淨

BD04358號　大般若波羅蜜多經卷二二六　（10–8）

受清淨法界乃至意觸爲緣所生諸受清淨
故一切智智清淨何以故若八勝處清淨若
法界乃至意觸爲緣所生諸受清淨若一切
智智清淨无二无二分无別无斷故善現八
勝處清淨故地界清淨地界清淨故一切智
智清淨何以故若八勝處清淨若地界清淨
若一切智智清淨无二无二分无別无斷故
八勝處清淨故水火風空識界清淨水火風
空識界清淨故一切智智清淨何以故若八
勝處清淨若水火風空識界清淨若一切智
智清淨无二无二分无別无斷故善現八勝
處清淨故无明清淨无明清淨故一切智智
清淨何以故若八勝處清淨若无明清淨若
一切智智清淨无二无二分无別无斷故八勝
處清淨故行識名色六處受愛取有生老
死愁歎苦憂惱清淨行乃至老死愁歎苦
憂惱清淨故一切智智清淨何以故若八勝
處清淨若行乃至老死愁歎苦憂惱清淨
一切智智清淨无二无二分无別无斷故

大般若波羅蜜多經卷第二百廿六

BD04358 號　大般若波羅蜜多經卷二二六　（10–9）

處清淨故行識名色六處受愛取有生老
死愁歎苦憂惱清淨行乃至老死愁歎苦
憂惱清淨故一切智智清淨何以故若八勝
處清淨若行乃至老死愁歎苦憂惱清淨
一切智智清淨无二无二分无別无斷故

大般若波羅蜜多經卷第二百廿六

BD04358 號　大般若波羅蜜多經卷二二六　（10–10）

BD04358號背　雜寫　（1–1）

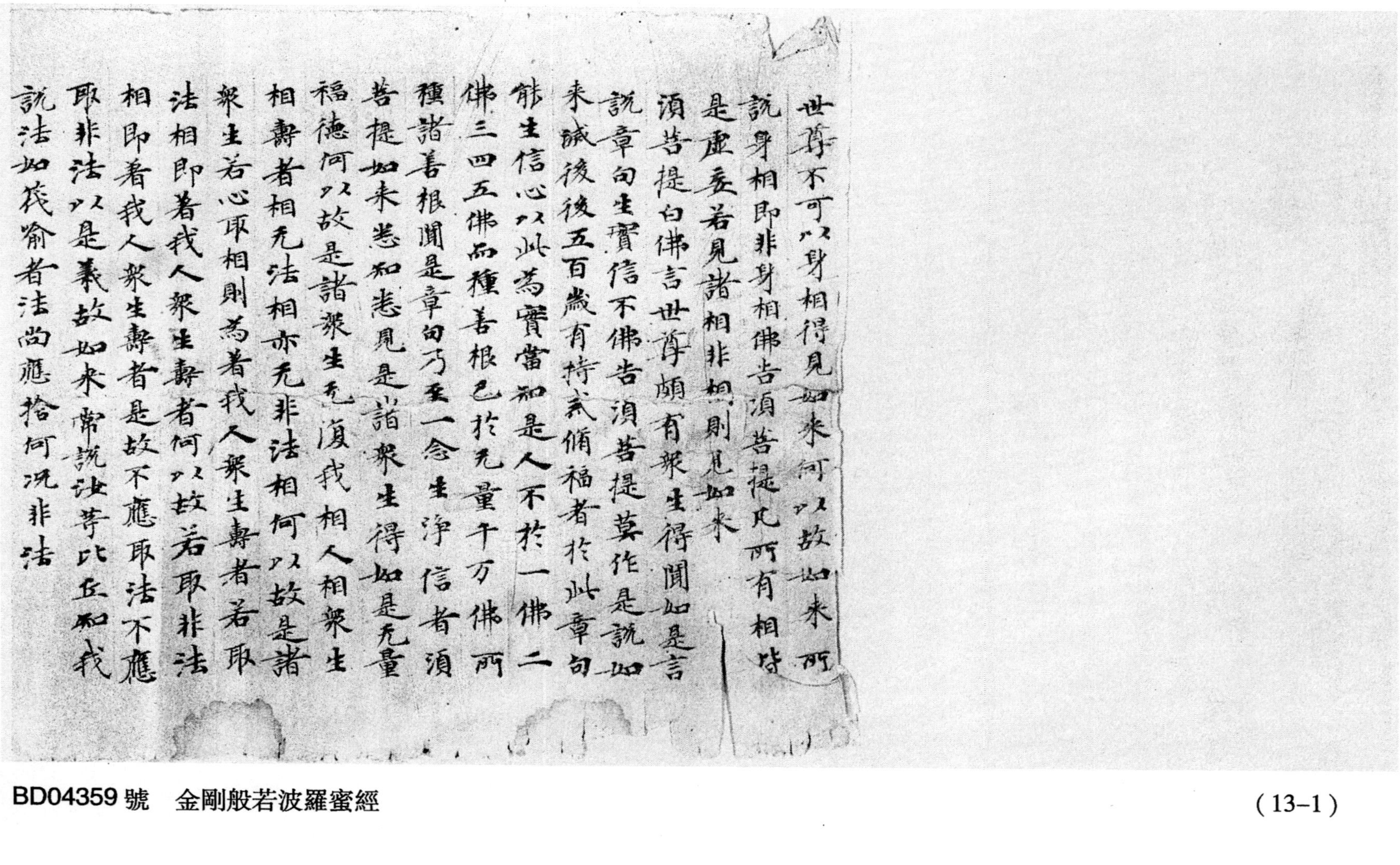

世尊不可以身相得見如來何以故如來所
說身相即非身相佛告須菩提凡所有相皆
是虛妄若見諸相非相則見如來
須菩提白佛言世尊頗有眾生得聞如是言
說章句生實信不佛告須菩提莫作是說如
來滅後後五百歲有持戒脩福者於此章句
能生信心以此為實當知是人不於一佛二
佛三四五佛而種善根已於无量千万佛所
種諸善根聞是章句乃至一念生淨信者須
菩提如來悉知悉見是諸眾生得如是无量
福德何以故是諸眾生无復我相人相眾生
相壽者相无法相亦无非法相何以故是諸
眾生若心取相則為著我人眾生壽者若取
法相即著我人眾生壽者何以故若取非法
相即著我人眾生壽者是故不應取法不應
取非法以是義故如來常說汝等比丘知我
說法如筏喻者法尚應捨何況非法

BD04359號　金剛般若波羅蜜經　（13–1）

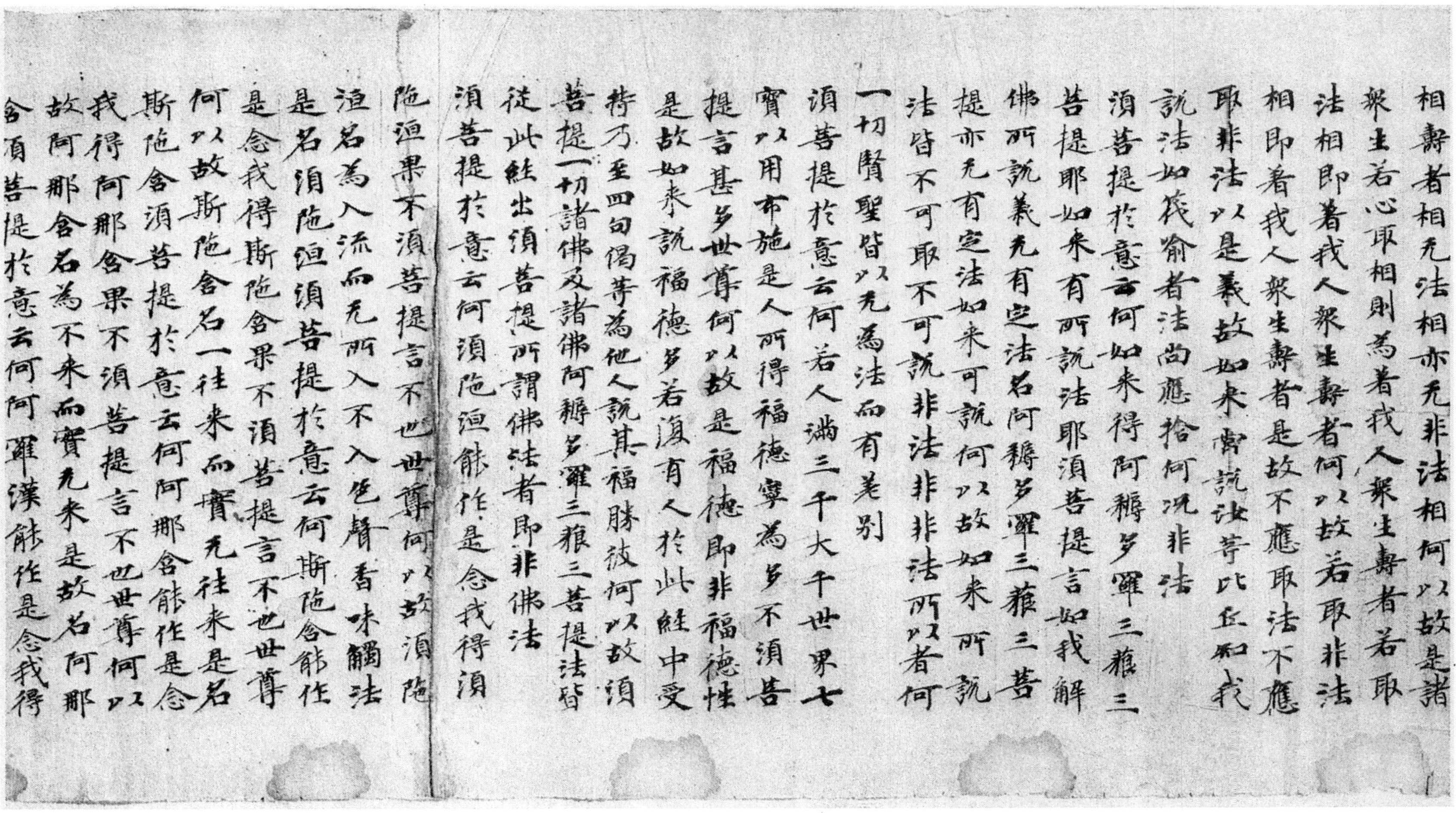
相壽者相无法相亦无非法相何以故是諸
衆生若心取相則為著我人衆生壽者若取
法相即著我人衆生壽者何以故若取非法
相即著我人衆生壽者是故不應取法不應
取非法以是義故如來常說汝等比丘知我
說法如筏喻者法尚應捨何况非法
須菩提於意云何如來得阿耨多羅三藐三
菩提耶如來有所說法耶須菩提言如我解
佛所說義无有定法名阿耨多羅三藐三菩
提亦无有定法如來可說何以故如來所說
法皆不可取不可說非法非非法所以者何
一切賢聖皆以无為法而有差別
須菩提於意云何若人滿三千大千世界七
寶以用布施是人所得福德寧為多不須菩
提言甚多世尊何以故是福德即非福德性
是故如來說福德多若復有人於此經中受
持乃至四句偈等為他人說其福勝彼何以故須
菩提一切諸佛及諸佛阿耨多羅三藐三菩提法皆
從此經出須菩提所謂佛法者即非佛法
須菩提於意云何須陁洹能作是念我得須
陁洹果不須菩提言不也世尊何以故須陁
洹名為入流而无所入不入色聲香味觸法
是名須陁洹須菩提於意云何斯陁含能作
是念我得斯陁含果不須菩提言不也世尊
何以故斯陁含名一往來而實无往來是名
斯陁含須菩提於意云何阿那含能作是念
我得阿那含果不須菩提言不也世尊何以
故阿那含名為不來而實无來是故名阿那
含須菩提於意云何阿羅漢能作是念我得

BD04358號　金剛般若波羅蜜經　（13–2）

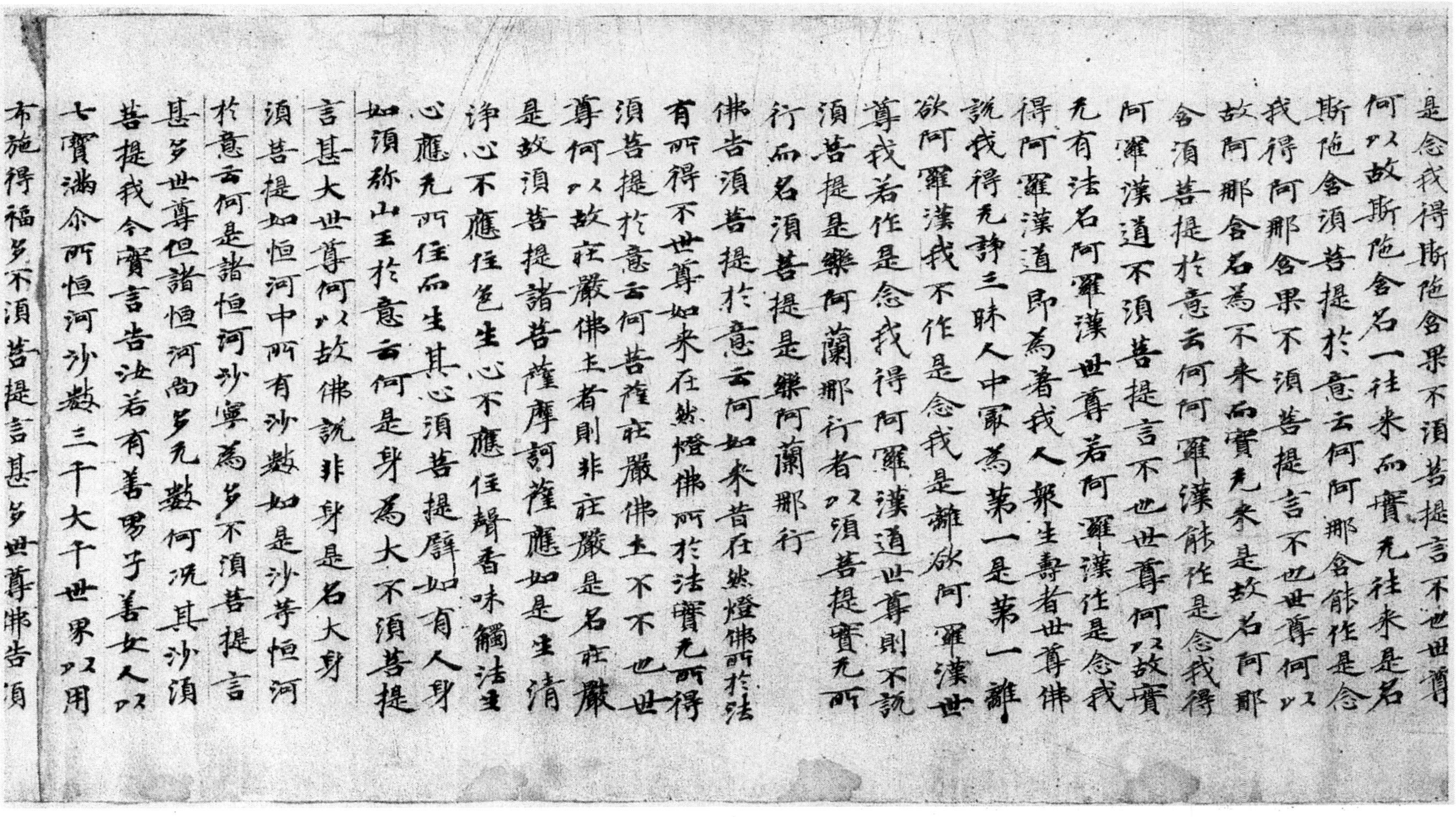
是念我得斯陁含果不須菩提言不也世尊
何以故斯陁含名一往來而實无往來是名
斯陁含須菩提於意云何阿那含能作是念
我得阿那含果不須菩提言不也世尊何以
故阿那含名為不來而實无來是故名阿那
含須菩提於意云何阿羅漢能作是念我得
阿羅漢道不須菩提言不也世尊何以故實
无有法名阿羅漢世尊若阿羅漢作是念我
得阿羅漢道即為著我人衆生壽者世尊佛
說我得无諍三昧人中最為第一是第一離
欲阿羅漢我不作是念我是離欲阿羅漢世
尊我若作是念我得阿羅漢道世尊則不說
須菩提是樂阿蘭那行者以須菩提實无所
行而名須菩提是樂阿蘭那行
佛告須菩提於意云何如來昔在然燈佛所於法
有所得不世尊如來在然燈佛所於法實无所得
須菩提於意云何菩薩莊嚴佛土不不也世
尊何以故莊嚴佛土者則非莊嚴是名莊嚴
是故須菩提諸菩薩摩訶薩應如是生清
淨心不應住色生心不應住聲香味觸法生
心應无所住而生其心須菩提譬如有人身
如須弥山王於意云何是身為大不須菩提
言甚大世尊何以故佛說非身是名大身
須菩提如恒河中所有沙數如是沙等恒河
於意云何是諸恒河沙寧為多不須菩提言
甚多世尊但諸恒河尚多无數何况其沙須
菩提我今實言告汝若有善男子善女人以
七寶滿尒所恒河沙數三千大千世界以用
布施得福多不須菩提言甚多世尊佛告須

BD04359號　金剛般若波羅蜜經　（13–3）

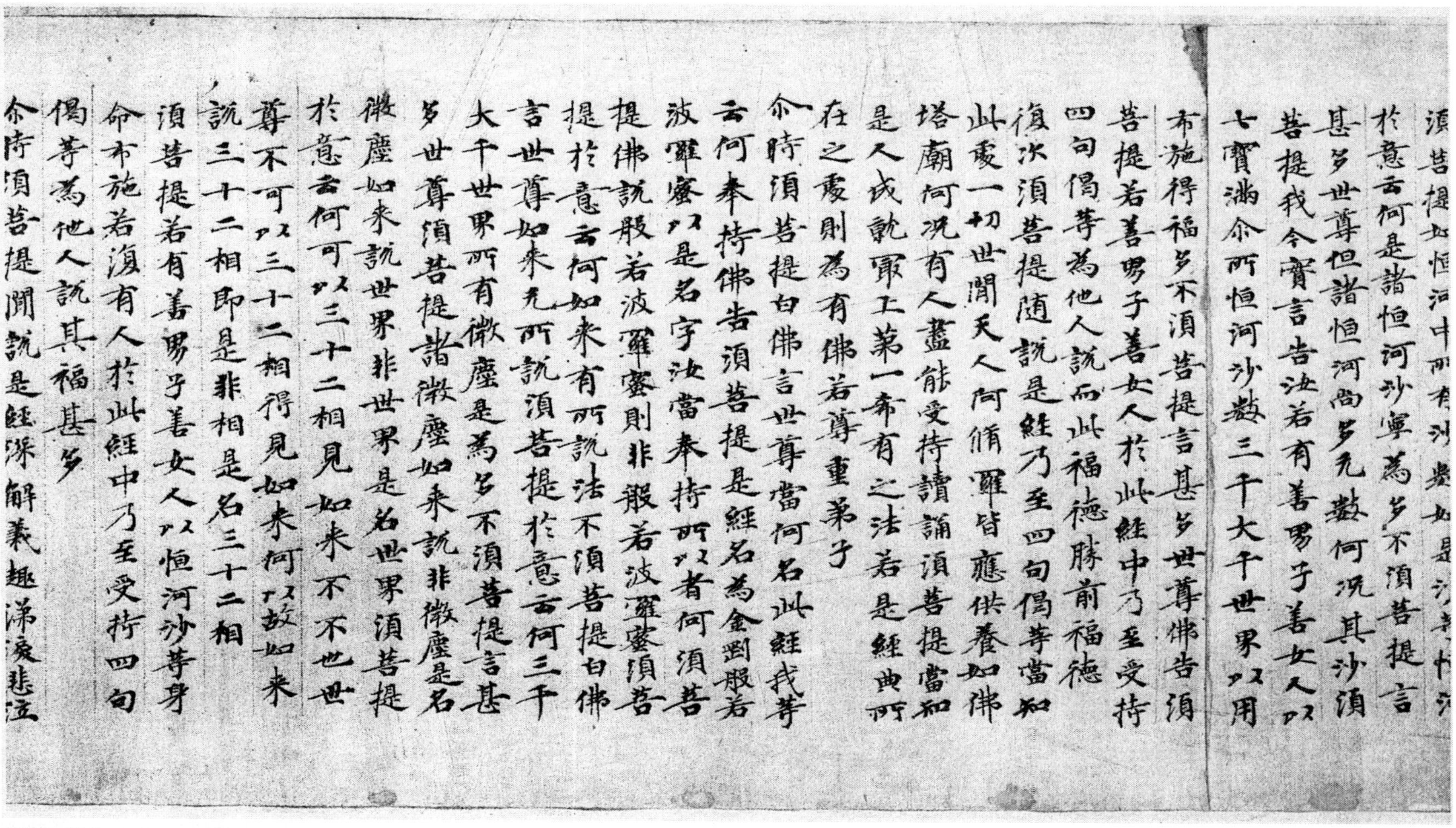

須菩提如恒河中所有沙數如是沙等恒河
於意云何是諸恒河沙寧為多不須菩提言
甚多世尊但諸恒河尚多无數何況其沙須
菩提我今實言告汝若有善男子善女人以
七寶滿尒所恒河沙數三千大千世界以用
布施得福多不須菩提言甚多世尊佛告須
菩提若善男子善女人於此經中乃至受持
四句偈等為他人說而此福德勝前福德
復次須菩提隨說是經乃至四句偈等當知
此處一切世間天人阿脩羅皆應供養如佛
塔廟何況有人盡能受持讀誦須菩提當知
是人成就最上第一希有之法若是經典所
在之處則為有佛若尊重弟子
尒時須菩提白佛言世尊當何名此經我等
云何奉持佛告須菩提是經名為金剛般若
波羅蜜以是名字汝當奉持所以者何須菩
提佛說般若波羅蜜則非般若波羅蜜須菩
提於意云何如來有所說法不須菩提白佛
言世尊如來无所說須菩提於意云何三千
大千世界所有微塵是為多不須菩提言甚
多世尊須菩提諸微塵如來說非微塵是名
微塵如來說世界非世界是名世界須菩提
於意云何可以三十二相見如來不不也世
尊不可以三十二相得見如來何以故如來
說三十二相即是非相是名三十二相
須菩提若有善男子善女人以恒河沙等身
命布施若復有人於此經中乃至受持四句
偈等為他人說其福甚多
尒時須菩提聞說是經深解義趣涕淚悲泣

BD04358 號　金剛般若波羅蜜經　（13–4）

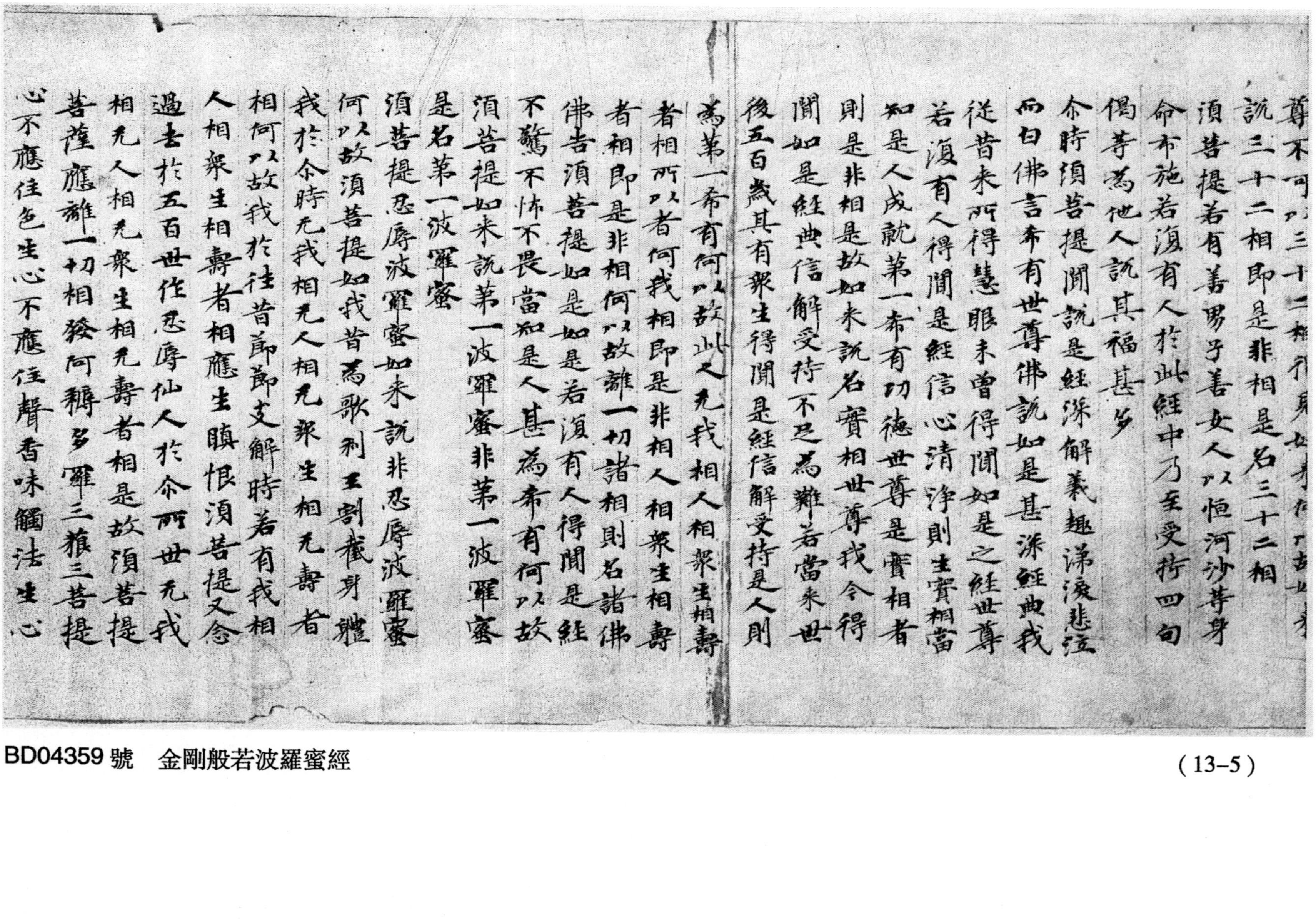

尊不可以三十二相得見如來何以故如來
說三十二相即是非相是名三十二相
須菩提若有善男子善女人以恒河沙等身
命布施若復有人於此經中乃至受持四句
偈等為他人說其福甚多
尒時須菩提聞說是經深解義趣涕淚悲泣
而白佛言希有世尊佛說如是甚深經典我
從昔來所得慧眼未曾得聞如是之經世尊
若復有人得聞是經信心清淨則生實相當
知是人成就第一希有功德世尊是實相者
則是非相是故如來說名實相世尊我今得
聞如是經典信解受持不足為難若當來世
後五百歲其有衆生得聞是經信解受持是人則
為第一希有何以故此人无我相人相衆生相壽
者相所以者何我相即是非相人相衆生相壽
者相即是非相何以故離一切諸相則名諸佛
佛告須菩提如是如是若復有人得聞是經
不驚不怖不畏當知是人甚為希有何以故
須菩提如來說第一波羅蜜非第一波羅蜜
是名第一波羅蜜
須菩提忍辱波羅蜜如來說非忍辱波羅蜜
何以故須菩提如我昔為歌利王割截身體
我於尒時无我相无人相无衆生相无壽者
相何以故我於往昔節節支解時若有我相
人相衆生相壽者相應生瞋恨須菩提又念
過去於五百世作忍辱仙人於尒所世无我
相无人相无衆生相无壽者相是故須菩提
菩薩應離一切相發阿耨多羅三藐三菩提
心不應住色生心不應住聲香味觸法生心

BD04359 號　金剛般若波羅蜜經　（13–5）

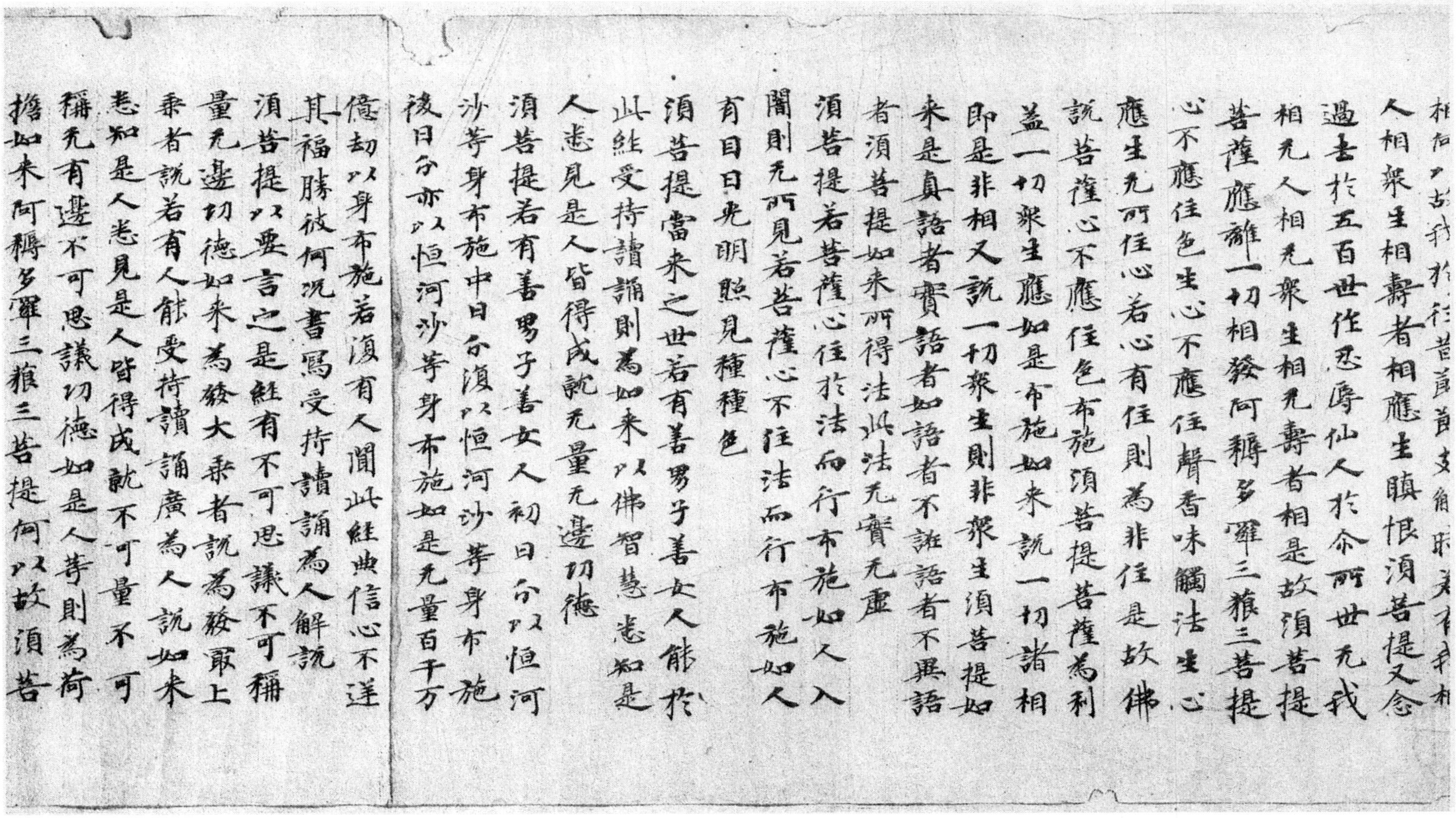

人相衆生相壽者相應生瞋恨須菩提又念
過去於五百世作忍辱仙人於尒所世无我
相无人相无衆生相无壽者相是故須菩提
菩薩應離一切相發阿耨多羅三藐三菩提
心不應住色生心不應住聲香味觸法生心
應生无所住心若心有住則為非住是故佛
說菩薩心不應住色布施須菩提菩薩為利
益一切衆生應如是布施如來說一切諸相
即是非相又說一切衆生則非衆生須菩提如
來是真語者實語者如語者不誑語者不異語
者須菩提如來所得法此法无實无虛
須菩提若菩薩心住於法而行布施如人入
闇則无所見若菩薩心不住法而行布施如人
有目日光明照見種種色
須菩提當來之世若有善男子善女人能於
此經受持讀誦則為如來以佛智慧悉知是
人悉見是人皆得成就无量无邊功德
須菩提若有善男子善女人初日分以恒河
沙等身布施中日分復以恒河沙等身布施
後日分亦以恒河沙等身布施如是无量百千万
億劫以身布施若復有人聞此經典信心不逆
其福勝彼何況書寫受持讀誦為人解說
須菩提以要言之是經有不可思議不可稱
量无邊功德如來為發大乘者說為發最上
乘者說若有人能受持讀誦廣為人說如來
悉知是人悉見是人皆得成就不可量不可
稱无有邊不可思議功德如是人等則為荷
擔如來阿耨多羅三藐三菩提何以故須菩

BD04358 號　金剛般若波羅蜜經　（13–6）

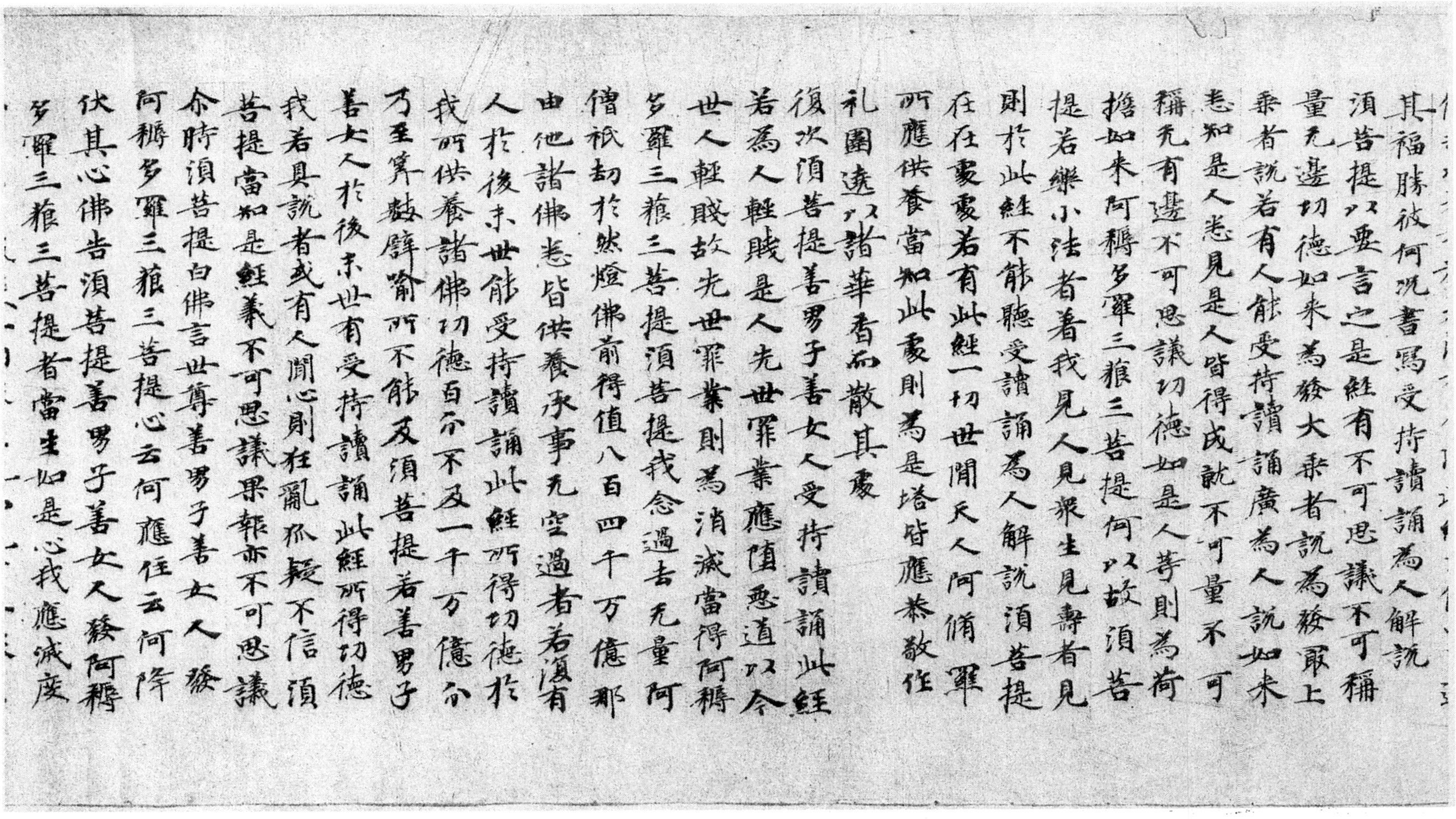

其福勝彼何況書寫受持讀誦為人解說
須菩提以要言之是經有不可思議不可稱
量无邊功德如來為發大乘者說為發最上
乘者說若有人能受持讀誦廣為人說如來
悉知是人悉見是人皆得成就不可量不可
稱无有邊不可思議功德如是人等則為荷
擔如來阿耨多羅三藐三菩提何以故須菩
提若樂小法者著我見人見衆生見壽者見
則於此經不能聽受讀誦為人解說須菩提
在在處處若有此經一切世間天人阿脩羅
所應供養當知此處則為是塔皆應恭敬作
礼圍遶以諸華香而散其處
復次須菩提善男子善女人受持讀誦此經
若為人輕賤是人先世罪業應墮惡道以今
世人輕賤故先世罪業則為消滅當得阿耨
多羅三藐三菩提須菩提我念過去无量阿
僧祇劫於然燈佛前得值八百四千万億那
由他諸佛悉皆供養承事无空過者若復有
人於後末世能受持讀誦此經所得功德於
我所供養諸佛功德百分不及一千万億分
乃至筭數譬喻所不能及須菩提若善男子
善女人於後末世有受持讀誦此經所得功德
我若具說者或有人聞心則狂亂狐疑不信須
菩提當知是經義不可思議果報亦不可思議
尒時須菩提白佛言世尊善男子善女人發
阿耨多羅三藐三菩提心云何應住云何降
伏其心佛告須菩提善男子善女人發阿耨
多羅三藐三菩提者當生如是心我應滅度

BD04359 號　金剛般若波羅蜜經　（13–7）

菩提當知是經義不可思議果報亦不可思議
尒時須菩提白佛言世尊善男子善女人發
阿耨多羅三藐三菩提心云何應住云何降
伏其心佛告須菩提善男子善女人發阿耨
多羅三藐三菩提者當生如是心我應滅度
一切衆生滅度一切衆生已而无有一衆生
實滅度者何以故若菩薩有我相人相衆生
相壽者相則非菩薩所以者何須菩提實无
有法發阿耨多羅三藐三菩提者
須菩提於意云何如來於然燈佛所有法得
阿耨多羅三藐三菩提不不也世尊如我解
佛所說義佛於然燈佛所无有法得阿耨多
羅三藐三菩提佛言如是如是須菩提實无
有法如來得阿耨多羅三藐三菩提須菩提
若有法如來得阿耨多羅三藐三菩提者然
燈佛則不與我受記汝於來世當得作佛號釋
迦牟尼以實无有法得阿耨多羅三藐三菩
提是故然燈佛與我受記作是言汝於來世
當得作佛號釋迦牟尼何以故如來者即諸
法如義若有人言如來得阿耨多羅三藐三
菩提須菩提實无有法佛得阿耨多羅三藐
三菩提須菩提如來所得阿耨多羅三藐三
菩提於是中无實无虛是故如來說一切法
皆是佛法須菩提所言一切法者即非一切
法是故名一切法
須菩提譬如人身長大須菩提言世尊如來
說人身長大則為非大身是名大身
須菩提菩薩亦如是若作是言我當滅度无
量衆生則不名菩薩何以故須菩提實无有

BD04358號　金剛般若波羅蜜經　（13–8）

皆是佛法須菩提所言一切法者即非一切
法是故名一切法
須菩提譬如人身長大須菩提言世尊如來
說人身長大則為非大身是名大身
須菩提菩薩亦如是若作是言我當滅度无
量衆生則不名菩薩何以故須菩提實无有
法名為菩薩是故佛說一切法无我无人无
衆生无壽者須菩提若菩薩作是言我當莊
嚴佛土是不名菩薩何以故如來說莊嚴佛
土者即非莊嚴是名莊嚴須菩提若菩薩通
達无我法者如來說名真是菩薩
須菩提於意云何如來有肉眼不如是世尊
如來有肉眼須菩提於意云何如來有天眼
不如是世尊如來有天眼須菩提於意云何
如來有慧眼不如是世尊如來有慧眼須菩
提於意云何如來有法眼不如是世尊如來
有法眼須菩提於意云何如來有佛眼不如
是世尊如來有佛眼須菩提於意云何恒河
中所有沙佛說是沙不如是世尊如來說是
沙須菩提於意云何如一恒河中所有沙有
如是等恒河是諸恒河所有沙數佛世界如
是寧為多不甚多世尊佛告須菩提尒所國
土中所有衆生若干種心如來悉知何以故
如來說諸心皆為非心是名為心所以者何
須菩提過去心不可得現在心不可得未來
心不可得須菩提於意云何若有人滿三千
大千世界七寶以用布施是人以是因緣得
福多不如是世尊此人以是因緣得福甚多

BD04359號　金剛般若波羅蜜經　（13–9）

如来説諸心皆為非心是名為心所以者何
須菩提過去心不可得現在心不可得未来
心不可得須菩提於意云何若有人滿三千
大千世界七寶以用布施是人以是因緣得
福多不如是世尊此人以是因緣得福甚多
須菩提若福德有實如来不説得福德多以
福德无故如来説得福德多
須菩提於意云何佛可以具足色身見不不
也世尊如来不應以具足色身見何以故如
来説具足色身即非具足色身是名具足色
身須菩提於意云何如来可以具足諸相見
不不也世尊如来不應以具足諸相見何以
故如来説諸相具足即非具足是名諸相具足
須菩提汝勿謂如来作是念我當有所説法
莫作是念何以故若人言如来有所説法即
為謗佛不能解我所説故須菩提説法者无
法可説是名説法
須菩提白佛言世尊佛得阿耨多羅三藐三
菩提為无所得邪如是如是須菩提我於阿
耨多羅三藐三菩提乃至无有少法可得是
名阿耨多羅三藐三菩提復次須菩提是法
平等无有高下是名阿耨多羅三藐三菩提
以无我无人无衆生无壽者脩一切善法則
得阿耨多羅三藐三菩提須菩提所言善法
者如来説非善法是名善法
須菩提若三千大千世界中所有諸須弥山
王如是等七寶聚有人持用布施若人以此
般若波羅蜜經乃至四句偈等受持讀誦為

BD04358 號　金剛般若波羅蜜經　（13–10）

以无我无人无衆生无壽者脩一切善法則
得阿耨多羅三藐三菩提須菩提所言善法
者如来説非善法是名善法
須菩提若三千大千世界中所有諸須弥山
王如是等七寶聚有人持用布施若人以此
般若波羅蜜經乃至四句偈等受持讀誦為
他人説於前福德百分不及一百千万億分
乃至筭數譬喻所不能及
須菩提於意云何汝等勿謂如来作是念我
當度衆生須菩提莫作是念何以故實无有
衆生如来度者若有衆生如来度者如来則
有我人衆生壽者須菩提如来説有我者則
非有我而凡夫之人以為有我須菩提凡夫
者如来説則非凡夫
須菩提於意云何可以卅二相觀如来不須
菩提言如是如是以卅二相觀如来佛言須
菩提若以卅二相觀如来者轉輪聖王則是
如来須菩提白佛言世尊如我解佛所説義
不應以卅二相觀如来尒時世尊而説偈言
若以色見我　以音聲求我　是人行邪道　不能見如来
須菩提汝若作是念如来不以具足相故得
阿耨多羅三藐三菩提須菩提莫作是念如
来不以具足相故得阿耨多羅三藐三菩提
須菩提汝若作是念發阿耨多羅三藐三菩
提者説諸法斷滅莫作是念何以故發阿耨
多羅三藐三菩提者於法不説斷滅相須菩
提若菩薩以滿恒河沙等世界七寶布施若
復有人知一切法无我得成於忍此菩薩勝

BD04359 號　金剛般若波羅蜜經　（13–11）

須菩提汝若作是念發阿耨多羅三藐三菩
提者說諸法斷滅莫作是念何以故發阿耨
多羅三藐三菩提者於法不說斷滅相須菩
提若菩薩以滿恒河沙等世界七寶布施若
復有人知一切法无我得成於忍此菩薩勝
前菩薩所得功德須菩提以諸菩薩不受福
德故須菩提白佛言世尊云何菩薩不受福德須
菩提菩薩所作福德不應貪著是故說不受福德
須菩提若有人言如來若來若去若坐若卧
是人不解我所說義何以故如來者无所從
來亦无所去故名如來
須菩提若善男子善女人以三千大千世界
碎為微塵於意云何是微塵衆寧為多不甚
多世尊何以故若是微塵衆實有者佛則不
說是微塵衆所以者何佛說微塵衆則非微
塵衆是名微塵衆世尊如來所說三千大千
世界則非世界是名世界何以故若世界實
有者則是一合相如來說一合相則非一合相
是名一合相須菩提一合相者則是不可說
但凡夫之人貪著其事須菩提若人言佛說
我見人見衆生見壽者見須菩提於意云何
是人解我所說義不世尊是人不解如來所
說義何以故世尊說我見人見衆生見壽者
見即非我見人見衆生見壽者見是名我見
人見衆生見壽者見須菩提發阿耨多羅三
藐三菩提心者於一切法應如是知如是見
如是信解不生法相須菩提所言法相者如
來說即非法相是名法相須菩提若有人以

BD04358號　金剛般若波羅蜜經　（13–12）

世界則非世界是名世界何以故若世界實
有者則是一合相如來說一合相則非一合相
是名一合相須菩提一合相者則是不可說
但凡夫之人貪著其事須菩提若人言佛說
我見人見衆生見壽者見須菩提於意云何
是人解我所說義不世尊是人不解如來所
說義何以故世尊說我見人見衆生見壽者
見即非我見人見衆生見壽者見是名我見
人見衆生見壽者見須菩提發阿耨多羅三
藐三菩提心者於一切法應如是知如是見
如是信解不生法相須菩提所言法相者如
來說即非法相是名法相須菩提若有人以
滿无量阿僧祇世界七寶持用布施若有善
男子善女人發菩薩心者持於此經乃至四
句偈等受持讀誦為人演說其福勝彼云何
為人演說不取於相如如不動何以故
一切有為法如夢幻泡影如露亦如電應作如是觀
佛說是經已長老須菩提及諸比丘比丘尼
優婆塞優婆夷一切世間天人阿脩羅聞佛
所說皆大歡喜信受奉行

金剛般若波羅蜜經

BD04359號　金剛般若波羅蜜經　（13–13）

餓鬼若富單那若吉蔗若毗陁羅若揵䭾若
烏摩勒伽若阿跋摩羅若夜叉吉蔗若人吉
蔗若熱病若一日若二日若三日若四日若
至七日若常熱病若男形若女形若童男形
若童女形乃至夢中亦復莫惱即於佛前而
說偈言
若不順我呪　惱亂說法者　頭破作七分　如阿梨樹枝
如殺父母罪　亦如壓油殃　斗秤欺誑人　調達破僧罪
犯此法師者　當獲如是殃
諸羅刹女說此偈已白佛言世尊我等亦當
身自擁護受持讀誦修行是經者令得安
隱離諸衰患消衆毒藥佛告諸羅刹女善
哉善哉汝等但能擁護受持法華名者福不可
量何況擁護具足受持供養經卷華香瓔珞
末香塗香燒香幡蓋伎樂然種種燈蘇燈油燈
諸香油燈蘇摩那華油燈瞻蔔華油燈婆師
迦華油燈優鉢羅華油燈如是等百千種供
養者睪帝汝等及眷屬應當擁護如是
法師說是陁羅尼品時六[illegible]

BD04360 號　妙法蓮華經卷七　（3-1）

量何況擁護具足受持供養經卷華香瓔珞
末香塗香燒香幡蓋伎樂然種種燈蘇燈油燈
諸香油燈蘇摩那華油燈瞻蔔華油燈婆師
迦華油燈優鉢羅華油燈如是等百千種供
養者睪帝汝等及眷屬應當擁護如是
法師說是陁羅尼品時六万八千人得无生
法忍
妙法蓮華經妙莊嚴王本事品第二十七
尒時佛告諸大衆乃往古世過无量无邊不
可思議阿僧祇劫有佛名雲雷音宿王華智
多陁阿伽度阿羅呵三藐三佛陁國名光明
莊嚴劫名喜見彼佛法中有王名妙莊嚴其
王夫人名曰淨德有二子一名淨藏二名淨眼
是二子有大神力福德智慧久修菩薩所行
之道所謂檀波羅蜜尸波羅蜜羼提波羅
蜜毗梨耶波羅蜜禪波羅蜜般若波羅蜜
方便波羅蜜慈悲喜捨乃至三十七助道法
皆悉明了通達又得菩薩淨三昧日宿三
昧淨光三昧淨色三昧淨照三昧長莊嚴
三昧大威德藏三昧於此三昧亦悉通達尒
時彼佛欲引導妙莊嚴王及愍念衆生故說
是法華經時淨藏淨眼二子到其母所合十
指爪掌白言願母往詣雲雷音宿王華智佛
所我等亦當侍從親近供養礼拜所以者何
此佛於一切天人衆中說法華經宜應聽受
母告子言汝父信受外道深著婆羅門法汝

BD04360 號　妙法蓮華經卷七　（3-2）

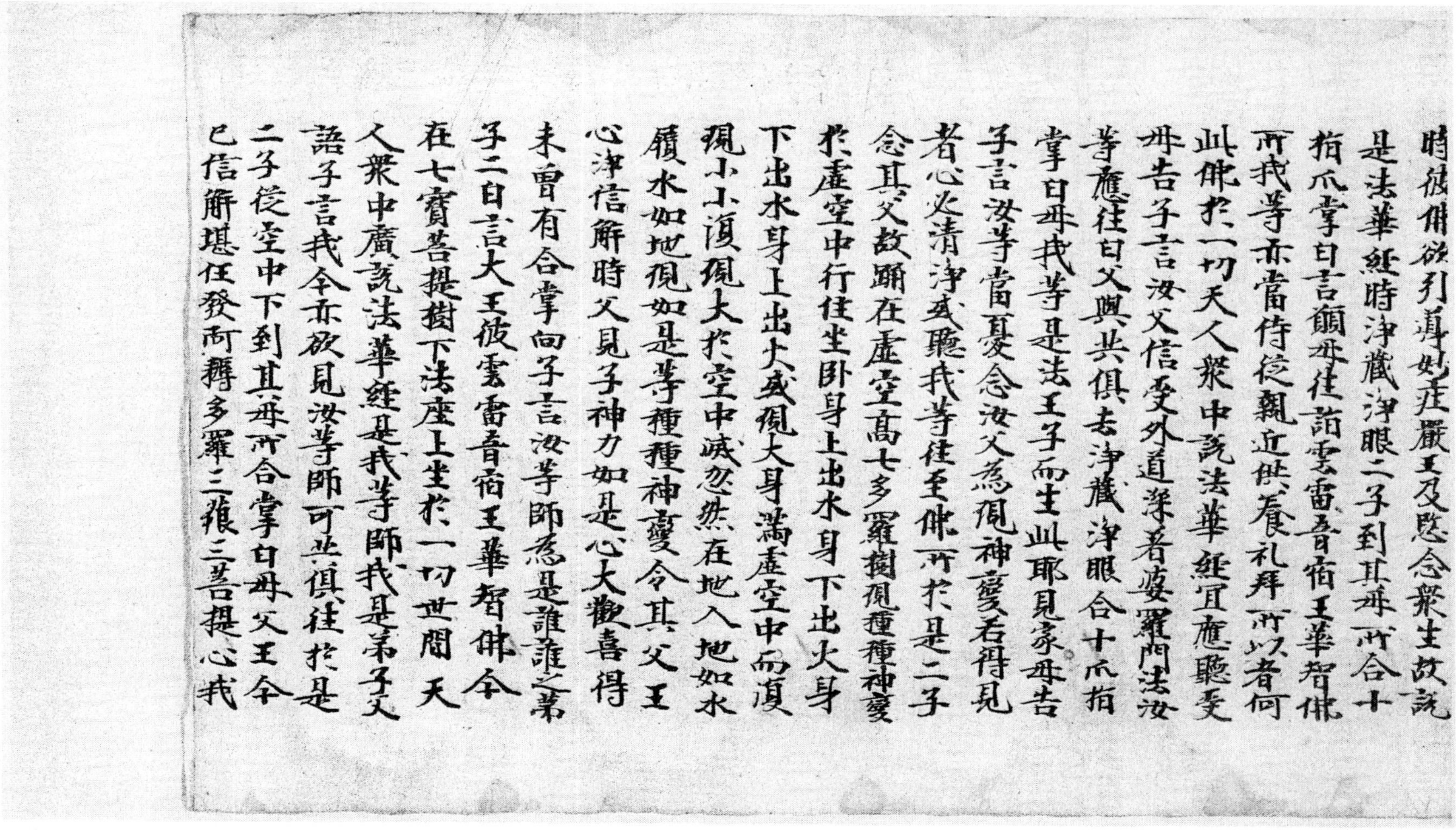

時彼佛欲引導妙莊嚴王及愍念衆生故說
是法華經時淨藏淨眼二子到其母所合十
指爪掌白言願母往詣雲雷音宿王華智佛
所我等亦當侍從親近供養禮拜所以者何
此佛於一切天人衆中說法華經宜應聽受
母告子言汝父信受外道深著婆羅門法汝
等應往白父與共俱去淨藏淨眼合十爪指
掌白母我等是法王子而生此耶見家母告
子言汝等當憂念汝父爲現神變若得見
者心必清淨或聽我等往至佛所於是二子
念其父故踊在虛空高七多羅樹現種種神變
於虛空中行住坐臥身上出水身下出火身
下出水身上出火或現大身滿虛空中而復
現小小復現大於空中滅忽然在地入地如水
履水如地現如是等種種神變令其父王
心淨信解時父見子神力如是心大歡喜得
未曾有合掌向子言汝等師爲是誰誰之弟
子二白言大王彼雲雷音宿王華智佛今
在七寶菩提樹下法座上坐於一切世間天
人衆中廣說法華經是我等師我是弟子父
語子言我今亦欲見汝等師可共俱往於是
二子從空中下到其母所合掌白母父王今
已信解堪任發阿耨多羅三藐三菩提心我

BD04360 號　妙法蓮華經卷七　（3–3）

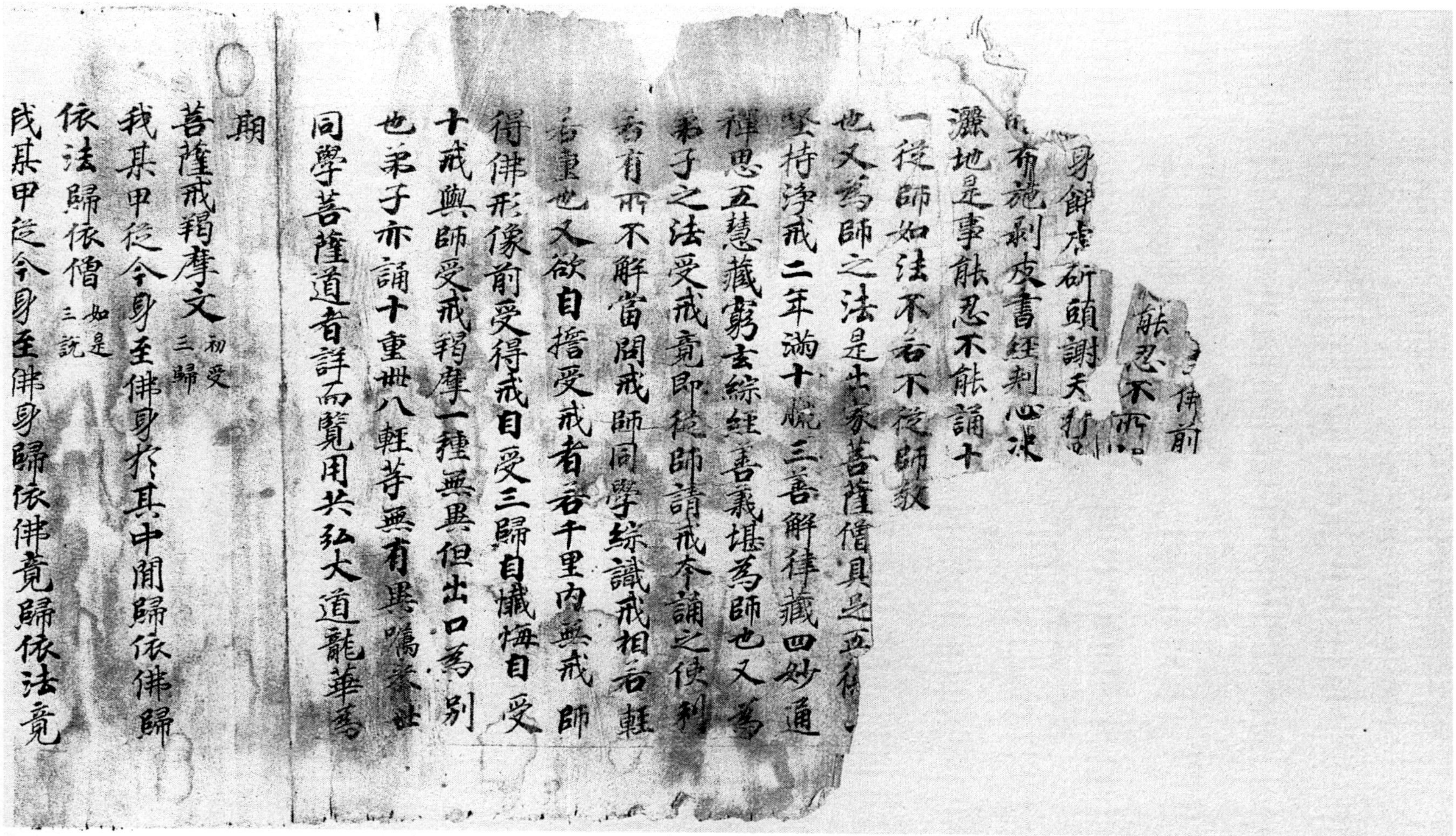

⋯佛前
能忍不爲⋯
身餌虎斫頭謝天⋯
⋯布施剥皮書經剌心⋯
灑地是事能忍不能誦十
一從師如法不吝不從師教
也又爲師之法是出家菩薩僧具足五德
堅持淨戒二年滿十臘三善解律藏四妙通
禪思五慧藏窮玄綜經書義堪爲師也又爲
弟子之法受戒竟即從師請戒本誦之使利
若有所不解當聞戒師同學綜識戒相若輕
若重也又欲自擔受戒者若千里內無戒師
得佛形像前受得戒自受三歸自懺悔自受
十戒與師受戒羯磨一種無異但出口爲別
也弟子亦誦十重卌八輕等無有異鳴⋯
同學菩薩道者詳而覽用共弘大道龍華爲
期
菩薩戒羯磨文　初受三歸
我某甲從今身至佛身於其中間歸依佛歸
依法歸依僧　如是三說
我某甲從今身至佛身歸依佛竟歸依法竟

BD04361 號 1　鳩摩羅什法師誦法　（3–1）

世弟子甫諦十重卌八輕菩無有……
同學菩薩道者詳而覽用共弘大道龍華爲
期
菩薩戒羯磨文 初受三歸
我某甲從今身至佛身於其中間歸依佛歸
依法歸依僧 如是三說
我某甲從今身至佛身歸依佛竟歸依法竟
歸依僧竟 如是三說 汝為懺悔
我某甲從無始生死已來身業不善行煞盜
婬口業不善妄言綺語兩舌惡罵意業不善
貪瞋邪見是十惡罪三世煩惱一切業鄣今 弟子
於佛前發露懺悔願罪滅福生常與佛會
起三 礼師
汝今已身清淨口清淨意清淨已佛像前發
露懺悔竟三業清淨如淨瑠璃內外明徹信
心具足真發菩提心發大勇猛心起大精進
心吾今為汝授菩薩十無盡戒諦聽諦聽善
思念之如法脩行正心正意 如是三說 十戒与弟子
我某甲從今身至佛身於其中間不得自煞
教人煞是菩薩戒不得犯能持不 其受者答言能
我某甲從今身至佛身於其中間不得自盜
教人盜是菩薩戒不得犯能持不
我某甲從今身至佛身於其中間不得自婬
教人婬是菩薩戒不得犯能持不
我某甲從今身至佛身於其中間不得自妄
語教人妄語是菩薩戒不得犯能持不

BD04361號2　初受三歸菩薩戒羯磨文（擬）　（3–2）

汝為懺悔
我某甲從無始生死已來身業不善行煞盜
婬口業不善妄言綺語兩舌惡罵意業不善
貪瞋邪見是十惡罪三世煩惱一切業鄣今 弟子
於佛前發露懺悔願罪滅福生常與佛會
起三 礼師
汝今已身清淨口清淨意清淨已佛像前發
露懺悔竟三業清淨如淨瑠璃內外明徹信
心具足真發菩提心發大勇猛心起大精進
心吾今為汝授菩薩十無盡戒諦聽諦聽善
思念之如法脩行正心正意 如是三說 十戒与弟子
我某甲從今身至佛身於其中間不得自煞
教人煞是菩薩戒不得犯能持不 其受者答言能
我某甲從今身至佛身於其中間不得自盜
教人盜是菩薩戒不得犯能持不
我某甲從今身至佛身於其中間不得自婬
教人婬是菩薩戒不得犯能持不
我某甲從今身至佛身於其中間不得自妄
語教人妄語是菩薩戒不得犯能持不
我某甲從今身至佛身於其中間不得自沽
酒教人沽酒是菩薩戒不得犯能持不

BD04361號2　初受三歸菩薩戒羯磨文（擬）　（3–3）

多羅三藐三菩提者於法不說斷滅相須
菩提若菩薩以滿恒河沙等世界七寶布施
若復有人知一切法无我得成於忍此菩薩
勝前菩薩所得功德須菩提以諸菩薩不受
福德故須菩提白佛言世尊云何菩薩不受
福德須菩提菩薩所作福德不應貪著是
故說不受福德
須菩提若有人言如來若來若去若坐若卧
是人不解我所說義何以故如來者无所從
來亦无所去故名如來
須菩提若善男子善女人以三千大千世界
碎為微塵於意云何是微塵衆寧為多不
甚多世尊何以故若是微塵衆實有者佛則
不說是微塵衆所以者何佛說微塵衆則非
微塵衆是名微塵衆世尊如來所說三千大
千世界則非世界是名世界何以故若世界實
有者則是一合相如來說一合相則非一合相
是名一合相須菩提一合相者則是不可說
但凡夫之人貪著其事須菩提若人言佛說
我見人見衆生見壽者見須菩提於意云何

BD04362號　金剛般若波羅蜜經　（3–1）

甚多世尊何以故若是微塵衆實有者佛則
不說是微塵衆所以者何佛說微塵衆則非
微塵衆是名微塵衆世尊如來所說三千大
千世界則非世界是名世界何以故若世界實
有者則是一合相如來說一合相則非一合相
是名一合相須菩提一合相者則是不可說
但凡夫之人貪著其事須菩提若人言佛說
我見人見衆生見壽者見須菩提於意云何
是人解我所說義不世尊是人不解如來所
說義何以故世尊說我見人見衆生見壽者
見即非我見人見衆生見壽者見是名我見
人見衆生見壽者見須菩提發阿耨多羅三
藐三菩提心者於一切法應如是知如是見
如是信解不生法相須菩提所言法相者如
來說即非法相是名法相須菩提若有人以滿
无量阿僧祇世界七寶持用布施若有善男
子善女人發菩薩心者持於此經乃至四句
偈等受持讀誦為人演說其福勝彼云何為
人演說不取於相如如不動何以故
一切有為法　如夢幻泡影　如露亦如電　應作如是觀
佛說是經已長老須菩提及諸比丘比丘尼
優婆塞優婆夷一切世間天人阿脩羅聞佛
所說皆大歡喜信受奉持

金剛般若波羅蜜經

BD04362號　金剛般若波羅蜜經　（3–2）

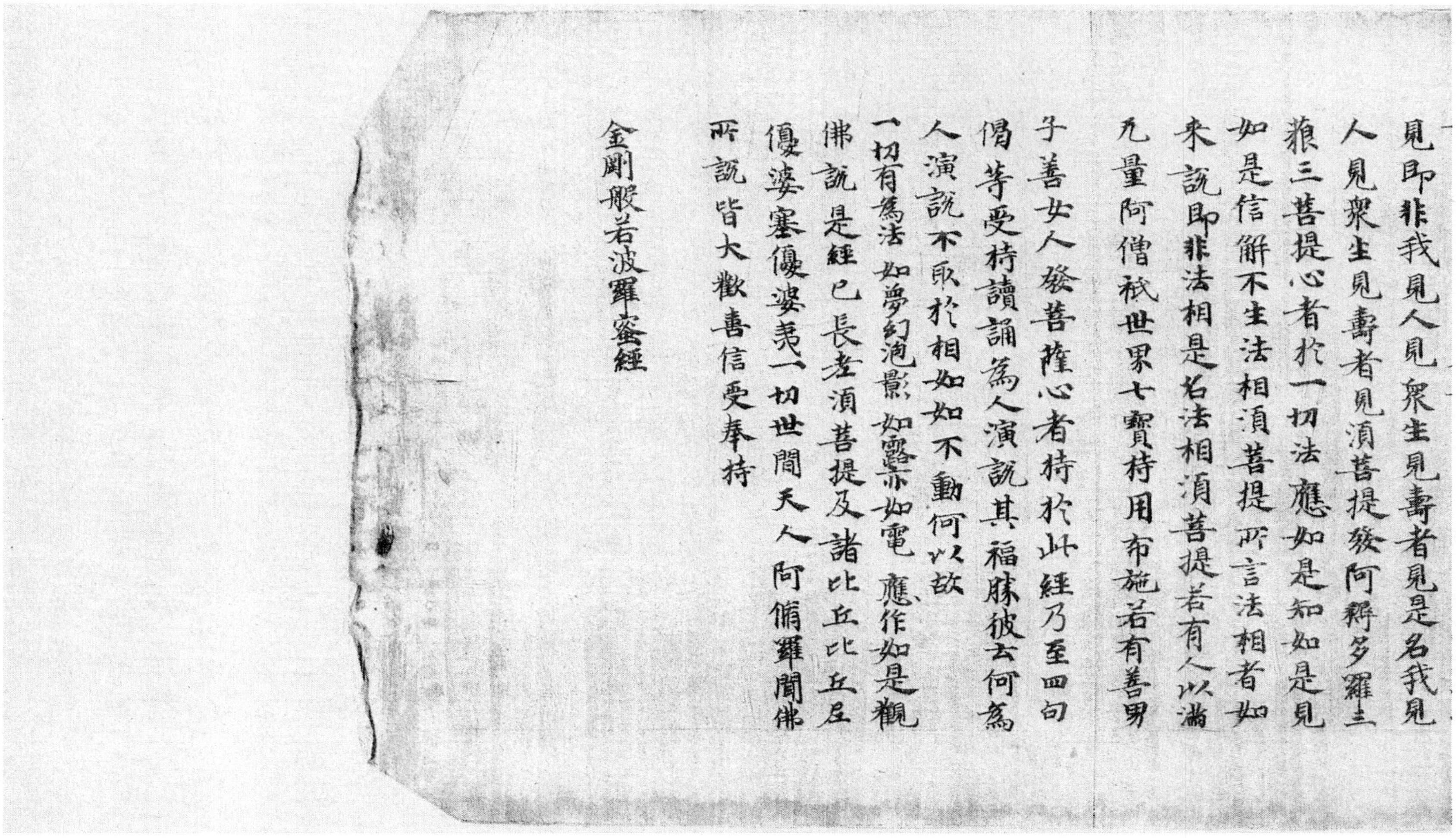
見即非我見人見衆生見壽者見是名我見
人見衆生見壽者見須菩提發阿耨多羅三
藐三菩提心者於一切法應如是知如是見
如是信解不生法相須菩提所言法相者如
來說即非法相是名法相須菩提若有人以滿
无量阿僧祇世界七寶持用布施若有善男
子善女人發菩薩心者持於此經乃至四句
偈等受持讀誦為人演說其福勝彼云何為
人演說不取於相如如不動何以故
一切有為法 如夢幻泡影 如露亦如電 應作如是觀
佛說是經已長老須菩提及諸比丘比丘尼
優婆塞優婆夷一切世間天人阿脩羅聞佛
所說皆大歡喜信受奉持
金剛般若波羅蜜經

BD04362 號　金剛般若波羅蜜經 （3–3）

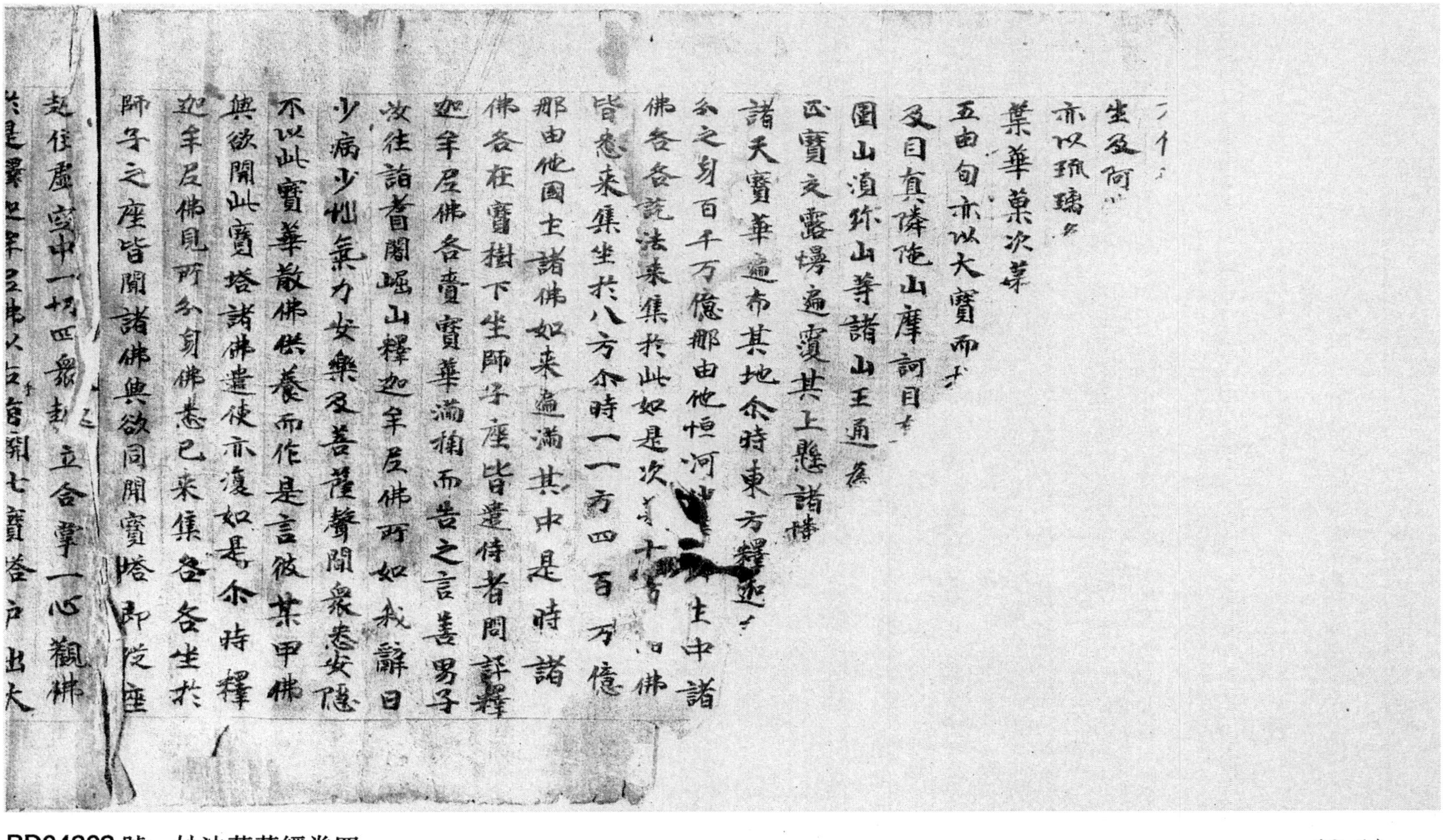
生及阿
亦以琉璃
葉華菓次第
五由旬亦以大寶而
及目真隣陁山摩訶目
圍山須弥山等諸山王通為
正寶交露幔遍覆其上懸諸幡
諸天寶華遍布其地尒時東方釋迦
分之身百千万億那由他恒河　土中諸
佛各各說法來集於此如是次　十　佛
皆悉來集坐於八方尒時一一方四百万億
那由他國土諸佛如來遍滿其中是時諸
佛各在寶樹下坐師子座皆遣侍者問訊釋
迦牟尼佛各賫寶華滿掬而告之言善男子
汝往詣耆闍崛山釋迦牟尼佛所如我辭曰
少病少惱氣力安樂及菩薩聲聞衆悉安隱
不以此寶華散佛供養而作是言彼某甲佛
與欲開此寶塔諸佛遣使亦復如是尒時釋
迦牟尼佛見所分身佛悉已來集各各坐於
師子之座皆聞諸佛與欲同開寶塔即從座
起住虛空中一切四衆起立合掌一心觀佛
於是釋迦牟尼佛以右指開七寶塔戶出大

BD04363 號　妙法蓮華經卷四 （3–1）

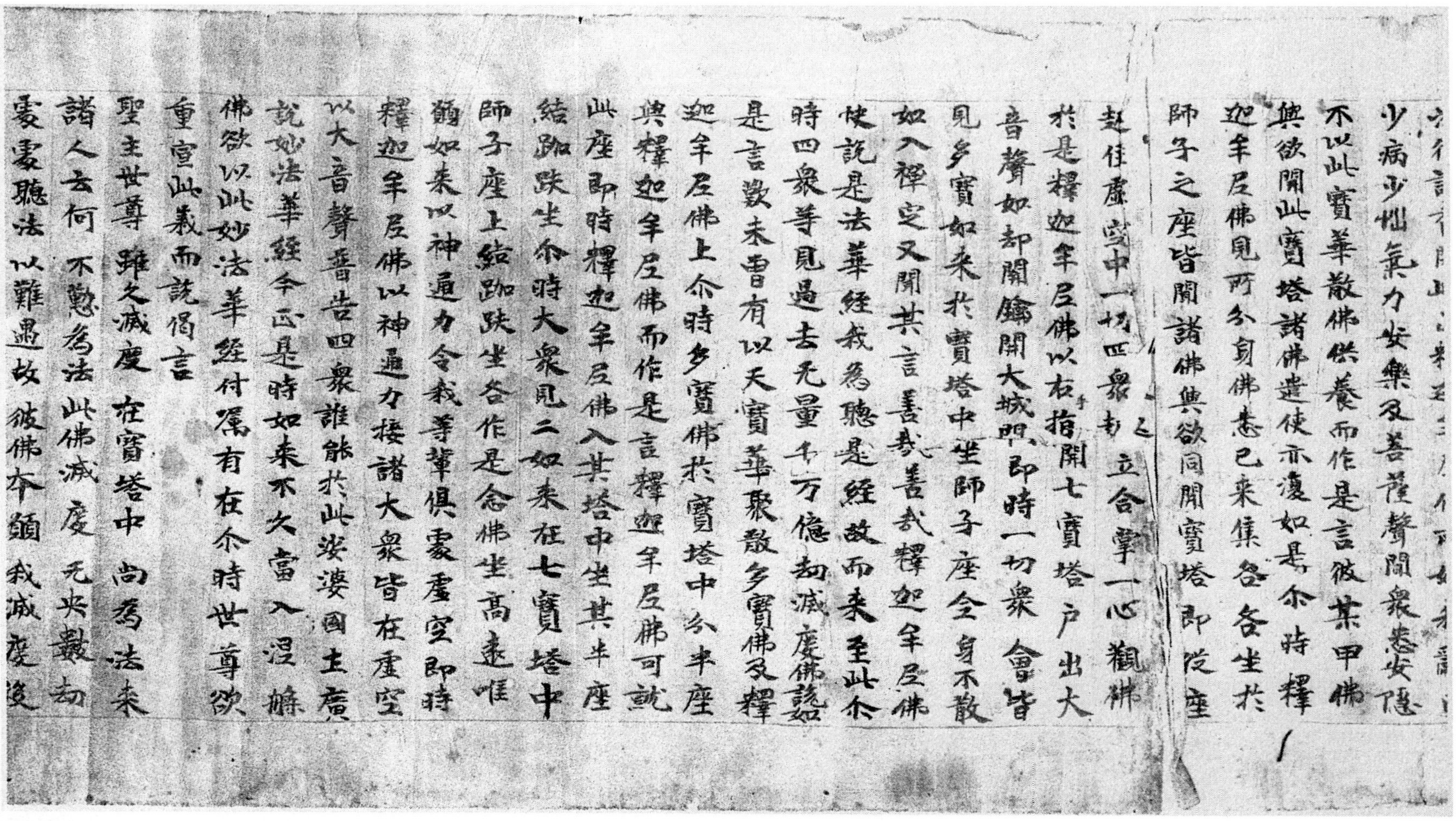

[illegible]
少病少惱氣力安樂及菩薩聲聞衆悉安隱
不以此寶華散佛供養而作是言彼某甲佛
與欲開此寶塔諸佛遣使亦復如是尒時釋
迦牟尼佛見所分身佛悉已来集各各坐於
師子之座皆聞諸佛與欲同開寶塔即從座
起住虛空中一切四衆起立合掌一心觀佛
於是釋迦牟尼佛以右指開七寶塔戶出大
音聲如却關鑰開大城門即時一切衆會皆
見多寶如来於寶塔中坐師子座全身不散
如入禪定又聞其言善哉善哉釋迦牟尼佛
快說是法華經我為聽是經故而来至此尒
時四衆等見過去无量千万億劫滅度佛說
是言歎未曾有以天寶華聚散多寶佛及釋
迦牟尼佛上尒時多寶佛於寶塔中分半座
與釋迦牟尼佛而作是言釋迦牟尼佛可就
此座即時釋迦牟尼佛入其塔中坐其半座
結跏趺坐尒時大衆見二如来在七寶塔中
師子座上結跏趺坐各作是念佛坐高遠惟
願如来以神通力令我等輩俱處虛空即時
釋迦牟尼佛以神通力接諸大衆皆在虛空
以大音聲普告四衆誰能於此娑婆國土廣
說妙法華經今正是時如来不久當入涅槃
佛欲以此妙法華經付囑有在尒時世尊欲
重宣此義而說偈言
聖主世尊　雖久滅度　在寶塔中　尚為法来
諸人云何　不懃為法　此佛滅度　无央數劫
處處聽法　以難遇故　彼佛本願　我滅度後

BD04363號　妙法蓮華經卷四

(3–2)

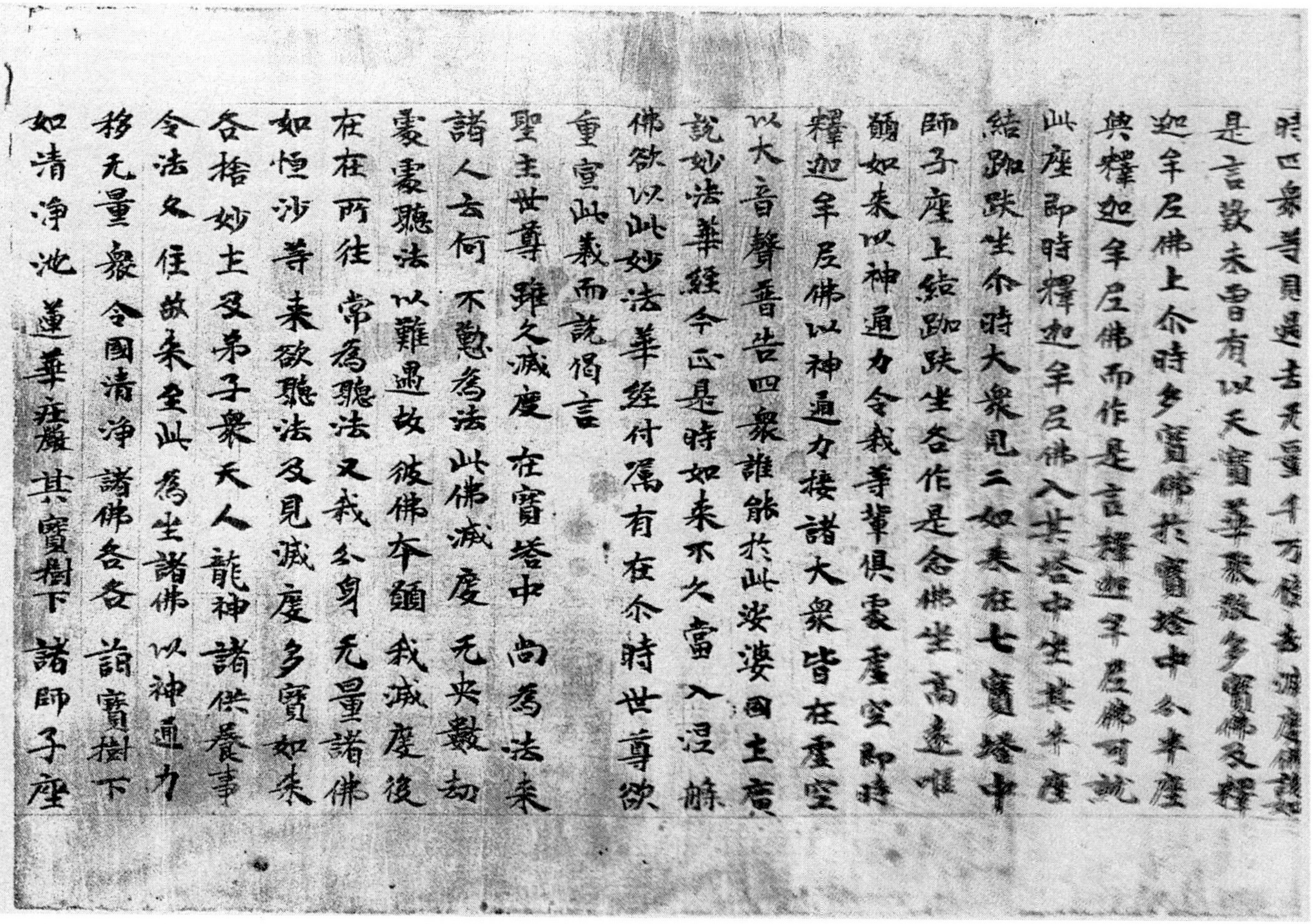

時四衆等見過去无量千万億劫滅度佛說
是言歎未曾有以天寶華聚散多寶佛及釋
迦牟尼佛上尒時多寶佛於寶塔中分半座
與釋迦牟尼佛而作是言釋迦牟尼佛可就
此座即時釋迦牟尼佛入其塔中坐其半座
結跏趺坐尒時大衆見二如来在七寶塔中
師子座上結跏趺坐各作是念佛坐高遠惟
願如来以神通力令我等輩俱處虛空即時
釋迦牟尼佛以神通力接諸大衆皆在虛空
以大音聲普告四衆誰能於此娑婆國土廣
說妙法華經今正是時如来不久當入涅槃
佛欲以此妙法華經付囑有在尒時世尊欲
重宣此義而說偈言
聖主世尊　雖久滅度　在寶塔中　尚為法来
諸人云何　不懃為法　此佛滅度　无央數劫
處處聽法　以難遇故　彼佛本願　我滅度後
在在所往　常為聽法　又我分身　无量諸佛
如恒沙等　来欲聽法　及見滅度　多寶如来
各捨妙土　及弟子衆　天人龍神　諸供養事
令法久住　故来至此　為坐諸佛　以神通力
移无量衆　令國清淨　諸佛各各　詣寶樹下
如清淨池　蓮華莊嚴　其寶樹下　諸師子座

BD04363號　妙法蓮華經卷四

(3–3)

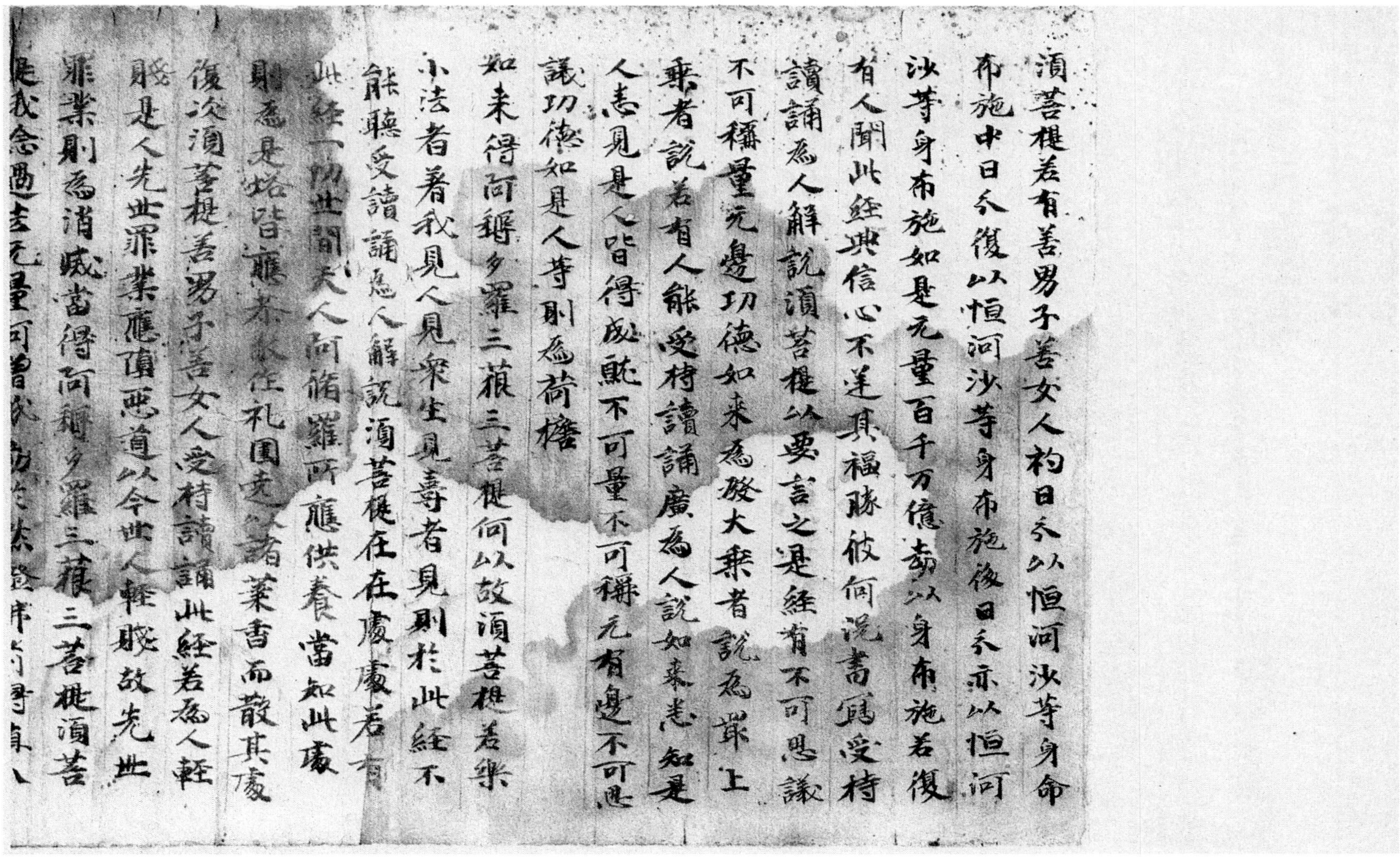
須菩提若有善男子善女人初日分以恒河沙等身命
布施中日分復以恒河沙等身布施後日分亦以恒河
沙等身布施如是无量百千万億劫以身布施若復
有人聞此經典信心不逆其福勝彼何況書寫受持
讀誦為人解說須菩提以要言之是經有不可思議
不可稱量无邊功德如来為發大乘者說為發㝡上
乘者說若有人能受持讀誦廣為人說如来悉知是
人悉見是人皆得成就不可量不可稱无有邊不可思
議功德如是人等則為荷擔
如来阿耨多羅三藐三菩提何以故須菩提若樂
小法者著我見人見衆生見壽者見則於此經不
能聽受讀誦為人解說須菩提在在處處若有
此經一切世間天人阿脩羅所應供養當知此處
則為是塔皆應恭敬作礼圍遶以諸華香而散其處
復次須菩提善男子善女人受持讀誦此經若為人輕
賤是人先世罪業應墮惡道以今世人輕賤故先世
罪業則為消滅當得阿耨多羅三藐三菩提須菩
提我念過去无量阿僧祇劫於然燈佛前得值八

BD04364 號　金剛般若波羅蜜經　（4–1）

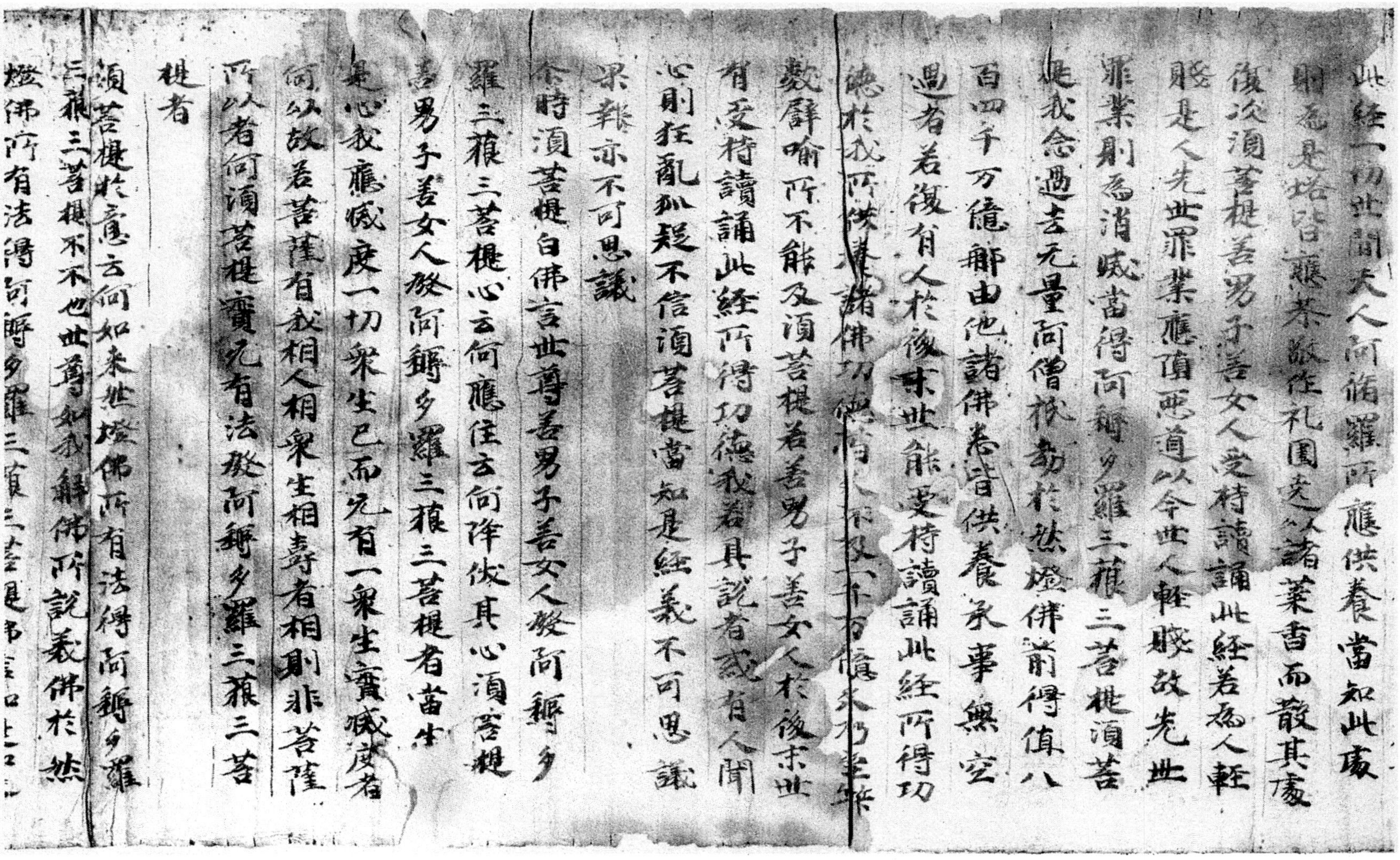
此經一切世間天人阿脩羅所應供養當知此處
則為是塔皆應恭敬作礼圍遶以諸華香而散其處
復次須菩提善男子善女人受持讀誦此經若為人輕
賤是人先世罪業應墮惡道以今世人輕賤故先世
罪業則為消滅當得阿耨多羅三藐三菩提須菩
提我念過去无量阿僧祇劫於然燈佛前得值八
百四千万億那由他諸佛悉皆供養承事無空
過者若復有人於後末世能受持讀誦此經所得功
德於我所供養諸佛功德百分不及一千万億分乃至筭
數譬喻所不能及須菩提若善男子善女人於後末世
有受持讀誦此經所得功德我若具說者或有人聞
心則狂亂狐疑不信須菩提當知是經義不可思議
果報亦不可思議
尒時須菩提白佛言世尊善男子善女人發阿耨多
羅三藐三菩提心云何應住云何降伏其心須菩提
善男子善女人發阿耨多羅三藐三菩提者當生
是心我應滅度一切衆生已而无有一衆生實滅度者
何以故若菩薩有我相人相衆生相壽者相則非菩薩
所以者何須菩提實无有法發阿耨多羅三藐三菩
提者
須菩提於意云何如来於然燈佛所有法得阿耨多羅
三藐三菩提不不也世尊如我解佛所說義佛於然
燈佛所有法得阿耨多羅三藐三菩提[illegible]

BD04364 號　金剛般若波羅蜜經　（4–2）

善男子善女人發阿耨多羅三藐三菩提者當生
如是心我應滅度一切衆生已而无有一衆生實滅度者
何以故若菩薩有我相人相衆生相壽者相則非菩薩
所以者何須菩提實无有法發阿耨多羅三藐三菩
提者
須菩提於意云何如來於然燈佛所有法得阿耨多羅
三藐三菩提不不也世尊如我解佛所說義佛於然
燈佛所有法得阿耨多羅三藐三菩提佛言如是如是
須菩提實无有法如來得阿耨多羅三藐三菩提須
菩提若有法如來得阿耨多羅三藐三菩提然燈佛
則不與我受記汝於來世當得作佛号釋迦牟尼以實
无有法得阿耨多羅三藐三菩提是故然燈佛與我受
記作是言汝於來世當得作佛号釋迦牟尼何以故如來
者即諸法如義若有人言如來得阿耨多羅三藐三菩提
須菩提實无有法佛得阿耨多羅三藐三菩提須菩提如
來所得阿耨多羅三藐三菩提於是中无實无虛是故
如來說一切法皆是佛法須菩提所言一切法者即非一
切法是故名一切法
須菩提譬如人身長大須菩提言世尊如來說人身長
大則為非大身是名大身
須菩提菩薩亦如是若作是言我當滅度无量衆生則
不名菩薩何以故須
說一切法无我无人

BD04364 號　金剛般若波羅蜜經　（4–3）

燈佛所有法得阿耨多羅三藐三菩提佛言如是如是
須菩提實无有法如來得阿耨多羅三藐三菩提須
菩提若有法如來得阿耨多羅三藐三菩提然燈佛
則不與我受記汝於來世當得作佛号釋迦牟尼以實
无有法得阿耨多羅三藐三菩提是故然燈佛與我受
記作是言汝於來世當得作佛号釋迦牟尼何以故如來
者即諸法如義若有人言如來得阿耨多羅三藐三菩提
須菩提實无有法佛得阿耨多羅三藐三菩提須菩提如
來所得阿耨多羅三藐三菩提於是中无實无虛是故
如來說一切法皆是佛法須菩提所言一切法者即非一
切法是故名一切法
須菩提譬如人身長大須菩提言世尊如來說人身長
大則為非大身是名大身
須菩提菩薩亦如是若作是言我當滅度无量衆生則
不名菩薩何以故須
說一切法无我无人
是言我當莊嚴佛
佛土者即非莊嚴須
說名真是菩薩

BD04364 號　金剛般若波羅蜜經　（4–4）

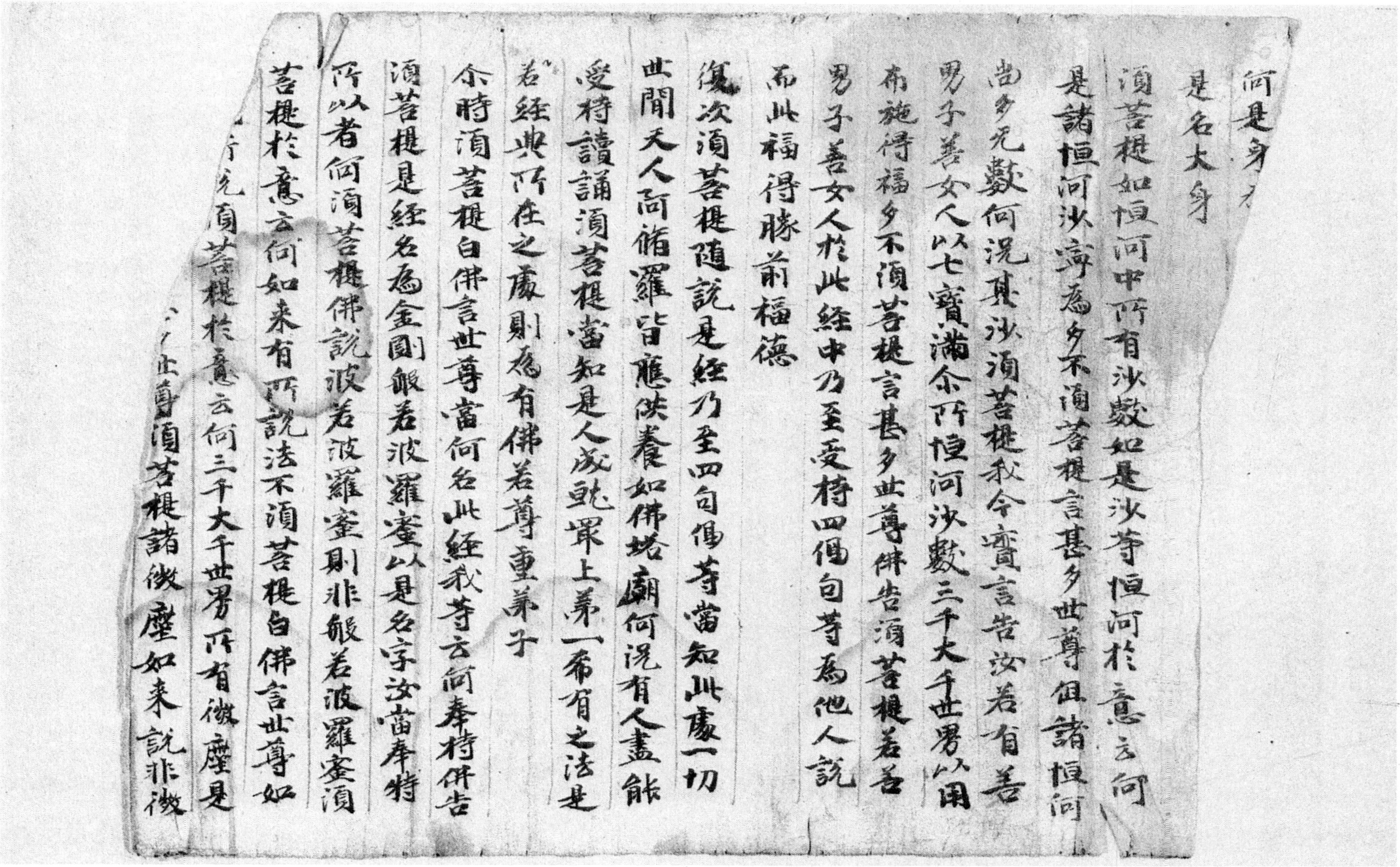

何是身不
是名大身
須菩提如恒河中所有沙數如是沙等恒河於意云何
是諸恒河沙寧為多不須菩提言甚多世尊但諸恒河
尚多无數何況其沙須菩提我今實言告汝若有善
男子善女人以七寶滿尔所恒河沙數三千大千世界以用
布施得福多不須菩提言甚多世尊佛告須菩提若善
男子善女人於此經中乃至受持四偈句等為他人說
而此福德勝前福德
復次須菩提隨說是經乃至四句偈等當知此處一切
世間天人阿脩羅皆應供養如佛塔廟何況有人盡能
受持讀誦須菩提當知是人成就最上第一希有之法若是
經典所在之處則為有佛若尊重弟子
尔時須菩提白佛言世尊當何名此經我等云何奉持佛告
須菩提是經名為金剛般若波羅蜜以是名字汝當奉持
所以者何須菩提佛說般若波羅蜜則非般若波羅蜜須
菩提於意云何如來有所說法不須菩提白佛言世尊如
所說須菩提於意云何三千大千世界所有微塵是
世尊須菩提諸微塵如來說非微

BD04365 號　金剛般若波羅蜜經　　（1–1）

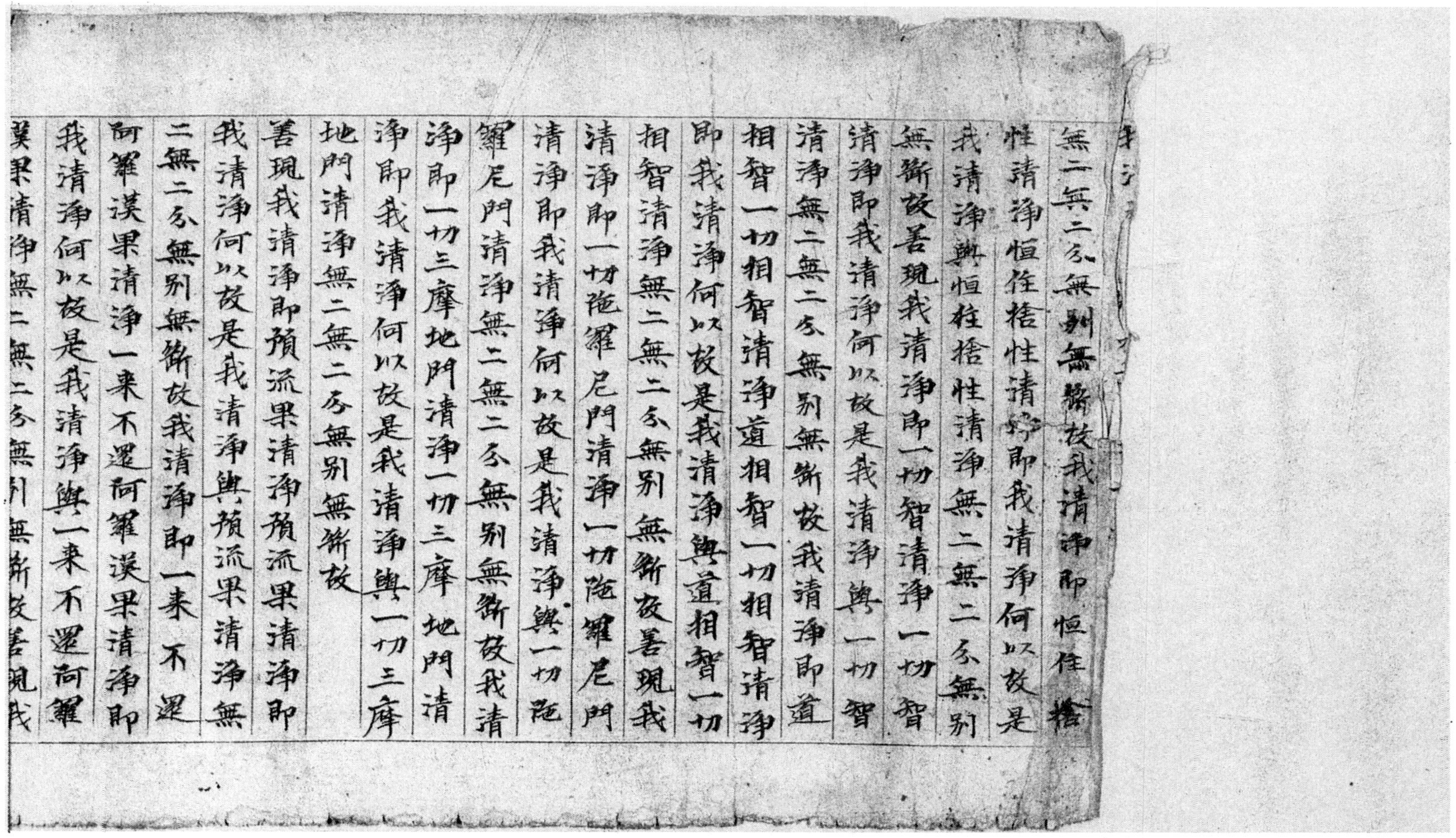

無二無二分無別無斷故我清淨即恒住捨
性清淨恒住捨性清淨即我清淨何以故是
我清淨與恒住捨性清淨無二無二分無別
無斷故善現我清淨即一切智清淨一切智
清淨即我清淨何以故是我清淨與一切智
清淨無二無二分無別無斷故我清淨即道
相智一切相智清淨道相智一切相智清淨
即我清淨何以故是我清淨與道相智一切
相智清淨無二無二分無別無斷故善現我
清淨即一切陁羅尼門清淨一切陁羅尼門
清淨即我清淨何以故是我清淨與一切陁
羅尼門清淨無二無二分無別無斷故我清
淨即一切三摩地門清淨一切三摩地門清
淨即我清淨何以故是我清淨與一切三摩
地門清淨無二無二分無別無斷故
善現我清淨即預流果清淨預流果清淨即
我清淨何以故是我清淨與預流果清淨無
二無二分無別無斷故我清淨即一來不還
阿羅漢果清淨一來不還阿羅漢果清淨即
我清淨何以故是我清淨與一來不還阿羅
漢果清淨無二無二分無別無斷故善現我

BD04366 號　大般若波羅蜜多經卷一九〇　　（14–1）

淨即我清淨何以故是我清淨與一切三摩
地門清淨無二無二分無別無斷故
善現我清淨即預流果清淨預流果清淨即
我清淨何以故是我清淨與預流果清淨無
二無二分無別無斷故我清淨即一來不還
阿羅漢果清淨一来不還阿羅漢果清淨即
我清淨何以故是我清淨與一来不還阿羅
漢果清淨無二無二分無別無斷故善現我
清淨即獨覺菩提清淨獨覺菩提清淨即我
清淨何以故是我清淨與獨覺菩提清淨無
二無無二分無別無斷故善現我清淨即一切
菩薩摩訶薩行清淨一切菩薩摩訶薩行清
淨即我清淨何以故是我清淨與一切菩薩
摩訶薩行清淨無二無二分無別無斷故善
現我清淨即諸佛無上正等菩提清淨諸佛
無上正等菩提清淨即我清淨何以故是我
清淨與諸佛無上正等菩提清淨無二無二
分無別無斷故
復次善現有情清淨即色清淨色清淨即有
情清淨何以故是有情清淨與色清淨無二
無二分無別無斷故有情清淨即受想行識
清淨受想行識清淨即有情清淨何以故是
有情清淨與受想行識清淨無二無二分無
別無斷故善現有情清淨即眼處清淨眼處
清淨即有情清淨何以故是有情清淨與眼
處清淨無二無二分無別無斷故有情清淨
即耳鼻舌身意處清淨耳鼻舌身意處清淨

BD04366號　大般若波羅蜜多經卷一九〇　（14–2）

清淨受想行識清淨即有情清淨何以故是
有情清淨與受想行識清淨無二無二分無
別無斷故善現有情清淨即眼處清淨眼處
清淨即有情清淨何以故是有情清淨與眼
處清淨無二無二分無別無斷故有情清淨
即耳鼻舌身意處清淨耳鼻舌身意處清淨
即有情清淨何以故是有情清淨與耳鼻舌
身意處清淨無二無二分無別無斷故善現
有情清淨即色處清淨色處清淨即有情淨
淨何以故是有情清淨與色處清淨無二無
二分無別無斷故有情清淨即聲香味觸法
處清淨聲香味觸法處清淨即有情清淨何
以故是有情清淨與聲香味觸法處清淨無
二無二無二分無別無斷故善現有情清淨即眼
界清淨眼界清淨即有情清淨何以故是有
情清淨與眼界清淨無二無二分無別無斷
故有情清淨即色界眼識界及眼觸眼觸為
緣所生諸受清淨色界乃至眼觸為緣所生
諸受清淨即有情清淨何以故是有情清淨
與色界乃至眼觸為緣所生諸受清淨無二
無二分無別無斷故善現有情清淨即耳界
清淨耳界清淨即有情清淨何以故是有情
清淨與耳界清淨無二無二分無別無斷故
有情清淨即聲界耳識界及耳觸耳觸為緣
所生諸受清淨聲界乃至耳觸為緣所生諸
受清淨即有情清淨何以故是有情清淨與
聲界乃至耳觸為緣所生諸受清淨無二無
二分無別無斷故善現有情清淨即鼻界清

BD04366號　大般若波羅蜜多經卷一九〇　（14–3）

清淨與耳界清淨無二無二分無別無斷故
有情清淨即聲界耳識界及耳觸耳觸為緣
所生諸受清淨聲界乃至耳觸為緣所生諸
受清淨即有情清淨何以故是有情清淨與
聲界乃至耳觸為緣所生諸受清淨無二無
二分無別無斷故善現有情清淨即鼻界清
淨鼻界清淨即有情清淨何以故是有情清
淨與鼻界清淨無二無二分無別無斷故有
情清淨即香界鼻識界及鼻觸鼻觸為緣所
生諸受清淨香界乃至鼻觸為緣所生諸受
清淨即有情清淨何以故是有情清淨與香
界乃至鼻觸為緣所生諸受清淨無二無二
分無別無斷故善現有情清淨即舌界清淨
舌界清淨即有情清淨何以故是有情清淨
與舌界清淨無二無二分無別無斷故有情
清淨即味界舌識界及舌觸舌觸為緣所生
諸受清淨味界乃至舌觸為緣所生諸受清
淨即有情清淨何以故是有情清淨與味界
乃至舌觸為緣所生諸受清淨無二無二分
無別無斷故善現有情清淨即身界清淨身
界清淨即有情清淨何以故是有情清淨與
身界清淨無二無二分無別無斷故有情清
淨即觸界身識界及身觸身觸為緣所生諸
受清淨觸界乃至身觸為緣所生諸受清淨
即有情清淨何以故是有情清淨與觸界乃
至身觸為緣所生諸受清淨無二無二分無
別無斷故善現有情清淨即意界清淨意界

BD04366號　大般若波羅蜜多經卷一九〇　（14–4）

身界清淨無二無二分無別無斷故有情清
淨即觸界身識界及身觸身觸為緣所生諸
受清淨觸界乃至身觸為緣所生諸受清淨
即有情清淨何以故是有情清淨與觸界乃
至身觸為緣所生諸受清淨無二無二分無
別無斷故善現有情清淨即意界清淨意界
清淨即有情清淨何以故是有情清淨與意
界清淨無二無二分無別無斷故有情清淨
即法界意識界及意觸意觸為緣所生諸受
清淨法界乃至意觸為緣所生諸受清淨即
有情清淨何以故是有情清淨與法界乃至
意觸為緣所生諸受清淨無二無二分無別
無斷故
善現有情清淨即地界清淨地界清淨即有
情清淨何以故是有情清淨與地界清淨無
二無二分無別無斷故有情清淨即水火風
空識界清淨水火風空識界清淨即有情清
淨何以故是有情清淨與水火風空識界清
淨無二無二分無別無斷故善現有情清淨
即無明清淨無明清淨即有情清淨何以故
是有情清淨與無明清淨無二無二分無別
無別故有情清淨即行識名色六處觸受愛
取有生老死愁歎苦憂惱清淨行乃至老死
愁歎苦憂惱清淨即有情清淨何以故是有
情清淨與行乃至老死愁歎苦憂惱清淨無
二無二分無別無斷故
善現有情清淨即布施波羅蜜多清淨布施

BD04366號　大般若波羅蜜多經卷一九〇　（14–5）

取有生老死愁歎苦憂惱清淨行乃至老死
愁歎苦憂惱清淨即有情清淨何以故是有
情清淨與行乃至老死愁歎苦憂惱清淨無
二無二分無別無斷故
善現有情清淨即布施波羅蜜多清淨布施
波羅蜜多清淨即有情清淨何以故是有情
清淨與布施波羅蜜多清淨無二無二分無
別無斷故有情清淨即淨戒安忍精進靜慮
般若波羅蜜多清淨淨戒乃至般若波羅蜜
多清淨即有情清淨何以故是有情清淨與
淨戒乃至般若波羅蜜多清淨無二無二分
無別無斷故善現有情清淨即內空清淨內
空清淨即有情清淨何以故是有情清淨與
內空清淨無二無二分無別無斷故有情清
淨即外空內外空空空大空勝義空有為空
無為空畢竟空無際空散空無變異空本性
空自相空共相空一切法空不可得空無性
空自性空無性自性空清淨外空乃至無性
自性空清淨即有情清淨何以故是有情清
淨與外空乃至無性自性空清淨無二無二
分無別無斷故善現有情清淨即真如清淨
真如清淨即有情清淨何以故是有情清淨
與真如清淨無二無二分無別無斷故有情
清淨即法界法性不虛妄性不變異性平等
性離生性法定法住實際虛空界不思議界
清淨法界乃至不思議界清淨即有情清淨
何以故是有情清淨與法界乃至不思議界
清淨無二無二分無別無斷故善現有情清

真如清淨即有情清淨何以故是有情清淨
與真如清淨無二無二分無別無斷故有情
清淨即法界法性不虛妄性不變異性平等
性離生性法定法住實際虛空界不思議界
清淨法界乃至不思議界清淨即有情清淨
何以故是有情清淨與法界乃至不思議界
清淨無二無二分無別無斷故善現有情清
淨即苦聖諦清淨苦聖諦清淨即有情清淨
何以故是有情清淨與苦聖諦清淨無二無
二分無別無斷故有情清淨即集滅道聖諦
清淨集滅道聖諦清淨即有情清淨何以故
是有情清淨與集滅道聖諦清淨無二無二
分無別無斷故善現有情清淨即四靜慮清
淨四靜慮清淨即有情清淨何以故是有情
清淨與四靜慮清淨無二無二分無別無斷
故有情清淨即四無量四無色定清淨四無
量四無色定清淨即有情清淨何以故是有
情清淨與四無量四無色定清淨無二無二
分無別無斷故善現有情清淨即八解脫清
淨八解脫清淨即有情清淨何以故是有情
清淨與八解脫清淨無二無二分無別無斷
故有情清淨即八勝處九次第定十遍處清
淨八勝處九次第定十遍處清淨即有情清
淨何以故是有情清淨與八勝處九次第定
十遍處清淨無二無二分無別無斷故善現
有情清淨即四念住清淨四念住清淨即有
情清淨何以故是有情清淨與四念住清淨
無二無二分無別無斷故善現有情清淨即

淨八勝處九次第定十遍處清淨即有情清
淨何以故是有情清淨與八勝處九次第定
十遍處清淨無二無二分無別無斷故善現
有情清淨即四念住清淨四念住清淨即有
情清淨何以故是有情清淨與四念住清淨
無二無二分無別無斷故有情清淨即四正
斷四神足五根五力七等覺支八聖道支清
淨四正斷乃至八聖道支清淨即有情清淨
何以故是有情清淨與四正斷乃至八聖道
支清淨無二無二分無別無斷故善現有情
清淨即空解脫門清淨空解脫門清淨即有
情清淨何以故是有情清淨與空解脫門清
淨無二無二分無別無斷故有情清淨即無
相無願解脫門清淨無相無願解脫門清淨
即有情清淨何以故是有情清淨與無相無
願解脫門清淨無二無二分無別無斷故善
現有情清淨即菩薩十地清淨菩薩十地清
淨即有情清淨何以故是有情清淨與菩薩十
地清淨無二無二分無別無斷故
善現有情清淨即五眼清淨五眼清淨即有
情清淨何以故是有情清淨與五眼清淨無
二無二分無別無斷故有情清淨即六神通
清淨六神通清淨即有情清淨何以故是有
情清淨與六神通清淨無二無二分無別無
斷故善現有情清淨即佛十力清淨佛十力
清淨即有情清淨何以故是有情清淨與佛
十力清淨無二無二分無別無斷故有情清

二無二分無別無斷故有情清淨即六神通
清淨六神通清淨即有情清淨何以故是有
情清淨與六神通清淨無二無二分無別無
斷故善現有情清淨即佛十力清淨佛十力
清淨即有情清淨何以故是有情清淨與佛
十力清淨無二無二分無別無斷故有情清
淨即四無所畏四無礙解大慈大悲大喜大
捨十八佛不共法清淨四無所畏乃至十八
佛不共法清淨即有情清淨何以故是有情
清淨與四無所畏乃至十八佛不共法清淨
無二無二分無別無斷故善現有情清淨即
無忘失法清淨無忘失法清淨即有情清淨
何以故是有情清淨與無忘失法清淨無二
無二分無別無斷故有情清淨即恒住捨性
清淨恒住捨性清淨即有情清淨何以故是
有情清淨與恒住捨性清淨無二無二分無
別無斷故善現有情清淨即一切智清淨一
切智清淨即有情清淨何以故是有情清淨
與一切智清淨無二無二分無別無斷故有
情清淨即道相智一切相智清淨道相智
一切相智清淨即有情清淨何以故是有情清
淨與道相智一切相智清淨無二無二分無
別無斷故善現有情清淨即一切陁羅尼門
清淨一切陁羅尼門清淨即有情清淨何以
故是有情清淨與一切陁羅尼門清淨無二
無二分無別無斷故有情清淨即一切三摩
地門清淨一切三摩地門清淨即有情清淨

淨與道相智一切相智清淨無二無二分無
別無斷故善現有情清淨即一切陀羅尼門
清淨一切陀羅尼門清淨即有情清淨何以
故是有情清淨與一切陀羅尼門清淨無二
無二分無別無斷故有情清淨即一切三摩
地門清淨一切三摩地門清淨即有情清淨
何以故是有情清淨與一切三摩地門清淨
無二無二分無別無斷故
善現有情清淨即預流果清淨預流果清淨
即有情清淨何以故是有情清淨與預流果
清淨無二無二分無別無斷故有情清淨即
一來不還阿羅漢果清淨一來不還阿羅漢
果清淨即有情清淨何以故是有情清淨與
一來不還阿羅漢果清淨無二無二分無別
無斷故善現有情清淨即獨覺菩提清淨獨
覺菩提清淨即有情清淨何以故是有情清
淨與獨覺菩提清淨無二無二分無別無斷
故善現有情清淨即一切菩薩摩訶薩行清
淨一切菩薩摩訶薩行清淨即有情清淨何
以故是有情清淨與一切菩薩摩訶薩行清
淨無二無二分無別無斷故善現有情清淨
即諸佛無上正等菩提清淨諸佛無上正等
菩提清淨即有情清淨何以故是有情清淨
與諸佛無上正等菩提清淨無二無二分無
別無斷故
復次善現命者清淨即色清淨色清淨即命
者清淨何以故是命者清淨與色清淨無二

菩提清淨即有情清淨何以故是有情清淨
與諸佛無上正等菩提清淨無二無二分無
別無斷故
復次善現命者清淨即色清淨色清淨即命
者清淨何以故是命者清淨與色清淨無二
無二分無別無斷故命者清淨即受想行識
清淨受想行識清淨即命者清淨何以故是
命者清淨與受想行識清淨無二無二分無
別無斷故善現命者清淨即眼處清淨眼處
清淨即命者清淨何以故是命者清淨與眼
處清淨無二無二分無別無斷故命者清淨
即耳鼻舌身意處清淨耳鼻舌身意處清
淨即命者清淨何以故是命者清淨與耳鼻舌
身意處清淨無二無二分無別無斷故善現
命者清淨即色處清淨色處清淨即命者清
淨何以故是命者清淨與色處清淨無二無
二分無別無斷故命者清淨即聲香味觸法
處清淨聲香味觸法處清淨即命者清淨何
以故是命者清淨與聲香味觸法處清淨無
二無二分無別無斷故善現命者清淨即眼
界清淨眼界清淨即命者清淨何以故是命
者清淨與眼界清淨無二無二分無別無斷
故命者清淨即色界眼識界及眼觸眼觸為
緣所生諸受清淨色界乃至眼觸為緣所生
諸受清淨即命者清淨何以故是命者清淨
與色界乃至眼觸為緣所生諸受清淨無二
無二分無別無斷故善現命者清淨即耳界

者清淨與眼界清淨無二無二分無別無斷
故命者清淨即色界眼識界及眼觸眼觸為
緣所生諸受清淨色界乃至眼觸為緣所生
諸受清淨即命者清淨何以故是命者清淨
與色界乃至眼觸為緣所生諸受清淨無二
無二分無別無斷故善現命者清淨即耳界
清淨耳界清淨即命者清淨何以故是命者
清淨與耳界清淨無二無二分無別無斷故
命者清淨即聲界耳識界及耳觸耳觸為緣
所生諸受清淨聲界乃至耳觸為緣所生諸
受清淨即命者清淨何以故是命者清淨與
聲界乃至耳觸為緣所生諸受清淨無二無
二分無別無斷故善現命者清淨即鼻界清
淨鼻界清淨即命者清淨何以故是命者清
淨與鼻界清淨無二無二分無別無斷故命
者清淨即香界鼻識界及鼻觸鼻觸為緣所
生諸受清淨香界乃至鼻觸為緣所生諸受
清淨即命者清淨何以故是命者清淨與香
界乃至鼻觸為緣所生諸受清淨無二無二
分無別無斷故善現命者清淨即舌界清淨
舌界清淨即命者清淨何以故是命者清淨
與舌界清淨無二無二分無別無斷故命者
清淨即味界舌識界及舌觸舌觸為緣所生
諸受清淨味界乃至舌觸為緣所生諸受清
淨即命者清淨何以故是命者清淨與味界
乃至舌觸為緣所生諸受清淨無二無二分
無別無斷故善現命者清淨即身界清淨身

BD04366號　大般若波羅蜜多經卷一九〇　（14–12）

諸受清淨味界乃至舌觸為緣所生諸受清
淨即命者清淨何以故是命者清淨與味界
乃至舌觸為緣所生諸受清淨無二無二分
無別無斷故善現命者清淨即身界清淨身
界清淨即命者清淨何以故是命者清淨與
身界清淨無二無二分無別無斷故命者清
淨即觸界身識界及身觸身觸為緣所生諸
受清淨觸界乃至身觸為緣所生諸受清淨
即命者清淨何以故是命者清淨與觸界乃
至身觸為緣所生諸受清淨無二無二分無
別無斷故善現命者清淨即意界清淨意界
清淨即命者清淨何以故是命者清淨與意
界清淨無二無二分無別無斷故命者清淨
即法界意識界及意觸意觸為緣所生諸受
清淨法界乃至意觸為緣所生諸受清淨即
命者清淨何以故是命者清淨與法界乃至
意觸為緣所生諸受清淨無二無二分無別
無斷故
善現命者清淨即地界清淨地界清淨即命
者清淨何以故是命者清淨與地界清淨無
二無二分無別無斷故命者清淨即水火風
空識界清淨水火風空識界清淨即命者清
淨何以故是命者清淨與水火風空識界清
淨無二無二分無別無斷故善現命者清淨
即無明清淨無明清淨即命者清淨何以故
是命者清淨與無明清淨無二無二分無別

BD04366號　大般若波羅蜜多經卷一九〇　（14–13）

善現命者清淨即地界清淨地界清淨即命
者清淨何以故是命者清淨與地界清淨無
二無二分無別無斷故命者清淨即水火風
空識界清淨水火風空識界清淨即命者清
淨何以故是命者清淨與水火風空識界清
淨無二無二分無別無斷故善現命者清淨
即無明清淨無明清淨即命者清淨何以故
是命者清淨與無明清淨無二無二分無別
無斷故命者清淨即行識名色六處觸受愛
取有生老死愁歎苦憂惱清淨行乃至老死
愁歎苦憂惱清淨即命者清淨何以故是命者
清淨與行乃至老死愁歎苦憂惱清淨無二
無二分無別無斷故

大般若波羅蜜多經卷第一百九十

堪了 姚良寫 第一校 第二校 第三校

BD04366 號　大般若波羅蜜多經卷一九〇　　（14–14）

第一百九十

十九

BD04366 號背　勘記　　（1–1）

八得往生阿弥陁佛
說此言若有衆生聞說者亦
舍利弗如我今者讚歎阿弥陁
德
阿閦鞞佛須弥相佛大須弥佛須弥
佛妙音佛如是等恒河沙數諸佛各於其
國出廣長舌相遍覆三千大千世界說誠實
言汝等衆生當信是稱讚不可思議功德一切
諸佛所護念經
舍利弗南方世界有日月燈佛名聞光佛大焰
肩佛須弥燈佛无量精進佛如是等恒河沙數
諸佛各於其國出廣長舌相遍覆三千大千世
界說誠實言汝等衆生當信是稱讚不可思議
功德一切諸佛所護念經
舍利弗西方世界有无量壽佛无量相佛无量
幢佛大光佛大明佛寶相佛淨光佛如是等恒
河沙數諸佛各於其國出廣長舌相遍覆三千
大千世界說誠實言汝等衆生當信是稱讚
不可思議功德一切諸佛所護念經
舍利弗北方世界有焰肩佛最勝音佛難沮

BD04367號　阿彌陀經

（4–1）

幢佛大光佛大明佛寶相佛淨光佛如是等恒
河沙數諸佛各於其國出廣長舌相遍覆三千
大千世界說誠實言汝等衆生當信是稱讚
不可思議功德一切諸佛所護念經
舍利弗北方世界有焰肩佛最勝音佛難沮
佛日生佛網明佛如是等恒河沙數諸佛各於
其國出廣長舌相遍覆三千大千世界說誠實言
汝等衆生當信是稱讚不可思議功德一切諸
佛所護念經
舍利弗下方世界有師子佛名聞佛名光佛達
摩佛法幢佛持法佛如是等恒河沙數諸佛各於
其國出廣長舌相遍覆三千大千世界說誠實
言汝等衆生當信是稱讚不可思議功德一切
諸佛所護念經
舍利弗上方世界有梵音佛宿王佛香上佛
香光佛大焰肩佛雜色寶華嚴身佛娑羅樹王
佛寶華德佛見一切義佛如須弥山佛如是等
恒河沙數諸佛各於其國出廣長舌相遍覆三
千大千世界說誠實言汝等衆生當信是稱讚
不可思議功德一切諸佛所護念經
舍利弗於汝意云何何故名一切諸佛所護念經
舍利弗若有善男子善女人聞是諸佛所說名
名及經名者是諸善男子善女人皆為一切
諸佛共所護念皆得不退轉於阿耨多羅三藐
三菩提是故舍利弗汝等皆當信受我語及

BD04367號　阿彌陀經

（4–2）

舍利弗於汝意云何故名一切諸佛所護念經
舍利弗若有善男子善女人聞是諸佛所說名
名及經名者是諸善男子善女人皆為一切
諸佛共所護念皆得不退轉於阿耨多羅三藐
三菩提是故舍利弗汝等皆當信受我語及
諸佛所說舍利弗若有人已發願今發願當
發願欲生阿弥陁佛國者是諸人等皆得不退
轉於阿耨多羅三藐三菩提於彼國土若已生
若今生若當生是故舍利弗諸善男子善女
人若有信者應當發願生彼國土舍利弗如
我今者稱讚諸佛不可思議功德彼諸佛等
亦稱說我不可思議功德而作是言釋迦牟尼
佛能為甚難希有之事能於娑婆國土五濁惡
世劫濁見濁煩惱濁眾生濁命濁濁中得阿耨
多羅三藐三菩提為眾生說是一切世間難信
之法舍利弗當知我於五濁惡世行此難事
得阿耨多羅三藐三菩提為一切世間說此
難信之法是為甚難佛說此經已舍利弗及
諸比丘一切世間天人阿脩羅等聞所說歡喜
信受作礼而去

阿弥陁經

BD04367號　阿彌陀經　（4–3）

若今生若當生是故舍利弗諸善男子善女
人若有信者應當發願生彼國土舍利弗如
我今者稱讚諸佛不可思議功德彼諸佛等
亦稱說我不可思議功德而作是言釋迦牟尼
佛能為甚難希有之事能於娑婆國土五濁惡
世劫濁見濁煩惱濁眾生濁命濁濁中得阿耨
多羅三藐三菩提為眾生說是一切世間難信
之法舍利弗當知我於五濁惡世行此難事
得阿耨多羅三藐三菩提為一切世間說此
難信之法是為甚難佛說此經已舍利弗及
諸比丘一切世間天人阿脩羅等聞所說歡喜
信受作礼而去

阿弥陁經

BD04367號　阿彌陀經　（4–4）

BD04367 號背　筆痕

（1–1）

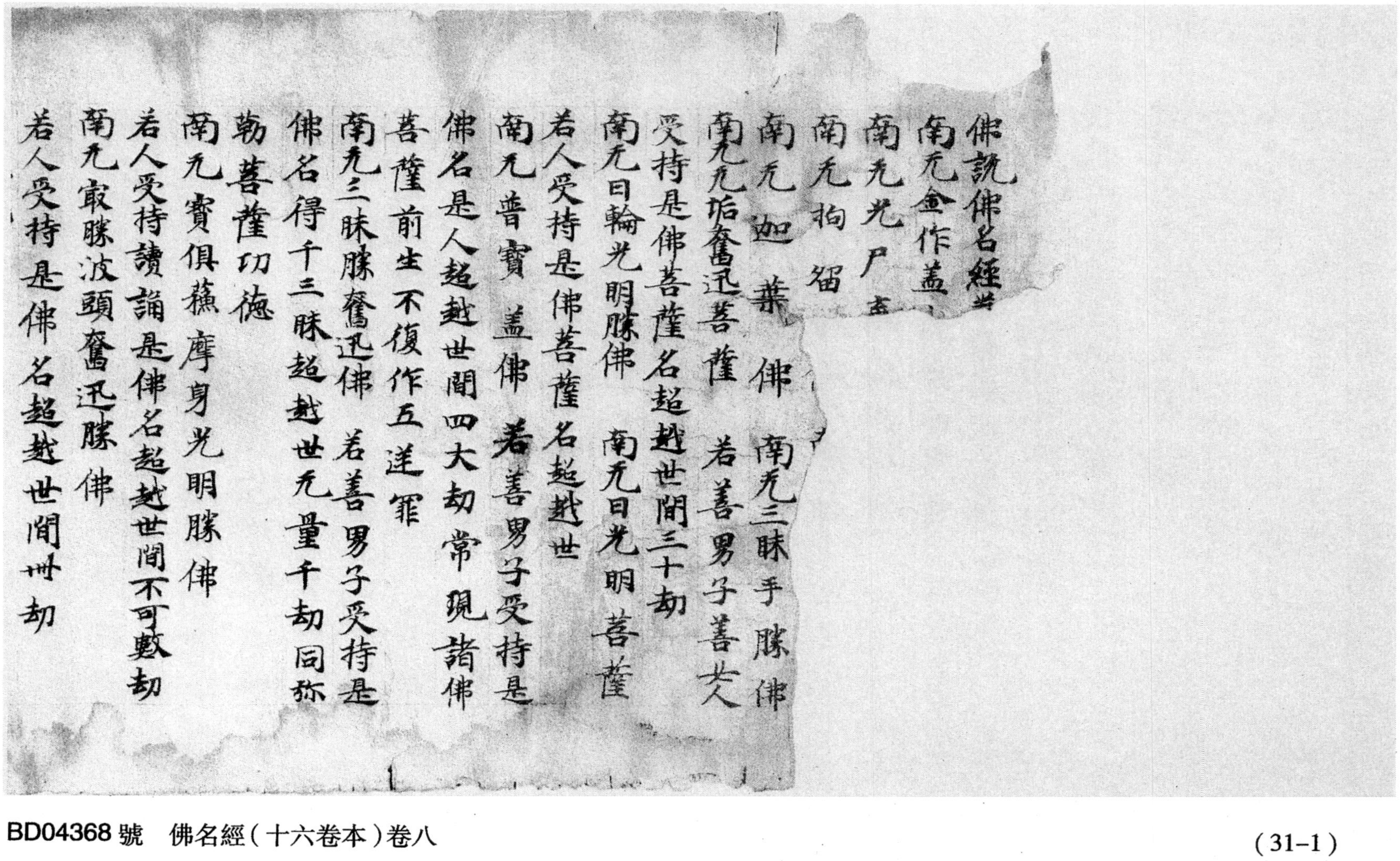

佛說佛名經
南无金作蓋
南无光尸
南无拘留
南无迦葉佛　南无三昧手勝佛
南无无垢奮迅菩薩　若善男子善女人
受持是佛菩薩名超越世間三十劫
南无日輪光明勝佛　南无日光明菩薩
若人受持是佛菩薩名超越世
南无普寶蓋佛　若善男子受持是
佛名是人超越世間四大劫常現諸佛
菩薩前生不復作五逆罪
南无三昧勝奮迅佛　若善男子受持是
佛名得千三昧超越世无量千劫同弥
勒菩薩功德
南无寶俱蘇摩身光明勝佛
若人受持讀誦是佛名超越世間不可數劫
南无最勝波頭奮迅勝佛
若人受持是佛名超越世間卌劫

BD04368 號　佛名經（十六卷本）卷八

（31–1）

勒菩薩功德
南无寶俱蕪摩身光明勝佛
若人受持讀誦是佛名超越世間不可數劫
南无寂勝波頭奮迅勝佛
若人受持是佛名超越世間卌劫
南无无量音勝王佛
若善男子受持是佛名超越世間无
量劫常得宿命
南无寶華奮迅如來
若人受持讀誦是佛名得千三昧諸衆
生歸命是人為諸佛如來所讚歎是人
超越世間千劫不久輪法輪
南无大光明如來
若善男子受持是佛名超越世間卌劫
南无寶藏佛
若善男子受持是佛名超越世間六十劫
南无寶勝佛
若善男子受持是佛名若復有人捨七
寶如須弥山以用布施及恒沙世界若
復有人受持讀誦是佛名此福勝彼
南无名降伏摩人勝佛　南无降伏貪人自在佛
南无降伏瞋人勝佛　南无降伏癡自在佛
南无降伏染魔人勝佛　南无降伏限自在佛
南无疾人勝佛　南无降伏諂曲自在佛
南无降伏耶見人勝佛　南无降伏戲自在佛
南无法清淨人勝佛　南无業勝得名自在佛

BD04368號　佛名經（十六卷本）卷八　（31–2）

南无名降伏摩人勝佛　南无降伏貪人自在佛
南无降伏瞋人勝佛　南无降伏癡自在佛
南无降伏染魔人勝佛　南无降伏限自在佛
南无疾人勝佛　南无降伏諂曲自在佛
南无降伏耶見人勝佛　南无降伏戲自在佛
南无法清淨人勝佛　南无業勝得名自在佛
南无如意通清淨得名人勝佛
南无起施得名自在佛
南无起持戒清淨名人勝佛
南无起忍辱得名自在名佛
南无起精進得名人勝佛
南无施思惟得名自在勝佛
南无法忍辱思惟得名自在佛
南无起思惟精進得名人勝佛
南无起禪成就自在佛
南无起般若得名人勝佛
南无禪思惟得名自在佛
南无起思惟得名人勝佛
南无般若思惟得名人勝佛
南无行不可思議得名自在勝佛
南无行不可思議得名人勝佛
南无行起得名自在佛
南无攝持智清淨光明人勝佛
南无攝持色清淨得名在佛
南无陁羅尼性清淨自在勝佛
南无陁羅尼稱清淨得名人勝佛

BD04368號　佛名經（十六卷本）卷八　（31–3）

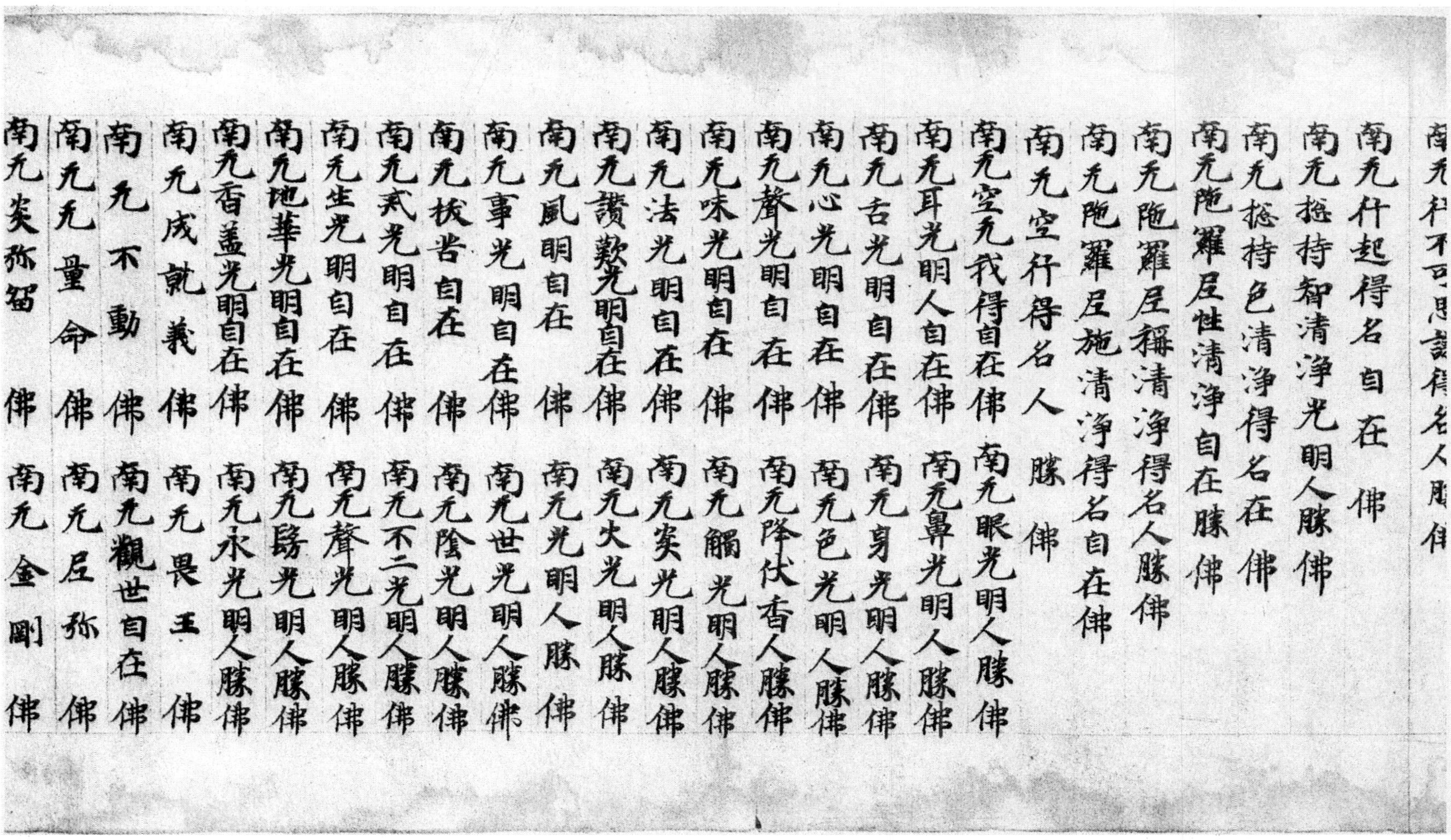

南无行不可思議得名人勝佛
南无行起得名自在 佛
南无摠持智清淨光明人勝佛
南无摠持色清淨得名在佛
南无陁羅尼性清淨自在勝佛
南无陁羅尼稱清淨得名人勝佛
南无陁羅尼施清淨得名自在佛
南无空行得名人 勝 佛
南无空无我得自在佛 南无眼光明人勝佛
南无耳光明人自在佛 南无鼻光明人勝佛
南无舌光明自在佛 南无身光明人勝佛
南无心光明自在佛 南无色光明人勝佛
南无聲光明自在佛 南无降伏香人勝佛
南无味光明自在 佛 南无觸光明人勝佛
南无法光明自在佛 南无實光明人勝佛
南无讚歎光明自在佛 南无火光明人勝 佛
南无風明自在 佛 南无光明人勝 佛
南无事光明自在佛 南无世光明人勝佛
南无枨告自在 佛 南无陰光明人勝佛
南无貳光明自在 佛 南无不二光明人勝佛
南无生光明自在 佛 南无聲光明人勝佛
南无地華光明自在佛 南无踼光明人勝佛
南无香蓋光明自在佛 南无永光明人勝佛
南无成就義 佛 南无畏王 佛
南无不動 佛 南无觀世自在佛
南无无量命 佛 南无尼弥 佛
南无實弥留 佛 南无金剛 佛

BD04368號　佛名經（十六卷本）卷八　（31–4）

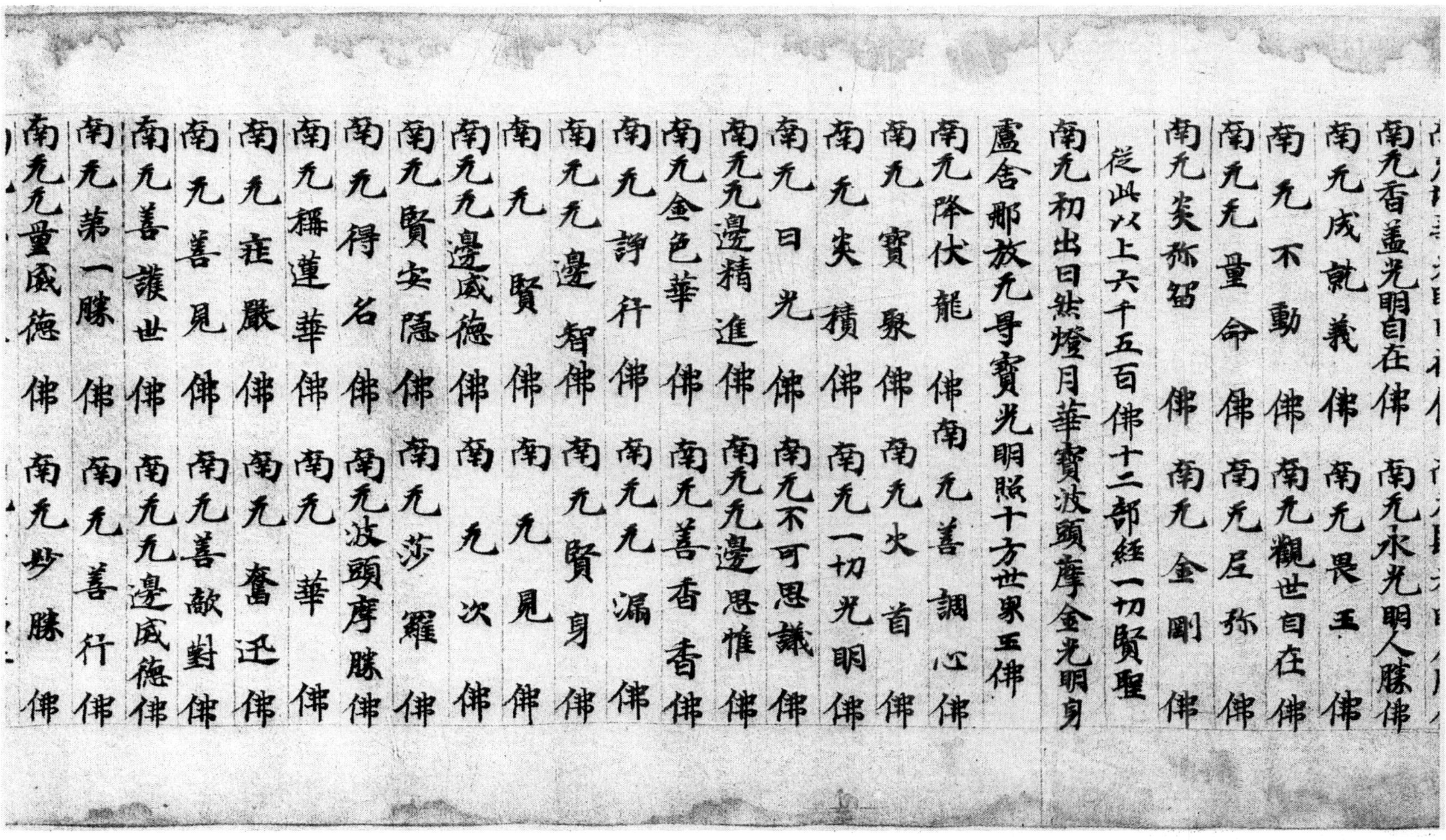

南无香蓋光明自在佛 南无永光明人勝佛
南无成就義 佛 南无畏王 佛
南无不動 佛 南无觀世自在佛
南无无量命 佛 南无尼弥 佛
南无實弥留 佛 南无金剛 佛
從此以上六千五百佛十二部經一切賢聖
南无初出日然燈月華寶波頭摩金光明身
盧舍那放无导寶光明照十方世界王佛
南无降伏能 佛南无善調心佛
南无寶聚佛 南无火首 佛
南无實積 佛 南无一切光明佛
南无日光 佛 南无不可思議佛
南无无邊精進佛 南无无邊思惟佛
南无金色華 佛 南无善香香佛
南无諍行佛 南无无漏佛
南无无邊智佛 南无賢身佛
南无賢 佛 南无見 佛
南无无邊威德佛 南无次 佛
南无賢安隱佛 南无莎羅佛
南无得名 佛 南无波頭摩勝佛
南无稱蓮華佛 南无華 佛
南无莊嚴佛 南无奮迅佛
南无善見佛 南无善敵對佛
南无善護世佛 南无无邊威德佛
南无第一勝佛 南无善行佛
南无无量威德 佛 南无妙勝 佛

BD04368號　佛名經（十六卷本）卷八　（31–5）

南无稱蓮華佛　南无華佛
南无莊嚴佛　南无奮迅佛
南无善見佛　南无善歒對佛
南无善護世佛　南无无邊威德佛
南无第一勝佛　南无善行佛
南无无量威德佛　南无妙勝佛
南无勝供養佛　南无火奮迅智聲自在佛
電无電光佛　南无照一切佛
南无不可思議佛　南无无量色佛
南无无量光佛　南无善光華數身佛
南无須弥山波頭摩勝王佛
南无求名發聲脩行佛
南无一切寶摩尼王放光明佛
南无无垢炎稱成就王佛
南无香寶光明佛　南无離諸煩惱佛
南无善知佛　南无善見佛
南无寶山莊嚴佛
南无慈行佛　南无閻浮檀幢佛
南无邊智佛　南无无量威德佛
南无大稱佛　南无寶稱佛
南无火光明佛　南无火光明佛
南无電照光明佛　南无一切種照佛
南无不可量佛　南无日光明佛
南无月照佛　南无功德海佛
南无具足功德佛　南无上行佛
南无无畏佛　南无師子幢佛

BD04368號　佛名經（十六卷本）卷八　（31–6）

南无火光明佛　南无火光明佛
南无電照光明佛　南无一切種照佛
南无不可量佛　南无日光明佛
南无月照佛　南无功德海佛
南无具足功德佛　南无上行佛
南无无畏佛　南无師子幢佛
南无帝釋幢佛　南无火幢佛
南无善眼佛　南无莊嚴王佛
南无放光明光佛　南无无邊光佛
南无妙光佛　南无普護增上佛
南无雲自在佛　南无自在意佛
南无日燈佛　南无寂佛
南无善生佛　南无无邊不可思議威德佛
南无普眼佛　南无波頭摩上佛
南无妙去佛　南无月起佛
南无燈佛　南无不猒足身佛
南无弥留幢佛　南无寶幢佛
南无大炎聚佛　南无自在幢佛
南无寶火佛　南无栴檀香佛
南无不定光明波頭摩敷身佛
南无无邊功德光明佛
從此以上六千六百佛十二部經一切賢聖
南无舊當色佛　南无无量光明佛
南无快光明波頭摩敷身佛
南无出須弥山波頭摩王佛
南无星宿劫二万同名光作佛

BD04368號　佛名經（十六卷本）卷八　（31–7）

從此以上六千六百佛十二部經一切賢聖
南无舊當色佛　南无无量光明佛
南无快光明波頭摩敷身佛
南无出須弥山波頭摩王佛
南无星宿劫二万同名光作佛
南无二万同名盧舍那佛
南无二万同名釋迦牟尼佛
南无同名帝釋日太白星宿无量百千
万不可數佛
南无无垢光明佛　南无切德寶光明佛
南无精進力成就佛　南无清淨光佛
南无解脫一切縛佛　南无波頭摩藏勝佛
南无得无障㝵力解脫佛　南无不怯弱十方稱香佛
南无盧舍那光明佛　南无寶聚佛
南无法幢懸佛　南无破一切闇幢佛
南无普光明莊嚴照佛　南无光明作佛
南无火炎佛　南无无邊行切德佛
南无法切德雲然燈佛　南无然燈炬王佛
南无破一切衆生闇勝佛　南无妙見佛
南无妙勝佛　南无妙聞佛
南无山峯佛　南无金聖佛
南无飲甘露佛　南无无量光明佛
南无難頭佛　南无无邊毗尼勝王佛
南无電照光明羅網佛　南无成就无量切德佛
南无无量樂說境界佛　南无智勝放光明佛
南无降伏電日月作光佛

南无山峯佛　南无金聖佛
南无飲甘露佛　南无无量光明佛
南无難頭佛　南无无邊毗尼勝王佛
南无電照光明羅網佛　南无成就无量切德佛
南无无量樂說境界佛　南无智勝放光明佛
南无降伏電日月作光佛
南无普句素摩勝奮迅切德積佛
南无切德王光佛　南无善月佛
南无光莊嚴王佛　南无賖捨施難頭佛
南无福德光佛　南无普光上勝山王佛
南无善住摩尼山王佛　南无斷一切煩惱佛
南无釋迦牟尼佛　南无破碎金剛堅固佛
南无寶熾佛　南无龍自在王佛
南无勇猛仙佛　南无寶月佛
南无離垢佛　南无无垢佛
南无勇猛得佛　南无淨佛
南无梵得佛　南无娑樓那佛
南无娑樓那天佛　南无賢勝佛
南无旃檀勝佛　南无力士佛
南无歡喜威德勝佛　南无光明勝佛
南无无憂勝佛　南无句素摩勝佛
南无波頭摩樹提奮迅通佛
南无財勝佛　南无念勝佛
南无善說名勝佛　南无因陁羅雞頭幢佛
南无步勝佛　南无善覺步勝佛
南无善步去佛　南无普照莊嚴勝佛
南无寶華步佛　南[illegible]

南无波頭摩樹提奮迅通佛
南无財勝佛　南无念勝佛
南无善説名勝佛　南无因陁羅雞頭幢佛
南无步勝佛　南无善覺步勝佛
南无善步去佛　南无普照莊嚴勝佛
南无寶華步佛
南无寶波頭摩善住山自在王佛
南无光明幢火衆生莊嚴光王佛
南无妙平等法果智起聲佛
南无廣福德藏普光明照佛
南无普照大應羅網盧舍那佛
南无盧舍那華眼電光佛
南无寂勝大師子意佛
南无到法果勝光盧舍那王佛
南无常无垢功德圣稱佛
南无日華勝王佛
南无法自在智幢佛
南无廣喜无垢威德梵聲佛
南无根本勝善導師佛
南无智力佛
南无彌樓威德佛
南无須清淨月光佛
從此以上六千七百佛十二部經一切賢聖
南无法海顛出聲光佛
南无寶功德相莊嚴作光佛
南无妙聲地主天佛
南无勝進行去佛

BD04368 號　佛名經（十六卷本）卷八　（31–10）

南无須清淨月光佛
從此以上六千七百佛十二部經一切賢聖
南无法海顛出聲光佛
南无寶功德相莊嚴作光佛
南无妙聲地主天佛
南无勝進行去佛
南无見衆生歡喜佛
南无不動深光明盧舍集慧佛
南无普放光明不可思議王佛
南无不等妙功德威德佛
南无速光明梵眼佛　南无解脫精進日光明佛
南无普法身覺慧佛　南无普門一切衆生門見佛
南无迦耶迦无垢光明日炎雲佛
南无因陁羅光明髮幢佛
南无一切地象无垢月佛
南无覺虛空平等相佛
南无十方廣應雲幢佛
南无平等不平等盧舍那佛
南无宮心悲解脫空王佛
南无成就一切義須彌佛
南无不空步照見佛　南无妙乳勝佛
南无第一自在道王佛
南无不可思議功德盧舍那妙月佛
南无可信力幢佛
南无法果樹聲智慧佛
南无波頭摩光長善辭佛

BD04368 號　佛名經（十六卷本）卷八　（31–11）

南无第一自在道王佛
南无不可思議功德盧舍那妙月佛
南无可信力幢佛
南无法界樹聲智慧佛
南无波頭摩光長善辯佛
南无不退功德海光佛
南无普生妙一切智速佛
南无師子光无量力智佛
南无見一切法清淨勝智佛
南无遠離一切憂惱佛
南无自在妙威德佛　南无金華火光佛
南无觀法界奮迅佛　南无然燈潔那羅王佛
南无然燈佛　南无應王佛
南无如來功德普門見佛
南无一切法普奮迅王佛　南无廣化自在佛
南无法界解脫光明不可思議意佛
南无如來无垢光佛
次礼十二部尊經大藏法輪
南无惟羅菩薩經　南无五十校計經
南无爲身无勇復經　南无惟留經
南无五陰事經　南无雜阿含丹章經
南无慧明經　南无五母子經
南无發意決疑經　南无慧上菩薩經
南无慧上菩薩經　南无五福施經
南无五十緣身行經　南无墮落憂婆塞經
南无賢者手力法行經　南无五蓋疑失行經

BD04368 號　佛名經（十六卷本）卷八　（31–12）

南无慧明經　南无五母子經
南无發意決疑經　南无慧上菩薩經
南无慧上菩薩經　南无五福施經
南无五十緣身行經　南无墮落憂婆塞經
南无賢者手力法行經　南无五蓋疑失行經
南无菩相經　南无賢首夫人經
南无五百偈經　南无坏喻經
南无內藏大方等經　南无五觀經
南无淨行經　南无內藏百品經
南无佛併父弟調達經　南无仁賢系士經
南无難提迦羅越經　南无如是有諸比丘經
次礼十方諸大菩薩
南无普賢菩薩　南无文殊師利菩薩
南无无垢稱菩薩　南无地藏菩薩
南无虛空藏菩薩　南无觀世音菩薩
南无大勢菩薩　南无香烏菩薩
南无大香烏菩薩　南无藥王菩薩
南无藥上菩薩　南无金剛藏菩薩
南无解脫月菩薩　南无彌勒菩薩
南无奮迅菩薩　南无无所發菩薩
南无陁羅尼自在王菩薩　南无堅意菩薩
南无盡意菩薩　南无歸命如是等无量无邊菩薩
南无東方九十億百千万同名梵恩菩薩
南无南方九十億百千万同名不髒陁羅菩薩
南无西方九十九億百千同名大功德菩薩
南无北方九十九億百千同名大藥王菩薩

BD04368 號　佛名經（十六卷本）卷八　（31–13）

南无陁羅尼自在王菩薩　南无堅意菩薩
南无无盡意菩薩　南无歸命如是等无量无邊菩薩
南无東方九十億百千万同名梵息菩薩
南无南方九十億百千万同名不障陁羅菩薩
南无西方九十九億百千同名大功德菩薩
南无北方九十九億百千同名大藥王菩薩
從此以上六千八百佛十二部經一切賢聖
歸命如是等十方世界无量无邊諸大菩薩
次禮聲聞緣覺一切賢聖
南无毗離辟支佛　南无俱薩羅辟支佛
南无波數陁羅辟支佛　南无无毒淨心辟支佛
南无寶无垢辟支佛　南无福德辟支佛
南无黑辟支佛　南无唯黑辟支佛
南无直福德辟支佛　南无識辟支佛
歸命如是等十方无量无邊辟支佛
禮三寶已次復懺悔
夫論懺悔者本是改往脩來滅惡興善人生
居世誰能无過覺人失念尚起煩惱羅漢
結習動身口業豈況凡夫而當无過但智者
先覺便能改悔愚者覆藏遂使滋蔓所以積習
長夜曉悟无期若能慙愧發露懺悔者豈惟
止是滅罪而已亦復增長无量功德樹立如來
涅槃妙果若欲行此法者先當外肅形儀瞻
奉尊像內起敬意緣想法身懇切至到生
二種心何等為二一者自念我此形命難可常
保一朝散壞不知此身何時可復若復不值
諸佛賢聖忽遭逢惡友造衆罪業復應墮

BD04368號　佛名經（十六卷本）卷八

（31–14）

長夜曉悟无期若能慙愧發露懺悔者豈惟
止是滅罪而已亦復增長无量功德樹立如來
涅槃妙果若欲行此法者先當外肅形儀瞻
奉尊像內起敬意緣想法身懇切至到生
二種心何等為二一者自念我此形命難可常
保一朝散壞不知此身何時可復若復不值
諸佛賢聖忽遭逢惡友造衆罪業復應墮
落深坑嶮趣二者自念我此生中雖得值遇
如來正法為佛弟子弟子之法紹繼聖種淨
身口意善法自居而今我等公自作惡而復
覆藏言他不知謂彼不見隱匿在心傲然无
愧此實天下愚惑之甚即今現有十方諸佛
諸大地菩薩諸大神仙何曾不以清淨天眼
見於我等所作罪惡又復幽顯零祇注記罪
福纖豪无差夫論作罪之人命終之後牛頭
獄卒錄其精神在閻羅王所辯覈是非當尒
之時一切怨對皆來證據各言汝先屠戮我
身炮煑蒸炙或言汝先剝奪於我一切財寶
離我眷屬我於今者始得汝便于時現前證
據何得敢諱唯應甘心分受宿殃如經所明
地獄之中不枉治人若其平素所作衆罪心
自忘失者是其生時造惡之處一切諸相皆
現在前各言汝昔在於我邊作如是罪今何
得諱是為作罪无藏隱處於是閻魔羅王
切齒呵責將付地獄歷劫窮年求出由此事
不遠不關他人正是我身自作自受雖父子
至親一旦對至无代受者衆等相與及其形

BD04368號　佛名經（十六卷本）卷八

（31–15）

現在前各言汝昔在於我邊作如是罪今何
得諱是為作罪无藏隱處於是閻魔羅王
切齒呵責將付地獄歷劫窮年求出由此事
不遠不關他人正是我身自作自受雖父子
至親一旦對至无代受者衆等相與及其形
休體无衆疾各自努力與性命競大怖至時
悔无所及是故弟子至心歸依於佛
南无東方破疑淨光佛　南无南方无優功德佛
南无西方華嚴神通佛　南无北方月殿清淨佛
南无東南方破一切闇佛　南无西南方大哀觀衆生佛
南无西北方香氣放光明佛　南无東北方无量功德海佛
南无下方斷一劫佛　南无上方離一切憂佛
如是十方盡虛空界一切三寶
弟子等從无始以來至於今日積聚无明障
蔽心目隨煩惱性造三業罪或耽染愛著起
於貪欲煩惱或復瞋恚忿怒懷害煩惱或昏
情瞪瞢不了煩惱或我慢自高輕傲煩惱疑
或正道猶豫煩惱謗无因果邪見煩惱不識
緣假著我煩惱迷於三世報斷常煩惱朋狎
惡法起見取煩惱僻稟邪師造戒取煩惱乃
至一等四執橫計煩惱今日至誠皆悉懺悔
又復无始以來至於今日守惜堅著起慳悋
煩惱不攝六情奢誕煩惱心行斷惡不忍煩惱
怠惰緩縱不勤煩惱情慮躁動覺觀煩惱
觸境迷或无知解煩惱隨世八風生彼我煩
惱諂曲面譽不直心煩惱穢狠難觸不調和

BD04368號　佛名經（十六卷本）卷八　（31–16）

至一等四執橫計煩惱今日至誠皆悉懺悔
又復无始以來至於今日守惜堅著起慳悋
煩惱不攝六情奢誕煩惱心行斷惡不忍煩惱
怠惰緩縱不勤煩惱情慮躁動覺觀煩惱
觸境迷或无知解煩惱隨世八風生彼我煩
惱諂曲面譽不直心煩惱穢狠難觸不調和
煩惱易忿難悅多含恨煩惱嫉妒擊刺很戾
煩惱凶險暴害諂毒煩惱乖背二諦執相煩
惱於苦集滅道生顛倒煩惱隨從生死十二
因緣流轉煩惱乃至无始无明住地恒沙煩惱
起四住地構於三界苦果煩惱如是諸煩惱
无量无邊惱亂賢聖六道四生今日發露向
十方佛尊法聖衆皆悉懺悔
願弟子等承是懺悔貪瞋癡等一切煩惱生
生世世折憍慢幢竭愛欲水滅瞋恚火破愚
癡闇拔斷疑根裂諸見網深識三界猶如牢
獄四大毒蛇五陰怨賊六入空聚愛詐親善
脩八聖道斷无明源正向涅槃不休不息世
七品心心相應十波羅蜜常現在前　礼一拜
南无盧舍那世間輸勝聲佛
南无波頭摩勝无邊眼佛
南无善樂茂佛　南无一切智行境界慧佛
南无廣智妙聲佛　南无虛空无垢智月佛
南无福德海摩雲相華佛
南无能作善勝雲佛　南无勝聲吼幢佛
南无觀眼奮迅佛　南无无盡智金剛佛

BD04368號　佛名經（十六卷本）卷八　（31–17）

南无波頭摩鏡无邊眼佛
南无喜樂成佛　南无一切智行境界慧佛
南无廣寂妙聲佛　南无虛空无垢智月佛
南无福德海摩雲相華佛
南无能作喜勝雲佛　南无勝聲吼幢佛
南无觀眼奮迅佛　南无无盡智金剛佛
南无普眼日藏照佛　南无一切吼聲佛
南无无量智數佛　南无一切福德彌樓上佛
南无根日威德佛　南无滿光明身光佛
南无地第一相華佛　南无雲无畏見佛
南无平等言語難頭佛　南无寶然燈王佛
南无堅精進奮迅成就義心佛
南无普照觀稱佛　南无慈光明稱勝佛
南无福德稱上勝佛　南无念一切衆生稱勝佛
南无須弥步稱勝佛　南无畢慚愧稱上勝佛
南无教化一切世間佛　南无離一切憂佛
南无離一切難佛　南无離一切世間佛
南无能轉台佛　南无轉女佛
南无轉男女降伏佛　南无佛華勝上王佛
南无不空說名佛　南无善慧法通王佛
南无十方廣功德稱天盡樂佛
南无愛大智見不空聞名佛
南无无量力智勝佛　南无成就梵功德佛
南无香鳥佛　南无金剛密迹佛
南无善轉成就義佛　南无盧舍那化勝威德佛
南无常功德然燈香慧佛　南无到諸疑彼岸月佛

南无无量力智勝佛　南无成就梵功德佛
南无香鳥佛　南无金剛密迹佛
南无善轉成就義佛　南无盧舍那化勝威德佛
南无常功德然燈香慧佛　南无到諸疑彼岸月佛
南无到法界无量聲慧佛　南无然燈勝光明佛
南无法界日光明佛　南无无邊无中功德海轉法輪聲佛
南无日不可思議智見佛　南无寶勝光明威德王佛
南无无盡功德妙莊嚴佛　南无不可量力普吼佛
南无普明滿足然燈佛　南无勝功德炬佛
南无大龍聲佛　南无波頭摩師子坐奮迅齊佛
南无智聚覺光佛　南无住持地善威德王佛
南无善住法然燈王佛　南无不空見生喜作佛
南无放身炎幢佛　南无清淨衆生行佛
南无一切德雲普光明佛　南无敷華相月智佛
南无第一光明金座燎佛
南无觀一切法海无差別光明佛
南无化日佛　南无寶蓋勝盧舍那佛
南无善思惟佛　南无精進勝堅慧佛
南无敷華心波頭摩佛　南无清淨眼佛
從此以上六千九百佛十二部經一切賢聖
南无月光自在佛　南无无盡海寶幢佛
南无金剛波頭摩勝佛　南无廣俱蘇摩作佛
南无人自在幢佛　南无一切智輪照盧舍那佛
南无龍稱无量功德佛　南无寶功德鏡光佛
南无一切力莊嚴慧佛　南无寶須弥山佛
南无一切行光勝佛　南无一切波羅蜜海佛

南无月光自在佛　南无无盡海寶幢佛
南无金剛波頭摩勝佛　南无廣俱蘓摩作佛
南无人自在幢佛　南无一切智輪照盧舍那佛
南无龍稱无量功德佛　南无寶功德蹟光佛
南无一切力莊嚴慧佛　南无寶須弥山佛
南无一切忓光勝佛　南无一切波羅蜜海佛
南无寶实面門幢佛　南无成就一切顛光明佛
南无廣得一切法齊佛　南无光明羅網勝佛
南无寶山幢佛　南无无邊中智海義佛
南无清淨一切義功德幢佛　南无一切通首王佛
南无无障导一切法界盧舍那佛
南无勝三昧精進慧佛
南无无导法界然燈佛
南无无导法界須弥幢勝王佛
南无菩提尒俱蘓作王佛
南无得世間功德大海佛
南无寶師子功佛　南无普智海王佛
南无波頭摩善化幢佛
南无无盡光明普門聲佛
南无普功德雲勝威德佛
南无勝慧海佛　南无智力華雲佛
南无香光威德佛　南无普門見无障导淨佛
南无不可降伏法自在慧佛
南无波頭摩光明敷王佛
南无大精進善智慧佛
南无堅王幢佛　南无不可降伏妙威德佛

南无香光威德佛　南无普門見无障导淨佛
南无不可降伏法自在慧佛
南无波頭摩光明敷王佛
南无大精進善智慧佛
南无堅王幢佛　南无不可降伏妙威德佛
南无精進德佛　南无一切德勝王心佛
南无善成就无邊切德王佛
南无斷諸疑廣善眼佛
南无妙切德勝慧佛
南无過諸光明勝明佛　南无須弥山然燈佛
南无无盡化善雲佛　南无无量光明化王佛
南无日智梵忓佛　南无師子眼实雲佛
南无大海天实門佛　南无覺佛
南无智勝佛　南无无量味大聖佛
南无无垢速雲聞佛　南无滿法界盧舍那佛
南无金色華佛　南无大功德華敷无垢佛
南无照勝威德王佛　南无不住眼无垢佛
南无导莊嚴佛　南无轉燈輪幢佛
南无法智差別佛　南无法界輪佛
南无一切佛　南无寶勝王佛
南无无邊光明智輪幢佛　南无着智幢佛
南无師子佛　南无月智佛
南无照佛
南无常放普光明吉切德海王佛
南无无邊光明法界莊嚴王佛
南无長辟佛　南无无高佛

南无无邊光明智輪幢佛　南无著智幢佛
南无師子佛　南无月智佛
南无照佛
南无常放普光明吉功德海王佛
南无无邊光明法界莊嚴王佛
南无長臂佛　南无无高佛
南无无垢地平等光明世界普照十方
光明聲吼盡空盧舍那佛
南无清淨華池莊嚴世界普門見妙光明佛
南无无邊功德住持世界无邊功德普光佛
南无弥留勝然燈世界普光明盡空鏡像佛
南无一切妙聲善愛聞世界喜樂見華火佛
南无妙聲莊嚴世界寶須弥山燈佛
南无一切寶色莊嚴光明照世界善化法界
聲幢佛
南无香藏金剛莊嚴世界金剛光明
電聲吼佛
南无奕聲世界不可降伏力月佛
南无寶波頭摩間錯莊嚴无垢世界
法城慧吼聲佛
南无能與樂世界十方世界廣稱名智燈佛
南无手无垢善无垢羅網世界師子光明
滿足功德大海佛
南无妙華幢照世界大智敷華光明佛
南无无量莊嚴間錯世界高智種種光明佛
南无无邊莊嚴世界普滿法界幢明佛
南无寶蓋普光莊嚴世界妙慧上首佛

南无手无垢善无垢羅網世界師子光明
滿足功德大海佛
南无妙華幢照世界大智敷華光明佛
南无无量莊嚴間錯世界高智種種光明佛
南无无邊莊嚴世界普滿法界幢明佛
南无寶蓋普光莊嚴世界妙慧上首佛
南无鬚王世界作月明幢佛
南无无垢藏莊嚴世界善覺梵威德佛
南无寶光明身世界一佛種力盡空然燈佛
南无寶道瓔珞成就世界一切諸波羅蜜
相大海威得佛
南无輪座普蓋世界斷一切著作佛
南无寶鬚妙幢世界大稱廣功吼照佛
南无不可思議莊嚴普莊嚴光照
世界无差別智光明功德海佛
南无无盡光明擇幢世界无邊法
界无垢光明佛
從此以上七千佛十二部經一切賢聖
南无放寶奕華世界清淨寶鏡像佛
南无威德奕藏世界无障导奮迅光明吼佛
南无寶輪平等光莊嚴世界普寶光明佛
南无旃檀樹鬚幢世界清淨一切念无
疑光明佛
南无佛国土色輪善脩莊嚴世界廣喜
見光明智慧佛
南无微細光明莊嚴照世界法界奮迅善觀佛
南无放因光月金殿真世界奮迅善覞佛

南无寶幢平等光莊嚴世界普寶光明佛
南无旃檀樹𩔰幢世界清淨一切念无
疑光明佛
南无佛国土色輪善脩莊嚴世界 廣善
見光明智慧佛
南无微細光明莊嚴照世界法界奮迅善觀佛
南无微細光明莊嚴照世界奮迅善觀佛
南无无邊色形相世界无障㝵智成就佛
南无普炎雲火然世界不退轉法輪吼佛
南无種種寶莊嚴清淨輪世界清淨色相
威德佛
南无究竟善脩世界无鄣㝵日眼佛
南无善作堅固金剛坐成就世界過法
界智身光明佛
南无十方莊嚴无障㝵世界 寶炬佛
南无差別色光明世界普光明華雲王佛
南无寶門種種幢世界普見妙功德光明佛
南无摩尼頂作𩔰光明世界普十方聲雲佛
南无自在摩尼金剛藏世界智勝須弥王佛
南无摩尼衣坐成就勝世界放光明功德寶
莊嚴佛
南无華憂波羅莊嚴世界普智幢聲王佛
南无寶莊嚴種種藏世界一切法无畏然
燈佛
南无香勝无垢光明世界普善速勝王佛
南无日幢樂藏世界普門智盧舍那吼佛
南无香莊嚴杖藏世界无量功德光明佛

南无華憂波羅莊嚴世界普智幢聲王佛
南无寶莊嚴種種藏世界一切法无畏然
燈佛
南无香勝无垢光明世界普善速勝王佛
南无日幢樂藏世界普門智盧舍那吼佛
南无香莊嚴杖藏世界无量功德光明佛
南无寶師子火光明世界法界電光明佛
南无相杖照世界无障㝵功德稱解脫光王佛
南无功德成就光明照世界清淨眼无垢然
燈佛
南无種種香花脫莊嚴世界師子光明燈光佛
南无寶莊嚴平等光明世界廣光明智勝幢佛
南无種種光明𩔰杖世界金光明无量力日
成就佛
南无放光句毒摩沉淪世界香光明喜
力堅固佛
南无光明清淨種種作世界光明力堅固佛
南无光明清淨種種作世界普明大自在幢佛
南无句素弥多炎輪莊嚴世界喜海疾功
德種自在王佛
南无地成就威德世界廣稱智海幢佛
南无放聲吼世界相光明月 佛
南无金剛幢世界一切法海勝王佛
南无无量功德莊 嚴世界无量衆生
功德法住佛
南无光明照世界梵自在勝 佛
南[illegible]

南无放聲乳世界相光明月佛
南无金剛幢世界一切法海勝王佛
南无无量功德莊嚴世界无量衆生
功德法住佛
南无光明照世界梵自在勝佛
南无生无垢光明世界妙法界勝吼佛
南无種種光明照然燈世界不可嬈力普光
明幢佛
南无照平等光明世界垢功德日眼佛
南无寶作莊嚴藏世界无障㝵智普照十
方佛
南无无塵世界无量勝幢佛
南无清淨光明世界法界虛空平等光
明照佛
南无寶藏波浪勝成就世界功德相雲
勝成德佛
南无宮殿莊嚴世界盧舍那勝頂光明佛
南无驍勝藏世界一切法无邊海慧佛
南无善化香勝世界相法化普光佛
南无快地色光世界眷屬盧舍那佛
南无善作散世界法法喜无盡慧佛
南无勝福德威德輪世界无垢清淨普光明佛
南无摩尼寶波頭摩莊嚴世界清淨眼花勝佛
南无炎地成就世界无量力成就慧佛
次礼十二部經大藏法輪
南无維摩詰解經　南无旃陁調弗經

南无勝福德威德輪世界无垢清淨普光明佛
南无摩尼寶波頭摩莊嚴世界清淨眼花勝佛
南无炎地成就世界无量力成就慧佛
次礼十二部經大藏法輪
南无維摩詰解經　南无旃陁調弗經
南无說道有比丘經　南无大起經
南无旃檀經　南无佛寶三昧經
南无丹世三相經　南无目連遊諸國經
南无佛在拘薩國經　南无理家難經
南无佛在優墮國經　南无欲從本相有經
南无文殊師利淨律經　南无佛誨過經
南无甫年經　南无分陁利經
南无大忍辱經　南无佛說摩登伽經
南无自在王菩薩經　南无分別六情三失蓋經
南无佛說法道王經　南无智止經
南无八德經　南无大道地經
南无成務經　南无八十種好經
南无大弥寶積日經　南无觀豫經
次礼十方諸大菩薩
南无善意菩薩　南无善眼菩薩
南无世間菩薩　南无尸毗王菩薩
南无一切勝菩薩　南无知大地菩薩
南无大藥菩薩　南无鴆舍菩薩
南无阿難念弥菩薩　南无頂生菩薩
南无喜見菩薩　南无勝多羅菩薩
南无薩和檀菩薩　南无長壽王菩薩
南无犀提菩薩　南无韋藍菩薩

南无一切勝菩薩　南无知大地菩薩
南无大藥菩薩　南无鳩舍菩薩
南无阿難念弥菩薩　南无須生菩薩
南无喜見菩薩　南无欝多羅菩薩
南无薩和檀菩薩　南无長壽王菩薩
南无羼提菩薩　南无韋藍菩薩
南无勝菩薩　南无月蓋菩薩
從此以上七千一百佛十二部經一切賢聖
南无明首菩薩　南无法自菩薩
南无成就菩薩　南无弥勒菩薩
南无復有金剛藏菩薩　南无金剛首菩薩
南无无垢藏菩薩　南无无垢稱菩薩
南无除疑菩薩　南无无垢德菩薩
南无網明菩薩　南无无量明菩薩
次礼聲聞緣覺一切賢聖
南无香辟支佛　南无有香辟支佛
南无見人飛騰辟支佛　南无可波羅辟支佛
南无秦摩利辟支佛　南无月淨辟支佛
南无善智辟支佛　南无循陁羅辟支佛
南无善法辟支佛　南无應求辟支佛
南无甜求辟支佛　南无大勢辟支佛
歸命如是等十方盡虛空界諸大辟支佛衆
等相與即今身心寂靜无諂无障正是生善
滅惡之時復應各起四種觀行以為滅罪作前
方便何等為四一者觀於因緣二者觀於果
報三者觀我自身四者觀如來身

BD04368號　佛名經（十六卷本）卷八　（31–28）

南无甜求辟支佛　南无大勢辟支佛
歸命如是等十方盡虛空界諸大辟支佛衆
等相與即今身心寂靜无諂无障正是生善
滅惡之時復應各起四種觀行以為滅罪作前
方便何等為四一者觀於因緣二者觀於果
報三者觀我自身四者觀如來身
第一觀因緣者知我此罪藉以无明不善思
惟无正觀力不識其過遠離善友諸佛菩薩
隨逐魔道行邪嶮逕如魚吞鉤不知其患如蠶
作繭自縈自縛如蛾赴火自燒自爛以是因
緣不能自出
第二觀於果報者所有諸惡不善之業三世
流轉苦果无窮沉溺无邊巨夜大海為諸煩
惱羅剎所食未來生死冥然无崖設使報得
轉輪聖王王四天下飛行自在七寶具足命
終之後不免惡趣四空果報三界尊極福盡
還作牛領中虫況復其餘无福德者而復懈
怠不勤懺悔此亦譬如抱石沉渕求出良
難
第三觀我自身雖有正因靈覺之性而
為煩惱黑暗叢林之所覆蔽无了因力不能得
顯我今應當發起勝心破裂无明顛倒重障斷
滅生死虛偽苦因顯發如來大明覺慧建
立无上涅槃妙果
第四觀如來身者无為寂照離四句絕百非
衆德具足湛然常住雖復方便入於滅度慈
悲救接未曾暫捨生如是心可謂滅罪之良
津除障之要行是故弟子今日至到稽首歸

BD04368號　佛名經（十六卷本）卷八　（31–29）

流生死[illegible]
亖无上涅槃妙果
第四觀如來身者无為解脫離四句絕百非
衆德具足湛然常住雖復方便入於滅度慈
悲救接未曾暫捨生如是心可謂滅罪之良
津除障之要行是故弟子今日至到稽首歸
依於佛
南无東方勝藏珠光佛　南无南方寶積示現佛
南无西方法界智燈佛　南无北方寂勝降伏佛
南无東南方龍自在王佛　南无西南方轉一切生死佛
南无西北方无邊自在佛　南无東北方无邊功德月佛
南无下方海智神通佛　南无上方一切勝王佛
如是等十方盡虛空界一切三寶
弟子等无始以來至於今日長養煩惱日深日
厚日滋日茂覆蓋慧眼令无所見斷障衆
善不得相續起障不得見佛不聞正法不值
聖僧煩惱起障不見過去未來一切世間善
惡業行之煩惱障受人天尊貴之煩惱障生
色无色界禪定福樂之煩惱障不得自在神
通飛騰隱顯遍至十方諸佛淨土聽法之煩
惱障學安那般那數息不淨觀諸煩惱障學
慈悲喜捨因緣煩惱障學七方便三觀義煩
惱障學四念處煖頂忍煩惱障學聞思修苐
一法煩惱障學空平等中道解煩惱障學八
正道示相之煩惱障學七覺枝不示相煩惱
障學於道品因緣觀煩惱障學八解脫九[illegible]
之煩惱障學於十智三　三昧煩惱障學三明

[illegible]
慈悲喜捨因緣煩惱障學七方便三觀義煩
惱障學四念處煖頂忍煩惱障學聞思修苐
一法煩惱障學空平等中道解煩惱障學八
正道示相之煩惱障學七覺枝不示相煩惱
障學於道品因緣觀煩惱障學八解脫九[illegible]
之煩惱障學於十智三　三昧煩惱障學三明
六通四无导煩惱障學六度四等煩惱障學
四攝法廣化之煩惱障學大乘心四弘誓願
煩惱障學十明十行之煩惱障學十回向十
願之煩惱障學初地二地三地四地明解之
煩惱障學五地六地七地諸知見煩惱障學八
地九地十地雙照之煩惱障如是乃至障學佛
果百万阿僧祇諸行上煩惱如是行障无量
无邊弟子今日至到稽顙向十方佛尊法聖
衆慚愧懺悔願皆消滅願弟子藉此懺悔
障於諸行一切煩惱願弟子在在處處自在
受生不為結業之所迴轉以如意通於一念頃
遍至十方淨諸佛土攝化衆生於諸禪定
甚深境界及諸知見通達无导心能普周
切諸法樂說无窮而不染著得心自在得法
[illegible]

何以故須菩提一切諸佛及諸佛阿耨多羅三藐三菩提
法皆從此經出須菩提所謂佛法者即非佛法
須菩提於意云何須陁洹能作是念我得須陁洹果不
須菩提言不也世尊何以故須陁洹名為入流而无所入
不入色聲香味觸法是名須陁洹須菩提於意何斯陁
含能作是念我得斯陁含果不須菩提言不也世尊
何以故斯陁含名一往來而實无往來是名斯陁含須
菩提於意云何阿那含能作是念我得阿那含果不
須菩提言不也世尊何以故阿那含名為不來而實无
來是故名阿那含須菩提於意云何阿羅漢能作
是念我得阿羅漢道不須菩提言不也世尊何以故實
无有法名阿羅漢世尊若阿羅漢作是念我得阿羅漢道
即為着我人衆生壽者世尊佛說我得无諍三昧人
中最為苐一是苐一離欲阿羅漢我不作是念我是離
欲阿羅漢世尊我若作是念我得阿羅漢道世尊則
不說須菩提是樂阿蘭那行者須菩提實无所行而
名須菩提是樂阿蘭那行
[illegible]

BD04369號　金剛般若波羅蜜經　（2–1）

何以故斯陁含名一往來而實无往來是名斯陁含須
菩提於意云何阿那含能作是念我得阿那含果不
須菩提言不也世尊何以故阿那含名為不來而實无
來是故名阿那含須菩提於意云何阿羅漢能作
是念我得阿羅漢道不須菩提言不也世尊何以故實
无有法名阿羅漢世尊若阿羅漢作是念我得阿羅漢道
即為着我人衆生壽者世尊佛說我得无諍三昧人
中最為苐一是苐一離欲阿羅漢我不作是念我是離
欲阿羅漢世尊我若作是念我得阿羅漢道世尊則
不說須菩提是樂阿蘭那行者須菩提實无所行而
名須菩提是樂阿蘭那行
佛告須菩提於意云何如来昔在然燈佛所於法有
所得不世尊如来在然燈佛所於法實无所得
須菩提於意云何菩薩莊嚴佛土不不也世尊何以故莊
嚴佛土者則非莊嚴是名莊嚴是故須菩提諸菩薩
摩訶薩應如是生清淨心不應住聲香味觸法生心應
无所住而生其心須菩提譬如人身如須弥山王於意云
為大不須菩提言甚大世尊何以故佛說非身

BD04369號　金剛般若波羅蜜經　（2–2）

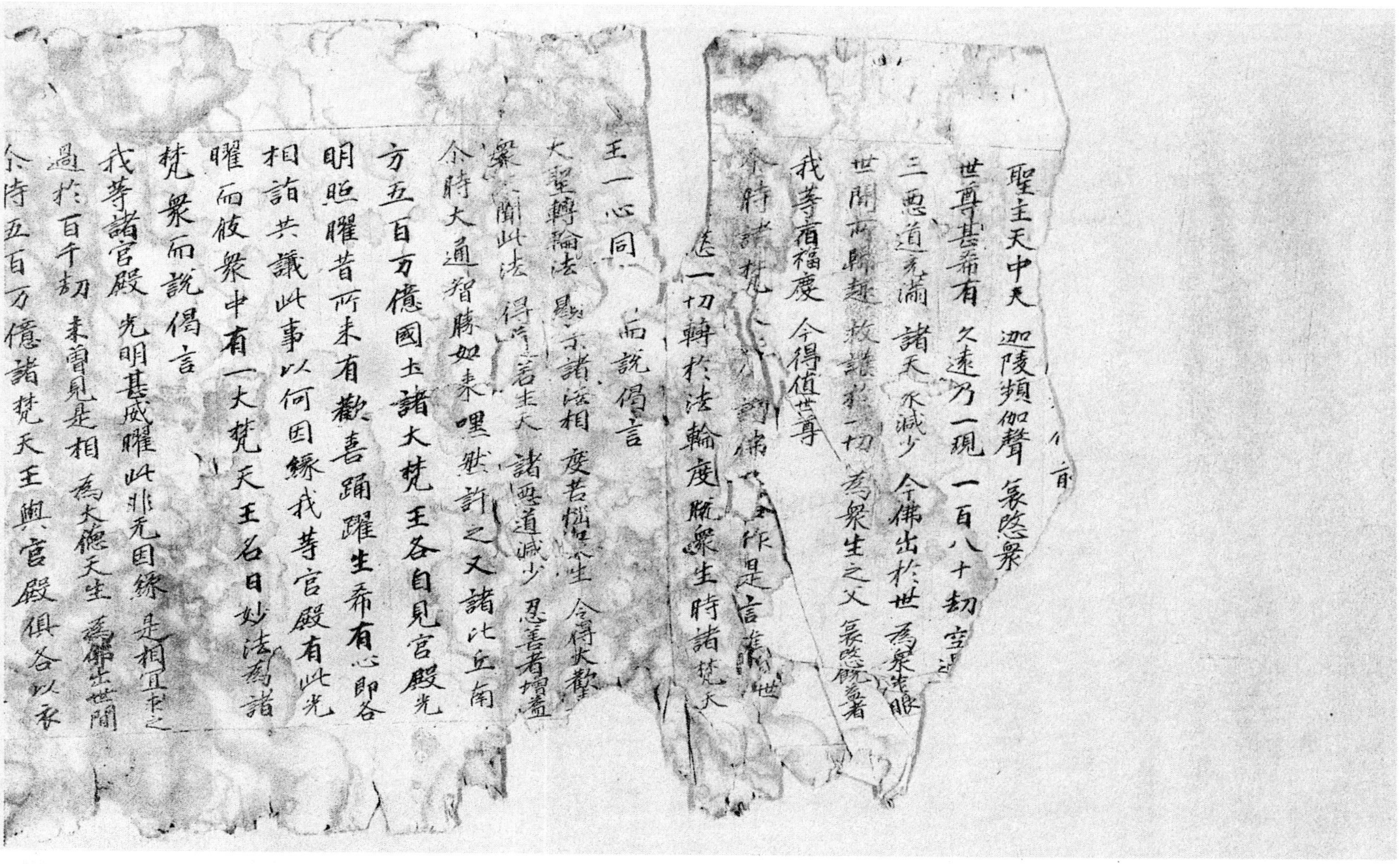

前
聖主天中天　迦陵頻伽聲　哀愍衆
世尊甚希有　久遠乃一現　一百八十劫　空過
三惡道充滿　諸天衆減少　今佛出於世　為衆生作眼
世間所歸趣　救護於一切　為衆生之父　哀愍饒益者
我等宿福慶　今得值世尊
尒時諸梵天王偈讚佛已各作是言唯願世
尊哀愍一切轉於法輪度脫衆生時諸梵天
王一心同聲而說偈言
大聖轉法輪　顯示諸法相　度苦惱衆生　令得大歡喜
衆生聞此法　得道若生天　諸惡道減少　忍善者增益
尒時大通智勝如來默然許之又諸比丘南
方五百万億國土諸大梵王各自見宮殿光
明照曜昔所未有歡喜踊躍生希有心即各
相詣共議此事以何因緣我等宮殿有此光
曜而彼衆中有一大梵天王名曰妙法為諸
梵衆而說偈言
我等諸宮殿　光明甚威曜　此非无因緣　是相宜求之
過於百千劫　未曾見是相　為大德天生　為佛出世間
尒時五百万億諸梵天王與宮殿俱各以衣

BD04370 號　妙法蓮華經卷三

（12–1）

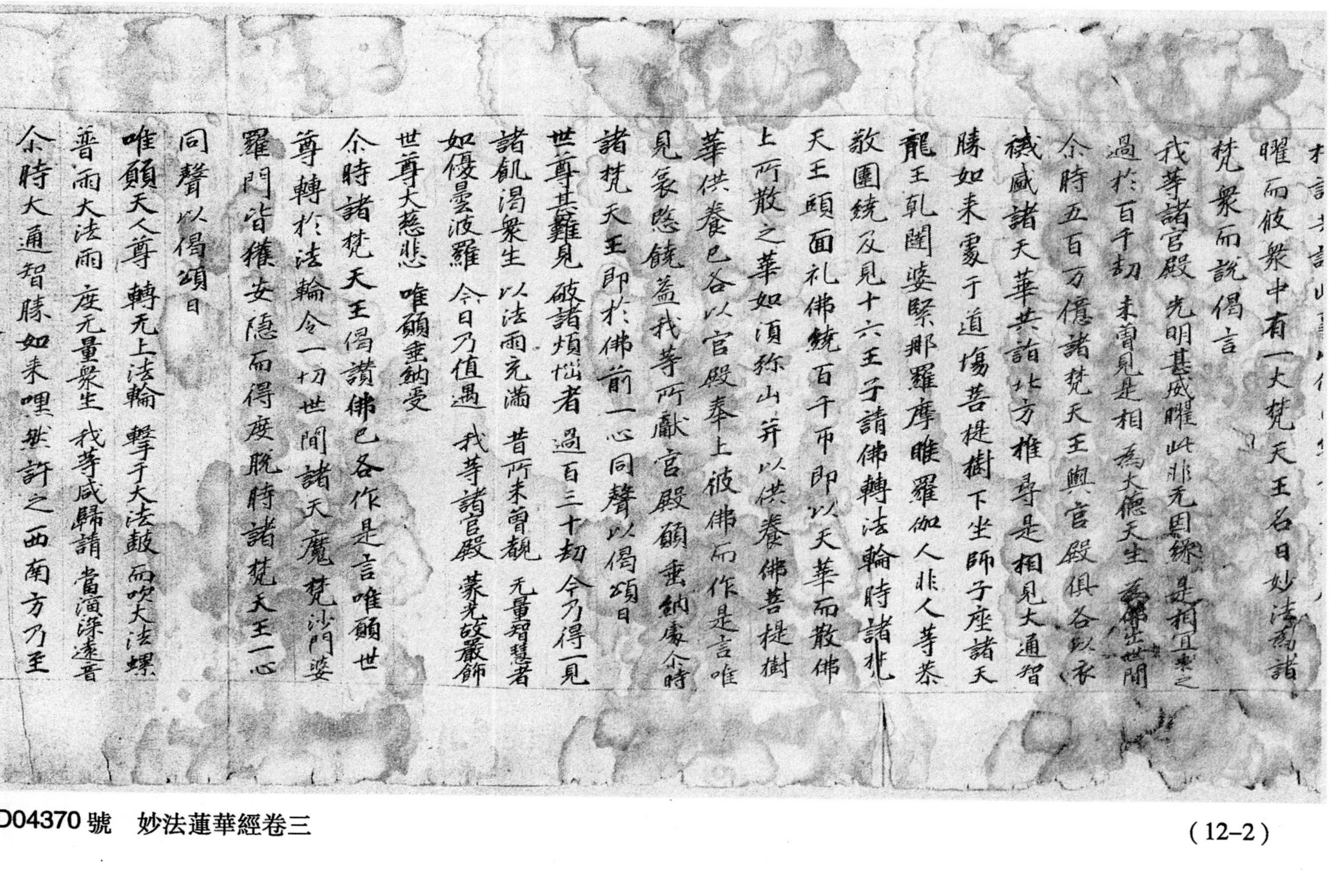

相詣共議此
曜而彼衆中有一大梵天王名曰妙法為諸
梵衆而說偈言
我等諸宮殿　光明甚威曜　此非无因緣　是相宜求之
過於百千劫　未曾見是相　為大德天生　為佛出世間
尒時五百万億諸梵天王與宮殿俱各以衣
裓盛諸天華共詣北方推尋是相見大通智
勝如來處于道場菩提樹下坐師子座諸天
龍王乾闥婆緊那羅摩睺羅伽人非人等恭
敬圍繞及見十六王子請佛轉法輪時諸梵
天王頭面礼佛繞百千帀即以天華而散佛
上所散之華如須弥山并以供養佛菩提樹
華供養已各以宮殿奉上彼佛而作是言唯
見哀愍饒益我等所獻宮殿願垂納處尒時
諸梵天王即於佛前一心同聲以偈頌曰
世尊甚難見　破諸煩惱者　過百三十劫　今乃得一見
諸飢渴衆生　以法雨充滿　昔所未曾覩　无量智慧者
如優曇波羅　今日乃值遇　我等諸宮殿　蒙光故嚴飾
世尊大慈悲　唯願垂納受
尒時諸梵天王偈讚佛已各作是言唯願世
尊轉於法輪令一切世間諸天魔梵沙門婆
羅門皆獲安隱而得度脫時諸梵天王一心
同聲以偈頌曰
唯願天人尊　轉无上法輪　擊于大法鼓　而吹大法螺
普雨大法雨　度无量衆生　我等咸歸請　當演深遠音
尒時大通智勝如來默然許之西南方乃至
下方亦復如是尒時上方五百万億國土諸大

BD04370 號　妙法蓮華經卷三

（12–2）

羅門皆穫安隱而得度脫時諸梵天王一心
同聲以偈頌曰
唯願天人尊　轉无上法輪　擊于大法鼓　而吹大法螺
普雨大法雨　度无量衆生　我等咸歸請　當演深遠音
尒時大通智勝如來嘿然許之西南方乃至
下方亦復如是尒時上方五百万億國土諸大
梵王皆悉自覩所止宮殿光明威曜昔所
未有歡喜踊躍生希有心即各相詣共議此
事以何因緣我等宮殿有斯光明而彼衆中
有一大梵天王名曰尸棄為諸梵衆而說偈言
今以何因緣　我等諸宮殿　威德光明曜　嚴飾未曾有
如是之妙相　昔所未聞見　為大德天生　為佛出世間
尒時五百万億諸梵天王與宮殿俱各以衣
祴盛諸天華共詣下方推尋是相見大通智
勝如來處于道場菩提樹下坐師子座諸天
龍王乹闥婆緊那羅摩睺羅伽人非人等恭
敬圍繞及見十六王子請佛轉法輪時諸梵
天王頭面礼佛繞百千帀即以天華而散佛
上所散之華如須弥山并以供養佛菩提樹
華供養已各以宮殿奉上彼佛而作是言唯
見哀愍饒益我等所獻宮殿願垂納處時諸
梵天王即於佛前一心同聲以偈頌曰
善哉見諸佛　救世之聖尊　能於三界獄　勉出諸衆生
普智天人尊　愍衆群萠類　能開甘露門　廣度於一切
於昔无量劫　空過无有佛　世尊未出時　十方常暗瞑
三惡道增長　阿脩羅亦盛　諸天衆轉減　死多墮惡道

BD04370號　妙法蓮華經卷三　（12–3）

梵天王即於佛前一心同聲以偈頌曰
善哉見諸佛　救世之聖尊　能於三界獄　勉出諸衆生
普智天人尊　愍衆群萠類　能開甘露門　廣度於一切
於昔无量劫　空過无有佛　世尊未出時　十方常暗瞑
三惡道增長　阿脩羅亦盛　諸天衆轉減　死多墮惡道
不從佛聞法　常行不善事　色力及智慧　斯等皆減少
罪業因緣故　失樂及樂想　住於耶見法　不識善儀則
不蒙佛所化　常墮於惡道　佛為世間眼　久遠時乃出
哀愍諸衆生　故現於世間　超出成正覺　我等甚欣慶
及餘一切衆　喜歎未曾有　我等諸宮殿　蒙光故嚴飾
今以奉世尊　唯垂哀納受　願以此功德　普及於一切
我等與衆生　皆共成佛道
尒時五百万億諸梵天王偈讚佛已各白佛言
唯願世尊轉於法輪多所安隱多所度脫時
諸梵天王而說偈言
世尊轉法輪　擊甘露法鼓　度苦惱衆生　開示涅槃道
唯願受我請　以大微妙音　哀愍而敷演　无量劫習法
尒時大通智勝如來受十方諸梵天王及十
六王子請即時三轉十二行法輪若沙門婆
羅門若天魔梵及餘世間所不能轉謂是苦
是苦集是苦滅是苦滅道及廣說十二因緣
法无明緣行行緣識識緣名色名色緣六入
六入緣觸觸緣受受緣愛愛緣取取緣有有
緣生生緣老死憂悲苦惱无明滅則行滅行
滅則識滅識滅則名色滅名色滅則六入滅
六入滅則觸滅觸滅則受滅受滅則愛滅愛滅

BD04370號　妙法蓮華經卷三　（12–4）

法无明緣行行緣識識緣名色名色緣六入
六入緣觸觸緣受受緣愛愛緣取取緣有有
緣生生緣老死憂悲苦惱无明滅則行滅行
滅則識滅識滅則名色滅名色滅則六入滅
六入滅則觸滅觸滅則受滅受滅則愛滅愛滅
則取滅取滅則有滅有滅則生滅生滅則老
死憂悲苦惱滅佛於天人大衆之中說是
法時六百万億那由他人以不受一切法故
而於諸漏心得解脫皆得深妙禪定三明六
通具八解脫第二第三第四說法時千万億
恒河沙那由他等衆生亦以不受一切法故而
於諸漏心得解脫從是已後諸聲聞衆无量
无邊不可稱數尒時十六王子皆以童子出
家而為沙弥諸根通利智慧明了已曾供養
百千万億諸佛淨脩梵行求阿耨多羅三藐
三菩提俱白佛言世尊是諸无量千万億大
德聲聞皆已成就世尊亦當為我等說阿
耨多羅三藐三菩提法我等聞已皆共脩學
世尊我等志願如來知見深心所念佛自證
知尒時轉輪聖王所將衆中八万億人見十
六王子出家亦求出家王即聽許尒時彼佛
受沙弥請過二万劫已乃於四衆之中說是
大乘經名妙法蓮華教菩薩法佛所護念說
是經已十六沙弥為阿耨多羅三藐三菩提
故皆共受持諷誦通利說是經時十六菩薩
沙弥皆悉信受聲聞衆中亦有信解其餘衆

BD04370 號　妙法蓮華經卷三　（12–5）

受沙弥請過二万劫已乃於四衆之中說是
大乘經名妙法蓮華教菩薩法佛所護念說
是經已十六沙弥為阿耨多羅三藐三菩提
故皆共受持諷誦通利說是經時十六菩薩
沙弥皆悉信受聲聞衆中亦有信解其餘衆
生千万億種皆生疑惑佛說是經於八千劫
未曾休廢說此經已即入靜室住於禪定八
万四千劫是時十六菩薩沙弥知佛入室寂
然禪定各昇法座亦於八万四千劫為四部
衆廣說分別妙法華經一一皆度六百万億
那由他恒河沙等衆生示教利喜令發阿耨
多羅三藐三菩提心大通智勝佛過八万四
千劫已從三昧起往詣法座安詳而坐普告
大衆是十六菩薩沙弥甚為希有諸根通利
智慧明了已曾供養无量千万億數諸佛於
諸佛所常脩梵行受持佛智開示衆生令入
其中汝等皆當數數親近而供養之所以者
何若聲聞辟支佛及諸菩薩能信是十六菩
薩所說經法受持不毀者是人皆當得阿耨
多羅三藐三菩提如來之慧佛告諸比丘是
十六菩薩常樂說是妙法蓮華經一一菩薩
所化六百万億那由他恒河沙等衆生世世
所生與菩薩俱從其聞法悉皆信解以此因
緣得值四万億諸佛世尊于今不盡諸比丘
我今語汝彼佛弟子十六沙弥今皆得阿耨
多羅三藐三菩提於十方國土現在說法有

BD04370 號　妙法蓮華經卷三　（12–6）

十六菩薩常樂說是妙法蓮華經一一菩薩
所化六百万億那由他恒河沙等衆生世世
所生與菩薩俱從其聞法悉皆信解以此因
緣得值四万億諸佛世尊于今不盡諸比丘
我今語汝彼佛弟子十六沙弥今皆得阿耨
多羅三藐三菩提於十方國土現在說法有
无量百千万億菩薩聲聞以為眷屬其二沙
弥東方作佛一名阿閦在歡喜國二名須弥
頂東南方二佛一名師子音二名師子相南
方二佛一名虛空住二名常滅西南方二佛
一名帝相二名梵相西方二佛一名阿弥陁
二名度一切世間苦惱西北方二佛一名多
摩羅跋栴檀香神通二名須弥相北方二佛
一名雲自在二名雲自在王東北方佛名壞
一切世間怖畏第十六我釋迦牟尼佛於娑
婆國土成阿耨多羅三藐三菩提諸比丘我
等為沙弥時各各教化无量百千万億恒河
沙等衆生從我聞法為阿耨多羅三藐三菩
提此諸衆生于今有住聲聞地者我常教化
阿耨多羅三藐三菩提是諸人等應以是法
漸入佛道所以者何如来智慧難信難解尒
時所化无量恒河沙等衆生者汝等諸比丘
及我滅度後未来世中聲聞弟子是也我滅
度後復有弟子不聞是經不知不覺菩薩所
行自於所得功德生滅度想當入涅槃我於餘
國作佛更有異名是人雖生滅度之想入於
涅槃而於彼土求佛智慧得聞是經唯以佛

BD04370號　妙法蓮華經卷三　（12–7）

漸入佛道所以者何如来智慧難信難解尒
時所化无量恒河沙等衆生者汝等諸比丘
及我滅度後未来世中聲聞弟子是也我滅
度後復有弟子不聞是經不知不覺菩薩所
行自於所得功德生滅度想當入涅槃我於餘
國作佛更有異名是人雖生滅度之想入於
涅槃而於彼土求佛智慧得聞是經唯以佛
乘而得滅度更无餘乘除諸如来方便說法
諸比丘若如来自知涅槃時到衆又清淨信解
堅固了達空法深入禪定便集諸菩薩及
聲聞衆為說是經世間无有二乘而得滅度
唯一佛乘得滅度耳比丘當知如来方便深
入衆生之性知其志樂小法深著五欲為是
等故說於涅槃是人若聞則便信受譬如五
百由旬險難惡道曠絕无人怖畏之處若有多
衆欲過此道至珎寶處有一導師聦慧明
達善知險道通塞之相將導衆人欲過此難
所將人衆中路懈退白導師言我等疲極而
復怖畏不能復進前路猶遠今欲退還導師
多諸方便而作是念此等可愍云何捨大珎
寶而欲退還作是念已以方便[illegible]道中
過三百由旬化作一城告衆人[illegible]勿怖
莫得退還今此大城可於中心隨意所作若
入是城快得安隱若能前至寶所亦可得
去是時疲極之衆心大歡喜歎未曾有我等
今者免斯惡道快得安隱於是衆人前入化
城生已度想生安隱想尒時導師知此人衆

BD04370號　妙法蓮華經卷三　（12–8）

過三百由旬化作一城告衆人言汝等勿怖
莫得退還今此大城可於中止随意所作若
入是城快得安隱若能前至寶所亦可得
去是時疲極之衆心大歡喜歎未曾有我等
今者免斯惡道快得安隱於是衆人前入化
城生已度想生安隱想尒時導師知此人衆
既得止息无復疲惓即滅化城語衆人言汝
等去来寶處在近向者大城我所化作為止
息耳諸比丘如来亦復如是今為汝等作大
導師知諸生死煩惱惡道險難長遠應去
應度若衆生但聞一佛乘者則不欲見佛不欲
親近便作是念佛道長遠久受勤苦乃可得
成佛知是心怯弱下劣以方便力而於中道為
止息故說二涅槃若衆生住於二地如来尒時
即便為說汝等所作未辦汝所住地近於佛
慧當觀察籌量所得涅槃非真實也但是
如来方便之力於一佛乘分別說三如彼導師
為止息故化作大城既知息已而告之言寶處
在近此城非實我化作耳尒時世尊欲重宣
此義而說偈言
大通智勝佛　十劫坐道場　佛法不現前　不得成佛道
諸天神龍王　阿脩羅衆等　常雨於天華　以供養彼佛
諸天擊天鼓　并作衆伎樂　香風吹萎華　更雨新好者
過十小劫已　乃得成佛道　諸天及世人　心皆懷踊躍
彼佛十六子　皆與其眷屬　千万億圍繞　俱行至佛所
頭面礼佛足　而請轉法輪　聖師子法雨　充我及一切

BD04370號　妙法蓮華經卷三　（12–9）

諸天神龍王　阿脩羅衆等　常雨於天華　以供養彼佛
諸天擊天鼓　并作衆伎樂　香風吹萎華　更雨新好者
過十小劫已　乃得成佛道　諸天及世人　心皆懷踊躍
彼佛十六子　皆與其眷屬　千万億圍繞　俱行至佛所
頭面礼佛足　而請轉法輪　聖師子法雨　充我及一切
世尊甚難值　久遠時一現　為覺悟群生　震動於一切
東方諸世界　五百万億國　梵宮殿光曜　昔所未曾有
諸梵見此相　尋来至佛所　散華以供養　并奉上宮殿
請佛轉法輪　以偈而讚歎　佛知時未至　受請嘿然坐
三方及四維　上下亦復尒　散華奉宮殿　請佛轉法輪
世尊甚難值　願以大慈悲　廣開甘露門　轉无上法輪
无量慧世尊　受彼衆人請　為宣種種法　四諦十二緣
无明至老死　皆從生緣有　如是衆過患　汝等應當知
宣暢是法時　六百万億姟　得盡諸苦際　皆成阿羅漢
第二說法時　千万恒沙衆　於諸法不受　亦得阿羅漢
從是後得道　其數无有量　万億劫筭數　不能得其邊
時十六王子　出家作沙弥　皆共請彼佛　演說大乘法
我等及營從　皆當成佛道　願得如世尊　慧眼第一淨
佛知童子心　宿世之所行　以无量因緣　種種諸譬喻
說六波羅蜜　及諸神通事　分別真實法　菩薩所行道
說是法華經　如恒河沙偈　彼佛說經已　靜室入禪定
一心一處坐　八万四千劫　是諸沙弥等　知佛禪未出
為无量億衆　說佛无上慧　各各坐法座　說是大乘經
於佛宴寂後　宣揚助法化　一一沙弥等　所度諸衆生
有六百万億　恒河沙等衆　彼佛滅度後　是諸聞法者
在在諸佛土　常與師俱生　是十六沙弥　具足行佛道

BD04370號　妙法蓮華經卷三　（12–10）

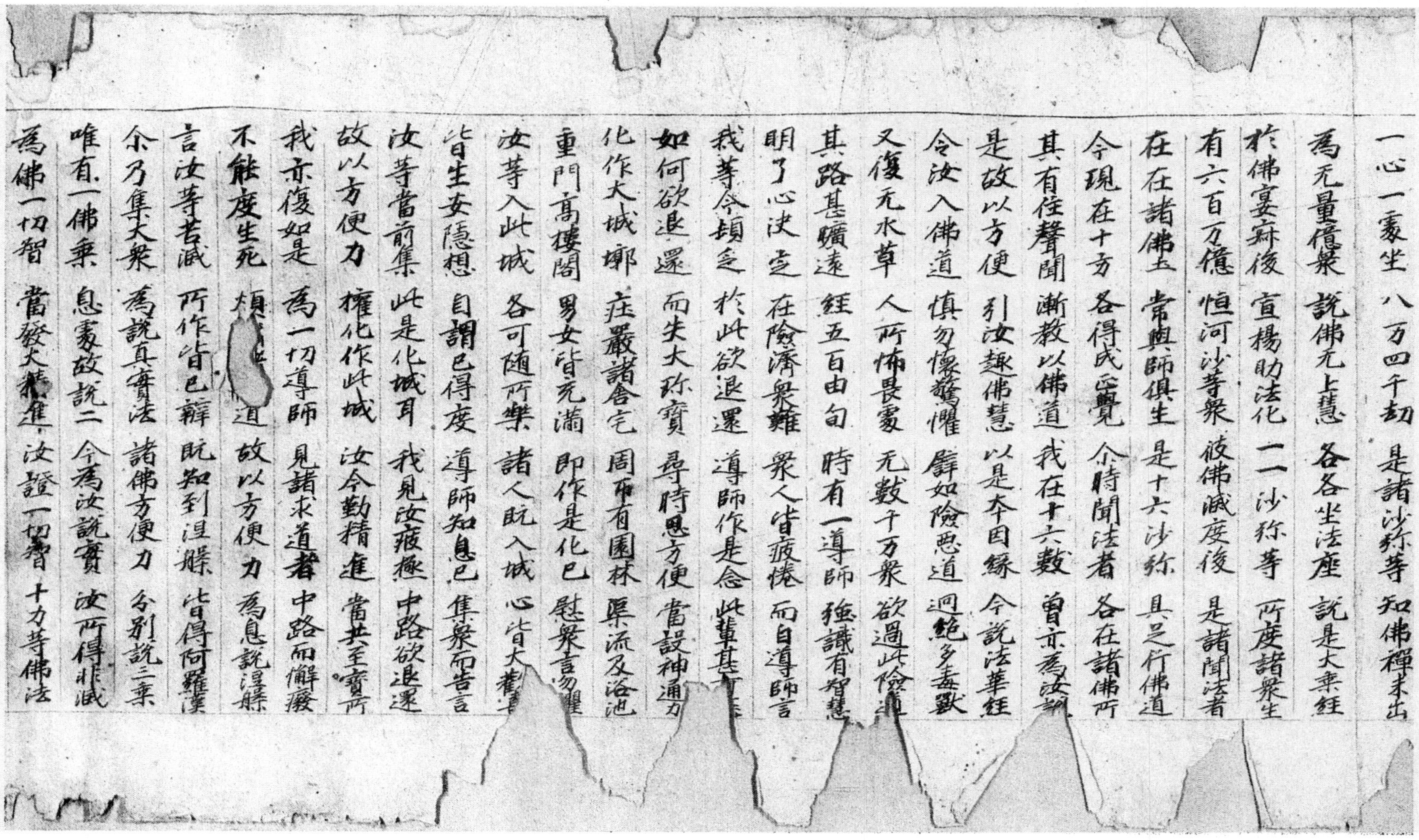
一心一處坐　八万四千劫　是諸沙弥等　知佛禪未出
爲无量億衆　説佛无上慧　各各坐法座　説是大乘經
於佛宴寂後　宣揚助法化　一一沙弥等　所度諸衆生
有六百万億　恒河沙等衆　彼佛滅度後　是諸聞法者
在在諸佛土　常與師俱生　是十六沙弥　具足行佛道
今現在十方　各得成正覺　尒時聞法者　各在諸佛所
其有住聲聞　漸教以佛道　我在十六數　曾亦爲汝説
是故以方便　引汝趣佛慧　以是本因緣　今説法華經
令汝入佛道　慎勿懷驚懼　譬如險惡道　迥絶多毒獸
又復无水草　人所怖畏處　无數千万衆　欲過此險道
其路甚曠遠　經五百由旬　時有一導師　強識有智慧
明了心決定　在險濟衆難　衆人皆疲惓　而白導師言
我等今頓乏　於此欲退還　導師作是念　此輩甚可愍
如何欲退還　而失大珍寶　尋時思方便　當設神通力
化作大城郭　莊嚴諸舍宅　周匝有園林　渠流及浴池
重門高樓閣　男女皆充滿　即作是化已　慰衆言勿懼
汝等入此城　各可隨所樂　諸人既入城　心皆大歡喜
皆生安隱想　自謂已得度　導師知息已　集衆而告言
汝等當前進　此是化城耳　我見汝疲極　中路欲退還
故以方便力　權化作此城　汝今勤精進　當共至寶所
我亦復如是　爲一切導師　見諸求道者　中路而懈廢
不能度生死　煩惱諸險道　故以方便力　爲息説涅槃
言汝等苦滅　所作皆已辦　既知到涅槃　皆得阿羅漢
尒乃集大衆　爲説真實法　諸佛方便力　分別説三乘
唯有一佛乘　息處故説二　今爲汝説實　汝所得非滅
爲佛一切智　當發大精進　汝證一切智　十力等佛法

BD04370號　妙法蓮華經卷三　（12–11）

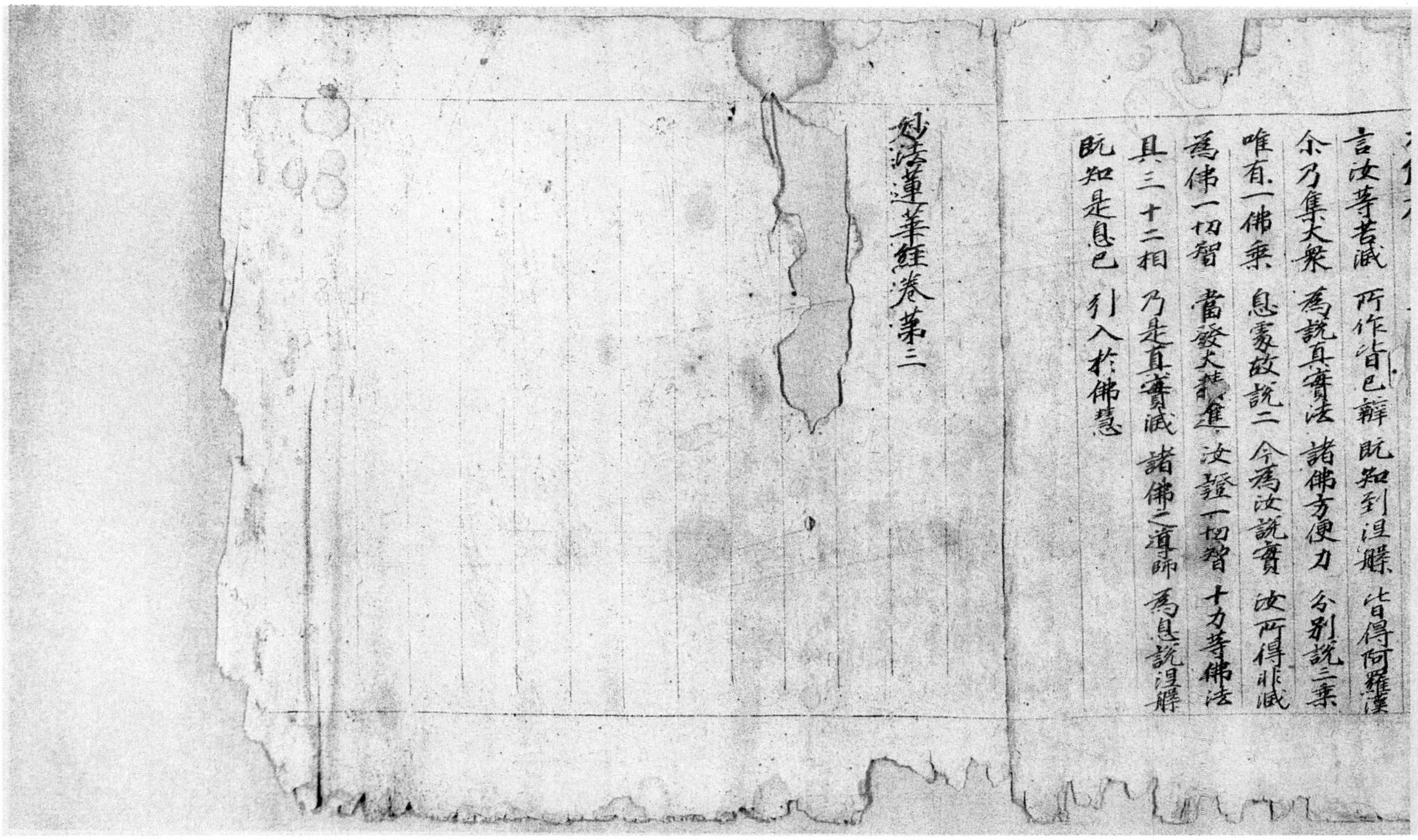
言汝等苦滅　所作皆已辦　既知到涅槃　皆得阿羅漢
尒乃集大衆　爲説真實法　諸佛方便力　分別説三乘
唯有一佛乘　息處故説二　今爲汝説實　汝所得非滅
爲佛一切智　當發大精進　汝證一切智　十力等佛法
具三十二相　乃是真實滅　諸佛之導師　爲息説涅槃
既知是息已　引入於佛慧

妙法蓮華經卷第三

BD04370號　妙法蓮華經卷三　（12–12）

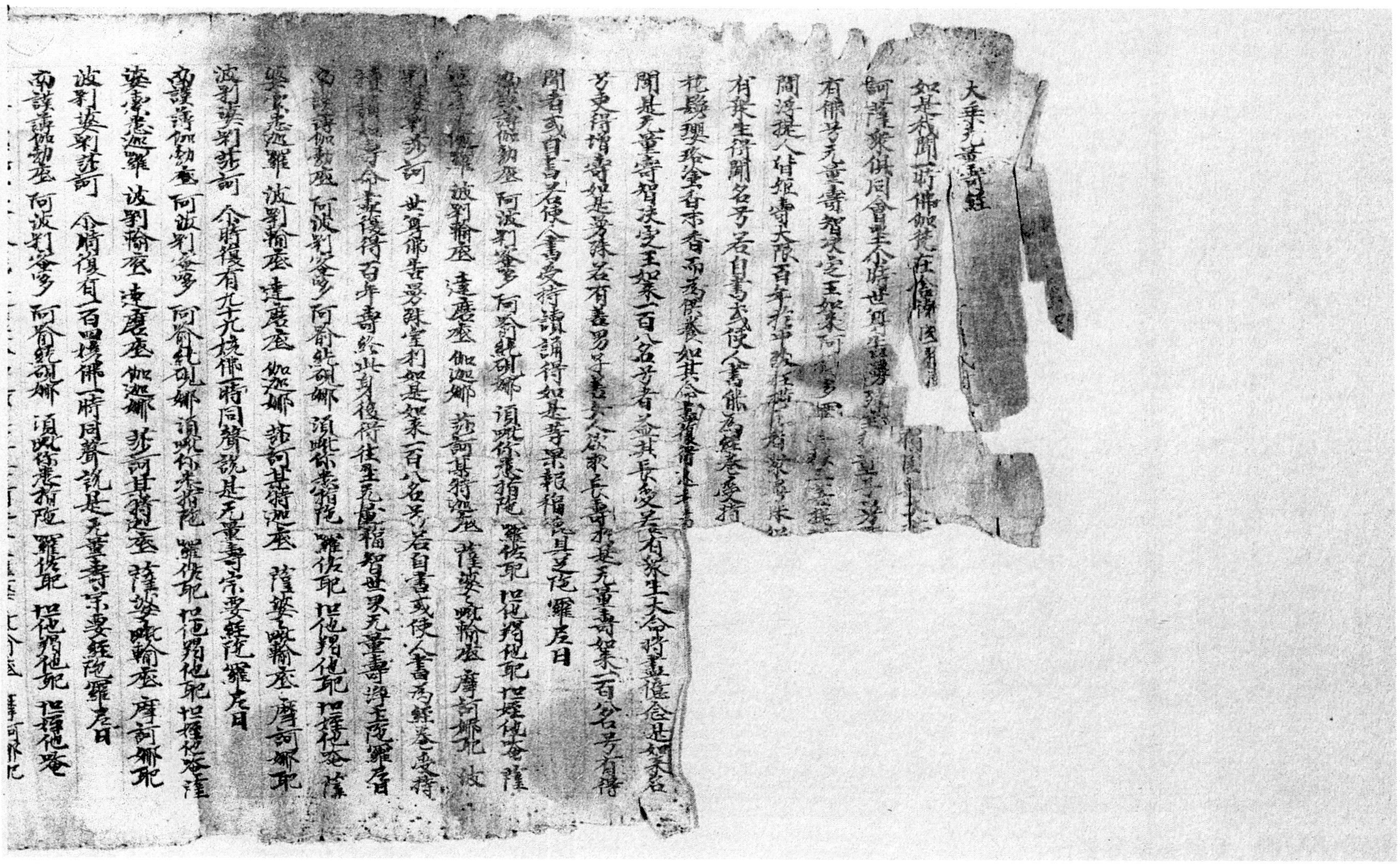

BD04371 號　無量壽宗要經　（3–1）

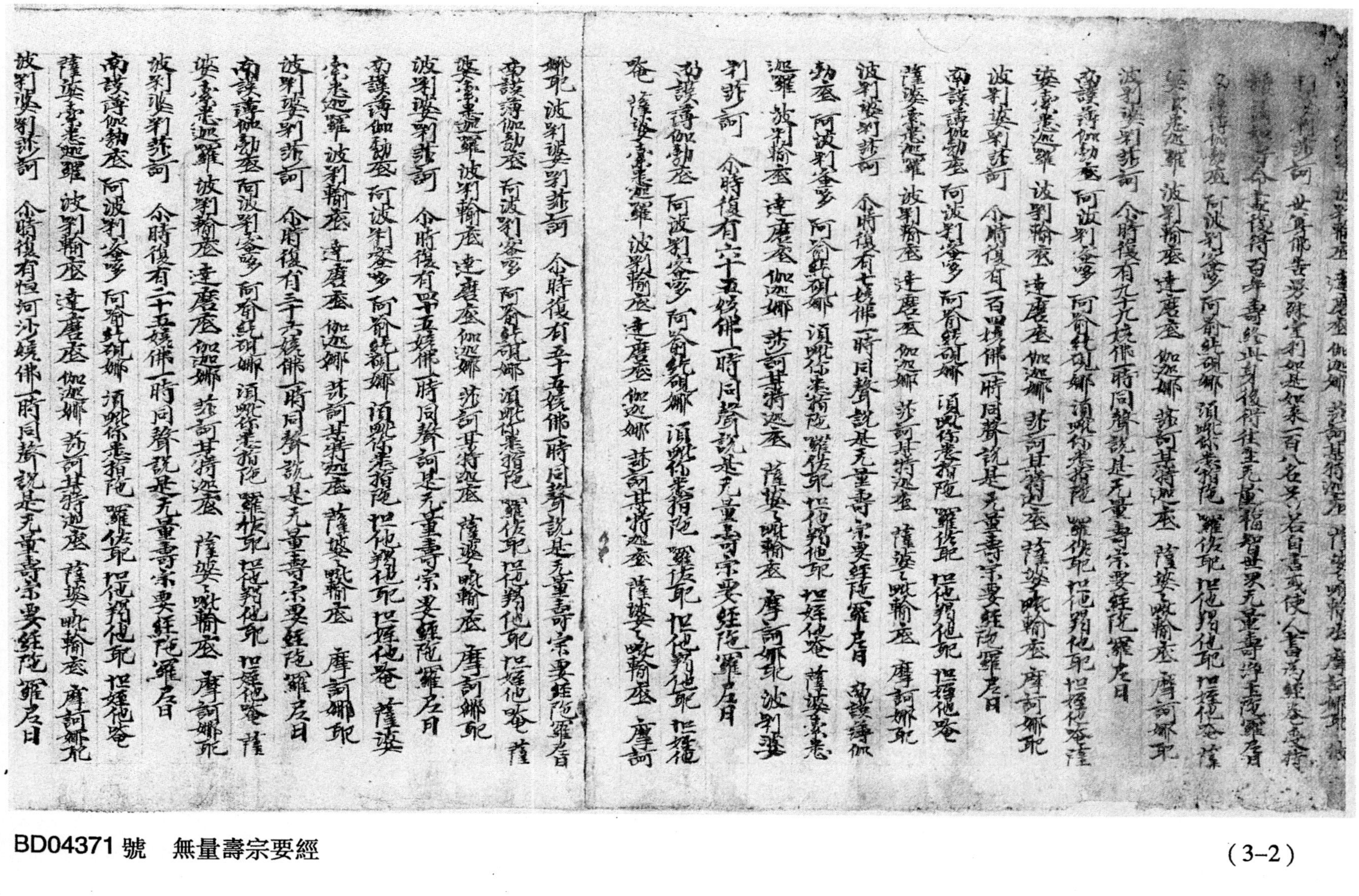

BD04371 號　無量壽宗要經　（3–2）

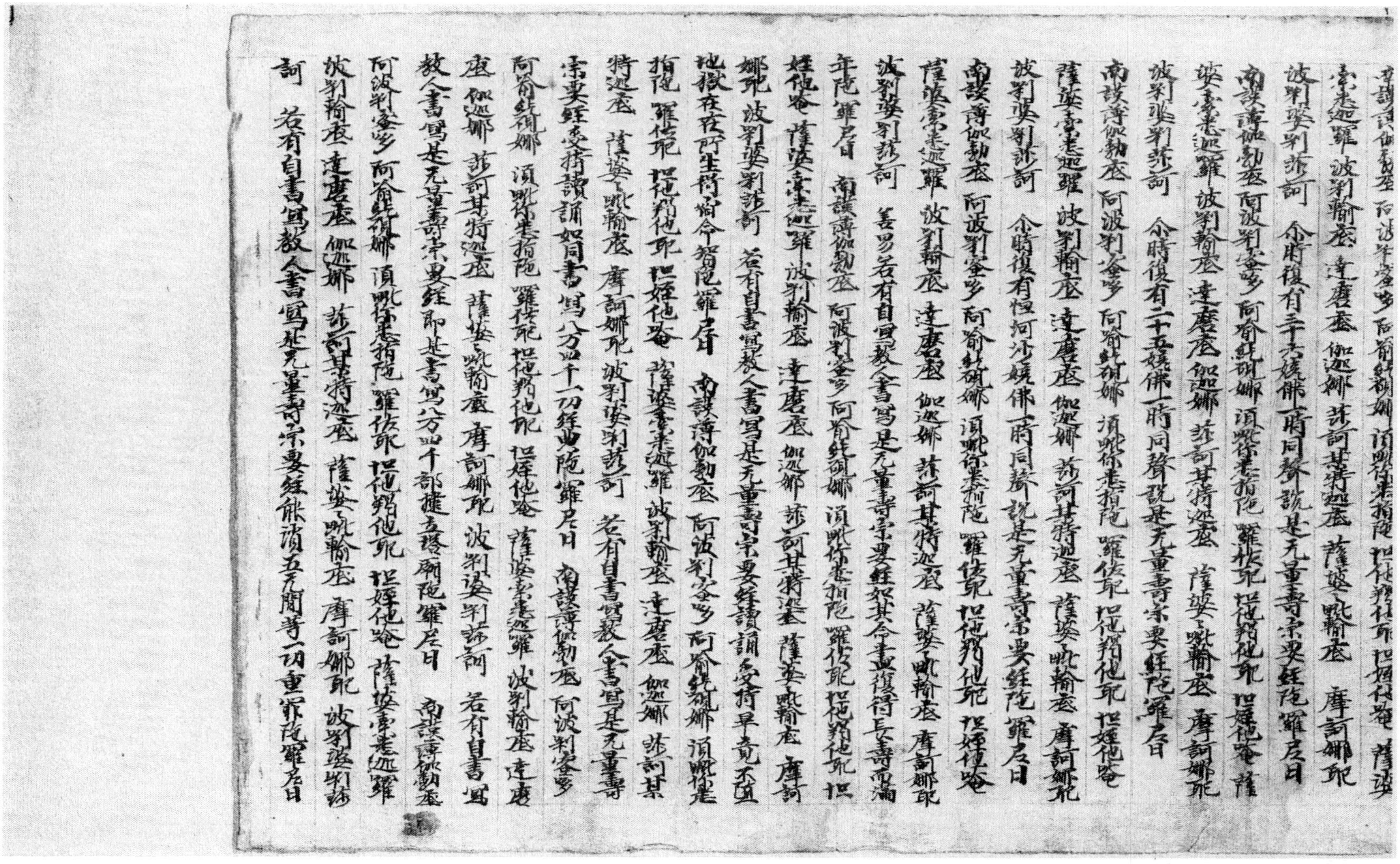

BD04371 號　無量壽宗要經　（3–3）

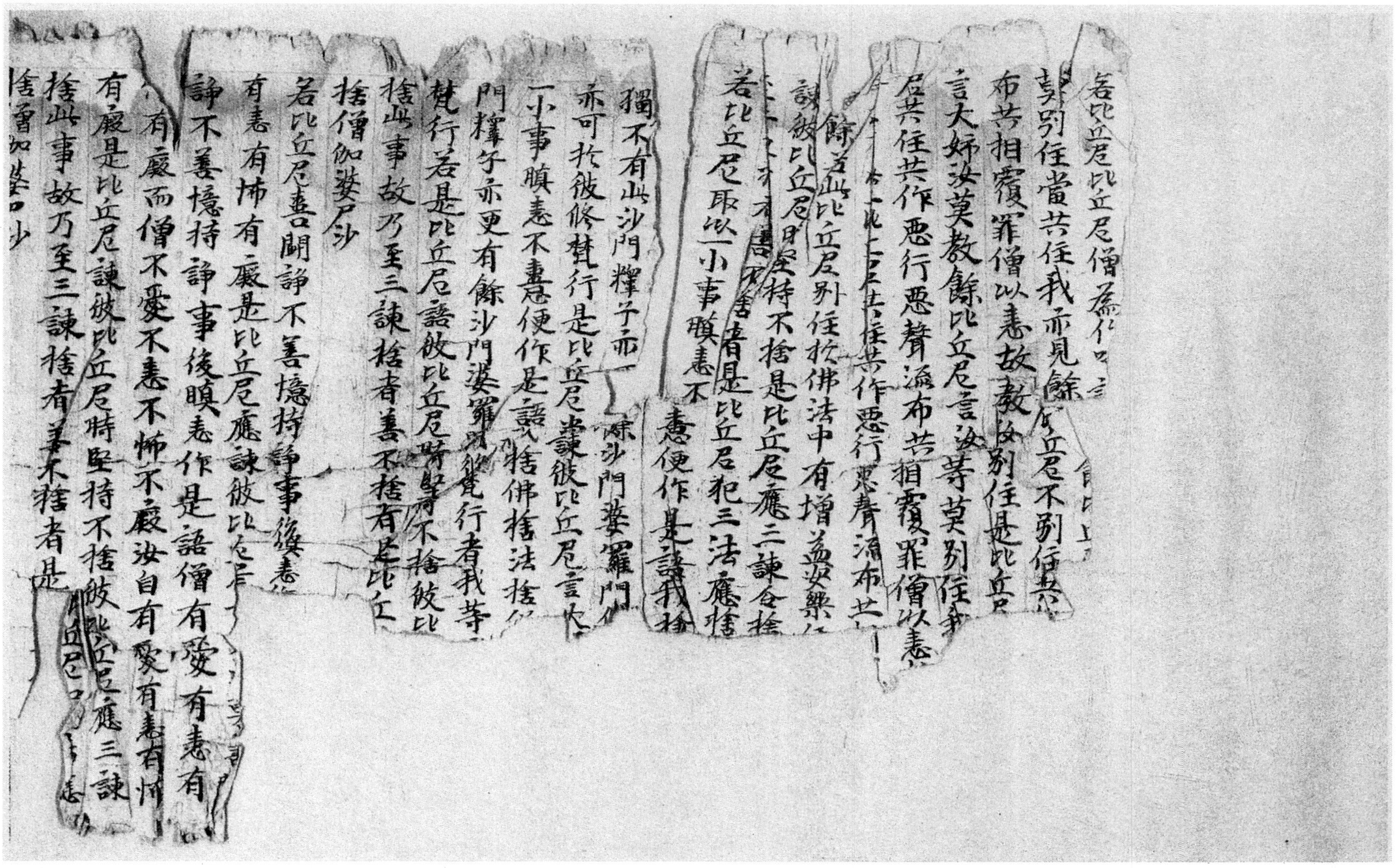

BD04372 號　四分比丘尼戒本　（7–1）

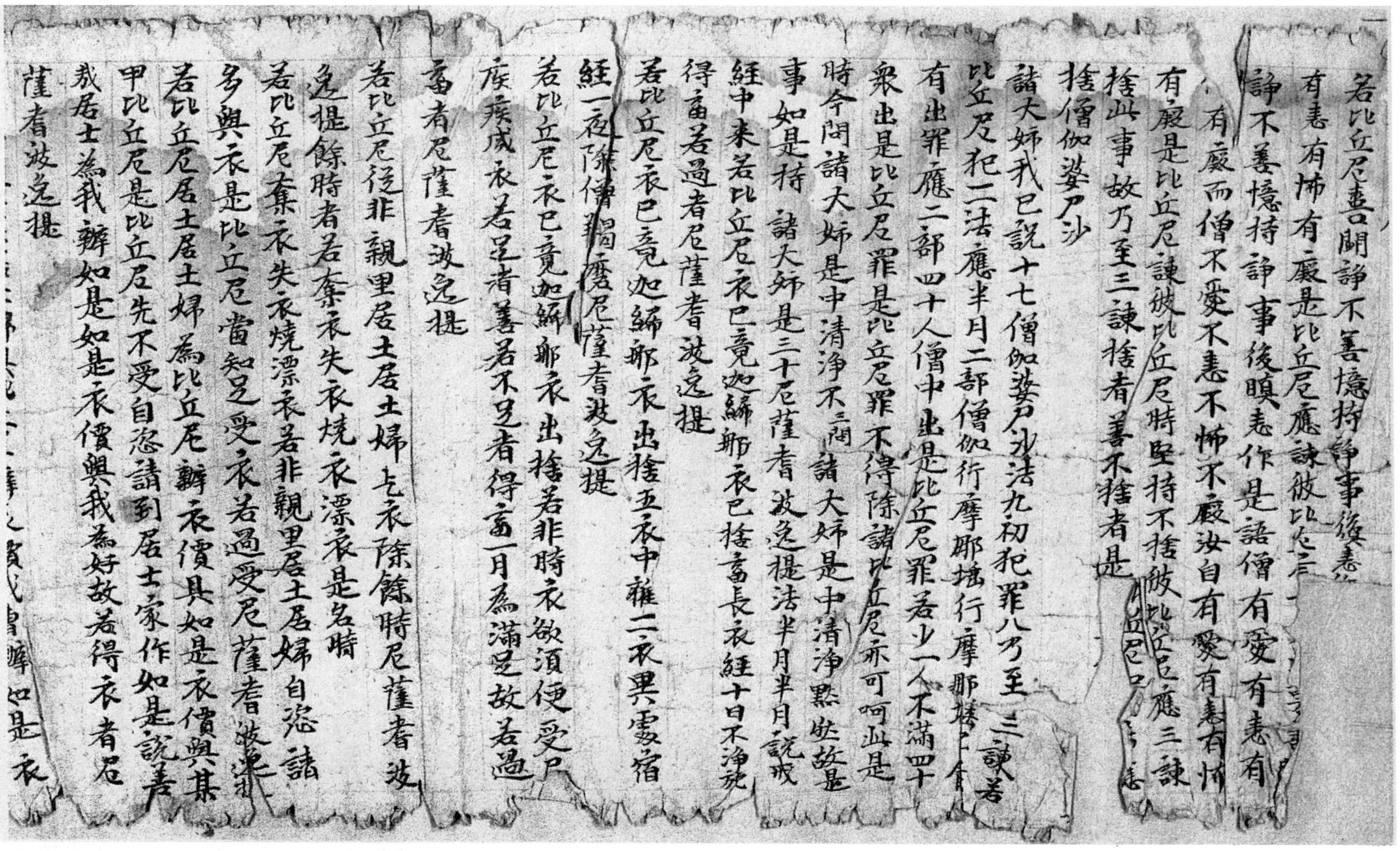

若比丘尼喜鬪諍不善憶持諍事後瞋恚
有恚有怖有癡是比丘尼應諫彼比丘尼言
諍不善憶持諍事後瞋恚作是語僧有愛有恚有
有癡而僧不愛不恚不怖不癡汝自有愛有恚有怖
有癡是比丘尼諫彼比丘尼時堅持不捨彼比丘尼應三諫
捨此事故乃至三諫捨者善不捨者是
捨僧伽婆尸沙
諸大姊我已說十七僧伽婆尸沙法九初犯罪八乃至三諫若
比丘尼犯一一法應半月二部僧伽行摩那埵行摩那埵
有出罪應二部四十人僧中出是比丘尼罪若少一人不滿四十
眾出是比丘尼罪不得除諸比丘尼亦可呵此是
時今問諸大姊是中清淨不三問 諸大姊是中清淨默然故是
事如是持 諸大姊是三十尼薩耆波逸提法半月半月說戒
經中來若比丘尼衣已竟迦絺那衣已捨畜長衣經十日不淨施
得畜若過者尼薩耆波逸提
若比丘尼衣已竟迦絺那衣出捨五衣中離一一衣異處宿
經一夜除僧羯磨尼薩耆波逸提
若比丘尼衣已竟迦絺那衣出捨若非時衣欲須便受已
疾疾成衣若足者善若不足者得畜一月為滿足故若過
畜者尼薩耆波逸提
若比丘尼從非親里居士居士婦乞衣除餘時尼薩耆波
逸提餘時者若奪衣失衣燒衣漂衣是名時
若比丘尼奪衣失衣燒衣漂衣若非親里居士居士婦自恣請
多與衣是比丘尼當知足受衣若過受尼薩耆波逸提
若比丘尼居士居士婦為比丘尼辦衣價具如是衣價與某
甲比丘尼是比丘尼先不受自恣請到居士家作如是說善
哉居士為我辦如是如是衣價與我為好故若得衣者尼
薩耆波逸提

BD04372 號　四分比丘尼戒本　（7–2）

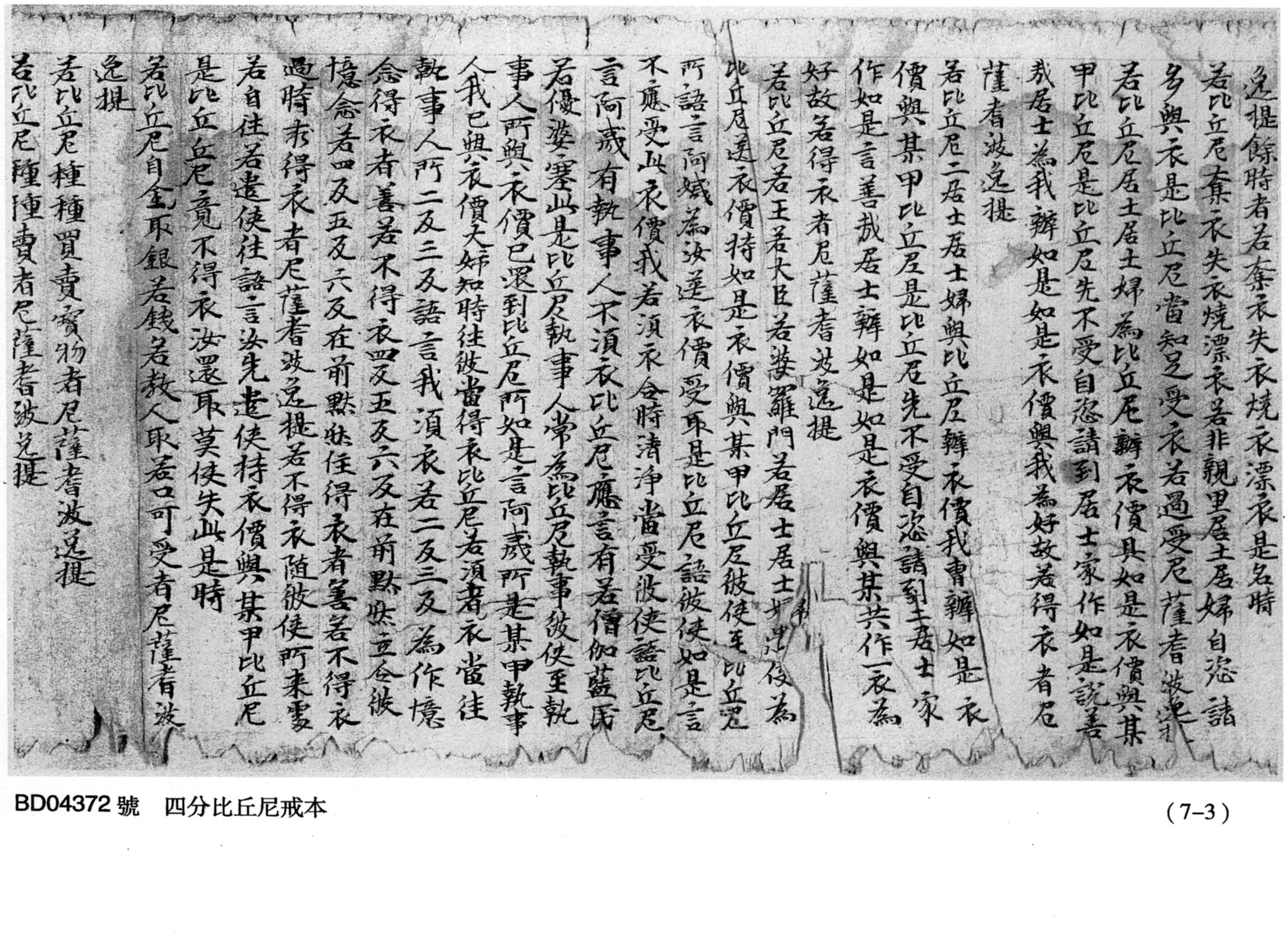

逸提餘時者若奪衣失衣燒衣漂衣是名時
若比丘尼奪衣失衣燒衣漂衣若非親里居士居士婦自恣請
多與衣是比丘尼當知足受衣若過受尼薩耆波逸提
若比丘尼居士居士婦為比丘尼辦衣價具如是衣價與某
甲比丘尼是比丘尼先不受自恣請到居士家作如是說善
哉居士為我辦如是如是衣價與我為好故若得衣者尼
薩耆波逸提
若比丘尼二居士居士婦與比丘尼辦衣價我曹辦如是衣
價與某甲比丘尼是比丘尼先不受自恣請到二居士家
作如是言善哉居士辦如是如是衣價與某共作一衣為
好故若得衣者尼薩耆波逸提
若比丘尼若王若大臣若婆羅門若居士居士婦遣使為
比丘尼送衣價持如是衣價與某甲比丘尼彼使至比丘尼
所語言阿姨為汝送衣價受取是比丘尼語彼使如是言
不應受此衣價我若須衣合時清淨當受彼使語比丘尼
言阿姨有執事人不須衣比丘尼應言有若僧伽藍民
若優婆塞此是比丘尼執事人常為比丘尼執事彼使至執
事人所與衣價已還到比丘尼所如是言阿姨所是某甲執事
人我已與衣價大姊知時往彼當得衣比丘尼若須衣者當往
執事人所二反三反語言我須衣若二反三反為作憶
念得衣者善若不得衣四反五反六反在前默然立令彼
憶念若四反五反六反在前默然住得衣者善若不得衣
過時求得衣者尼薩耆波逸提若不得衣隨彼使所來處
若自往若遣使往語言汝先遣使持衣價與某甲比丘尼
是比丘尼竟不得衣汝還取莫使失此是時
若比丘尼自金取銀若錢若教人取若口可受者尼薩耆波
逸提
若比丘尼種種買賣寶物者尼薩耆波逸提
若比丘尼種種販賣者尼薩耆波逸提

BD04372 號　四分比丘尼戒本　（7–3）

若自往若遣使往語言汝先遣使持衣價與某甲比丘尼
是比丘丘尼竟不得衣汝還取莫使失此是時
若比丘尼自金取銀若錢若教人取若口可受者尼薩耆波
逸提
若比丘尼種種買賣寶物者尼薩耆波逸提
若比丘尼種種賣買者尼薩耆波逸提
若比丘尼鉢減五綴不漏更求新鉢為好故尼薩耆波逸提
是比丘尼當持此鉢於尼眾中捨從次第貿至下坐以下坐鉢與
此比丘尼言妹持此鉢乃至破此是時
若比丘尼自求縷使非親里織師織作衣者尼薩耆波逸提
若比丘尼自求縷使非婦使織師為比丘尼織作衣彼比丘尼
先不受自恣請便往到彼所語織師言此衣為我織極好
織令廣長堅緻齊整好我當少多與汝價若比丘尼與
價乃至一食直得衣者尼薩耆波逸提
若比丘尼與比丘尼衣已後瞋恚若自奪若教人奪取還
我衣來不與汝是比丘尼應還衣彼取衣者尼薩耆波逸提
若比丘尼有諸病畜藥酥油生酥蜜石蜜得食殘宿乃
七日得服若過七日服尼薩耆波逸提
若比丘尼十日未滿夏三月若有急施比丘尼知是急施衣
應受受已乃至衣時應畜若過畜者尼薩耆波逸提
若比丘尼知物向僧自求入己者尼薩耆波逸提
若比丘尼欲索是更索彼者尼薩耆波逸提
若比丘尼知檀越所為僧施異迴作餘用者薩耆波逸提
若比丘尼所為施物異自求為僧迴作餘用者尼薩耆波逸提
若比丘尼檀越所施物異迴作餘用者尼薩耆波逸提
若比丘尼檀越所為施物異自求為僧迴作餘用者尼薩耆波逸
提
若比丘尼畜長鉢者尼薩耆波逸提
若比丘尼多畜好色器者尼薩耆波逸提

BD04372號　四分比丘尼戒本　（7–4）

若比丘尼所為施物異自求為僧迴作餘用者尼薩耆波逸提
若比丘尼檀越所施物異迴作餘用者尼薩耆波逸提
若比丘尼檀越所為施物異自求為僧迴作餘用者尼薩耆波逸
提
若比丘尼畜長鉢者尼薩耆波逸提
若比丘尼多畜好色器者尼薩耆波逸提
若比丘尼許他比丘尼病衣後不與者尼薩耆波逸提
若比丘尼以非時衣受作時衣者尼薩耆波逸提
若比丘尼與比丘尼貿易衣後瞋恚還自奪取若使人奪妹
還我衣來我不與汝汝衣屬汝我衣還我者尼薩耆波
逸提
若比丘尼乞重衣齊價直四張氎過者尼薩耆波逸提
若比丘尼欲乞輕衣極重價直兩張半氎者尼薩耆波逸提
諸大姊我已說三十尼薩耆波逸提法今問諸大姊是中清淨不
諸大姊是中清淨默然故是事如是持
諸大姊是一百七十八波逸提法半月半月說戒經中來
若比丘尼故妄語者波逸提
若比丘尼毀呰語者波逸提
若比丘尼兩舌語者波逸提
若比丘尼與男子同室宿者波逸提
若比丘尼共未受大戒女人同一室宿若過三宿波逸提
若比丘尼與未受具戒人共誦者波逸提
若比丘尼知他有麤惡罪向未受大戒人說除僧羯磨波逸提
若比丘尼向未受大戒人說過人法言我知是我見是實者波逸提
若比丘尼與男子說法過五六語除有知女人波逸提
若比丘尼自手掘地若教人掘者波逸提　十
若比丘尼壞鬼神村者波逸提
若比丘尼妄作異語惱他者波逸提
若比丘尼嫌罵知他者波逸提

BD04372號　四分比丘尼戒本　（7–5）

若比丘尼向未受大戒人說過人法言我知是我見是實者波逸提
若比丘尼與男子說法過五六語除有知女人波逸提
若比丘尼自手掘地若教人掘者波逸提 十
若比丘尼壞鬼神村者波逸提
若比丘尼妄作異語惱他者波逸提
若比丘尼嫌罵知他者波逸提
若比丘尼取僧繩床若木床若臥具坐褥露地自敷若教人
敷捨去不自舉不教人舉波逸提
若比丘尼於僧房中取僧臥具自敷若教人敷在中若坐若
臥從彼處捨去不自舉不教人舉者波逸提
若比丘尼知比丘尼先住處後來於中間敷僧臥具止宿念言
彼若嫌迮者自當避我去作如是因緣非餘非威儀波逸提
若比丘尼瞋他比丘尼不喜眾僧房中自牽出若教人牽出者
波逸提
若比丘尼在重閣上脫脚繩牀若木牀若坐若臥波逸提
若比丘尼知水有虫自用澆泥若草若教人澆者波逸提
若比丘尼作大房戶扉窗牖及餘莊飾具指授覆苫齊二
三節若過者波逸提 廿
若比丘尼施一食處无病比丘尼應一食若過受者波逸提
若比丘尼別眾食除餘時波逸提餘時者病時作衣時施衣
時行道時船上時大會時沙門施食時此是時
若比丘尼至檀越家殷勤請與餅麨飯比丘尼欲須者當二
三鉢應受持至寺內分與餘比丘尼食若比丘尼无病過三鉢
受持至寺中不分與餘比丘尼食者波逸提
若比丘尼非時噉食者波逸提
若比丘尼殘宿食噉者波逸提
若比丘尼不受食及藥著口中除水楊枝波逸提
若比丘尼先受請已若前食後食行詣餘家不囑餘比丘

BD04372 號　四分比丘尼戒本

（7–6）

若比丘尼施一食處无病比丘尼應一食若過受者波逸提
若比丘尼別眾食除餘時波逸提餘時者病時作衣時施衣
時行道時船上時大會時沙門施食時此是時
若比丘尼至檀越家殷勤請與餅麨飯比丘尼欲須者當二
三鉢應受持至寺內分與餘比丘尼食若比丘尼无病過三鉢
受持至寺中不分與餘比丘尼食者波逸提
若比丘尼非時噉食者波逸提
若比丘尼殘宿食噉者波逸提
若比丘尼不受食及藥著口中除水楊枝波逸提
若比丘尼先受請已若前食後食行詣餘家不囑餘比丘
尼除時波逸提餘時者病時作衣時施衣時此是時
若比丘尼食家中有寶强安坐者波逸提
若比丘尼食家中有寶在屏處坐者波逸提
若比丘尼獨與男子露地一處共坐者波逸提 卅
若比丘尼語比丘尼如是語大姊共汝至聚落當與汝食
彼比丘尼竟不教與是比丘尼食如是言大姊去我與汝一處
共坐共語不樂我獨坐獨語樂以是因緣非餘方便遣去波逸提
若比丘尼請比丘尼四月與藥无病比丘尼應受若過受除常請
更請分請盡形請波逸提
若比丘尼往觀軍陣除時因緣波逸提
因緣至軍中若二宿三宿過者波逸提

BD04372 號　四分比丘尼戒本

（7–7）

於婬欲常念是如摩訶菩薩威神
觀世音菩薩便得離若有衆生多
多欲若多瞋恚常念恭敬觀恭敬
觀世音薩菩世音菩薩便得離瞋若
癡无盡意觀世音愚癡常念恭敬
癒菩薩有如是等大威神力便得離
人設欲求男多所饒益是故衆生常
拜供養觀世音菩薩便心念若有女
相之女宿生福德智惠之男設欲求礼
本衆生愛敬无盡意七便生端正有
音觀世音菩薩有如是力若殖得
受持觀世音菩薩名菩薩福不唐捐
是故衆生有衆生恭敬礼拜觀世
復号无盡意若有人受持六十皆應
飲食衣服臥具二億恒河沙菩薩名字
藥於汝意云何是善男盡形供養
復有子善女人功德多不无盡意[illegible]

BD04373號　妙法蓮華經卷七　（15–1）

是故衆生有衆生恭敬礼拜觀世
受持觀世音菩薩名菩薩福不唐捐
復号无盡意若有人受持六十皆應
飲食衣服臥具二億恒河沙菩薩名字
藥於汝意云何是善男盡形供養
復有子善女人功德多不无盡意[illegible]
音菩薩名号言甚多世尊佛言若
乃至一時礼拜供養是二人受持觀世
意受持人福正等无異於百千万億
薩名号得如是劫不可窮盡无盡
无邊福德之利无盡意觀世音菩
世界菩薩白佛言世尊觀世音无量
生說法方便之菩薩云何遊此娑婆
力其事云何佛告无盡意云何而爲衆
國土衆生應以佛身得度者觀世音菩薩即
現佛身而爲說法應以辟支佛身得度者
現辟支佛身而爲說法應以聲聞身得度者
即現聲聞身而爲說法應以梵王身得度
即現梵王身而爲說法應以帝釋身得度者
即現帝釋身而爲說法應以自在天身得度
者即現自在天身而爲說法應以大自在天
身得度者即現大自在天身而爲說法應以
天大將軍身得度者即現天大將軍身而爲
說法應以毗沙門身得度者即現毗沙門身
而爲說法應以小王身得度者即現小王身
而爲說法應以[illegible]

BD04373號　妙法蓮華經卷七　（15–2）

者即現自在天身而為說法應以大自在天
身得度者即現大自在天身而為說法應以
天大將軍身得度者即現天大將軍身而為
說法應以毗沙門身得度者即現毗沙門身
而為說法應以小王身得度者即現小王身
而為說法應以長者身得度者即現長者身
而為說法應以居士身得度者即現居士身
而為說法應以宰官身得度者即現宰官身
而為說法應以婆羅門身得度者即現婆羅
門身而為說法應以比丘比丘尼優婆塞優
婆夷身得度者即現比丘比丘尼優婆塞優
婆夷身而為說法應以長者居士宰官婆羅
門婦女身得度者即現婦女身而為說法應
以童男童女身得度者即現童男童女身而
為說法應以天龍夜叉乾闥婆阿脩羅迦樓
羅緊那羅摩睺羅伽人非人等身得度者即
皆現之而為說法應以執金剛神得度者即
現金剛神而為說法无盡意是觀世音菩
成就如是功德以種種形遊諸國土度脫眾
生是故汝等應當一心供養觀世音菩薩是
觀世音菩薩摩訶薩於怖畏急難之中能施
无畏是故此娑婆世界皆号之為施无畏者
无盡意菩薩白佛言世尊我今當供養觀世
音菩薩即解頸眾寶珠瓔珞價直百千兩金
而以與之作是言仁者受此法施珎寶瓔珞

[illegible]
觀世音菩薩摩訶薩於怖畏急難之中能施
无畏是故此娑婆世界皆号之為施无畏者
无盡意菩薩白佛言世尊我今當供養觀世
音菩薩即解頸眾寶珠瓔珞價直百千兩金
而以與之作是言仁者受此法施珎寶瓔珞
時觀世音菩薩不肯受之无盡意復白觀世
音菩薩言仁者愍我等故受此瓔珞尒時佛
告觀世音菩薩當愍此无盡意菩薩及四眾
天龍夜叉乾闥婆阿脩羅迦樓羅緊那羅摩
睺羅伽人非人等故受是瓔珞即時觀世音
菩薩愍諸四眾及於天龍人非人等受其瓔
珞分作二分一分奉釋迦牟尼佛一分奉多
寶佛塔无盡意觀世音菩薩有如是自在神
力遊於娑婆世界
尒時无盡意菩薩以偈問曰
世尊妙相具　我今重問彼　佛子何因緣　名為觀世音
具足妙相尊　偈荅无盡意　汝聽觀音行　善應諸方所
弘誓深如海　歷劫不思議　侍多千億佛　發大清淨願
我為汝略說　聞名及見身　心念不空過　能滅諸有苦
假使興害意　推落大火坑　念彼觀音力　火坑變成池
或漂流巨海　龍魚諸鬼難　念彼觀音力　波浪不能没
或在須弥峯　為人所推墮　念彼觀音力　如日虛空住
或被惡人逐　墮落金剛山　念彼觀音力　不能損一毛
或值怨賊遶　各執刀加害　念彼觀音力　咸即起慈心
或遭王難苦　臨刑欲壽終　念彼觀音力　刀尋段段壞

假使興害意　推落大火坑　念彼觀音力　火坑變成池
或漂流巨海　龍魚諸鬼難　念彼觀音力　波浪不能没
或在須弥峯　為人所推堕　念彼觀音力　如日虚空住
或被悪人逐　堕落金剛山　念彼觀音力　不能損一毛
或值怨賊遶　各執刀加害　念彼觀音力　咸即起慈心
或遭王難苦　臨刑欲壽終　念彼觀音力　刀尋段段壊
或囚禁枷鎖　手足被杻械　念彼觀音力　釋然得解脫
呪咀諸毒藥　所欲害身者　念彼觀音力　彼即轉迴去
或遇悪羅刹　毒龍諸鬼難　念彼觀音力　時悉不敢害
蚖虵及蝮蠍　氣毒煙火燃　念彼觀音力　尋聲自迴去
若悪獸圍遶　利牙爪可怖　念彼觀音力　疾走无邊方
雲雷鼓掣電　降雹澍大雨　念彼觀音力　應時得消散
衆生被困厄　无量苦逼身　觀音妙智力　能救世間苦
具足神通力　廣脩智方便　十方諸國土　无刹不現身
種種諸悪趣　地獄鬼畜生　生老病死苦　以漸悉令滅
真觀清淨觀　廣大智慧觀　悲觀及慈觀　常願常瞻仰
无垢清淨光　慧日破諸闇　能伏灾風火　普明照世間
悲體戒雷震　慈音妙大雲　澍甘露法雨　滅除煩惱炎
諍訟經官處　怖畏軍陣中　念彼觀音力　衆怨悉退散
妙音觀世音　梵音海潮音　勝彼世間音　是故須常念
念念勿生疑　觀世音淨聖　於苦惱死厄　能為作依怙
具一切功徳　慈眼視衆生　福聚海无量　是故應頂礼
尒時持地菩薩即從座起前白佛言世尊若
有衆生聞是觀世音菩薩品自在之業普門
示現神通力者當知是人功徳不少佛說是
普門品時衆中八万四千衆生皆發无等等

BD04373號　妙法蓮華經卷七　（15-5）

具一切功徳　慈眼視衆生　福聚海无量　是故應頂礼
尒時持地菩薩即從座起前白佛言世尊若
有衆生聞是觀世音菩薩品自在之業普門
示現神通力者當知是人功徳不少佛說是
普門品時衆中八万四千衆生皆發无等等
阿耨多羅三藐三菩提心

妙法蓮華經陁羅尼品苐廿六

尒時藥王菩薩即從座起偏袒右肩合掌向
佛而白佛言世尊若善男子善女人有能受
持法華經者若讀誦通利若書寫經卷得幾
所福佛告藥王若有善男子善女人供養八
百万億那由他恒河沙等諸佛於汝意云何
其所得福寧為多不甚多世尊佛言若善男
子善女人能於是經乃至受持一四句偈讀
誦解義如說脩行功徳甚多尒時藥王菩薩
白佛言世尊我今當與說法者陁羅尼呪以
守護之即說呪曰
安尒 一 曼尒 二 摩祢 三 摩摩祢 四 旨隸 五
遮梨苐 六 賒咩 羊鳴音 七 賒履 罔雉反 多瑋 八 羶 輸千反 帝 九
目帝 十 目多履 十一 娑履 十二 阿瑋娑履 十三 桑履 十四
娑履 十五 叉裔 十六 阿叉裔 十七 阿耆膩 十八 羶帝 十九
賒履 廿 陁羅尼 廿一 阿盧伽婆娑 蘇奈反 簸蔗毗叉膩 廿二
祢毗剃 廿三 阿便哆 都餓反 邏祢履剃 廿四 阿亶哆波隸輸地 途賣反 廿五
漚究隸 廿六 牟究隸 廿七 阿羅隸 廿八 波羅隸 廿九
首迦差 初几反 卅 阿三磨三履 卅一 佛馱毗吉利袠帝 卅二

BD04373號　妙法蓮華經卷七　（15-6）

目帝十 目多履十一 娑履十二 阿瑋娑履十三 桒履十四
娑履十五 叉裒十六 阿叉裒十七 阿耆膩十八 羶帝十九
賒履廿 陁羅尼廿一 阿盧伽婆娑蘇奈反 簸蔗毗叉膩廿二
祢毗剃廿三 阿便哆都餓反 邏祢履剃廿四 阿亶哆波隸輸地途賣反廿五
漚究隸廿六 牟究隸廿七 阿羅隸廿八 波羅隸廿九
首迦差初机反卅 阿三磨三履卅一 佛䭾毗吉利袠帝卅二
達磨波利差猜離反帝卅三 僧伽涅瞿沙祢卅四 婆舍婆舍輸地卅五
曼哆邏卅六 曼哆邏叉夜多卅七 郵樓哆 郵樓哆卅八
憍舍略卅九 惡叉邏卌 惡叉冶多冶卌一 阿婆盧卌二
阿摩若荏蔗反 那多夜卌三
世尊是陁羅尼神呪六十二億恒河沙等諸
佛所說若有侵毀此法師者則為侵毀是諸
佛已時釋迦牟尼佛讃藥王菩薩言善哉善
哉藥王汝愍念擁護此法師故說是陁羅尼
於諸衆生多所饒益
尒時勇施菩薩白佛言世尊我亦為擁護讀
誦受持法華經者說陁羅尼若此法師得是
陁羅尼若夜叉若羅剎若冨單那若吉蔗若
鳩槃荼若餓鬼等伺求其短无能得便即於
佛前而說呪曰
痤誓螽反 隸一 摩訶痤隸二 郁枳三 目枳四
阿隸五 阿羅婆第六 涅隸第七 涅隸多婆第八
伊緻猪履反 捉九 韋緻捉十 旨緻捉十一 涅隸墀捉十二
涅犁墀婆底十三
世尊是陁羅尼神呪恒河沙等諸佛所說亦

BD04373號　妙法蓮華經卷七　（15–7）

佛前而說呪曰
痤誓螽反 隸一 摩訶痤隸二 郁枳三 目枳四
阿隸五 阿羅婆第六 涅隸第七 涅隸多婆第八
伊緻猪履反 捉九 韋緻捉十 旨緻捉十一 涅隸墀捉十二
涅犁墀婆底十三
世尊是陁羅尼神呪恒河沙等諸佛所說亦
皆隨喜若有侵毀此法師者則為侵毀是諸
佛已
尒時毗沙門天王護世者白佛言世尊我亦
為愍念衆生擁護此法師故說是陁羅尼即
說呪曰
阿犁一 那犁二 㝹那犁三 阿那盧四
那履五 拘那履六
世尊以是神呪擁護法師我亦自當擁護持
是經者令百由旬內无諸衰患
尒時持國天王在此會中與千万億那由他
乹闥婆衆恭敬圍繞前詣佛所合掌白佛言
世尊我亦以陁羅尼神呪擁護持法華經者
即說呪曰
阿伽祢一 伽祢二 瞿利三 乹陁利四 栴陁利五
摩蹬耆六 常求利七 浮樓莎捉八 頞底九
世尊是陁羅尼神呪四十二億諸佛所說若
有侵毀此法師者則為侵毀是諸佛已
尒時有羅剎女等一名藍婆二名毗藍婆三
名曲齒四名華齒五名黑齒六名多髮七名
无猒足八名持瓔珞九名睾諦十名奪一切

BD04373號　妙法蓮華經卷七　（15–8）

世尊是陀羅尼神呪四十二億諸佛所說若
有侵毀此法師者則為侵毀是諸佛已
尒時有羅刹女等一名藍婆二名毗藍婆三
名曲齒四名華齒五名黑齒六名多髮七名
无猒足八名持瓔珞九名睪帝十名奪一切
衆生精氣是十羅刹女與鬼子母并其子及
眷屬俱詣佛所同聲白佛言世尊我亦欲擁
護讀誦受持法華經者除其衰患若有伺求
法師短者令不得便即於佛前而說呪曰
伊提履一　伊提泯二　伊提履三　阿提履四
伊提履五　泥履六　泥履七　泥履八
泥履九　泥履十　樓醯十一　樓醯十二
樓醯十三　樓醯十四　多醯十五　多醯十六
多醯十七　兜醯十八　㝹醯十九
寧上我頭上莫惱於法師若夜叉若羅刹若
餓鬼若富單那若吉蔗若毗陀羅若揵馱若
烏摩勒伽若阿跋摩羅若夜叉吉蔗若人吉
蔗若熱病若一日若二日若三日若四日乃
至七日若常熱病若男形若女形若童男形
若童女形乃至夢中亦復莫惱即於佛前而
說偈言
若不順我呪　惱亂說法者　頭破作七分　如阿梨樹枝
如殺父母罪　亦如押油殃　斗秤欺誑人　調達破僧罪
犯此法師者　當獲如是殃
諸羅刹女說此偈已白佛言世尊我等亦當

BD04373號　妙法蓮華經卷七　（15-9）

說偈言
若不順我呪　惱亂說法者　頭破作七分　如阿梨樹枝
如殺父母罪　亦如押油殃　斗秤欺誑人　調達破僧罪
犯此法師者　當獲如是殃
諸羅刹女說此偈已白佛言世尊我等亦當
身自擁護受持讀誦脩行是經者令得安隱
離諸衰患消衆毒藥佛告諸羅刹女善哉善
哉汝等但能擁護受持法華名者福不可量
何況擁護具足受持供養經卷華香瓔珞抹
香塗香燒香幡蓋伎樂然種種燈蘇燈油燈
諸香油燈蘇摩那華油燈瞻蔔華油燈婆師
迦華油燈優鉢羅華油燈如是等百千種供
養者睪帝汝等及眷屬應當擁護如是法師
說此陀羅尼品時六万八千人得无生法忍
妙法蓮華經妙莊嚴王本事品第廿七
尒時佛告諸大衆乃往古世過无量无邊不
可思議阿僧祇劫有佛名雲雷音宿王華智
多陀阿伽度阿羅呵三藐三佛陀國名光明
莊嚴劫名憙見彼佛法中有王名妙莊嚴其
王夫人名曰淨德有二子一名淨藏二名淨
眼是二子有大神力福德智慧久脩菩薩所
行之道所謂檀波羅蜜尸羅波羅蜜羼提波
羅蜜毗梨耶波羅蜜禪波羅蜜般若波羅蜜
方便波羅蜜慈悲喜捨乃至三十七助道法
皆悉明了通達又得菩薩淨三昧日星宿三

BD04373號　妙法蓮華經卷七　（15-10）

眼是二子有大神力福德智慧久修菩薩所
行之道所謂檀波羅蜜尸羅波羅蜜羼提波
羅蜜毗梨耶波羅蜜禪波羅蜜般若波羅蜜
方便波羅蜜慈悲喜捨乃至三十七助道法
皆悉明了通達又得菩薩淨三昧日星宿三
昧淨光三昧淨色三昧淨照明三昧長莊嚴
三昧大威德藏三昧於此三昧亦悉通達尒
時彼佛欲引導妙莊嚴王及愍念眾生故說
是法華經時淨藏淨眼二子到其母所合十
指爪掌白言願母往詣雲雷音宿王華智佛
所我等亦當侍從親覲供養禮拜所以者何
此佛於一切天人眾中說法華經宜應聽受
母告子言汝父信受外道深著婆羅門法汝
等應往白父與共俱去淨藏淨眼合十指爪
掌白母我等是法王子而生此邪見家母告
子言汝等當憂念汝父為現神變若得見者
心必清淨或聽我等往至佛所於是二子念
其父故踊在虛空高七多羅樹現種種神變
於虛空中行住坐臥身上出水身下出火身
下出水身上出火或現大身滿虛空中而復
現小小復現大於空中滅忽然在地入地如
水履水如地現如是等種種神變令其父王
心淨信解時父見子神力如是心大歡喜得
未曾有合掌向子言汝等師為是誰誰之弟
子二子白言大王彼雲雷音宿王華智佛今

BD04373號　妙法蓮華經卷七　（15–11）

現小小復現大於空中滅忽然在地入地如
水履水如地現如是等種種神變令其父王
心淨信解時父見子神力如是心大歡喜得
未曾有合掌向子言汝等師為是誰誰之弟
子二子白言大王彼雲雷音宿王華智佛今
在七寶菩提樹下法座上坐於一切世間天
人眾中廣說法華經是我等師我是弟子父
語子言我今亦欲見汝等師可共俱往於是
二子從空中下到其母所合掌白母父王今
已信解堪任發阿耨多羅三藐三菩提心我
等為父已作佛事願母見聽於彼佛所出家
修道尒時二子欲重宣其意以偈白母
願母放我等　出家作沙門　諸佛甚難值　我等隨佛學
如優曇波羅　值佛復難是　脫諸難亦難　願聽我出家
母即告言聽汝出家所以者何佛難值故於
是二子白父母言善哉父母願時往詣雲雷
音宿王華智佛所親覲供養所以者何佛難
得值如優曇波羅華又如一眼之龜值浮木
孔而我等宿福深厚生值佛法是故父母當
聽我等令得出家所以者何諸佛難值時亦
難遇彼時妙莊嚴王後宮八万四千人皆悉
堪任受持是法華經淨眼菩薩於法華三昧
久已通達淨藏菩薩已於无量百千万億劫
通達離諸惡趣三昧欲令一切眾生離諸惡
趣故其王夫人得諸佛集三昧能知諸佛秘
密之藏二子如是以方便力善化其父令心

BD04373號　妙法蓮華經卷七　（15–12）

堪任受持是法華經淨眼菩薩於法華三昧
久已通達淨藏菩薩已於无量百千万億劫
通達離諸惡趣三昧欲令一切衆生離諸惡
趣故其王夫人得諸佛集三昧能知諸佛秘
密之藏二子如是以方便力善化其父令心
信解好樂佛法於是妙莊嚴王與群臣眷屬
俱淨德夫人與後宮婇女眷屬俱其王二子
與四万二千人俱一時共詣佛所到已頭面
礼足遶佛三帀却住一面尒時彼佛爲王說
法示教利喜王大歡悅尒時妙莊嚴王及其
夫人解頸真珠瓔珞價直百千以散佛上於
虛空中化成四柱寶臺臺中有大寶牀敷百
千万天衣其上有佛結跏趺坐放大光明尒
時妙莊嚴王作是念佛身希有端嚴殊特成
就第一微妙之色時雲雷音宿王華智佛告
四衆言汝等見是妙莊嚴王於我前合掌立
不此王於我法中作比丘精懃脩習助佛道
法當得作佛号娑羅樹王國名大光劫名大
高王其娑羅樹王佛有无量菩薩衆及无量
聲聞其國平正功德如是其王即時以國付
弟王與夫人二子并諸眷屬於佛法中出家
脩道王出家已於八万四千歲常精進脩行
妙法華經過是已後得一切淨功德莊嚴三
昧即昇虛空高七多羅樹而白佛言世尊此
我二子已作佛事以神通變化轉我耶心令

BD04373號　妙法蓮華經卷七　（15–13）

弟王與夫人二子并諸眷屬於佛法中出家
脩道王出家已於八万四千歲常精進脩行
妙法華經過是已後得一切淨功德莊嚴三
昧即昇虛空高七多羅樹而白佛言世尊此
我二子已作佛事以神通變化轉我耶心令
得安住於佛法中得見世尊此二子者是我
善知識爲欲發起宿世善根饒益我故來生
我家尒時雲雷音宿王華智佛告妙莊嚴王
言如是如是如汝所言若善男子善女人種
善根故世世得善知識其善知識能作佛事
示教利喜令入阿耨多羅三藐三菩提大王
當知善知識者是大因緣所謂化導令得見
佛發阿耨多羅三藐三菩提心大王汝見此
二子不此二子已曾供養六十五百千万億
那由他恒河沙諸佛親覲恭敬於諸佛所受
持法華經愍念耶見衆生令住正見妙莊嚴
王即從虛空中下而白佛言世尊如來甚希
有以功德智慧故頂上肉髻光明顯照其眼
長廣而紺青色眉間毫相白如珂月齒白齊
密常有光明脣色赤好如頻婆菓尒時妙莊
嚴王讚歎佛如是等无量百千万億功德已
於如來前一心合掌復白佛言世尊未曾有
也如來之法具足成就不可思議微妙功德
教戒所行安隱快善我從今日不復自隨心
行不生耶見憍慢瞋恚諸惡之心說是語已
礼佛而出佛告大衆於意云何妙莊嚴王豈

BD04373號　妙法蓮華經卷七　（15–14）

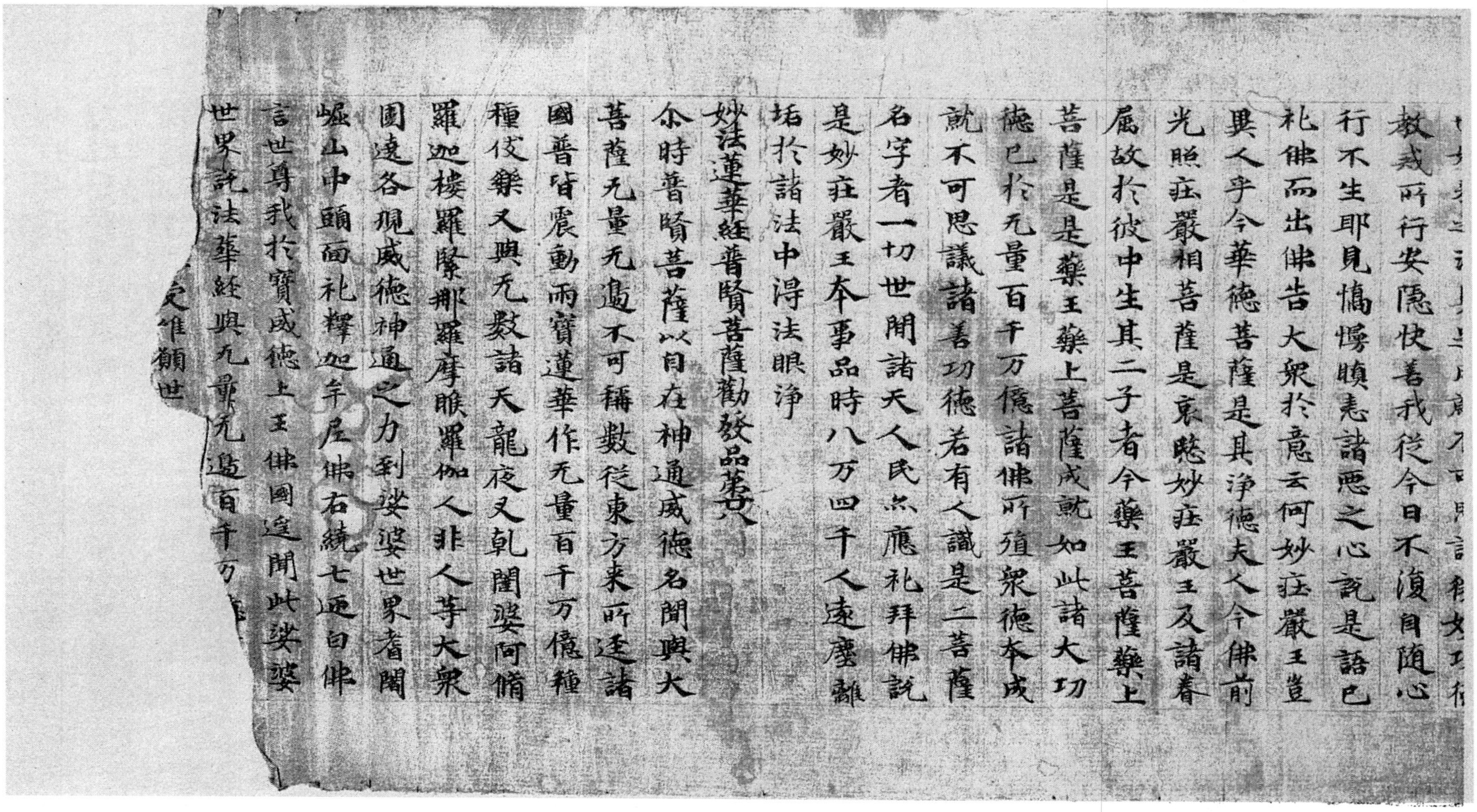

教我所行安隱快善我從今日不復自隨心
行不生耶見憍慢瞋恚諸惡之心說是語已
礼佛而出佛告大衆於意云何妙莊嚴王豈
異人乎今華德菩薩是其淨德夫人今佛前
光照莊嚴相菩薩是哀愍妙莊嚴王及諸眷
屬故於彼中生其二子者今藥王菩薩藥上
菩薩是是藥王藥上菩薩成就如此諸大功
德已於无量百千万億諸佛所殖衆德本成
就不可思議諸善功德若有人識是二菩薩
名字者一切世間諸天人民亦應礼拜佛說
是妙莊嚴王本事品時八万四千人遠塵離
垢於諸法中得法眼淨
妙法蓮華經普賢菩薩勸發品第廿八
尒時普賢菩薩以自在神通威德名聞與大
菩薩无量无邊不可稱數從東方來所經諸
國普皆震動雨寶蓮華作无量百千万億種
種伎樂又與无數諸天龍夜叉乾闥婆阿脩
羅迦樓羅緊那羅摩睺羅伽人非人等大衆
圍遶各現威德神通之力到娑婆世界耆闍
崛山中頭面礼釋迦牟尼佛右繞七匝白佛
言世尊我於寶威德上王佛國遥聞此娑婆
世界說法華經與无量无邊百千万億
受惟願世

BD04373 號　妙法蓮華經卷七　　（15–15）

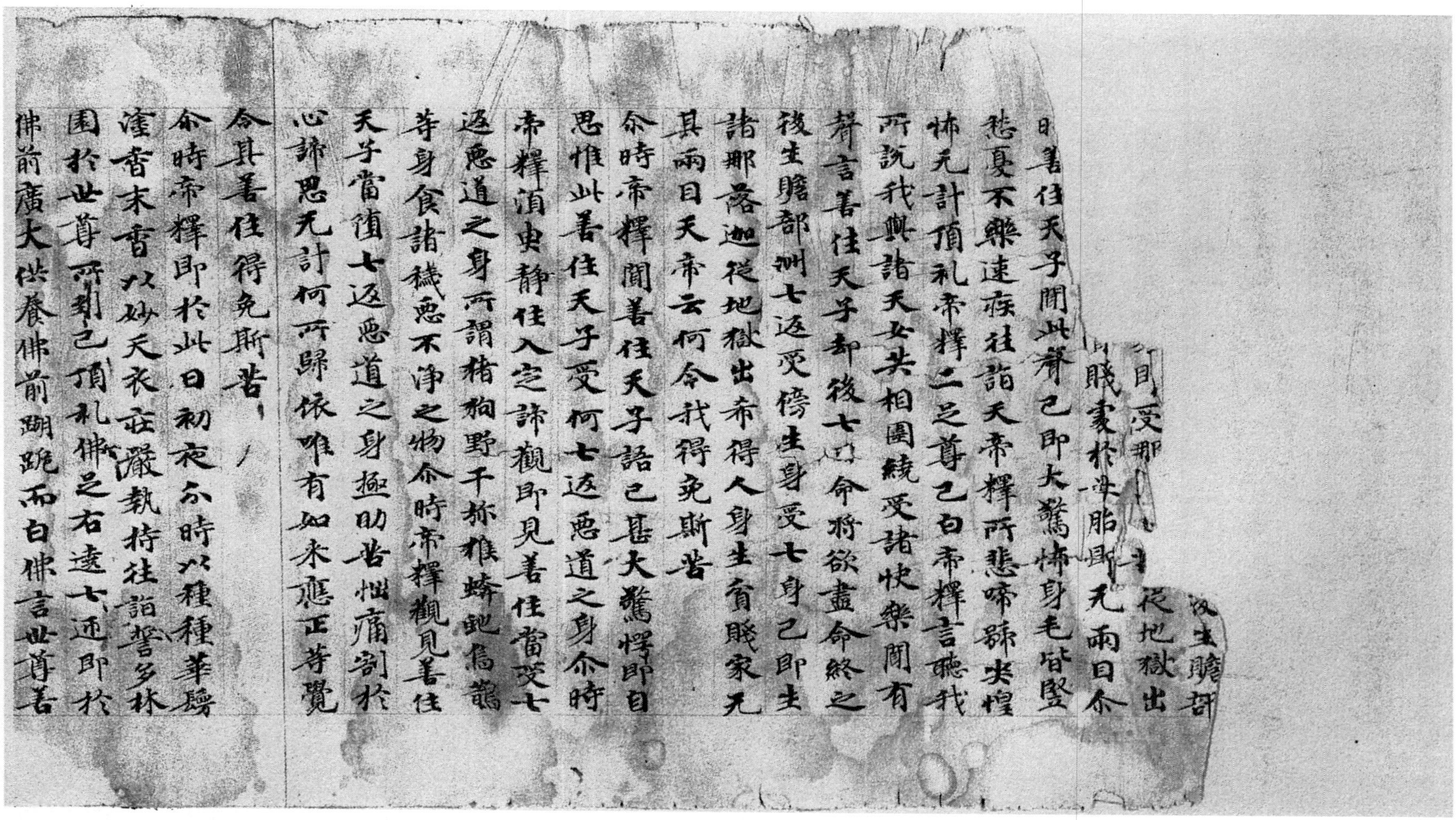

後生贍部
目受那
地獄出
眼處於母胎即无兩目尒
日善住天子聞此聲已即大驚怖身毛皆竪
愁憂不樂速疾往詣天帝釋所悲啼號哭惶
怖无計頂礼帝釋二足尊已白帝釋言聽我
所說我與諸天女共相圍繞受諸快樂聞有
聲言善住天子却後七日命將欲盡命終之
後生贍部洲七返受傍生身受七身已即生
諸那落迦從地獄出希得人身生貧賤家无
具兩目天帝云何令我得免斯苦
尒時帝釋聞善住天子語已甚大驚愕即自
思惟此善住天子受何七返惡道之身尒時
帝釋須臾靜住入定諦觀即見善住當受七
返惡道之身所謂豬狗野干獼猴蟒蛇烏鷲
等身食諸穢惡不淨之物尒時帝釋觀見善住
天子當墮七返惡道之身極助苦惱痛割於
心諦思无計何所歸依唯有如來應正等覺
令其善住得免斯苦
尒時帝釋即於此日初夜分時以種種華鬘
塗香末香以妙天衣莊嚴執持往詣誓多林
園於世尊所到已頂礼佛足右遶七匝即於
佛前廣大供養佛前胡跪而白佛言世尊善

BD04374 號　佛頂尊勝陀羅尼經（佛陀波利本）　　（9–1）

心許思无計何所歸依唯有如來應正等覺
令其善住得免斯苦
尒時帝釋即於此日初夜分時以種種華鬘
塗香末香以妙天衣莊嚴執持往詣誓多林
園於世尊所到已頂礼佛足右遶七匝即於
佛前廣大供養佛前䠒跪而白佛言世尊善
住天子云何當受七返傍生惡道之身具如
上說
尒時如來頂上放種種光遍滿十方一切世
界已其光還來遶佛三匝從佛口入佛便微
咲告帝釋言天帝有陁羅尼名為如來佛頂尊
勝能淨一切惡道能淨除一切生死苦惱
又能淨除諸那落迦閻摩路迦傍生之苦又
破一切地獄能迴向善道天帝此佛頂尊勝
陁羅尼若有人聞一經於耳先世所造一切
地獄惡業悉皆消滅當得清淨之身隨所生
處憶持不忘從一佛剎至一佛剎從一天界
至一天界遍歷三十三天所生之處憶持不忘
天帝若人命欲將終須臾憶念此陁羅尼還
得增壽得身口意淨身无苦痛隨其福利隨
處安隱一切如來之所觀視一切天神恒常
侍衛為人所敬惡鄣消滅一切菩薩同心覆
誰天帝若人能須臾讀誦此陁羅尼者此人
所有一切地獄傍生閻摩路迦餓鬼之苦破
壞消滅无有遺餘諸佛剎土及諸天宮一切
菩薩所住之門无有鄣礙隨意遊入
尒時帝釋白佛言世尊唯願如來為有情說

BD04374號　佛頂尊勝陀羅尼經（佛陀波利本）　（9-2）

誰天帝若人能須臾讀誦此陁羅尼者此人
所有一切地獄傍生閻摩路迦餓鬼之苦破
壞消滅无有遺餘諸佛剎土及諸天宮一切
菩薩所住之門无有鄣礙隨意遊入
尒時帝釋白佛言世尊唯願如來為有情說
增益壽命之法
尒時世尊知帝釋意心之所念樂聞佛說是
陁羅尼即說呪曰
娜謨薄伽䟦帝一啼㘑路迦(昝哪反)缽囉底毗失瑟
吒(長聲)耶二勃陁耶薄伽䟦帝三怛姪他四唵五(長聲)
毗輸馱耶娑摩三漫多嚩(縛佉反)婆(長聲)娑六娑破囉
拏揭底揭訶那娑婆(長聲)縛輸提七阿鼻詵(去聲)者穫
揭多伐折那阿蜜唎多毘曬雞九阿訶囉(長聲)阿訶囉(下同)十
阿(長聲)瑜散陁(長聲)羅尼十一輸馱耶輸馱耶十二揭揭那鞞輸提十三
烏瑟尼沙毗逝耶輸提十四婆訶娑囉喝囉夫泯珊珠地帝
十五薩婆多他揭多地瑟咤(長聲)那阿地瑟恥帝慕姪㘑十六
䟦折囉迦(長聲)耶僧訶多那輸提十七薩婆伐囉拏
毗輸提十八鉢囉底祢代怛耶阿(長聲)瑜輸提十九薩末耶
阿地瑟恥帝廿摩尼摩尼廿一怛闥多部多俱胝鉢唎
輸提廿二毗薩普咤勃地輸提廿三逝耶逝耶廿四(余迦反)毗逝
耶毗逝耶廿五(余迦反)薩末囉薩末囉勃陁阿地瑟恥多輸
提廿六䟦折囉䟦折囉揭鞞廿七䟦折濫婆代都廿八摩摩
薩婆薩埵寫迦(長聲)耶毗輸提廿九薩婆揭底鉢唎輸
提卅薩婆多他揭多三摩濕嚩(縛佉反)娑地瑟恥帝卅一
勃陁(地耶反)勃陁(上同)蒲陁耶三漫多鉢唎輸提卅二薩婆
多他揭多地瑟咤(長聲)那地瑟恥帝卅三莎婆(長聲)訶
佛告帝釋言此名淨除一切惡道佛頂尊勝

BD04374號　佛頂尊勝陀羅尼經（佛陀波利本）　（9-3）

嚧婆薩埵寫迦(聲長)耶毗輸提廿九嚧婆揭底鉢唎輸
提卅嚧婆多他揭多三摩濕縛(縛法反)婆地瑟恥帝卅一
勃陁(地耶反)勃陁(上同)蒲陁耶三滿多鉢唎輸提卅二嚧婆
多他揭多地瑟吒(聲長)那地瑟恥帝卅三莎婆(聲長)訶
佛告帝釋言此名淨除一切惡道佛頂尊勝
陁羅尼能除一切罪業等鄣能破一切穢惡
道苦天帝此陁羅尼八十八殑伽沙俱胝百
千諸佛同共宣說隨喜受持大如來智印印
之為破一切有情穢惡道義故為一切那落
迦傍生閻摩路迦有情得解脫故臨急苦難
墮生死海中有情得解脫故短命薄福无救
護有情樂造雜染惡業有情故說又此陁羅
尼於贍部州住持力故能令地獄惡道有情
種種流轉生死薄福有情不信善惡業失正
道有情等得解脫義故
佛告天帝我說此陁羅尼付囑於汝汝當授
與善住天子復當受持讀誦思惟愛樂憶念
供養於贍部洲一切有情廣為宣說此陁羅
尼亦為一切諸天子故說此陁羅尼即付囑
於汝天帝汝當善持守護勿令忘失
天帝若人須臾得聞此陁羅尼千劫已來積
造惡業重鄣應受種種流轉生死地獄餓鬼
傍生閻摩路迦阿素洛身藥叉羅剎鬼神布
單那羯吒布單那阿波娑摩囉蚊蝱龜狗蟒
虵一切諸鳥及諸猛獸一切蠢動含靈乃至蟻
子之身更不重受即得轉生諸佛如來一生補
處菩薩同會處生或得大姓婆羅門家生或

BD04374號　佛頂尊勝陀羅尼經（佛陀波利本）

（9–4）

傍生閻摩路迦阿素洛身藥叉羅剎鬼神布
單那羯吒布單那阿波娑摩囉蚊蝱龜狗蟒
虵一切諸鳥及諸猛獸一切蠢動含靈乃至蟻
子之身更不重受即得轉生諸佛如來一生補
處菩薩同會處生或得大姓婆羅門家生或
得大剎利種家生或得豪貴最勝家生天帝
此人得如上貴處生者皆由聞此陁羅尼故
轉所生處皆得清淨天帝乃至得到菩提道
場最勝之處皆由讚美此陁羅尼功德如是
天帝此陁羅尼名善吉祥能淨一切惡道此
佛頂尊勝陁羅尼猶如日藏摩尼之寶淨无
瑕穢淨等虛空光焰照徹无不周遍若諸有
情持此陁羅尼亦復如是亦如閻浮檀金明
淨柔軟令人憙見不為穢惡之所染著天帝若
諸有情持此陁羅尼亦復如是乘斯善淨得
生善道天帝此陁羅尼所在之處若能書寫
流通受持讀誦聽聞供養能如是者一切惡
道皆得清淨一切那落迦苦悉皆消滅
佛告天帝若人能書寫此陁羅尼安高幢上
或安高山或安樓上乃至安置窣堵波中天
帝若有苾蒭苾蒭尼鄔波索迦鄔波斯迦族
姓男族姓女於幢等上或見或與相近其影
暎身或風吹陁羅尼上幢等上塵落在身上
天帝彼諸有情所有罪業應墮惡道那落迦
傍生閻摩路迦餓鬼阿素洛身惡道之苦皆
悉不受亦不為罪垢染汙天帝此等有情為
一切諸佛之所授記皆得不退轉於阿耨多
羅三藐三菩提

BD04374號　佛頂尊勝陀羅尼經（佛陀波利本）

（9–5）

暎身或風吹陁羅尼上幢等上塵落在身上
天帝彼諸有情所有罪業應墮惡道那洛迦
傍生閻摩路迦餓鬼阿素洛身惡道之苦皆
悉不受亦不為罪垢染汙天帝此等有情為
一切諸佛之所授記皆得不退轉於阿耨多
羅三藐三菩提
天帝何况更以多諸供具華鬘塗香末香幢
幡蓋等衣服瓔珞作諸莊嚴於四衢道造窣
堵波安陁羅尼合掌恭敬旋遶行道歸命礼
拜天帝彼人能如是供養者名摩訶薩埵真
是佛子持法棟梁又是如來全身舍利窣堵
波塔
尒時閻摩羅法王於時夜分來詣佛所到已
以種種天衣妙華塗香莊嚴供養已遶佛七
匝頂礼佛足而作是言我聞如來演說讚持
大力陁羅尼者我常隨逐守護不令持者墮
那落迦以彼隨順如來言教而護念之
尒時護世四天大王遶佛三匝白佛言世尊
唯願如來為我廣說持陁羅尼法尒時佛告
四天王汝今諦聽我當為汝宣說此陁羅尼
方法亦為短命諸有情說當先洗浴著新淨
衣白月圓滿十五日時持齋誦此陁羅尼滿
其千遍令短命有情還得增壽永離病苦一
切業鄣悉皆消滅一切那落迦苦亦得解脫
諸飛鳥傍生含靈之類聞此陁羅尼一經於
耳盡此一身更不復受
佛言若人遇大惡病聞陁羅尼即得永離一

BD04374 號　佛頂尊勝陀羅尼經（佛陀波利本）　（9–6）

切業鄣悉皆消滅一切那落迦苦亦得解脫
諸飛鳥傍生含靈之類聞此陁羅尼一經於
耳盡此一身更不復受
佛言若人遇大惡病聞陁羅尼即得永離一
切諸病亦得消滅應墮惡道亦得除斷即得
往生寂靜世界從此身已後更不受胞胎之
身所生之處蓮華化生一切生處憶持不忘
常識宿命
佛言若人先造一切極重罪業遂即命終乘
斯惡業應墮地獄或墮傍生閻摩路迦或墮
餓鬼乃至墮大阿鼻地獄或生水中或生禽
獸異類之身取其亡者隨身分骨以土一把
誦此陁羅尼廿一遍散亡者骨上即得生天
佛言若人能日日誦此陁羅尼廿一遍應消
一切世間廣大供養捨身往生極樂世界若
常誦念得大涅槃復增壽命受勝快樂捨此
身已即得往生種種微妙諸佛剎土常與諸
佛俱會一處一切如來恒為演說微妙之義
一切世尊即授其記身光照曜一切佛剎
佛言若誦此陁羅尼法於其佛前先取淨土
作壇隨其大小方四角作以種種華華散於
壇上燒眾名香右膝著地胡跪心常念佛作
慕陁羅印屈其頭指以大母指押合掌當其
心上誦此陁羅尼一百八遍訖於其壇中如
雲王雨華能遍供養八十八俱胝殑伽沙那
庾多百千諸佛彼佛世尊咸共讚言善哉希
有真是佛子即得无鄣礙智三昧得大菩提

BD04374 號　佛頂尊勝陀羅尼經（佛陀波利本）　（9–7）

慕陀羅印屈其頭指以大母指押合掌當其
心上誦此陀羅尼一百八遍訖於其壇中如
雲王雨華能遍供養八十八俱胝殑伽沙那
庾多百千諸佛彼佛世尊咸共讚言善哉希
有真是佛子即得无鄣礙智三昧得大菩提
心莊嚴三昧持此陀羅尼法應如是
佛言天帝我以此方便一切有情應墮那落
迦道令得解脫一切惡道亦得清淨復令持
者增益壽命天帝汝去將我此陀羅尼授與
善住天子滿其七日汝與善住俱來見我
尒時天帝於世尊所受此陀羅尼法奉持還
於本天授與善住天子尒時善住天子受此
陀羅尼已滿六日六夜依法受持一切願滿
應受一切惡道等苦即得解脫住菩提道增
壽无量甚大歡喜高聲歎言希有如來希有
妙法希有明驗甚為難得令我解脫
尒時帝釋至第七日與善住天子將諸天衆
嚴持華鬘塗香末香寶幢幡蓋天衣瓔珞微
妙莊嚴往詣佛所設大供養以妙天衣及諸
瓔珞供養世尊遶百千匝於佛前立踊躍歡
喜而坐聽法
尒時世尊舒金色臂摩善住天子頂而為說
法授菩提記佛言此經名淨一切惡道佛頂
尊勝陀羅尼汝當受持尒時大衆聞法歡
喜信受奉行
佛頂尊勝陀羅尼經

BD04374 號　佛頂尊勝陀羅尼經（佛陀波利本）　（9–8）

妙法希有明驗甚為難得令我解脫
尒時帝釋至第七日與善住天子將諸天衆
嚴持華鬘塗香末香寶幢幡蓋天衣瓔珞微
妙莊嚴往詣佛所設大供養以妙天衣及諸
瓔珞供養世尊遶百千匝於佛前立踊躍歡
喜而坐聽法
尒時世尊舒金色臂摩善住天子頂而為說
法授菩提記佛言此經名淨一切惡道佛頂
尊勝陀羅尼汝當受持尒時大衆聞法歡
喜信受奉行
佛頂尊勝陀羅尼經

BD04374 號　佛頂尊勝陀羅尼經（佛陀波利本）　（9–9）

BD04375號　無量壽宗要經　（5–1）

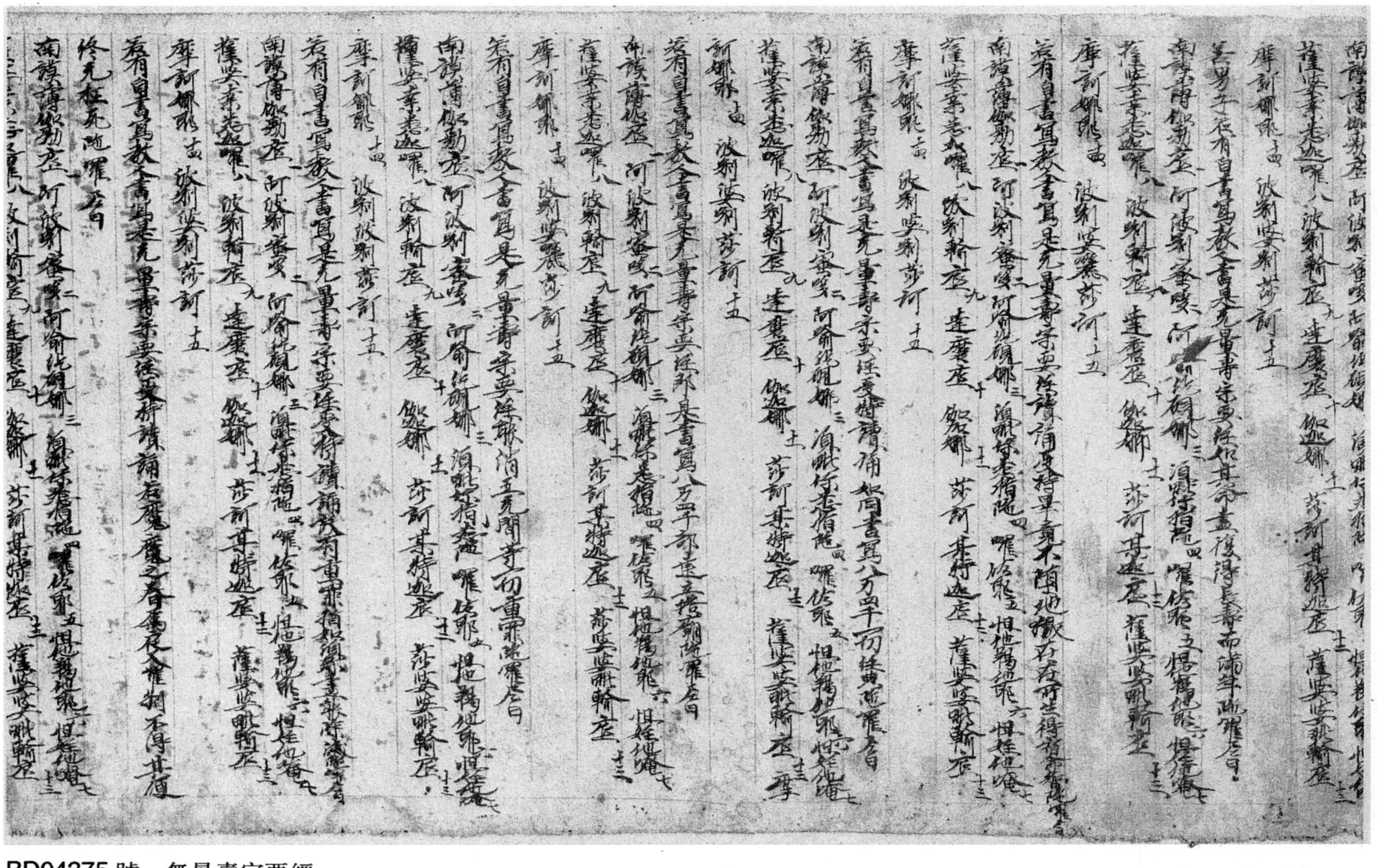

BD04375號　無量壽宗要經　（5–2）

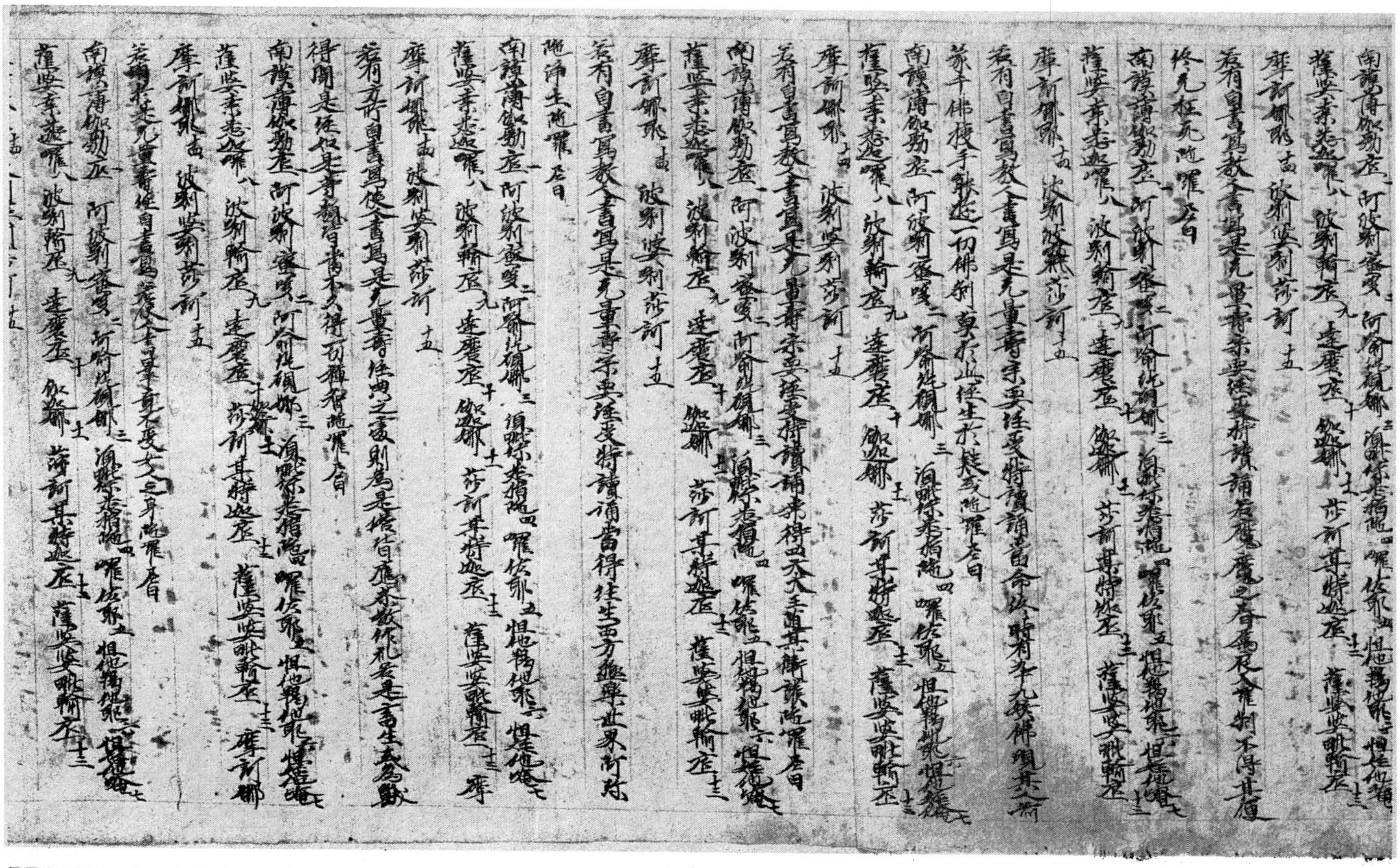

BD04375 號　無量壽宗要經　　（5–3）

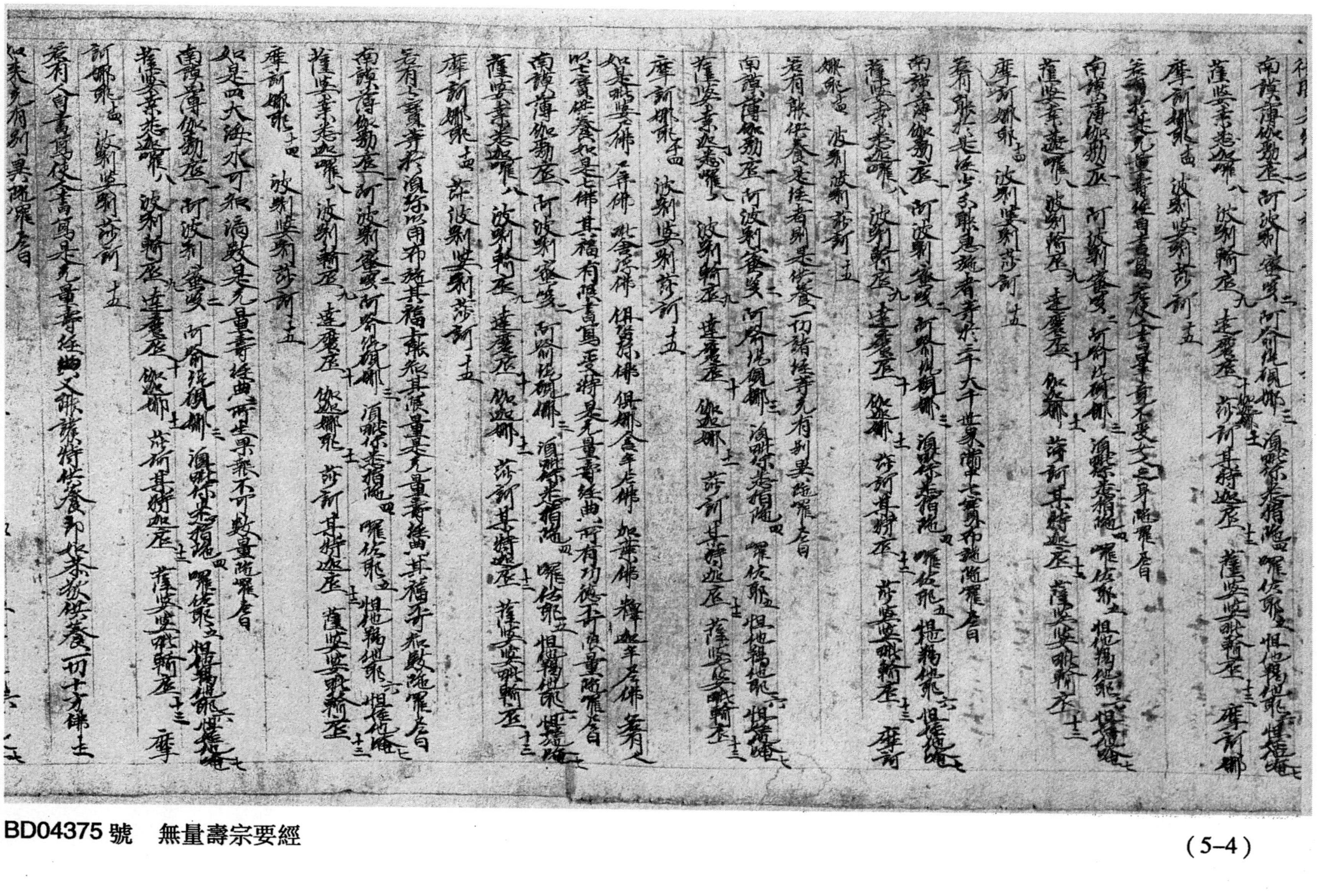

BD04375 號　無量壽宗要經　　（5–4）

[illegible]
薩婆桑悉迦囉八 波利輸底九 達磨底 伽伽那十 [illegible] 莎訶 [illegible] 薩婆 [illegible] 十三
摩訶那耶十四 波唎婆唎莎訶十五
如是四大海水可知滴數 是无量壽經典所生果報不可數量 說咒曰
南謨薄伽勃底一 阿波唎蜜多二 阿喻紇硯那三 須毗你悉指陀四 囉佐耶五 怛他羯他耶六 怛姪他七
唵 薩婆桑悉迦囉八 波唎輸底九 達磨底十 伽伽那十一 娑摩訶伽帝十二 莎婆婆毗輸底十三
摩訶那耶十四 波唎婆唎莎訶十五
若有自書寫使人書寫是无量壽經典 又能護持供養 即如禮敬供養一切十方佛土
如來无有別異 說咒曰
南謨薄伽勃底一 阿波唎蜜多二 阿喻紇硯那三 須毗你悉指陀四 囉佐耶五 怛他羯他耶六 怛姪他七
唵 薩婆桑悉迦囉八 波唎輸底九 達磨底十 伽伽那十一 娑摩訶伽帝十二 莎婆婆毗輸底十三
摩訶那耶十四 波唎婆唎莎訶十五
布施力能成正覺 悟布施力入師子 布施力聲普聞 慈悲階漸當能入
持戒力能成正覺 悟持戒力入師子 持戒力聲普聞 慈悲階漸當能入
忍辱力能成正覺 悟忍辱力入師子 忍辱力聲普聞 慈悲階漸當能入
精進力能成正覺 悟精進力入師子 精進力聲普聞 慈悲階漸當能入
禪定力能成正覺 悟禪定力入師子 禪定力聲普聞 慈悲階漸當能入
智慧力能成正覺 悟智慧力入師子 智慧力聲普聞 慈悲階漸當能入
介時如來說是經已 一切世間天人阿脩羅乾闥婆等 聞佛所說 皆大歡喜
信受奉行
佛說无量壽宗要經

BD04375 號　無量壽宗要經　（5–5）

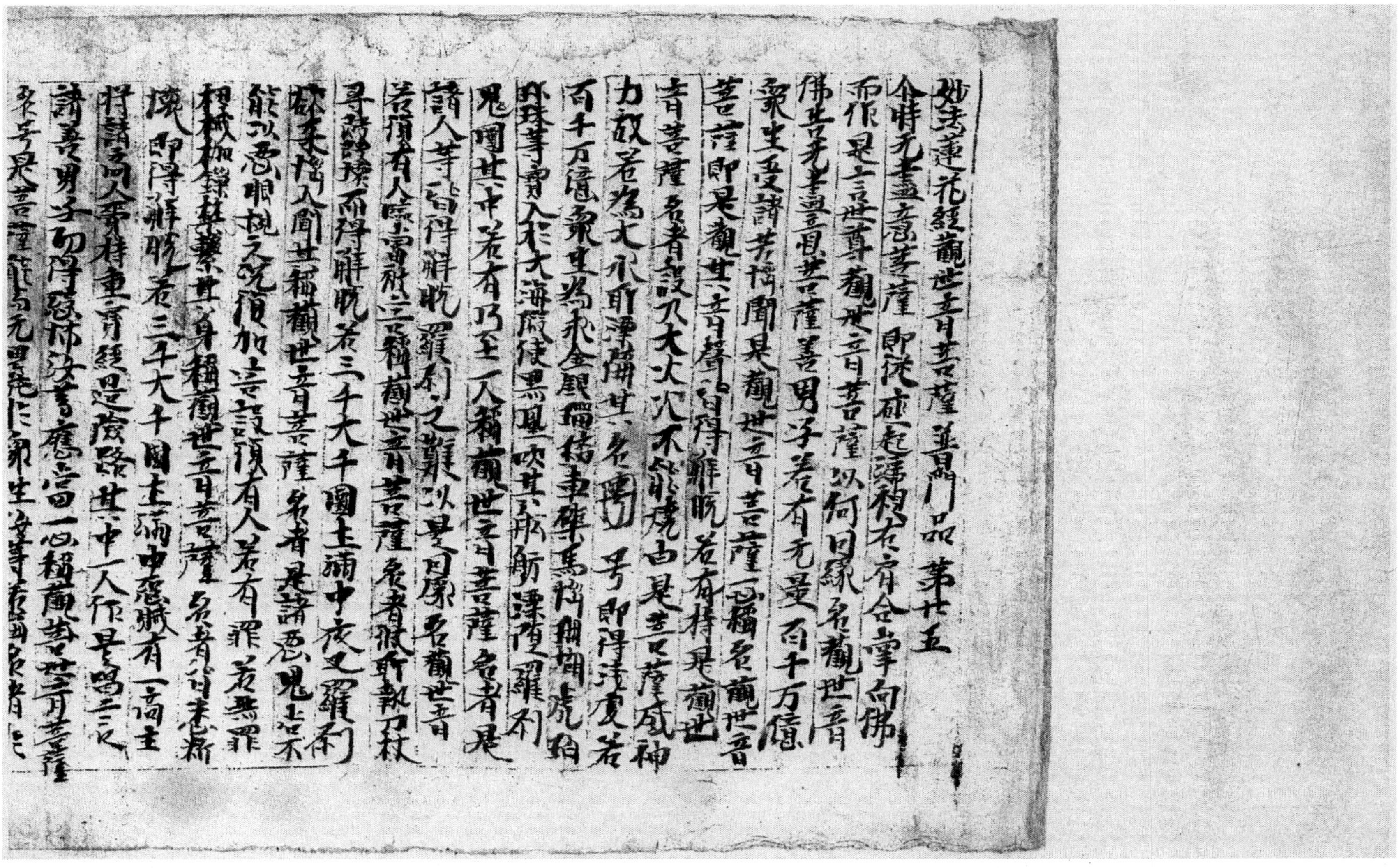
妙法蓮花經觀世音菩薩普門品第廿五
介時无盡意菩薩即從座起偏袒右肩合掌向佛
而作是言 世尊 觀世音菩薩以何因緣名觀世音
佛告无盡意菩薩 善男子 若有无量百千万億
衆生受諸苦惱 聞是觀世音菩薩 一心稱名 觀世音
菩薩即時觀其音聲 皆得解脫 若有持是觀世
音菩薩名者 設入大火 火不能燒 由是菩薩威神
力故 若為大水所漂 稱其名号 即得淺處 若
有百千万億衆生 為求金銀瑠璃車𤦲馬瑙珊瑚虎珀
真珠等寶 入於大海 假使黑風吹其船舫 漂墮羅剎
鬼國 其中若有乃至一人稱觀世音菩薩名者 是
諸人等 皆得解脫羅剎之難 以是因緣 名觀世音
若復有人臨當被害 稱觀世音菩薩名者 彼所執刀杖
尋段段壞 而得解脫 若三千大千國土滿中夜叉羅剎
欲來惱人 聞其稱觀世音菩薩名者 是諸惡鬼 尚不
能以惡眼視之 況復加害 設復有人 若有罪 若無罪
杻械枷鎖檢繫其身 稱觀世音菩薩名者 皆悉斷
壞 即得解脫 若三千大千國土滿中怨賊 有一商主
將諸商人 齎持重寶 經過險路 其中一人作是唱言
諸善男子 勿得恐怖 汝等應當一心稱觀世音菩薩
名号 是菩薩能以无畏施於衆生 汝等若稱名者

BD04375 號背　觀世音經　（5–1）

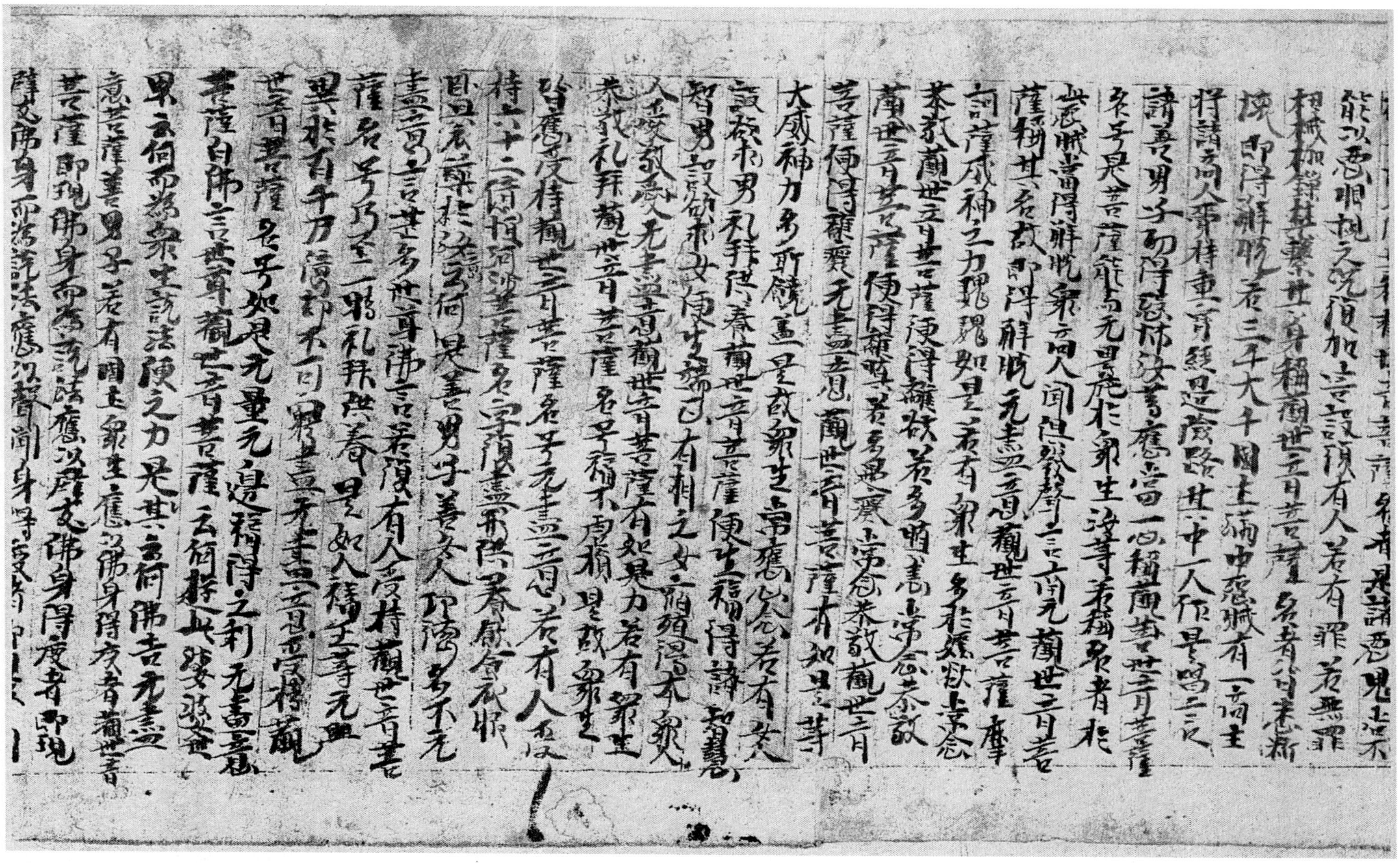

BD04375 號背　觀世音經　　　　（5–2）

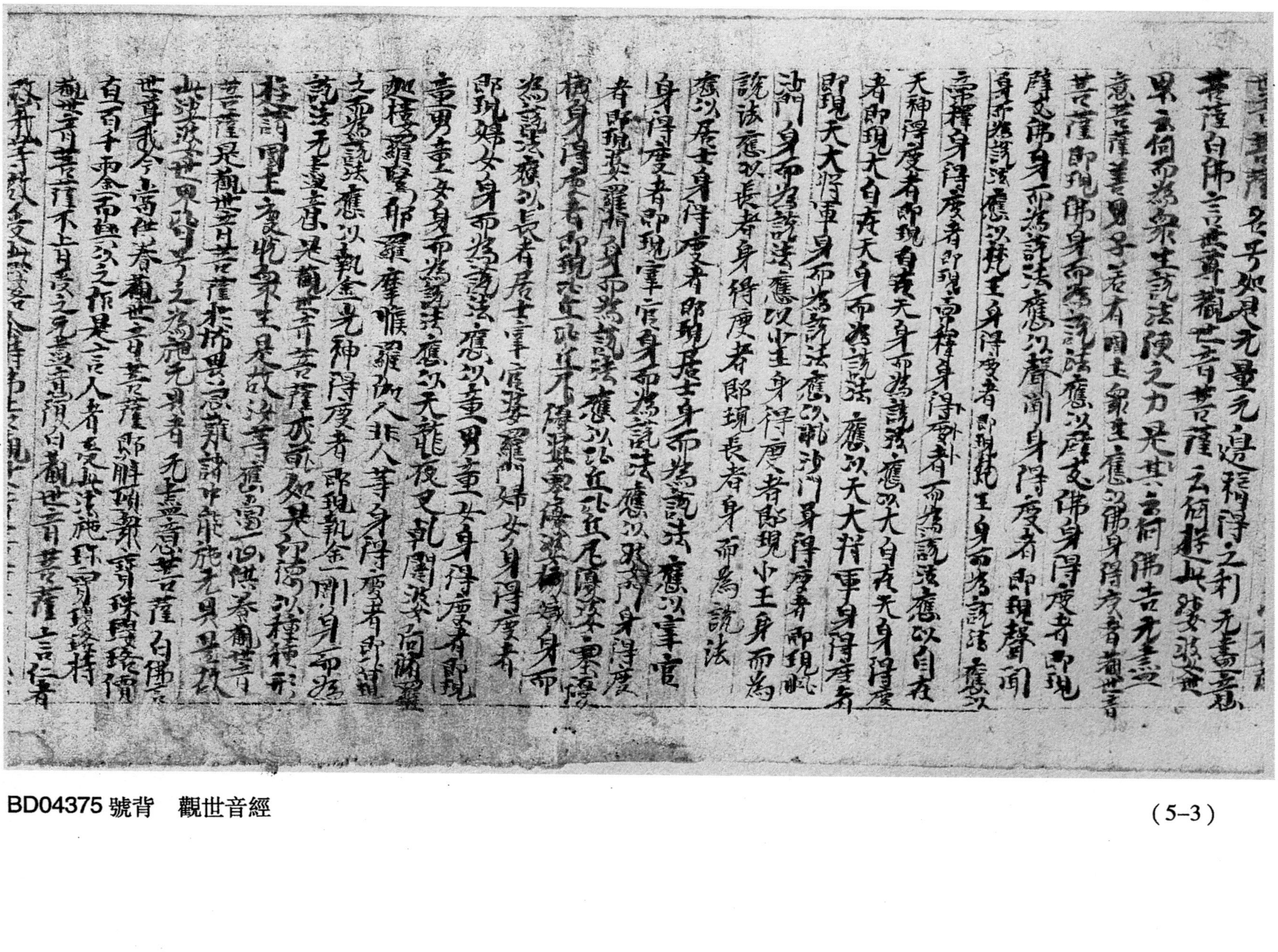

BD04375 號背　觀世音經　　　　（5–3）

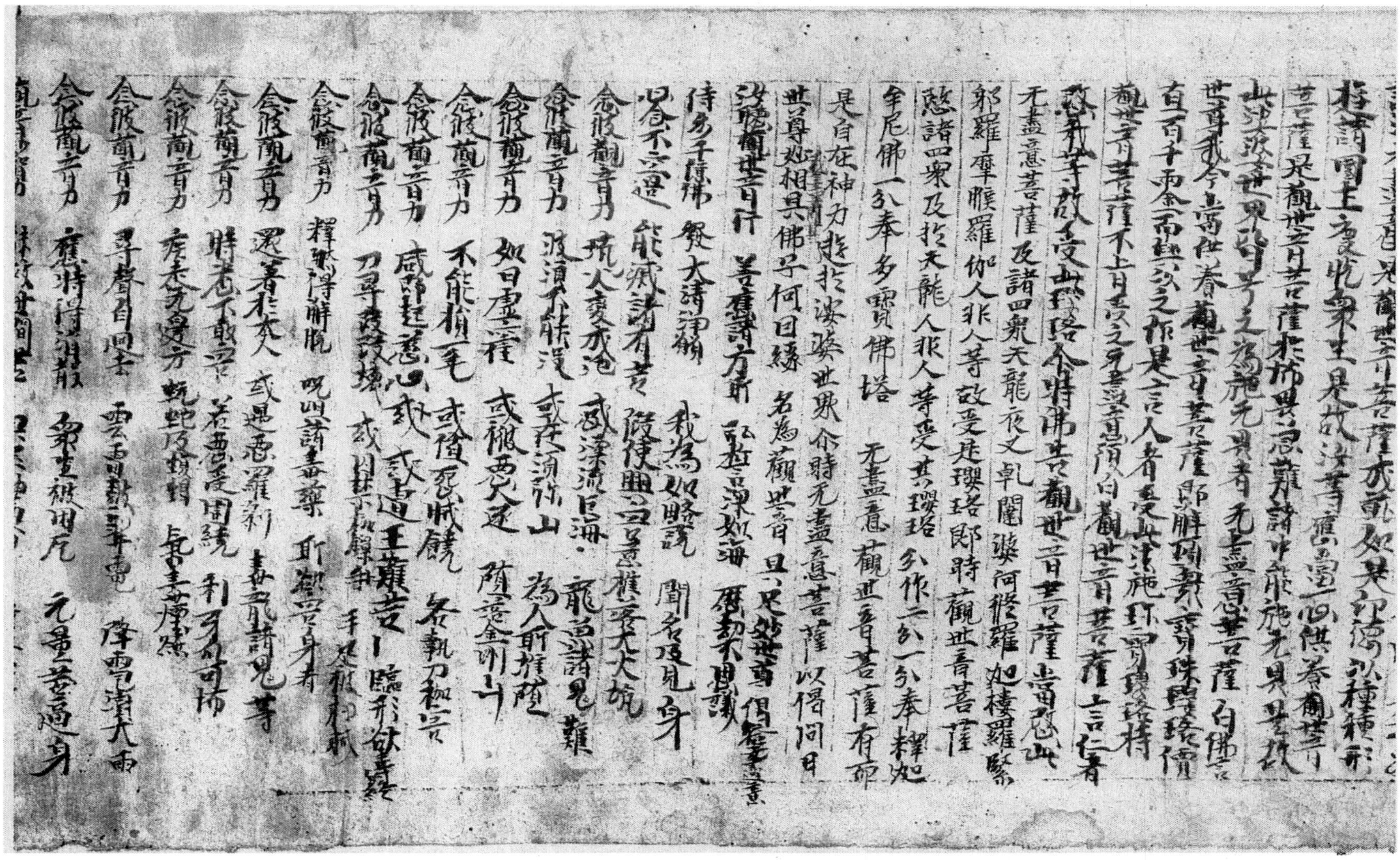

BD04375 號背　觀世音經　（5–4）

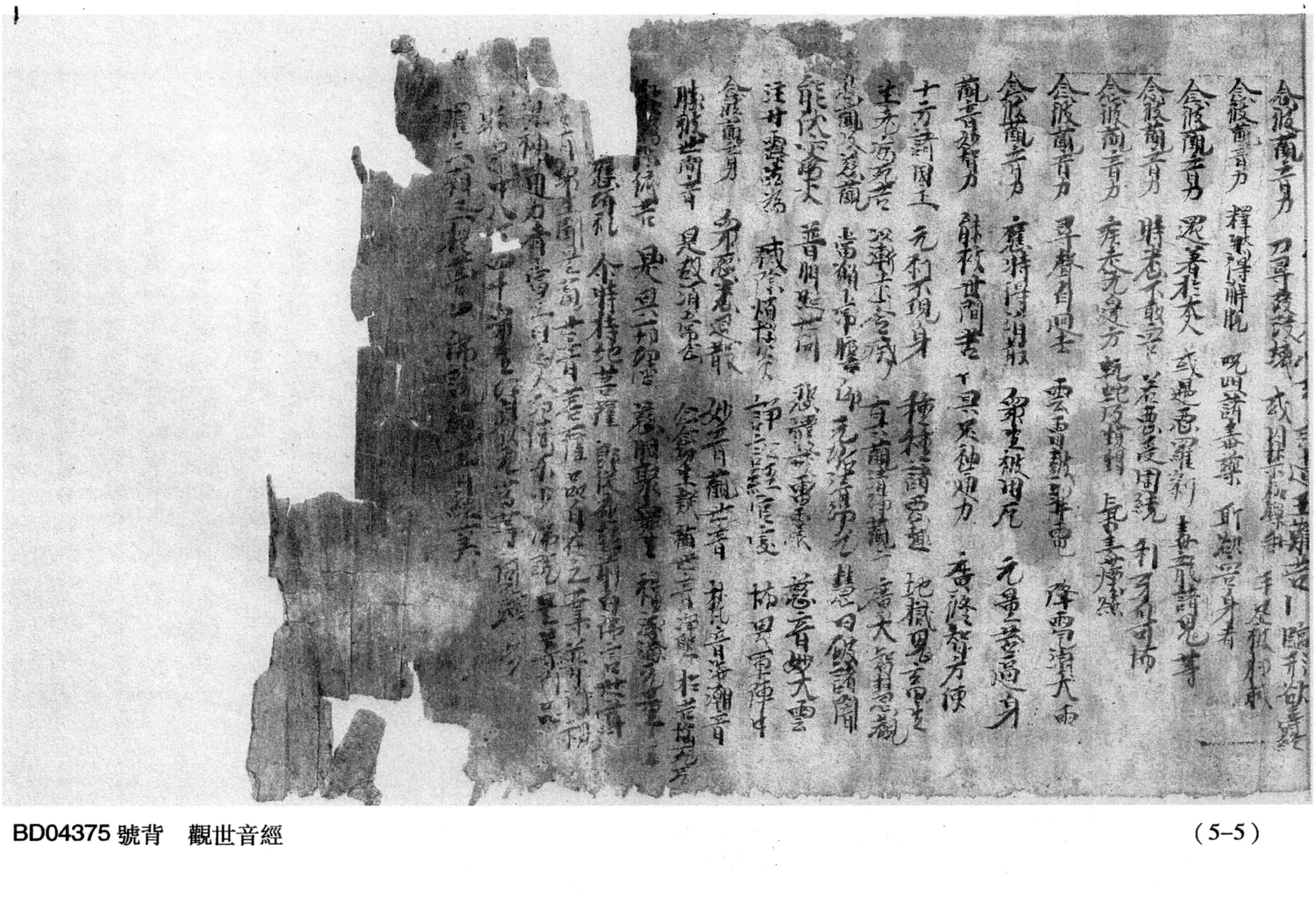

BD04375 號背　觀世音經　（5–5）

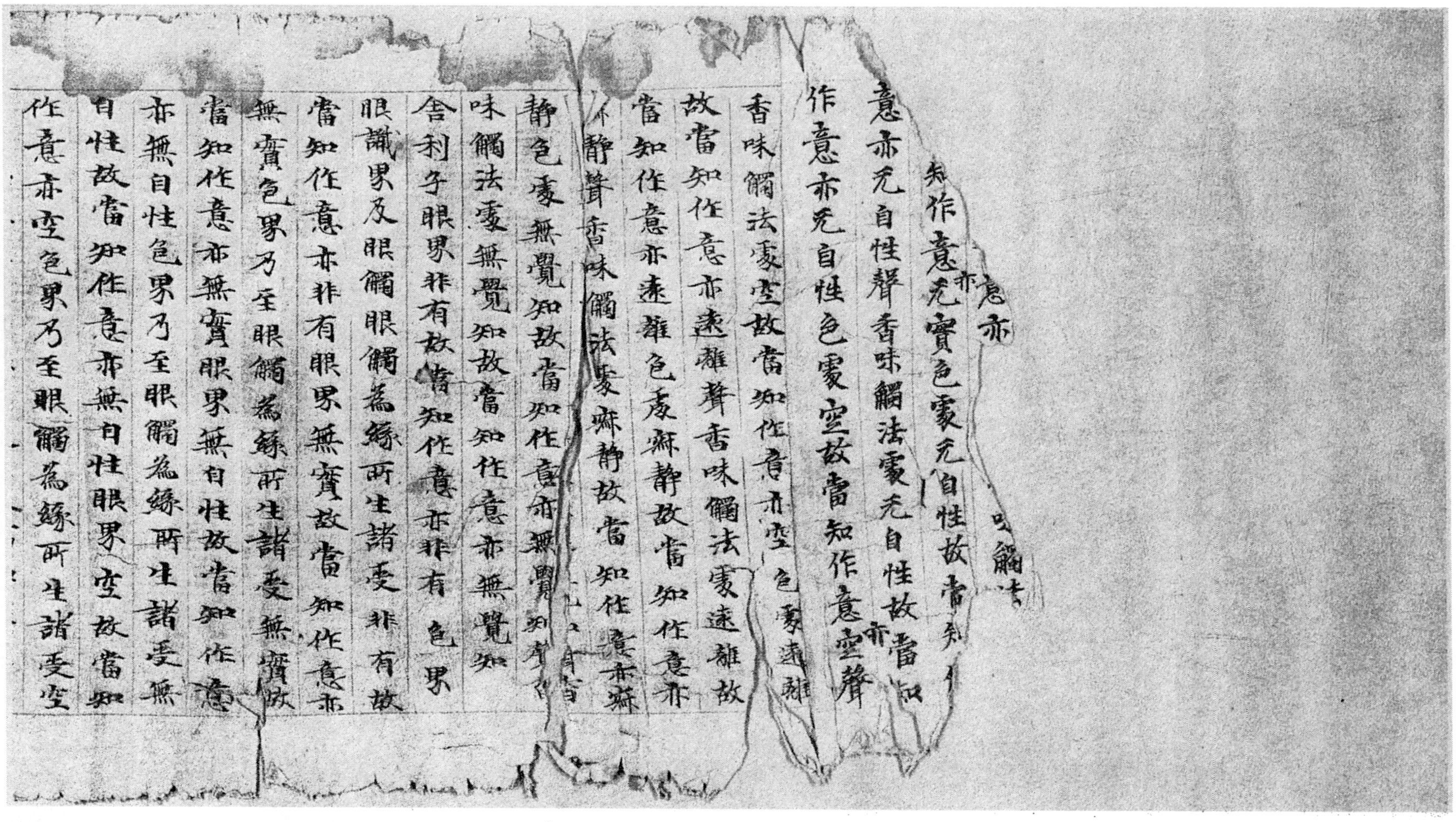

知作意亦无實色處无自性故當知作
意亦无自性聲香味觸法處无自性故當知
作意亦无自性色處空故當知作意亦空聲
香味觸法處空故當知作意亦空色處遠離
故當知作意亦遠離聲香味觸法處遠離故
當知作意亦遠離色處寂靜故當知作意亦
寂靜聲香味觸法處寂靜故當知作意亦寂
靜色處無覺知故當知作意亦無覺知
味觸法處無覺知故當知作意亦無覺知
舍利子眼界非有故當知作意亦非有色界
眼識界及眼觸眼觸為緣所生諸受非有故
當知作意亦非有眼界無實故當知作意亦
無實色界乃至眼觸為緣所生諸受無實故
當知作意亦無實眼界無自性故當知作意
亦無自性色界乃至眼觸為緣所生諸受無
自性故當知作意亦無自性眼界空故當知
作意亦空色界乃至眼觸為緣所生諸受空

BD04376號　大般若波羅蜜多經卷七六　（9–1）

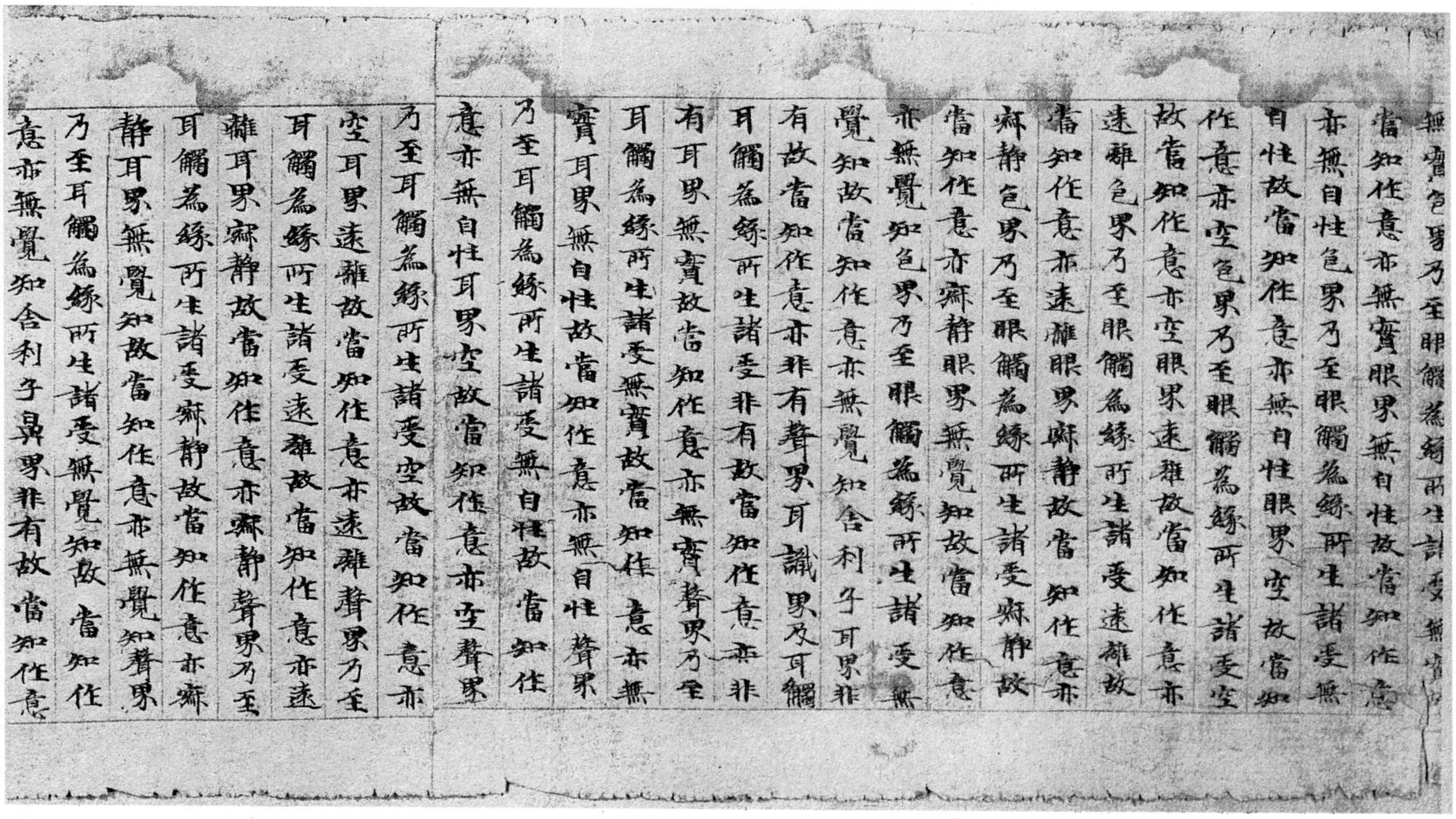

無實色界乃至眼觸為緣所生諸受無實
當知作意亦無實眼界無自性故當知作意
亦無自性色界乃至眼觸為緣所生諸受無
自性故當知作意亦無自性眼界空故當知
作意亦空色界乃至眼觸為緣所生諸受空
故當知作意亦空眼界遠離故當知作意亦
遠離色界乃至眼觸為緣所生諸受遠離故
當知作意亦遠離眼界寂靜故當知作意亦
寂靜色界乃至眼觸為緣所生諸受寂靜故
當知作意亦寂靜眼界無覺知故當知作意
亦無覺知色界乃至眼觸為緣所生諸受無
覺知故當知作意亦無覺知舍利子耳界非
有故當知作意亦非有聲界耳識界及耳觸
耳觸為緣所生諸受非有故當知作意亦非
有耳界無實故當知作意亦無實聲界乃至
耳觸為緣所生諸受無實故當知作意亦無
實耳界無自性故當知作意亦無自性聲界
乃至耳觸為緣所生諸受無自性故當知作
意亦無自性耳界空故當知作意亦空聲界
乃至耳觸為緣所生諸受空故當知作意亦
空耳界遠離故當知作意亦遠離聲界乃至
耳觸為緣所生諸受遠離故當知作意亦遠
離耳界寂靜故當知作意亦寂靜聲界乃至
耳觸為緣所生諸受寂靜故當知作意亦寂
靜耳界無覺知故當知作意亦無覺知聲界
乃至耳觸為緣所生諸受無覺知故當知作
意亦無覺知舍利子鼻界非有故當知作意

BD04376號　大般若波羅蜜多經卷七六　（9–2）

離耳界寂靜故當知作意亦寂靜聲界乃至
耳觸為緣所生諸受寂靜故當知作意亦寂
靜耳界無覺知故當知作意亦無覺知聲界
乃至耳觸為緣所生諸受無覺知故當知作
意亦無覺知舍利子鼻界非有故當知作意
亦非有香界鼻識界及鼻觸鼻觸為緣所生
諸受非有故當知作意亦非有鼻界無實故
當知作意亦無實香界乃至鼻觸為緣所生
諸受無實故當知作意亦無實鼻界無自性
故當知作意亦無自性香界乃至鼻觸為緣
所生諸受無自性故當知作意亦無自性鼻
界空故當知作意亦空香界乃至鼻觸為緣
所生諸受空故當知作意亦空鼻界遠離故
當知作意亦遠離香界乃至鼻觸為緣所生
諸受遠離故當知作意亦遠離鼻界寂靜故
當知作意亦寂靜香界乃至鼻觸為緣所生
諸受寂靜故當知作意亦寂靜鼻界無覺
知故當知作意亦無覺知香界乃至鼻觸為緣
所生諸受無覺知故當知作意亦無覺知舍
利子舌界非有故當知作意亦非有味界舌
識界及舌觸舌觸為緣所生諸受非有故當
知作意亦非有舌界無實故當知作意亦無
實味界乃至舌觸為緣所生諸受無實故當
知作意亦無實舌界無自性故當知作意亦
無自性味界乃至舌觸為緣所生諸受無自
性故當知作意亦無自性舌界空故當知作

BD04376 號　大般若波羅蜜多經卷七六　（9–3）

知作意亦非有舌界無實故當知作意亦無
實味界乃至舌觸為緣所生諸受無實故當
知作意亦無實舌界無自性故當知作意亦
無自性味界乃至舌觸為緣所生諸受無自
性故當知作意亦無自性舌界空故當知作
意亦空味界乃至舌觸為緣所生諸受空故
當知作意亦空舌界遠離故當知作意亦遠
離味界乃至舌觸為緣所生諸受遠離故當
知作意亦遠離舌界寂靜故當知作意亦寂
靜味界乃至舌觸為緣所生諸受寂靜故當
知作意亦寂靜舌界無覺知故當知作意亦
無覺知味界乃至舌觸為緣所生諸受無覺
知故當知作意亦無覺知舍利子身界非有故
當知作意亦非有觸界身識界及身觸身觸
為緣所生諸受非有故當知作意亦非有
身界無實故當知作意亦無實觸界乃至身
觸為緣所生諸受無實故當知作意亦無實
身界無自性故當知作意亦無自性觸界乃
至身觸為緣所生諸受無自性故當知作意
亦無自性身界空故當知作意亦空觸界乃
至身觸為緣所生諸受空故當知作意亦空
身界遠離故當知作意亦遠離觸界乃至身
觸為緣所生諸受遠離故當知作意亦遠離
身界寂靜故當知作意亦寂靜觸界乃至身
觸為緣所生諸受寂靜故當知作意亦寂靜
身界無覺知故當知作意亦無覺知觸界乃

BD04376 號　大般若波羅蜜多經卷七六　（9–4）

身界遠離故當知作意亦遠離觸界乃至身
觸為緣所生諸受遠離故當知作意亦遠離
身界寂靜故當知作意亦寂靜觸界乃至身
觸為緣所生諸受寂靜故當知作意亦寂靜
身界無覺知故當知作意亦無覺知觸界乃
至身觸為緣所生諸受無覺知故當知作意
亦無覺知舍利子意界非有故當知作意亦
非有法界意識界及意觸意觸為緣所生
諸受非有故當知作意亦非有意界無實故
當知作意亦無實法界乃至意觸為緣所
生諸受無實故當知作意亦無實意界無
自性故當知作意亦無自性法界乃至意觸
為緣所生諸受無自性故當知作意亦無自
性意界空故當知作意亦空法界乃至意觸
為緣所生諸受空故當知作意亦空意界遠
離故當知作意亦遠離法界乃至意觸為緣
所生諸受遠離故當知作意亦遠離意界寂
靜故當知作意亦寂靜法界乃至意觸為緣
所生諸受寂靜故當知作意亦寂靜意界無
覺知故當知作意亦無覺知法界乃至意觸
為緣所生諸受無覺知故當知作意亦無覺
知
舍利子地界非有故當知作意亦非有水火
風空識界非有故當知作意亦非有地界無
實故當知作意亦無實水火風空識界無實
故當知作意亦無實地界無自性故當知作
意亦無自性水火風空識界無自性故當知

BD04376號　大般若波羅蜜多經卷七六　（9–5）

舍利子地界非有故當知作意亦非有水火
風空識界非有故當知作意亦非有地界無
實故當知作意亦無實水火風空識界無實
故當知作意亦無實地界無自性故當知作
意亦無自性水火風空識界無自性故當知
作意亦無自性地界空故當知作意亦空水
火風空識界空故當知作意亦空地界遠離
故當知作意亦遠離水火風空識界遠離故
當知作意亦遠離地界寂靜故當知作意亦
寂靜水火風空識界寂靜故當知作意亦寂
靜地界無覺知故當知作意亦無覺知水火
風空識界無覺知故當知作意亦無覺知
舍利子苦聖諦非有故當知作意亦非有集
滅道聖諦非有故當知作意亦非有苦聖諦
無實故當知作意亦無實集滅道聖諦無實
故當知作意亦無實苦聖諦無自性故當知
作意亦無自性集滅道聖諦無自性故當知
作意亦無自性苦聖諦空故當知作意亦空
集滅道聖諦空故當知作意亦空苦聖諦遠
離故當知作意亦遠離集滅道聖諦遠離故
當知作意亦遠離苦聖諦寂靜故當知作意
亦寂靜集滅道聖諦寂靜故當知作意亦寂
靜苦聖諦無覺知故當知作意亦無覺知集
滅道聖諦無覺知故當知作意亦無覺知
舍利子無明非有故當知作意亦非有行識
名色六處觸受愛取有生老死愁歎苦憂惱

BD04376號　大般若波羅蜜多經卷七六　（9–6）

亦寂靜集滅道聖諦寂靜故當知作意亦寂
靜苦聖諦無覺知故當知作意亦無覺知集
滅道聖諦無覺知故當知作意亦無覺知
舍利子無明非有故當知作意亦非有行識
名色六處觸受愛取有生老死愁歎苦憂惱
非有故當知作意亦非有無明無實故當知
作意亦無實行乃至老死愁歎苦憂惱無實
故當知作意亦無實無明無自性故當知作
意亦無自性行乃至老死愁歎苦憂惱無自
性故當知作意亦無自性無明空故當知作
意亦空行乃至老死愁歎苦憂惱空故當知
作意亦空無明遠離故當知作意亦遠離行
乃至老死愁歎苦憂惱遠離故當知作意亦
遠離無明寂靜故當知作意亦寂靜行乃至
老死愁歎苦憂惱寂靜故當知作意亦寂靜
無明無覺知故當知作意亦無覺知行乃至
老死愁歎苦憂惱無覺知故當知作意亦無
覺知
舍利子內空非有故當知作意亦非有外空
內外空空空大空勝義空有為空無為空畢
竟空無際空散空無變異空本性空自相空
共相空一切法空不可得空無性空自性空
無性自性空非有故當知作意亦非有內空無
實故當知作意亦無實外空乃至無性自性
空無實故當知作意亦無實內空無自性故
當知作意亦無自性外空乃至無性自性空
無自性故當知作意亦無自性內空空故當

BD04376號　大般若波羅蜜多經卷七六　（9–7）

共相空一切法空不可得空無性空自性空
無性自性空非有故當知作意亦非有內空無
實故當知作意亦無實外空乃至無性自性
空無實故當知作意亦無實內空無自性故
當知作意亦無自性外空乃至無性自性空
無自性故當知作意亦無自性內空空故當
知作意亦空外空乃至無性自性空空故當
知作意亦空內空遠離故當知作意亦遠離
外空乃至無性自性空遠離故當知作意
亦遠離內空寂靜故當知作意亦寂靜外空
乃至無性自性空寂靜故當知作意亦寂靜
內空無覺知故當知作意亦無覺知外空乃
至無性自性空無覺知故當知作意亦無覺
知
舍利子真如非有故當知作意亦非有法界
法性不虛妄性不變異性平等性離生性法
定法住實際虛空界不思議界非有故當知
作意亦非有真如無實故當知作意亦無實
法界乃至不思議界無實故當知作意亦無
實真如無自性故當知作意亦無自性法界
乃至不思議界無自性故當知作意亦無自
性真如空故當知作意亦空法界乃至不思議
界空故當知作意亦空真如遠離故當知作意
亦遠離法界乃至不思議界遠離故當知作意
亦遠離真如寂靜故當知作意亦寂靜法界
乃至不思議界寂靜故當知作意亦寂靜真

BD04376號　大般若波羅蜜多經卷七六　（9–8）

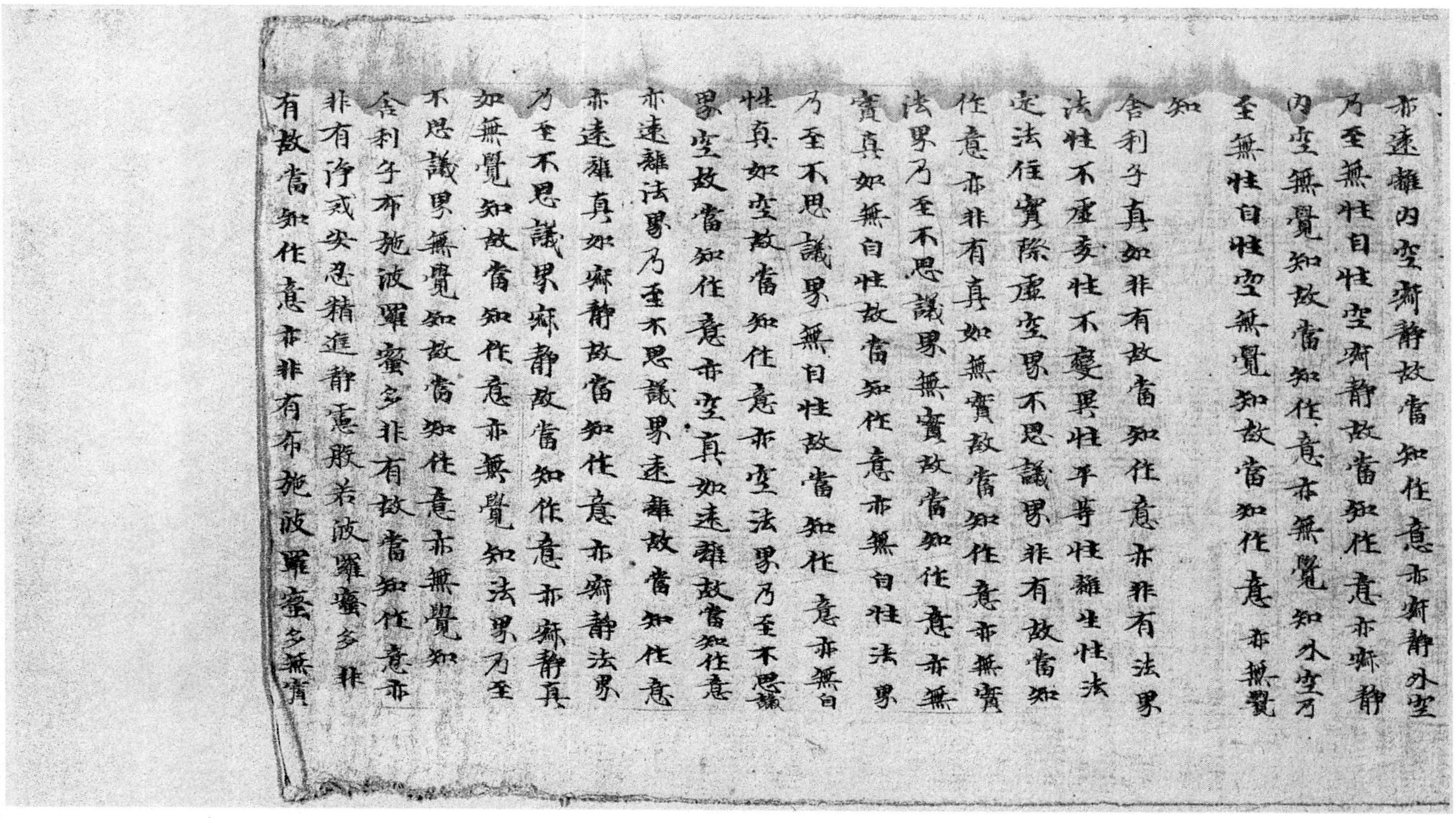

亦遠離內空寂靜故當知作意亦寂靜外空
乃至無性自性空寂靜故當知作意亦寂靜
內空無覺知故當知作意亦無覺知外空乃
至無性自性空無覺知故當知作意亦無覺
知
舍利子真如非有故當知作意亦非有法界
法性不虛妄性不變異性平等性離生性法
定法住實際虛空界不思議界非有故當知
作意亦非有真如無實故當知作意亦無實
法界乃至不思議界無實故當知作意亦無
實真如無自性故當知作意亦無自性法界
乃至不思議界無自性故當知作意亦無自
性真如空故當知作意亦空法界乃至不思議
界空故當知作意亦空真如遠離故當知作意
亦遠離法界乃至不思議界遠離故當知作意
亦遠離真如寂靜故當知作意亦寂靜法界
乃至不思議界寂靜故當知作意亦寂靜真
如無覺知故當知作意亦無覺知法界乃至
不思議界無覺知故當知作意亦無覺知
舍利子布施波羅蜜多非有故當知作意亦
非有淨戒安忍精進靜慮般若波羅蜜多非
有故當知作意亦非有布施波羅蜜多無實

BD04376號　大般若波羅蜜多經卷七六　（9–9）

BD04376號背　勘記　（1–1）

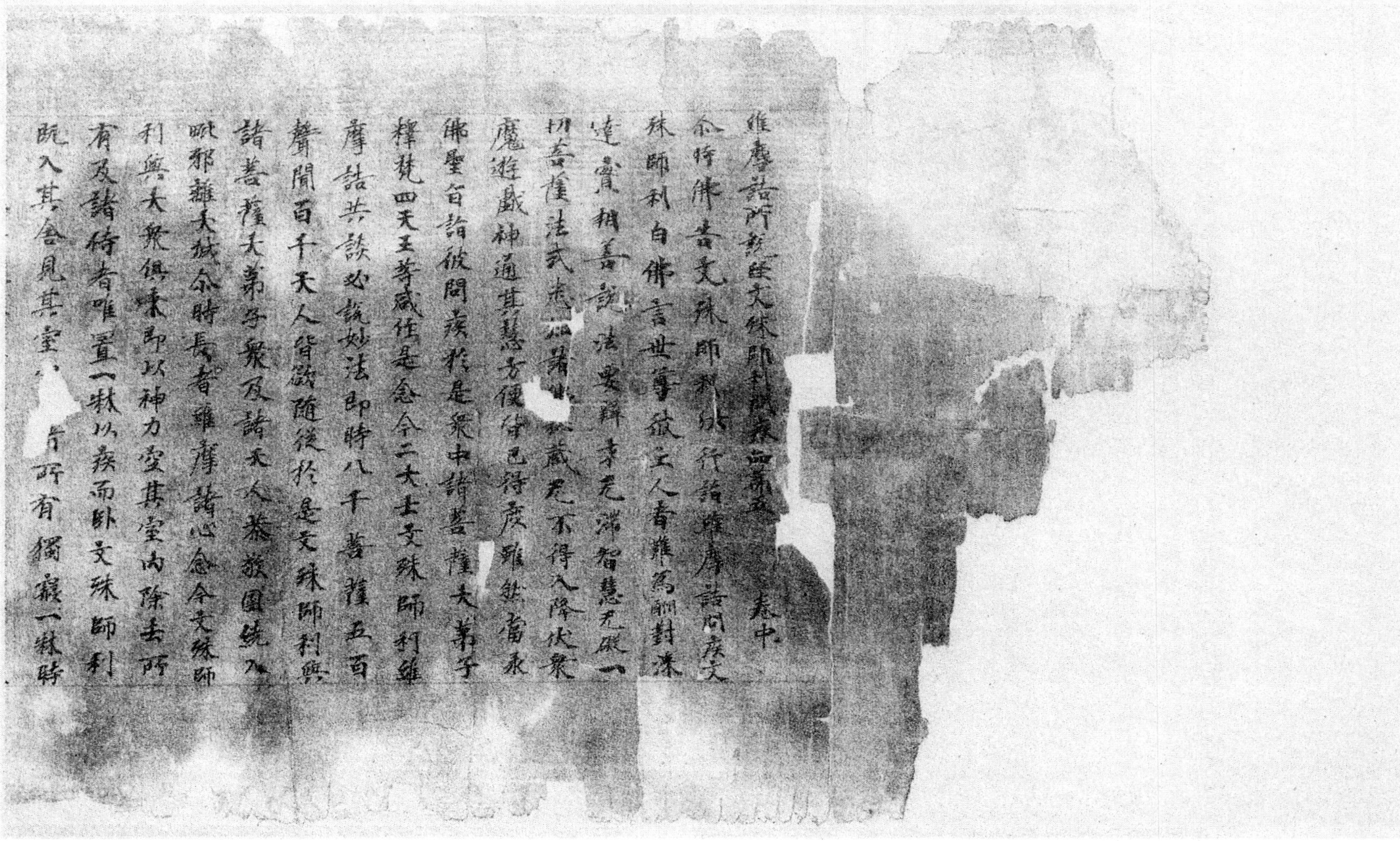

維摩詰所說經文殊師利問疾品第五　卷中
尒時佛告文殊師利汝行詣維摩詰問疾文
殊師利白佛言世尊彼上人者難爲詶對深
達實相善說法要辯才无滞智慧无礙一
切菩薩法式悉知諸佛秘藏无不得入降伏衆
魔遊戲神通其慧方便皆已得度雖然當承
佛聖旨詣彼問疾於是衆中諸菩薩大弟子
釋梵四天王等咸作是念今二大士文殊師利維
摩詰共談必說妙法即時八千菩薩五百
聲聞百千天人皆欲隨從於是文殊師利與
諸菩薩大弟子衆及諸天人恭敬圍繞入
毗耶離大城尒時長者維摩詰心念今文殊師
利與大衆俱來即以神力空其室内除去所
有及諸侍者唯置一牀以疾而卧文殊師利
既入其舍見其室　所有獨寢一牀時

BD04377 號　維摩詰所說經卷中　（29–1）

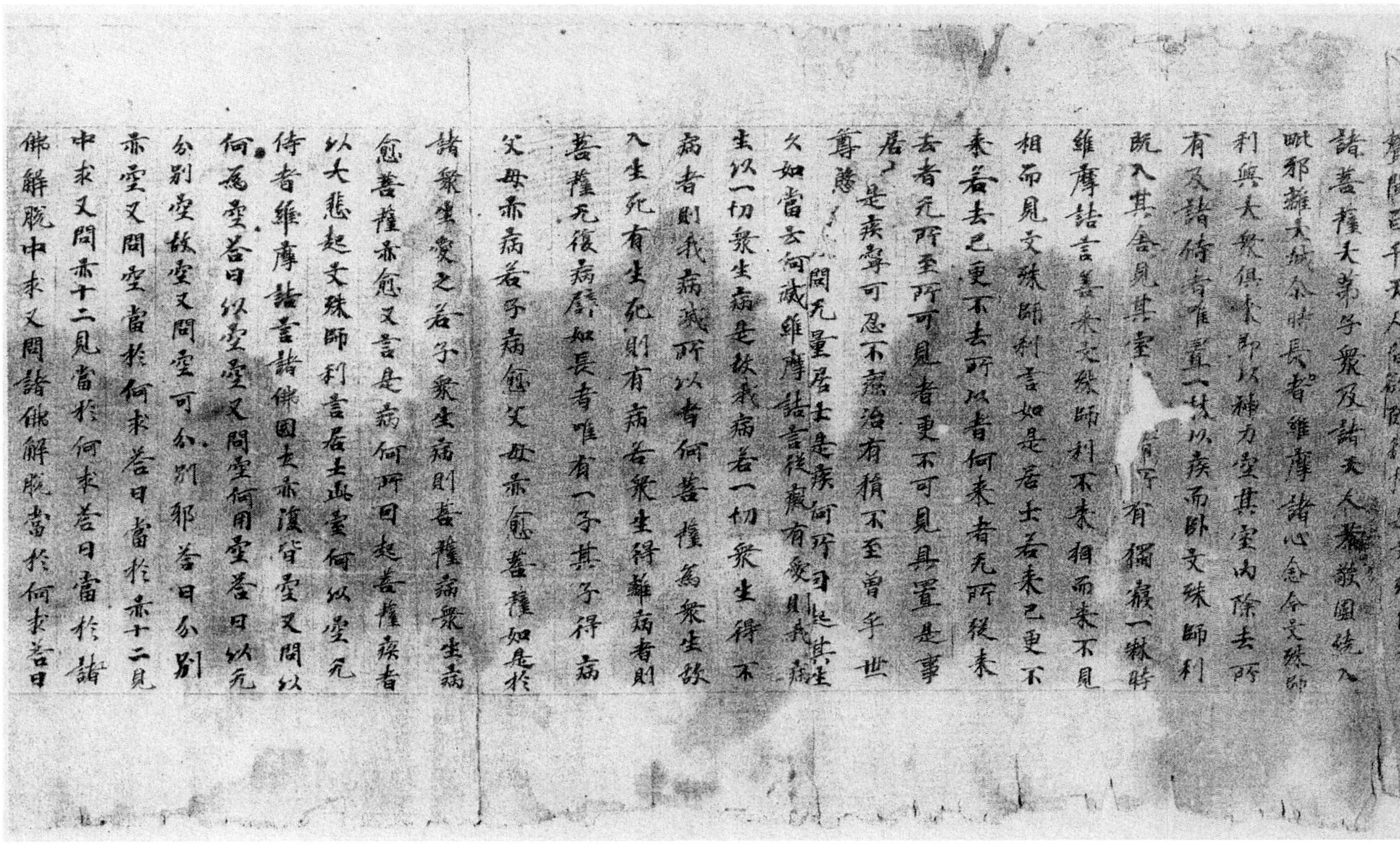

聲聞百千天人皆欲隨從於是文殊師利與
諸菩薩大弟子衆及諸天人恭敬圍繞入
毗耶離大城尒時長者維摩詰心念今文殊師
利與大衆俱來即以神力空其室内除去所
有及諸侍者唯置一牀以疾而卧文殊師利
既入其舍見其室　有獨寢一牀時
維摩詰言善來文殊師利不來相而來不見
相而見文殊師利言如是居士若來已更不
來若去已更不去所以者何來者无所從來
去者无所至所可見者更不可見且置是事
居士是疾寧可忍不療治有損不至增乎世
尊慇　問无量居士是疾何所因起其生
久如當云何滅維摩詰言從癡有愛則我病
生以一切衆生病是故我病若一切衆生得不
病者則我病滅所以者何菩薩爲衆生故
入生死有生死則有病若衆生得離病者則
菩薩无復病譬如長者唯有一子其子得病
父母亦病若子病愈父母亦愈菩薩如是於
諸衆生愛之若子衆生病則菩薩病衆生病
愈菩薩亦愈又言是疾何所因起菩薩疾者
以大悲起文殊師利言居士此室何以空无
侍者維摩詰言諸佛國土亦復皆空又問以
何爲空答曰以空空又問空何用空答曰以无
分別空故空又問空可分別耶答曰分別
亦空又問空當於何求答曰當於六十二見
中求又問六十二見當於何求答曰當於諸
佛解脫中求又問諸佛解脫當於何求答曰

BD04377 號　維摩詰所說經卷中　（29–2）

以大悲起文殊師利言居士此室何以空无
侍者維摩詰言諸佛國土亦復皆空又問以
何爲空答曰以空空又問空何用空答曰以无
分別空故空又問空可分別耶答曰分別
亦空又問空當於何求答曰當於六十二見
中求又問六十二見當於何求答曰當於諸
佛解脫中求又問諸佛解脫當於何求答曰
當於一切衆生心行中求又仁所問何无侍
者一切衆魔及諸外道皆吾侍也所以者何
衆魔者樂生死菩薩於生死而不捨外道者
樂諸見菩薩於諸見而不動文殊師利言居
士所疾爲何等相維摩詰言我病无形不可
見又問此病身合耶心合耶答曰非身合身
相離故亦非心合心如幻故又問地大水大
火大風大於此四大何大之病答曰是病非
地大亦不離地大水火風大亦復如是而衆生
病從四大起以其有病是故我病尒時文
殊師利問維摩詰言菩薩應云何慰喻有疾
菩薩維摩詰言說身无常不說厭離於身說
身有苦不說樂於涅槃說身无我而說教導
衆生說身空寂不說畢竟寂滅說悔先罪而不
說入於過去以己之疾愍於彼疾當識宿世
无數劫苦當念饒益一切衆生憶所脩福念
於淨命勿生憂惱常起精進當作醫王療
治衆病菩薩應如是慰喻有疾菩薩令其歡
喜文殊師利言居士有疾菩薩云何調伏其
心維摩詰言有疾菩薩應作是念今我此病

BD04377 號　維摩詰所說經卷中　（29–3）

說入於過去以己之疾愍於彼疾當識宿世
无數劫苦當念饒益一切衆生憶所脩福念
於淨命勿生憂惱常起精進當作醫王療
治衆病菩薩應如是慰喻有疾菩薩令其歡
喜文殊師利言居士有疾菩薩云何調伏其
心維摩詰言有疾菩薩應作是念今我此病
皆從前世妄想顛倒諸煩惱生无有實法誰
受病者所以者何四大合故假名爲身四大
无主身亦无我又此病起皆由著我是故於
我不應生著既知病本即除我想及衆生想
當起法想應作是念但以衆法合成此身起
唯法起滅唯法滅又此法者各不相知起時
不言我起滅時不言我滅彼有疾菩薩爲滅
法想當作是念此法想者亦是顛倒顛倒者
是即大患我應離之云何爲離離我我所云
何離我我所謂離二法云何離二法謂不念
內外諸法行於平等云何平等謂我等涅槃
等所以者何我及涅槃此二皆空以何爲空但
以名字故空如此二法无決定性得是平等
无有餘病唯有空病空病亦空是有疾菩
薩以无所受而受諸受未具佛法亦不滅受
而取證也設身有苦當念惡趣衆生起大悲
心我即調伏亦當調伏一切衆生但除其病而不
除法爲斷病本而教導之何謂病本謂有
攀緣從有攀緣則爲病本何所攀緣謂之三
界云何斷攀緣以无所得若无所得則无攀

BD04377 號　維摩詰所說經卷中　（29–4）

薩以无所受而受諸受未具佛法亦不滅受
而取證也設身有苦當念惡趣衆生起大悲
心我即調伏亦當調伏一切衆生但除其病而不
除法爲斷病本而教導之何謂病本謂有
攀緣從有攀緣則爲病本何所攀緣謂之三
界云何斷攀緣以无所得若无所得則无攀
緣何謂无所得謂離二見何謂二見謂內見
外見是无所得文殊師利是爲有疾菩薩調
伏其心爲斷老病死苦是菩薩菩提若不如是
已所脩治爲无惠利譬如勝怨乃可爲勇如
是兼除老病死者菩薩之謂也彼有疾菩
薩應復作是念如我此病非真非有衆生病亦
非真非有作是觀時於諸衆生若起愛見
大悲即應捨離所以者何菩薩斷除客塵煩惱
而起大悲愛見悲者則於生死有疲厭心
若能離此无有疲厭在在所生不爲愛見之所
覆也所生无縛能爲衆生說法解縛如佛所
說若自有縛能解彼縛无有是處若自无縛
能解彼縛斯有是處是故菩薩不應起縛何
謂縛何謂解貪着禪味是菩薩縛以方便生
是菩薩解又无方便慧縛有方便慧解无慧
方便縛有慧方便解何謂无方便慧縛謂菩
薩以愛見心莊嚴佛土成就衆生於空无相
无作法中而自調伏是名无方便慧縛何謂
有方便慧解謂不以愛見心莊嚴佛土成就
衆生於空无相无作法中以自調伏而不疲

方便縛有慧方便解何謂无方便慧縛謂菩
薩以愛見心莊嚴佛土成就衆生於空无相
无作法中而自調伏是名无方便慧縛何謂
有方便慧解謂不以愛見心莊嚴佛土成就
衆生於空无相无作法中以自調伏而不疲
厭是名有方便慧解何謂无慧方便縛謂
菩薩住貪欲瞋恚邪見等諸煩惱而殖衆德
本是名无慧方便縛何謂有慧方便解謂離諸
貪欲瞋恚邪見等諸煩惱而殖衆德本迴向
阿耨多羅三藐三菩提是名有慧方便解文
殊師利彼有疾菩薩應如是觀諸法又復觀
身无常苦空非我是名爲慧雖身有疾常在
生死饒益一切而不厭惓是名方便又復觀
身身不離病病不離身是病是身非新非故
是名爲慧設身有疾而不永滅是名方便文
殊師利有疾菩薩應如是調伏其心不住其
中亦復不住不調伏心所以者何若住不調伏
心是愚人法若住調伏心是聲聞法是故菩
薩不當住於調伏不調伏心離此二法是菩
薩行在於生死不爲汙行住於涅槃不永滅
度是菩薩行非凡夫行非賢聖行是菩薩
行非垢行非淨行是菩薩行雖過魔行而現
降伏衆魔是菩薩行求一切知无非時求是
菩薩行雖觀諸法不生不滅而不入正位是菩薩
行雖觀十二緣起而入諸邪見是菩薩行雖
攝一切衆生而不愛着是菩薩行雖樂遠離

處是菩薩行非凡夫行非賢聖行是菩薩
行非垢行非淨行是菩薩行雖過魔行而現
降伏衆魔是菩薩行求一切知无非時求是
菩薩行雖觀諸法不生而不入正位是菩薩
行雖觀十二緣起而入諸邪見是菩薩行雖
攝一切衆生而不愛著是菩薩行雖樂遠離
而不依身心盡是菩薩行雖行三界而不壞
法性是菩薩行雖行於空而殖衆德本是菩
薩行雖行无相而度衆生是菩薩行雖行
无作而現受身是菩薩行雖行无起而起一切
善行是菩薩行雖行六波羅蜜而遍知衆生
心心數法是菩薩行雖行六通而不盡漏是
菩薩行雖行四无量心而不貪著生於梵世
是菩薩行雖行禪定解脫三昧而不隨禪生
是菩薩行雖行四念處而不永離身受心
法是菩薩行雖行四正勤而不捨身心精進是
菩薩行雖行四如意足而得自在神通是菩
薩行雖行五根而分別衆生諸根利鈍是菩
薩行雖行五力而樂求佛十力是菩薩行雖
行七覺分而分別佛之智慧是菩薩行雖行
八正道而樂行无量佛道是菩薩行雖行止
觀助道之法而不畢竟墮於寂滅是菩薩行
雖行諸法不生不滅而以相好莊嚴其身是
菩薩行雖現聲聞辟支佛威儀而不捨佛法
是菩薩行雖隨諸法究竟淨相而隨所應
爲現其身是菩薩行雖觀諸佛國土永寂如空
而現種種清淨佛土是菩薩行雖行佛道轉

BD04377號　維摩詰所說經卷中　（29–7）

觀助道之法而不畢竟墮於寂滅是菩薩行
雖行諸法不生不滅而以相好莊嚴其身是
菩薩行雖現聲聞辟支佛威儀而不捨佛法
是菩薩行雖隨諸法究竟淨相而隨所應
爲現其身是菩薩行雖觀諸佛國土永寂如空
而現種種清淨佛土是菩薩行雖行佛道轉
于法輪入於涅槃而不捨於菩薩之道是菩
薩行說是語時文殊師利所將大衆其中八
千天子皆發阿耨多羅三藐三菩提心

不思議品第六

尒時舍利弗見此室中无有牀坐作是念斯諸
菩薩大弟子衆當於何坐長者維摩詰知
其意語舍利弗言云何仁者爲法來耶求牀
坐耶舍利弗言我爲法來非爲牀坐維摩詰
言唯舍利弗夫求法者不貪軀命何況牀坐
夫求法者非有色受想行識之求非有界入
之求非有欲色无色之求唯舍利弗夫求法
者不著佛求不著法求不著衆求夫求法者
无見苦求无斷集求无造盡證脩道之求所
以者何法无戲論若言我當見苦斷集證滅
脩道是則戲論非求法也唯舍利弗法名寂
滅若行生滅是求生滅非求法也法名无染
若染於法乃至涅槃是則染著非求法也法
无行處若行於法是則行處非求法也法无
取捨若取捨法是則取捨非求法也法无處
所若著處所是則著處非求法也法名无相
若隨相識是則求相非求法也法不可住若

滅若行生滅是求生滅非求法也法名无染
若染於法乃至涅槃是則染著非求法也法
无行處若行於法是則行處非求法也法无
取捨若取捨法是則取捨非求法也法无處
所若著處所是則著處非求法也法名无相
若隨相識是則求相非求法也法不可住若
住於法是則住法非求法也法不可見聞覺
知若行見聞覺知是則見聞覺知非求法也
法名无為若行有為是求有為非求法也是故
舍利弗若求法者於一切法應无所求說是
語時五百天子於諸法中得法眼淨尒時
長者維摩詰問文殊師利仁者遊於无量千
萬億阿僧祇國何等佛土有好上妙功德成
就師子之座文殊師利言居士東方度卅六
恒河沙國有世界名須弥相其佛号須弥燈
王今現在彼佛身長八萬四千由旬其師子
座高八萬四千由旬嚴飾第一於是長者維
摩詰現神通力即時彼佛遣三萬二千師子
座高廣嚴淨來入維摩詰室諸菩薩大弟
子釋梵四天王等昔所未見其室廣博悉皆苞
容三萬二千師子座无所妨礙於毗耶離城
及閻浮提四天下亦不迫迮悉見如故尒時
維摩詰語文殊師利就師子座與諸菩薩上
人俱坐當自立身如彼座像其得神通菩薩
即自變形為四萬二千由旬坐師子座諸新發
意菩薩及大弟子皆不能昇尒時維摩詰語

BD04377號　維摩詰所說經卷中　（29–9）

及閻浮提四天下亦不迫迮悉見如故尒時
維摩詰語文殊師利就師子座與諸菩薩上
人俱坐當自立身如彼座像其得神通菩薩
即自變形為四萬二千由旬坐師子座諸新發
意菩薩及大弟子皆不能昇尒時維摩詰語
舍利弗就師子座舍利弗言居士此座高廣
吾不能昇維摩詰言唯舍利弗為須弥燈王
如來作礼乃可得坐於是新發意菩薩及大
弟子即為須弥燈王如來作礼便得坐師子
座舍利弗言居士未曾有也如是小室乃容
受此高廣之座於毗耶離城无所妨礙又於
閻浮提聚落城邑及四天下諸天龍王鬼神
宮殿亦不迫迮維摩詰言唯舍利弗諸佛菩
薩有解脫名不可思議若菩薩住是解脫者
以須弥之高廣內芥子中无所增減須弥山王
本相如故而四天王忉利諸天不覺不知己
之所入唯應度者乃見須弥入芥子中是
名不可思議解脫法門又以四大海水入一
毛孔不嬈魚鼈黿鼉水性之屬而彼大海
本相如故諸龍鬼神阿脩羅等不覺不知己之
所入於此眾生亦无所嬈又舍利弗住不可
思議解脫菩薩斷取三千大千世界如陶家
輪著右掌中擲過恒河沙世界之外其中眾
生不覺不知己之所往又復還置本處都不
使人有往來想而此世界本相如故又舍利
弗或有眾生樂久住世而可度者菩薩即演

BD04377號　維摩詰所說經卷中　（29–10）

所入於此衆生亦无所嬈又舍利弗住不可
思議解脫菩薩斷取三千大千世界如陶家
輪著右掌中擲過恒河沙世界之外其中衆
生不覺不知己之所往又復還置本處都不
使人有往來想而此世界本相如故又舍利
弗或有衆生樂久住世而可度者菩薩即演
七日以爲一劫令彼衆生謂之一劫或有衆生
不樂久住而可度者菩薩即促一劫以爲七
日令彼衆生謂之七日又舍利弗住不可思
議解脫菩薩以一切佛土嚴飾之事集在
一國示於衆生又菩薩以一佛土衆生置之右
掌飛到十方遍示一切而不動本處又舍
利弗十方衆生供養諸佛之具菩薩於一毛
孔皆令得見又十方國土所有日月星宿於
一毛孔普使見之又舍利弗十方世界所有
諸風菩薩悉能吸著口中而身无損外諸樹
木亦不摧折又十方世界劫盡燒時以一切
火內於腹中火事如故而不爲害又於下方
過恒河沙等諸佛世界取一佛土舉著上方
過恒河沙无數世界如持針鋒舉一棗葉而
无所嬈又舍利弗住不可思議解脫菩薩能
以神通現作佛身或現辟支佛身或現聲聞
身或現帝釋身或現梵王身或現世主身或
現轉輪王身又十方世界所有衆聲上中下音
皆能變之令作佛聲演出无常苦空无我
之音及十方諸佛所說種種之法皆於其中普
令得聞舍利弗我今略說菩薩不可思議

以神通現作佛身或現辟支佛身或現聲聞
身或現帝釋身或現梵王身或現世主身或
現轉輪王身又十方世界所有衆聲上中下音
皆能變之令作佛聲演出无常苦空无我
之音及十方諸佛所說種種之法皆於其中普
令得聞舍利弗我今略說菩薩不可思議
解脫之力若廣說者窮劫不盡是時大迦
葉聞說菩薩不可思議解脫法門歎未曾有
謂舍利弗譬如有人於盲者前現衆色像非彼
所見一切聲聞聞是不可思議解脫法門不能
解了爲若此也智者聞是其誰不發阿耨多
羅三藐三菩提心我等何爲永絕其根於此
大乘已如敗種一切聲聞聞是不可思議
解脫法門皆應號泣聲震三千大千世界一
切菩薩應大欣慶頂受此法若有菩薩信
解不可思議解脫門者一切魔衆无如之何大
迦葉說是語時三萬二千天子皆發阿耨多
羅三藐三菩提心
尒時維摩詰語大迦葉仁者十方无量阿僧
祇世界中作魔王者多是住不可思議解脫
菩薩以方便力教化衆生現作魔王又迦
葉十方无量菩薩或有人從乞手足耳鼻頭
目髓腦血肉皮骨聚落城邑妻子奴婢象馬
車乘金銀瑠璃車渠馬瑙珊瑚虎魄真珠珂貝
衣服飲食如此乞者多是住不可思議解脫
菩薩以方便力而往試之令其堅固所以者

藥十方无量菩薩或有人從乞手足耳鼻頭
目髓腦血肉皮骨聚落城邑妻子奴婢象馬
車乘金銀瑠璃車𤦲馬瑙珊瑚虎魄真珠珂貝
衣服飲食如此乞者多是住不可思議解脫
菩薩以方便力而往試之令其堅固所以者
何住不可思議解脫菩薩有威德力故行逼
迫示諸衆生如是難事凡夫下劣无有力勢
不能如是逼迫菩薩譬如龍象蹴蹋非驢所
堪是名住不可思議解脫菩薩智慧方便
之門

觀衆生品第七

尒時文殊師利問維摩詰言菩薩云何觀
於衆生維摩詰言譬如幻師見所幻人菩薩觀
衆生爲若此如智者見水中月如鏡中見其
面像如熱時焰如呼聲響如空中雲如水
聚沫如水上泡如芭蕉堅如電久住如第五大
如第六陰如第七情如十三入如十九界菩
薩觀衆生爲若此如无色界色如焦穀牙
如須陁洹身見如阿那含入胎如阿羅漢三
毒如得忍菩薩貪恚毀禁如佛煩惱習如盲
者見色如入滅定出入息如空中鳥跡如石女
兒如化人煩惱如夢所見已寤如滅度者受
身如无烟之火菩薩觀衆生爲若此文殊師
利言若菩薩作是觀者云何行慈維摩詰言
菩薩作是觀已自念我當爲衆生說如斯法
是即真實慈也行寂滅慈无所生故行不熱

者見色如入滅定出入息如空中鳥跡如石女
兒如化人煩惱如夢所見已寤如滅度者受
身如无烟之火菩薩觀衆生爲若此文殊師
利言若菩薩作是觀者云何行慈維摩詰言
菩薩作是觀已自念我當爲衆生說如斯法
是即真實慈也行寂滅慈无所生故行不熱
慈无煩惱故行等之慈等三世故行无諍慈
无所起故行不二慈内外不合故行不壞慈畢
竟盡故行堅固慈心无毀故行清淨慈諸法
性淨故行无邊慈如虛空故行阿羅漢慈破
結賊故行菩薩慈安衆生故行如來慈得
如相故行佛之慈覺衆生故行自然慈无因
得故行菩提慈等一味故行无比慈斷諸愛
故行大悲慈導以大乘故行无厭慈觀空
无我故行法施慈遺无惜故行持戒慈化毀禁
故行忍辱慈護彼我故行精進慈荷負衆生
故行禪定慈不受味故行智慧慈无不知時
故行方便慈一切示現故行无隱慈直心清
淨故行深心慈无雜行故行无誑慈不虛假
故行安樂慈令得佛樂故菩薩之慈爲若此
也文殊師利又問何謂爲悲荅曰菩薩所作
功德皆與一切衆生共之何謂爲喜荅曰有
所饒益歡喜无悔何謂爲捨荅曰所作福祐
无所悕望文殊師利又問生死有畏菩薩當
何所依維摩詰言菩薩於生死畏中當依如
來功德之力文殊師利又問菩薩欲依如來

所饒益歡喜无悔何謂為捨荅曰所作福祐
无所悕望文殊師利又問生死有畏菩薩當
何所依維摩詰言菩薩於生死畏中當依如
來功德之力文殊師利又問菩薩欲依如來
功德之力當於何住荅曰菩薩欲依如來功
德力者當住度脫一切眾生又問欲度眾生
當何所除荅曰欲度眾生除其煩惱又問欲
除煩惱當何所行荅曰當行正念又問云何
行於正念荅曰當行不生不滅又問何法不
生何法不滅荅曰不善不生善法不滅又問
善不善孰為本荅曰身為本又問身孰為本
荅曰欲貪為本又問欲貪孰為本荅曰虛妄
分別為本又問虛妄分別孰為本荅曰顛倒
想為本又問顛倒想孰為本荅曰无住為本
又問无住孰為本荅曰无住則无本文殊師利
從无住本立一切法
時維摩詰室有一天女見諸大人聞所說法
便現其身即以天華散諸菩薩大弟子上華
至諸菩薩即皆墮落至大弟子便著不墮一
切弟子神力去華不能令去尒時天問舍利
弗何故去華荅曰此華不如法是以去之天
曰勿謂此華為不如法所以者何是華无所
分別仁者自生分別想耳若於佛法出家有
所分別為不如法若无所分別是則如法觀
諸菩薩華不著者以斷一切分別想故譬如
人畏時非人得其便如是弟子畏生死故色
[illegible]

BD04377 號　維摩詰所說經卷中

（29–15）

分別仁者自生分別想耳若於佛法出家有
所分別為不如法若无所分別是則如法觀
諸菩薩華不著者以斷一切分別想故譬如
人畏時非人得其便如是弟子畏生死故色
聲香味觸得其便已離畏者一切五欲无能
為也結習未盡華著身耳結習盡者華不
著也舍利弗言天止此室其已久如荅曰我止
此室如耆年解脫舍利弗言止此久耶天曰
耆年解脫亦何如久舍利弗嘿然不荅天曰
如何耆舊大智而嘿荅曰解脫者无所言說
故吾於是不知所云天曰言說文字皆解脫相
所以者何解脫者不內不外不在兩間文
字亦不內不外不在兩間是故舍利弗无離
文字說解脫也所以者何一切諸法是解脫
相舍利弗言不復以離婬怒癡為解脫乎天
曰佛為增上慢人說離婬怒癡為解脫耳若
无增上慢者佛說婬怒癡性即是解脫舍利
弗言善哉善哉天女汝何所得以何為證辯
乃如是天曰我无得无證故辯如是所以者何
若有得有證者則於佛法為增上慢舍利
弗問天汝於三乘為何志求天曰以聲聞法
化眾生故我為聲聞以因緣法化眾生故我
為辟支佛以大悲法化眾生故我為大乘舍
利弗如人入瞻蔔林唯嗅瞻蔔不嗅餘香如
是若入此室但聞佛功德之香不樂聞聲聞
辟支佛功德香也舍利弗其有釋梵四天王
[illegible]

BD04377 號　維摩詰所說經卷中

（29–16）

化衆生故我爲聲聞以因緣法化衆生故我
爲辟支佛以大悲法化衆生故我爲大乘舍
利弗如人入瞻蔔林唯嗅瞻蔔不嗅餘香如
是若入此室但聞佛功德之香不樂聞聲聞
辟支佛功德香也舍利弗其有釋梵四天王
諸天龍鬼神等入此室者聞斯上人講說正
法皆樂佛功德之香發心而出舍利弗吾止
此室十有二年初不聞說聲聞辟支佛法但
聞菩薩大慈大悲不可思議諸佛之法舍利
弗此室常現八未曾有難得之法何等爲八
此室常以金色光照晝夜无異不以日月所
照爲明是爲一未曾有難得之法此室入者
不爲諸垢之所惱也是爲二未曾有難得之
法此室常有釋梵四天王他方菩薩來會不
絕是爲三未曾有難得之法此室常說六波
羅蜜不退轉法是爲四未曾有難得之法此
室常作天人第一之樂絃出无量法化之聲是
爲五未曾有難得之法此室有四大藏衆寶
積滿周窮濟乏求得无盡是爲六未曾有難
得之法此室釋迦牟尼佛阿弥陁佛阿閦佛
寶德寶炎寶月寶嚴難勝師子響一切利成
如是等十方无量諸佛是上人念時即皆爲
來廣說諸佛祕要法藏說已還去是爲七未
曾有難得之法此室一切諸天嚴飾宮殿諸
佛淨土皆於中現是爲八未曾有難得之法
舍利弗此室常現八未曾有難得之法誰有

BD04377號　維摩詰所說經卷中　（29–17）

來廣說諸佛祕要法藏說已還去是爲七未
曾有難得之法此室一切諸天嚴飾宮殿諸
佛淨土皆於中現是爲八未曾有難得之法
舍利弗此室常現八未曾有難得之法誰有
見斯不思議事而復樂於聲聞法乎
舍利弗言汝何以不轉女身天曰我從十二
年來求女人相了不可得當何所轉譬如幻
師化作幻女若有人問何以不轉女身是人
爲正問不舍利弗言不也幻无定相當何所
轉天曰一切諸法亦復如是无有定相云何
乃問不轉女身即時天女以神通力變舍
利弗令如天女天自化身如舍利弗而問言
何以不轉女身舍利弗以天女像而荅言我
今不知何轉而變爲女身天曰舍利弗若能
轉此女身則一切女人亦當能轉如舍利弗非
女而現女身一切女人亦復如是雖現女身
而非女也是故佛說一切諸法非男非女即
時天女還攝神力舍利弗身還復如故天問
舍利弗女身色相今何所在舍利弗言女身
色相无在无不在天曰一切諸法亦復如是
无在无不在夫无在无不在者佛所說也
舍利弗問天汝於此沒當生何所天曰佛化
所生吾如彼生曰佛化所生非沒生也天曰
衆生猶然无沒生也舍利弗問天汝久如當
得阿耨多羅三藐三菩提天曰如舍利弗還
爲凡夫我乃當成阿耨多羅三藐三菩提舍

BD04377號　維摩詰所說經卷中　（29–18）

所生吾如彼生曰佛化所生非沒生也天曰
衆生猶然無沒生也舍利弗問天汝久如當
得阿耨多羅三藐三菩提天曰如舍利弗還
爲凡夫我乃當成阿耨多羅三藐三菩提舍
利弗言我作凡夫无有是處天曰我得阿耨
多羅三藐三菩提亦无是處所以者何菩提
无住處是故无有得者舍利弗言今諸佛得
阿耨多羅三藐三菩提已得當得如恒
河沙皆謂何乎天曰皆以世俗文字數故說
有三世非謂菩提有去來今天曰舍利弗汝
得阿羅漢道耶曰无所得故而得天曰諸佛
菩薩亦復如是无所得故而得尒時維摩詰
語舍利弗是天女曾已供養九十二億佛已
能遊戲菩薩神通所願具足得无生忍住不
退轉以本願故隨意能現教化衆生

佛道品第八

尒時文殊師利問維摩詰言菩薩云何通達
佛道維摩詰言若菩薩行於非道是爲通達
佛道又問云何菩薩行於非道答曰若菩薩
行五无間而无惱恚至于地獄无諸罪垢至于
畜生无有无明憍慢等過至于餓鬼而具
足切德行色无色界道不以爲勝示行貪欲
離諸染著示行瞋恚於諸衆生无有恚閡示
行愚癡而以智慧調伏其心示行慳貪而捨
內外所有不惜身命示行毀禁而安住淨戒
乃至小罪猶懷大懼示行瞋恚而常慈忍示

BD04377號　維摩詰所說經卷中　（29–19）

足切德行色无色界道不以爲勝示行貪欲
離諸染著示行瞋恚於諸衆生无有恚閡示
行愚癡而以智慧調伏其心示行慳貪而捨
內外所有不惜身命示行毀禁而安住淨戒
乃至小罪猶懷大懼示行瞋恚而常慈忍示
行懈怠而勤脩功德示行亂意而常念定示
行愚癡而通達世間出世間慧示行諂僞而
善方便隨諸經義示行憍慢而於衆生猶如
橋梁示行諸煩惱而心常清淨示入於魔而
順佛智慧不隨他教示入聲聞而爲衆生說
未聞法示入辟支佛而成就大悲教化衆生
示入貧窮而有寶手功德无盡示入形殘而
具諸相好以自莊嚴示入下賤而生佛種姓
中具諸功德示入羸劣醜陋而得那羅延身
一切衆生之所樂見示入老病而永斷病根
超越死畏示有資生而恒觀无常實无所貪
示有妻妾婇女而常遠離五欲淤泥現於
訥鈍而成就辯才揔持无失示入邪濟而以
正濟度諸衆生現遍入諸道而斷其因緣現
於涅槃而不斷生死文殊師利菩薩能如是
行於非道是爲通達佛道
於是維摩詰問文殊師利何等爲如來種
文殊師利言有身爲種无明有愛爲種貪恚
癡爲種四顛倒爲種五蓋爲種六入爲種七識
處爲種八邪法爲種九惱處爲種十不善道
爲種以要言之六十二見及一切煩惱皆是佛

BD04377號　維摩詰所說經卷中　（29–20）

於是維摩詰問文殊師利何等為如來種
文殊師利言有身為種无明有愛為種貪恚
癡為種四顛倒為種五蓋為種六入為種七識
處為種八邪法為種九惱處為種十不善道
為種以要言之六十二見及一切煩惱皆是佛
種曰何謂也答曰若見无為入正位者不
能復發阿耨多羅三藐三菩提心譬如高原
陸地不生蓮華卑濕淤泥乃生此華如是見
无為法入正位者終不復能生於佛法煩惱
泥中乃有眾生起佛法耳又如殖種於空終
不得生糞壤之地乃能滋茂如是入无為正
位者不生佛法起於我見如須弥山猶能發
于阿耨多羅三藐三菩提心生佛法矣是故
當知一切煩惱為如來種譬如不下巨海不
能得无價寶珠如是不入煩惱大海則不能
得一切智寶之心
尒時大迦葉嘆言善哉善哉文殊師利快說
此語誠如所言塵勞之疇為如來種我等今
者不復堪任發阿耨多羅三藐三菩提心乃
至五无間罪猶能發意生於佛法而今我等
永不能發譬如根敗之士其於五欲不能復
利如是聲聞諸結斷者於佛法中无所復益
永不志願是故文殊師利凡夫於佛法有反
復而聲聞无也所以者何凡夫聞佛法能起
无上道心不斷三寶正使聲聞終身聞佛法
力无畏等永不能發无上道意

利如是聲聞諸結斷者於佛法中无所復益
永不志願是故文殊師利凡夫於佛法有反
復而聲聞无也所以者何凡夫聞佛法能起
无上道心不斷三寶正使聲聞終身聞佛法
力无畏等永不能發无上道意
尒時會中有菩薩名普現色身問維摩詰
言居士父母妻子親戚眷屬吏民知識悉
為是誰奴婢僮僕象馬車乘皆何所在於是
維摩詰以偈答曰
智度菩薩母　方便以為父　一切眾導師　无不由是生
法喜以為妻　慈悲心為女　善心誠實男　畢竟空寂舍
弟子眾塵勞　隨意之所轉　道品善知識　由是成正覺
諸度法等侶　四攝為伎女　歌詠誦法言　以此為音樂
摠持之園菀　无漏法林樹　覺意淨妙花　解脫智慧果
八解之浴池　定水湛然滿　布以七淨華　浴此无垢人
象馬五通馳　大乘以為車　調御以一心　遊於八正路
相具以嚴容　眾好飾其姿　慚愧之上服　深心為華鬘
富有七財寶　教授以滋息　如所說脩行　迴向為大利
四禪為牀坐　從於淨命生　多聞增智慧　以為自覺音
甘露法之食　解脫味為漿　淨心以澡浴　戒品為塗香
摧滅煩惱賊　勇健无能踰　降伏四種魔　勝幡建道場
雖知无起滅　示彼故有生　悉現諸國土　如日无不見
供養於十方　无量億如來　諸佛及已身　无有分別想
雖知諸佛國　及與眾生空　而常脩淨土　教化於群生
諸有眾生類　形聲及威儀　无畏力菩薩　一時能盡現
覺知眾魔事　而示隨其行　以善方便智　隨意皆能現
[illegible]

雖知无起滅　示彼故有生　悉現諸國土　如日无不見
供養於十方　无量億如來　諸佛及己身　无有分別想
雖知諸佛國　及與衆生空　而常脩淨土　教化於群生
諸有衆生類　形聲及威儀　无畏力菩薩　一時能盡現
覺知衆魔事　而示隨其行　以善方便智　隨意皆能現
或示老病死　成就諸群生　了知如幻化　通達无有礙
或現劫盡燒　天地皆洞然　衆人有常想　照令知无常
无數億衆生　俱來請菩薩　一時到其舍　化令向佛道
經書禁呪術　工巧諸伎藝　盡現行此事　饒益諸群生
世間衆道法　悉於中出家　因以解人惑　而不墮邪見
或作日月天　梵王世界主　或時作地水　或復作風火
劫中有疾疫　現作諸藥草　若有服之者　除病消衆毒
劫中有飢饉　現身作飲食　先救彼飢渴　卻以法語人
劫中有刀兵　為之起慈悲　化彼諸衆生　令住无諍地
若有大戰陣　立之以等力　菩薩現威勢　降伏使和安
一切國土中　諸有地獄處　輒往到于彼　免濟其苦惱
一切國土中　畜生相食噉　皆現生於彼　為之作利益
示受於五欲　亦復現行禪　令魔心憒亂　不能得其便
火中生蓮花　是可謂希有　在欲而行禪　希有亦如是
或現作婬女　引諸好色者　先以欲鉤牽　後令入佛智
或為邑中主　或作商人導　國師及大臣　以祐利衆生
諸有貧窮者　現作无盡藏　因以勸導之　令發菩提心
我心憍慢者　現為大力士　消伏諸貢高　令住佛上道
其有恐懼衆　居前而慰安　先施以无畏　後令發道心
或現離婬欲　為五通仙人　開導諸群生　令住戒忍慈
見須供事者　現為作僮僕　既悅可其意　乃發以道心
隨彼之所須　得入於佛道　以善方便力　皆能給足之

我心憍慢者　現為大力士　消伏諸貢高　令住佛上道
其有恐懼衆　居前而慰安　先施以无畏　後令發道心
或現離婬欲　為五通仙人　開導諸群生　令住戒忍慈
見須供事者　現為作僮僕　既悅可其意　乃發以道心
隨彼之所須　得入於佛道　以善方便力　皆能給足之
如是道无量　所行无有涯　智慧无邊際　度脫无數衆
假令一切佛　於无數億劫　讚嘆其功德　猶尚不能盡
誰聞如是法　不發菩提心　除彼不肖人　癡冥无智者

入不二法門品第九

尒時維摩詰謂衆菩薩言：諸仁者，云何菩薩入不二法門？各隨所樂說之。會中有菩薩名法自在，說言：諸仁者，生滅為二，法本不生，今則无滅，得此无生法忍，是為入不二法門。德守菩薩曰：我、我所為二，因有我故，便有我所；若无有我，則无我所，是為入不二法門。不眴菩薩曰：受、不受為二，若法不受，則不可得；以不可得故，无取无捨，无作无行，是為入不二法門。德頂菩薩曰：垢、淨為二，見垢實性，則无淨相，順於滅相，是為入不二法門。善宿菩薩曰：是動、是念為二，不動則无念，无念則无分別，通達此者，是為入不二法門。善眼菩薩曰：一相、无相為二，若知一相即是无相，亦不取无相，入於平等，是為入不二法門。妙臂菩薩曰：菩薩心、聲聞心為二，觀心相空

善眼菩薩曰一相无相爲二若知一相即是
无相亦不取无相入於平等是爲入不二法
門
妙臂菩薩曰菩薩心聲聞心爲二觀心相空
如幻化者无菩薩心无聲聞心是爲入不二
法門
弗沙菩薩曰善不善爲二若不起善不善
入无相際而通達者是爲入不二法門
師子吼菩薩曰罪福爲二若達罪性則與福无
異以金剛慧決了此相无縛无解者是爲入
不二法門
師子意菩薩曰有漏无漏爲二若得諸法等
則不起漏不漏想不著於相亦不住无相是爲
入不二法門
淨解菩薩曰有爲无爲爲二若離一切數則
心如虛空以清淨慧无所礙者是爲入不二
法門
那羅延菩薩曰世間出世間爲二世間性空
即是出世間於其中不入不出不溢不散是爲
入不二法門
善意菩薩曰生死涅槃爲二若見生死性則
无生死无縛无解不然不滅如是解者是爲
入不二法門
現見菩薩曰盡不盡爲二法若究竟盡若不
盡皆是无盡相无盡相即是空空則无有盡
不盡相如是入者是爲入不二法門

BD04377號　維摩詰所說經卷中　（29–25）

入不二法門
現見菩薩曰盡不盡爲二法若究竟盡若不
盡皆是无盡相无盡相即是空空則无有盡
不盡相如是入者是爲入不二法門
普守菩薩曰我无我爲二我尚不可得非我
何可得見我實性者不復起二是爲入不二法
門
電天菩薩曰明无明爲二无明實性即是明
明亦不可取離一切數於其中平等无二者
是爲入不二法門
喜見菩薩曰色色空爲二色即是空非色滅
空色性自空如是受想行識識空爲二識即
是空非識滅空識性自空於其中而通達者
是爲入不二法門
明相菩薩曰四種異空種異爲二四種性即是
空種性如前際後際空故中際亦空若能
如是知諸種性者是爲入不二法門
妙意菩薩曰眼色爲二若知眼性於色不貪
不恚不癡是名寂滅如是耳聲鼻香舌味
身觸意法爲二若知意性於法不貪不恚不
癡是名寂滅安住其中是爲入不二法門
无盡意菩薩曰布施迴向一切智爲二布施
性即迴向一切智性如是持戒忍辱精進禪
定智慧迴向一切智爲二智慧性即是迴向
一切智性於其中入一相者是爲入不二法
門

BD04377號　維摩詰所說經卷中　（29–26）

无盡意菩薩曰布施迴向一切智爲二布施
性即迴向一切智性如是持戒忍辱精進禪
定智慧迴向一切智爲二智慧性即是迴向
一切智性於其中入一相者是爲入不二法
門
深慧菩薩曰是空是无相是无作爲二空即是
无相无相即是无作若空无相无作則无心意
識於一解脫門即是三解脫門者是爲入不
二法門
寂根菩薩曰佛法衆爲二佛即是法法即
是衆是三寶皆无爲相與虚空等一切法亦
尒能隨此行者是爲入不二法門
心无礙菩薩曰身身滅爲二身即是身滅所
以者何見身實相者不起見身及見滅身身
與滅身无二无分別於其中不驚不懼者是
爲入不二法門
上善菩薩曰身口意善爲二是三業皆无作
相身无作相即口无作相口无作相即意无
作相是三業无作相即一切法无作相能如是
隨无作慧者是爲入不二法門
福田菩薩曰福行罪行不動行爲二三行實性
即是空空則无福行无罪行无不動行於此
三行而不起者是爲入不二法門
華嚴菩薩曰從我起二爲二見我實相者不
起二法若不住二法則无有識无所識者是爲入
不二法門

BD04377號　維摩詰所說經卷中　(29–27)

華嚴菩薩曰從我起二爲二見我實相者不
起二法若不住二法則无有識无所識者是爲入
不二法門
德藏菩薩曰有所得相爲二若无所得則无
取捨无取捨者是爲入不二法門
月上菩薩曰闇與明爲二无闇无明則无有
二所以者何如入滅受想定无闇无明一切法
相亦復如是於其中平等入者是爲入不二
法門
寶印手菩薩曰樂涅槃不樂世間爲二若
不樂涅槃不厭世間則无有二所以者何若
有縛則有解若本无縛其誰求解无縛无
解則无樂厭是爲入不二法門
珠頂王菩薩曰正道邪道爲二住正道者則
不分別是邪是正離此二者是爲入不二法
門
樂實菩薩曰實不實爲二實見者尚不
見實何况非實所以者何非肉眼所見慧眼
乃能見而此慧眼无見无不見是爲入不二法門
如是諸菩薩各各說已問文殊師利何等是
菩薩入不二法門
文殊師利曰如我意者於一切法无言无說
无示无識離諸問答是爲入不二法門
於是文殊師利問維摩詰言我等各自說
已仁者當說何等是菩薩入不二法門
時維摩詰默然无言文殊師利嘆曰善哉
善哉乃至无有文字語言是眞入不二法門

BD04377號　維摩詰所說經卷中　(29–28)

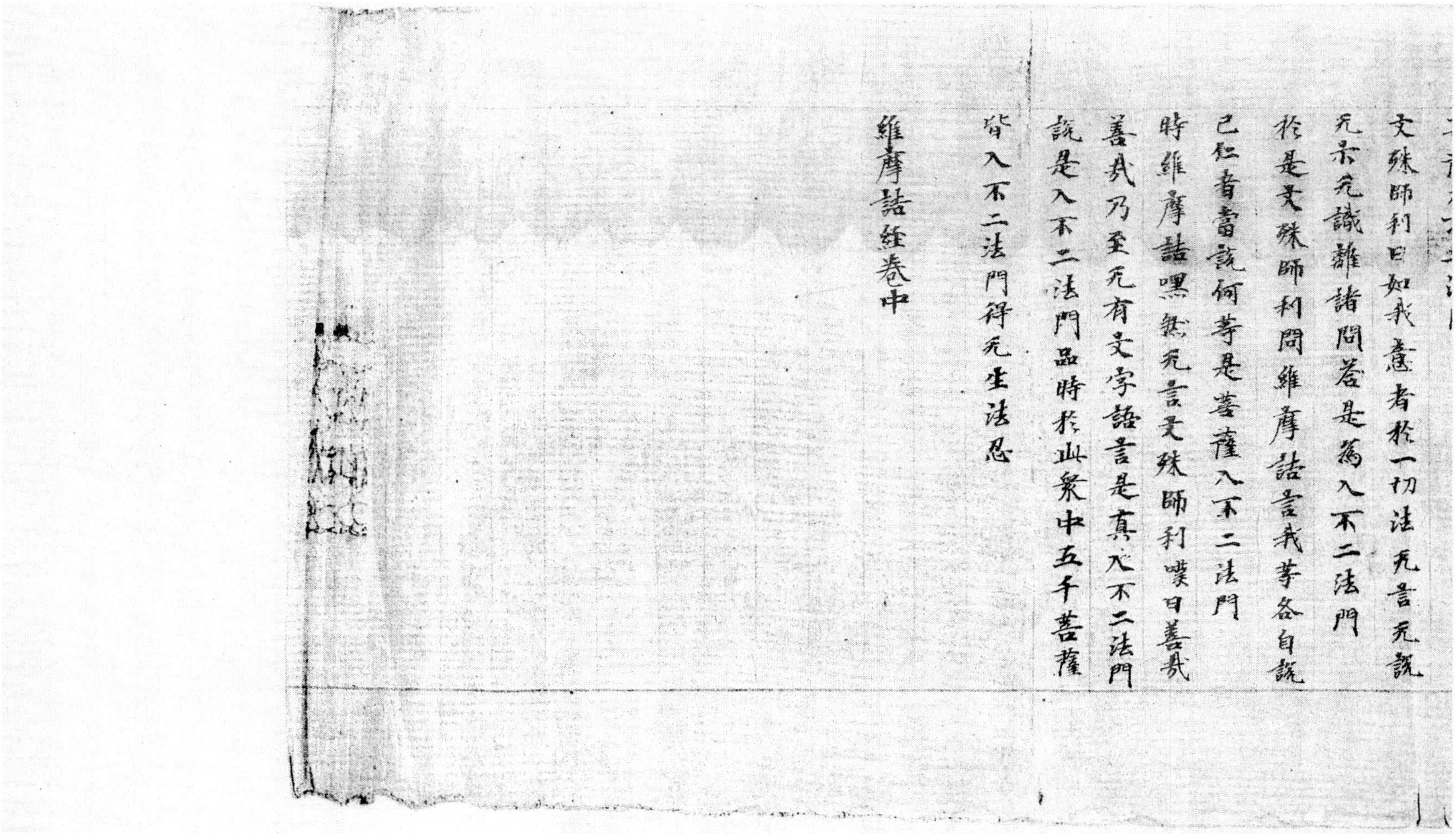
文殊師利曰如我意者於一切法无言无說
无示无識離諸問荅是爲入不二法門
於是文殊師利問維摩詰言我等各自說
已仁者當說何等是菩薩入不二法門
時維摩詰嘿然无言文殊師利歎曰善哉
善哉乃至无有文字語言是真入不二法門
說是入不二法門品時於此衆中五千菩薩
皆入不二法門得无生法忍

維摩詰經卷中

BD04377 號　維摩詰所說經卷中　　（29–29）

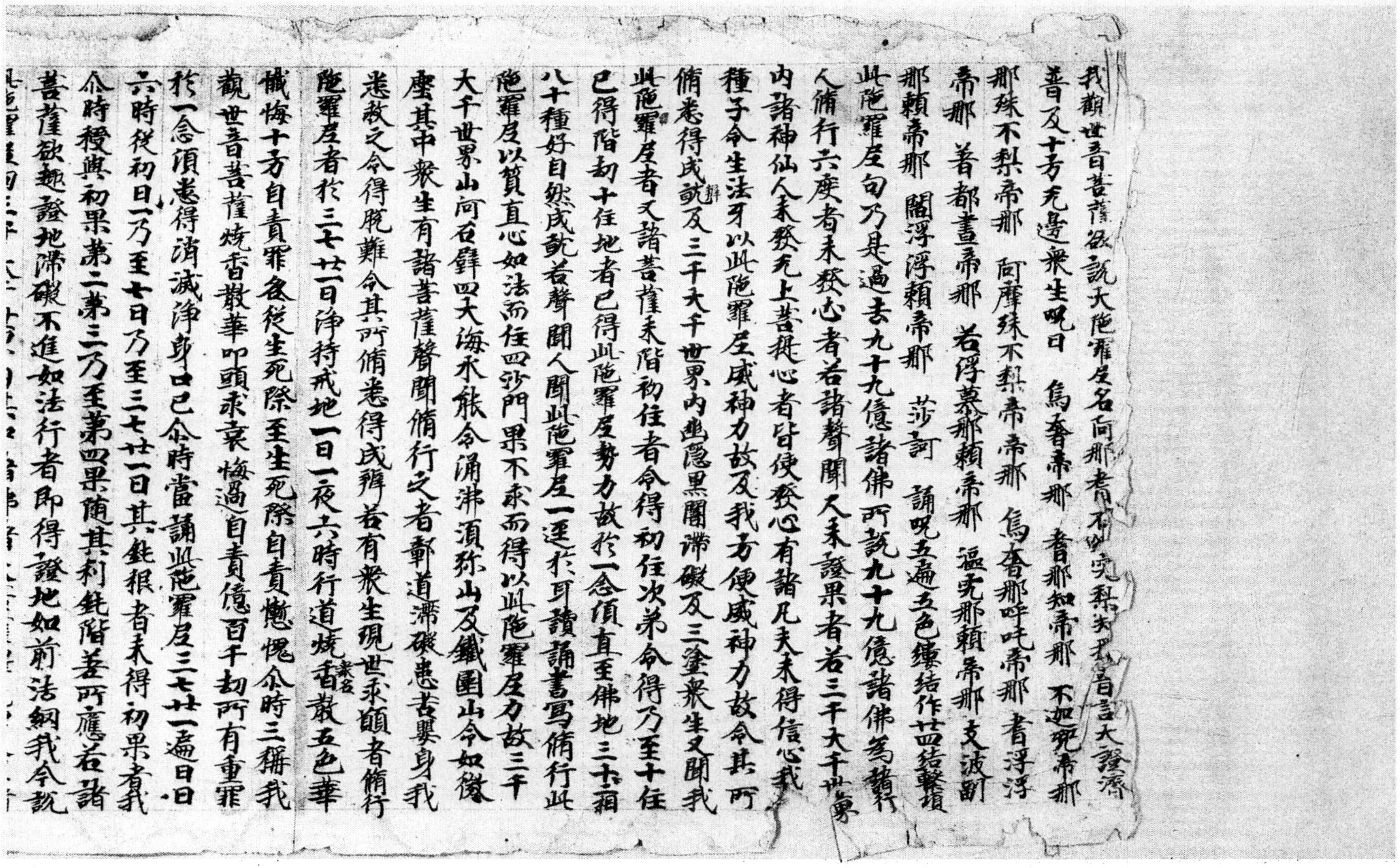
我觀世音菩薩欲說大陁羅尼名向那者……大證濟
普及十方无邊衆生呪曰　烏奢帝那　奢那知帝那　不迦兜帝那
那殊不梨帝那　阿摩殊不梨帝那　烏奢那呼吒帝那　奢浮浮
帝那　着都晝帝那　若浮慕那賴帝那　漚兜那賴帝那　支波留
那賴帝那　閻浮浮賴帝那　莎訶　誦呪五遍五色縷結作卌結繫頂
此陁羅尼句乃是過去九十九億諸佛所說九十九億諸佛爲諸行
人脩行六度者未發心者若諸聲聞人未證果者若三千大千世界
內諸神仙人未發无上菩提心者皆使發心有諸凡夫未得信心我
種子令生法牙以此陁羅尼威神力故及我方便威神力故令其所
脩悉得成就（辦）及三千大千世界內幽隱黑闇滞礙及三塗衆生又聞我
此陁羅尼者又諸菩薩未階初住者令得初住次弟令得乃至十住
已得階十住地者已得此陁羅尼勢力故於一念頃直至佛地三十二相
八十種好自然成就若聲聞人聞此陁羅尼一逕於耳讀誦書寫脩行此
陁羅尼以質直心如法而住四沙門果不求而得以此陁羅尼力故三千
大千世界山河石壁四大海水能令涌沸須弥山及鐵圍山令如微
塵其中衆生有諸菩薩聲聞脩行之者鄣道滞礙患苦嬰身我
悉救之令得脱難令其所脩悉得成辦若有衆生現世求願者脩行
陁羅尼者於三七廿一日淨持戒地一日一夜六時行道燒（衆名）香散五色華
懺悔十方自責罪咎從生死際至生死際自責慚愧尒時三稱我
觀世音菩薩燒香散華叩頭求哀悔過自責億百千劫所有重罪
於一念頃悉得消滅淨身口已尒時當誦此陁羅尼三七廿一遍日日
六時從初日乃至七日乃至三七廿一日其鈍根者未得初果者我
尒時稷與初果第二第三乃至第四果隨其利鈍階差所應若諸
菩薩欲趣證地滞礙不進如法行者即得證地如前法網我今說

BD04378 號 1　陀羅尼雜集卷一　　（8–1）

懺悔十方自責罪各從生死際至生死際自責慚愧尒時三稱我
觀世音菩薩燒香散華叩頭求哀悔過自責億百千劫所有重罪
於一念須臾得消滅淨身口已尒時當誦此陀羅尼三七廿一遍日日
六時從初日乃至七日乃至三七廿一日其鈍根者未得初果者我
尒時授與初果第二第三乃至第四果隨其利鈍階差所應若諸
菩薩欲趣證地滯礙不進如法行者即得證地如前法網我今說
此陀羅尼句三千大千世界內其中諸佛諸大菩薩釋梵四天王諸
神仙人及諸龍王皆悉證知大護成就願果不虛真實如是

佛說護諸童子陀羅尼呪經　三藏菩提流支譯

尒時如來初成正覺有一梵天王來詣佛所敬禮佛足而作是言
南无佛陀耶　南无達摩耶　南无僧伽耶　我礼佛世尊
照世大法王　在於閻浮提　最初說神呪　甘露淨勝法　及礼无著僧
已礼牟尼足　即時說偈言　世尊諸如來　聲聞及辟支　諸仙讚世王
大力龍天神　如是等諸衆　皆於人中生　有夜叉羅剎　常喜噉人胎
非人王境界　強力所不制　能令人无子　傷害於胞胎　男女交會時
使其意迷亂　懷任不成就　或歌羅安浮　死子以傷胎　及生時奪命
皆是諸惡鬼　為其作嬈害　我今說彼名　願佛聽我說
第一名弥酬迦　第二名弥伽王　第三名騫陀　第四名阿波悉摩羅
第五名牟致迦　第六名摩致迦　第七名閻弥迦　第八名迦弥尼
第九名梨婆坻　第十名富多那　第十一名曼多難提　第十二名舍究尼
第十三名揵吒波尼　第十四名目佉曼荼　第十五藍婆　此十五鬼神常
遊行世間為嬰孩小兒而作於恐怖我今當說此諸鬼神恐怖形相以此
形相令諸小兒皆生驚畏　弥酬迦者　其形如牛　弥伽王者　形如師子
騫陀者　形如鳩摩羅天　阿波悉摩羅者　形如野狐　牟致迦者　形如獼猴
摩致迦者　形如羅剎女　閻弥迦者　其形如馬　迦弥尼者　形如婦女　閻婆坻者
其形如狗　富多那者　其形如豬　曼多難提者　形如猫兒　舍究尼者　其形
如烏　揵吒波尼者　其形如鷄　目佉曼荼者　其形如熏　藍婆者　其形如虵
此十五鬼神著諸小兒令其驚怖我今當復說諸小兒怖畏之相
弥酬迦鬼著者小兒眼精迴轉　弥伽王鬼著者小兒數數歐吐
騫陀鬼著者小兒其兩肩動　阿波悉魔羅鬼著者小兒口中沫出

BD04378 號 1　陀羅尼雜集卷一　（8–2）
BD04378 號 2　護諸童子陀羅尼呪經

形相令諸小兒皆生驚畏　弥酬迦者　其形如牛　弥伽王者　形如師子
騫陀者　形如鳩摩羅天　阿波悉摩羅者　形如野狐　牟致迦者　形如獼猴
摩致迦者　形如羅剎女　閻弥迦者　其形如馬　迦弥尼者　形如婦女　閻婆坻者
其形如狗　富多那者　其形如豬　曼多難提者　形如猫兒　舍究尼者　其形
如烏　揵吒波尼者　其形如鷄　目佉曼荼者　其形如熏　藍婆者　其形如虵
此十五鬼神著諸小兒令其驚怖我今當復說諸小兒怖畏之相
弥酬迦鬼著者小兒眼精迴轉　弥伽王鬼著者小兒數數歐吐
騫陀鬼著者小兒其兩肩動　阿波悉魔羅鬼著者小兒口中沫出
牟致迦鬼著者小兒把拳不展　摩致迦鬼著者小兒自齧其舌
閻弥迦鬼著者小兒憙啼憙咲　迦弥尼鬼著者小兒樂著女人
梨婆坻鬼著者小兒現種種雜相　富多那鬼著者小兒眠中驚怖啼哭
曼多難提鬼著者小兒憙啼憙咲　舍究尼鬼著者小兒不肯飲乳
揵吒波尼鬼著者小兒咽喉聲塞　目佉曼荼鬼著者小兒時氣熱病下痢
藍婆鬼著者小兒數噎數噦　此十五鬼神以如是等形怖諸小兒
及其小兒驚怖之相我皆已說復有大鬼神王名栴檀乾闥婆於諸鬼神
最為上首當五色綫誦此陀羅尼一遍一結作一百八結并書其鬼神名字使
人賚此書綫語彼使言汝今疾去行速如風到於四方隨彼十五鬼神所
住之處與栴檀揵闥婆大鬼神王令以五線縛彼鬼神兼以種種美味
飲食香華燈明及以乳粥供養神王　尒時大梵天王復白佛言世尊
若有女人不生男女或在胎中失壞墮落或生已奪命此諸女等欲求子息
保命長壽者常當繫念脩行善法於月八日或十五日受持八戒清淨
洗浴著新淨衣礼十方佛至於中夜以少芥子置已頂上誦我所說陀
羅尼呪者令此女人即得如願所生童子安隱无患盡其形壽命不中夭
若有鬼神不順我呪者我當令其頭破為七分如阿黎樹枝即說護諸
童子陀羅尼呪　多経他　阿伽囉伽涅　耶伽伽涅　婆摟鎵祇鎵
伽婆鎵　鉢鎵　不鎵　羅救祢　脩羅鞞　遮羅鞞　婆陀尼　波羅阿曷利波屋
耶曷　弥耶曷　蘇婆呵　世尊我今說此陀羅尼呪護諸童子令得安
隱獲其長壽故　尒時世尊一切種智即說呪曰
多経他　菩陀　菩陀　菩陀　兇摩帝　菩提　菩提　摩鎵　或文夜　婆舍利
婆達祢　婆羅地　頭鎵頭鎵波臘多頭鎵　舍摩臧　牧鞞　牧鎵　波臘帝
攸藍舍弥帝　除也　除帝　支可[illegible]

BD04378 號 2　護諸童子陀羅尼呪經　（8–3）

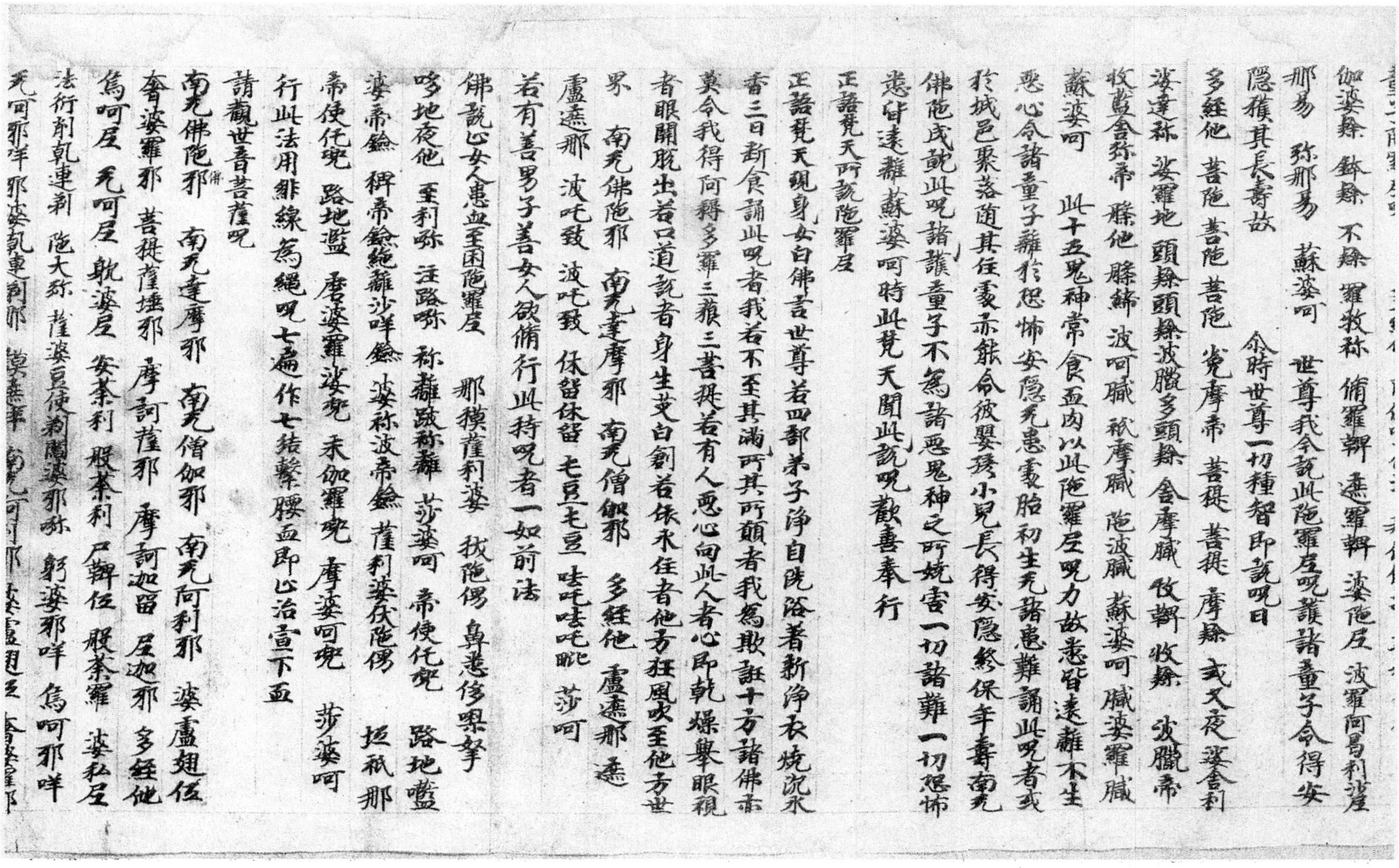
伽婆鉢 鉢鉢 不鉢 羅救祢 俻羅鞞 遮羅鞞 婆陁尼 波羅阿曷利薩
那曷 弥那曷 蘇婆呵 世尊我今說此陁羅尼呪護諸童子令得安
隱獲其長壽故 尒時世尊一切種智即說呪曰
多經他 菩陁 菩陁 菩陁 覺摩帝 菩提 菩提 摩鉢 式叉夜 婆舍利
婆達祢 婆羅地 頭鉢頭鉢波臘多頭鉢 舍摩膩 攸鞞 攸鉢 波臘帝
攸藍舍弥帝 睺他 睺締 波呵膩 祇摩膩 陁波膩 蘇婆呵 膩婆羅膩
蘇婆呵 此十五鬼神常食血肉以此陁羅尼呪力故悉皆遠離不生
惡心令諸童子離於怨怖安隱无患處胎初生无諸患難誦此呪者或
於城邑聚落隨其住處亦能令彼嬰孩小兒長得安隱終保年壽南无
佛陁戌就此呪諸護童子不為諸惡鬼神之所娆害一切諸難一切怨怖
悉皆遠離蘇婆呵時此梵天聞此說呪歡喜奉行
正語梵天所說陁羅尼
正語梵天現身女白佛言世尊若四部弟子淨自洗浴著新淨衣燒沉水
香三日斷食誦此呪者我若不至其滿所其所願者我為欺誑十方諸佛亦
莫令我得阿耨多羅三藐三菩提若有人惡心向此人者心即乾燥舉眼視
者眼闢脫出若口道說者身生變白劍若依本住者他方狂風吹至他方世
界 南无佛陁耶 南无達摩耶 南无僧伽耶 多經他 盧遮耶 遮
盧遮耶 波吒致 波吒致 休留休留 乇豆乇豆 呿吒呿吒毗 莎呵
若有善男子善女人欲俻行此持呪者一如前法
佛說心女人患血至困陁羅尼 那摸薩利婆 秡陁偈 鼻悉侈哰拏
哆地夜他 至利弥 洼路弥 祢離跋祢離 莎婆呵 帝使任兜 路地嚂
婆帝鹼 鞞帝鹼絁離沙咩鹼 波婆祢波帝鹼 薩利婆伏陁偈 垣祇那
帝使任兜 路地嚂 磨婆羅婆兜 禾伽羅兜 摩婆呵兜 莎婆呵
行此法用緋線為繩呪七遍作七結繫腰血即止治壹下血
請觀世音菩薩呪
南无佛陁耶佛 南无達摩耶 南无僧伽耶 南无阿利耶 婆盧翅伍
奢婆羅耶 菩提薩埵耶 摩訶薩耶 摩訶迦留 尼迦耶 多經他
烏呵尼 无呵尼 躭婆尼 安荼利 般荼利 尸鞞伍 般荼羅 婆私尼
法行削乾連剃 陁大弥 薩婆豆使剃闍婆耶弥 躬婆耶咩 烏呵耶咩

BD04378 號 2　護諸童子陀羅尼咒經
BD04378 號 3　陀羅尼雜集鈔（擬）

（8–4）

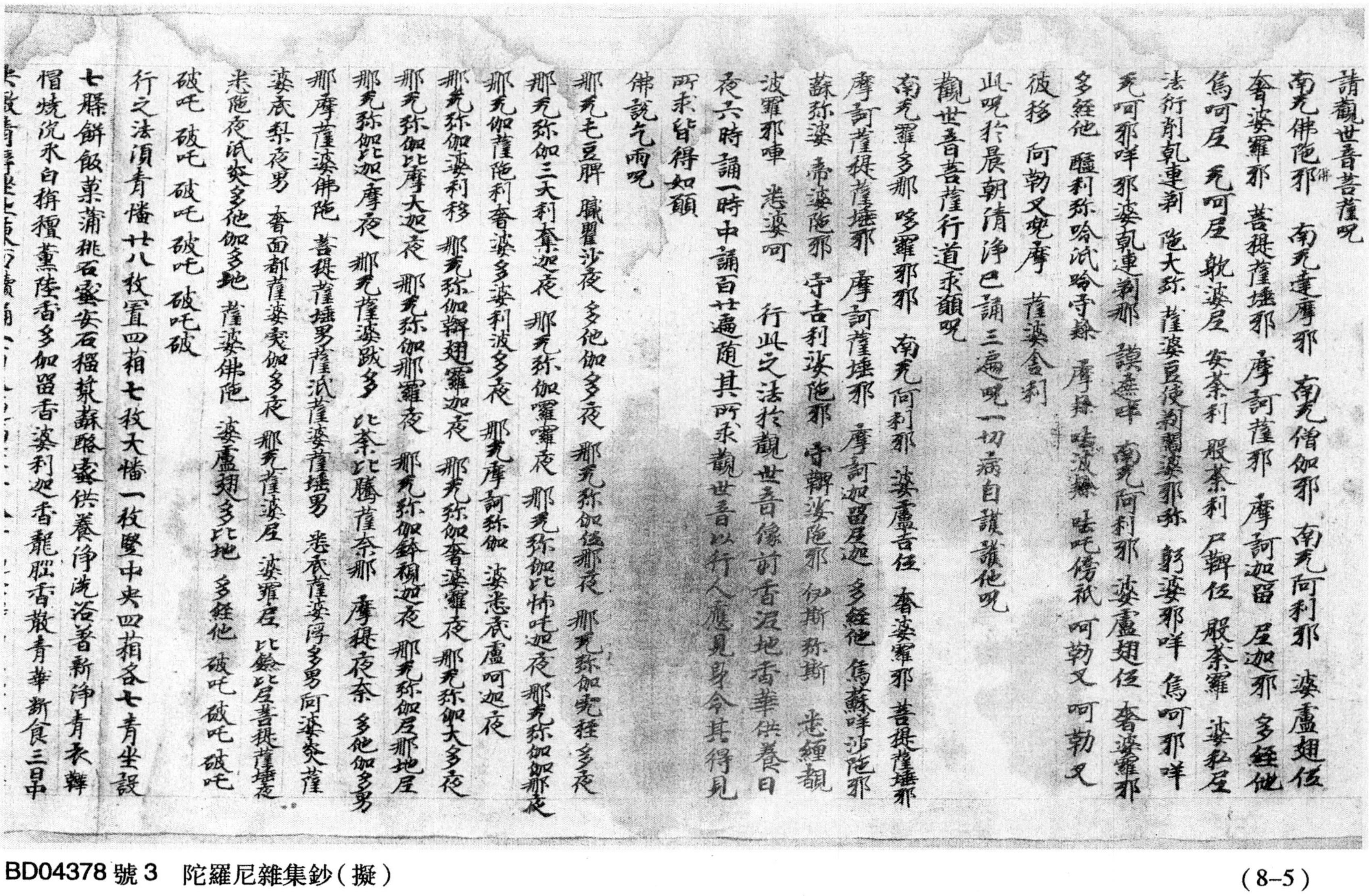
請觀世音菩薩呪
南无佛陁耶佛 南无達摩耶 南无僧伽耶 南无阿利耶 婆盧翅伍
奢婆羅耶 菩提薩埵耶 摩訶薩耶 摩訶迦留 尼迦耶 多經他
烏呵尼 无呵尼 躭婆尼 安荼利 般荼利 尸鞞伍 般荼羅 婆私尼
法行削乾連剃 陁大弥 薩婆豆使剃闍婆耶弥 躬婆耶咩 烏呵耶咩
无呵耶咩 耶婆乾連剃耶 謨遮咩 南无阿利耶 婆盧翅伍 奢婆羅耶
多經他 醯利弥唅泜唅寺鉢 摩鉢 呿波鉢 呫吒傍祇 呵勒叉 呵勒叉
彼移 阿勒叉兜摩 薩婆舍剃
此呪於晨朝清淨已誦三遍呪一切病自護護他呪
觀世音菩薩行道求願呪
南无羅多耶 哆羅耶耶 南无阿利耶 婆盧吉伍 奢婆羅耶 菩提薩埵耶
摩訶薩埵耶 摩訶薩埵耶 摩訶迦留尼迦 多經他 烏蘇咩沙陁耶
蘇弥婆 帝婆陁耶 守吉利婆陁耶 守鞞婆陁耶 伊斯弥斯 悉纏覩
波羅耶嗶 悉婆呵 行此之法於觀世音像前香泥地香華供養日
夜六時誦一時中誦百廿遍隨其所求觀世音以行人應見身令其得見
所求皆得如願
佛說乞雨呪
那无乇豆胛 膩瞿沙夜 多他伽多夜 那无弥伽伍那夜 那无弥伽究毪多夜
那无弥伽三大利奪迦夜 那无弥伽嚁囉夜 那无弥伽比怖吒迦夜 那无弥伽伽那夜
那无伽薩陁利奢婆多婆利波多夜 那无摩訶弥伽 婆悉底盧呵迦夜
那无弥伽波婆利移 那无弥伽鞞翅羅迦夜 那无弥伽奢婆羅夜 那无弥伽大多夜
那无弥伽比摩大迦夜 那无弥伽那羅夜 那无弥伽鉢稠迦夜 那无弥伽尼耶地尼
那无弥伽比迦摩夜 那无薩婆跋多 比荼比騰薩奈耶 摩提夜奈 多他伽多男
那摩薩婆佛陁 菩提薩埵男薩泜薩婆薩埵男 悉底薩婆浮多男 阿婆突薩
婆底梨夜男 奢面都薩婆突伽多夜 那无薩婆尼 婆雍尼 比鉢比尼菩提薩埵夜
悉陁夜泜突多他伽多地 薩婆佛陁 婆盧翅多比地 多經他 破吒 破吒 破吒
破吒 破吒 破吒 破吒 破吒破
行之法須青幡廿八枚置四箱七枚大幡一枚豎中央四箱各七青坐設
七縣餅飯菓蒲桃石蜜安石榴棗蘇酪盞供養淨洗浴著新淨青衣彝
帽燒沉水白梅種薰陸香多伽留香婆利迦香龍腦香散青華斷食三日中

BD04378 號 3　陀羅尼雜集鈔（擬）

（8–5）

米陁夜泯娑多他伽多地 薩婆佛陁 婆盧翅多比地 多經他 破吒 破吒 破吒 破吒
破吒 破吒 破吒 破吒 破吒 破吒破
行之法須青幡廿八枚置四角七枚大幡一枚豎中央四角各七 青坐設
七縣餅飯菓蒲桃石蜜安石榴蘇酪蜜供養淨洗浴著新淨青衣 雜
帽燒沉水白檀熏陸香多伽留香婆利迦香龍腦香散青華斷食三日中
央數青屏坐上東面讀誦一百八遍乃至千八十遍必得雨專心請求以得
爲限若備供具力所不及者任意設供香得一二種亦可但專精誦呪若
力不及者三一幡縣亦一必須青衣
降雨陁羅尼 出大雲經 尒時世尊神通力故起四黑雲三種雲
讀下中上發甘雨聲如天伎樂一切衆生之樂聞尒時世尊即說呪曰
鞞帝 波利鞞帝 僧鞞帝 波羅僧鞞帝 波羅毘 羅迷帝 三波羅毘羅坻
波羅 波波羅 波波羅 摩閦閦摩閦閦 悉羅坻 悉羅坻 波遮羅坻
波遮羅坻波遮羅坻 三波羅遮羅坻 比丘斯嚕梨嚕梨 薩婆醯薩婆醯
當盧羅盧 莎呵 若有龍諸聞是呪已不降甘雨者頭破作七分
尒時十方億佛那由他阿僧祇劫等諸佛世界六種震動尒時衆生因是
地動各各相見展轉相動乃至淨居淨居動已龍雲俱動龍雲動時降
注大雨時閻浮提所有九万八千大河七寶盈滿一切衆池俱上藥味雨雜
七日无所復損衆生快樂如服甘露諸河盈滿八功德水所謂美冷輕耎
清淨香潔飲時調適飲已无患一切水蟲出微妙聲時王舍城耆闍崛山
七寶遍地无垂穢處垂空處雨七寶所成優鉢羅華波頭摩華拘勿頭花
分陁利華水性之屬悉發阿耨多羅三藐三菩提心畜生衆生貪欲大
乘渴仰大乘慈心相向猶如一子比丘同心供養於佛
次說繫龍王陁羅尼 多經他 婆底 部部唅陁羅 陁羅婆 婆呵波羅失沙
呵嚩 伽茶伽伽茶 帝吒婆羅斷 戊羅伽羅摩伽 羅摩陁羅 陁羅婆羅
婆羅比婆羅 斫迦羅尼吒波吒波吒 具陁蛇 婆具陁蛇 帝宜帝宜留墟泥
畔陁泥 婆婆那三摒荼泥 奢持泥薩畢泥 梨迦囉 畔薩毗 毆斫郁羅伽莎訶
應疾疾繫用四股長十二指咕陁羅尼撅以此呪五色縷四枚一一縷呪
廿一遍縷作廿結以此四縷繫四撅已釘著四方即是繫一切龍竟
佛說滅除十惡神呪 尉多梨 悉彌地奢婆祇 婆羅拏 波羅斯陁迦摩
那摩上聲 羅叉斯那 尼比舍男 婆利叉婆三底多利 婆比那 揄胛大後面及餘同

BD04378 號 3 陀羅尼雜集鈔（擬） （8–6）

畔陁泥 婆婆那三摒荼泥 奢持泥薩畢泥 梨迦囉 畔薩毗 毆斫郁羅伽莎訶
應疾疾繫用四股長十二指咕陁羅尼撅以此呪五色縷四枚一一縷呪
廿一遍縷作廿結以此四縷繫四撅已釘著四方即是繫一切龍竟
佛說滅除十惡神呪 尉多梨 悉彌地奢婆祇 婆羅拏 波羅斯陁迦摩
那摩上聲 羅叉斯那 尼比舍男 婆利叉婆三底多利 婆比那 揄胛大後面及餘同
婆羅迦伽 伽羅婆悉吐 糧地盧婆多他理底三摩 伽利婆已底 薩婆浮壚
摩呵利師 大舍迦摩 迦利比大 阿闍比大 波羅光棰多 薩 利夜嚫
曇瘧祇呼 稍祇呼 瘧祇稍祇浮 泯唅呼 摩泯唅呼 泯羅摩 泯唅呼莎訶
若頭痛呪麻油三七遍塗上眼痛呪黑綫二七遍作十四結繫頭項耳痛
呪樺皮節塞齒痛呪水二七遍唅心腹痛呪塩水二七遍服婦人產運展
鬢呪二七遍還結男子小便患白如粉汁者呪其腳跡下土二七遍塗至身若
共他諍訟事相言移呪呵梨勒一枚二七遍持行若遭厄難繫閉牢獄
者呪白綫三七遍作廿一結塞耳
佛說小兒中人惡眼者呪經 南无佛 南无法 南无比丘僧 南无諸佛諸佛
弟子 南无諸七佛諸佛弟子 南无諸師諸師弟子 令我所說呪即從如願
羅那多羅 摩羅提離 鼿波羅 提利叱牟 稼壽 奚闍舉文 奚闍舉文二聲二切并前
佛說若欲讀誦一切經典先誦此陁羅尼
多經他 阜尼但弥 僧迦羅呵但弥 阿嵬伽邏呵但弥 毗目多但弥 薩陁阿嵬伽羅
呵但弥 肥尸羅慕囊但弥 三慕多阿嵬波梨代利多但弥 仇囊伽羅呵
僧伽羅呵但弥 薩代囉嵬竭多但弥 奢囊但弥
鬼滅利提 阿躬波薯沙但弥 若欲讀誦一切經典當先誦此陁羅
尼然後讀誦憶念不忘
結帶禁兵賊陁羅尼
優呵 蕪呵 摩利 赤車 丹沙和羅 伊締 蕪締 悉呵 和羅
須我結解乃令後兵及我若逢縣官所捕爲賊所追傍呪二七遍結衣帶
結已傍呪傍持趣得安隱乃解衣帶此呪大驗常清淨一心讀之
治百病諸毒陁羅尼 南无觀世音菩薩 但提咃 阿羅尼 多羅尼
薩戰陁梨 戰羅尼 薩戰達嗟 縣宏弥 那戰陁梨 南沒澌弥 悉但兇 曷咃
波陁 莎呵 行此陁羅尼法當用白縷誦一遍結一結誦七遍結七結有
病苦者繫著咽下百病諸毒悉得除愈
觀音菩薩說除一切眼痛阿羅尼

BD04378 號 3 陀羅尼雜集鈔（擬） （8–7）

共他諍訟事相言移呪呵梨勒一枚二七遍持行若遭厄難繫閉牢獄
者呪白線三七遍作廿一結塞耳
佛說小兒中人惡眼者呪經　南无佛南无法南无比丘僧　南无諸佛諸佛
弟子南无諸七佛諸佛弟子　南无諸師諸師弟子令我所說呪即從如願
羅那多羅　摩羅提離　韓波羅　提利毗辛　律壽　叉闍叉　叉闍叉[illegible]
佛說若欲讀誦一切經典先誦此陀羅尼
多經他　皁尼但祢　僧迦羅呵但祢　阿嵬伽遮呵但祢　毗目多但祢　薩陁阿嵬伽羅
呵但祢　肥尸羅慕囊但祢　三慕多阿嵬波梨代利多但祢　仇囊伽羅呵
僧伽羅呵但祢　薩代囉嵬鷄多但祢　佳婆伽遮波梨波羅　奔囊但祢
毘滅利提　阿蜘波蓍沙但祢　若欲讀誦一切經典當先誦此陀羅
尼然後讀誦憶念不忘　結帶禁兵賊陀羅尼
優呵　蕪呵　摩利　赤車　丹沙和羅　伊掃　蕪掃　遮呵　和羅
須我結解乃令後兵及我若逢縣官所捕為賊所追儜呪二七遍結衣帶
結已儜呪儜持趣得安隱乃解衣帶此呪大驗常清淨一心讀之
治百病諸毒陀羅尼　南无觀世音菩薩　但提咃　阿羅尼　多羅尼
薩戰陀梨　戰羅尼　薩戰遮咤　緣宻祢　那戰陀梨　南沒遮祢　悉但兜　畧咃
波陁　莎呵　行此陀羅尼法當用白縷誦一遍結一結誦七遍結七結有
病苦者繫著咽下百病諸毒悉得除愈
觀音菩薩說除一切眼痛阿羅尼

BD04378 號 3　陀羅尼雜集鈔（擬）　（8–8）

菩薩常下手菩薩常[illegible]
菩薩辯音菩薩虛空[illegible]
等菩薩寶見菩薩帝
觀菩薩慧積菩薩寶[illegible]
菩薩電得菩薩自在王菩薩[illegible]
師子吼菩薩雷音菩薩山相擊音
菩薩白香象菩薩常精進菩薩不休息
妙生菩薩華嚴菩薩觀世音菩薩得大勢菩
薩梵網菩薩寶杖菩薩无勝菩薩嚴土菩薩
金髻菩薩珠髻菩薩弥勒菩薩文殊師利法
王子菩薩如是等萬二千人俱
復有萬梵天王尸棄等從餘四天下来詣佛
所而聽法復有萬二千天帝亦從餘四天下
来在會坐并餘大威力諸天龍神夜叉乾闥
婆阿脩羅迦樓羅緊那羅摩睺羅伽等悉来
會坐諸比丘比丘尼優婆塞優婆夷俱来會
坐彼時佛與无量百千之衆恭敬圍繞而為說
法譬如須弥山王顯于大海安處衆寶師
子之座蔽於一切諸来大衆
尒時毗耶離城有長者子名曰寶積與五百
長者子俱持七寶蓋来詣佛所頭面礼足各

BD04379 號　維摩詰所說經卷上　（2–1）

坐彼時佛與无量百千之衆恭敬圍繞而為說
法譬如須弥山王顯于大海安處衆寶師
子之座蔽於一切諸來大衆
尒時毗耶離城有長者子名曰寶積與五百
長者子俱持七寶蓋來詣佛所頭面礼足各
以其蓋共供養佛佛之威神令諸寶蓋合成
一蓋遍覆三千大千世界而此世界廣長之
相悉於中現又此三千大千世界諸須弥山
雪山目真隣陁山摩訶目真隣陁山香山寶
山金山黑山鐵圍山大鐵圍山大海江河川
流泉源及日月星辰天宮龍宮諸尊神宮悉
現於寶蓋中又十方諸佛諸佛說法亦現於
寶蓋中尒時一切大衆覩佛神力嘆未曾有
合掌礼佛瞻仰尊顏目不暫捨長者子寶積
即於佛前以偈頌曰
目淨脩廣如青蓮　心淨已度諸禪定
久積淨業稱无量　導衆以寂故稽首
既見大聖以神變　普現十方无量土
其中諸佛演說法　於是一切悉見聞
法王法力超群生　常以法財施一切
能善分別諸法相　於第一義而不動
已於諸法得自在　是故稽首此法王
說法不有亦不无　以因緣故諸法生
无我无造无受者　善惡之業亦不亡

BD04379 號　維摩詰所說經卷上　（2–2）

名為受想行識世尊若畢竟不生法當教是
般若波羅蜜耶離畢竟不生亦无菩薩行何
耨多羅三藐三菩提若菩薩聞作是說心不
沒不悔不驚不怖不畏當知是菩薩摩訶薩
能行般若波羅蜜舍利弗問須菩提何因緣
故言菩薩摩訶薩前際不可得後際不可得
中際不可得須菩提何因緣故言色无邊故
當知菩薩亦无邊受想行識无邊故當知菩
薩亦无邊須菩提何因緣故言色是菩薩是
亦不可得受想行識是菩薩是亦不可得須
菩提何因緣故言於一切種一切處菩薩不
可得當教何等菩薩般若波羅蜜須菩提何
因緣故言菩薩摩訶薩但有名字須菩提何
因緣故言如說我名字我畢竟不生如我諸
法亦如是无自性何等色畢竟不生何等受
想行識畢竟不生須菩提何因緣故言畢竟
不生不名為色畢竟不生不名為受想行識
須菩提何因緣故言若畢竟不生法當教是
般若波羅蜜耶須菩提何因緣故言離畢竟

BD04380 號　摩訶般若波羅蜜經（四十卷本）卷一一　（19–1）

因緣故言菩薩摩訶薩但有名字須菩提何
因緣故言如說我名字我畢竟不生如我諸
法亦如是无自性何等色畢竟不生何等受
想行識畢竟不生須菩提何因緣故言畢竟
不生不名為色畢竟不生不名為受想行識
須菩提何因緣故言若畢竟不生法當教是
般若波羅蜜耶須菩提何因緣故言離畢竟
不生亦无菩薩行阿耨多羅三藐三菩提須
菩提何因緣故言若菩薩聞作是說心不沒
不悔不驚不怖不畏若能如是行是名菩薩
摩訶薩行般若波羅蜜尒時須菩提報舍利
弗言衆生无所有故菩薩前際不可得衆生
空故菩薩前際不可得衆生離故菩薩前際
不可得舍利弗色无有故菩薩前際不可得
受想行識无有故菩薩前際不際不可得色空故
菩薩前際不可得受想行識空故菩薩前際
不可得色離故菩薩前際不可得受想行識離
故菩薩前際不可得舍利弗色性无故菩薩
前際不可得受想行識性无故菩薩前際不
可得舍利弗檀波羅蜜无有故菩薩前際不
可得尸羅波羅蜜羼提波羅蜜毗梨耶波羅
蜜禪波羅蜜般若波羅蜜无有故菩薩前際
不可得何以故舍利弗空中前際不可得後
際不可得中際不可得空不異菩薩菩薩不
異前際舍利弗空菩薩前際是諸法无二无
別以是因緣故舍利弗菩薩前際不可得舍
利弗檀波羅蜜空故檀波羅蜜離故檀波羅
蜜性无故菩薩前際不可得尸羅波羅蜜羼
提波羅蜜毗梨耶波羅蜜禪波羅蜜般若波

BD04380號　摩訶般若波羅蜜經（四十卷本）卷一一　（19–2）

異前際舍利弗空菩薩前際是諸法无二无
別以是因緣故舍利弗菩薩前際不可得舍
利弗檀波羅蜜空故檀波羅蜜離故檀波羅
蜜性无故菩薩前際不可得尸羅波羅蜜羼
提波羅蜜毗梨耶波羅蜜禪波羅蜜般若波
羅蜜空故般若波羅蜜離故般若波羅蜜性
无故菩薩前際不可得何以故舍利弗空中
前際不可得後際不可得中際不可得空不
異菩薩亦不異前際舍利弗空菩薩前際无
二无別以是因緣故舍利弗空菩薩前際无
得復次舍利弗内空无所有故菩薩前際不
可得乃至无法有法空无所有故菩薩前際
不可得内空空故内空離故内空性无故乃
至无法有法空空故離故性无故菩薩前際
不可得餘如上說復次舍利弗四念處无所
有故菩薩前際不可得四念處空故離故性
无故菩薩前際不可得乃至十八不共法无
所有故菩薩前際不可得十八不共法空故
離故性无故菩薩前際不可得餘如上說以
是因緣故舍利弗菩薩前際不可得復次舍
利弗一切三昧門一切陁隣尼門无有故菩
薩前際不可得三昧門陁隣尼門空故離故
性无故菩薩前際不可得餘如上說復次舍
利弗法性无有故菩薩前際不可得法性空
故離故性无故菩薩前際不可得餘如上說
復次舍利弗如无有故空故離故性无故實
際无有故空故離故性无故不可思議性无
有故空故離故性无故菩薩前際不可得餘

BD04380號　摩訶般若波羅蜜經（四十卷本）卷一一　（19–3）

性无故菩薩前際不可得餘如上說復次舍
利弗法性无有故菩薩前際不可得法性空
故離故性无故菩薩前際不可得餘如上說
復次舍利弗如无有故空故離故性无故實
際无有故空故離故性无故不可思議性无
有故空故離故性无故菩薩前際不可得餘
如上說復次舍利弗聲聞无有故菩薩前際
不可得聲聞空故離故性无故菩薩前際不
可得辟支佛无有故空故離故性无故菩
薩前際不可得佛无有故空故離故性无故
菩薩前際不可得阿耨多羅三藐三菩提
无有故乃至性无故菩薩前際不可得復次
一切種智无有故乃至性无故菩薩前際不
可得何以故舍利弗空前際不可得後際不
可得中際不可得菩薩不可得舍利弗空不
異菩薩亦不異前際空菩薩前際是諸法无
二无別以是因緣故舍利弗菩薩前際不可
得後際不可得中際亦如是如舍利弗言色
无邊故當知菩薩亦无邊受想行識无邊故
當知菩薩亦无邊舍利弗色如虛空受想行
識如虛空何以故舍利弗如虛空邊不可得
中不可得无邊无中故但說名虛空如是舍
利弗色邊不可得中不可得是色空故空中
亦无有邊亦无中受想行識邊不可得中不
可得識空故空中亦无邊亦无中以是因緣
故舍利弗色无邊故當知菩薩亦无邊受想
行識无邊故當知菩薩亦无邊乃至十八不
共法亦如是如舍利弗言色是菩薩是亦不
可得受想行識是菩薩是亦不可得舍利弗
色色想空受想行識識相空檀波羅蜜檀波

BD04380號　摩訶般若波羅蜜經（四十卷本）卷一一　（19–4）

可得識空故空中亦无邊亦无中以是因緣
故舍利弗色无邊故當知菩薩亦无邊受想
行識无邊故當知菩薩亦无邊乃至十八不
共法亦如是如舍利弗言色是菩薩是亦不
可得受想行識是菩薩是亦不可得舍利弗
色色想空受想行識識相空檀波羅蜜檀波
羅蜜相空乃至般若波羅蜜亦如是內空內
空相空乃至无法有法空无法有法空相空
四念處四念處相空乃至十八不共法十八
不共法相空如法性實際不可思議性不可
思議性相空三昧門三昧門相空陀羅尼門
陀羅尼門相空一切智一切智相空道智道智相
空一切種智一切種智相空聲門乘聲聞乘
相空辟支佛乘辟支佛乘相空佛乘佛乘相
空聲聞人聲聞人相空辟支佛辟支佛相空
佛佛相空空中色不可得受想行識不可得
以是因緣故舍利弗色是菩薩是亦不可得
受想行識是菩薩是亦不可得如舍利弗言
何因緣故一切種一切處菩薩不可得當教
何等菩薩般若波羅蜜舍利弗色色中不可
得色受中不可得受受中不可得受色中不
可得受想中不可得想想中不可得想色受
中不可得想行中不可得行行中不可得行色
受想中不可得行識中不可得識識中不可
得識色受想行中不可得舍利弗眼眼中不可
得眼耳中不可得耳耳中不可得耳眼中不
可得耳鼻中不可得鼻鼻中不可得鼻眼耳
中不可得鼻舌中不可得舌舌中不可得舌
眼耳鼻中不可得舌身中不可得身身中不

BD04380號　摩訶般若波羅蜜經（四十卷本）卷一一　（19–5）

得識色受想行中不可得舍利弗眼眼中不可
得眼耳中不可得耳耳中不可得耳眼中不
可得耳鼻中不可得鼻鼻中不可得鼻眼耳
中不可得鼻舌中不可得舌舌中不可得舌
眼耳鼻中不可得舌身中不可得身身中不
可得身眼耳鼻舌中不可得身意中不可得
意意中不可得意眼耳鼻舌身中不可得六
入六識六觸六觸因緣生受亦如是檀波羅
蜜乃至般若波羅蜜內空乃至无法有法空
四念處乃至十八不共法一切三昧門一切
陁羅尼門性法乃至辟支佛法初地乃至第
十地一切智道種智一切種智亦如是須陁
洹乃至阿羅漢辟支佛菩薩佛亦如是菩薩
菩薩中不可得菩薩般若波羅蜜中不可得
得若波羅蜜般若波羅蜜中不可得般若波
羅蜜中菩薩不可得般若波羅蜜中教化无
所有不可得教化中教化无所有不可得教
化中菩薩及般若波羅蜜无所有不可得舍
利弗如是一切法无所有不可得以是因緣
故一切種一切處菩薩不可得當教何等菩
薩般若波羅蜜如舍利弗言何因緣故說菩
薩摩訶薩但有假名舍利弗色是假名受想
行識是假名色名非色受想行識名非識
何以故名名相空若空則非菩薩以是因
緣故舍利弗菩薩但有假名復次舍利弗
檀波羅蜜但有名字名子中非有檀波
羅蜜檀波羅蜜中非有名字以是因緣故菩
薩但有假名尸羅波羅蜜羼提波羅蜜毗

BD04380號　摩訶般若波羅蜜經（四十卷本）卷一一　（19–6）

何以故名名相空若空則非菩薩以是因
緣故舍利弗菩薩但有假名復次舍利弗
檀波羅蜜但有名字名子中非有檀波
羅蜜檀波羅蜜中非有名字以是因緣故菩
薩但有假名尸羅波羅蜜羼提波羅蜜毗
梨耶波羅蜜禪波羅蜜般若波羅蜜但有
名字名字中无有般若波羅蜜般若波羅
蜜中无有名字以是因緣故菩薩但有假名
舍利弗內空但有名字乃至无法有法空但
有名字名字中无內空內空中无名字何以故
名字內空俱不可得乃至无法有法空亦如
是以是因緣故舍利弗菩薩但有假名舍利
弗四念處但有名字乃至十八不共法但有
名字一切三昧門一切陁羅尼門乃至一切種
智亦如是以是因緣故舍利弗我說菩薩但
有假名如舍利弗言何因緣故說我名字畢
竟不生舍利弗我畢竟不可得云何當有生
乃至知者見者畢竟不可得云何當有生舍
利弗色畢竟不可得云何當有生受想行識
畢竟不可得云何當有生眼畢竟不可得乃
至意觸因緣生受畢竟不可得云何當有生
檀波羅蜜畢竟不可得乃至般若波羅蜜畢
竟不可得云何當有生內空畢竟不可得乃
至无法有法空畢竟不可得云何當有生四
念處畢竟不可得乃至十八不共法畢竟不
可得云何當有生諸三昧門諸陁羅尼門畢
竟不可得云何當有生聲聞乃至佛畢竟不
可得云何當有生以是因緣故舍利弗我說

BD04380號　摩訶般若波羅蜜經（四十卷本）卷一一　（19–7）

至无法有法空畢竟不可得云何當有生四
念處畢竟不可得乃至十八不共法畢竟不
可得云何當有生諸三昧門諸陀羅尼門畢
竟不可得云何當有生聲聞及至佛畢竟不
可得云何當有生以是因緣故舍利弗我說
如我名字我亦畢竟不生如舍利弗所言如
我諸法亦如是无自性舍利弗諸法和合生
故无自性舍利弗何等和合生无自性舍利
弗色和合生无自性受想行識和合生无自
性眼和合生无自性乃至意和合生无自性
色乃至法眼界乃至法界地種乃至識種眼
觸乃至意觸眼觸因緣生受乃至意觸因緣
生受和合生无自性檀波羅蜜乃至般若波
羅蜜和合生无自性四念處乃至十八不共
法和合生无自性復次舍利弗一切法无常
亦不失舍利弗問須菩提何等法无常亦不
失須菩提言色无常亦不失受想行識无常
亦不失何以故法无常即是動相即是空相
以是因緣故舍利弗一切有為法无常亦不
失若有漏法若无漏法若有記法若无記法
何以故若法无常即是動相即是空相以是
因緣故舍利弗一切作法无常亦不失復次
舍利弗一切法非常非滅舍利弗言何等法
非常非滅須菩提言色非常非滅何以故性
自尒受想行識非常非滅何以故性自尒乃
至意識因緣生受非常非滅何以故性自尒
以是因緣故舍和弗識法和合生无自性如
舍利弗所言何因緣故色畢竟不生受想行
識畢竟不生須菩提言色非作法受想行識

BD04380號　摩訶般若波羅蜜經（四十卷本）卷一一　（19–8）

自尒受想行識非常非滅何以故性自尒乃
至意識因緣生受非常非滅何以故性自尒
以是因緣故舍和弗識法和合生无自性如
舍利弗所言何因緣故色畢竟不生受想行
識畢竟不生須菩提言色非作法受想行識
非作法何以故作者不可得故舍利弗眼
非作法何以故作者不可得故乃至意亦如
是眼界乃至意觸因緣生受亦如是復次舍
利弗一切諸法皆非起非作何以故作者不
可得故以是因緣故舍利弗色畢竟不生受
想行識畢竟不生如舍利弗所言何因緣故
畢竟不生是不名為色畢竟不生是不名為
受想行識須菩提言色性空是空无生无滅
无住无異受想行識性空是空无生无滅无
住无異眼乃至一切有為法性空是空无生无滅无
住无異以是因緣故舍利弗畢竟不
生不名色畢竟不生不名受想行識如舍利
弗所言何因緣故畢竟不生法當教是般若
波羅蜜耶須菩提言畢竟不生即是般若波
羅蜜般若波羅蜜即是畢竟不生般若波羅
蜜畢竟不生不二无別以是因緣故舍利弗
我說畢竟不生當教是般若波羅蜜如舍
利弗所言何因緣故離畢竟不生无菩薩行
阿耨多羅三藐三菩提須菩提言菩薩摩訶
薩行般若波羅蜜時不見畢竟不生異般若
波羅蜜亦不見畢竟不生異菩薩畢竟不生
及菩薩无二无別不見畢竟不生異色何以故
是畢竟不生及色无二无別不見畢竟不生
異受想行識何以故畢竟不生受想行識无

BD04380號　摩訶般若波羅蜜經（四十卷本）卷一一　（19–9）

耨多羅三藐三菩提…菩薩摩訶
薩行般若波羅蜜時不見畢竟不生異般若
波羅蜜亦不見畢竟不生異菩薩畢竟不生
及菩薩无二无別不見畢竟不生異色何以故
是畢竟不生及色无二无別不見畢竟不生
異受想行識何以故畢竟不生受想行識无
二无別乃至一切種智亦如是以是因緣故
舍利弗離畢竟不生无菩薩行阿耨多羅三
藐三菩提如舍利弗所言何因緣故菩薩聞
作是說心不沒不悔不驚不怖不畏是名菩
薩行般若波羅蜜須菩提言菩薩摩訶薩不
見諸法有覺知想見一切諸法如夢如幻如
炎如響如化舍利弗以是因緣故菩薩聞作
是說心不沒不悔不驚不怖不畏須菩提白
佛言世尊菩薩摩訶薩行般若波羅蜜如是
觀諸法是時菩薩摩訶薩不受色不示色不
住色不著色不言是色受想行識色不受不
亦不住不著亦不言是受想行識眼不受不
示不住不著亦不言是眼耳鼻舌身意亦不
受不示不住不著亦不言是意檀波羅蜜不
受不示不住不著亦不言是檀波羅蜜尸波
羅蜜羼提波羅蜜毗梨耶波羅蜜禪波羅蜜
般若波羅蜜不受不示不住不著亦不言是
般若波羅蜜內空不受不示不住不著亦不
言是內空乃至无法有法空亦如是復次世
尊菩薩摩訶薩行般若波羅蜜時四念處不
受不示不住不著亦不言是四念處乃至十
八不共法受不示不住不著亦不言是法十
八不共法一切三昧門一切陀羅尼門乃至
一切種智不受不示不住不著亦不言是一

BD04380號　摩訶般若波羅蜜經（四十卷本）卷一一　（19–10）

蜜內空不受不示不住不著亦不
言是內空乃至无法有法空亦如是復次世
尊菩薩摩訶薩行般若波羅蜜時四念處不
受不示不住不著亦不言是四念處乃至十
八不共法受不示不住不著亦不言是法十
八不共法一切三昧門一切陀羅尼門乃至
一切種智不受不示不住不著亦不言是一
切種智復次世尊菩薩摩訶薩行般若波羅
蜜時不見色乃至不見一切種智何以故色
不生是非色受想行識不生是非識眼不生
是非眼耳鼻舌身意不生是非意檀波羅蜜
不生是非檀波羅蜜乃至般若波羅蜜不生
是非般若波羅蜜何以故色不生不二不別
乃至般若波羅蜜不生不二不別內空不生
是非內空乃至无法有法空不生是非无法
有法空何以故內空乃至无法有法空不生
不二不別世尊四念處不生非四念處何以
故四念處不生不二不別何以故世尊是不
生法非一非二非三非異以是故四念處不
生不二不別乃至十八不共法不生非十八
不共法何以故十八不共法不生不二不別
何以故世尊是不生法非一非二非三非異
以是故十八不共法不生非十八不共法世
尊如不生是非如乃至不可思議性不生是
非不可思議性世尊是阿耨多羅三藐三菩
提不生一切智一切種智不生是非一切種
智何以故是阿耨多羅三藐三菩提乃至一
切種智不生不二不別何以故世尊是不生
非一非二非三非異以是故乃至一切種智
不生非一切種智世尊色不生是非色

BD04380號　摩訶般若波羅蜜經（四十卷本）卷一一　（19–11）

提不生一切智一切種智不生是非一切種
智何以故是阿耨多羅三藐三菩提乃至
切種智不生不二不別何以故世尊是不生
非一非二非三非異以是故乃至一切種智
不生非一切種智世尊色不滅相是非色何
以故色乃不滅相不二不別何以故世尊是
不滅法非一非二非三非異以是故色不滅
相是非色受想行識不滅相是非識何以故
識不滅不二不別何以故世尊是不滅法非
一非二非三非異以是故識不滅是非識檀
波羅蜜乃至般若波羅蜜內空乃至无法有
法空四念處乃至十八不共法亦如是世尊
以是故色入无二法數受想行識入无二法
數乃至一切種智入无法數

摩訶般若波羅蜜經无生品第廿五

介時慧命舍利弗語須菩提菩薩摩訶薩行
般若波羅蜜觀諸法何等是菩薩何等是般
若波羅蜜何等是觀須菩提語舍利弗汝所
問何等是菩薩為阿耨多羅三藐三菩提是
人發大心以是故名為菩薩亦知一切法一
切種相是中亦不著知色相不著乃至知十
八不共法亦不著舍利弗問須菩提何等為
一切法相須菩提言若以名字因緣和合等
知諸法是色是聲香味觸法是內是外是有
為法是无為法以是名字相語言知諸法是
名知諸法相如舍利弗所問何等是般若波
羅蜜遠離故名般若波羅蜜何等法遠離遠

BD04380號　摩訶般若波羅蜜經（四十卷本）卷一一　（19–12）

知諸法是色是聲香味觸法是內是外是有
為法是无為法以是名字相語言知諸法是
名知諸法相如舍利弗所問何等是般若波
羅蜜遠離故名般若波羅蜜何等法遠離遠
離陰界入遠離檀波羅蜜乃至禪波羅蜜遠
離內空乃至无法有法空以是故遠離名般
若波羅蜜復次遠離四念處乃至遠離十八
不共法遠離一切智以是因緣故遠離名般
若波羅蜜如舍利弗所問何等是觀舍利弗
菩薩摩訶薩行般若波羅蜜時觀色非常非
无常非樂非苦非我非无我非空非不空非
相非无相非作非无作非寂滅非不寂滅非
離非不離受想行識亦如是檀波羅蜜乃至
般若波羅蜜內空乃至无法有法空四念處
乃至十八不共法一切三昧門一切陀羅尼門
乃至一切種智觀非常非无常非樂非苦非
我非无我非空非不空非相非无相非作非
无作非寂滅非不寂滅非離非不離舍利弗
是名菩薩摩訶薩行般若波羅蜜時觀諸法
舍利弗問須菩提何因緣故色不生是非色
受想行識不生是非識乃至一切種智不生
是非一切種智須菩提言色色相空色空中
无色无生以是因緣故色不生是非色受想行
識識相空識空中无識无生以是因緣故
受想行識不生是非受想行識舍利弗檀波
羅蜜檀波羅蜜相空檀波羅蜜空中无檀波
羅蜜无生尸波羅蜜羼提波羅蜜毗梨耶波
羅蜜禪波羅蜜般若波羅蜜般若波羅蜜相
空般若波羅蜜空中无般若波羅蜜无生以

BD04380號　摩訶般若波羅蜜經（四十卷本）卷一一　（19–13）

受想行識不生是非受想行識舍利弗檀波
羅蜜檀波羅蜜相空檀波羅蜜空中无檀波
羅蜜无生尸波羅蜜羼提波羅蜜毗梨耶波
羅蜜禪波羅蜜般若波羅蜜般若波羅蜜相
空般若波羅蜜空中无般若波羅蜜无生以
是因緣故舍利弗般若波羅蜜不生是非般
若波羅蜜内空乃至无法有法空四念處乃
至十八不共法一切種智尒如是以是因緣
故内空不生是非内空乃至一切種智不生
是非一切種智舍利弗問須菩提汝何因緣
故言色不二是非色受想行識不二是是非識
乃至一切種智不二是非一切種智須菩提
荅言所有色所有不二所有受想行識所有
不二是一切法皆不合不散无色无形无對
一相所謂无相眼乃至一切種智尒如是以
是因緣故舍利弗色不二是非色受想行識
不二是非識乃至一切種智不二是非一切
種智舍利弗問須菩提何因緣故言是色入无
二法數受想行識入无二法數乃至一切種
智入无二法數須菩提荅言色不異无生无
生不異色色即是无生无生即是色受想行
識不異无生无生不異識識即是无生无生
即是識以是因緣故舍利弗色入无二法數
受想行識入无二法數乃至一切種智尒如
是尒時須菩提白佛言世尊若菩薩摩訶薩
行般若波羅蜜如是觀諸法是時見色无生
畢竟淨故見受想行識无生畢竟淨故見我
无生畢竟淨故乃至智者見者无生畢竟淨
故見檀波羅蜜无生乃至般若波羅蜜无生

BD04380號　摩訶般若波羅蜜經（四十卷本）卷一一　（19–14）

是尒時須菩提白佛言世尊若菩薩摩訶薩
行般若波羅蜜如是觀諸法是時見色无生
畢竟淨故見受想行識无生畢竟淨故見我
无生畢竟淨故乃至智者見者无生畢竟淨
故見檀波羅蜜无生乃至般若波羅蜜无生
畢竟淨故見内空无生乃至无法有法空无
生畢竟淨故見四念處无生乃至十八不共
法无生畢竟淨故見一切三昧一切陀羅尼
无生畢竟淨故乃至見一切種智无生畢竟
淨故見凡人凡人法无生畢竟淨故見須陀
須洹陀洹法斯陀含斯陀含法阿那含阿
那含法阿羅漢阿羅漢法辟支佛辟支
佛法菩薩菩薩法佛佛法无生畢竟淨故
舍利弗語須菩提如我聞須菩提所說義色
是不生受想行識是不生乃至佛佛法是不
生若尒者不應得須陀洹須陀洹果斯陀含斯
陀含果阿那含阿那含果阿羅漢阿羅漢
果辟支佛辟支佛道不應得菩薩摩訶薩
一切種智亦无六道别異亦不得菩薩摩訶
薩五種菩提須菩提若一切法不生相何以故
須陀洹為斷三結故脩道斯陀含為薄婬
恚癡故脩道阿那含為斷五下分結故脩道
阿羅漢為斷五上分結故脩道辟支佛為辟
支佛法故脩道何以故菩薩摩訶薩作難行
苦行為衆生受種種苦行何以故佛得阿耨多
羅三藐三菩提何以故佛轉法輪須菩提語
舍利弗我不欲令无生法有所得我亦不欲
令无生法中得須陀洹須陀洹果乃至不欲
令无生法中得阿羅漢阿羅漢果辟支佛辟

BD04380號　摩訶般若波羅蜜經（四十卷本）卷一一　（19–15）

者於衆生受種種若行何以故佛得阿耨多
羅三藐三菩提何以故佛轉法輪須菩提語
舍利弗我不欲令无生法有所得我亦不欲
令无生法中得須陁洹須陁洹果乃至不欲
令无生法中得阿羅漢阿羅漢果辟支佛辟
支佛道我亦不欲令菩薩作難行為衆生受
種種若菩薩亦不以難行心行道何以故舍
利弗生難心若心不能利益无量阿僧祇衆
生舍利弗今菩薩憐愍衆生於衆生如父母兄
弟想如兒子及己身想如是能利益无量阿僧
祇衆生用无所得故所以者何菩薩摩訶薩
應生如是心如我一切處一切種不可得內
外法亦如是若生如是想則无難心若心何
以故是菩薩於一切種一切處一切法不受
故舍利弗我亦不欲令无生中佛得阿耨多
羅三藐三菩提亦不欲令无生中轉法輪亦
不欲令以无生法得道舍利弗語須菩提令
欲令以生法得道以无生法得道須菩提語
舍利弗我不欲令以生法得道舍利弗言令
須菩提欲令以无生法得道須菩提言我亦
不欲令以无生法得道舍利弗言如須菩提
所說无知无得須菩提言有知有得不以二
法令以世間名字故有知有得世間名字故
有須陁洹乃至阿羅漢辟支佛諸佛第一實
義中无知无得无須陁洹乃至无佛須菩提
若世間名字故有知有得六道別異亦世間
名字故有非以第一實義耶須菩提言如是
如是舍利弗如世間名字故有知有得六道
別異亦世間名字故有非以第一實義何以
故舍利弗第一實義中无業无報无生无滅

BD04380 號　摩訶般若波羅蜜經（四十卷本）卷一一　（19–16）

名字故有非以第一實義耶須菩提言如是
如是舍利弗如世間名字故有知有得六道
別異亦世間名字故有非以第一實義何以
故舍利弗第一實義中无業无報无生无滅
无淨无垢舍利弗語須菩提不生法生生法
生須菩提言我不欲令不生法生亦不欲令生
法生舍利弗言何等不生法不欲令生須菩
提言色是不生法自性空不欲令生受想行
識不生法自性空不欲令生乃至阿耨多羅
三藐三菩提不生法自性空不欲令生舍利弗
語須菩提生生不生生須菩提言非生生亦
非不生生何以故舍利弗生不生是二法不
合不散无色无形无對一相所謂无相舍利
弗以是因緣故非生生亦非不生生尒時舍
利弗語須菩提須菩提樂說无生法及无生
相須菩提語舍利弗我樂說无生法亦樂說
无生相何以故諸无生法无生相樂說及諸
言是一切法皆不合不散无色无形无對所
所謂无相舍利弗語須菩提汝樂說不生法
樂說不生相是樂說語言亦不生須菩提言
如是如是舍利弗何以故舍利弗色不生受
想行識不生眼不生乃至意不生地種不生
乃至識種不生身行不生口行不生意行不
生檀波羅蜜不生乃至一切種智不生以是因
緣故舍利弗我樂說不生法亦樂說不生相
是樂說語言亦不生尒時舍利弗語須菩提
須菩提於說法人中應最在上何以故須菩提
隨所問皆能答須菩提言諸法无所依故舍利
弗語須菩提云何諸法无所依須菩提言色

BD04380 號　摩訶般若波羅蜜經（四十卷本）卷一一　（19–17）

缘故舍利弗我樂說不生法亦樂說不生相
是樂說讀言亦不生尒時舍利弗語須菩提
須菩提於說法人中應最在上何以故須菩提
隨所問皆能荅須菩提言諸法无所依故舍利
弗語須菩提云何諸法无所依須菩提言色
性常空不依內不依外不依兩中間受想行
識性常空不依內不依外不依兩中間眼耳
鼻舌身意性常空不依內不依外不依兩中
間色性常空乃至法性常空不依內不依外
不依兩中間檀波羅蜜性常空乃至般若波
羅蜜性常空不依內不依外不依兩中間內
空性常空乃至无法有法空性常空不依內
不依外不依兩中間舍利弗四念處性常空
乃至一切種智性常空不依內不依外不依
兩中間以是因緣故舍利弗一切諸法无所
依性常空故

摩訶般若波羅蜜經卷第十一

BD04380號　摩訶般若波羅蜜經（四十卷本）卷一一　（19–18）

羅蜜性常空不依內不依外不依兩中間內
空性常空乃至无法有法空性常空不依內
不依外不依兩中間舍利弗四念處性常空
乃至一切種智性常空不依內不依外不依
兩中間以是因緣故舍利弗一切諸法无所
依性常空故

摩訶般若波羅蜜經卷第十一

BD04380號　摩訶般若波羅蜜經（四十卷本）卷一一　（19–19）

迦攞伽耶迦攞耶提迦盾
壽剎迦……阜建
唯阿難陀住於學地如是等諸大聲聞各於
晡時從定而起往詣佛所頂礼佛足右繞三
帀退坐一面
復有菩薩摩訶薩百千萬億人俱有大威德
如大龍王名稱普聞衆所知識施戒清淨常
樂奉持忍行精勤經无量劫超諸靜慮繫念
現前開闡慧門善修方便自在遊戲微妙神
通逮得揔持辯才无盡斷諸煩惱累染皆除
不久當成一切種智降魔軍衆而擊法鼓制
諸外道令起淨心轉妙法輪度人天衆十方
佛土悉已莊嚴六趣有情无不蒙益成就大
智具足大忍住大慈悲心有大堅固力歷事
諸佛不般涅槃發弘誓心盡未來際廣於佛
所深種淨因於三世法悟无生忍超於二乘

BD04381號　金光明最勝王經卷一　（13–1）

不久當成一切種智降魔軍衆而擊法鼓制
諸外道令起淨心轉妙法輪度人天衆十方
佛土悉已莊嚴六趣有情无不蒙益成就大
智具足大忍住大慈悲心有大堅固力歷事
諸佛不般涅槃發弘誓心盡未來際廣於佛
所深種淨因於三世法悟无生忍超於二乘
所行境界以大善巧化世間於大師教能敷
演祕密之法甚深空性皆已了知无復疑惑
其名曰无障礙轉法輪菩薩常發心轉法輪
菩薩常精進菩薩不休息菩薩慈氏菩薩妙
吉祥菩薩觀自在菩薩揔持自在王菩薩大
辯莊嚴王菩薩妙高山王菩薩大海深王菩
薩寶幢菩薩大寶幢菩薩地藏菩薩虛空藏
菩薩寶手自在菩薩金剛手菩薩歡喜力菩
薩大法力菩薩大莊嚴光菩薩大金光莊嚴
菩薩淨戒菩薩常定菩薩極清淨慧菩薩堅
固精進菩薩心如虛空菩薩不斷大願菩薩
施藥菩薩療諸煩惱病菩薩醫王菩薩歡喜
高王菩薩得上授記菩薩大雲淨光菩薩大
雲持法菩薩大雲名稱喜樂菩薩大雲現无
邊稱菩薩大雲師子吼菩薩大雲牛王吼菩
薩大雲吉祥菩薩大雲寶德菩薩大雲日藏
菩薩大雲月藏菩薩大雲日光菩薩大雲火
光菩薩大雲電光菩薩大雲雷音菩薩大雲
慧雨充遍菩薩大雲清淨雨王菩薩大雲花
樹王菩薩大雲青蓮花香菩薩大雲寶栴檀
香清涼身菩薩大雲除闇菩薩大雲破翳菩

BD04381號　金光明最勝王經卷一　（13–2）

光菩薩大雲電光菩薩大雲雷音菩薩大雲
慧雨充遍菩薩大雲清淨雨王菩薩大雲花
樹王菩薩大雲青蓮花香菩薩大雲寶旃檀
香清涼身菩薩大雲除闇菩薩大雲破翳菩
薩如是等无量大菩薩衆各於晡時從定而
起往詣佛所頂礼佛足右繞三帀退坐一面
復有梨車毗童子五億八千其名曰師子光
童子師子慧童子法授童子因陀羅授童子
大光童子大猛童子佛護童子法護童子僧
護童子金剛護童子虛空護童子虛空吼童
子寶藏童子吉祥妙藏童子如是等人而為
上首悉皆安住无上菩提於大乘中深信歡
喜各於晡時往詣佛所頂礼佛足右繞三帀
退坐一面
復有四萬二千天子其名曰喜見天子喜悅
天子日光天子月髻天子明慧天子虛空淨
慧天子除煩惱天子吉祥天子如是等天而
為上首皆發弘願護持大乘紹隆正法能使
不絕各於晡時往詣佛所頂礼佛足右繞三
帀退坐一面
復有二萬八千龍王蓮花龍王翳羅葉龍王
大力龍王大吼龍王小波龍王持駃水龍王
金面龍王如意龍王是等龍王而為上首於
大乘法常樂受持發深信心稱揚擁護各於
晡時往詣佛所頂礼佛足右繞三帀退坐一
面
復有三萬六千諸藥叉衆毗沙門天王而為

大力龍王大吼龍王小波龍王持駃水龍王
金面龍王如意龍王是等龍王而為上首於
大乘法常樂受持發深信心稱揚擁護各於
晡時往詣佛所頂礼佛足右繞三帀退坐一
面
復有三萬六千諸藥叉衆毗沙門天王而為
上首其名曰菴婆藥叉持菴婆藥叉蓮花光
藏藥叉蓮花面藥叉顰眉藥叉現大怖藥叉
動地藥叉吞食藥叉是等藥叉悉皆愛樂如
來正法深心護持不生疲懈各於晡時往詣
佛所頂礼佛足右繞三帀退坐一面
復有四萬九千揭路荼王香象勢力王而為
上首及餘乾闥婆阿蘇羅緊那羅莫呼洛伽
等山林河海一切神仙并諸大國所有王衆
中宮后妃淨信男女人天大衆悉皆雲集咸
願擁護无上大乘讀誦受持書寫流布各於
晡時往詣佛所頂礼佛足右繞三帀退坐一
面如是等聲聞菩薩人天大衆龍神八部既
雲集已各各至心合掌恭敬瞻仰尊容目未
曾捨願樂欲聞殊勝妙法尒時薄伽梵於日
晡時從定而起觀察大衆而說頌曰
金光明妙法　最勝諸經王　甚深難得聞　諸佛之境界
我當為大衆　宣說如是經　并四方四佛　威神共加護
東方阿閦尊　南方寶相佛　西方无量壽　北方天鼓音
我復演妙法　吉祥懺中勝　能滅一切罪　淨除諸惡業
及消衆苦患　常與无量樂　一切智根本　諸功德莊嚴
衆生身不具　壽命將損減　諸惡相現前　[illegible]

金光明妙法　最勝諸經王　甚深難得聞　諸佛之境界
我當為大眾　宣說如是經　并四方四佛　威神共加護
東方阿閦尊　南方寶相佛　西方无量壽　北方天鼓音
我復演妙法　吉祥懺中勝　能滅一切罪　淨除諸惡業
及消眾苦患　常與无量樂　一切智根本　諸功德莊嚴
眾生身不具　壽命將損減　諸惡相現前　天神皆捨離
親友懷瞋恨　眷屬悉分離　彼此共乖違　珍財皆散失
惡星為變怪　或被邪蠱侵　若復多憂愁　眾苦之所逼
睡眠見惡夢　因此生煩惱　是人當澡浴　應著鮮潔衣
於此妙經王　甚深佛所讚　專注心无亂　讀誦聽受持
由此經威力　能離諸災橫　及餘眾苦難　无不皆除滅
護世四王眾　及大臣眷屬　无量諸藥叉　一心皆擁衛
大辯才天女　尼連河水神　訶利底母神　堅牢地神眾
梵王帝釋主　龍王緊那羅　及金翅鳥王　阿蘇羅天眾
如是天神等　并將其眷屬　皆來護是人　晝夜常不離
我當說是經　甚深佛行處　諸佛秘密教　千万劫難逢
若有聞是經　能為他演說　若心生隨喜　或設於供養
如是諸人等　當於无量劫　常為諸天人　龍神所恭敬
此福聚无量　數過於恒沙　讀誦是經者　當獲斯功德
亦為十方尊　深行諸菩薩　擁護持經者　令離諸苦難
供養是經者　如前澡浴身　飲食及香花　恒起慈悲意
若欲聽是經　令心淨无垢　常生歡喜念　能長諸功德
若以尊重心　聽聞是經者　善生於人趣　遠離諸苦難
彼人善根熟　諸佛之所讚　方得聞是經　及以懺悔法
金光明最勝王經如來壽量品第二
尒時王舍大城有一菩薩摩訶薩名曰妙幢
已於過去无量俱胝那庾多百千佛所承事

BD04381 號　金光明最勝王經卷一　（13–5）

若以尊重心　聽聞是經者　善生於人趣　遠離諸苦難
彼人善根熟　諸佛之所讚　方得聞是經　及以懺悔法
金光明最勝王經如來壽量品第二
尒時王舍大城有一菩薩摩訶薩名曰妙幢
已於過去无量俱胝那庾多百千佛所承事
供養殖諸善根是時妙幢菩薩獨於靜處
是思惟以何因緣釋迦牟尼如來壽命短促
唯八十年復作是念如佛所說有二因緣得
壽命長云何為二一者不害生命二者施他
飲食然釋迦牟尼如來曾於无量百千万億
无數大劫不害生命行十善道常以飲食惠
施一切飢餓眾生乃至己身血肉骨髓亦持
施與令得飽滿況餘飲食時彼菩薩於世尊
所作是念時以佛威力其室忽然廣博嚴淨
帝青瑠璃種種眾寶雜彩間飾如佛淨土有
妙香氣過諸天香芬馥充滿於其四面各有
上妙師子之座四寶所成以天寶衣而敷其
上復於此座有妙蓮花種種珍寶以為嚴飾
量等如來自然顯現於蓮花上有四如來東
方不動南方寶相西方无量壽北方天鼓音是四
如來各於其座跏趺而坐放大光明周遍照
耀王舍大城及此三千大千世界乃至十方
恒河沙等諸佛國土雨諸天花奏諸天樂尒
時於此贍部洲中及三千大千世界所有眾
生以佛威力受勝妙樂无有乏少若身不具
皆蒙具足盲者能視聾者得聞瘂者能言愚
者得智若心亂者得本心若衣无者得衣服

BD04381 號　金光明最勝王經卷一　（13–6）

恒河沙等諸佛國土雨諸天花奏諸天樂尒
時於此贍部洲中及三千大千世界所有衆
生以佛威力受勝妙樂无有乏少若身不具
皆蒙具足盲者能視聾者得聞瘂者能言愚
者得智若心亂者得本心若无衣者得衣服
被惡賤者人所敬有垢穢者身清潔於此世
間所有利益未曾有事悉皆顯現
尒時妙幢菩薩見四如來及希有事歡喜踊
躍合掌一心瞻仰諸佛殊勝之相亦復思惟
釋迦牟尼如來无量功德唯於壽命生疑
惑心云何如來功德无量壽命短促唯八十
年尒時四佛告妙幢菩薩言善男子汝今不
應思忖如來壽命長短何以故善男子我等
不見諸天世間梵摩沙門婆羅門等人及非
人有能算知佛之壽量知其齊限唯除无上
正遍知者時四如來欲說釋迦牟尼佛所有
壽量以佛威力欲色界天諸龍鬼神揵闥婆
阿蘇羅揭路荼緊那羅莫呼洛伽及无量百
千億那庾多菩薩摩訶薩悉來集會入妙
幢菩薩淨妙堂中尒時四佛於大衆中欲顯
釋迦牟尼如來所有壽量而說頌曰
一切諸海水　可知其渧數　无有能數知　釋迦之壽量
析諸妙高山　如芥可知數　无有能數知　釋迦之壽量
一切大地土　可知其塵數　无有能數知　釋迦之壽量
假使量虛空　可得盡邊際　无有能度知　釋迦之壽量
若人住億劫　盡力常算數　亦復不能知　世尊之壽量
不害衆生命　及施於飲食　由斯二種因　得壽命長遠

析諸妙高山　如芥可知數　无有能數知　釋迦之壽量
一切大地土　可知其塵數　无有能數知　釋迦之壽量
假使量虛空　可得盡邊際　无有能度知　釋迦之壽量
若人住億劫　盡力常算數　亦復不能知　世尊之壽量
不害衆生命　及施於飲食　由斯二種因　得壽命長遠
是故大覺尊　壽命難知數　如劫无邊際　壽量亦如是
妙幢汝當知　不應起疑惑　最勝壽无量　莫能知數者
尒時妙幢菩薩聞四如來說釋迦牟尼佛壽
量无限白言世尊云何如來示現如是短促
壽量時四世尊告妙幢菩薩言善男子彼釋
迦牟尼佛於五濁世出現之時人壽百年稟
性下劣善根微薄復无信解此諸衆生多有
我見人見衆生壽者養育邪見我我所見斷
常見等爲欲利益此諸異生及衆外道如是
等類令生正解速得成就无上菩提是故釋
迦牟尼如來示現如是短促壽命善男子然
彼如來欲令衆生見涅槃已生難遭想憂苦
等想於佛世尊所說經教速當受持讀誦通
利爲人解說不生謗毀是故如來現斯短壽
何以故彼諸衆生若見如來不般涅槃不生
恭敬難遭之想如來所說甚深經典亦不受
持讀誦通利爲人宣說所以者何以常見佛
不尊重故善男子譬如有人見其父母多有
財產珍寶豐盈便於財物不生希有難遭之
想所以者何於父財物生常想故善男子彼
諸衆生亦復如是若見如來不入涅槃不生
希有難遭之想所以者何由常見故善男子
[illegible]

不尊重故善男子譬如有人見其父母多有
財產珍寶豐盈便於財物不生希有難遭之
想所以者何於父財物生常想故善男子彼
諸衆生亦復如是若見如來不入涅槃不生
希有難遭之想所以者何由常見故善男子
譬如有人父母貧窮資財乏少然彼貧人或
詣王家或大臣舍見其倉庫種種珍財悉皆
盈滿生希有心難遭之想時彼貧人為欲求財
廣設方便策勤无怠所以者何為捨貧窮受
安樂故善男子彼諸衆生亦復如是若見如
來入於涅槃生難遭想乃至憂苦等想復作
是念於无量劫諸佛如來出現於世如烏曇
跋花時乃一現彼諸衆生發希有心起難遭想
若遇如來心生敬信聞說正法生實語想
所有經典悉皆受持不生毀謗善男子以是
因緣彼佛世尊不久住世速入涅槃善男子
是諸如來以如是等善巧方便成就衆生尒
時四佛說是語已忽然不現
尒時妙幢菩薩摩訶薩與无量百千菩薩及
无量億那庾多百千衆生俱共往詣鷲峯山
中釋迦牟尼如來正遍知所頂禮佛足在一
面立時妙幢菩薩以如上事具白世尊時四
如來亦詣鷲峯山至釋迦牟尼佛所各隨本方
就座而坐告侍者菩薩言善男子汝今可詣
釋迦牟尼佛所為我致問少病少惱起居輕
利安樂行不復作是言善哉善哉釋迦牟尼
如來今可演說金光明經甚深法要為欲饒

面立時妙幢菩薩以如上事具白世尊時四
如來亦詣鷲峯山至釋迦牟尼佛所各隨本方
就座而坐告侍者菩薩言善男子汝今可詣
釋迦牟尼佛所為我致問少病少惱起居輕
利安樂行不復作是言善哉善哉釋迦牟尼
如來今可演說金光明經甚深法要為欲饒
益一切衆生除去飢饉令得安樂我當隨喜
時彼侍者各詣釋迦牟尼佛所頂禮雙足却
住一面俱白佛言彼天人師致問无量少病
少惱起居輕利安樂行不復作是言善哉善
哉釋迦牟尼如來今可演說金光明經甚深
法要為欲利益一切衆生除去飢饉令得安
樂尒時釋迦牟尼如來應正等覺告彼侍者
諸菩薩言善哉善哉彼四如來乃能為諸衆
生饒益安樂勸請於我宣揚正法尒時世尊
而說頌曰
我常在鷲山　宣說此經寶　成就衆生故　示現般涅槃
凡夫起邪見　不信我所說　為成就彼故　示現般涅槃
時大會中有婆羅門姓憍陳如名曰法師授
記與无量百千婆羅門衆供養佛已聞世尊
說入般涅槃涕淚交流前禮佛足白言世尊
若實如來於諸衆生有大慈悲憐愍利益令
得安樂猶如父母餘无等者能與世間作歸依
處如淨滿月以大智慧能為照明如日初
出普觀衆生愛无偏黨如羅怙羅唯願世尊
施我一願尒時世尊默然而止佛威力故於
此衆中有梨車毗童子名一切衆生喜見語

若實如來於諸眾生有大慈悲憐愍利益令
得安樂猶如父母餘无等者能與世間作歸依
處如淨滿月以大智慧能為照明如日初
出普觀眾生愛无偏黨如羅怙羅惟願世尊
施我一願尒時世尊默然而止佛威力故於
此眾中有梨車毗童子名一切眾生喜見語
婆羅門憍陳如言大婆羅門汝今從佛欲乞
何願我能與汝婆羅門言童子我欲供養无
上世尊今從如來求請舍利如芥子許何以
故我曾聞說若善男子善女人得佛舍利如
芥子許恭敬供養是人當生三十三天而為
帝釋是時童子語婆羅門曰若欲願生三十
三天受勝報者應當至心聽是金光明最勝
王經於諸經中最為殊勝難解難入聲聞獨
覺所不能知此經能生无量无邊福德果報
乃至成辦无上菩提我今為汝略說其事婆
羅門言善哉童子此金光明甚深最上難解
難入聲聞獨覺尚不能知何況我等邊鄙之
人智慧微淺而能解了是故我今求佛舍利
如芥子許持還本處置寶函中恭敬供養命
終之後得為帝釋常受安樂云何汝今不能
為我從明行足求斯一願作是語已尒時童
子即為婆羅門而說頌曰
恒河駃流水　可生白蓮花　黃鳥作白形　黑烏變為赤
假使贍部樹　可生多羅果　朅樹羅枝中　能出菴羅葉
斯等希有物　或容可轉變　世尊之舍利　畢竟不可得
假使用龜毛　織成上妙服　寒時可被著　方求佛舍利

BD04381號　金光明最勝王經卷一　（13–11）

為我從明行足求斯一願作是語已尒時童
子即為婆羅門而說頌曰
恒河駃流水　可生白蓮花　黃鳥作白形　黑烏變為赤
假使贍部樹　可生多羅果　朅樹羅枝中　能出菴羅葉
斯等希有物　或容可轉變　世尊之舍利　畢竟不可得
假使用龜毛　織成上妙服　寒時可被著　方求佛舍利
假使蚊蚋足　可使成樓觀　堅固不搖動　方求佛舍利
假使水蛭蟲　口中生白齒　長大利如鋒　方求佛舍利
假使持兔角　用成於梯蹬　可昇上天宮　方求佛舍利
鼠緣此梯上　除去阿蘇羅　能障空中月　方求佛舍利
若蠅飲酒醉　周行村邑中　廣造於舍宅　方求佛舍利
若使驢脣色　赤如頻婆果　善作於歌舞　方求佛舍利
烏與鵂鶹鳥　同共一處遊　彼此相順從　方求佛舍利
假使波羅葉　可成於傘蓋　能遮於大雨　方求佛舍利
假令大舩舶　盛滿諸財寶　能令陸地行　方求佛舍利
假使鷦鷯鳥　以觜銜香山　隨處任遊行　方求佛舍利
尒時法師授記婆羅門聞此頌已亦以伽他
荅一切眾生喜見童子曰
善哉大童子　此眾中吉祥　善巧方便心　得佛无上記
如來大威德　能救護世間　仁可至心聽　我今次第說
諸佛境難思　世間无與等　法身性常住　修行无差別
諸佛體皆同　所說法亦尒　諸佛无作者　亦復本无生
世尊金剛體　權現於化身　是故佛舍利　无如芥子許
佛非血肉身　云何有舍利　方便留身骨　為益諸眾生
法身是正覺　法界即如來　此是佛真身　亦說如是法
尒時會中三万二千天子聞說如來壽命長
遠皆發阿耨多羅三藐三菩提心歡喜踊躍

BD04381號　金光明最勝王經卷一　（13–12）

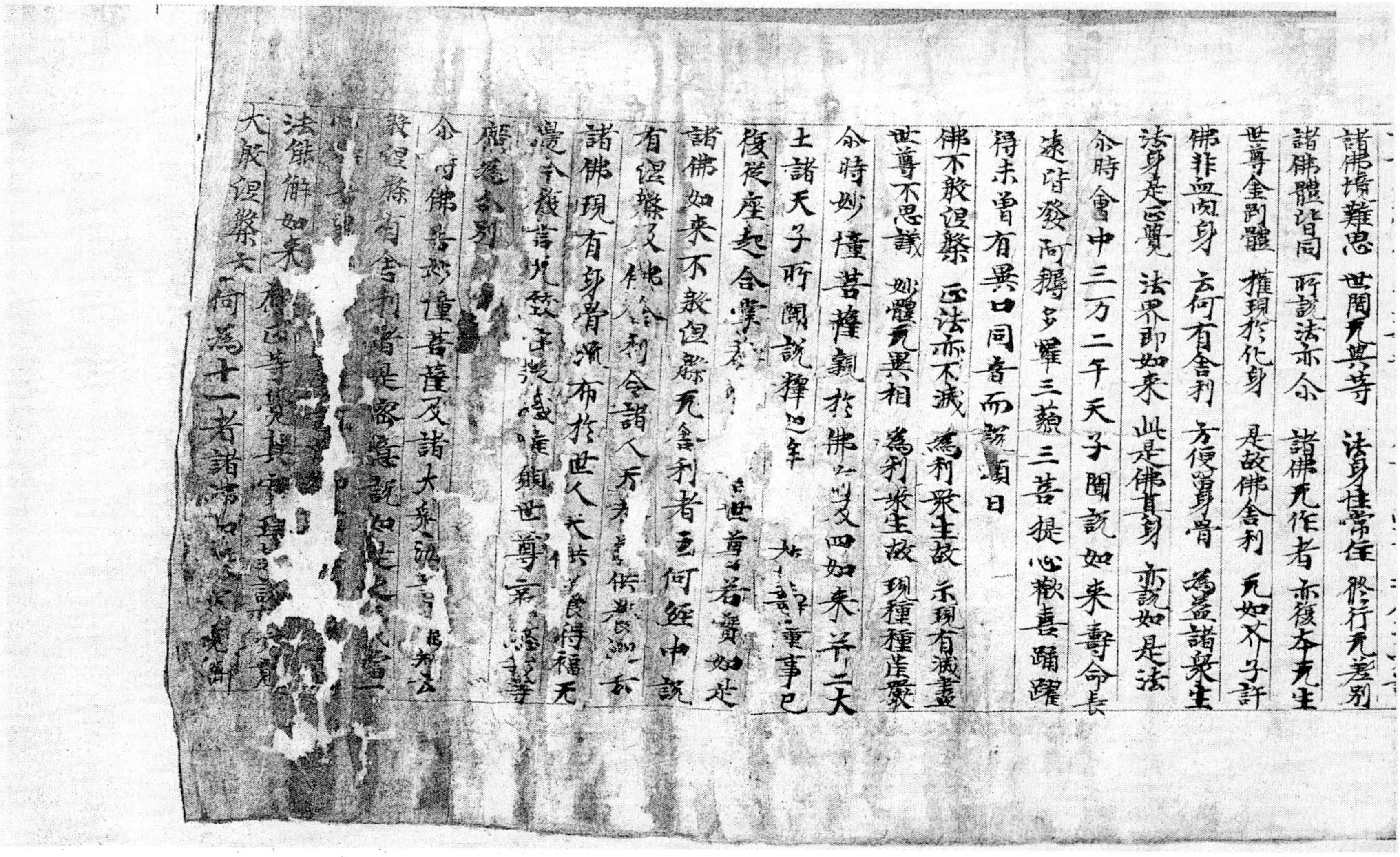
諸佛境難思　世間無與等　法身性常住　修行無差別
諸佛體皆同　所說法亦尒　諸佛無作者　亦復本無生
世尊金剛體　權現於化身　是故佛舍利　無如芥子許
佛非血肉身　云何有舍利　方便留身骨　為益諸衆生
法身是正覺　法界即如來　此是佛真身　亦說如是法
尒時會中三万二千天子聞說如來壽命長
遠皆發阿耨多羅三藐三菩提心歡喜踊躍
得未曾有異口同音而說頌曰
佛不般涅槃　正法亦不滅　為利衆生故　示現有滅盡
世尊不思議　妙體無異相　為利衆生故　現種種莊嚴
尒時妙幢菩薩親於佛前及四如來并二大
士諸天子所聞說釋迦牟尼如來壽量事已
復從座起合掌恭敬白佛言世尊若實如是
諸佛如來不般涅槃無舍利者云何經中說
有涅槃及佛舍利令諸人天恭敬供養過去
諸佛現有身骨流布於世人天供養得福無
量今復言無致生疑惑唯願世尊哀愍我等
廣說分別
尒時佛告妙幢菩薩及諸大衆汝等當[illegible]
般涅槃有舍利者是密意說如是之義當一
[illegible]法能解如來[illegible]
大般涅槃云何為十一者諸佛如來究竟[illegible]

BD04381 號　金光明最勝王經卷一　（13–13）

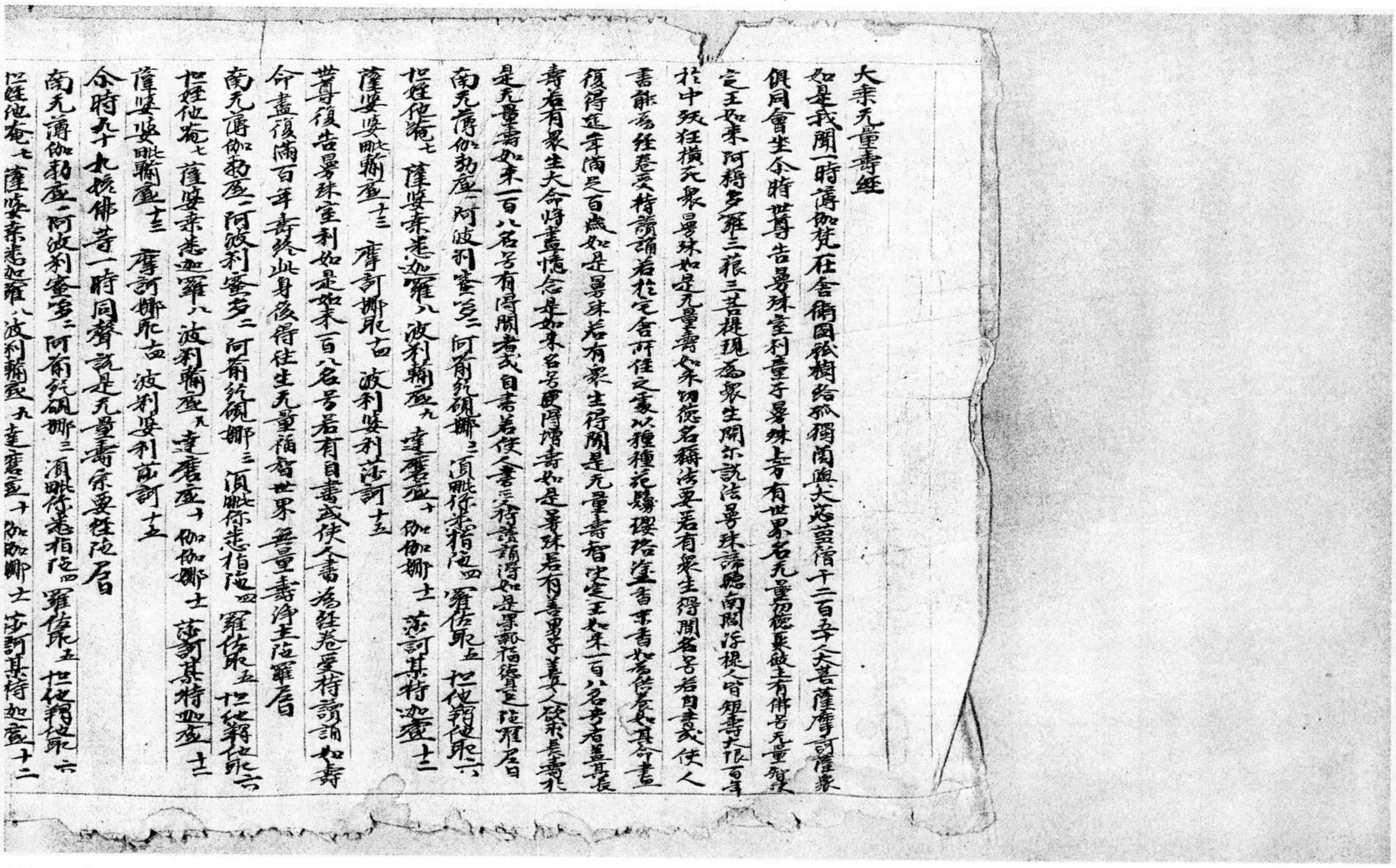
大乘无量壽經
如是我聞一時薄伽梵在舍衛國祇樹給孤獨園與大苾芻僧千二百五十人大菩薩摩訶薩衆
俱尒時世尊告曼殊室利童子曼殊上方有世界名无量功德聚彼土有佛名无量智決
定王如來阿耨多羅三藐三菩提現為衆生開示說法曼殊諦聽南閻浮提人命短壽大限百年
於中夭狂橫死衆多曼殊如是无量壽如來功德名稱法要若有衆生得聞名号若自書或使人
書能為經卷受持讀誦若於舍宅所住之處以種種花鬘瓔珞塗香末香而供養者其命盡
復得延年滿足百歲如是曼殊若有衆生得聞是无量壽智決定王如來一百八名号者益其長
壽若有衆生大命將盡憶念是如來名号便得增壽如是曼殊若有善男子善女人欲求長壽者
是无量壽如來一百八名号有得聞者或自書或使人書受持讀誦得如是果報福德具足陀羅尼曰
南无薄伽勃底一阿波唎蜜多二阿喻紇硯娜三須毗你悉指陀四囉佐耶五怛他羯他耶六
怛姪他唵七薩婆桑悉迦囉八波唎輸底九達磨底十伽伽娜十一莎訶某特迦底十二
薩婆婆毗輸底十三摩訶娜耶十四波唎婆唎莎訶十五
世尊復告曼殊室利如是如來一百八名号若有自書或使人書為經卷受持讀誦如壽
命盡復滿百年壽終此身後得往生无量福智世界无量壽淨土陀羅尼曰
南无薄伽勃底一阿波唎蜜多二阿喻紇硯娜三須毗你悉指陀四囉佐耶五怛他羯他耶六
怛姪他唵七薩婆桑悉迦囉八波唎輸底九達磨底十伽伽娜十一莎訶某特迦底十二
薩婆婆毗輸底十三摩訶娜耶十四波唎婆唎莎訶十五
尒時九十九俱胝佛等一時同聲說是无量壽宗要經陀羅尼曰
南无薄伽勃底一阿波唎蜜多二阿喻紇硯娜三須毗你悉指陀四囉佐耶五怛他羯他耶六
怛姪他唵七薩婆桑悉迦囉八波唎輸底九達磨底十伽伽娜十一莎訶某特迦底十二

BD04382 號　無量壽宗要經　（7–1）

南无薄伽勃底一　阿波唎蜜多二　阿喻紇硯那三　須毗你悉指陀四　囉佐耶五　怛他羯他耶六
怛姪他唵七　薩婆桑悉迦囉八　波唎輸底九　達磨底十　伽伽那十一　莎訶某特迦底十二
薩婆婆毗輸底十三　摩訶娜耶十四　波唎婆唎莎訶十五
尒時九十九姟佛一時同聲說是无量壽宗要經陀羅尼曰
南无薄伽勃底一　阿波唎蜜多二　阿喻紇硯那三　須毗你悉指陀四　囉佐耶五　怛他羯他耶六
怛姪他唵七　薩婆桑悉迦囉八　波唎輸底九　達磨底十　伽伽那十一　莎訶某特迦底十二
薩婆婆毗輸底十三　摩訶娜耶十四　波唎婆唎莎訶十五
尒時復有一百四姟佛一時同聲說是无量壽宗要經陀羅尼曰
南无薄伽勃底一　阿波唎蜜多二　阿喻紇硯那三　須毗你悉指陀四　囉佐耶五　怛他羯他耶六
怛姪他唵七　薩婆桑悉迦囉八　波唎輸底九　達磨底十　伽伽那十一　莎訶某特迦底十二
莎婆婆毗輸底十三　摩訶娜耶十四　波唎婆唎莎訶十五
尒時復有七姟佛一時同聲說是无量壽宗要經陀羅尼曰
南无薄伽勃底一　阿波唎蜜多二　阿喻紇硯那三　須毗你悉指陀四　囉佐耶五　怛他羯他耶六
怛姪他唵七　薩婆桑悉迦囉八　波唎輸底九　達磨底十　伽伽那十一　莎訶某特迦底十二
薩婆婆毗輸底十三　摩訶娜耶十四　波唎婆唎莎訶十五
尒時復有六十五姟佛一時同聲說是无量壽宗要經陀羅尼曰
南无薄伽勃底一　阿波唎蜜多二　阿喻紇硯那三　須毗你悉指陀四　囉佐耶五　怛他羯他耶六
怛姪他唵七　薩婆桑悉迦囉八　波唎輸底九　達磨底十　伽伽那十一　莎訶某特迦底十二
薩婆婆毗輸底十三　摩訶娜耶十四　波唎婆唎莎訶十五
尒時復有五十五姟佛一時同聲說是无量壽宗要經陀羅尼曰
南无薄伽勃底一　阿波唎蜜多二　阿喻紇硯那三　須毗你悉指陀四　囉佐耶五　怛他羯他耶六
怛姪他唵七　薩婆桑悉迦囉八　波唎輸底九　達磨底十　伽伽那十一　莎訶某特迦底十二
薩婆婆毗輸底十三　摩訶娜耶十四　波唎婆唎莎訶十五
尒時復有四十五姟佛一時同聲說是无量壽宗要經陀羅尼曰
南无薄伽勃底一　阿波唎蜜多二　阿喻紇硯那三　須毗你悉指陀四　囉佐耶五　怛他羯他耶六
怛姪他唵七　薩婆桑悉迦囉八　波唎輸底九　達磨底十　伽伽那十一　莎訶某特迦底十二
薩婆婆毗輸底十三　摩訶娜耶十四　波唎婆唎莎訶十五
尒時復有三十六姟佛一時同聲說是无量壽宗要經陀羅尼曰
南无薄伽勃底一　阿波唎蜜多二　阿喻紇硯那三　須毗你悉指陀四　囉佐耶五　怛他羯他耶六
怛姪他唵七　薩婆桑悉迦囉八　波唎輸底九　達磨底十　伽伽那十一　莎訶某特迦底十二

BD04382號　無量壽宗要經　（7–2）

南无薄伽勃底一　阿波唎蜜多二　阿喻紇硯那三　須毗你悉指陀四　囉佐耶五　怛他羯他耶六
怛姪他唵七　薩婆桑悉迦囉八　波唎輸底九　達磨底十　伽伽那十一　莎訶某特迦底十二
薩婆婆毗輸底十三　摩訶娜耶十四　波唎婆唎莎訶十五
尒時復有三十六姟佛一時同聲說是无量壽宗要經陀羅尼曰
南无薄伽勃底一　阿波唎蜜多二　阿喻紇硯那三　須毗你悉指陀四　囉佐耶五　怛他羯他耶六
怛姪他唵七　薩婆桑悉迦囉八　波唎輸底九　達磨底十　伽伽那十一　莎訶某特迦底十二
薩婆婆毗輸底十三　摩訶娜耶十四　波唎婆唎莎訶十五
尒時復有二十五姟佛一時同聲說是无量壽宗要經陀羅尼曰
南无薄伽勃底一　阿波唎蜜多二　阿喻紇硯那三　須毗你悉指陀四　囉佐耶五　怛他羯他耶六
怛姪他唵七　薩婆桑悉迦囉八　波唎輸底九　達磨底十　伽伽那十一　莎訶某特迦底十二
薩婆婆毗輸底十三　摩訶娜耶十四　波唎婆唎莎訶十五
尒時復有恒河沙姟佛一時同聲說是无量壽宗要經陀羅尼曰
南无薄伽勃底一　阿波唎蜜多二　阿喻紇硯那三　須毗你悉指陀四　囉佐耶五　怛他羯他耶六　怛姪他
唵七　薩婆桑悉迦囉八　波唎輸底九　達磨底十　伽伽那十一　莎訶某特迦底十二　薩婆
婆毗輸底十三　達磨底　摩訶娜耶十四　波唎婆唎莎訶十五
善男子若有自書寫教人書寫是无量壽宗要經如其命盡復得長壽而滿年陀羅尼
曰　南无薄伽勃底一　阿波唎蜜多二　阿喻紇硯那三　須毗你悉指陀四　囉佐耶五　怛他羯他耶六
怛姪他唵七　薩婆桑悉迦囉八　波唎輸底九　達磨底十　伽伽那十一　莎訶某特迦底十二
薩婆婆毗輸底十三　摩訶娜耶十四　波唎婆唎莎訶十五
若有自書寫教人書寫是无量壽宗要經讀誦受持畢竟不墮地獄在在所生得宿命
智陀羅尼曰　南无薄伽勃底一　阿波唎蜜多二　阿喻紇硯那三　須毗你悉指陀四　怛他羯羅
佐耶五　怛他羯他耶六　怛姪他唵七　薩婆桑悉迦囉八　波唎輸底九　達磨底十　伽伽那十一
莎訶某特迦底十二　薩婆婆毗輸底十三　摩訶娜耶十四　波唎婆唎莎訶十五
若有自書寫教人書寫是无量壽宗要經受持讀誦如同書寫八万四千一切經典陀
羅尼曰　南无薄伽勃底一　阿波唎蜜多二　阿喻紇硯那三　須毗你悉指陀四　囉佐耶五　怛他
羯他耶六　怛姪他唵七　薩婆桑悉迦囉八　波唎輸底九　達磨底十　伽伽那十一　莎訶某特迦底
莎婆婆毗輸底十三　摩訶娜耶十四　波唎婆唎莎訶十五
若有自書寫教人書寫是无量壽宗要經即是書寫八万四千部建立塔廟陀羅尼曰
南无薄伽勃底一　阿波唎蜜多二　阿喻紇硯那三　須毗你悉指陀四　囉佐耶五　怛他羯他耶六
怛姪他唵七　薩婆婆毗輸底十三　摩訶娜耶十四　波唎婆唎莎訶十五
若有自書寫教人書寫是无量壽宗要經能消五无間等一切重罪陀羅尼曰

BD04382號　無量壽宗要經　（7–3）

羅尼日　南无薄伽勃底一阿波唎蜜多二阿諭紇硯娜三須毗你悉指陀四羅佐耶五怛他
羯他耶六　怛姪他唵七薩婆桑悉迦羅八波唎輸底九達磨底十伽伽娜十一莎訶某特迦底
莎薩婆婆毗輸底十三　摩訶娜耶十四波唎婆唎莎訶十五
若有自書寫教人書寫是无量壽宗要經即是書寫八万四千部建立塔廟陀羅尼日
南无薄伽勃底一阿波唎蜜多二阿諭紇硯娜三須毗你悉指陀四羅佐耶五怛他羯他耶六
怛姪他唵七薩婆婆毗輸底十三　摩訶娜耶十四波唎婆唎莎訶十五
若有自書寫教人書寫是无量壽宗要經能消五无間等一切重罪陀羅尼日
南无薄伽勃底一阿波唎蜜多二阿諭紇硯娜三須毗你悉指陀四羅佐耶五怛他羯他耶六
怛姪他唵七薩婆桑悉迦羅八波唎輸底九達磨底十伽伽娜十一莎訶某特伽底十二
薩婆婆毗輸底十三　摩訶娜耶十四波唎婆唎莎訶十五
若有自書寫教人書寫是无量壽宗要經受持讀誦設有重罪猶如須彌盡能除滅
陀羅尼日　南无薄伽勃底一阿波唎蜜多二阿諭紇硯娜三須毗你悉指陀四羅佐耶五
怛姪他唵七莎訶廿　怛他羯他耶六　怛姪他唵七薩婆桑悉迦羅八波唎輸底九達磨底
伽伽娜十一莎訶某特迦底十二　薩婆婆毗輸底十三　摩訶娜耶十四波唎婆唎莎訶十五
若有自書寫教人書寫是无量壽宗要經受持讀誦若魔魔之眷屬夜叉羅剎不得其便
終无枉死陀羅尼日
南无薄伽勃底一阿波唎蜜多二阿諭紇硯娜三須毗你悉指陀四羅佐耶五怛他羯他耶六
怛姪他唵七薩婆桑悉迦羅八波唎輸底九達磨底十伽伽娜十一莎訶某特迦底十二
薩婆婆毗輸底十三　摩訶娜耶十四波唎婆唎莎訶十五
若有自書寫教人書寫是无量壽宗要經受持讀誦當命終時有九十九俱胝佛現其人
前兼千佛授手能從一切佛剎莫於此經生於疑惑陀羅尼日
南无薄伽勃底一阿波唎蜜多二阿諭紇硯娜三須毗你悉指陀四羅佐耶五怛他羯他耶六
怛姪他唵七薩婆桑悉迦羅八波唎輸底九達磨底十伽伽娜十一莎訶某特迦底十二
薩婆婆毗輸底十三　摩訶娜耶十四波唎婆唎莎訶十五
若有自書寫教人書寫是无量壽宗要經受持讀誦常得四天大王隨其衛護陀羅尼日
南无薄伽勃底一阿波唎蜜多二阿諭紇硯娜三須毗你悉指陀四羅佐耶五怛他羯他耶
怛姪他唵七薩婆桑悉迦羅八波唎輸底九達磨底十伽伽娜十一莎訶某特迦底十二
薩婆婆毗輸底十三　摩訶娜耶十四波唎婆唎莎訶十五
若有自書寫教人書寫是无量壽宗要經受持讀誦當得往生西方極樂世界阿弥陀
佛土陀羅尼日　南无薄伽勃底一阿波唎蜜多二阿諭紇硯娜三須毗你悉指陀四
羅佐耶五怛他羯他耶六怛姪他唵七薩婆桑悉迦羅八波唎輸底九達磨底十伽伽娜

BD04382號　無量壽宗要經　（7–4）

若有自書寫教人書寫是无量壽宗要經受持讀誦常得四天大王隨其衛護陀羅尼日
南无薄伽勃底一阿波唎蜜多二阿諭紇硯娜三須毗你悉指陀四羅佐耶五怛他羯他耶
怛姪他唵七薩婆桑悉迦羅八波唎輸底九達磨底十伽伽娜十一莎訶某特迦底十二
薩婆婆毗輸底十三　摩訶娜耶十四波唎婆唎莎訶十五
若有自書寫教人書寫是无量壽宗要經受持讀誦當得往生西方極樂世界阿弥陀
佛土陀羅尼日　南无薄伽勃底一阿波唎蜜多二阿諭紇硯娜三須毗你悉指陀四
羅佐耶五怛他羯他耶六怛姪他唵七薩婆桑悉迦羅八波唎輸底九達磨底十伽伽娜
十一莎訶某特迦底十二薩婆婆毗輸底十三　摩訶娜耶十四波唎婆唎莎訶十五
若有方所自書寫使人書寫是无量壽經典之處則為是塔皆應恭敬作禮若
是畜生或為鳥獸得聞經如是等類皆當不久得成一切種智陀羅尼日
南无薄伽勃底一阿波唎蜜多二阿諭紇硯娜三須毗你悉指陀四羅佐耶五怛他羯他耶六怛姪他唵
薩婆桑悉迦羅八波唎輸底九達磨底十伽伽娜十一莎訶某特迦底十二　薩婆婆
毗輸底十三　摩訶娜耶十四　波唎婆唎莎訶十五
若有於是无量壽經自書寫若使人書寫畢竟不受女人之身陀羅尼日
南无薄伽勃底一阿波唎蜜多二阿諭紇硯娜三須毗你悉指陀四羅佐耶五怛他羯他耶六
怛姪他唵七薩婆桑悉迦羅八波唎輸底九達磨底十伽伽娜十一莎訶某特迦底
薩婆婆毗輸底十三　摩訶娜耶十四波唎婆唎莎訶十五
怛姪他唵七薩婆桑悉迦羅八波唎輸底九達磨底十伽伽娜十一莎訶某特迦底
薩婆婆毗輸底十三　摩訶娜耶十四波唎婆唎莎訶十五
若有能於是經少分能惠施者等於三千大千世界滿中七寶布施陀羅尼日
南无薄伽勃底一阿波唎蜜多二阿諭紇硯娜三須毗你悉指陀四羅佐耶五怛他羯他耶　六
怛姪他唵七薩婆桑悉迦羅八波唎輸底九達磨底十伽伽娜十一莎訶某特迦底十二
薩婆婆毗輸底十三　摩訶娜耶十四波唎婆唎莎訶十五
若有能供養是經者則是供養一切諸經无有異陀羅尼日
南无薄伽勃底一阿波唎蜜多二阿諭紇硯娜三須毗你悉指陀四羅佐耶五怛他羯他耶六
怛姪他唵七薩婆桑悉迦羅八波唎輸底九達磨底十伽伽娜十一莎訶某特迦底十二
薩婆婆毗輸底十三　摩訶娜耶十四波唎婆唎莎訶十五
如是毗婆尸佛尸弃佛毗舍浮佛俱留孫佛俱那含牟尼佛迦葉佛釋迦牟尼佛
若有人以七寶供養如是七佛其福有限書寫受持是无量壽經典所有功德不可限
量陀羅尼日　南无薄伽勃底一阿波唎蜜多二阿諭紇硯娜三須毗你悉指陀四羅佐耶五
怛他羯他耶六　怛姪他唵七薩婆桑悉迦羅八波唎輸底九達磨底十伽伽娜十一
莎訶某特迦底十二　薩婆婆毗輸底十三　摩訶娜耶十四波唎婆唎莎訶十五
若有七寶等於須彌山用布施其福上能知其限量是无量壽經典其福不可知數陀羅
尼日　南无薄伽勃底一阿波唎蜜多二阿諭紇硯娜三須毗你悉指陀四羅佐耶五怛他羯他耶六

BD04382號　無量壽宗要經　（7–5）

[illegible]　摩訶娜耶十四　波唎婆唎莎訶十五

如是毗婆尸佛尸棄佛毗舍浮佛俱留孫佛俱那含牟尼佛迦葉佛釋迦牟佛

若有人以七寶供養如是七佛其福有限書寫受持是无量壽經典所有功德不可限

量陁羅尼曰　南无薄伽勃底一阿波唎蜜多二阿喻紇硯娜三須毗你失指陁四囉佐耶五

怛他羯他耶六　怛姪他唵七　怛姪他薩婆桑悉迦囉八波唎輸提九　達磨底十伽伽娜十一

莎訶娑特迦底十二　薩婆婆毗輸提十三　摩訶娜耶十四　波唎婆唎莎訶十五

若有七寶等於須彌山用布施其福上能知其限量是无量壽經典其福不可知數陁羅

尼曰　南无薄伽勃底一阿波唎蜜多二阿喻紇硯娜三須毗你失指陁四囉佐耶五怛他羯

他耶六　怛姪他唵七　薩婆桑悉迦囉八波唎輸提九　達磨底十伽伽娜十一　莎訶娑特迦底

薩婆婆毗輸提十三　摩訶娜耶十四　波唎婆唎莎訶十五

如是四大海水可知滴數是无量壽經典所生果報不可數量陁羅尼曰

南无薄伽勃底一阿波唎蜜多二阿喻紇硯娜三須毗你失指陁四囉佐耶五怛他羯他耶六

怛姪他唵七　薩婆桑悉迦囉八波唎輸提九　達磨底十伽伽娜十一　莎訶娑特迦底十二

薩婆婆毗輸提十三　摩訶娜耶十四　波唎婆唎莎訶十五

若有自書使人書寫是无量壽經典又能護持供養即如恭敬供養一切十方佛土如來

无有別異陁羅尼曰

南无薄伽勃底一阿波唎蜜多二阿喻紇硯娜三須毗你失指陁四囉佐耶五怛他羯他耶六

怛姪他唵七　薩婆桑悉迦囉八波唎輸提九　達磨底　伽伽娜十一　莎訶娑特迦底十二

薩婆婆毗輸提十三　摩訶娜耶十四　波唎婆唎莎訶十五

布施力能成正覺　悟布施力人師子　布施力能聲善聞　慈悲階漸最能入

持戒力能成正覺　悟持戒力人師子　持戒力能聲善聞　慈悲階漸最能入

忍辱力能成正覺　悟忍辱力人師子　忍辱力能聲善聞　慈悲階漸最能入

精進力能成正覺　悟精進力人師子　精進力能聲善聞　慈悲階漸最能入

禪定力能成正覺　悟智慧力人師子　禪定力能聲善聞　慈悲階漸最能入

智慧力能成正覺　悟智慧力人師子　智慧力能聲善聞　慈悲階漸最能入

尒時如來說是經已一切世間天人阿脩羅揵闥婆等聞佛所說皆大歡喜信受奉行

佛說无量壽宗要經

BD04382號　無量壽宗要經　（7–6）

薩婆婆毗輸提十三　摩訶娜耶十四　波唎婆唎莎訶十五

若有自書使人書寫是无量壽經典又能護持供養即如恭敬供養一切十方佛土如來

无有別異陁羅尼曰

南无薄伽勃底一阿波唎蜜多二阿喻紇硯娜三須毗你失指陁四囉佐耶五怛他羯他耶六

怛姪他唵七　薩婆桑悉迦囉八波唎輸提九　達磨底　伽伽娜十一　莎訶娑特迦底十二

薩婆婆毗輸提十三　摩訶娜耶十四　波唎婆唎莎訶十五

布施力能成正覺　悟布施力人師子　布施力能聲善聞　慈悲階漸最能入

持戒力能成正覺　悟持戒力人師子　持戒力能聲善聞　慈悲階漸最能入

忍辱力能成正覺　悟忍辱力人師子　忍辱力能聲善聞　慈悲階漸最能入

精進力能成正覺　悟精進力人師子　精進力能聲善聞　慈悲階漸最能入

禪定力能成正覺　悟智慧力人師子　禪定力能聲善聞　慈悲階漸最能入

智慧力能成正覺　悟智慧力人師子　智慧力能聲善聞　慈悲階漸最能入

尒時如來說是經已一切世間天人阿脩羅揵闥婆等聞佛所說皆大歡喜信受奉行

佛說无量壽宗要經

張瀛

BD04382號　無量壽宗要經　（7–7）

兌

是經典者我當守護除其衰患令得安隱使
无伺求得其便者若魔若魔子若魔女若魔
民若為魔所著者若夜叉若羅刹若鳩槃荼
若毗舍闍若吉蔗若富單那若韋陁羅等諸
惱人者皆不得便是人若行若立讀誦此經
我尒時乘六牙白象王與大菩薩衆俱詣其
所而自現身供養守護安慰其心亦為供養法
華經故是人若坐思惟此經尒時我復乘白
象王現其人前其人若於法華經有所忘失
一句一偈我當教之與共讀誦還令通利
尒時受持讀誦法華經者得見我身甚大歡
喜轉復精進以見我故即得三昧及陁羅尼
名為旋陁羅尼百千万億旋陁羅尼法音方
便陁羅尼得如是等陁羅尼世尊若後世後
歲求索者受持者讀誦者書寫者欲脩習是
法華經於三七日中應一心精進滿三七日已
我當乘六牙白象與无量菩薩而自圍繞以
一切衆生所憙見身現其人前而為說法示
教利喜亦復與其陁羅尼呪得是陁羅尼故
无有非人能破壞者亦不為女人之所惑亂
我身亦自常護是人唯願世尊聽我說此陁

BD04383號　妙法蓮華經（兌廢稿）卷七　（2–1）

兌

華經故是人若坐思惟此經尒時我復乘白
象王現其人前其人若於法華經有所忘失
一句一偈我當教之與共讀誦還令通利
尒時受持讀誦法華經者得見我身甚大歡
喜轉復精進以見我故即得三昧及陁羅尼
名為旋陁羅尼百千万億旋陁羅尼法音方
便陁羅尼得如是等陁羅尼世尊若後世後
歲求索者受持者讀誦者書寫者欲脩習是
法華經於三七日中應一心精進滿三七日已
我當乘六牙白象與无量菩薩而自圍繞以
一切衆生所憙見身現其人前而為說法示
教利喜亦復與其陁羅尼呪得是陁羅尼故
无有非人能破壞者亦不為女人之所惑亂
我身亦自常護是人唯願世尊聽我說此陁
羅尼即於佛前而說呪曰
阿檀地途賣反一　檀陁婆地二　檀陁婆帝三　檀陁鳩
舍隸四　檀陁脩陁隸五　脩陁隸六　脩陁羅婆
底七　佛䭾波羶禰八　薩婆陁羅尼阿婆多

BD04383號　妙法蓮華經（兌廢稿）卷七　（2–2）

緣所生諸受
諸受即是无生滅无生滅
觸為緣所生諸受舍利子
說鼻界入不二无妄法數
緣所生諸受入不二无妄
不異无生滅无生滅不
生滅无生滅即是舌界味
觸為緣所生諸受不
味界乃至舌觸為緣所生諸
觸為緣所生諸受即是无生
味界乃至舌觸為緣所生諸受舍利子
此緣故我作是說舌界入不二无妄法數
界乃至舌觸為緣所生諸受入不
數舍利子身界不異无生滅无生
界身界即是无生滅无生滅即是
身識界及身觸身觸為緣所生諸
生滅无生滅不異觸界乃至身觸
諸受觸界乃至身觸為緣所生諸
生滅无生滅即是觸界乃至身觸
諸受舍利子由此緣故我作是說
二无妄法數觸界乃至身觸為緣

BD04384號　大般若波羅蜜多經卷七四　（10–1）

身識界及身觸身觸為緣所生諸
生滅无生滅不異觸界乃至身觸
諸受觸界乃至身觸為緣所生諸
生滅无生滅即是觸界乃至身觸
諸受舍利子由此緣故我作是說
二无妄法數觸界乃至身觸為緣
入不二无妄法數舍利子意界不
无生滅不異意界意界即是无生
即是意界法界意識界及意觸意
生諸受不異无生滅无生滅不異法界乃至
意觸為緣所生諸受法界乃至意觸為緣所
生諸受即是无生滅无生滅即是法界乃至
意觸為緣所生諸受舍利子由此緣故我作
是說意界入不二无妄法數法界乃至意觸
為緣所生諸受入不二无妄法數舍利子地界
不異无生滅无生滅不異地界地界即是无
生滅无生滅即是地界水火風空識界不異
无生滅无生滅不異水火風空識界水火
風空識界即是无生滅无生滅即是水火風
空識界舍利子由此緣故我作是說地界入
不二无妄法數水火風空識界入不二无妄
法數舍利子苦聖諦不異无生滅无生滅不
異苦聖諦苦聖諦即是无生滅无生滅即是
苦聖諦集滅道聖諦不異无生滅无生滅不
異集滅道聖諦集滅道聖諦即是无生滅无
生滅即是集滅道聖諦舍利子由此緣故我
作是說苦聖諦入不二无妄法數集滅道聖

BD04384號　大般若波羅蜜多經卷七四　（10–2）

法數舍利子苦聖諦不異无生滅无生滅不
異苦聖諦苦聖諦即是无生滅无生滅即是
苦聖諦集聖諦不異无生滅无生滅不
異集滅道聖諦集滅道聖諦即是无生滅无
生滅即是集滅道聖諦舍利子由此緣故我
作是説苦聖諦入不二无妄法數集滅道聖
諦入不二无妄法數舍利子无明不異无生
滅无生滅不異无明无明即是无生滅无生
滅即是無明行識名色六處觸受愛取有生
老死愁歎苦憂惱不異无生滅无生滅不異
行乃至老死愁歎苦憂惱行乃至老死愁歎
苦憂惱即是无生滅无生滅即是行乃至老
老死愁歎苦憂惱舍利子由此緣故我作是
説无明入不二无妄法數行乃至老死愁歎
苦憂惱入不二无妄法數舍利子内空不異
无生滅无生滅不異内空内空即是无生滅
无生滅即是内空外空内外空空空大空勝義
空有爲空无爲空畢竟空无際空散空无
變異空本性空自相空共相空一切法空不
可得空无性空自性空无性自性空不異无
生滅无生滅不異外空乃至无性自性空外
空乃至无性自性空即是无生滅无生滅即
是外空乃至无性自性空舍利子由此緣故
我作是説内空入不二无妄法數外空乃至
无性自性空入不二无妄法數
舍利子布施波羅蜜多不異无生滅无生滅
不異布施波羅蜜多布施波羅蜜多即是无

BD04384號　大般若波羅蜜多經卷七四　（10–3）

空乃至无性自性空即是无生滅无生滅即
是外空乃至无性自性空舍利子由此緣故
我作是説内空入不二无妄法數外空乃至
无性自性空入不二无妄法數
舍利子布施波羅蜜多不異无生滅无生滅
不異布施波羅蜜多布施波羅蜜多即是无
生滅无生滅即是布施波羅蜜多淨戒安忍
精進靜慮般若波羅蜜多不異无生滅无生
滅不異淨戒安忍精進靜慮般若波羅蜜多
淨戒安忍精進靜慮般若波羅蜜多即是无
生滅无生滅即是淨戒安忍精進靜慮般若
波羅蜜多舍利子由此緣故我作是説布施波
羅蜜多入不二无妄法數淨戒安忍精進靜
慮般若波羅蜜多入不二无妄法數舍利子
四靜慮不異无生滅无生滅不異四靜慮四
靜慮即是无生滅无生滅即是四靜慮四无
量四无色定不異无生滅无生滅不異四无
量四无色定四无量四无色定即是无生滅
无生滅即是四无量四无色定舍利子由此緣
故我作是説四靜慮入不二无妄法數四
无量四无色定入不二无妄法數舍利子八
解脫不異无生滅无生滅不異八解脫八解
脫即是无生滅无生滅即是八解脫八勝處
九次第定十遍處不異无生滅无生滅不異
八勝處九次第定十遍處八勝處九次第定
十遍處即是无生滅无生滅即是八勝處九
次第定十遍處舍利子由此緣故我作是説

BD04384號　大般若波羅蜜多經卷七四　（10–4）

脱即是无生滅无生滅即是八解脱八勝處
九次第定十遍處不異无生滅无生滅不異
八勝處九次第定十遍處八勝處九次第定
十遍處即是无生滅无生滅即是八勝處九
次第定十遍處舍利子由此緣故我作是說
八解脱入不二无妄法數八勝處九次第定
十遍處入不二无妄法數舍利子四念住不
異无生滅无生滅不異四念住四念住即是
无生滅无生滅即是四念住四正斷四神足
五根五力七等覺支八聖道支不異无生滅
无生滅不異四正斷乃至八聖道支四正斷
乃至八聖道支即是无生滅无生滅即是四
正斷乃至八聖道支舍利子由此緣故我作
是說四念住入不二无妄法數四正斷乃至
八聖道支入不二无妄法數舍利子空解脱
門不異无生滅无生滅不異空解脱門空解
脱門即是无生滅无生滅即是空解脱門无
相无願解脱門不異无生滅无生滅不異无
相无願解脱門无相无願解脱門即是无生滅
无生滅即是无相无願解脱門舍利子由此
緣故我作是說空解脱門入不二无妄法
數无相无願解脱門入不二无妄法數舍利
子五眼不異无生滅无生滅不異五眼五眼
即是无生滅无生滅即是五眼六神通不異
无生滅无生滅不異六神通六神通即是无生
滅无生滅即是六神通舍利子由此緣故我

子五眼不異无生滅无生滅不異五眼五眼
即是无生滅无生滅即是五眼六神通不異
无生滅无生滅不異六神通六神通即是无生
滅无生滅即是六神通舍利子由此緣故我
作是說五眼入不二无妄法數六神通入不
二无妄法數舍利子佛十力不異无生滅无
生滅不異佛十力佛十力即是无生滅无生
滅即是佛十力四无所畏四无礙解大慈大
悲大喜大捨十八佛不共法不異无生滅
无生滅不異四无所畏乃至十八佛不共法
四无所畏乃至十八佛不共法即是无生滅
无生滅即是四无所畏乃至十八佛不共法
舍利子由此緣故我作是說佛十力入不二
无妄法數四无所畏乃至十八佛不共法入
不二无妄法數舍利子真如不異无生滅无
生滅不異真如真如即是无生滅无生滅即是
真如法界法性平等性離生性法定法住
實際虛空界不思議界不異无生滅无生
滅不異法界乃至不思議界法界乃至不思議
界即是無生滅无生滅即是法界乃至不思
議界舍利子由此緣故我作是說真如入不
二无妄法數法界乃至不思議界入不二无
妄法數舍利子无上正等菩提不異无生滅
无生滅不異无上正等菩提无上正等菩提
即是无生滅无生滅即是无上正等菩提一
切智道相智一切相智不異无生滅无生滅

二无妄法數法界乃至不思議界入不二无
妄法數舍利子无上正等菩提不異无生滅
无生滅不異无上正等菩提无上正等菩提
即是无生滅无生滅即是无上正等菩提一
切智道相智一切相智不異无生滅无生滅
不異一切智道相智一切相智一切智道相
智一切相智即是无生滅无生滅即是一切
智道相智一切相智舍利子由此緣故我作
是說无上正等菩提入不二无妄法數一切
智道相智一切相智入不二无妄法數舍利
子无忘失法不異无生滅无生滅不異无忘
失法无忘失法即是无生滅无生滅即是无
忘失法恒住捨性不異无生滅无生滅不異
恒住捨性恒住捨性即是无生滅无生滅即
是恒住捨性舍利子由此緣故我作是說无
忘失法入不二无妄法數恒住捨性入不二
无妄法數舍利子一切陀羅尼門不異无生
滅无生滅不異一切陀羅尼門一切陀羅尼
門即是无生滅无生滅即是一切陀羅尼門
一切三摩地門不異无生滅无生滅不異一
切三摩地門一切三摩地門即是无生滅无
生滅即是一切三摩地門舍利子由此緣故
我作是說一切陀羅尼門入不二无妄法數
一切三摩地門入不二无妄法數

初分无生品第廿

尒時具壽善現白佛言世尊諸菩薩摩訶薩

BD04384號　大般若波羅蜜多經卷七四　（10–7）

我作是說一切陀羅尼門入不二无妄法數
一切三摩地門入不二无妄法數

初分无生品第廿

尒時具壽善現白佛言世尊諸菩薩摩訶薩
脩行般若波羅蜜多觀諸法時見我无生畢
竟淨故見有情命者生者養者士夫補特伽
羅意生儒童作者受者知者見者无生畢竟
淨故世尊諸菩薩摩訶薩脩行般若波羅蜜
多觀諸法時見色无生畢竟淨故見受想行
識无生畢竟淨故世尊諸菩薩摩訶薩脩
行般若波羅蜜多觀諸法時見眼處无生畢
竟淨故見耳鼻舌身意處无生畢竟淨故世
尊諸菩薩摩訶薩脩行般若波羅蜜多觀諸
法時見色處无生畢竟淨故見聲香味觸法處
无生畢竟淨故世尊諸菩薩摩訶薩脩行般
若波羅蜜多觀諸法時見眼界无生畢竟淨
故見色界眼識界及眼觸眼觸為緣所生諸
受无生畢竟淨故世尊諸菩薩摩訶薩脩行
般若波羅蜜多觀諸法時見耳界无生畢竟
淨故見聲界耳識界及耳觸耳觸為緣所生
諸受无生畢竟淨故世尊諸菩薩摩訶薩脩
行般若波羅蜜多觀諸法時見鼻界无生畢
竟淨故見香界鼻識界及鼻觸鼻觸為緣所
生諸受无生畢竟淨故世尊諸菩薩摩訶薩
脩行般若波羅蜜多觀諸法時見舌界无生
畢竟淨故見味界舌識界及舌觸舌觸為緣
所生諸受无生畢竟淨故世尊諸菩薩摩訶

BD04384號　大般若波羅蜜多經卷七四　（10–8）

行般若波羅蜜多觀諸法時見鼻界无生畢
竟淨故見香界鼻識界及鼻觸鼻觸爲緣所
生諸受无生畢竟淨故世尊諸菩薩摩訶薩
脩行般若波羅蜜多觀諸法時見舌界无生
畢竟淨故見味界舌識界及舌觸舌觸爲緣
所生諸受无生畢竟淨故世尊諸菩薩摩訶
薩脩行般若波羅蜜多觀諸法時見身界无
生畢竟淨故見觸界身識界及身觸身觸爲
緣所生諸受无生畢竟淨故世尊諸菩薩摩
訶薩脩行般若波羅蜜多觀諸法時見意界
无生畢竟淨故見法界意識界及意觸意觸
爲緣所生諸受无生畢竟淨故世尊諸菩薩
摩訶薩脩行般若波羅蜜多觀諸法時見地
界无生畢竟淨故見水火風空識界无生畢
竟淨故世尊諸菩薩摩訶薩脩行般若波羅
蜜多觀諸法時見苦聖諦无生畢竟淨故見
集滅道聖諦无生畢竟淨故世尊諸菩薩摩
訶薩脩行般若波羅蜜多觀諸法時見无明
无生畢竟淨故見行識名色六處觸受愛取
有生老死愁歎苦憂惱无生畢竟淨故世尊
諸菩薩摩訶薩脩行般若波羅蜜多觀諸法
時見內空无生畢竟淨故見外空內外空空
空大空勝義空有爲空无爲空畢竟空无際
空散空无變異空本性空自相空共相空一
切法空不可得空无性空自性空无性自性空
无生畢竟淨故
世尊諸菩薩摩訶薩脩行般若波羅蜜多觀
諸法時見布施波羅蜜多无生畢竟淨故見

BD04384號　大般若波羅蜜多經卷七四　（10–9）

時見內空无生畢竟淨故見外空內外空空
空大空勝義空有爲空无爲空畢竟空无際
空散空无變異空本性空自相空共相空一
切法空不可得空无性空自性空无性自性空
无生畢竟淨故
世尊諸菩薩摩訶薩脩行般若波羅蜜多觀
諸法時見布施波羅蜜多无生畢竟淨故見
淨戒安忍精進靜慮般若波羅蜜多无生畢
竟淨故世尊諸菩薩摩訶薩脩行般若波羅
蜜多觀諸法時見四靜慮无生畢竟淨故見
四无量四无色定无生畢竟淨故世尊諸菩薩
摩訶薩脩行般若波羅蜜多觀諸法時見八
解脫无生畢竟淨故見八勝處九次第定十
遍處无生畢竟淨故世尊諸菩薩摩訶薩
脩行般若波羅蜜多觀諸法時見四念住无
生畢竟淨故見四正斷四神足五根五力七
等覺支八聖道支无生畢竟淨故世尊諸菩
薩摩訶薩脩行般若波羅蜜多觀諸法時見
空解脫門无生畢竟淨故見无相无願解脫門
无生畢竟淨故世尊諸菩薩摩訶薩脩行般
若波羅蜜多觀諸法時見五眼无生畢竟淨
故見六神通无生畢竟淨故世尊諸菩薩摩

BD04384號　大般若波羅蜜多經卷七四　（10–10）

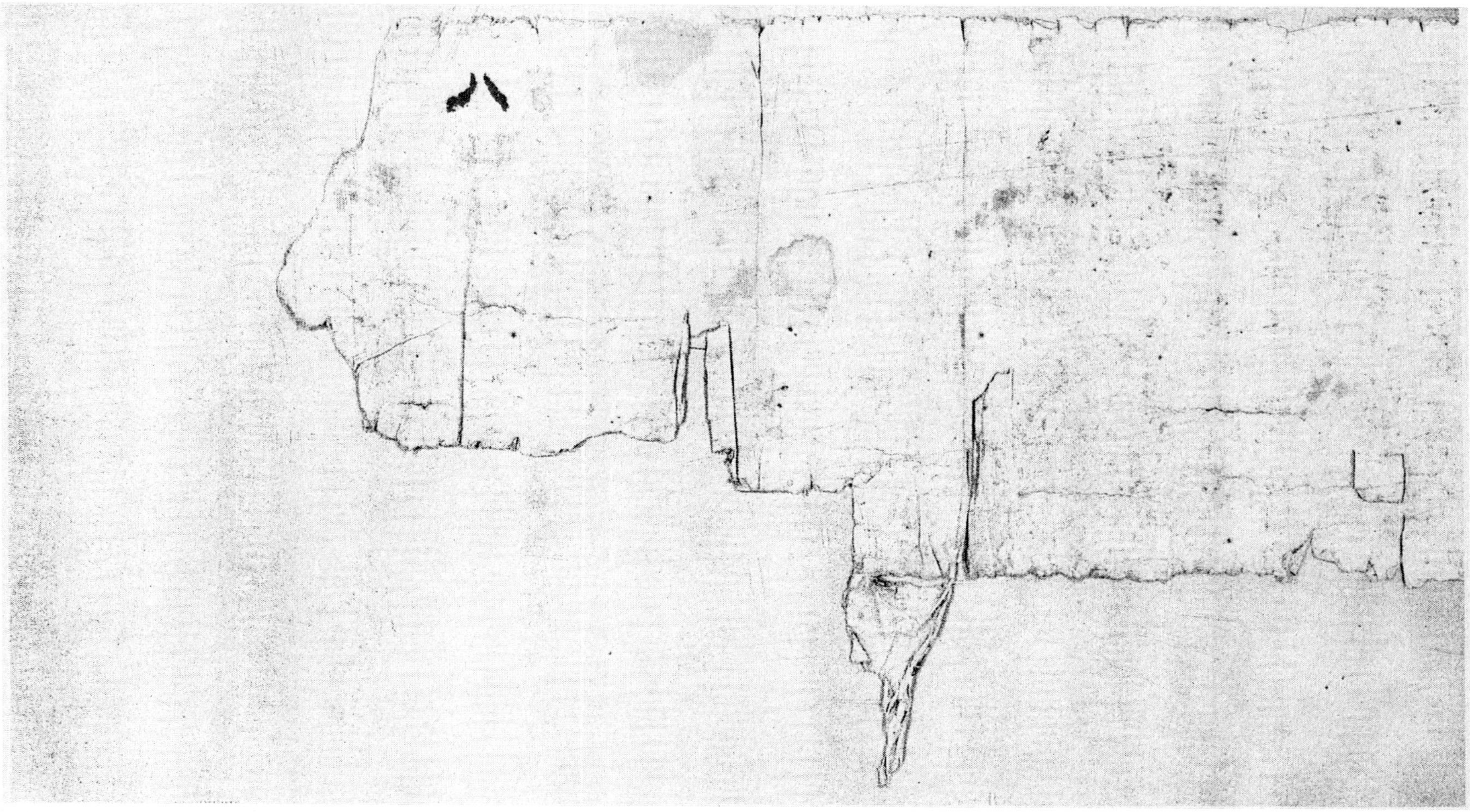
八

BD04384 號背　勘記　　（1–1）

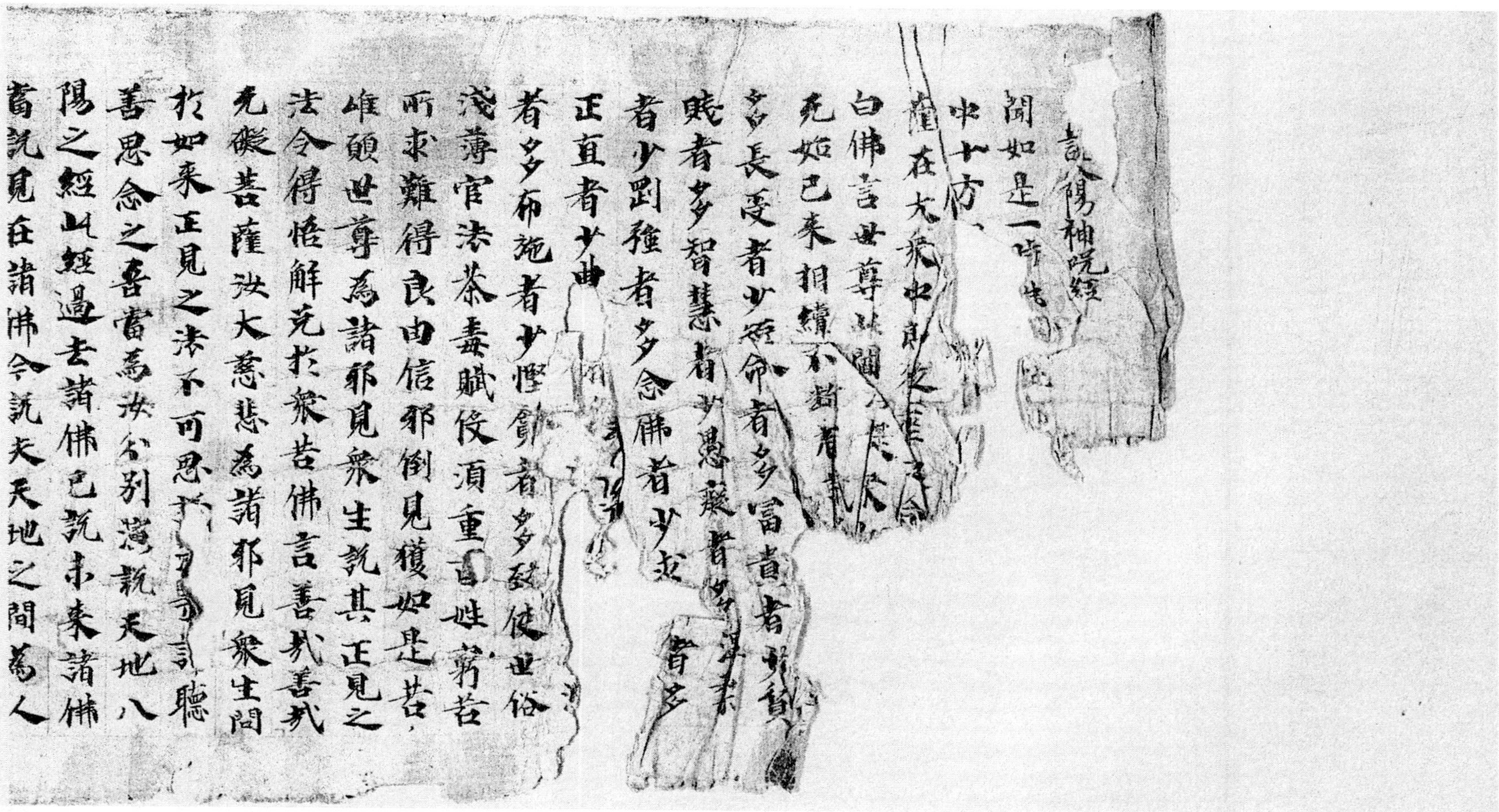
說八陽神呪經
聞如是一時佛[illegible]
中十方[illegible]
薩在大衆中即從[illegible]
白佛言世尊此閻浮[illegible]
无始已來相續不斷[illegible]
多長受者少短命者多富貴者[illegible]
賤者多智慧者少愚癡者多[illegible]
者少剛強者多念佛者少[illegible]
正直者少曲[illegible]
者多布施者少慳貪者多致使世俗
淺薄官法荼毒賦役須重百姓窮苦
所求難得良由信邪倒見獲如是苦
唯願世尊為諸邪見衆生說其正見之
法令得悟解免於衆苦佛言善哉善哉
无礙菩薩汝大慈悲為諸邪見衆生問
於如來正見之法不可思議[illegible]諦聽
善思念之吾當為汝分別解說天地八
陽之經此經過去諸佛已說未來諸佛
當說見在諸佛今說夫天地之間為人

BD04385 號　天地八陽神咒經　　（12–1）

无㝵菩薩汝大慈悲為諸邪見衆生問
於如來正見之法不可思[illegible]諦聽
善思念之吾當為汝分別解說天地八
陽之經此經過去諸佛已說未來諸佛
當說見在諸佛今說夫天地之間為人
最勝最上貴於一切衆生人者真也正
也心无虛妄身行正直左為正右為真
常行正直故名為人是知人能弘道道
以潤身於道依人皆成聖道
佛告无㝵菩薩一切衆生既得人身不
能修福背真向偽造種種惡業命將
欲終必沉苦海受種種罪苦若聞此經
信心不逆即得解脫諸罪諸難出於苦
海善神加護无諸障㝵延年益壽而
无橫夭以信力故獲如斯福
復次无㝵菩薩若有善男子善女人
信邪倒見即被邪魔外道魑魅魍魎鳥
鳴百怪是諸惡神惡鬼競來惱亂與
其橫病惡種惡疾受其痛苦无有休
息皆悉遇善知識為讀八陽經三遍
是諸惡鬼皆悉消滅病即除愈身強
力足讀經功德獲如斯福若有衆生
多於婬欲瞋恚愚癡慳貪嫉妬若見
此經信敬供養即讀此經三遍愚癡
等惡並皆除滅慈悲喜捨得佛法分
復次无㝵菩薩若有善男子善女人

BD04385號　天地八陽神咒經　（12–2）

力足讀經功德獲如斯福若有衆生
多於婬欲瞋恚愚癡慳貪嫉妬若見
此經信敬供養即讀此經三遍愚癡
等惡並皆除滅慈悲喜捨得佛法分
復次无㝵菩薩若有善男子善女人
等興有為法先讀此經三遍築墻動
土安立家宅南堂北堂東序西序廚舍
客屋門戶井竈碓磑庫藏六畜欄圈
日遊月殺將軍太歲黃幡豹尾五土地
神青龍白虎朱雀玄武六甲禁諱十
二諸神土府伏龍一切鬼魅皆悉隱藏
遠迸四方形消影滅不敢為害甚大
吉利獲福无量善男子興功之後堂
舍永安屋宅牢固富貴吉昌不求自
得若遠行從軍仕宦興生甚得宜利
門興人貴百子千孫父慈子孝男忠女
貞兄恭弟順夫妻和睦信義篤親所
願成就若有衆生忽被縣官拘繫盜
賊牽挽暫讀此經三遍即得解脫若
有善男子善女人受讀誦持為他書
寫八陽經者設入水火不被焚漂或在
山澤一切虎狼屏跡不敢傷噬善神
衛護成无上道
若復有人多於妄語兩舌惡口若能受
持讀誦此經永除四過得四无㝵辯而
成佛道

BD04385號　天地八陽神咒經　（12–3）

山澤一切常狼屏跡不敢慱嗟善神
衛護成无上道
若復有人多於妄語兩舌惡口若能受
持讀誦此經永除四過得四无㝵辯而
成佛道
復次善男子善女人等父母有罪臨終
之日應墮地獄受无量苦其子即為
讀斯經典七遍父母即離地獄而生天
上見佛聞法悟无生忍而證菩提佛告
无邊菩薩毗婆尸佛時有優婆塞
優婆夷心不信邪敬崇佛法書寫此
經受持讀誦所有興作須作即作一无
所問以正信故兼行布施平等供養得
无漏身成菩提道号曰普光如來應
正等覺劫名大滿國号无邊一切人民
皆行菩薩无上正法
復次善男子此八陽經行在閻浮提在
在處處有八菩薩諸梵天王一切明靈
圍遶此經香花供養无異若善男子
善女人等為諸衆生講說此經深解
實相得甚深理即知身心佛身法心
所以能知慧眼常見種種无盡色色
即是空空即是色受想行識亦空即
是妙色身如來耳常聞種種无盡聲
聲即是空空即是聲是妙音聲如來
鼻常嗅種種无盡香香即是空空即

BD04385 號　天地八陽神咒經

（12–4）

所以能知慧眼常見種種无盡色色
即是空空即是色受想行識亦空即
是妙色身如來耳常聞種種无盡聲
聲即是空空即是聲是妙音聲如來
鼻常嗅種種无盡香香即是空空即
是香是妙積如來舌常覺種種无盡味
味即是空空即是味是法喜如來身常
覺種種无盡觸觸即是空空即觸是
是智明如來意常想分別種種无盡
法法即是空空即是法是法明如來
善男子此六根顯現人皆口說其善法
輪常轉得成聖道若說邪語惡法常
轉即墮惡趣
善男子善惡之理不得不信无㝵菩薩
人之身心是佛法器亦是十二部大經卷
也无始已來轉轉不盡不損毫毛如來
藏經唯識心見聖者之所能知非知聲
聞凡夫所能知也
復次善男子讀誦此經為他講說深解
真理者即知身心是佛法器若醉迷不
醒不了自心是佛法根本流浪諸趣墮
於惡道永沉苦海不聞佛名字无㝵菩
薩復白佛言世尊人之在世生死為重
生不擇日時至即生死不擇日時至即死
何因殯葬即問良晨吉日然始殯葬
殯葬之後還有妨害貧窮者多滅

BD04385 號　天地八陽神咒經

（12–5）

於惡道神道者治不能佛名字為長者
薩復白佛言世尊人之在世生死為重
生不擇日時至即生死不擇日時至即死
何因殯塟即問良晨吉日然始殯葬
殯塟之後還有妨害貧窮者多滅
門者不少唯願世尊為諸邪見无知
衆生說其因緣令得正道除其顛倒
佛言善哉善哉善男子汝實甚能問
於衆生生死之事殯塟之法汝等諦
聽當為汝說智慧之理大道之法夫
天地廣太清日月廣長明時年善善
美實无有異善男子人王菩薩甚
大慈悲愍念衆生皆如赤子下為人
主作人父母順於俗人教於俗法遺作
曆日須下天下令知時節為有平滿成
收開除之字執危破煞之文愚人於字
信用无不免於凶禍又使邪師厭鎮說
是道非求邪神拜餓鬼却招殃自受
苦如斯人輩反天時逆地理背日月之
光明常投闇室違正之路廣恒尋邪
徑顛倒之甚也善男子生時讀此經三
遍便則易生甚大吉利聰明智慧福
德具足而无中夭死時讀此經三遍一
无妨害得福无量善男子日日好日月
月好月年年好年實无間隔但辦即須
塟殯葬殯之日讀此經七遍甚大吉

徑顛倒之甚也善男子生時讀此經三
遍便則易生甚大吉利聰明智慧福
德具足而无中夭死時讀此經三遍一
无妨害得福无量善男子日日好日月
月好月年年好年實无間隔但辦即須
塟殯葬殯之日讀此經七遍甚大吉
利獲福无量門榮人貴延年益壽命
終之後並得成聖
善男子殯塟之地不問東西南北安穩
之處人之愛樂鬼神愛樂即讀此經
義冨人興甚大吉利讀經三遍便以修
營安置墓田永无災障家冨人興甚大
吉利
尒時世尊欲重宣此義而說偈言
營生善日月　休殯好好時　生死讀誦經　甚得大吉利
月月善明月　年年大好年　讀經即殯塟　榮華万代昌
尒時衆中七万千人聞佛所說心開意解
捨邪歸正得佛法分永斷疑惑皆得阿
耨多羅三藐三菩提无㝵菩薩復
白佛言世尊一切凡夫皆以婚嫻為親先
問相宜復取吉日然始成親已後冨貴
偕老者少貧窮生離死別者多一種
信邪如何如有差別唯願世尊為決衆
疑
佛言善男子汝等諦聽當為汝說天陰
地陽月陰日陽水陰火陽男陰女陽天地

俗老者少貧窮生離死別者多一種
信邪如何如有差別唯願世尊為決衆
疑
佛言善男子汝等諦聽當為汝說天陰
地陽月陰日陽水陰火陽男陰女陽天地
氣一切草木生焉日月交運四時八節明焉
水火相承一切万物熟焉男女允諧子孫
興焉皆是天之常道自然之利世諦之
法善男子愚人无智信其邪師卜問望
吉而不修善造種種惡業命終之後復
得人身者如指甲上土墮於地獄作餓鬼
畜生者如大地土善男子復得人身正信
修善者如指甲上土信邪造惡者如大地
土善男子若結婚親莫問水火相尅胞胎
相厭一看祿命書即知福德多少以為眷
屬呼迎之日讀此經三遍即以成禮此乃
善善相因明明相屬門高人貴子孫興盛
聰明利智多才多藝孝敬相承甚大
吉利而无中夭福德具足皆成佛道
時有八菩薩承佛威神得大惣持常處
人間和光同塵破邪立正度四生處八解脫
其名曰
跋陀菩薩漏盡和　羅憐竭菩薩漏盡和
憍日兜菩薩漏盡和　須弥菩薩漏盡和
那羅達菩薩漏盡和　因坻達菩薩漏盡和
和輪調菩薩漏盡和　无緣觀菩薩漏盡和

BD04385號　天地八陽神咒經　（12–8）

其名曰
跋陀菩薩漏盡和　羅憐竭菩薩漏盡和
憍日兜菩薩漏盡和　須弥菩薩漏盡和
那羅達菩薩漏盡和　因坻達菩薩漏盡和
和輪調菩薩漏盡和　无緣觀菩薩漏盡和
是八菩薩俱白佛言世尊我於諸佛所受
得陀羅尼神呪而今說之擁護受持讀誦
八陽經者永無恐怖使一切不善之物不
得假損讀經法師即於佛前而說偈曰
阿佉尼　尼佉尼　阿比羅　曼隸　曼多隸
世尊若有不善者欲來惱法師聞我說
此呪頭破作七分如阿梨樹枝
是時无邊身菩薩白佛言世尊云何名
為八陽經唯願世尊為諸聽衆解說其
義令得醒悟速達心本入佛知見永斷
疑悔
佛言善哉善哉善男子汝等諦聽吾
今為汝解說八陽之經八者分別也陽者明
解也明解大乘无為之理了能分別八識
因緣空无所得又云八識為經陽明為緯
經緯相投以成經教故名八陽經八識者
眼是色識耳是聲識鼻是香識舌是
味識身是觸識意是分別識含藏識阿
賴耶識是名八識明了分別八識相淚
空无所有即知兩眼光明天光明天中即
現日月光明世尊兩耳聲聞天聲聞天

BD04385號　天地八陽神咒經　（12–9）

眼是色識耳是聲識鼻是香識舌是
味識身是觸識意分別識含藏識阿
賴耶識是名八識明了分別八識相涣
空无所有即知兩眼光明天光明天中即
現日月光明世尊兩耳聲聞天聲聞天
中即現无量聲如来兩鼻佛香天佛香
天中即現香積如来口舌是法味天法味
天中即現法喜如来身是盧舍那天盧
舍那天中即現成就盧舍那佛盧舍那
鏡像佛盧舍那光明佛意是无分別天
无分別天中即現不動如来大光明佛心
是法界天法界天中即現空王如来含藏
識天演出阿那含經大涅槃經阿賴耶
識天演出大智度論經瑜伽論經善男
子佛即是法法即是佛合為一相即現大
通智勝如来佛説此經時一切大地六種
震動光照天地无有邊際浩浩蕩蕩
如无所名一切幽冥皆悉明朗一切地獄皆
亦消滅一切罪人俱得離苦皆發无上菩
提心
尒時衆中八万八千菩薩一時成佛号曰虛
空藏如来應正等覺劫名圓滿國号无
邊一切人民无有被此並證无諍三昧六万
六千比丘比丘尼優婆塞優婆夷阿修羅
迦樓羅緊那羅摩睺羅伽人非人等得
法眼淨行菩薩道

BD04385號　天地八陽神咒經　（12–10）

空藏如来應正等覺劫名圓滿國号无
邊一切人民无有被此並證无諍三昧六万
六千比丘比丘尼優婆塞優婆夷阿修羅
迦樓羅緊那羅摩睺羅伽人非人等得
法眼淨行菩薩道
復次善男子若復有人得官登位之日及新
入宅之日即讀此經三遍甚大吉利獲福无
量善男子若讀此經一遍者如讀一切經一
遍能寫一卷者如寫一切經一部其功德
不可稱不可量无有邊如斯人等即為
聖道
復次无邊身菩薩摩訶薩若有衆生不信
正法常生邪見忽聞此經即生誹謗言非佛
説是人現世得白癩病惡瘡膿血遍體
交流腥臊臰穢人皆憎嫉命終之日即墮
阿鼻无間地獄上火徹下下火徹上鐵槍
鐵叉遍身穿穴洋銅灌口筋骨爛壞一日
一夜万死万生受大苦痛无有休息謗斯
經故獲罪如是佛為罪人而説偈言
身是自然身　五體自然體　長乃自然長　老乃自然老
生則自然生　死則自然死　求長不得長　求短不得短
苦樂汝自當　邪正由汝己　欲得有為功　讀經莫問師
千千万万代　得道轉法輪
佛説此經已一切聽衆得未曾有心開意解
歡喜踊躍皆見諸相非相入佛知見悟佛
知見无入无悟无知无見不得一法即涅槃樂

BD04385號　天地八陽神咒經　（12–11）

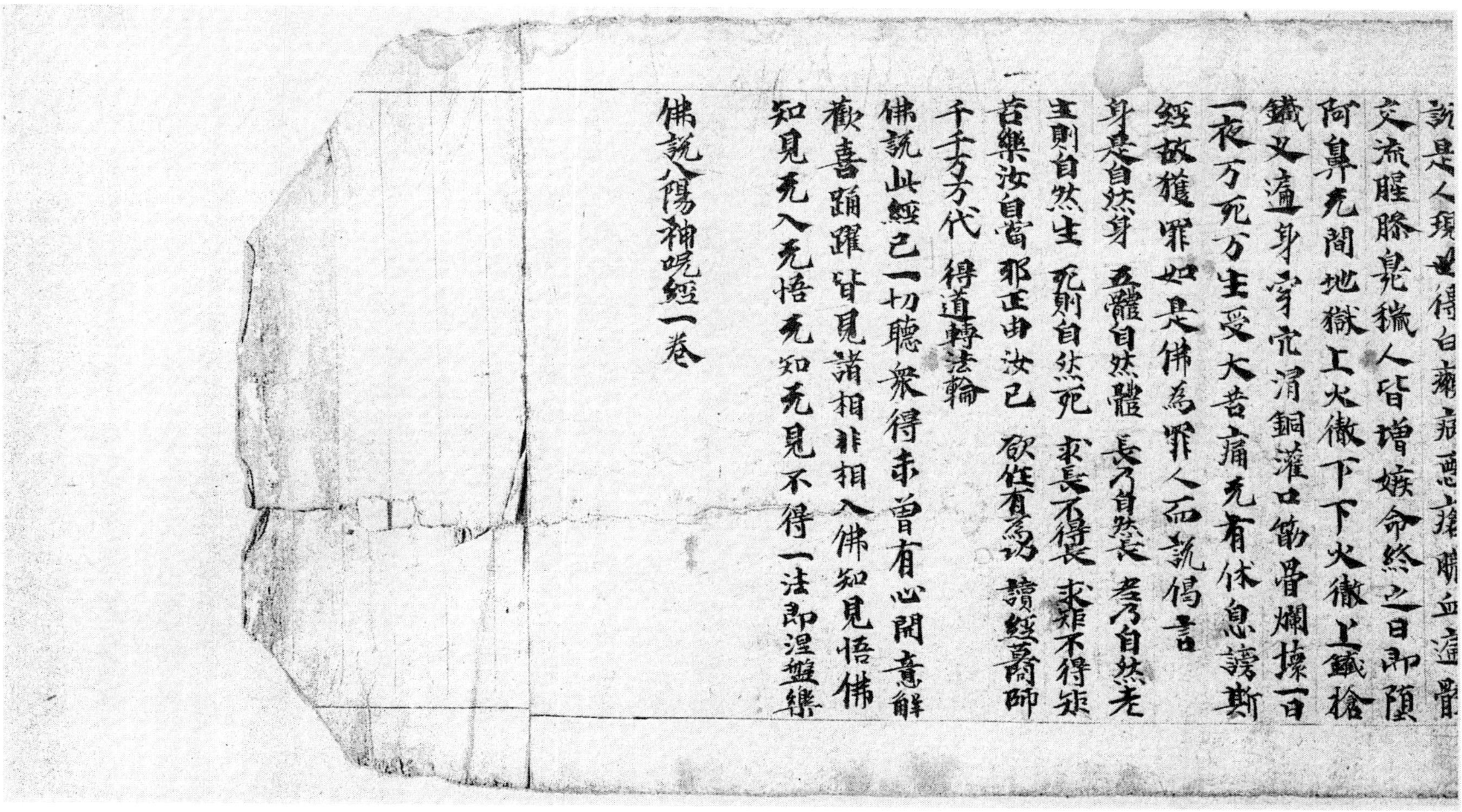

説是人現世得白癩病惡瘡膿血遍體
交流腥臊臭穢人皆憎嫉命終之日即墮
阿鼻无間地獄上火徹下下火徹上鐵槍
鐵叉遍身穿穴渭銅灌口筋骨爛壞一日
一夜万死万生受大苦痛无有休息謗斯
經故獲罪如是佛為罪人而説偈言
身是自然身　五體自然體　長乃自然長　老乃自然老
生則自然生　死則自然死　求長不得長　求短不得短
苦樂汝自當　邪正由汝已　欲作有為功　讀經莫問師
千千万万代　得道轉法輪
佛説此經已一切聽衆得未曾有心開意解
歡喜踊躍皆見諸相非相入佛知見悟佛
知見无入无悟无知无見不得一法即涅盤樂

佛説八陽神呪經一卷

BD04385 號　天地八陽神咒經　　(12–12)

BD04385 號背　藏文　　(1–1)

若過截竟波逸提
若比丘作覆瘡衣當應量作是中量者長
佛四搩　手截竟過者波逸提
若比丘作雨浴衣當應量作是中量者長
佛六搩手廣二搩手半截竟過者波逸提
若比丘與如來等量作衣或過量作者波逸
提是中如來衣量者長佛十搩手廣六搩
手是謂如來衣量
諸大德我已說九十波逸提法今問諸大德
是中清淨不 三說
諸大德是中清淨嘿然故是事如是持
諸大德是四波羅提提舍尼法半月半月
說戒經中來
若比丘入村中從非親里比丘尼若無病自
手取食食者是比丘應向餘比丘悔過言
大德我犯可呵法所不應爲我今向大德悔
過是法名悔過法
若比丘至白衣家內食是中有比丘尼指示
與某甲羹與某甲飯比丘應語彼比丘尼

BD04386號　四分律比丘戒本　（10–1）

手取食食者是比丘應向餘比丘悔過言
大德我犯可呵法所不應爲我今向大德悔
過是法名悔過法
若比丘至白衣家內食是中有比丘尼指示
與某甲羹與某甲飯比丘應語彼比丘尼如
是言大姊且止須比丘食竟若無一比丘語彼比丘
尼如是言大姊且止須比丘食竟者是比丘應向
餘比丘悔過言大德我犯可呵法所不應爲
我今向諸大德悔過是法名悔過法
若比丘先作學家羯磨若比丘於如是學家
先不請無病自手受食食者是比丘應向餘比
丘悔過言大德我犯可呵法所不應爲我今
向大德悔過是法名悔過法
若比丘在阿蘭若迥遠有疑恐怖處若比丘
在如是阿蘭若處住先不語檀越若僧伽藍
外不受食在僧伽藍內無病自手受食食者
應向餘比丘悔過言大德我犯可呵法所不
應爲我今向大德悔過是法名悔過法
諸大德我已說四波羅提提舍尼法今問諸
大德是中清淨不 三說
諸大德是中清淨嘿然故是事如是持
諸大德是衆學戒法半月半月說戒經中來
當齊整著三衣　應　當學
當齊整著涅槃僧　應當學
不得反抄衣行入白衣舍　應當學
不得反抄衣行入白衣舍坐　應當學

BD04386號　四分律比丘戒本　（10–2）

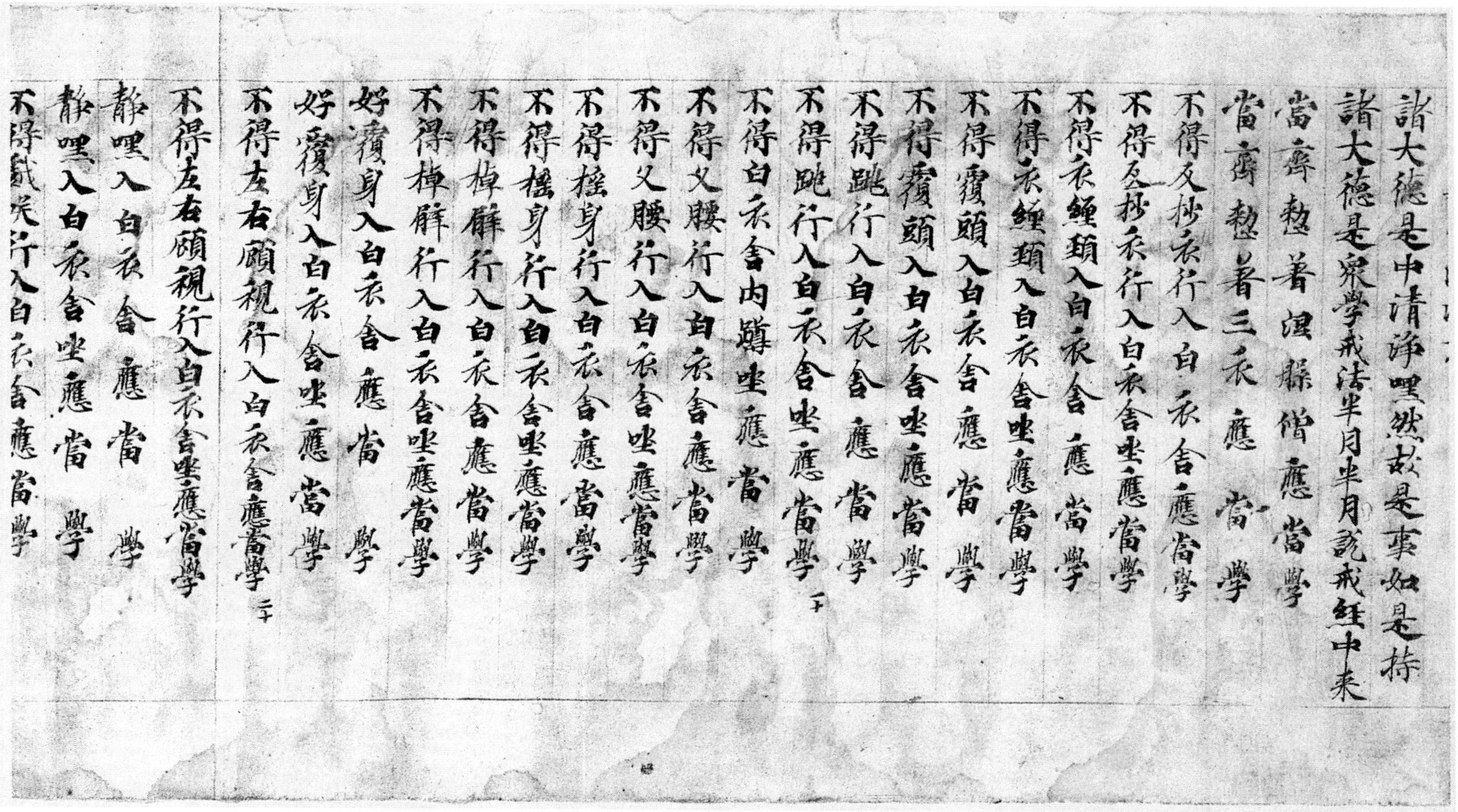

諸大德是中清淨嘿然故是事如是持

諸大德是衆學戒法半月半月說戒經中來

當齊整著涅槃僧應當學

當齊整著三衣應當學

不得反抄衣行入白衣舍應當學

不得反抄衣行入白衣舍坐應當學

不得衣纏頸入白衣舍應當學

不得衣纏頸入白衣舍坐應當學

不得覆頭入白衣舍應當學

不得覆頭入白衣舍坐應當學

不得跳行入白衣舍應當學

不得跳行入白衣舍坐應當學 十

不得白衣舍內蹲坐應當學

不得叉腰行入白衣舍應當學

不得叉腰行入白衣舍坐應當學

不得搖身行入白衣舍應當學

不得搖身行入白衣舍坐應當學

不得掉臂行入白衣舍應當學

不得掉臂行入白衣舍坐應當學

好覆身入白衣舍應當學

好覆身入白衣舍坐應當學

不得左右顧視行入白衣舍應當學 二十

不得左右顧視行入白衣舍坐應當學

靜嘿入白衣舍應當學

靜嘿入白衣舍坐應當學

不得戲笑行入白衣舍應當學

BD04386 號　四分律比丘戒本

（10–3）

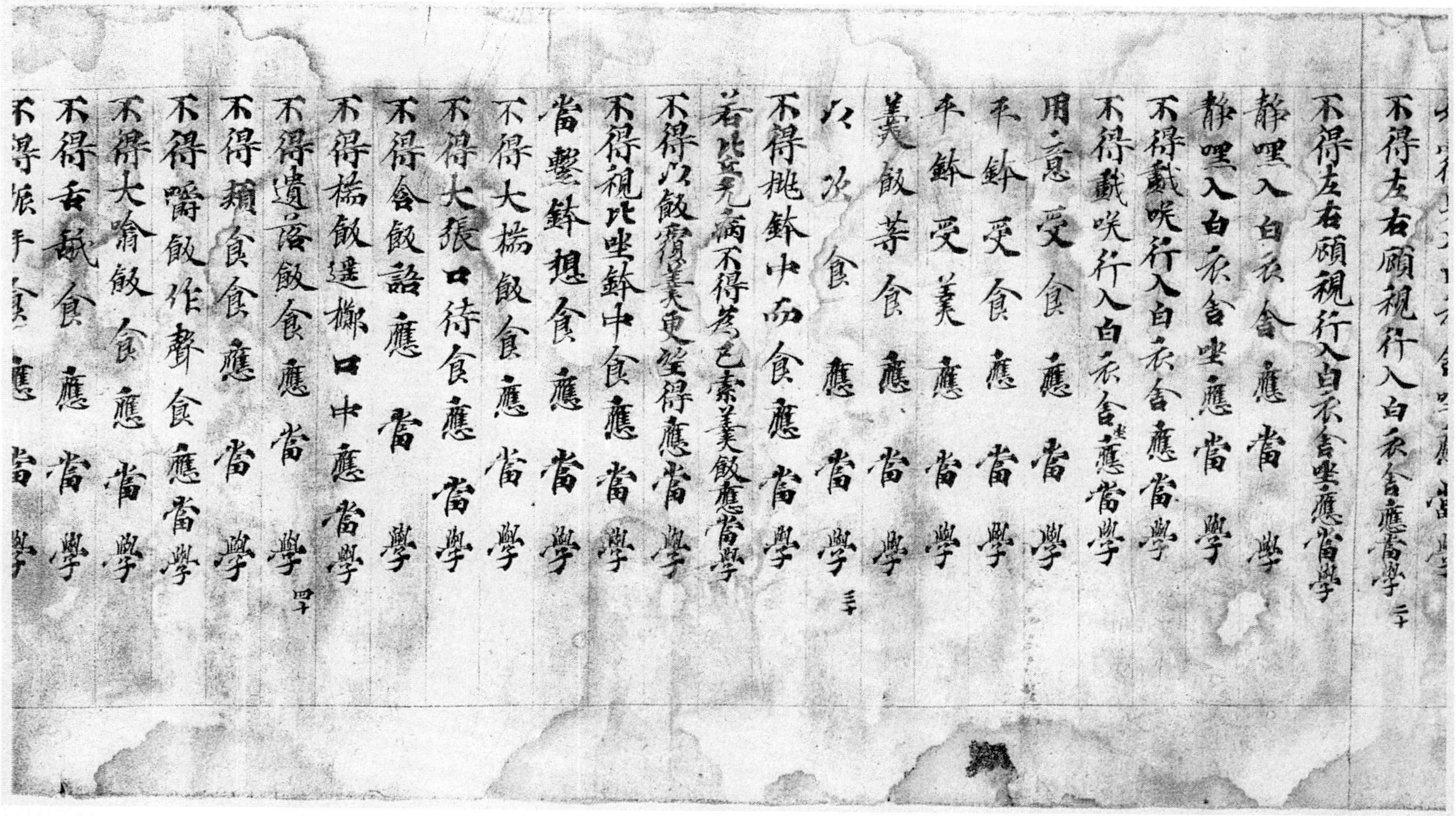

不得左右顧視行入白衣舍坐應當學 二十

靜嘿入白衣舍應當學

靜嘿入白衣舍坐應當學

不得戲笑行入白衣舍應當學

不得戲笑行入白衣舍坐應當學

用意受食應當學

平鉢受食應當學

平鉢受羹應當學

羹飯等食應當學

以次食應當學 三十

不得挑鉢中而食應當學

若比丘無病不得為己索羹飯應當學

不得以飯覆羹更望得應當學

不得視比坐鉢中食應當學

當繫鉢想食應當學

不得大摶飯食應當學

不得大張口待食應當學

不得含飯語應當學

不得摶飯遙擲口中應當學

不得遺落飯食應當學 四十

不得頰食食應當學

不得嚼飯作聲食應當學

不得大噏飯食應當學

不得舌舐食應當學

不得振手食應當學

BD04386 號　四分律比丘戒本

（10–4）

不得遺落飯食應當學
不得頰食食應當學
不得嚼飯作聲食應當學
不得大噏飯食應當學
不得舌舐食應當學
不得振手食應當學
不得手把散飯食應當學
不得汙手捉飲器應當學
不得洗鉢水棄白衣舍內應當學
不得生草菜上大小便涕唾除病應當學
不得淨水中大小便涕唾除病應當學 卒
不得立大小便除病應當學
不得與反抄衣不恭敬人說法除病應當學
不得為衣纏頸者說法除病應當學
不得為覆頭者說法除病應當學
不得為裹頭者說法除病應當學
不得為叉腰者說法除病應當學
不得為著革屣者說法除病應當學
不得為著木屐者說法除病應當學
不得□騎乘者說法除病應當學
不得在佛塔中止宿除為守護故應當學 卒
不得藏財物置佛塔中除為堅牢應當學
不得著革屣入佛塔中應當學
不得手捉革屣入佛塔中應當學
不得著革屣遶佛塔行應當學
不得著富羅入佛塔中應當學
不得□□富羅□佛塔□□應當學

BD04386 號　四分律比丘戒本　（10–5）

不□□□□□□□□為□護故應當學
不得藏財物置佛塔中除為堅牢應當學
不得著革屣入佛塔中應當學
不得手捉革屣入佛塔中應當學
不得著革屣遶佛塔行應當學
不得著富羅入佛塔中應當學
不得手捉富羅入佛塔中應當學
不得塔下坐食留草及食汙地應當學
不得擔死屍從佛塔下過應當學
不得佛塔下埋死屍應當學
不得□□□死屍應當學 卒
不得□□死屍應當學
不得□□□死屍使臭氣來入應當學
不得持死人衣及床從塔下過除浣染香熏應當學
不得佛塔下大小便應當學
不得向佛塔大小便應當學
不得繞佛塔四邊大小便使臭氣來入應當學
不得持佛像至大小便處應當學
不得在佛塔下嚼楊枝應當學
不得向佛塔嚼楊枝應當學
不得佛塔四邊嚼楊枝應當學 仐
不得在佛塔下涕唾應當學
不得向佛塔涕唾應當學
不得□□□涕唾□當學
不□□□□應當學
不□□□□在上房住應當學
人坐己立不得為說法除病應當學

BD04386 號　四分律比丘戒本　（10–6）

不得向佛…當學
不得…當學
不得…應當學
不得…已在上房住應當學
人坐己立不得為說法除病應當學
人臥己坐不得為說法除病應當學
人在座己在非座不得為說法除病應當學
人在高座己在下座不得為說法除病應當學
人在前行己在後行不得為說法除病應當學 六十
人在高經行處己在下經行處不應為說法除病應當學
人在道己在非道不應為說法除病應當學
不得攜手在道行應當學
不得上樹過人頭除時因緣應當學
不得絡囊盛鉢貫杖頭著肩上而行應當學
人持杖不恭敬不應為說法除病應當學
人持劍不應為說法除病應當學
人持鉾不應為說法除病應當學
人持刀不應為說法除病應當學
人持蓋不應為說法除病應當學
諸大德我已說眾學戒法今問諸大德是
中清淨不 三說
諸大德是中清淨嘿然故是事如是持
諸大德是七滅諍法半月半月說戒經中來
若比丘有諍事起即應除滅
應與現前毗尼　當與現前毗尼
應與憶念毗尼　當與憶念毗尼
[illegible]

BD04386號　四分律比丘戒本　（10–7）

中清淨不 三說
諸大德是中清淨嘿然故是事如是持
諸大德是七滅諍法半月半月說戒經中來
若比丘有諍事起即應除滅
應與現前毗尼　當與現前毗尼
應與憶念毗尼　當與憶念毗尼
應與不癡毗尼　當與不癡毗尼
應與自言治　當與自言治
應與覓罪相　當與覓罪相
應與多人語　當與多人語
應與如草覆地　當與如草覆地
諸大德我已說七滅諍法今問諸大德是中
清淨不 三說 諸大德是中清淨嘿然故是事如是持
諸大德我已說戒經序已說四波羅夷法
已說十三僧伽婆尸沙法已說二不定法已
說卅尼薩耆波逸提法已說九十波逸提法已
說四波羅提提舍尼法已說眾學戒法已說
七滅諍法此是佛所說戒經半月半月戒經
中說若更有餘佛法是中皆共和合應當學
忍辱第一道　佛說無為最　出家惱他人　不名為沙門
此是毗婆尸如來無所著等正覺說是戒經
譬如明眼人　能避嶮惡道　世有聰明人　能遠離諸惡
此是尸棄如來無所著等正覺說是戒經
不謗亦不嫉　當奉行於戒　飲食知止足　常樂在空閑
心定樂精進　是名諸佛教
此是毗葉羅如來無所著等正覺說是戒經

BD04386號　四分律比丘戒本　（10–8）

此是毗婆尸如來无所著等正覺說是戒經
譬如明眼人 能避嶮惡道 世有聰明人 能遠離諸惡
此是尸棄如來无所著等正覺說是戒經
不謗亦不嫉 當奉行於戒 飲食知止足 常樂在空閑
心定樂精進 是名諸佛教
此是毗葉羅如來无所著等正覺說是戒經
譬如蜂採花 不壞色與香 但取其味去 比丘入聚然
不違戾他事 不觀作不作 但自觀身行 若正若不正
此是拘留孫如來无所著等正覺說是戒經
心莫作放逸 聖法當勤學 如是无憂愁 心定入涅槃
此是拘那含牟尼如來无所著等正覺說是
戒經
一切惡莫作 當奉行諸善
此是迦葉如來无所著等
善護於口言 自淨其志意
能行如是行 是大仙人道
此是釋迦牟尼如來无所
中為无事僧說是戒經
自為樂法樂沙門者
於中學
明人能護戒 能得三種樂
當觀如是處 有智勤護戒
如過去諸佛 及以未來者
皆共尊敬戒 此是諸佛法
當尊重正法 此是諸佛教
說是七戒經 諸縛得解脫
尊行大仙說 聖賢

BD04386號　四分律比丘戒本　（10–9）

此是釋迦
中為无事僧說是戒經
自為樂法樂沙門者
於中學
明人能護戒 能得三種樂
當觀如是處 有智勤護戒
如過去諸佛 及以未來者
皆共尊敬戒 此是諸佛法
當尊重正法 此是諸佛教
說是七戒經 諸縛得解脫
尊行大仙說 聖賢稱譽
世尊涅槃時 興起於大悲
莫謂我涅槃 淨行者无護
我雖般涅槃 當視如世尊
以是熾盛故 得入於涅槃
喻如日沒時 世界皆闇冥
和合一處坐 如佛之所說
我今說戒經 所說諸功德

BD04386號　四分律比丘戒本　（10–10）

其殺過以
於解脫此皆
无間業者終无現
身而不解脫唯除覺了自心所現身資所住
離我我所分別執見或於來世餘處受生遇
善知識離分別過方證解脫尒時世尊重說頌言
貪愛名為母　无明則是父　識了於境界　此則名為佛
隨眠阿羅漢　蘊聚和合僧　斷彼无餘間　是名无間業
尒時大慧菩薩摩訶薩復白佛言世尊願為
我說諸佛體性佛言大慧覺二无我除二種
障離二種死斷二煩惱是佛體性大慧聲聞緣
覺得此法已亦名為佛我以是義但說一乘尒
時世尊重說頌言
善知二无我　除二障二惱　及不思議死　是故名如來
尒時大慧菩薩摩訶薩復白佛言世尊如來
以何密意於大衆中唱如是言我是過去一切諸
佛及說百千本生之事我於尒時作頂生王
大象鸚鵡月光妙眼仙人如是等佛言大慧
如來應正等覺依四平等秘密意故於大衆
中作如是言我於昔時作拘留孫佛拘那含牟

BD04387號　大乘入楞伽經卷四

(23–1)

以何密意於大衆中唱如是言我是過去一切諸
佛及說百千本生之事我於尒時作頂生王
大象鸚鵡月光妙眼仙人如是等佛言大慧
如來應正等覺依四平等秘密意故於大衆
中作如是言我於昔時作拘留孫佛拘那含牟
尼佛迦葉佛云何為四所謂字平等語平等
身平等法平等云何字平等謂我名佛
一切如來亦名為佛佛名无別是謂字等云
何語平等謂我作六十四種梵音聲語一切如
來亦作此語迦陵頻伽梵音聲性不增不減
无有差別是名語等云何身平等謂我與諸
佛法身色相及隨形好等无差別除為調伏
種種衆生現隨類身是身等云何法平等
謂我與諸佛皆同證得卅七種菩提分法是
謂法等是故如來應正等覺於大衆中作如
是說尒時世尊重說頌言
迦葉拘留孫　拘那含是我　依四平等故　為諸佛子說
尒時大慧菩薩摩訶薩復白佛言世尊如世尊
說我於某夜成最正覺乃至某夜當入涅槃
於其中間不說一字亦不已說亦不當說亦不今
說是佛說世尊依何密意作如是語佛言大
慧依二密法故作如是說云何二法謂自證法
及本住法云何自證法謂諸所證我亦同證
不增不減證智所行離言說相離分別相離名
字相云何本住法謂法本性如金等在鑛若
佛出世若不出世法住法位法界法性皆悉

BD04387號　大乘入楞伽經卷四

(23–2)

及本住法云何自證法謂諸所證我亦同證
不增不減證智所行離言說相離分別相離名
字相云何本住法謂法本性如金等在鑛若
佛出世若不出世法住法位法界法性皆悉
常住大慧譬如有人行曠野中見向古城平
坦舊道即便隨入止息遊戲大慧於汝意云何
彼作是道及以城中種種物耶白言不也佛言
大慧我及諸佛所證真如常住法性亦復
如是是故說言始從成佛乃至涅槃於其中
間不說一字亦不已說不當說尒時世尊重
說頌言
某夜成正覺　某夜般涅槃　於此二中間　我都无所說
自證本住法　故作是密語　我及諸如來　无有少差別
尒時大慧菩薩摩訶薩復白佛言世尊願說
一切法有无相令我及諸菩薩摩訶薩離此相
疾得阿耨多羅三藐三菩提佛言諦聽當為
汝說大慧言唯佛言大慧世間眾生多墮二
見謂有見无見墮二見故非出出想云何有
見謂實有因緣而生諸法非不實有
諸法從因緣生非无法生大慧如是說者則說
无因云何无見謂知受貪瞋癡已而妄計言
无大慧及彼分別有相而不受諸法有復有
知諸如來聲聞緣覺无貪瞋癡性而計為非
有此中誰為壞者大慧白言謂有貪瞋癡性
後取於无名為壞者佛言善哉汝解我問此人
非止无貪瞋癡名為壞者亦壞如來聲聞緣

知諸如來聲聞緣覺无貪瞋癡性而計為非
有此中誰為壞者大慧白言謂有貪瞋癡性
後取於无名為壞者佛言善哉汝解我問此人
非止无貪瞋癡名為壞者亦壞如來聲聞緣
覺何以故煩惱內外不可得故體性非異非不
異故大慧貪瞋癡性若內若外皆不可得无
體性故无可取故聲聞緣覺及以如來本
性解脫无有能縛及縛因故大慧若有能縛
及以縛因則有所縛作如是說名為壞者是為
无有相我依此義密意而說寧起我見如須
彌山不起空見懷增上慢若起此見名為壞者
墮自共見樂欲之中不了諸法唯心所現以不了
故見有外法剎那无常展轉差別蘊界處
相續流轉起已還滅虛妄分別離文字相亦
成壞者尒時世尊重說頌言
有无是二邊　乃至心所行　淨除彼所行　平等心寂滅
不取於境界　非滅无所有　真有如如物　如諸聖所行
本无而有生　生已而復滅　因緣有及无　彼非住我法
非外道非佛　非我非餘眾　能以緣成有　云何而得无
誰以緣成有　而復得言无　惡見說為生　妄想計有无
若知无所生　亦復无所滅　觀世悉空寂　有无二俱離
尒時大慧菩薩摩訶薩復請佛言世尊唯願
為說宗趣之相令我及諸菩薩摩訶薩善達
此義不隨一切眾邪妄解疾得阿耨多羅三
藐三菩提佛言諦聽當為汝說大慧言唯佛
言大慧一切二乘及諸菩薩有二種宗法相何

尒時大慧菩薩摩訶薩復白佛言世尊願
為說宗趣之相令我及諸菩薩摩訶薩善達
此義不隨一切眾邪妄解疾得阿耨多羅三
藐三菩提佛言諦聽當為汝說大慧言唯佛
言大慧一切二乘及諸菩薩有二種宗法相何
等為二謂宗趣法相言說法相宗趣法相者謂
自所證殊勝之相離於文字語言分別入无
漏界成自地行超過一切不正思覺伏魔外
道生智慧光是名宗趣法相言說法相者謂
說九部種種教法離於一異有无等相以巧方
便隨眾生心令入此法是名言說法相汝及諸
菩薩當勤修學　尒時世尊重說頌言
宗趣與言說　自證及教法　若能善知見　不隨他妄解
如愚所分別　非是真實相　彼豈不求度　无法而可得
觀察諸有為　生滅等相續　增長於二見　顛倒无所知
涅槃離心意　唯此一法實　觀世悉虛妄　如幻夢芭蕉
无有貪恚癡　亦復无有人　從愛生諸蘊　如夢之所見
尒時大慧菩薩摩訶薩復白佛言世尊願為
我說虛妄分別相此虛妄分別云何而生是何而
生因何而生誰之所生何故名為虛妄分別佛
言大慧善哉善哉汝為哀愍世間天人而
問此義多所利益多所安樂諦聽諦聽善思
念之當為汝說大慧言唯佛言大慧一切眾
生於種種境不能了達自心所現計能所取
虛妄執著起諸分別隨有无見增長外道
妄見習氣心心所法相應起時執有外義種
種可得計著於我及以我所是故名為虛妄

念之當為汝說大慧言唯佛言大慧一切眾
生於種種境不能了達自心所現計能所取
虛妄執著起諸分別隨有无見增長外道
妄見習氣心心所法相應起時執有外義種
種可得計著於我及以我所是故名為虛妄
分別大慧白言若如是者外種種義性離有
无起諸見相世尊第一義諦亦復如是離諸
根量宗因譬喻世尊何故於種種義言起分
別第一義中不言起耶將无世尊所言乖理
一處言起一不言故世尊又說虛妄分別墮有
无見譬如幻事種種非實分別亦尒无有相
離云何而說墮二見耶此說豈不墮於世見佛
言大慧分別不生不滅何以故不起有无分別
相故所見外法皆有无故了唯自心之所現
故但以愚夫分別自心種種諸法著種種相
而作是說令知所見皆是自心斷我我所一
切見著離作所作諸因緣覺唯心故轉其意
樂善明諸地入佛境界捨五法自性諸分別見
是故我說虛妄分別執著種種自心所現諸
境界生如實了知則得解脫尒時世尊重說
頌言
諸因及與緣　從此生世間　與四句相應　不知於我法
世非有无生　亦非俱不俱　云何諸愚夫　分別因緣起
非有亦非无　亦復非有无　如是觀世間　心轉證无我
一切法不生　從以緣生故　諸緣之所作　所作法非生
果不自生果　有二果失故　无有二果故　非有性可得

諸因及與緣　從此生世間　與四句相應　不知於我法
世非有无生　亦非俱不俱　云何諸愚夫　分別因緣起
非有亦非无　亦復非有无　如是觀世間　心轉證无我
一切法不生　從以緣生故　諸緣之所作　所作法非生
果不自生果　有二果失故　无有二果故　非有性可得
觀諸有為法　離能緣所緣　決定唯是心　故我說心量
量之自性處　緣法二俱離　究竟妙淨事　我說名心量
施設假名我　而實不可得　諸蘊蘊假名　亦皆无實事
有四種平等　相因及所生　无我為第四　修行者觀察
離一切諸見　及能所分別　无得亦无生　我說是心量
非有亦非无　有无二俱離　如是心亦離　我說是心量
真如空實際　涅槃及法界　種種意成身　我說是心量
妄想習氣縛　種種從心生　衆生見為外　我說是心量
外所見非有　而心種種現　身資及所住　我說是心量
尒時大慧菩薩摩訶薩復白佛言世尊如來
說言如我所說汝及諸菩薩不應依語而取
其義世尊何故不應依語取義云何為語云
何為義佛言諦聽為當汝說大慧言唯佛言
大慧語者所謂分別習氣而為其因依於喉
舌脣齶齒輔而出種種音聲文字相對談說
是名為語云何為義菩薩摩訶薩住獨一靜
處以聞思脩慧思惟觀察向涅槃道自智境
界轉諸習氣行於諸地種種行相是名為義
復次大慧菩薩摩訶薩善於語義知語與義
不一不異義之與語亦復如是若義異語則
不應因語而顯於義而因語見義如燈照色

BD04387號　大乘入楞伽經卷四　（23–7）

界轉諸習氣行於諸地種種行相是名為義
復次大慧菩薩摩訶薩善於語義知語與義
不一不異義之與語亦復如是若義異語則
不應因語而顯於義而因語見義如燈照色
大慧譬如有人持燈照物知此物如是在如是
處菩薩摩訶薩亦復如是因語言燈入離
言說自證境界復次大慧若有於不生不滅
自性涅槃三乘一乘五法諸心自性等中如言
取義則墮建立及誹謗見以異於彼起分別
故如見幻事計以為實是愚夫見非賢聖也
尒時世尊重說頌言
若隨言取義　建立於諸法　以彼建立故　死墮地獄中
蘊中无有我　非蘊即是我　不如彼分別　亦復非无有
如愚所分別　一切皆有性　若如所見者　皆應見真實
一切染淨法　悉皆无體性　不如彼所見　亦非无所有
復次大慧我當為汝說智識相汝及諸菩薩
摩訶薩若善了知智識之相則能疾得阿耨多
羅三藐三菩提大慧智有三種謂世間智出
世間智出世間上上智云何世間智謂一切外
道凡愚計有无法云何出世間智謂一切二乘
著自共相云何出世間上上智謂諸佛菩薩觀
一切法皆无有相不生不滅非有非无證法
无我入如來地大慧復有三種智謂知自相
共相智知生滅智知不生不滅智復次大慧生
滅是識不生滅是智墮相无相及以有无種種
相因是識離相无相及有无因是智有積集

BD04387號　大乘入楞伽經卷四　（23–8）

一切法皆无有相不生不滅非有非无證法
无我入如来地大慧復有三種智謂知自相
共相智知生滅智知不生不滅智復次大慧生
滅是識不生滅是智墮相无相及以有无種種
相因是識離相无相及有无因是智有積集
相是識无積集相是智著境界相是識不著
境界相是智三和合相應生是識无㝵相應
自性相是智有得相是識无得相是智證自
聖所智行境界如水中月不入不出故尒時世
尊重說頌言
採集業為心　觀察法為智　慧能證无相　逮自在威光
境界縛為心　覺想生為智　无相及增勝　智慧於中起
心意及與識　離諸分別想　得无分別法　佛子非聲聞
寂滅殊勝忍　如来清淨智　生於善勝義　遠離諸所行
我有三種智　聖者能照明　分別於諸相　開示一切法
我智離諸相　超過於二乘　以諸聲聞等　執著諸法有
如来智无垢　了達唯心故
復次大慧諸外道有九種轉變見所謂形轉
變相轉變因轉變相應轉變見轉變生轉變
物轉變緣明了轉變所作明了轉變是為九一
切外道因是見故起有无轉變論此中形轉變者
謂形別異見譬如以金作莊嚴具環釧瓔珞
種種不同形狀有殊金體无易一切法變亦
復如是諸餘外道種種計著皆非如是亦
非別異但分別故一切轉變如是應知譬如
乳酪酒果等熟外道言此皆有轉變而實
无有若有若无自心所見无外物故如此皆是

BD04387 號　大乘入楞伽經卷四　（23–9）

種種不同形狀有殊金體无易一切法變亦
復如是諸餘外道種種計著皆非如是亦
非別異但分別故一切轉變如是應知譬如
乳酪酒果等熟外道言此皆有轉變而實
无有若有若无自心所見无外物故如此皆是
愚迷凡夫從自分別習氣而起實无一法若
生若滅如因如幻夢所見諸色如石女兒說有
生死尒時世尊重說頌言
形處時轉變　大種及諸根　中有漸次生　妄想非明智
諸佛不分別　緣起及世間　但諸緣世間　如乾闥婆城
尒時大慧菩薩摩訶薩復白佛言世尊唯願
如来為我解說於一切法深密義及解義相
令我及諸菩薩摩訶薩善知此法不墮如言
取義深密執著離文字語言虛妄分別普入
一切諸佛國土通自在摠持所印覺慧善
住十无盡願以无功用種種變現光明照曜
如日月摩尼地水火風住於諸地離分別見
知一切法如幻如夢入如来位普化衆生令知
諸法虛妄不實離有无品斷生滅執不著言
說令轉所依佛言諦聽當為汝說大慧於一
切法如言取義執著深密其數无量所謂
相執著緣執著有非有執著生非生執著滅
非滅執著乘非乘執著為无為執著地地自
相執著自分別現證執著外道宗有无品
執著三乘一乘執著大慧此等密執有无量種
皆是凡愚自分別執而密執著此諸分別如

BD04387 號　大乘入楞伽經卷四　（23–10）

相執著緣執著有非有執著生非生執著滅
非滅執著乘非乘執著為无為執著地地自
相執著自分別現證執著外道宗有无品
執著三乘一乘執著大慧此等密執有无量種
皆是凡愚自分別執而密執著此諸分別如
蠶作繭以妄想絲自纏纏他執著有无欲樂
堅密大慧此中實无密非密相以菩薩摩訶
薩見一切法住寂靜故无分別故若了諸法唯
心所見无有外物皆同无相隨順觀察於若
有若无分別密執悉見寂靜是故无有密
非密相大慧此中无縛亦无有解不了實
者見縛解耳何以故一切諸法若有若无求
其體性不可得故復次大慧愚癡凡夫有三
種密縛謂貪瞋癡及愛來生與貪喜俱以
此密縛令諸衆生續生五趣密縛若斷是則无
有密非密相復次大慧若有執著三和合緣
諸識密縛次第而起有執著故則有密縛若
見三解脫離三和合識一切諸密皆不生
尒時世尊重說頌言
不實妄分別　是名為密相　若能如實知　諸密網皆斷
凡愚不能了　隨言而取義　譬如蠶處繭　妄想自纏縛
尒時大慧菩薩摩訶薩復白佛言世尊如世
尊說由種種心分別諸法非諸法有自性此但
妄計耳世尊若但妄計无諸法者染淨諸法
將无悉壞佛言大慧如是如是如汝所說一切
凡愚分別諸法而諸法性非如是有此但妄

BD04387 號　大乘入楞伽經卷四　（23–11）

尒時大慧菩薩摩訶薩復白佛言世尊如世
尊說由種種心分別諸法非諸法有自性此但
妄計耳世尊若但妄計无諸法者染淨諸法
將无悉壞佛言大慧如是如是如汝所說一切
凡愚分別諸法而諸法性非如是有此但妄
執无有性相然諸聖者以聖慧眼如實知見
有諸法自性大慧白言若諸聖人以聖慧
慧眼見有諸法性非天眼肉眼不同凡愚之
所分別云何凡愚得離分別不能覺了諸聖
法故世尊彼非顛倒非不顛倒何以故不見
聖人所見法故聖見遠離有无相故聖亦不
如凡所分別如是得故非自所行境界相故彼
亦見有諸法性相如妄執性而顯現故不說
有因及无因故墮於諸法性相見故世尊其
餘境界既不同此如是則成无窮之失孰能
於法了知性相世尊諸法性相不因分別云何
而言以分別故而有諸法世尊分別相異諸
法相異因不相似云何諸法而由分別復以何
故凡愚分別不如是有而作是言為令衆生
捨分別故說如分別所見法相无如是法世
尊何故令諸衆生離有无見所執著法而復
執著聖智境界墮於有見何以故不說寂靜
空无之法而說聖智自性事故佛言大慧我
非不說寂靜空法墮於有見何以故已說聖
智自性事故我為衆生无始時來計著於
有於寂靜法以聖事說令其聞已不生恐怖能

BD04387 號　大乘入楞伽經卷四　（23–12）

空无之法而說聖智自性事故佛言大慧我
非不說寂靜空法墮於有見何以故已說聖
智自性事故我為衆生无始時來計著於
有於寂靜法以聖事說令其聞已不生恐怖能
如實證寂靜空法離惑亂相入唯識理知其
所見无有外法悟三脫門獲如實印見法自
性了聖境界遠離有无一切諸著復次大慧
菩薩摩訶薩不應成立一切諸法皆悉不生
何以故一切諸法本无有故及彼宗因生相故
復次大慧一切法不生此言自壞何以故彼宗有
待而生故又彼宗即入一切法中不生相亦不生故
又彼宗諸分而成故又彼宗有无无法皆不生
此宗即入一切法中有无相亦不生故是故一切法
不生此宗自壞不應如是立諸分多過故展轉
因異相故如不生一切法空无自性亦如是大慧
菩薩摩訶薩應說一切法如幻如夢見不見故
一切皆是惑亂相故除為愚夫而生恐怖大慧
凡夫愚癡墮有无見莫令於彼而生驚恐遠
離大乘尒時世尊重說偈言
无自性无說　无事无依處　凡愚妄分別　惡覺如死屍
一切法不生　外道所成立　以彼所有生　非緣所成故
一切法不生　智者不分別　彼宗因生故　此覺則便壞
譬如目有翳　妄想見毛輪　諸法亦如是　凡愚妄分別
三有唯假名　无有實法體　由此假施設　分別妄計度
假名諸事相　動亂於心識　佛子悉超過　遊行无分別
无水取水相　斯由渴愛起　凡愚見法尒　諸聖則不然

BD04387號　大乘入楞伽經卷四　（23–13）

譬如目有翳　妄想見毛輪　諸法亦如是　凡愚妄分別
三有唯假名　无有實法體　由此假施設　分別妄計度
假名諸事相　動亂於心識　佛子悉超過　遊行无分別
无水取水相　斯由渴愛起　凡愚見法尒　諸聖則不然
聖人見清淨　生於三解脫　遠離於生滅　常行无相境
修行无相境　亦復无有无　有无悉平等　是故生聖果
云何法有无　云何成平等　惹不了法　內外斯動亂
了已則平等　亂相尒時滅
尒時大慧菩薩摩訶薩復白佛言世尊如佛所
說若知境界但是假名都不可得則无所取无所
取故亦无能取能取所取二俱无故不起分別說
名為智世尊何故彼智不得於境為不能了
一切諸法自相共相一異義故言不得耶為
以諸法自相共相種種不同更相隱蔽而不得
耶為山巖石壁簾幔帷障之所覆隔而不得
耶為極遠極近老小盲冥諸根不具而不得
耶若不了諸法自相共相一異義言不得
者此不名智應是无智以有境界而不知故若
以諸法自相共相種種不同更相隱蔽而不得
者此亦非智以知於境說名為智非不知故若山
巖石壁簾幔帷障之所覆隔極遠極近老小盲
冥而不知者彼亦非智以有境界智不具足而不
知故佛言大慧此實是智非如汝說我之所說
非隱覆說我言境界唯是假名不可得者以了
但是自心所見外法有无智慧於中畢竟无得
以无得故尒焰不起入三脫門智體亦忘非如一
切覺想凡夫无始已來戲論熏習計著外

BD04387號　大乘入楞伽經卷四　（23–14）

非隱覆說我言境界唯是假名不可得者以了
但是自心所見外法有无智慧於中畢竟无得
以无得故尒焰不起入三脫門智體亦忘非如一
切覺想凡夫无始已來戲論熏習計著外
法若有若无種種形相如是而知名為不知不了
諸法唯心所見著我我所分別境智不知外法是
有是无其心住於斷見中故為令捨離如是分
別說一切法唯心建立尒時世尊重說頌言
若有於所緣 智慧不觀見 彼无智非智 是名妄計者
无邊相互隱 障礙及遠近 智慧不能見 是名為邪智
老小諸根冥 而實有境界 不能生智慧 是名為邪智
復次大慧愚癡凡夫无始虛偽惡邪分別之所
幻惑不了如實及言說法計心外相著方便
說不能修習清淨真實離四句法大慧白言
如是如是誠如尊教願為我說如實之法及
言說法令我及諸菩薩摩訶薩於此二法而
得善巧非外道二乘之所能入佛言諦聽當
為汝說大慧三世如來有二種法謂言說法
及如實法言說法者謂隨衆生心為說種種
諸方便教如實法者謂修行者於心所現離
諸分別不墮一異俱不俱品超度一切心意意
識於自覺聖智所行境界離諸因緣相應見
相一切外道聲聞緣覺墮二邊者所不能知
是名如實法此二種法汝及諸菩薩摩訶薩
當善修學尒時世尊復說頌言

BD04387 號　大乘入楞伽經卷四　（23–15）

諸分別不墮一異俱不俱品超度一切心意意
識於自覺聖智所行境界離諸因緣相應見
相一切外道聲聞緣覺墮二邊者所不能知
是名如實法此二種法汝及諸菩薩摩訶薩
當善修學尒時世尊復說頌言
我說二種法 言教及如實 教法示凡夫 實為修行者
尒時大慧菩薩摩訶薩復白佛言世尊如來
一時說盧迦耶陀呪術詞論但能攝取世間財利
不得法利不應親近承事供養世尊何故作
如是說佛言大慧盧迦耶陀所有詞論但飾文
句誑惑凡愚隨順世間虛妄言說不如於義不
稱於理不能證入真實境界不能覺了一切
諸法恒墮二邊自失正道亦令他失輪迴諸趣永
不出離何以故不了諸法唯心所見執著外境增
分別故是故我說世論文句因喻莊嚴但誑愚
夫不能解脫生老病死憂悲等患大慧釋
提桓因廣解衆論自造諸論彼世論者有一
弟子現作龍身詣釋天宮而立論宗作是要
言憍尸迦我共汝論汝若不如我當破汝千輻
我當破汝千輻之輪我若不如斷一一頭以謝所屈說
是語已即以論法摧伏帝釋壞千輻輪還來
人間大慧世間言論因喻莊嚴乃至能現畜生
之形以妙文詞迷惑諸天及阿修羅令其執著
生滅等見而況於人是故大慧不應親近承事
供養以彼能作生苦因故大慧世論唯說身覺
境界大慧彼世論有百千字句後末世中惡見乖

BD04387 號　大乘入楞伽經卷四　（23–16）

人隨大慧世間言[illegible]
之形以妙文詞迷惑諸天及阿修羅令其執著
生滅等見而况於人是故大慧不應親近承事
供養以彼能作生苦因故大慧世論唯說身覺
境界大慧彼世論有百千字句後末世中惡見乖
離邪衆崩散分成多部各執自因大慧非餘外
道能立教法唯盧迦邪以百千句廣說无量差
別因相非如實理亦不自知是惑世法介時大慧
白言世尊若盧迦邪所造之論種種文字因喻莊
嚴執著自宗非如實法名外道者世尊亦說世
間之事謂以種種文句言詞廣說十方一切國土天
人等衆而来集會非是自智所證之法世尊亦
同外道說邪佛言大慧我非世說亦無来去我
說諸法不来不去大慧来者集生去者壞滅
不来不去此則名為不生不滅大慧我之所說
不同外道墮分別中何以故外法有无无所著故
了唯自心不見二取不行相境不生分別入空无
相无願之門而解脫故大慧我憶有時於一處
住有世論婆羅門来至我所遽問我言瞿曇
一切是所作邪我時報言婆羅門一切所作是初
世論又問我言一切非所作邪我時報言一切非
所作是第二世論彼復問言一切常邪一切无常
邪一切生邪一切不生邪我時報言是第六世論
彼復問言一切一邪一切異邪一切俱邪一切不俱
邪一切皆由種種因緣而受生邪我時報言是
第十一世論彼復問言一切有記邪一切无記邪
有我邪无我邪有此世邪无此世邪有他世邪

[illegible]
邪一切生邪一切不生邪我時報言是第六世論
彼復問言一切一邪一切異邪一切俱邪一切不俱
邪一切皆由種種因緣而受生邪我時報言是
第十一世論彼復問言一切有記邪一切无記邪
有我邪无我邪有此世邪无此世邪有他世邪
无他世邪有解脫邪无解脫邪是剎那邪非剎
那邪虛空涅槃及非擇滅是所作邪非所作
邪有中有邪无中有邪我時報言婆羅門如
是皆是汝之世論非我所說婆羅門我說因於
无始戲論諸惡習氣而生三有不了唯是自心所
見而取外法實无可得如外道說我及根境
三合知生我不如是我不說因不說无因唯依
妄心似能所取而說緣起非汝及餘取著我
者之所能測大慧虛空涅槃及非擇滅但
有三數本无體性何况而說作與非作大慧
介時世論婆羅門復問我言无明愛業為因
緣故有三有邪為无因邪我言此二亦是世
論又問我言一切諸法皆入自相及共相邪我時
報言此亦世論婆羅門乃至少有心識流動
分別外境皆是世論大慧介時彼婆羅門復問
我言頗有非是世論者不一切外道所有詞
論種種文句因喻莊嚴莫不皆從我法中出
我報言有非汝所許非世不許非不說種種
文句義理相應非不相應彼復問言豈有世
許非世論邪我答言有但非於汝及以一切
外道能知何以故以於外法虛妄分別生執

論種種文句因喻莊嚴莫不皆從我法中出
我報言有非汝所許非世不許非不說種種
文句義理相應非不相應彼復問言豈有世
許非世論邪我荅言有但非於汝及以一切
外道能知何以故以於外法虛妄分別生執
著故若能了達有无等法一切皆是自心所
見不生分別不取外境於自處住自處住者
是不起義不起於何不起分別此是我法非汝有
也婆羅門略而言之隨何處中心識往來死
生求戀若受若見若觸若住取種種相和合
相續於愛於因而生計著皆汝世論非是我
法大慧世論婆羅門作如是問我如是荅不
問於我自宗實法嘿然而去作是念言沙
門瞿曇无可尊重說一切法无生无相无因无
緣唯是自心分別所見若能了此分別不生大
慧汝今亦復問我是義何故親近諸世論者
唯得財不利得法利大慧白言所言財法是
何等義佛言善哉汝乃能為未來衆生思
惟是義諦聽諦聽當為汝說大慧所言財
者可觸可受可取可味令著外境墮在二邊
增長貪愛生老病死憂悲苦惱我及諸佛
說名財利親近世論之所獲得云何法利謂
了法是心見二无我不取於相无有分別善
知諸地離心意識一切諸佛所共灌頂具足受
行十无盡願於一切法悉得自在是名法利
以是不墮一切諸見戲論分別常斷二邊大

BD04387號　大乘入楞伽經卷四　（23–19）

說名財利親近世論之所獲得云何法利謂
了法是心見二无我不取於相无有分別善
知諸地離心意識一切諸佛所共灌頂具足受
行十无盡願於一切法悉得自在是名法利
以是不墮一切諸見戲論分別常斷二邊大
慧外道世論令諸癡人墮在二邊謂常及斷
受无因論則起常見以因壞滅則生斷見我
說不見生住滅者名得法利是名財法二差
別相汝及諸菩薩摩訶薩應勤觀察尒時
世尊重說頌言
調伏攝衆生　以戒降諸惡　智慧滅諸見　解脫得增長
外道虛妄說　皆是世俗論　橫計作所作　不能自成立
唯我一自宗　不著於能所　為諸弟子說　令離於世論
能取所取法　唯心无所有　二種皆心現　斷常不可得
乃至心流動　是則為世論　分別不起者　是人見自心
來者見事生　去者事不現　明了知來去　不起於分別
有常及无常　所作无所作　此世他世等　皆是世論法
尒時大慧菩薩摩訶薩復白佛言世尊佛說
涅槃說何等法以為涅槃而諸外道種種分
別佛言大慧如諸外道分別涅槃皆不隨順
涅槃之相諦聽諦聽當為汝說大慧或有外
道言見法无常不貪境界蘊界處滅心心
所法不現在前不念過現未來境界如燈盡
如種敗如火滅諸取不起分別不生起涅槃
相大慧非以見壞名為涅槃或謂至方名得
涅槃境界想離猶如風止或謂不見能覺所

BD04387號　大乘入楞伽經卷四　（23–20）

道言見法无常不貪境界蘊界處滅心心
所法不現在前不念過現未來境界如燈盡
如種敗如火滅諸取不起分別不生起涅槃
相大慧非以見壞名為涅槃或謂至方名得
涅槃境界想離猶如風止或謂不見能覺所
覺名為涅槃或謂不起分別常无常見名得
涅槃或有說言分別諸相發生於苦而不能
知自心所現以不知故怖畏於相以求无相深
生愛樂執為涅槃或謂覺知內外諸法自
相共相去現未在有性不壞作涅槃想或
計我人衆生壽命及一切法无有壞滅作涅槃
想復有外道无有智慧計有自性及以士夫
求那轉變作一切物以為涅槃或有外道計
福非福盡或計不由智慧諸煩惱盡或計自在
是實作者以為涅槃或謂衆生展轉相生以
此為因更无異因彼无智故不能覺了以不了
故執為涅槃或計證於諦道虛妄分別以為
涅槃或計求那與求那者而共和合一性異
性俱及不俱執為涅槃或計諸物從自然生
孔雀文彩棘針銛利生寶之處出種種寶
如此等事是誰能作即執自然以為涅槃或
謂能解廿五諦即得涅槃或有說言能受六
分守護衆生斯得涅槃或有說言時生世
間時即涅槃或執有物以為涅槃或計无物
以為涅槃或有計著有物无物以為涅槃或

BD04387號　大乘入楞伽經卷四

(23-21)

如此等事是誰能作即執自然以為涅槃或
謂能解廿五諦即得涅槃或有說言能受六
分守護衆生斯得涅槃或有說言時生世
間時即涅槃或執有物以為涅槃或計无物
以為涅槃或有計著有物无物以為涅槃或
計諸物與涅槃无別作涅槃想大慧復有異
彼外道所說以一切智大師子吼說能了達唯
心所現不取外境遠離四句住如實見不墮二
邊離能所取不入諸量不着真實住於聖智
所現證法悟二无我離二煩惱淨二種障轉
修諸地入於佛地得如幻等諸大三摩地永超
心意及以意識名得涅槃大慧彼諸外道虛
妄計度不如於理智者所棄皆墮二邊作涅
槃想於此无有若住若出彼諸外道皆依自
宗而生妄覺違背於理无所成就唯令心意
馳散往來一切无有得涅槃者汝及諸菩薩
宜應遠離　尒時世尊重說頌言
外道涅槃見　各各異分別　彼唯是妄想　无解脫方便
遠離諸方便　不至无縛處　妄生解脫想　而實无解脫
外道所成立　衆智各異取　彼悉无解脫　愚癡妄分別
一切癡外道　妄見作所作　悉著有无論　是故无解脫
凡愚樂分別　不生真實慧　言說三界本　真實滅苦因
譬如鏡中像　雖現而非實　習氣心鏡中　凡愚見有二
不了唯心現　故起二分別　若知但是心　分別則不生
心即是種種　遠離相所相　如愚所分別　雖見而无見
三有唯分別　外境悉无有　妄想種種現　凡愚不能覺

BD04387號　大乘入楞伽經卷四

(23-22)

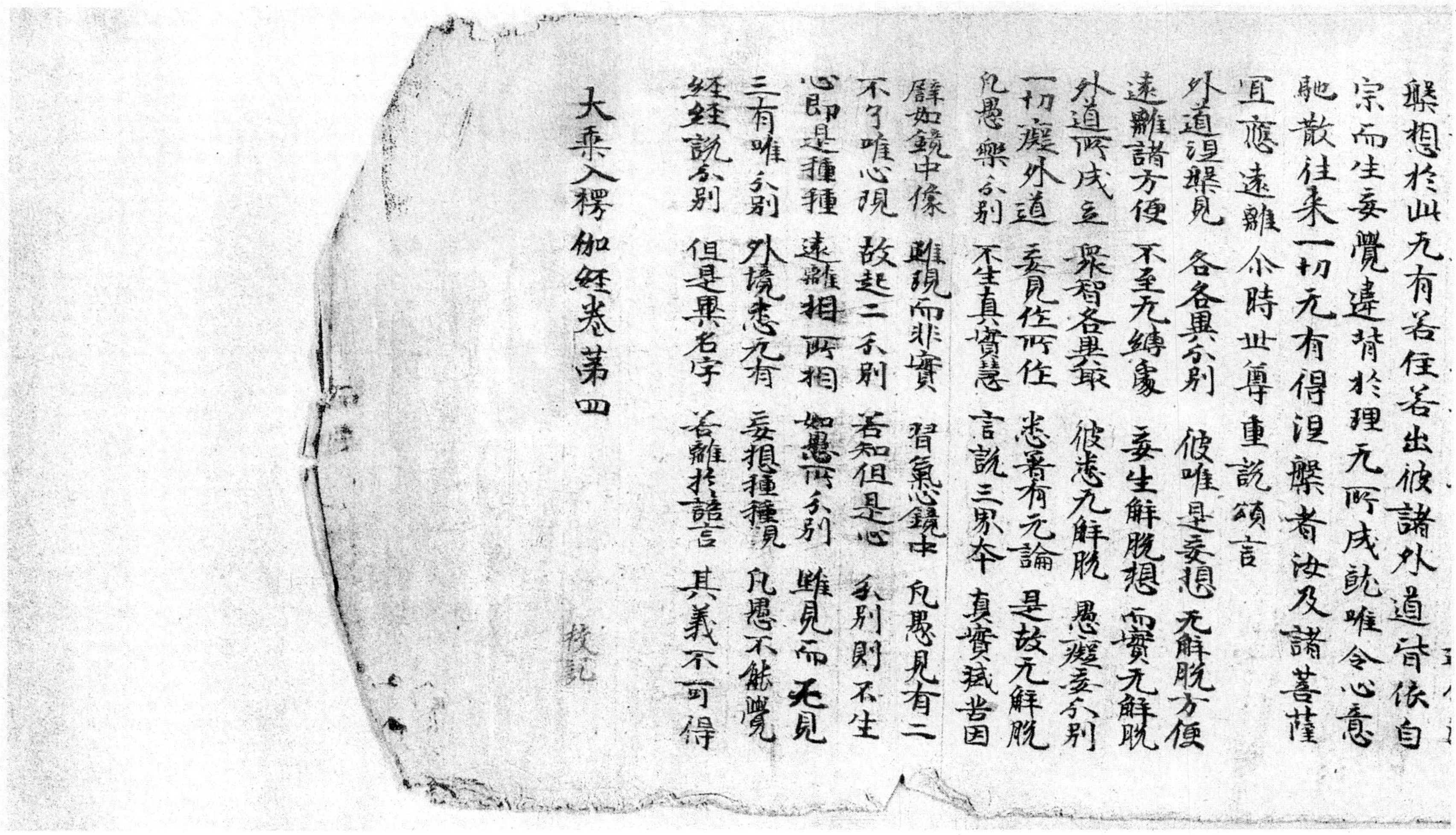

槃想於此无有若住若出彼諸外道皆依自
宗而生妄覺違背於理无所成就唯令心意
馳散往來一切无有得涅槃者汝及諸菩薩
宜應遠離尒時世尊重說頌言
外道涅槃見　各各異分別　彼唯是妄想　无解脫方便
遠離諸方便　不至无縛處　妄生解脫想　而實无解脫
外道所成立　衆智各異取　彼悉无解脫　愚癡妄分別
一切癡外道　妄見作所作　悉著有无論　是故无解脫
凡愚樂分別　不生真實慧　言說三界本　真實滅苦因
譬如鏡中像　雖現而非實　習氣心鏡中　凡愚見有二
不了唯心現　故起二分別　若知但是心　分別則不生
心即是種種　遠離相所相　如愚所分別　雖見而无見
三有唯分別　外境悉无有　妄想種種現　凡愚不能覺
經經說分別　但是異名字　若離於語言　其義不可得
大乘入楞伽經卷第四
校記

BD04387 號　大乘入楞伽經卷四　（23–23）

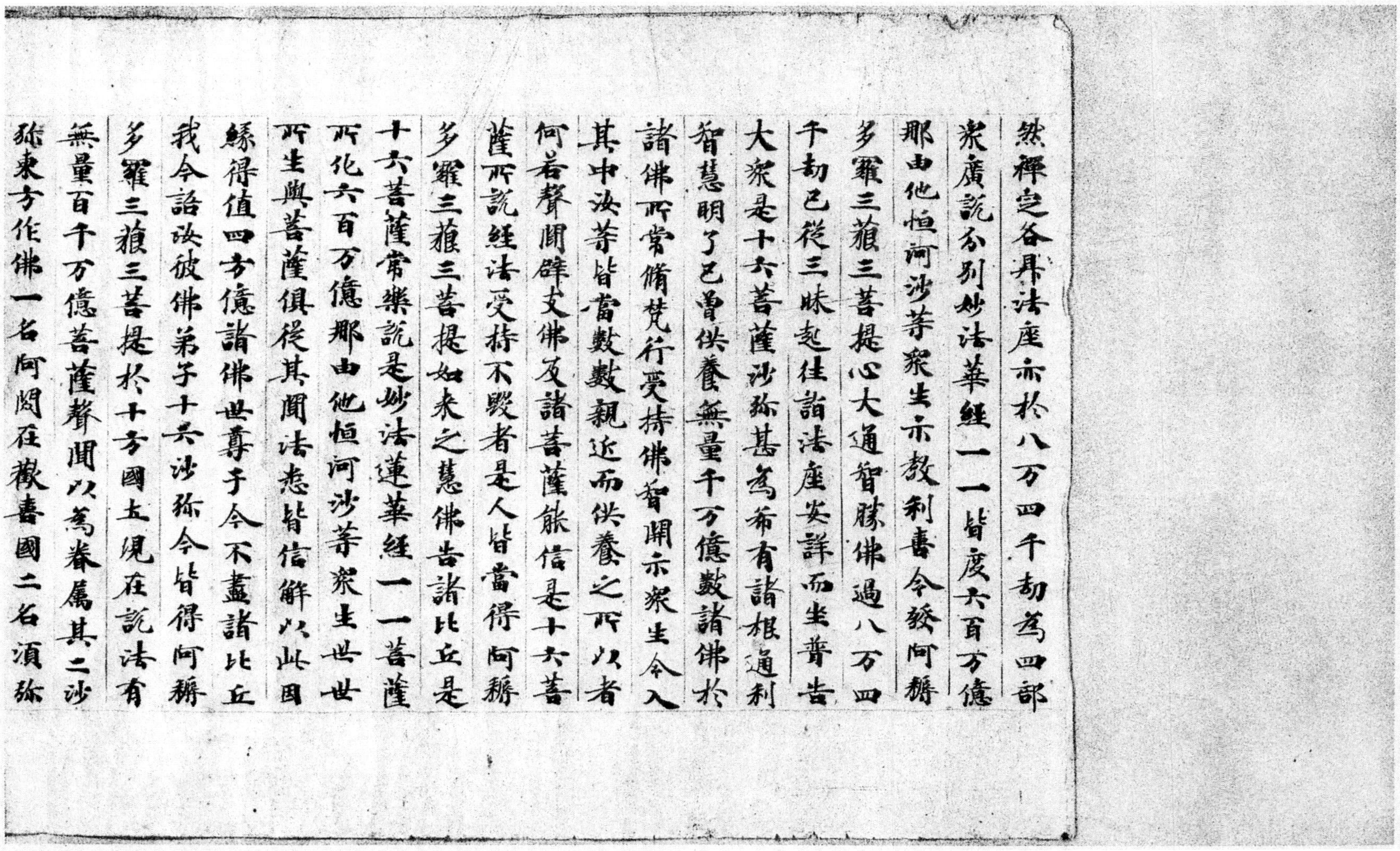

然禪定各昇法座亦於八万四千劫爲四部
衆廣說分別妙法華經一一皆度六百万億
那由他恒河沙等衆生示教利喜令發阿耨
多羅三藐三菩提心大通智勝佛過八万四
千劫已從三昧起往詣法座安詳而坐普告
大衆是十六菩薩沙弥甚爲希有諸根通利
智慧明了已曾供養無量千万億數諸佛於
諸佛所常脩梵行受持佛智開示衆生令入
其中汝等皆當數數親近而供養之所以者
何若聲聞辟支佛及諸菩薩能信是十六菩
薩所說經法受持不毀者是人皆當得阿耨
多羅三藐三菩提如來之慧佛告諸比丘是
十六菩薩常樂說是妙法蓮華經一一菩薩
所化六百万億那由他恒河沙等衆生世世
所生與菩薩俱從其聞法悉皆信解以此因
緣得值四万億諸佛世尊于今不盡諸比丘
我今語汝彼佛弟子十六沙弥今皆得阿耨
多羅三藐三菩提於十方國土現在說法有
無量百千万億菩薩聲聞以爲眷屬其二沙
弥東方作佛一名阿閦在歡喜國二名須弥

BD04388 號　妙法蓮華經（兑廢稿）卷三　（2–1）

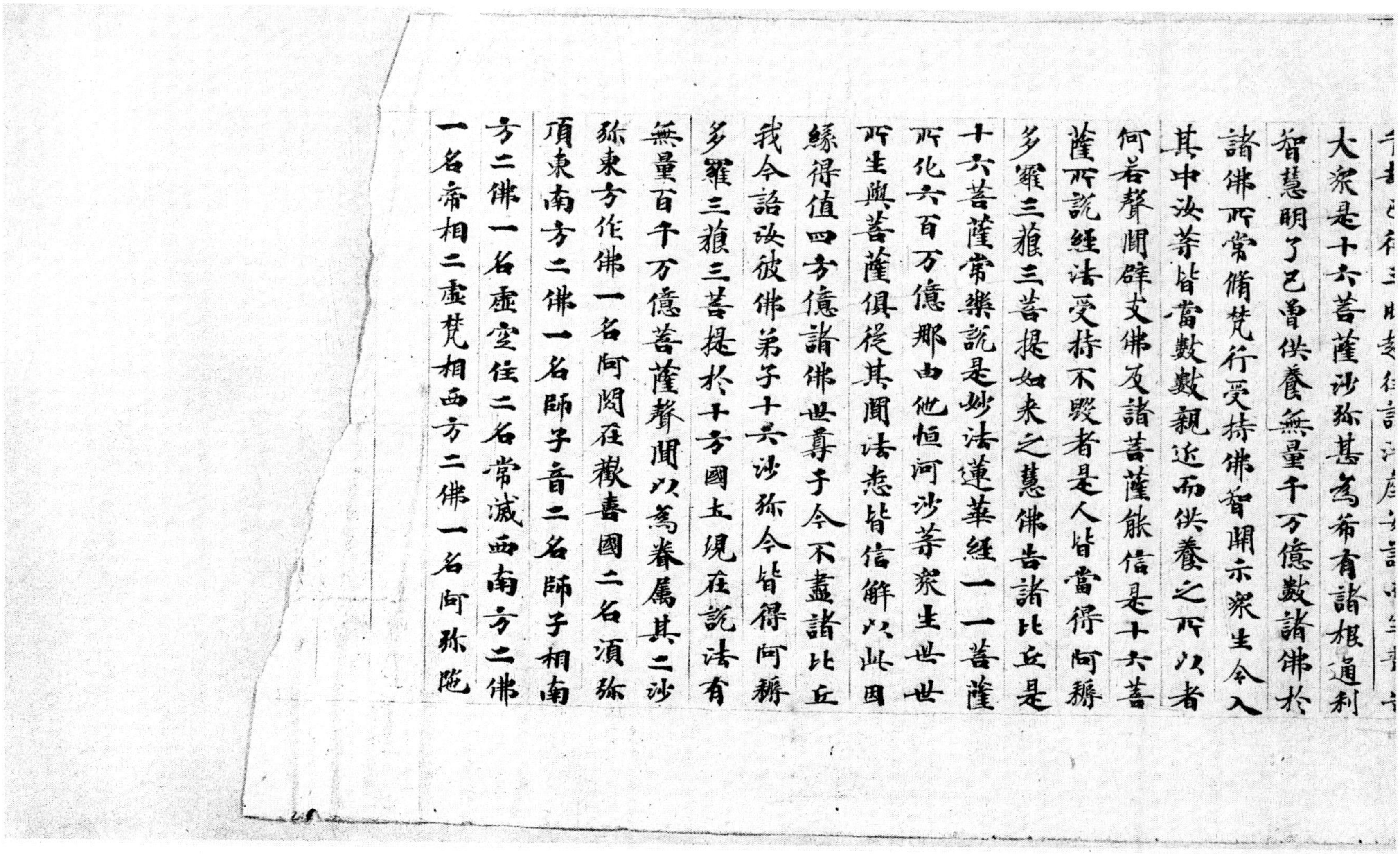

大衆是十六菩薩沙弥甚爲希有諸根通利
智慧明了已曾供養無量千万億數諸佛於
諸佛所常脩梵行受持佛智開示衆生令入
其中汝等皆當數數親近而供養之所以者
何若聲聞辟支佛及諸菩薩能信是十六菩
薩所說經法受持不毀者是人皆當得阿耨
多羅三藐三菩提如來之慧佛告諸比丘是
十六菩薩常樂說是妙法蓮華經一一菩薩
所化六百万億那由他恒河沙等衆生世世
所生與菩薩俱從其聞法悉皆信解以此因
緣得值四方億諸佛世尊于今不盡諸比丘
我今語汝彼佛弟子十六沙弥今皆得阿耨
多羅三藐三菩提於十方國土現在說法有
無量百千万億菩薩聲聞以爲眷屬其二沙
弥東方作佛一名阿閦在歡喜國二名須弥
頂東南方二佛一名師子音二名師子相南
方二佛一名虛空住二名常滅西南方二佛
一名帝相二虛梵相西方二佛一名阿弥陁

BD04388 號　妙法蓮華經（兌廢稿）卷三　　（2–2）

BD04388 號背　紙歷（擬）　　（1–1）

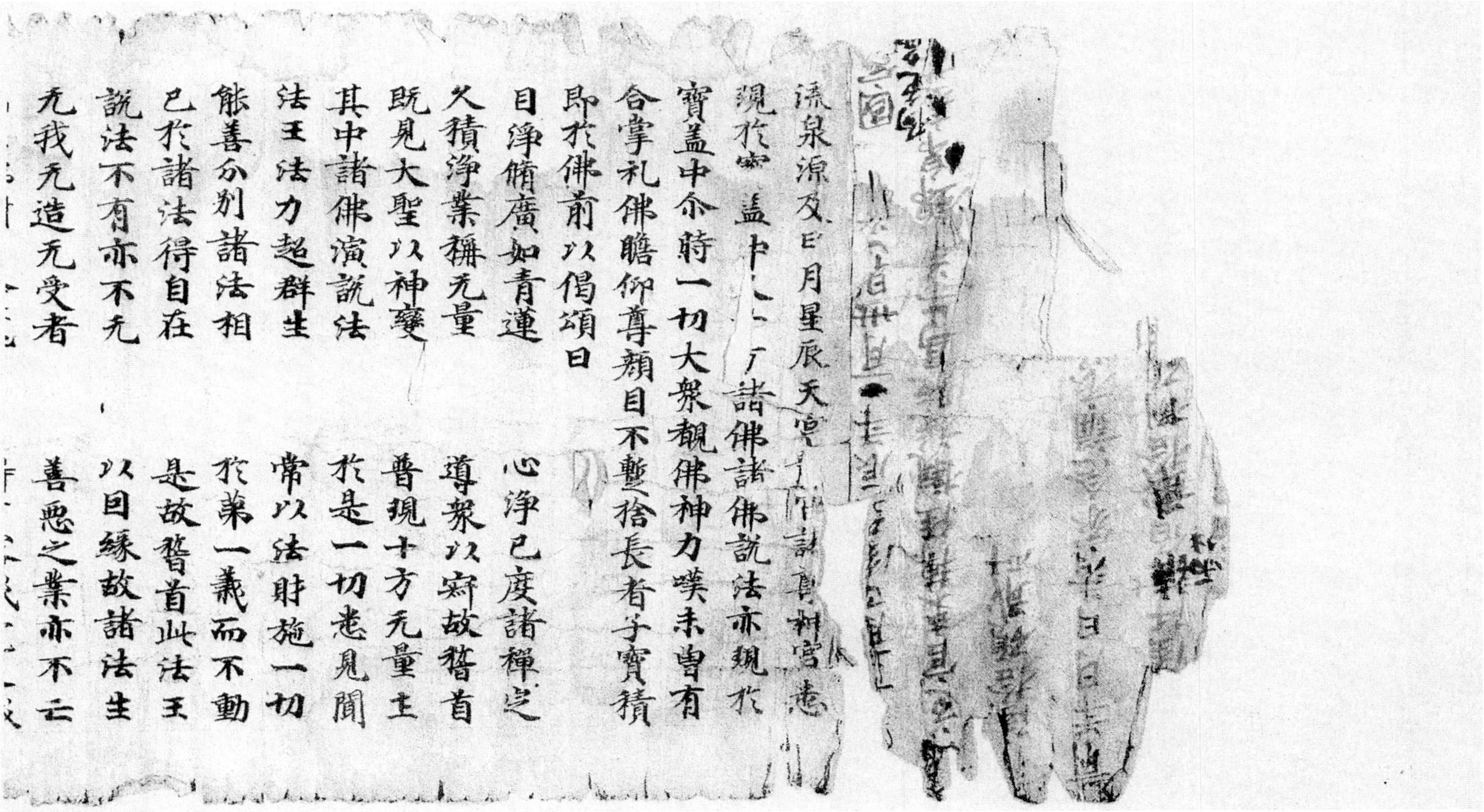

流泉源及日月星辰天宮龍宮諸尊神宮悉
現於寶蓋中十方諸佛諸佛說法亦現於
寶蓋中尒時一切大衆覩佛神力嘆未曾有
合掌礼佛瞻仰尊顏目不蹔捨長者子寶積
即於佛前以偈頌曰
目淨脩廣如青蓮　心淨已度諸禪定
久積淨業稱无量　導衆以寂故稽首
既見大聖以神變　普現十方无量土
其中諸佛演說法　於是一切悉見聞
法王法力超群生　常以法財施一切
能善分別諸法相　於第一義而不動
已於諸法得自在　是故稽首此法王
說法不有亦不无　以因緣故諸法生
无我无造无受者　善惡之業亦不亡

BD04389 號 1　維摩詰所說經卷上　（2–1）

BD04389 號 2　國家轉經儭施歷等（擬）

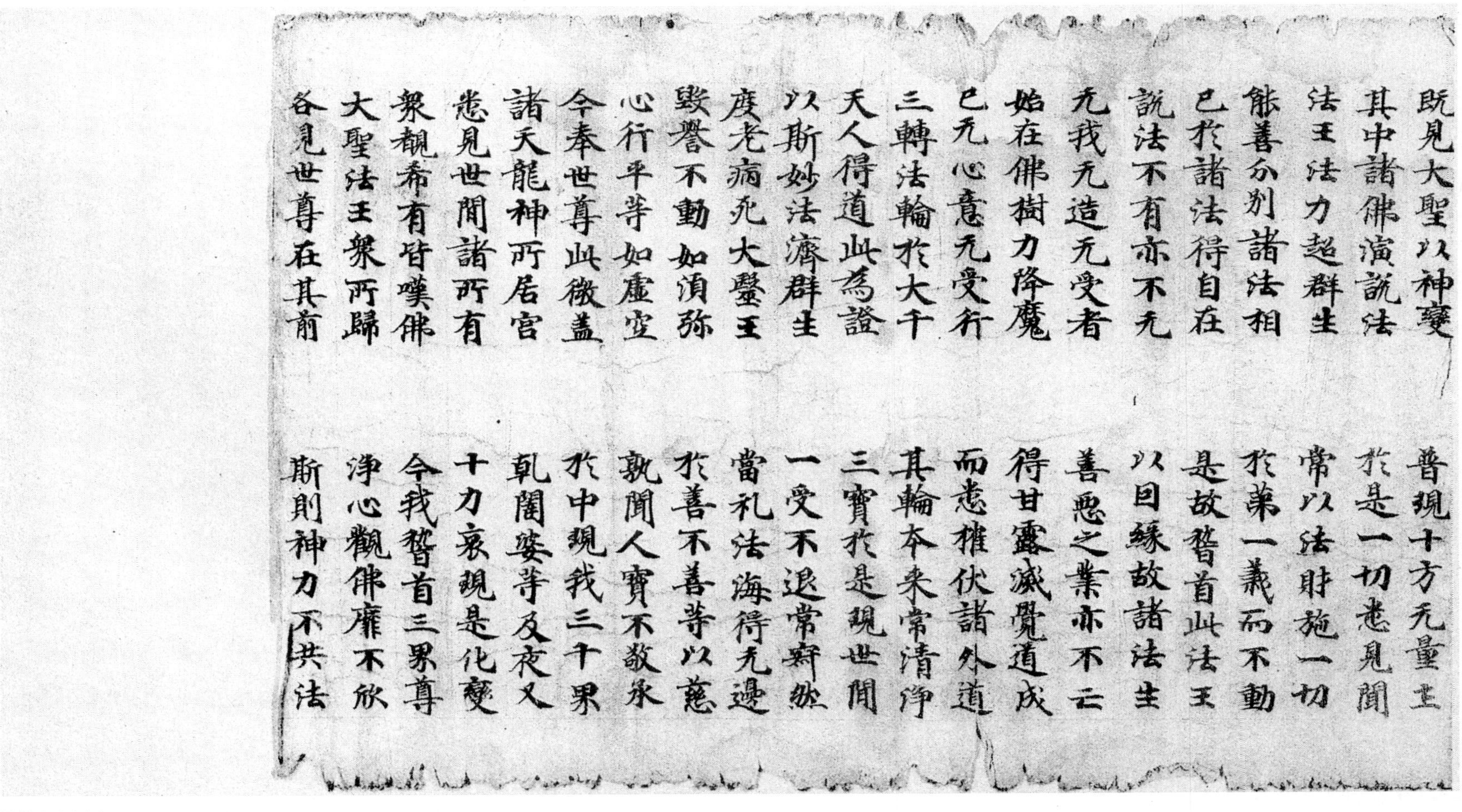

既見大聖以神變　普現十方无量土
其中諸佛演說法　於是一切悉見聞
法王法力超群生　常以法財施一切
能善分別諸法相　於第一義而不動
已於諸法得自在　是故稽首此法王
說法不有亦不无　以因緣故諸法生
无我无造无受者　善惡之業亦不亡
始在佛樹力降魔　得甘露滅覺道成
已无心意无受行　而悉摧伏諸外道
三轉法輪於大千　其輪本來常清淨
天人得道此為證　三寶於是現世間
以斯妙法濟群生　一受不退常寂然
度老病死大醫王　當礼法海德无邊
毀譽不動如須弥　於善不善等以慈
心行平等如虛空　孰聞人寶不敬承
今奉世尊此微蓋　於中現我三千界
諸天龍神所居宮　乾闥婆等及夜叉
悉見世間諸所有　十力哀現是化變
衆覩希有皆嘆佛　今我稽首三界尊
大聖法王衆所歸　淨心觀佛靡不欣
各見世尊在其前　斯則神力不共法

BD04389 號 1　維摩詰所說經卷上　（2–2）

菩提心樂于大法若使不聞如是等經則失
善利如此輩人聞是等經必多信樂發希有
心當以頂受隨諸衆生所應得利而為廣說
弥勒當知菩薩有二相何謂為二一者好於
雜句文飾之事二者不畏深義如實能入若
好雜句文飾事者當知是為新學菩薩若於
如是无染无著甚深經典无有恐畏能入
其中聞已心淨受持讀誦如說脩行當知是
為久脩道行弥勒復有二法名新學者不能
決定於甚深法何等為二一者所未聞深經
聞之驚怖生疑不能隨順毀謗不信而作是
言我初不聞從何所來二者若有護持解說
如是深經者不肯親近供養恭敬或時於中
說其過惡有此二法當知是新學菩薩為自
毀傷不能於深法中調伏其心弥勒復有二
法菩薩雖信解深法猶自毀傷而不能得无
生法忍何等為二一者輕慢新學菩薩而不
教誨二者雖解深法而取相分別是為二法
弥勒菩薩聞說是已白佛言世尊未曾有也

BD04390 號　維摩詰所說經卷下

（3–1）

說其過惡有此二法當知是新學菩薩為自
毀傷不能於深法中調伏其心弥勒復有二
法菩薩雖信解深法猶自毀傷而不能得无
生法忍何等為二一者輕慢新學菩薩而不
教誨二者雖解深法而取相分別是為二法
弥勒菩薩聞說是已白佛言世尊未曾有也
如佛所說我當遠離如斯之惡奉持如來无
數阿僧祇劫所集阿耨多羅三藐三菩提法
若未來世善男子善女人求大乘者當令手
得如是等經與其念力使受持讀誦為他廣
說世尊若後末世有能受持讀誦為他說者
當知是弥勒神力之所建立佛言善哉善哉
弥勒如汝所說佛助汝喜於是一切菩薩合
掌白佛我等亦於如來滅後十方國土廣宣
流布阿耨多羅三藐三菩提復當開導諸說
法者令得是經
四天王白佛言世尊在在處處城邑聚
林曠野有是經卷讀誦解說者我當
官屬為聽法故往詣其所擁護其人
由旬令无伺求得其便者是時佛告
受持是經廣宣流布阿難言唯我已受
者世尊當何斯經佛言難是經名為維
說亦名不可思議解脫法門如是受
說是經已長者維摩詰文殊師利舍利
等及諸天人阿脩羅一切大衆聞佛
大歡喜
卷下

BD04390 號　維摩詰所說經卷下

（3–2）

說世尊若後末世有能受持讀誦爲他說者
當知是弥勒神力之所建立佛言善哉善哉
弥勒如汝所說佛助汝喜於是一切菩薩合
掌白佛我等亦於如來滅後十方國土廣宣
流布阿耨多羅三藐三菩提復當開導諸說
法者令得是經
爾時四天王白佛言世尊在在處處城邑聚
落山澤曠野有是經卷讀誦解說者我當
率諸官屬爲聽法故往詣其所擁護其人
面百由旬令无伺求得其便者是時佛告
阿難受持是經廣宣流布阿難言唯我已受
持要者世尊當何名斯經佛言難是經名爲維
摩詰所說亦名不可思議解脫法門如是受
持佛說是經已長者維摩詰文殊師利舍利
弗阿難等及諸天人阿脩羅一切大衆聞佛
所說皆大歡喜
維摩詰經卷下

BD04390號　維摩詰所說經卷下　（3–3）

……身飢餓……病流轉生死
受種種苦唯除菩薩是名苦聖善男子菩薩
摩訶薩住於大乘大般涅槃觀察愛結如
是九種善男子以是義故諸凡夫人有苦无
諦聲聞緣覺有苦有苦諦而无真實諸菩薩
等解苦无苦是故无苦而有真諦諸凡夫人
有集无諦聲聞緣覺有集有集諦諸菩薩
等解集无集是故无集而有真諦聲聞緣覺
有滅非真菩薩摩訶薩有滅諦聲聞緣覺
有道非真菩薩摩訶薩有道有真諦
善男子云何菩薩摩訶薩住於大乘大般涅
槃見滅見滅諦所謂斷除一切煩惱若煩惱
斷則名爲常滅煩惱火則名寂滅煩惱滅故
則得受樂諸佛菩薩求因緣故故名爲淨更
不復受二十五有故名出世以出世故名爲我
常於彼色聲香味觸男女生住滅苦
樂不苦不樂不取相貌故名畢竟寂滅是名滅諦善
男子菩薩如是住於大乘大般涅槃觀滅聖諦
善男子云何菩薩摩訶薩住於大乘大般涅
槃觀道聖諦善男子譬如闇中因燈得見麁
細之物菩薩摩訶薩亦復如是住於大……

BD04391號　大般涅槃經（北本）卷一三　（2–1）

不復受二十五有故名出世以出世故名為我
常於彼色聲香味觸等若男若女生住滅苦
樂不苦不樂不取相貌故名畢竟寂滅真諦善
男子菩薩如是住於大乘大般涅槃觀滅聖諦
善男子云何菩薩摩訶薩住於大乘大般涅
槃觀道聖諦善男子譬如闇中因燈得見麁
細之物菩薩摩訶薩亦復如是住於大乘大
般涅槃因八聖道見一切法所謂常无常有
為无為有衆生非衆生物非物苦樂我无我
淨不淨煩惱非煩惱業非業實不實乘非乘
知不知陁羅驃非陁羅驃求那非求那見非
見色非色道非道解非解善男子菩薩如是
住於大乘大般涅槃觀道聖諦
迦葉菩薩白佛言世尊若八聖道是道聖諦
義不相應何以故如來或說信心為道能度
諸漏或時說道不放逸是諸佛世尊不放逸
故得阿耨多羅三藐三菩提亦是菩薩助道
之法或時說言精進是道如告阿難若有人
能懃脩精進則得成於阿耨多羅三藐三菩
提或時說言觀身念處若有繫心精懃脩習
是身念處則得成於阿耨多羅三藐三菩提
或時說言正定之……摩訶迦葉夫

BD04391號　大般涅槃經（北本）卷一三　（2–2）

量如此事　今……　隨宜而說法
无漏難思議　令衆至道場　我本著邪見　為諸梵志師
世尊知我心　拔邪說涅槃　我悉除邪見　於空法得證
尒時心自謂　得至於滅度　而今乃自覺　非是實滅度
若得作佛時　具三十二相　天人夜叉衆　龍神等恭敬
是時乃可謂　永盡滅无餘　佛於大衆中　說我當作佛
聞如是法音　疑悔悉已除　初聞佛所說　心中大驚疑
將非魔作佛　惱亂我心耶　佛以種種緣　譬喻巧言說
……我聞疑網斷　佛說過去世　无量滅度佛
安住方便中　亦皆說是法　現在未來佛　其數无有量
亦以諸方便　演說如是法　如今者世尊　從生及出家
得道轉法輪　亦以方便說　世尊說實道　波旬无此事
作佛　我墮疑網故　謂是魔所為
深遠甚微妙　演暢清淨法　我心大歡喜
安住實智中　我定當作佛　為天人所敬
化諸菩薩
舍利弗吾今於天人沙門婆羅門等
說我昔曾於二万億佛所為无上

BD04392號　妙法蓮華經卷二　（10–1）

深遠甚微妙　演暢清淨法　我心大歡喜
安住實智中　我定當作佛　為天人所敬
化諸菩薩
舍利弗吾今於天人沙門婆羅門等
說我昔曾於二万億佛所為无上
道故常教化汝汝亦長夜隨我受學我以方
便導汝故生我法中舍利弗我昔教汝志
願佛道汝今悉忘而便自謂已得滅度我今
還欲令汝憶念本願所行道故為諸聲聞說
是大乘經名妙法蓮華教菩薩法佛所護念
舍利弗汝於未来世過无量无邊不可思議
劫供養若干千万億佛奉持正法具足菩薩
所行之道當得作佛号曰華光如来應供正
遍知明行足善逝世間解无上士調御丈夫
天人師佛世尊國名離垢其土平正清淨嚴
飾安隱豐樂天人熾盛琉璃為地有八交道
黃金為繩以界其側其傍各有七寶行樹常
有華菓華光如来亦以三乘教化眾生舍利
弗彼佛出時雖非惡世以本願故說三乘法
其劫名大寶莊嚴何故名曰大寶莊嚴其國
中以菩薩為大寶故彼諸菩薩无量无邊不
可思議筭數譬喻所不能及非佛智力无能
知者若欲行時寶華承足此諸菩薩非初發
意皆久殖德本於无量百千万億佛所淨脩
梵行恒為諸佛之所稱歎常脩佛慧具大神
[illegible]

[illegible]
中以菩薩為大寶故彼諸菩薩无量无邊不
可思議筭數譬喻所不能及非佛智力无能
知者若欲行時寶華承足此諸菩薩非初發
意皆久殖德本於无量百千万億佛所淨脩
梵行恒為諸佛之所稱歎常脩佛慧具大神
通善知一切諸法之門質直无偽志念堅固
如是菩薩充滿其國舍利弗華光佛壽十二小
劫除為王子未作佛時其國人民壽八小劫
華光如来過十二小劫授堅滿菩薩阿耨
多羅三藐三菩提記告諸比丘是堅滿菩薩
次當作佛号曰華足安行多陁阿伽度阿羅
訶三藐三佛陁其佛國土亦復如是舍利弗
是華光佛滅度之後正法住世三十二小劫
像法住世亦三十二小劫尒時世尊欲重宣
此義而說偈言
舍利弗来世　成佛普智尊　号名曰華光　當度无量眾
供養无數佛　具足菩薩行　十力等功德　證於无上道
過无量劫已　劫名大寶嚴　世界名離垢　清淨无瑕穢
以琉璃為地　金繩界其道　七寶雜色樹　常有華菓實
彼國諸菩薩　志念常堅固　神通波羅蜜　皆已悉具足
於无數佛所　善學菩薩道　如是等大士　華光佛所化
佛為王子時　棄國捨世榮　於冣末後身　出家成佛道
華光佛住世　壽十二小劫　其國人民眾　壽命八小劫
佛滅度之後　正法住於世　三十二小劫　廣度諸眾生
[illegible]　像法三十二　舍利廣流布　天人普供養

彼國諸菩薩　志念常堅固　神通波羅蜜　皆已悉具足
於无數佛所　善學菩薩道　如是等大士　華光佛所化
佛為王子時　棄國捨世榮　於冣末後身　出家成佛道
華光佛住世　壽十二小劫　其國人民衆　壽命八小劫
佛滅度之後　正法住於世　三十二小劫　廣度諸衆生
正法滅盡已　像法三十二　舍利廣流布　天人普供養
華光佛所為　其事皆如是　其兩足聖尊　冣勝无倫匹
彼即是汝身　宜應自欣慶
尒時四部衆比丘比丘尼優婆塞優婆夷天
龍夜叉乾闥婆阿脩羅迦樓羅緊那羅摩睺羅
伽等大衆見舍利弗於佛前受阿耨多羅
三藐三菩提記心大歡喜踊躍无量各各脫
身所著上衣以供養佛釋提桓因梵天王等
與无數天子亦以天妙衣天曼陁羅華摩訶
曼陁羅華等供養於佛所散天衣住虛空中
而自迴轉諸天伎樂百千万種於虛空中一時
俱作雨衆天華而作是言佛昔於波羅柰初
轉法輪今乃復轉无上冣大法輪尒時諸天
子欲重宣此義而說偈言
昔於波羅柰　轉四諦法輪　分別說諸法　五衆之生滅
今復轉冣妙　无上大法輪　是法甚深奧　少有能信者
我等從昔來　數聞世尊說　未曾聞如是　深妙之上法
世尊說是法　我等皆隨喜　大智舍利弗　今得受尊記
我等亦如是　必當得作佛　於一切世間　冣尊无有上
佛道叵思議　方便隨宜說　我所有福業　今世若過世

BD04392號　妙法蓮華經卷二　（10–4）

今復轉冣妙　无上大法輪　是法甚深奧　少有能信者
我等從昔來　數聞世尊說　未曾聞如是　深妙之上法
世尊說是法　我等皆隨喜　大智舍利弗　今得受尊記
我等亦如是　必當得作佛　於一切世間　冣尊无有上
佛道叵思議　方便隨宜說　我所有福業　今世若過世
及見佛功德　盡迴向佛道
尒時舍利弗白佛言世尊我今无復疑悔親
於佛前得受阿耨多羅三藐三菩提記是諸
千二百心自在者昔住學地佛常教化言我
法能離生老病死究竟涅槃是學无學人亦
各自以離我見及有无見等謂得涅槃而今
於世尊前聞所未聞皆墮疑惑善哉世尊願
為四衆說其因緣令離疑悔尒時佛告舍利
弗我先不言諸佛世尊以種種因緣譬喻言
辭方便說法皆為阿耨多羅三藐三菩提耶
是諸所說皆為化菩薩故然舍利弗今當復
以譬喻更明此義諸有智者以譬喻得解舍
利弗若國邑聚落有大長者其年衰邁財富
无量多有田宅及諸僮僕其家廣大唯有一
門多諸人衆一百二百乃至五百人止住其
中堂閣朽故墻壁頹落柱根腐敗梁棟傾危
周帀俱時欻然火起焚燒舍宅長者諸子若
十二十或至卅在此宅中長者見是大火
從四面起即大驚怖而作是念我雖能於此
所燒之門安隱得出而諸子等於火宅內樂

BD04392號　妙法蓮華經卷二　（10–5）

中堂閣朽故墻壁頹落柱根腐敗梁棟傾危
周帀俱時欻然火起焚燒舍宅長者諸子若
十二十或至三十在此宅中長者見是大火
從四面起即大驚怖而作是念我雖能於此
所燒之門安隱得出而諸子等於火宅内樂
著嬉戲不覺不知不驚不怖火來逼身苦痛
切己心不猒患无求出意舍利弗是長者作
是思惟我身手有力當以衣裓若以几案從
舍出之復更思惟是舍唯有一門而復狹小
諸子幼稚未有所識戀著戲處或當墮落為
火所燒我當為說怖畏之事此舍已燒宜時
疾出无令為火之所燒害作是念已如所思
惟具告諸子汝等速出父雖憐愍善言誘喻
而諸子等樂著嬉戲不肯信受不驚不畏了
无出心亦復不知何者是火何者為舍云何
為失但東西走戲視父而已尒時長者即作
是念此舍已為大火所燒我及諸子若不時
出必為所焚我今當設方便令諸子等得免
斯害父知諸子先心各有所好種種珎玩奇
異之物情必樂著而告之言汝等所可玩好
希有難得汝若不取後必憂悔如此種種羊
車鹿車牛車今在門外可以遊戲汝等於此
火宅宜速出來隨汝所欲皆當與汝尒時諸子
聞父所說珎玩之物適其願故心各勇鋭
互相推排競共馳走爭出火宅是時長者見

BD04392號　妙法蓮華經卷二　（10–6）

希有難得汝若不取後必憂悔如此種種羊
車鹿車牛車今在門外可以遊戲汝等於此
火宅宜速出來隨汝所欲皆當與汝尒時諸子
聞父所說珎玩之物適其願故心各勇鋭
互相推排競共馳走爭出火宅是時長者見
諸子等安隱得出皆於四衢道中露地而坐
无復障礙其心泰然歡喜踊躍時諸子等各
白父言父先所許玩好之具羊車鹿車牛車願
時賜與舍利弗尒時長者各賜諸子等一大
車其車高廣衆寶莊校周帀欄楯四面懸
鈴又於其上張設幰蓋亦以珎奇雜寶而嚴
飾之寶繩交絡垂諸華纓重敷綩綖安置丹
枕駕以白牛膚色充潔形體姝好有大筋力
行步平正其疾如風又多僕從而侍衛之所以
者何是大長者財富无量種種諸藏悉皆
充溢而作是念我財物无極不應以下劣小
車與諸子等今此幼童皆是吾子愛无偏黨
我有如是七寶大車其數无量應當等心各各
與之不宜差別所以者何以我此物周給一
國猶尚不匱何況諸子是時諸子各乘大
車得未曾有非本所望舍利弗於汝意云何
是長者等與諸子珎寶大車寧有虛妄不舍
利弗言不也世尊是長者但令諸子得免火
難全其軀命非為虛妄何以故若全身命便
為已得玩好之具況復方便於彼火宅而拔

BD04392號　妙法蓮華經卷二　（10–7）

是長者等與諸子珎寶大車寧有虛妄不舍
利弗言不也世尊是長者但令諸子得免火
難全其軀命非為虛妄何以故若全身命便
為已得玩好之具况復方便於彼火宅而拔
濟之世尊若是長者乃至不與冣小一車猶
不虛妄何以故是長者先作是意我以方便令
子得出以是因緣无虛妄也何况長者自
知財富无量欲饒益諸子等與大車佛告舍
利弗善哉善哉如汝所言舍利弗如來亦復如
是則為一切世間之父於諸怖畏衰惱憂患
无明闇蔽永盡无餘而悉成就无量知見力
无所畏有大神力及智慧力具足方便智
慧波羅蜜大慈大悲常无懈惓恒求善事利
益一切而生三界朽故火宅為度衆生生老病
死憂悲苦惱愚癡闇蔽三毒之火教化令
得阿耨多羅三藐三菩提見諸衆生為生老
病死憂悲苦惱之所燒煮亦以五欲財利故
受種種苦又以貪著追求故現受衆苦後受
地獄畜生餓鬼之苦若生天上及在人間貧窮
困苦愛別離苦怨憎會苦如是等種種諸
苦衆生没在其中歡喜遊戲不覺不知不驚
不怖亦不生猒不求解脫於此三界火宅東
西馳走雖遭大苦不以為患舍利弗佛見此已
便作是念我為衆生之父應拔其苦難與无
量无邊佛智慧樂令其遊戲舍利弗如來

BD04392號　妙法蓮華經卷二　（10–8）

苦衆生没在其中歡喜遊戲不覺不知不驚
不怖亦不生猒不求解脫於此三界火宅東
西馳走雖遭大苦不以為患舍利弗佛見此已
便作是念我為衆生之父應拔其苦難與无
量无邊佛智慧樂令其遊戲舍利弗如來
復作是念若我但以神力及智慧力捨於方
便為諸衆生讚如來知見力无所畏者衆生不
能以是得度所以者何是諸衆生未免生老
病死憂悲苦惱而為三界火宅所燒何由
能解佛之智慧舍利弗如彼長者雖復身手
有力而不用之但以慇懃方便勉濟諸子火
宅之難然後各與珎寶大車如來亦復如是
雖有力无所畏而不用之但以智慧方便於
三界火宅拔濟衆生為說三乘聲聞辟支佛
佛乘而作是言汝等莫得樂住三界火宅勿
貪麁弊色聲香味觸也若貪著生愛則為所
燒汝速出三界當得三乘聲聞辟支佛佛乘
我今為汝保任此事終不虛也汝等但當勤
脩精進如來以是方便誘進衆生復作是言
汝等當知此三乘法皆是聖所稱歎自在无
繫无所依求乘是三乘以无漏根力覺道禪
定解脫三昧等而自娛樂便得无量安隱快
樂舍利弗若有衆生內有智性從佛世尊聞
法信受慇懃精進欲速出三界自求涅槃是
名聲聞乘如彼諸子為求羊車出於火宅若

BD04392號　妙法蓮華經卷二　（10–9）

繫无所依求乘是三乘以无漏根力覺道禪
定解脫三昧等而自娛樂便得无量安隱快
樂舍利弗若有衆生內有智性從佛世尊聞
法信受慇懃精進欲速出三界自求涅槃是
名聲聞乘如彼諸子爲求羊車出於火宅若
有衆生從佛世尊聞法信受慇懃精進求自
然慧樂獨善寂深知諸法因緣是名辟支佛
乘如彼諸子爲求鹿車出於火宅若有衆生
從佛世尊聞法信受勤脩精進求一切智佛
智自然智无師智如來知見力无所畏愍念
安樂无量衆生利益天人度脫一切是名大
乘菩薩求此乘故名爲摩訶薩如彼諸子爲
求牛車出於火宅舍利弗如彼長者見諸子
等安隱得出火宅到无畏處自惟財富无量
等以大車而賜諸子如來亦復如是爲一切
衆生之父若見无量億千衆生以佛教門出
三界苦怖畏險道得涅槃樂如來尒時便作
是念我有无量无邊智慧力无畏等諸佛法
藏是諸衆生皆是我子等與大乘不令有人
獨得滅度皆以如來滅度而滅度之是諸衆
生脫三界者悉與諸佛禪定解脫等娛樂之
具皆是一相一種聖所稱歎能生淨妙第一
之樂舍利弗如彼長者初以三車誘引諸子

BD04392號　妙法蓮華經卷二　（10–10）

金剛般若波羅蜜經　姚秦三

如是我聞一時佛在舍衛
與大比丘衆千二百五十
時著衣持鉢入舍衛大城
第乞已還至本處飯食訖
座而坐時長老須菩提在
偏袒右肩右膝著地合掌
有世尊如來善護念諸菩
世尊善男子善女人發阿
提心應云何住云何降伏
哉須菩提如汝所說如來
付囑諸菩薩汝今諦聽當
女人發阿耨多羅三藐三

BD04393號　金剛般若波羅蜜經　（3–1）

有世尊如来善護念諸菩
世尊善男子善女人發阿
提心應云何住云何降伏
我須菩提如汝所說如来
付囑諸菩薩汝今諦聽當
女人發阿耨多羅三藐三
如是降伏其心唯然世尊
佛告須菩提諸菩薩摩訶薩應如是降伏其
心所有一切衆生之類若卵生若胎生若濕生
若化生若有色若无色若有想若无想若
非有想若非无想我皆令入无餘涅槃而滅
度之如是滅度无量无數无邊衆生實无衆
生得滅度者何以故須菩提若菩薩有我
相人相衆生相壽者相即非菩薩
復次須菩提菩薩於法應无所住行於布施
所謂不住色布施不住聲香味觸法布施須
菩提菩薩應如是布施不住於相何以故若
菩薩不住相布施其福德不可思量須菩提
於意云何東方虛空可思量不不也世尊須
菩提南西北方四維上下虛空可思量不不
也世尊須菩提菩薩无住相布施福德亦復
如是不可思量須菩提菩薩但應如所教住
須菩提於意云何可以身相見如来不不也
世尊不可以身相得見如来何以故如来所
說身相即非身相佛告須菩提凡所有相皆
是虛妄若見諸相非相則見如来
須菩提白佛言世尊頗有衆生得聞如是言

BD04393號　金剛般若波羅蜜經　（3–2）

復次須菩提菩薩於法應无所住行於布施
所謂不住色布施不住聲香味觸法布施須
菩提菩薩應如是布施不住於相何以故若
菩薩不住相布施其福德不可思量須菩提
於意云何東方虛空可思量不不也世尊須
菩提南西北方四維上下虛空可思量不不
也世尊須菩提菩薩无住相布施福德亦復
如是不可思量須菩提菩薩但應如所教住
須菩提於意云何可以身相見如来不不也
世尊不可以身相得見如来何以故如来所
說身相即非身相佛告須菩提凡所有相皆
是虛妄若見諸相非相則見如来
須菩提白佛言世尊頗有衆生得聞如是言
說章句生實信不佛告須菩提莫作是說如
来滅後後五百歲有持戒脩福者於此章句
能生信心以此為實當知是人不於一佛二
佛三四五佛而種善根已於无量千萬佛所
種諸善根聞是章句乃至一念生淨信者須
菩提如来悉知悉見是諸衆生得如是无量
福德何以故是諸衆生无復我相人相衆生
相壽者相无法相亦无非法相何以故是諸
衆生若心取相則為著我人衆生壽者若取

BD04393號　金剛般若波羅蜜經　（3–3）

提已施諸有情无怨无怖身心安樂安立无
量无數有情令住人天尊貴妙行安立无量
无數有情令住三乘安樂妙行安立无量无
數有情令現證得或預流果或一來果或不
還果或阿羅漢果安立无量无數有情令當
證得獨覺菩提或證无上正等菩提如是勝
事皆由般若波羅蜜多威神之力是故此處
一切天龍阿素洛等皆同守護供養恭敬尊
重讚歎當知般若波羅蜜多隨所住處亦復
如是一切天龍阿素洛等常來守護供養恭
敬尊重讚歎不令般若波羅蜜多有留難故
當知是處即真制多一切有情皆應敬礼當以
種種上妙花鬘塗散等香衣服瓔珞寶幢幡
蓋衆妙珍奇伎樂燈明而為供養
初分校量功德品第卅
尒時天帝釋白佛言世尊若善男子善女人
等書此般若波羅蜜多甚深經典種種莊嚴
供養恭敬尊重讚歎復以種種上妙花鬘塗
散等香衣服瓔珞寶幢幡蓋衆妙珍奇伎樂
燈明而為供養或善男子善女人等佛涅槃
後起窣堵波七寶嚴飾寶函盛貯佛設利羅
安置其中供養恭敬尊重讚歎復以種種上

BD04394 號　大般若波羅蜜多經（兑廢稿）卷一〇三　（4–1）

種種上妙花鬘塗散等香衣服瓔珞寶幢幡
蓋衆妙珍奇伎樂燈明而為供養
初分校量功德品第卅
尒時天帝釋白佛言世尊若善男子善女人
等書此般若波羅蜜多甚深經典種種莊嚴
供養恭敬尊重讚歎復以種種上妙花鬘塗
散等香衣服瓔珞寶幢幡蓋衆妙珍奇伎樂
燈明而為供養或善男子善女人等佛涅槃
後起窣堵波七寶嚴飾寶函盛貯佛設利羅
安置其中供養恭敬尊重讚歎復以種種上
妙花鬘塗散等香衣服瓔珞寶幢幡蓋衆
妙珍奇伎樂燈明而為供養是二福聚何者
為多佛言憍尸迦我還問汝當隨意荅於
意云何如來所得一切智智及相好身於何
等法脩學而得天帝釋言世尊如來所得一
切智智及相好身於此般若波羅蜜多脩學
而得佛告憍尸迦如是如是如汝所說我於
般若波羅蜜多脩學故得一切智智及相
好身何以故憍尸迦不學般若波羅蜜多證
得无上正等菩提无是處故憍尸迦不以獲
得相好身故說名如來應正等覺但以證得
一切智智說名如來應正等覺憍尸迦如來
所得一切智智甚深般若波羅蜜多為因故
起佛相好身但為依處若不依此佛相好身
一切智智无由而轉是故般若波羅蜜多正
為因生一切智智為令此智現前相續故復
脩集佛相好身此相好身若非遍智所依

BD04394 號　大般若波羅蜜多經（兑廢稿）卷一〇三　（4–2）

所得一切智智甚深般若波羅蜜多為因故
起佛相好身但為依處若不依此佛相好身
一切智智无由而轉是故般若波羅蜜多正
為因生一切智智為令此智現前相續故復
脩集佛相好身此相好身若非遍智所依
處者一切天龍阿素洛等不應竭誠供養
恭敬尊重讚歎以相好身與佛遍智為所
依止故諸天龍阿素洛等恭敬供養由此緣
故我涅槃後諸天龍神人非人等恭敬供養
我設利羅憍尸迦若善男子善女人等但於
般若波羅蜜多供養恭敬尊重讚歎是善男
子善女人等則為供養一切智智及所依上佛
相好身并涅槃後佛設利羅何以故憍尸
迦一切智智及相好身并設利羅皆以般若
波羅蜜多為根本故憍尸迦若善男子善女
人等但於佛身及設利羅供養恭敬尊重
讚歎是善男子善女人等非為供養一切智智
及此般若波羅蜜多何以故憍尸迦佛身遺
體非此般若波羅蜜多一切智智之根本故
憍尸迦由此緣故諸善男子善女人等欲供
養佛若心若身先當聽聞受持讀誦精勤脩
學如理思惟書寫解說甚深般若波羅蜜多
復以種種上妙花鬘塗散等香衣服瓔珞寶
幢幡蓋衆妙珍奇伎樂燈明而為供養以是
故憍尸迦若善男子善女人等書此般若
波羅蜜多甚深經典種種莊嚴供養恭敬
尊重讚歎復以種種上妙花鬘塗散等香衣

BD04394號　大般若波羅蜜多經（兌廢稿）卷一〇三　（4-3）

我設利羅憍尸迦若善男子善女人等但於
般若波羅蜜多供養恭敬尊重讚歎是善男
子善女人等則為供養一切智智及所依上佛
相好身并涅槃後佛設利羅何以故憍尸
迦一切智智及相好身并設利羅皆以般若
波羅蜜多為根本故憍尸迦若善男子善女
人等但於佛身及設利羅供養恭敬尊重
讚歎是善男子善女人等非為供養一切智智
及此般若波羅蜜多何以故憍尸迦佛身遺
體非此般若波羅蜜多一切智智之根本故
憍尸迦由此緣故諸善男子善女人等欲供
養佛若心若身先當聽聞受持讀誦精勤脩
學如理思惟書寫解說甚深般若波羅蜜多
復以種種上妙花鬘塗散等香衣服瓔珞寶
幢幡蓋衆妙珍奇伎樂燈明而為供養以是
故憍尸迦若善男子善女人等書此般若
波羅蜜多甚深經典種種莊嚴供養恭敬
尊重讚歎復以種種上妙花鬘塗散等香衣

BD04394號　大般若波羅蜜多經（兌廢稿）卷一〇三　（4-4）

現本性空清淨故鼻界清淨鼻界清淨故一
切智智清淨何以故若本性空清淨若鼻界
清淨若一切智智清淨無二無二分無別無
斷故本性空清淨故香界鼻識界及鼻觸鼻
觸為緣所生諸受清淨香界乃至鼻觸為緣
所生諸受清淨故一切智智清淨何以故若
本性空清淨若香界乃至鼻觸為緣所生諸
受清淨若一切智智清淨無二無二分無別無
斷故善現本性空清淨故舌界清淨舌界
清淨故一切智智清淨何以故若本性空清
淨若舌界清淨若一切智智清淨無二無二
分無別無斷故本性空清淨故味界舌識界
及舌觸舌觸為緣所生諸受清淨味界乃至
舌觸為緣所生諸受清淨故一切智智清淨
何以故若本性空清淨若味界乃至舌觸為
緣所生諸受清淨若一切智智清淨無二無
二分無別無斷故善現本性空清淨故身界
清淨身界清淨故一切智智清淨何以故若
本性空清淨若身界清淨若一切智智清淨無
二無二分無別無斷故本性空清淨故觸界

BD04395號　大般若波羅蜜多經卷二一三　（8–1）

何以故若本性空清淨若味界乃至舌觸為
緣所生諸受清淨若一切智智清淨無二無
二分無別無斷故善現本性空清淨故身界
清淨身界清淨故一切智智清淨何以故若
本性空清淨若身界清淨若一切智智清淨無
二無二分無別無斷故本性空清淨故觸界
身識界及身觸身觸為緣所生諸受清淨
觸界乃至身觸為緣所生諸受清淨故一切
智智清淨何以故若本性空清淨若觸界乃
至身觸為緣所生諸受清淨若一切智智
清淨無二無二分無別無斷故善現本性空
清淨故意界清淨意界清淨故一切智智清
淨何以故若本性空清淨若意界清淨若一
切智智清淨無二無二分無別無斷故本性
空清淨故法界意識界及意觸意觸為緣所
生諸受清淨法界乃至意觸為緣所生諸受
清淨故一切智智清淨何以故若本性空清
淨若法界乃至意觸為緣所生諸受清淨若
一切智智清淨無二無二分無別無斷故善現
本性空清淨故地界清淨地界清淨故一
切智智清淨何以故若本性空清淨若地界
清淨若一切智智清淨無二無二分無別無
斷故本性空清淨故水火風空識界清淨水
火風空識界清淨故一切智智清淨何以故若
本性空清淨若水火風空識界清淨若一切
智智清淨無二無二分無別無斷故善現本
性空清淨故無明清淨無明清淨故一切智

BD04395號　大般若波羅蜜多經卷二一三　（8–2）

斷故本性空清淨故水火風空識界清淨水
火風空識界清淨故一切智智清淨何以故若
本性空清淨若水火風空識界清淨若一切
智智清淨無二無二分無別無斷故善現本
性空清淨故無明清淨無明清淨故一切智
智清淨何以故若本性空清淨若無明清淨
若一切智智清淨無二無二分無別無斷故
本性空清淨故行識名色六處觸受愛取有
生老死愁歎苦憂惱清淨行乃至老死愁歎
苦憂惱清淨故一切智智清淨何以故若本
性空清淨若行乃至老死愁歎苦憂惱清淨若
一切智智清淨無二無二分無別無斷故善
現本性空清淨故布施波羅蜜多清淨布施
波羅蜜多清淨故一切智智清淨何以故若
本性空清淨若布施波羅蜜多清淨若一
切智智清淨無二無二分無別無斷故本
性空清淨故淨戒安忍精進靜慮般若波羅
蜜多清淨淨戒乃至般若波羅蜜多清淨故
一切智智清淨何以故若本性空清淨若淨
戒乃至般若波羅蜜多清淨若一切智智清
淨無二無二分無別無斷故善現本性空清
淨故內空清淨內空清淨故一切智智清淨
何以故若本性空清淨若內空清淨若一切智
智清淨無二無二分無別無斷故本性空清
淨故外空內外空空空大空勝義空有為空無
為空畢竟空無際空散空無變異空自相空

BD04395號　大般若波羅蜜多經卷二一三　（8–3）

淨故內空清淨內空清淨故一切智智清淨
何以故若本性空清淨若內空清淨若一切智
智清淨無二無二分無別無斷故本性空清
淨故外空內外空空空大空勝義空有為空無
為空畢竟空無際空散空無變異空自相空
共相空一切法空不可得空無性空自性空無
性自性空清淨外空乃至無性自性空清淨
故一切智智清淨何以故若本性空清淨若
外空乃至無性自性空清淨若一切智智清
淨無二無二分無別無斷故善現本性空
清淨故真如清淨真如清淨故一切智智清
淨何以故若本性空清淨若真如清淨若一
切智智清淨無二無二分無別無斷故本性
空清淨故法界法性不虛妄性不變異性平
等性離生性法定法住實際虛空界不思議
界清淨法界乃至不思議界清淨故一切智
智清淨何以故若本性空清淨若法界乃至
不思議界清淨若一切智智清淨無二無二
分無別無斷故善現本性空清淨故苦聖
諦清淨苦聖諦清淨故一切智智清淨何以
故若本性空清淨若苦聖諦清淨若一切智
智清淨無二無二分無別無斷故本性空清淨
故集滅道聖諦清淨集滅道聖諦清淨故
一切智智清淨何以故若本性空清淨若集
滅道聖諦清淨若一切智智清淨無二無二
分無別無斷故善現本性空清淨故四靜慮

BD04395號　大般若波羅蜜多經卷二一三　（8–4）

智清淨無二無二分無別無斷故本性空清
故集滅道聖諦清淨集滅道聖諦清淨故
一切智智清淨何以故若本性空清淨若集
滅道聖諦清淨若一切智智清淨無二無二
分無別無斷故善現本性空清淨故四靜慮
清淨四靜慮清淨故一切智智清淨何以故
若本性空清淨若四靜慮清淨若一切智智
清淨無二無二分無別無斷故本性空清
淨故四無量四無色定清淨四無量四無色定
清淨故一切智智清淨何以故若本性空清
淨若四無量四無色定清淨若一切智智清
淨無二無二分無別無斷故善現本性空清
淨故八解脫清淨八解脫清淨故一切智智清
淨何以故若本性空清淨若八解脫清淨若
一切智智清淨無二無二分無別無斷故本
性空清淨故八勝處九次第定十遍處清淨
八勝處九次第定十遍處清淨故一切智智
清淨何以故若本性空清淨若八勝處九次第
定十遍處清淨若一切智智清淨無二無二
分無別無斷故善現本性空清淨故四念
住清淨四念住清淨故一切智智清淨何
以故若本性空清淨若四念住清淨若一切
智智清淨無二無二分無別無斷故本性空
清淨故四正斷四神足五根五力七等覺支
八聖道支清淨四正斷乃至八聖道支清淨
故一切智智清淨何以故若本性空清淨若
四正斷乃至八聖道支清淨若一切智智清淨

以故若本性空清淨若四念住清淨若一切
智智清淨無二無二分無別無斷故本性空
清淨故四正斷四神足五根五力七等覺支
八聖道支清淨四正斷乃至八聖道支清淨
故一切智智清淨何以故若本性空清淨若
四正斷乃至八聖道支清淨若一切智智清淨
無二無二分無別無斷故善現本性空清淨
淨故空解脫門清淨空解脫門清淨故一切
智智清淨何以故若本性空清淨若空解脫
門清淨若一切智智清淨無二無二分無別無
斷故本性空清淨故無相無願解脫門清淨
無相無願解脫門清淨故一切智智清淨何以
故若本性空清淨若無相無願解脫門清
淨若一切智智清淨無二無二分無別無斷
故善現本性空清淨故菩薩十地清淨菩薩
十地清淨故一切智智清淨何以故若本性
空清淨若菩薩十地清淨若一切智智清淨
無二無二分無別無斷故
善現本性空清淨故五眼清淨五眼清淨故
一切智智清淨何以故若本性空清淨若五
眼清淨若一切智智清淨無二無二分無別
無斷故本性空清淨故六神通清淨六神通
清淨故一切智智清淨何以故若本性空清淨
若六神通清淨若一切智智清淨無二無二
分無別無斷故善現本性空清淨故佛十力
清淨佛十力清淨故一切智智清淨何以故
若本性空清淨若佛十力清淨若一切智智

無斷故本性空清淨故六神通清淨故一切智
清淨故一切智智清淨何以故若本性空清淨
若六神通清淨若一切智智清淨無二無二
分無別無斷故善現本性空清淨故佛十力
清淨佛十力清淨故一切智智清淨何以故
若本性空清淨若佛十力清淨若一切智智
清淨無二無二分無別無斷故本性空清淨
故四無所畏四無礙解大慈大悲大喜大捨
十八佛不共法清淨四無所畏乃至十八佛不
共法清淨故一切智智清淨何以故若本
性空清淨若四無所畏乃至十八佛不共法
清淨若一切智智清淨無二無二分無別無
斷故善現本性空清淨故無忘失法清淨無
忘失法清淨故一切智智清淨何以故若本
性空清淨若無忘失法清淨若一切智智清
淨無二無二分無別無斷故本性空清淨故
恒住捨性清淨恒住捨性清淨故一切智智
清淨何以故若本性空清淨若恒住捨性清
淨若一切智智清淨無二無二分無別無斷
故善現本性空清淨故一切智清淨一切智
清淨故一切智智清淨何以故若本性空清
淨若一切智清淨若一切智智清淨無二無
二分無別無斷故本性空清淨故道相智一
切相智清淨道相智一切相智清淨故一切
智智清淨何以故若本性空清淨若道相智
一切相智清淨若一切智智清淨無二無二
分無別無斷故善現本性空清淨故一切

BD04395號　大般若波羅蜜多經卷二一三　（8–7）

忘失法清淨故一切智智清淨何以故若本
性空清淨若無忘失法清淨若一切智智清
淨無二無二分無別無斷故本性空清淨故
恒住捨性清淨恒住捨性清淨故一切智智
清淨何以故若本性空清淨若恒住捨性清
淨若一切智智清淨無二無二分無別無斷
故善現本性空清淨故一切智清淨一切智
清淨故一切智智清淨何以故若本性空清
淨若一切智清淨若一切智智清淨無二無
二分無別無斷故本性空清淨故道相智一
切相智清淨道相智一切相智清淨故一切
智智清淨何以故若本性空清淨若道相智
一切相智清淨若一切智智清淨無二無二
分無別無斷故善現本性空清淨故一切
陁羅尼門清淨一切陁羅尼門清淨故一切
智智清淨何以故若本性空清淨若一切陁
羅尼門清淨若一切智智清淨無二無二分
無別無斷故本性空清淨故一切三摩地門
清淨一切三摩地門清淨故一切智智清淨
何以故若本性空清淨若一切三摩地門清
淨若一切智智清淨無二無二分無別無斷
支

BD04395號　大般若波羅蜜多經卷二一三　（8–8）

我所供養諸佛功德百分不及一千万億分
乃至筭數譬喻所不能及須菩提若善男子
善女人於後末世有受持讀誦此經所得功
德我若具説者或有人聞心則狂亂狐疑不信
須菩提當知是經義不可思議果報亦不可思議
尒時須菩提白佛言世尊善男子善女人發
阿耨多羅三藐三菩提心云何應住云何降
伏其心佛告須菩提善男子善女人發阿耨
多羅三藐三菩提者當生如是心我應滅度
一切衆生滅度一切衆生已而无有一衆生
實滅度者何以故若菩薩有我相人相衆生
相壽者相則非菩薩所以者何須菩提實无
有法發阿耨多羅三藐三菩提者
須菩提於意云何如來於然燈佛所有法得
阿耨多羅三藐三菩提不不也世尊如我解
佛所説義佛於然燈佛所无有法得阿耨多
羅三藐三菩提佛言如是如是須菩提實无
有法如來得阿耨多羅三藐三菩提須菩提
若有法如來得阿耨多羅三藐三菩提然燈
佛則不與我受記汝於來世當得作佛号釋

BD04396號　金剛般若波羅蜜經　（7–1）

阿耨多羅三藐三菩提不不也世尊如我解
佛所説義佛於然燈佛所无有法得阿耨多
羅三藐三菩提佛言如是如是須菩提實无
有法如來得阿耨多羅三藐三菩提須菩提
若有法如來得阿耨多羅三藐三菩提然燈
佛則不與我受記汝於來世當得作佛号釋
迦牟尼以實无有法得阿耨多羅三藐三菩
提是故然燈佛與我受記作是言汝於來世
當得作佛号釋迦牟尼何以故如來者即諸
法如義若有人言如來得阿耨多羅三藐三
菩提須菩提實无有法佛得阿耨多羅三藐
三菩提須菩提如來所得阿耨多羅三藐三
菩提於是中无實无虛是故如來説一切法
皆是佛法須菩提所言一切法者即非一切
法是故名一切法
須菩提譬如人身長大須菩提言世尊如來
説人身長大則為非大身是名大身
須菩提菩薩亦如是若作是言我當滅度无
量衆生則不名菩薩何以故須菩提實无有
法名為菩薩是故佛説一切法无我无人无
衆生无壽者須菩提若菩薩作是言我當莊
嚴佛土是不名菩薩何以故如來説莊嚴佛
土者即非莊嚴是名莊嚴須菩提若菩薩通
達无我法者如來説名真是菩薩
須菩提於意云何如來有肉眼不如是世尊
如來有肉眼須菩提於意云何如來有天眼
不如是世尊如來有天眼須菩提於意云何

BD04396號　金剛般若波羅蜜經　（7–2）

土者即非莊嚴是名莊嚴須菩提若菩薩通
達无我法者如来說名真是菩薩
須菩提於意云何如来有肉眼不如是世尊
如来有肉眼須菩提於意云何如来有天眼
不如是世尊如来有天眼須菩提於意云何
如来有慧眼不如是世尊如来有慧眼須菩
提於意云何如来有法眼不如是世尊如来
有法眼須菩提於意云何如来有佛眼不如
是世尊如来有佛眼須菩提於意云何恒河
中所有沙佛說是沙不如是世尊如来說是
沙須菩提於意云何如一恒河中所有沙有
如是等恒河是諸恒河所有沙數佛世界如
是寧為多不甚多世尊佛告須菩提尒所國
土中所有衆生若干種心如来悉知何以故
如来說諸心皆為非心是名為心所以者何
須菩提過去心不可得現在心不可得未来
心不可得須菩提於意云何若有人滿三千
大千世界七寶以用布施是人以是因緣得
福多不如是世尊此人以是因緣得福甚多
須菩提若福德有實如来不說得福德多以
福德无故如来說得福德多
須菩提於意云何佛可以具足色身見不不
也世尊如来不應以具足色身見何以故如
来說具足色身即非具足色身是名具足色
身須菩提於意云何如来可以具足諸相見
不不也世尊如来不應以具足諸相見何以
故如来說諸相具足即非具足是名諸相具

BD04396 號　金剛般若波羅蜜經

（7–3）

也世尊如来不應以具足色身見何以故如
来說具足色身即非具足色身是名具足色
身須菩提於意云何如来可以具足諸相見
不不也世尊如来不應以具足諸相見何以
故如来說諸相具足即非具足是名諸相具
足須菩提汝勿謂如来作是念我當有所說
法莫作是念何以故若人言如来有所說法
即為謗佛不能解我所說故須菩提說法者
无法可說是名說法
須菩提白佛言世尊佛得阿耨多羅三藐三
菩提為无所得耶如是如是須菩提我於阿
耨多羅三藐三菩提乃至无有少法可得是
名阿耨多羅三藐三菩提復次須菩提是法
平等无有高下是名阿耨多羅三藐三菩提
以无我无人无衆生无壽者修一切善法則
得阿耨多羅三藐三菩提須菩提所言善法
者如来說非善法是名善法須菩提若三千
大千世界中所有諸須弥山王如是等七寶
聚有人持用布施若人以此般若波羅蜜經
乃至四句偈等受持讀誦為他人說於前福
德百分不及一百千万億分乃至筭數譬喻
所不能及須菩提於意云何汝等勿謂如来
作是念我當度衆生須菩提莫作是念何以
故實无有衆生如来度者若有衆生如来度
者如来則有我人衆生壽者須菩提如来說
有我者則非有我而凡夫之人以為有我須
菩提凡夫者如来說則非凡夫

BD04396 號　金剛般若波羅蜜經

（7–4）

作是念我當度衆生須菩提莫作是念何以
故實无有衆生如来度者若有衆生如来度
者如来則有我人衆生壽者須菩提如来説
有我者則非有我而凡夫之人以為有我須
菩提凡夫者如来説則非凡夫
須菩提於意云何可以卅二相觀如来不須
菩提言如是如是以卅二相觀如来佛言須
菩提若以卅二相觀如来者轉輪聖王則是
如来須菩提白佛言世尊如我解佛所説義
不應以卅二相觀如来尒時世尊而説偈言
若以色見我 以音聲求我 是人行耶道 不能見如来
須菩提汝若作是念如来不以具足相故得
阿耨多羅三藐三菩提須菩提莫作是念如
来不以具足相故得阿耨多羅三藐三菩提
須菩提汝若作是念發阿耨多羅三藐三菩
提者説諸法斷滅莫作是念何以故發阿耨
多羅三藐三菩提者於法不説斷滅相須菩
提若菩薩以滿恒河沙等世界七寶布施若
復有人知一切法无我得成於忍此菩薩勝
前菩薩所得功德須菩提以諸菩薩不受福
德故須菩提白佛言世尊云何菩薩不受福
德須菩提菩薩所作福德不應貪著是故説
不受福德須菩提若有人言如来若来若去
若坐若卧是人不解我所説義何以故如来
者无所從来亦无所去故名如来
須菩提若善男子善女人以三千大千世界
碎為微塵於意云何是微塵衆寧為多不甚

BD04396號　金剛般若波羅蜜經　（7–5）

德須菩提菩薩所作福德不應貪著是故説
不受福德須菩提若有人言如来若来若去
若坐若卧是人不解我所説義何以故如来
者无所從来亦无所去故名如来
須菩提若善男子善女人以三千大千世界
碎為微塵於意云何是微塵衆寧為多不甚
多世尊何以故若是微塵衆實有者佛則不
説是微塵衆所以者何佛説微塵衆則非微
塵衆是名微塵衆世尊如来所説三千大千
世界則非世界是名世界何以故若世界實
有者則是一合相如来説一合相則非一合
相是名一合相須菩提一合相者則是不可
説但凡夫之人貪著其事須菩提若人言佛
説我見人見衆生見壽者見須菩提於意云
何是人解我所説義不世尊是人不解如来
所説義何以故世尊説我見人見衆生見壽
者見即非我見人見生見壽者見是名我
見人見衆生見壽者見須菩提發阿耨多羅
三藐三菩提心者於一切法應如是知如是
見如是信解不生法相須菩提所言法相者
如来説即非法相是名法相須菩提若有人
以滿无量阿僧祇世界七寶持用布施若有
善男子善女人發菩薩心者持於此經乃至
四句偈等受持讀誦為人演説其福勝彼云
何為人演説不取於相如如不動何以故
一切有為法 如夢幻泡影 如露亦如電 應作如是觀
佛説是經已長老須菩提及諸比丘比丘尼
優婆塞優婆夷一切

BD04396號　金剛般若波羅蜜經　（7–6）

有者則是一合相如來說一合相則非一合
相是名一合相須菩提一合相者則是不可
說但凡夫之人貪著其事須菩提若人言佛
說我見人見衆生見壽者見須菩提於意云
何是人解我所說義不世尊是人不解如來
所說義何以故世尊說我見人見衆生見壽
者見即非我見人見衆生見壽者見是名我
見人見衆生見壽者見須菩提發阿耨多羅
三藐三菩提心者於一切法應如是知如是
見如是信解不生法相須菩提所言法相者
如來說即非法相是名法相須菩提若有人
以滿无量阿僧祇世界七寶持用布施若有
善男子善女人發菩薩心者持於此經乃至
四句偈等受持讀誦為人演說其福勝彼云
何為人演說不取於相如如不動何以故
一切有為法如夢幻泡影如露亦如電應作如是觀
佛說是經已長老須菩提及諸比丘比丘尼
優婆塞優婆夷一切世間天人阿脩羅聞佛
所說皆大歡喜信受奉行

BD04396 號　金剛般若波羅蜜經

（7–7）

尒時長者維摩詰自念寢疾于牀世尊大慈
寧不垂愍佛知其意即告舍利弗汝行詣維
摩詰問疾舍利弗白佛言世尊我不堪任詣
彼問疾所以者何憶念我昔曾於林中宴坐
樹下時維摩詰來謂我言唯舍利弗不必是
坐為宴坐也夫宴坐者不於三界現身意是
為宴坐不起滅定而現諸威儀是為宴坐不
捨道法而現凡夫事是為宴坐心不住內亦
不在外是為宴坐於諸見不動而脩行卅七
品是為宴坐不斷煩惱而入涅槃是為宴坐
若能如是坐者佛所印可時我世尊聞是語
嘿而止不能加報故我不任詣彼問疾
佛告大目揵連汝行詣維摩詰問疾目連白
佛言世尊我不堪任詣彼問疾所以者何憶
念我昔入毗耶離大城於里巷中為諸居士
說法時維摩詰來謂我言唯大目連為白衣
居士說法不當如仁者所說夫說法者當如
法說法无衆生離衆生垢故法无有我離我
垢故法无壽命離生死故法无有人前後際

BD04397 號　維摩詰所說經卷上

（3–1）

佛言世尊不堪任詣彼問疾所以者何憶
念我昔入毗耶離大城於里巷中為諸居士
說法時維摩詰来謂我言唯大目連為白衣
居士說法不當如仁者所說夫說法者當如
法說法无衆生離衆生垢故法无有我離我
垢故法无壽命離生死故法无有人前後際
斷故法常寂然滅諸相故法離於相无所緣
故法无名字言語斷故法无有說離覺觀故
法无形相如虛空故法无戲論畢竟空故法无
我所離我所故法无分別離諸識故法无
有比无相待故法不屬因不在緣故法同法
性入諸法故法隨於如无所隨故法住實際
諸邊不動故法无動搖不依六塵故法无去
来常不住故法順空隨无相應无作法離好
醜法无增損法无生滅法无所歸法過眼耳
鼻舌身心法无高下法常住不動法離一切
觀行唯大目連法相如是豈可說乎夫說法
者无說无示其聽法者无聞无得譬如幻士為
幻人說法當建是意而為說法當了衆生根
有利鈍善於知見无所罣閡以大悲心讚于
大乘念報佛恩不斷三寶然後說法維摩詰
說是法時八百居士發阿耨多羅三藐三菩
提心我无此辯是故不任詣彼問疾
佛告大迦葉汝行詣維摩詰問疾迦葉白佛
言世尊我不堪任詣彼問疾所以者何憶念
我昔於貧里而行乞時維摩詰来謂我言唯
大迦葉有慈悲心而不能普捨豪富從貧乞

BD04397 號　維摩詰所說經卷上　（3–2）

大乘念報佛恩不斷三寶然後說法維摩詰
說是法時八百居士發阿耨多羅三藐三菩
提心我无此辯是故不任詣彼問疾
佛告大迦葉汝行詣維摩詰問疾迦葉白佛
言世尊我不堪任詣彼問疾所以者何憶念
我昔於貧里而行乞時維摩詰来謂我言唯
大迦葉有慈悲心而不能普捨豪富從貧乞
迦葉住平等法應次行乞食為不食故應行
乞食為壞和合相故應取揣食為不受故應
受彼食以空聚想入於聚落所見色與盲等
所聞聲與響等所嗅香與風等所食味不分
別受諸觸如智證知諸法如幻相无自性无
他性本自不然今則无滅迦葉若能不捨八
耶入八解脫以耶相入正法以一食施一切
供養諸佛及衆賢聖然後可食如是食者非
有煩惱非離煩惱非入定意非起定意非住
世間非住涅槃其有施者无大福无小福不
為益不為損是為正入佛道不依聲聞迦葉
若如是食為不盡食人之施也時我世尊聞
說是語得未曾有即於一切菩薩深起敬心
復作是念斯有家名辯才智慧乃能如是其
誰不發阿耨多羅三藐三菩提心我從是来
不復勸人以聲聞辟支佛行是故不任詣彼
問疾

BD04397 號　維摩詰所說經卷上　（3–3）

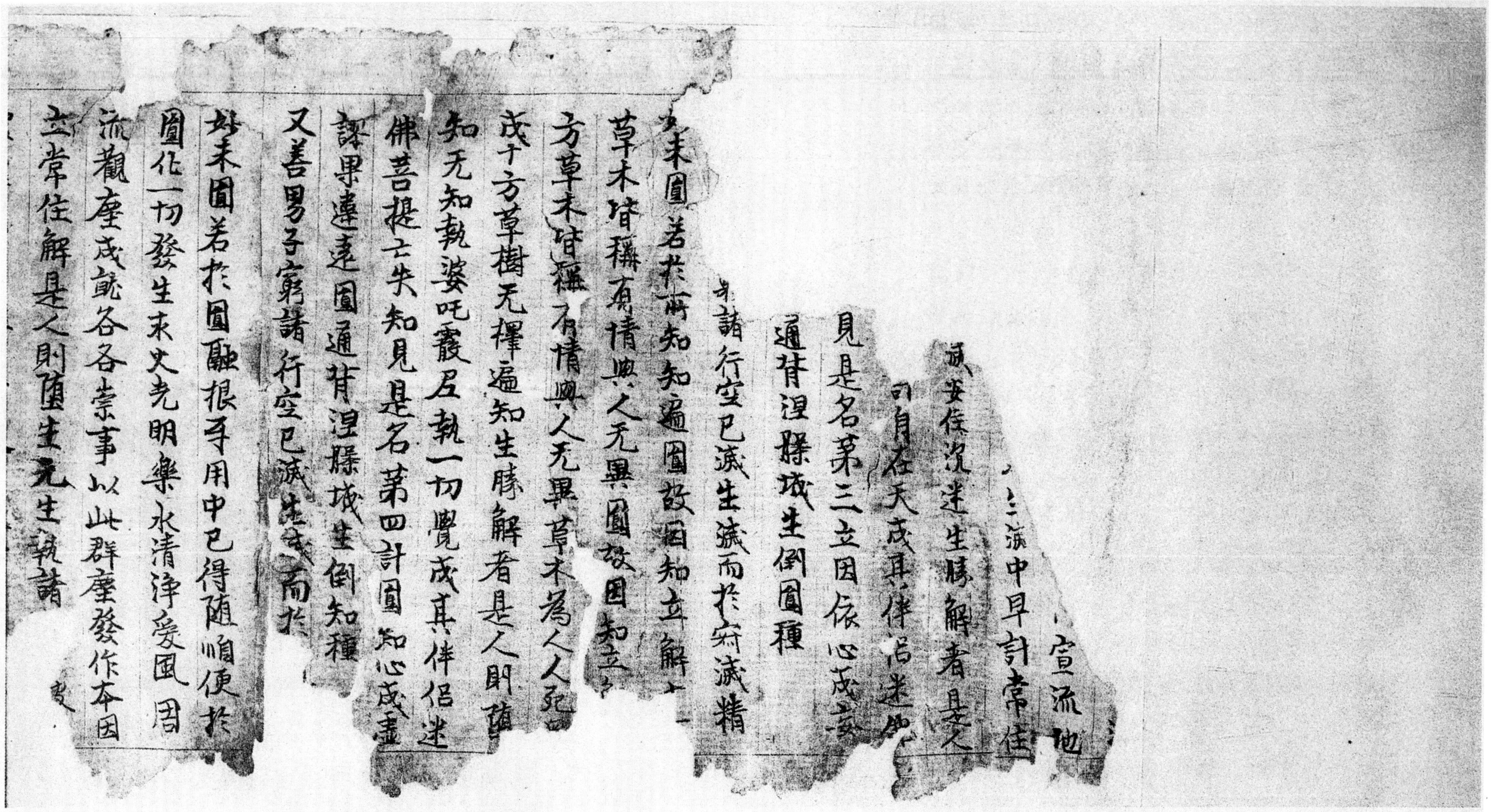
宣流地
三漏中早計常住
咸妄佞沉迷生勝解者是人
司自在天成其伴侶迷佛
見是名第三立因依心成妄
通背涅槃城生倒圓種
諸行空已滅生滅而於寂滅精
未圓若於所知知遍圓故因知立解
草木皆稱有情與人無異圓故因知立
方草木皆稱有情與人無異草木為人人死
成十方草樹无擇遍知生勝解者是人則墮
知无知執婆吒霰尼執一切覺成其伴侶迷
佛菩提亡失知見是名第四計圓知心成虛
謬果違遠圓通背涅槃城生倒知種
又善男子窮諸行空已滅生滅而於
妙未圓若於圓融根互用中已得隨順便於
圓化一切發生求火光明樂水清淨愛風周
流觀塵成就各各崇事以此群塵發作本因
立常住解是人則墮生无生執諸

BD04398號　大佛頂如來密因修證了義諸菩薩萬行首楞嚴經卷一〇　（2–1）

又善男子窮諸行空已滅生滅而於
妙未圓若於圓融根互用中已得隨順便於
圓化一切發生求火光明樂水清淨愛風周
流觀塵成就各各崇事以此群塵發作本因
立常住解是人則墮生无生執諸
婆羅門勤心役身事火崇水求出生
死成其伴侶迷佛菩提亡失知見是名第五計
著崇事迷心從物立妄求因求妄冀果違
遠圓通背涅槃城生顛化種
又善男子窮諸行空已滅生滅而於寂滅精妙
未圓若於圓明計明中虛非
依為所歸依生勝解者是人則墮歸无歸
執无相天中諸舜若多成其伴侶迷佛菩
提亡失知見是名第六圓虛无心成空亡
果違遠圓通背涅槃城生斷滅種
又善男子窮諸行空已滅生滅而於寂滅精
常固身

BD04398號　大佛頂如來密因修證了義諸菩薩萬行首楞嚴經卷一〇　（2–2）

故若四无色定清淨
智智清淨无二无二分无
定清淨故四無量清淨
智智清淨何以故若四無
量清淨若一切智智清
無斷故善現四無色定清
淨八解脫清淨故一切智
四無色定清淨若八解脫清淨若一切智
清淨無二無二分无別无斷故四無色定清
淨故八勝處九次第定十遍處清淨八勝處
九次第定十遍處清淨故一切智智清淨何
以故若四无色定清淨若八勝處九次第定十
遍處清淨若一切智智清淨無二無二分无
別无斷故善現四无色定清淨故四念住
清淨四念住清淨故一切智智清淨何以故若
四無色定清淨若四念住清淨若一切智智
清淨無二無所无別无斷故四
淨故四正斷四神足五根五力
聖道支清淨四正斷乃至八聖

BD04399號　大般若波羅蜜多經卷二二六　（11–1）

清淨四念住清淨故一切智智清淨何以故若
四無色定清淨若四念住清淨若一切智智
清淨無二無所无別无斷故四
淨故四正斷四神足五根五力
聖道支清淨四正斷乃至八聖
故一切智智清淨何以故若四
若四正斷乃至八聖道支
清淨無二無二分无別无斷
清淨故空解脫門清淨
一切智智清淨何以故若四無
解脫門清淨若一切智智清
无別無斷故四無色定清淨故
脫門清淨無相無願解脫門
智清淨何以故若四無色定清
願解脫門清淨若一切智智
分无別无斷故善現四无色定
薩十地清淨菩薩十地清淨
淨何以故若四無色定清淨若
淨若一切智智清淨無二無二
故
善現四無色定清淨故五眼
故一切智智清淨何以故若四
五眼清淨若一切智智清淨
別无斷故四無色定清淨故六神通清淨
六神通清淨故一切智智清淨何以故若四
无色定清淨若六神通清淨若一切智智清

BD04399號　大般若波羅蜜多經卷二二六　（11–2）

別无斷故四無色定清淨故六神通清淨
六神通清淨故一切智智清淨何以故若四
无色定清淨若六神通清淨若一切智智清
淨無二无二分无別无斷故善現四无色定
清淨故佛十力清淨佛十力清淨故一切智
智清淨何以故若四無色定清淨若佛十力
清淨若一切智智清淨无二无二分无別无
斷故四无色定清淨故四无所畏四无礙解
大慈大悲大喜大捨十八佛不共法清淨四
无所畏乃至十八佛不共法清淨故一切智
智清淨何以故若四无色定清淨若四无所
畏乃至十八佛不共法清淨若一切智智清
淨無二無二分无別无斷故善現四无色定
清淨故無忘失法清淨無忘失法清淨故一
切智智清淨何以故若四無色定清淨若無
忘失法清淨若一切智智清淨无二无二分
无別无斷故四无色定清淨故恒住捨性清
淨恒住捨性清淨故一切智智清淨何以故
若四无色定清淨若恒住捨性清淨若一切
智智清淨無二無二分无別无斷故善現四无
色定清淨故一切智清淨一切智清淨故一
切智智清淨何以故若四无色定清淨若一
切智清淨若一切智智清淨无二无二分无
別无斷故四无色定清淨故道相智一切相
智清淨道相智一切相智清淨故一切智智

BD04399號　大般若波羅蜜多經卷二二六　（11-3）

切智智清淨何以故若四无色定清淨若一
切智清淨若一切智智清淨无二无二分无
別无斷故四无色定清淨故道相智一切相
智清淨道相智一切相智清淨故一切智智
清淨何以故若四无色定清淨若道相智一
切相智清淨若一切智智清淨无二无二分
无別无斷故善現四无色定清淨故一切陁
羅尼門清淨一切陁羅尼門清淨故一切智
智清淨何以故若四无色定清淨若一切
陁羅尼門清淨若一切智智清淨无二无二
分无別无斷故四无色定清淨故一切三摩
地門清淨一切三摩地門清淨故一切智智
清淨何以故若四无色定清淨若一切三摩
地門清淨若一切智智清淨无二无二分无
別无斷故善現四无色定清淨故預流果清
淨預流果清淨故一切智智清淨何以故若
四无色定清淨若預流果清淨若一切智智
清淨无二无二分无別无斷故四无色定清
淨故一來不還阿羅漢果清淨一來不還阿
羅漢果清淨故一切智智清淨何以故若四
无色定清淨若一來不還阿羅漢果清淨若
一切智智清淨无二无二分无別无斷故善
現四无色定清淨故獨覺菩提清淨獨覺菩
提清淨故一切智智清淨何以故若四无色
定清淨若獨覺菩提清淨若一切智智清淨

BD04399號　大般若波羅蜜多經卷二二六　（11-4）

一切智智清淨无二无二分无別无斷故善
現四无色定清淨故獨覺菩提清淨獨覺菩
提清淨故一切智智清淨何以故若四无色
定清淨若獨覺菩提清淨若一切智智清淨
无二无二分无別无斷故善現四无色定清淨
故一切菩薩摩訶薩行清淨一切菩薩摩
訶薩行清淨故一切智智清淨何以故若四
无色定清淨若一切菩薩摩訶薩行清淨若
一切智智清淨无二无二分无別无斷故善
現四无色定清淨故諸佛无上正等菩提清
淨諸佛无上正等菩提清淨故一切智智清
淨何以故若四无色定清淨若諸佛无上正
等菩提清淨若一切智智清淨无二无二分
无別无斷故
復次善現八解脫清淨故色清淨色清淨故
一切智智清淨何以故若八解脫清淨若色清
淨若一切智智清淨无二无二分无別无
斷故八解脫清淨故受想行識清淨受想行
識清淨故一切智智清淨何以故若八解脫清
淨若受想行識清淨若一切智智清淨无二
无二分无別无斷故善現八解脫清淨故眼
處清淨眼處清淨故一切智智清淨何以
故若八解脫清淨若眼處清淨若一切智智
清淨无二无二分无別无斷故八解脫清淨故
耳鼻舌身意處清淨耳鼻舌身意處清淨
故一切智智清淨何以故若八解脫清淨若耳

BD04399號　大般若波羅蜜多經卷二二六　（11–5）

无二分无別无斷故善現八解脫清淨故眼
處清淨眼處清淨故一切智智清淨何以
故若八解脫清淨若眼處清淨若一切智智
清淨无二无二分无別无斷故八解脫清淨故
耳鼻舌身意處清淨耳鼻舌身意處清淨
故一切智智清淨何以故若八解脫清淨若耳
鼻舌身意處清淨若一切智智清淨无二
无二分无別无斷故善現八解脫清淨故色
處清淨色處清淨故一切智智清淨何以故若
八解脫清淨若色處清淨若一切智智清淨
无二无二分无別无斷故八解脫清淨故聲
香味觸法處清淨聲香味觸法處清淨故一
切智智清淨何以故若八解脫清淨若聲香
味觸法處清淨若一切智智清淨无二无二
分无別无斷故善現八解脫清淨故眼界清
淨眼界清淨故一切智智清淨何以故若八
解脫清淨若眼界清淨若一切智智清淨
无二无二分无別无斷故八解脫清淨故色界
眼識界及眼觸眼觸為緣所生諸受清淨色
界乃至眼觸為緣所生諸受清淨故一切
智智清淨何以故若八解脫清淨若色界乃至
眼觸為緣所生諸受清淨若一切智智清淨
无二无二分无別无斷故善現八解脫清淨
故耳界清淨耳界清淨故一切智知清淨何
以故若八解脫清淨若耳界清淨若一切智
智清淨无二无二分无別无斷故八解脫清
淨故聲界耳識界及耳觸耳觸為緣所生

BD04399號　大般若波羅蜜多經卷二二六　（11–6）

眼觸爲緣所生諸受清淨若一切智智清淨
无二无二分无別无斷故善現八解脫清淨
故耳界清淨耳界清淨故一切智知清淨何
以故若八解脫清淨若耳界清淨若一切智
智清淨无二无二分无別无斷故八解脫清
淨故聲界耳識界及耳觸耳觸爲緣所生
諸受請淨聲界乃至耳觸爲緣所生諸受清
淨故一切智智清淨何以故若八解脫清淨若
聲界乃至耳觸爲緣所生諸受清淨若一切
智智清淨无二无二分无別无斷故善現
八解脫清淨故鼻界清淨鼻界清淨故一切
智智清淨何以故若八解脫清淨若鼻界清
淨若一切智智清淨无二无二分无別无斷
故八解脫清淨故香界鼻識界及鼻觸鼻觸
爲緣所生諸受清淨故香界乃至鼻觸爲緣所
生諸受清淨故一切智智清淨何以故若八解
脫清淨若香界乃至鼻觸爲緣所生諸受清
淨若一切智智清淨无二无二分无別无斷
故善現八解脫清淨故舌界清淨舌界清淨
故一切智智清淨何以故若八解脫清淨若舌
界清淨若一切智智清淨无二无二分无別
无斷故八解脫清淨故味界舌識界及舌
觸舌觸爲緣所生諸受清淨味界乃至舌
觸爲緣所生諸受清淨故一切智智清淨何
以故若八解脫清若味界乃至舌觸爲緣所生
諸受清淨若一切智智清淨无二无二分

BD04399號　大般若波羅蜜多經卷二二六　（11–7）

觸舌觸爲緣所生諸受清淨味界乃至舌
觸爲緣所生諸受清淨故一切智智清淨何
以故若八解脫清若味界乃至舌觸爲緣所生
諸受清淨若一切智智清淨无二无二分
无別无斷故善現八解脫清淨故身界清
淨身界清淨故一切智智清淨何以故若八
解脫清淨若身界清淨若一切智智清淨无
二无二分无別无斷故八解脫清淨故觸界身
識界及身觸身觸爲緣所生諸受清淨觸界
乃至身觸爲緣所生諸受清淨故一切智智
清淨何以故若八解脫清淨若觸界乃至身
觸爲緣所生諸受清淨若一切智智清淨无
二无二分无別无斷故善現八解脫清淨故
意界清淨意界清淨故一切智智清淨何
以故若八解脫清淨若意界清淨若一切智
智清淨无二无二分无別无斷故八解脫清
淨故法界意識界及意觸意觸爲緣所生諸
受清淨法界乃至意觸爲緣所生諸受清淨
故一切智智清淨何以故若八解脫清淨若
法界乃至意觸爲緣所生諸受清淨若一切
智智清淨无二无二分无別无斷故善現八
解脫清淨故地界清淨地界清淨故一切智
智清淨何以故若八解脫清淨若地界清清若
一切智智清淨无二无二分无別无斷故八
解脫清淨故水火風空識界清淨水火風空
識界清淨故一切智智清淨何以故若八解脫

BD04399號　大般若波羅蜜多經卷二二六　（11–8）

智智清淨无二无二分无別无斷故善現八
解脫清淨故地界清淨地界清淨故一切智
智清淨何以故若八解脫清淨若地界清淨若
一切智智清淨无二无二分无別无斷故八
解脫清淨故水火風空識界清淨水火風空
識界清淨故一切智智清淨何以故若八解脫
清淨若水火風空識界清淨若一切智
智清淨无二无二分无別无斷故善現八解
脫清淨故无明清淨无明清淨故一切智智
清淨何以故若八解脫清淨若无明清淨若
一切智智清淨无二无二分无別无斷故八
解脫清淨故行識名色六處觸受愛取有生
老死愁歎苦憂惱清淨行乃至老死愁歎苦
憂惱清淨故一切智智清淨何以故若八解
脫清淨若行乃至老死愁歎苦憂惱清淨若
一切智智清淨无二无二分无別无斷故
善現八解脫清淨故布施波羅蜜多清淨布
施波羅蜜多清淨故一切智智清淨何以故若
八解脫清淨若布施波羅蜜多清淨若一切
智智清淨无二无二分无別无斷故八解脫
清淨故淨戒安忍精進靜慮般若波羅蜜
多清淨淨戒乃至般若波羅蜜多清淨故一切
智智清淨何以故若八解脫清淨若淨戒
乃至般若波羅蜜多清淨若一切智智清淨无
二无二分无別无斷故善現八解脫清淨故
內空清淨內空清淨故一切智智清淨何以

BD04399 號　大般若波羅蜜多經卷二二六　（11–9）

清淨故淨戒安忍精進靜慮般若波羅蜜
多清淨淨戒乃至般若波羅蜜多清淨故一切
智智清淨何以故若八解脫清淨若淨戒
乃至般若波羅蜜多清淨若一切智智清淨无
二无二分无別无斷故善現八解脫清淨故
內空清淨內空清淨故一切智智清淨何以
故若八解脫清淨若內空清淨若一切智
智清淨无二无二分无別无斷故八解脫清
淨故外空內外空空空大空勝義空有為空
无為空畢竟空无際空散空无變異空本性
空自相空共相空一切法空不可得空无性
空自性空无性自性空清淨外空乃至无性
自性空清淨故一切智智清淨何以故若八
解脫清淨若外空乃至无性自性空清淨若
一切智智清淨无二无二分无別无斷故善
現八解脫清淨故真如清淨真如清淨故一
切智智清淨何以故若八解脫清淨若真如
清淨若一切智智清淨无二无二分无別无
斷故八解脫清淨故法界法性不虛妄性不
變異性平等性離生性法定法住實際虛
空界不思議界清淨法界乃至不思議界清
淨故一切智智清淨何以故若八解脫清淨若
法界乃至不思議界清淨若一切智智清淨
无二无二分无別无斷故善現八解脫清淨
故苦聖諦清淨苦聖諦清淨故一切智智清
淨何以故若八解脫清淨若苦聖諦清淨若

BD04399 號　大般若波羅蜜多經卷二二六　（11–10）

空自性空无性自性空清淨外空乃至无性
自性空清淨故一切智智清淨何以故若八
解脫清淨若外空乃至无性自性空清淨若
一切智智清淨无二无二分无別无斷故善
現八解脫清淨故真如清淨真如清淨故一
切智智清淨何以故若八解脫清淨若真如
清淨若一切智智清淨无二无二分无別无
斷故八解脫清淨故法界法性不虛妄性不
變異性平等性離生性法定法住實際虛
空界不思議界清淨法界乃至不思議界清
淨故一切智智清淨何以故若八解脫清淨若
法界乃至不思議界清淨若一切智智清淨
无二无二分无別无斷故善現八解脫清淨
故苦聖諦清淨苦聖諦清淨故一切智智清
淨何以故若八解脫清淨若苦聖諦清淨若
一切智智清淨无二无二分无別无斷故八
解脫清淨故集滅道聖諦清淨集滅道聖諦
清淨故一切智智清淨何以故若八解脫清淨

BD04399號 大般若波羅蜜多經卷二二六 （11–11）

BD04400號　大乘百法明門論開宗義記

（8–1）

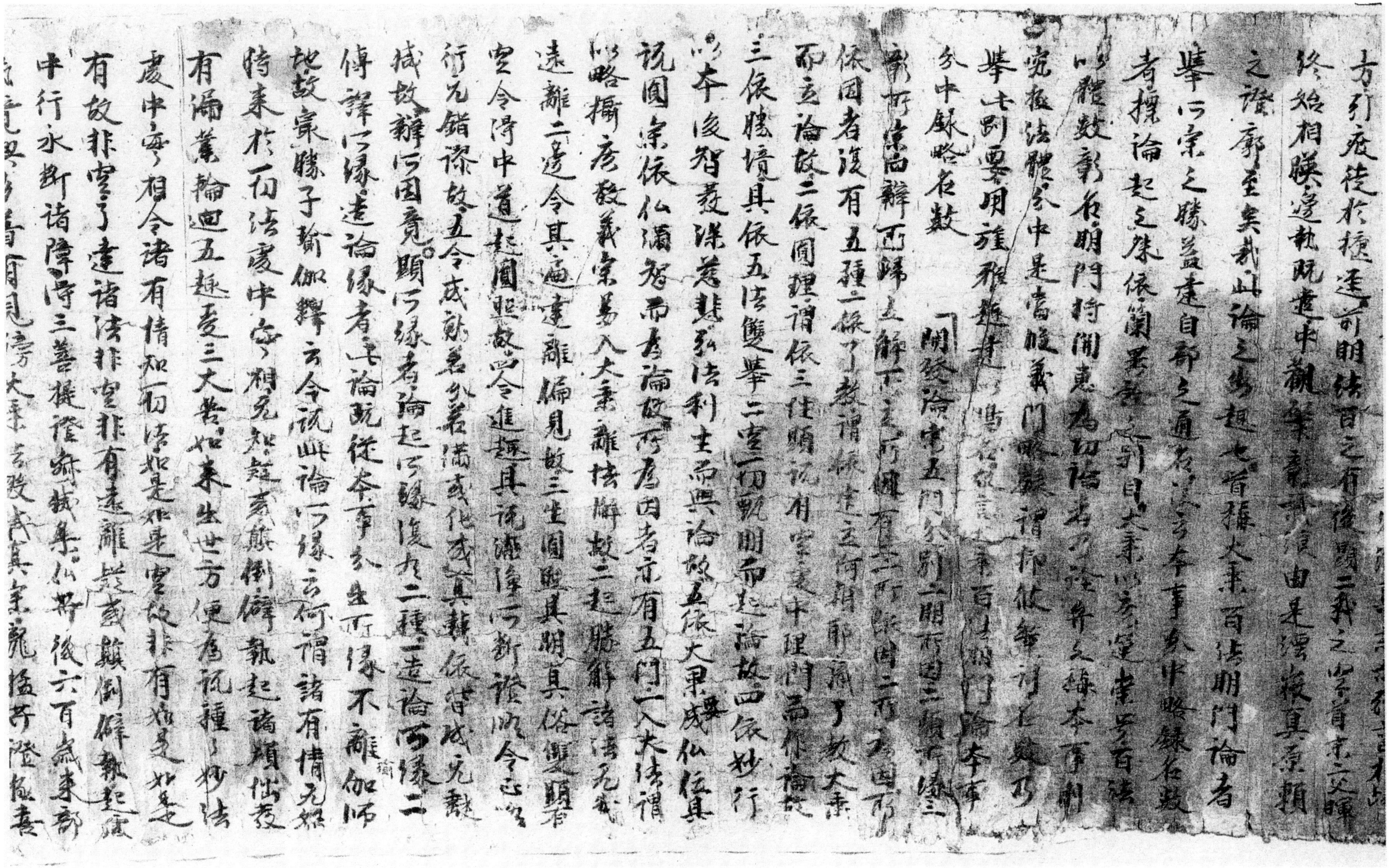

BD04400號　大乘百法明門論開宗義記

（8–2）

有漏業輪迴五趣，受三大苦。如來出世，方便為說種種妙法
處中無相，令諸有情知一切法如是非是空故非有如是
有故非空，了達諸法非空非有，遠離斷常顛倒僻執，起處
中行，永斷諸障，得三菩提。證寂滅已，佛將後六百歲，末部
執競興，多著有見，謗大乘法。發起真宗，龍猛菩薩，擬登
地採集大乘無相空教，造中論等，究暢真要，除彼有見。
聖提婆等諸大論師，造百論等，弘闡大義。由是眾生復著
空見。至佛滅後九百年，初無著菩薩位登初地，得法光定，發大
神通，事大慈尊，請說此論，理無不窮，事無不盡，文無不釋，
義無不詮，疑無不遣，執無不破，行無不明，果無不證，離前二見，
住中道理，起處中行，速證菩提。無著菩薩有異母弟，位階加行，
厥號世親，即佛所記付法藏中第廿二傳法主也。本習小乘，
廣通異部，造論五百，隱蔽大乘。無著敷之，託疾令請，本除
聞誨，方行大乘，改軌弘揚，造論五百，具如別傳。此但粗明瑜
伽論義，奧文繁，學者雖尋，莫知旨趣，遂造此論，略示方
隅，即是造論之緣起也。傳譯緣者，大唐貞觀有大三藏
遍覺大師，厥號玄奘，俗姓陳氏，洛邑人也。遊五印度，遍學
三藏，玄文名立業，成來歸本土之帝，侍以國師之禮，乃
詔令其翻譯經論，盛德高躅，具如別傳。此論即我三藏
大師貞觀廿三年於大慈恩寺譯，擬是第二論所緣竟。次下
第三論所宗者，既論諸宗不過三種：外道、小乘、大乘別故。
外道所宗，雖九十六種，然今類攝為十六宗，故顯揚論攝頌
頌曰：執因中有果，顯了有去來，我常宿作因，自在等害法，
邊無邊矯亂，見無因斷空，計勝淨吉祥，依十六異論。
彼論長行廣明立破，今略舉之。顯宗計相：一因中有果宗，則
雨眾等所說，求此果時，唯是此因，唯從此生，不從餘故。二從緣
顯了宗，即聲論等所執，彼說聲等體常本有，待緣顯了，非

外道所宗雖九十六然今類攝為十六宗故頌揚論攝拘
頌曰 執因中有果 顯了有去來 我常宿作因 自在等害法
邊無邊矯亂 見無因斷空 計勝淨吉祥 名十六異論
彼論長行廣明立破今略舉之顯宗計相 一因中有果宗 謂
雨衆等所說 求此果時作是此因 唯從此生不從餘故 二從緣
顯了宗 即聲論者所執 彼說聲等體常本有 待緣至而顯 非
因生故 三去來實有宗 則時論者所說 去來同現皆實有
故 小乘有部亦同此執 四計我實有宗 謂數主等所立 起
色受想行識覺時別有薩埵我等覺故 五諸法皆常宗
伊師迦等所說 極微等法一切常住 以前後際物相續故 六
因宿作宗 即離繫子等所說 苦樂等果定宿因作 見行
善惡倒受果故 七自在等作宗 彼說不平等論 說所行善等
事皆自在返由世間事作者所作故 八害為正法宗 受祠宗秘
者說於天祠中害生祠祀 能害所害皆得生天由呪力故 九邊無邊等
宗 謂得世靜慮者憶壞成劫 觀上下傍 隨前所執 有邊
等故 十不死矯亂宗 謂邊無智者於所問 失(?)不敢正對
推不死天矯亂答故 十一諸法無因宗 彼見欻尔大風卒起
瀑河彌漫後見止息 忽然總無故 十二死後斷滅宗 即思
論者所說 若有後身可有作業 我體既空 業果無故 十三
因果俱誹宗 得世定邊者 行善惡得果 異見 行人定後身
無故 十四妄計最勝宗 即執梵天論者說 婆羅門最勝 白
色梵王種 亂性梵行故 十五妄計清淨宗 如下劣戒見者
執雞狗等諸戒清淨 四河水浴除罪故 十六妄計吉祥
宗 曆算等論者所說 於日月星常行供養不失度時所欲
成故 此十六種所執 邪論皆依無明邪思所起 背內真理
名外道 六師皆有此十六法 故總說為外十六種 次下小乘
宗有廿部 今總攝而為頌曰
異部有二十 本五末十八 本上座大衆 末初從大衆 有六一說出

BD04400號 大乘百法明門論開宗義記 （8–4）

……宗如下 戒見者
執雞狗等諸戒清淨，四河水淨浴除罪，故十六妄計[illegible]
宗。歷筭論者所說於日月星常行供養不失度時[illegible]
成。故此十六種所執邪論，皆依无明邪思所起，皆迷真理也。
於外道六師，亦有七十六法，故總說為此十六種。次下小乘
宗有廿部，今應總攝而為頌曰：
異部有廿，本五末十八。本上座大衆，末初從大衆，一說、說出
世、雞胤、多聞、說假、制多山、西山住、北山住。上座名雪山，
流出一切有、犢子、法上、賢冑、正量、密林山、化地、法藏、
飲光、經量部。●雖所計殊分廿部，於中類束以為六宗。一、
我法俱有宗，謂犢子部等許有五蘊十二處等及依蘊
等別有我故。二、有法无我宗，一切有部等說三世蘊等
皆有補特伽羅實我无故。三、法无去來宗，大衆部等
說蘊處界等現法即有，去來蘊等皆是无故。四、現通假
實宗，說假部等說現在蘊實積聚法故，處界則假和合法
故。五、俗妄真實宗，說出世部等執出世可實非虛妄，故
世間非實皆虛妄故。六、諸法假名宗，一說部等執世出世間
皆悉非實，但是假名无性相故。此等皆依初時教起故所執。
宗為小乘矣。後大乘宗亦有二種：一、勝義皆空宗，即十二門、
智度、中、百、般若燈論、掌珍論等，依般若等說无相空教，
說一切有為法不離二諦。若世俗門諸法皆有，乃至許有我
法心境，與諸小乘義无差別；若勝義門諸法皆空，乃至
不立唯識真如，與應理宗所說全別。其二諦其體不
異，以從緣生說名世俗，即緣无性名勝義，故說二諦體无差
別。由迷勝義執有世俗，從勤修行終滯生死；由悟勝義
了世俗空，故能不著速證菩提。故說般若為究竟理，遣一切
相无所得故。解深密經等為不了義，不遣依圓有所存
故。彼經自說為了義者，以對淺根義易了故，非理究竟。

不言唯淺真如等應理宗下說全別並其二諦其體不
異由從緣生說名世俗即緣无性名勝義故說二諦體无差
別由迷勝義執有世俗從勤修行終證生死由悟勝義
了世俗空故能不着迷證菩提故說般若為究竟理遣一切
相无所得故解深密經等為不了義不違依圓有所存
故彼經自說為了義者以對淺根義易了故非理究竟
名為了義二應理圓實宗即採大乘論瑜伽顯揚雜集
深密等論依深密等諸了義經說一切法世俗勝義不
一不異非有非空且知五法相前後相望立為四重世俗勝
義一虛實二諦瓶軍林等虛為世俗蘊處界等實為勝
義二理事二諦蘊處等事法為世俗四諦道理細為勝
義三淺深二諦四諦安立為世俗二空真如深為勝義四
詮旨二諦二空真如帶詮世俗一真法界亡詮勝義相對立
故非一无別體故非異妄所執故非有體不無故非空故說深密
為極究竟得中道故般若等經為非了義執偏說故此且
說二種宗義若說法性圓融法門即為三宗如起信疏今
此論者即大乘中應理圓實究竟宗收前明法顯有依
他圓成後說二空顯无遍計所執既離二邊契會中道二邊
既離中道亦亡心无所依都无所得由无所得无所不得是為究
竟圓實宗也辯所宗竟　顯所歸者所歸不同有其四種
歸藏歸乘歸時歸分言歸藏者即二藏等攝藏不同總有
二種一約人分唯有二藏一菩薩藏二聲聞藏獨覺智證与聲
同教說不多入聲聞藏々者攝也隨攝二之理行果義各攝盡
故二隨所詮立為三藏謂前二中各有三藏一素怛纜此云契
經貫穿縫綴所詮之學契理契機益他故二毗奈耶此云調
伏所詮戒學調和三業制伏惡行而攝益故三阿毗達磨此
云對法所詮惠學對觀向菩提對觀四諦而攝益故此義為
[illegible]

BD04400 號　大乘百法明門論開宗義記　（8–6）

既離中道亦亡心无所依都无所得无所不得是為究
竟圓滿實宗也辨所宗竟顯所歸者所歸不同有其四種
歸藏歸乘歸時歸分言歸藏者即二藏等教藏不同總有
二種一約人并唯有二藏一菩薩藏二聲聞藏獨覺智證与聲
同教既不多入聲聞藏々者攝也隨攝二之理行果義各攝藏
故二隨所詮立為三藏謂前二中各有三藏一素怛纜此云契
經貫穿縫綴所詮之學契理契機益他故二毗奈耶此云調
伏所攝式學調和三業制伏惡行而攝益故三阿毗達磨此
云對法所詮惠學對觀向涅槃對觀四諦而攝益故此義在
如起信疏述此論即是菩薩藏中阿毗達磨藏顯示其理行果義
生勝智故言歸乘者或說一乘如法花云唯有一乘无二三
故或說二乘如攝論說上乘下乘有差別故或說三乘如法
花云為求聲聞等者說應四諦等法故或說四乘如勝鬘
經更加无聞非法衆生人天善根而成就故或說五乘如大
般若加三乘更性不定者聞此法已發大心故此五乘義有
開合故諸經論所說有異此亦具如起信疏述今此論者即
一乘教二乘中等上乘所攝所說五法及二无我非是二乘世
間法故言歸時者古立教時多少不定為從一時乃至五時
皆无正舉據迴繁不敍今依數量立教三時深密經正說
意云初第一時為小根者唯約有義說四諦教破人我執即
四含等說有隱密名未了義於第二時為大乘者多就空
門相故破法我執即般若等說空隱密有亦未了
三時普為諸乘顯說三性中道之教令悟真實即
深密等具顯有空名真了義然此三時對不定性大由小
起漸次而說若頓悟機則不尒故亦非年月定判後先但以
義類相從而說花嚴初說非初時故更有別義起信疏明

故或說二乘如攝論說上乘下乘有差別故或說三乘如法
花云爲求聲聞等者說應四諦等法故或說四乘如勝鬘
經更加无聞非法衆生人天善根而成熟故或說五乘如大
般若加三乘更性不定者聞此法已發大心故於此五乘義有
開合故諸經論所說有異此亦具如起信疏述今此論者即
一乘攝二乘中等上乘所攝所說五法及二无我非是二乘世
間法故言緣時者古立教時多少不定爲從一時乃至五時
皆无正擧懷涅槃不敘今依數量立教三時深密經正說
意云初第一時爲小根者准約有義說四諦教破人我執即
四含等說有隱密名未了義於第二時爲大乘者多就空
无相教破法我執即即般若等說空覆有亦未了
三時普爲諸乘顯說三性中道之教令悟真實即
深密等具顯有空名真了義然此三時對不定性大由小
起漸次而說若頓悟機則不爾故亦非年月定判後先但以
義類相從而說花嚴初說非初時故更有別義起信疏明
今此論者依第三時了義大乘第三時攝所引經說諸法无
義有空雙顯不偏說故言歸分者若依諸經有十二分謂如
舊說十二部經部謂部分經即是教隨濫部袟故置此名十
二分名如作頌曰　契經應諷頌　受記自說緣
譬喻本事生　方廣希法論義　廣釋名義如餘處明
今三藏俱得教名故此即是論義分攝若依論說即有十

BD04400 號背 1　張留德索文文等祭師兄文（擬）　（3–1）

BD04400號背 1　張留德索文文等祭師兄文（擬）　　（3–2）

BD04400號背2　殘人名（擬）　（3–3）

若樂… …界身
界乃身觸身觸為緣所
乃至身觸為緣所生諸受自性
自性即非自性是觸界乃至身觸
為緣所生諸受自性亦非自性若非自性即
是布施波羅蜜多於此布施波羅蜜多身界
不可得彼常無常亦不可得觸界乃至身觸
為緣所生諸受皆不可得彼常無常亦不可得
所以者何此中尚無身界等可得何況有彼
常與無常汝若能脩如是布施是脩布施波
羅蜜多復作是言汝善男子應脩布施波羅
蜜多不應觀身界若樂若苦不應觀觸界身
識界乃身觸身觸為緣所生諸受若樂若
苦何以故身界身界自性空觸界身識界乃
身觸身觸為緣所生諸受觸界乃至身觸為
緣所生諸受自性空是身界自性即非自性
是觸界乃至身觸為緣所生諸受自性亦非
自性若非自性即是布施波羅蜜多於此布

BD04401號　大般若波羅蜜多經卷一六三　（22–1）

苦何以故身界身界自性空觸界身識界乃
身觸身觸為緣所生諸受觸界乃至身觸為
緣所生諸受自性空是身界自性即非自性
是觸界乃至身觸為緣所生諸受自性亦非
自性若非自性即是布施波羅蜜多於此布
施波羅蜜多身界不可得彼樂與苦亦不可
得觸界乃至身觸為緣所生諸受皆不可得
彼樂與苦亦不可得所以者何此中尚無身
界等可得何況有彼樂之與苦汝若能脩如
是布施是脩布施波羅蜜多復作是言汝善
男子應脩布施波羅蜜多不應觀身界若我
若無我不應觀觸界身識界乃身觸身觸為
緣所生諸受若我若無我何以故身界身界
自性空觸界身識界乃身觸身觸為緣所生
諸受觸界乃至身觸為緣所生諸受自性空
是身界自性即非自性是觸界乃至身觸為
緣所生諸受自性亦非自性若非自性即是布
施波羅蜜多於此布施波羅蜜多身界不可
得彼我無我亦不可得觸界乃至身觸為
緣所生諸受皆不可得彼我無我亦不可得
所以者何此中尚無身界等可得何況有彼
我與無我汝若能脩如是布施是脩布施波
羅蜜多復作是言汝善男子應脩布施波羅
蜜多不應觀身界若淨若不淨不應觀觸界

BD04401號　大般若波羅蜜多經卷一六三　（22–2）

所以者何此中尚無身界等可得何況有彼
我與無我汝若能修如是布施是修布施波
羅蜜多復作是言汝善男子應修布施波羅
蜜多不應觀身界若淨若不淨不應觀觸界
身識界乃身觸身觸為緣所生諸受若淨若
不淨何以故身界身界自性空觸界身識界
及身觸身觸為緣所生諸受觸界乃至身
觸為緣所生諸受自性空是身界自性即非自
性是觸界乃至身觸為緣所生諸受自性亦
非自性若非自性即是布施波羅蜜多於此
布施波羅蜜多身界不可得彼淨不淨亦不
可得觸界乃至身觸為緣所生諸受皆不可
得彼淨不淨亦不可得所以者何此中尚無
身界等可得何況有彼淨與不淨汝若能修
如是布施是修布施波羅蜜多憍尸迦是善
男子善女人等作此等說是為宣說真正布
施波羅蜜多
復次憍尸迦若善男子善女人等為發無上
菩提心者宣說布施波羅蜜多作如是言汝
善男子應修布施波羅蜜多不應觀意界若
常若無常不應觀法界意識界乃至意觸意觸
為緣所生諸受若常若無常何以故意界意
界自性空法界意識界乃至意觸意觸為緣所
生諸受法界乃至意觸為緣所生諸受自性
空是意界自性即非自性是法界乃至意觸

BD04401號　大般若波羅蜜多經卷一六三　（22–3）

善男子應修布施波羅蜜多不應觀意界若
常若無常不應觀法界意識界乃至意觸意觸
為緣所生諸受若常若無常何以故意界意
界自性空法界意識界乃至意觸意觸為緣所
生諸受法界乃至意觸為緣所生諸受自性
空是意界自性即非自性是法界乃至意觸
為緣所生諸受自性亦非自性若非自性即是
布施波羅蜜多於此布施波羅蜜多意界
不可得彼常無常亦不可得法界乃至意觸
為緣所生諸受皆不可得彼常無常亦不可
得所以者何此中尚無意界等可得何況有彼
常與無常汝若能修如是布施是修布施
波羅蜜多復作是言汝善男子應修布施波
羅蜜多不應觀意界若樂若苦不應觀法界
意識界乃至意觸意觸為緣所生諸受若樂若
苦何以故意界意界自性空法界意識界及
意觸意觸為緣所生諸受法界乃至意觸為
緣所生諸受自性空是意界自性即非自性是
法界乃至意觸為緣所生諸受自性亦非
自性若非自性即是布施波羅蜜多於此布
施波羅蜜多意界不可得彼樂與苦亦不可
得法界乃至意觸為緣所生諸受皆不可得
彼樂與苦亦不可得所以者何此中尚無意界
等可得何況有彼樂之與苦汝若能修如
是布施是修布施波羅蜜多復作是言汝善

BD04401號　大般若波羅蜜多經卷一六三　（22–4）

得法界乃至意觸為緣所生諸受皆不可得
彼樂與苦亦不可得所以者何此中尚無意界
等可得何況有彼樂之與苦汝若能脩如
是布施是脩布施波羅蜜多復作是言汝善
男子應脩布施波羅蜜多不應觀意界若我
若無我不應觀法界意識界及意觸意觸為
緣所生諸受若我若無我何以故意界意界
自性空法界意識界及意觸意觸為緣所生
諸受法界乃至意觸為緣所生諸受自性空是
意界自性即非自性是法界乃至意觸為緣
所生諸受自性亦非自性若非自性即是布
施波羅蜜多於此布施波羅蜜多意界不可
得故我無我亦不可得法界乃至意觸為
緣所生諸受皆不可得彼我無我亦不可得
所以者何此中尚無意界等可得何況有彼
我與無我汝若能脩如是布施是脩布施波
羅蜜多復作是言汝善男子應脩布施波羅
蜜多不應觀意界若淨若不淨應觀法界
意識界及意觸意觸為緣所生諸受若淨若
不淨何以故意界意界自性空法界意識界
及意觸意觸為緣所生諸受法界乃至意觸
為緣所生諸受自性空是意界自性即非自
性是法界乃至意觸為緣所生諸受自性亦
非自性若非自性即是布施波羅蜜多於此
布施波羅蜜多意界不可得彼淨不淨亦不

BD04401號　大般若波羅蜜多經卷一六三　（22–5）

及意觸意觸為緣所生諸受法界乃至意觸
為緣所生諸受自性空是意界自性即非自
性是法界乃至意觸為緣所生諸受自性亦
非自性若非自性即是布施波羅蜜多於此
布施波羅蜜多意界不可得彼淨不淨亦不
可得法界乃至意觸為緣所生諸受皆不可
得彼淨不淨亦不可得所以者何此中尚無意
界等可得何況有彼淨與不淨汝若能脩如
是布施是脩布施波羅蜜多憍尸迦是善
男子善女人等作此等說是為宣說真正布
施波羅蜜多
復次憍尸迦若善男子善女人等為發無上
菩提心者宣說布施波羅蜜多作如是言汝
善男子應脩布施波羅蜜多不應觀地界
若常若無常不應觀水火風空識界若常若無
常何以故地界地界自性空水火風空識界水
火風空識界自性空是地界自性即非自性
是水火風空識界自性亦非自性若非自性
即是布施波羅蜜多於此布施波羅蜜多
地界不可得彼常無常亦不可得水火風空識
界皆不可得彼常無常亦不可得所以者何
此中尚無地界等可得何況有彼常與無常
汝若能脩如是布施是脩布施波羅蜜多
復作是言汝善男子應脩布施波羅蜜多不
應觀地界若樂若苦不應觀水火風空識界

BD04401號　大般若波羅蜜多經卷一六三　（22–6）

此中尚無地界等可得何況有彼常與無常
汝若能修如是布施是修布施波羅蜜多
復作是言汝善男子應修布施波羅蜜多不
應觀地界若樂若苦不應觀水火風空識界
若樂若苦何以故地界地界自性空水火風
空識界水火風空識界自性空是地界自性
即非自性是水火風空識界自性亦非自性若
非自性即是布施波羅蜜多於此布施波
羅蜜多地界不可得彼樂與苦亦不可得水
火風空識界皆不可得彼樂與苦亦不可得
所以者何此中尚無地界等可得何況有彼
樂之與苦汝若能修如是布施是修布施波
羅蜜多復作是言汝善男子應修布施波羅蜜
多不應觀地界若我若無我不應觀水火
風空識界若我若無我何以故地界地界自
性空水火風空識界水火風空識界自性空
是地界自性即非自性是水火風空識界自
性亦非自性若非自性即是布施波羅蜜多
於此布施波羅蜜多地界不可得彼我無我亦
不可得水火風空識界皆不可得彼我無
我亦不可得所以者何此中尚無地界等可得
何況有彼我與無我汝若能修如是布施是
修布施波羅蜜多復作是言汝善男子應
修布施波羅蜜多不應觀地界若淨若不淨
不應觀水火風空識界若淨若不淨何以故

BD04401號　大般若波羅蜜多經卷一六三

（22–7）

我亦不可得所以者何此中尚無地界等可得
何況有彼我與無我汝若能修如是布施是
修布施波羅蜜多復作是言汝善男子應
修布施波羅蜜多不應觀地界若淨若不淨
不應觀水火風空識界若淨若不淨何以故
地界地界自性空水火風空識界水火風空
識界自性空是地界自性即非自性是水火風
空識界自性亦非自性若非自性即是布
施波羅蜜多於此布施波羅蜜多地界不可
得彼淨不淨亦不可得水火風空識界皆不
可得彼淨不淨亦不可得所以者何此中尚無
地界等可得何況有彼淨與不淨汝若能修
如是布施是修布施波羅蜜多憍尸迦是善
男子善女人等作此等說是為宣說真正
布施波羅蜜多
復次憍尸迦若善男子善女人為發無上菩
提心者宣說布施波羅蜜多作如是言汝善
男子應修布施波羅蜜多不應觀無明若
常若無常不應觀行識名色六處觸受愛
取有生老死愁歎苦憂惱若常若無常何以
故無明無明自性空行識名色六處觸受愛取
有生老死愁歎苦憂惱行乃至老死愁歎苦
憂惱自性空是無明自性即非自性是行乃
至老死愁歎苦憂惱自性亦非自性若非自
性即是布施波羅蜜多於此布施波羅蜜多無
明不可得彼常無常亦不可得行乃至老

BD04401號　大般若波羅蜜多經卷一六三

（22–8）

有生老死愁歎若
憂惱自性空是無明自性即非自性是行乃
至老死愁歎苦憂惱自性亦非自性若非自
性即是布施波羅蜜多於此布施波羅蜜多無
明不可得彼常無常亦不可得行乃至老
死愁歎苦憂惱皆不可得彼常無常亦不可得
所以者何此中尚無無明等可得何況有彼
常與無常汝若能修如是布施是修布施
波羅蜜多復作是言汝善男子應修布施波
羅蜜多不應觀無明若樂若苦不應觀行識
名色六處觸受愛取有生老死愁歎苦憂惱
若樂若苦何以故無明無明自性空行識名
色六處觸受愛取有生老死愁歎苦憂惱行
乃至老死愁歎苦憂惱自性空是無明自性
即非自性是行乃至老死愁歎苦憂惱自性
亦非自性若非自性即是布施波羅蜜多於
此布施波羅蜜多無明不可得彼樂與苦亦
不可得行乃至老死愁歎苦憂惱皆不可得
彼樂與苦亦不可得所以者何此中尚無無
明等可得何況有彼樂之與苦汝若能修如
是布施是修布施波羅蜜多復作是言汝善
男子應修布施波羅蜜多不應觀無明若我
若無我不應觀行識名色六處觸受愛取有
生老死愁歎苦憂惱若我若無我何以故無
明無明自性空行識名色六處觸受愛取有
生老死愁歎苦憂惱行乃至老死愁歎苦憂

男子應修布施波羅蜜多不應觀無明若我
若無我不應觀行識名色六處觸受愛取有
生老死愁歎苦憂惱若我若無我何以故無
明無明自性空行識名色六處觸受愛取有
生老死愁歎苦憂惱行乃至老死愁歎苦憂
惱自性空是無明自性即非自性是行乃至
老死愁歎苦憂性自性亦非自性若非自性
即是布施波羅蜜多於此布施波羅蜜多無
明不可得彼我無我亦不可得行乃至老死
愁歎苦憂惱皆不可得彼我無我亦不可得
所以者何此中尚無無明等可得何況有彼我
與無我汝若能修如是布施是修布施波
羅蜜多復作是言汝善男子應修布施波羅
蜜多不應觀無明若淨若不淨不應觀行識
名色六處觸受愛取有生老死愁歎苦憂惱
若淨若不淨何以故無明無明自性空行識
名色六處觸受愛取有生老死愁歎苦憂惱
行乃至老死愁歎苦憂惱自性空是無明自
性即非自性是行乃至老死愁歎苦憂惱自
性亦非自性若非自性即是布施波羅蜜多
於此布施波羅蜜多無明不可得彼淨不淨
亦不可得行乃至老死愁歎苦憂惱皆不可
得彼淨不淨亦不可得所以者何此中尚無
無明等可得何況有彼淨與不淨汝若能修
如是布施是修布施波羅蜜多憍尸迦是善

亦不可得行乃至老死愁歎苦憂惱皆不可
得彼淨不淨亦不可得所以者何此中尚無
無明等可得何況有彼淨與不淨汝若能脩
如是布施是脩布施波羅蜜多憍尸迦是善
男子善女人等作此等說是為宣說真正布
施波羅蜜多
復次憍尸迦若善男子善女人等為發無上
菩提心者宣說布施波羅蜜多作如是言汝
善男子應脩布施波羅蜜多不應觀布施波
羅蜜多若常若無常不應觀淨戒安忍精進
靜慮般若波羅蜜多若常若無常何以故布施
波羅蜜多布施波羅蜜多自性空淨戒安
忍精進靜慮般若波羅蜜多淨戒乃至般若
波羅蜜多自性空是布施波羅蜜多自性即
非自性是淨戒乃至般若波羅蜜多自性亦非
自性若非自性即是布施波羅蜜多於此布
施波羅蜜多布施波羅蜜多不可得彼常
無常亦不可得淨戒乃至般若波羅蜜多皆
不可得彼常無常亦不可得所以者何此中
尚無布施波羅蜜多等可得何況有彼常與
無常汝若能脩如是布施是脩布施波羅蜜
多復作是言汝善男子應脩布施波羅蜜多
不應觀布施波羅蜜多若樂若苦不應觀淨
戒安忍精進靜慮般若波羅蜜多若樂若苦
何以故布施波羅蜜多布施波羅蜜多自性空

多復作是言汝善男子應脩布施波羅蜜多
不應觀布施波羅蜜多若樂若苦不應觀淨
戒安忍精進靜慮般若波羅蜜多若樂若苦
何以故布施波羅蜜多布施波羅蜜多自性空
淨戒安忍精進靜慮般若波羅蜜多淨戒乃
至般若波羅蜜多自性空是布施波羅蜜
多自性即非自性是淨戒乃至般若波羅蜜
多自性亦非自性若非自性即是布施波羅
蜜多於此布施波羅蜜多布施波羅蜜多不
可得彼樂與苦亦不可得淨戒乃至般若波
羅蜜多皆不可得彼樂樂若亦不可得所以
者何此中尚無布施波羅蜜多等可得何況
有彼樂之與苦汝若能脩如是布施是脩布
施波羅蜜多復作是言善男子應脩布施
波羅蜜多不應觀布施波羅蜜多若我若無
我不應觀淨戒安忍精進靜慮般若波羅蜜
多若我若無我何以故布施波羅蜜多布施
波羅蜜多自性空淨戒安忍精進靜慮般若
波羅蜜多淨戒乃至般若波羅蜜多自性空
是布施波羅蜜多自性即非自性是淨戒乃
至般若波羅蜜多自性亦非自性若非自性
即是布施波羅蜜多於此布施波羅蜜多布
施波羅蜜多不可得彼我無我亦不可得淨
戒乃至般若波羅蜜多不可得彼我無我
亦不可得所以者何此中尚無布施波羅蜜
多等可得何況有彼我與無我汝若能脩如

即是布[illegible]
施波羅蜜多不可得彼我無我亦不可得淨
貳乃至般若波羅蜜多皆不可得彼我無我
亦不可得所以者何此中尚無布施波羅蜜
多等可得何況有彼我與無我汝若能脩如
是布施是脩布施波羅蜜多復作是言汝善
男子應脩布施波羅蜜多不應觀布施波羅
蜜多若淨若不淨不應觀淨貳安忍精進靜
慮般若波羅蜜多若淨若不淨何以故布施
波羅蜜多布施波羅蜜多自性空淨貳安忍
精進靜慮般若波羅蜜多淨貳乃至般若波
羅蜜多自性空是布施波羅蜜多自性即非
自性是淨貳乃至般若波羅蜜多自性亦非
自性若非自性即是布施波羅蜜多於此布
施波羅蜜多布施波羅蜜多不可得彼淨不
淨亦不可得淨貳乃至般若波羅蜜多皆不
可得彼淨不淨亦不可得所以者何此中尚無
布施波羅蜜多等可得何況有彼淨與不淨
汝若能脩如是布施是脩布施波羅蜜多
憍尸迦是善男子善女人等作此等說是為
宣說真正布施波羅蜜多
復次憍尸迦若善男子善女人等為發無上
善提心者宣說布施波羅蜜多作如是言汝善
男子應脩布施波羅蜜多不應觀內空若
常若無常不應觀外空內外空空空大空勝
義空有為空無為空畢竟空無際空散空無

BD04401 號　大般若波羅蜜多經卷一六三　（22–13）

宣說真正[illegible]
復次憍尸迦若善男子善女人等為發無上
善提心者宣說布施波羅蜜多作如是言汝善
男子應脩布施波羅蜜多不應觀內空若
常若無常不應觀外空內外空空空大空勝
義空有為空無為空畢竟空無際空散空無
變異空本性空自相空共相空一切法空不可
得空無性空自性空無性自性空若常若
無常何以故內空內空自性空外空內外空
空空大空般勝義空有為空無為空畢竟空
無際空散空無變異空大性空自相空共相
空一切法空不可得空無性空自性空無性自性
空外空乃至無性自性空自性空是內空
自性即非自性是外空乃至無性自性空自性
亦非自性若非自性即是布施波羅蜜多於
此布施波羅蜜多內空不可得彼常無常
亦不可得外空乃至無性自性空皆不可得
彼常無常亦不可得所以者何此中尚無內
空等可得何況有彼常與無常汝若能脩如
是布施是脩布施波羅蜜多復作是言汝善
男子應脩布施波羅蜜多不應觀內空若樂
若苦不應觀外空內外空空空大空勝義空
有為空無為空畢竟空無際空散空無變異
空本性空自相空共相空一切法空不可得
空無性空自性空無性自性空若樂若苦何
以故內空內空自性空外空內外空空空大空

BD04401 號　大般若波羅蜜多經卷一六三　（22–14）

若苦不應觀外空內外空空空大空勝義空
有為空無為空畢竟空無際空散空無變異
空本性空自相空共相空一切法空不可得
空無性空自性空無性自性空若樂若苦何
以故內空內空自性空外空內外空空空大空
勝義空有為空無為空畢竟空無際空散
空無變異空本性空自相空共相空一切法
空不可得空無性空自性空無性自性空外
空乃至無性自性空自性空是內空自性即
非自性是外空乃至無性自性空自性亦非
自性若非自性即是布施波羅蜜多於此布
施波羅蜜多內空不可得彼樂與苦亦不可
得外空乃至無性自性空皆不可得彼樂與苦
亦不可得所以者何此中尚無內空等可得
何況有彼樂之與苦汝若能修如是布施是
修布施波羅蜜多復作是言汝善男子應修
布施波羅蜜多不應觀內空若我若無我
不應觀外空內外空空空大空勝義空有為
空無為空畢竟空無際空散空無變異空本
性空自相空共相空一切法空不可得空無
性空自性空無性自性空若我若無我何以
故內空內空自性空外空內外空空空大空勝
義空有為空無為空畢竟空無際空散空無
變異空本性空自相空共相空一切法空不
可得空無性空自性空無性自性空外空乃

故內空內空自性空外空內外空空空大空勝
義空有為空無為空畢竟空無際空散空無
變異空本性空自相空共相空一切法空不
可得空無性空自性空無性自性空外空乃
至無性自性空自性空是內空自性即非
自性是外空乃至無性自性空自性亦非自
性若非自性即是布施波羅蜜多於此布施
波羅蜜多內空不可得彼我無我亦不可得
外空乃至無性自性空皆不可得彼我無我
亦不可得所以者何此中尚無內空等可得
何況有彼我與無我汝若能修如是布施是
修布施波羅蜜多復作是言汝善男子應修
布施波羅蜜多不應觀內空若淨若不淨不
應觀外空內外空空空大空勝義空有為空
無為空畢竟空無際空散空無變異空本性
空自相空共相空一切法空不可得空無性空
自性空無性自性空若淨若不淨何以故內
空內空自性空外空內外空空空大空勝
義空有為空無為空畢竟空無際空散空無
變異空本性空自相空共相空一切法空不
可得空無性空自性空無性自性空外空乃
至無性自性空自性空是內空自性即非自
性是外空乃至無性自性空自性亦非自性
若非自性即是布施波羅蜜多於此布施波
羅蜜多內空不可得彼淨不淨亦不可得外
空乃至無性自性空皆不可得彼淨不淨亦

至無性自性空自性空是內空自性即非自
性是外空乃至無性自性空自性亦非自性
若非自性即是布施波羅蜜多於此布施波
羅蜜多內空不可得彼淨不淨亦不可得外
空乃至無性自性空皆不可得彼淨不淨亦
不可得所以者何此中尚無內空等可得何
況有彼淨與不淨汝若能修如是布施是修
布施波羅蜜多憍尸迦是善男子善女人等
作此等說是為宣說真正布施波羅蜜多
復次憍尸迦若善男子善女人等為發無上
菩提心者宣說布施波羅蜜多作如是言汝
善男子應修布施波羅蜜多不應觀真如若
常若無常不應觀法界法性不虛妄性不變
異性平等性離生性法定法住實際虛空界
不思議界若常若無常何以故真如真如自
性空法界法性不虛妄性不變異性平等性
離生性法定法住實際虛空界不思議界法
界乃至不思議界自性空是真如自性即非自
性是法界乃至不思議界自性亦非自性若
非自性即是布施波羅蜜多於此布施波
羅蜜多真如不可得彼常無常亦不可得法
界乃至不思議界皆不可得彼常無常亦不
可得所以者何此中尚無真如等可得何況
有彼常與無常汝若能修如是布施是修布
施波羅蜜多復作是言汝善男子應修布施

BD04401號　大般若波羅蜜多經卷一六三　(22–17)

界乃至不思議界皆不可得彼常無常亦不
可得所以者何此中尚無真如等可得何況
有彼常與無常汝若能修如是布施是修布
施波羅蜜多復作是言汝善男子應修布施
波羅蜜多不應觀真如若樂若苦不應觀法
界法性不虛妄性不變異性平等性離生性
法定法住實際虛空界不思議界若樂若苦
何以故真如真如自性空法界法性不虛妄
性不變異性平等性離生性法定法住實際
虛空界不思議界法界乃至不思議界自性
空是真如自性即非自性是法界乃至不思
議界自性亦非自性若非自性即是布施波
羅蜜多於此布施波羅蜜多真如不可得彼
樂與苦亦不可得法界乃至不思議界皆不
可得彼樂與苦亦不可得所以者何此中尚
無真如等可得何況有彼樂之與苦汝若能
修如是布施是修布施波羅蜜多復作是
言汝善男子應修布施羅蜜多不應觀真如
若我若無我不應觀法界法性不虛妄性不
變異性平等性離生性法定法住實際虛空
界不思議界若我若無我何以故真如真如自
性空法界法性不虛妄性不變異性平等
性離生性法定法住實際虛空界不思議界
法界乃至不思議界自性空是真如自性即
非自性是法界乃至不思議界自性亦非自

BD04401號　大般若波羅蜜多經卷一六三　(22–18)

性空法界法性不虛妄性不變異性平等
性離生性法定法住實際虛空界不思議界
法界乃至不思議界自性空是真如自性即
非自性是法界乃至不思議界自性亦非自
性若非自性即是布施波羅蜜多於此布施
波羅蜜多真如不可得彼我無我亦不可得
法界乃至不思議界皆不可得彼我無我亦
不可得所以者何此中尚無真如等可得何
況有彼我與無我汝若能脩如是布施是脩
布施波羅蜜多復作是言汝善男子應脩布
施波羅蜜多不應觀真如若淨若不淨不應
觀法界法性不虛妄性不變異性平等性離
生性法定法住實際虛空界不思議界若淨
若不淨何以故真如真如自性空法界法性
不虛妄性不變異性平等性離生性法定法
住實際虛空界不思議界法界乃至不思議
界自性空是真如自性即非自性是法界乃
至不思議界自性亦非自性若非自性即是
布施波羅蜜多於此布施波羅蜜多真如不
可得彼淨不淨亦不可得法界乃至不思議
界皆不可得彼淨不淨亦不可得所以者何此
中尚無真如等可得何況有彼淨與不淨汝
若能脩如是布施是脩布施波羅蜜多憍
尸迦是善男子善女人等作此等說是為宣
說真正布施波羅蜜多

BD04401號　大般若波羅蜜多經卷一六三　（22–19）

界皆不可得彼淨不淨亦不可得所以者何此
中尚無真如等可得何況有彼淨與不淨汝
若能脩如是布施是脩布施波羅蜜多憍
尸迦是善男子善女人等作此等說是為宣
說真正布施波羅蜜多
復次憍尸迦若善男子善女人等為發無上
菩提心者宣說布施波羅蜜多作如是言汝
善男子應脩布施波羅蜜多不應觀苦聖諦
若常若無常不應觀集滅道聖諦若常若
無常何以故苦聖諦自性空集滅道聖
諦集滅道聖諦自性空是苦聖諦自性即非
自性是集滅道聖諦自性亦非自性若非自
性即是布施波羅蜜多於此布施波羅蜜多
苦聖諦不可得彼常無常亦不可得集滅道
聖諦皆不可得彼常無常亦不可得所以者
何此中尚無苦聖諦等可得何況有彼常與
無常汝若能脩如是布施是脩布施波羅蜜
多復作是言汝善男子應脩布施波羅蜜多
不應觀苦聖諦若樂若苦不應觀集滅道聖
諦若樂若苦何以故苦聖諦苦聖諦自性空
集滅道聖諦集滅道聖諦自性空是苦聖諦
自性即非自性是集滅道聖諦自性亦非自
性若非自性即是布施波羅蜜多於此布施
波羅蜜多苦聖諦不可得彼樂與苦亦不可
得集滅道聖諦皆不可得彼樂與苦亦不可
得所以者何此中尚無苦聖諦等可得何況

BD04401號　大般若波羅蜜多經卷一六三　（22–20）

自性即非自性是集滅道聖諦自性亦非自
性若非自性即是布施波羅蜜多於此布施
波羅蜜多苦聖諦不可得彼樂與苦亦不可
得集滅道聖諦皆不可得彼樂與苦亦不可
得所以者何此中尚無苦聖諦等可得何況
有彼樂之與苦汝若能脩如是布施是脩布
施波羅蜜多復作是言汝善男子應脩布施
波羅蜜多不應觀苦聖諦若我若無我不應
觀集滅道聖諦若我若無我何以故苦聖諦
苦聖諦自性空集滅道聖諦集滅道聖諦自
性空是苦聖諦自性即非自性是集滅道聖
諦自性亦非自性若非自性即是布施波羅
蜜多於此布施波羅蜜多苦聖諦不可得彼
我無我亦不可得集滅道聖諦皆不可得彼
我無我亦不可得所以者何此中尚無苦聖
諦等可得何況有彼我與無我汝若能脩如
是布施是脩布施波羅蜜多復作是言汝善
男子應脩布施波羅蜜多不應觀苦聖諦若
淨若不淨不應觀集滅道聖諦若淨若不淨
何以故苦聖諦苦聖諦自性空集滅道聖諦
集滅道聖諦自性空是苦聖諦自性即非自
性是集滅道聖諦自性亦非自性若非自性
即是布施波羅蜜多於此布施波羅蜜多苦
聖諦不可得彼淨不淨亦不可得集滅道聖
諦皆不可得彼淨不淨亦不可得所以者何

BD04401 號　大般若波羅蜜多經卷一六三　　（22–21）

諦等可得何況有彼我與無我汝若能脩如
是布施是脩布施波羅蜜多復作是言汝善
男子應脩布施波羅蜜多不應觀苦聖諦若
淨若不淨不應觀集滅道聖諦若淨若不淨
何以故苦聖諦苦聖諦自性空集滅道聖諦
集滅道聖諦自性空是苦聖諦自性即非自
性是集滅道聖諦自性亦非自性若非自性
即是布施波羅蜜多於此布施波羅蜜多苦
聖諦不可得彼淨不淨亦不可得集滅道聖
諦皆不可得彼淨不淨亦不可得所以者何
此中尚無苦聖諦等可得何況有彼淨與不
淨汝若能脩如是布施是脩布施波羅蜜多
憍尸迦是善男子善女人等作此等說是為
宣說真正布施波羅蜜多

大般若波羅蜜多經卷第一百六十三

重新

BD04401 號　大般若波羅蜜多經卷一六三　　（22–22）

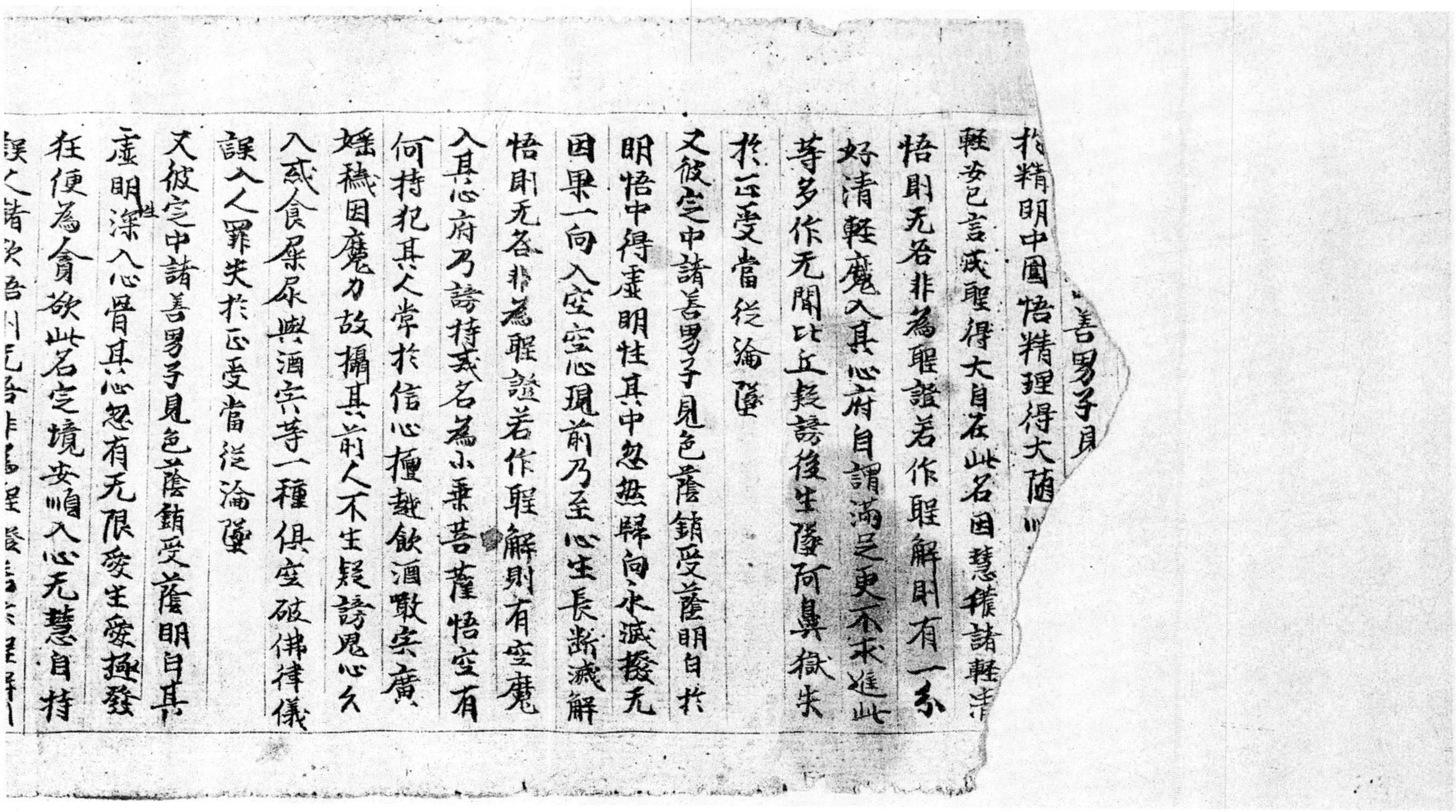
善男子見
於精明中圓悟精理得大隨
輕安已言成聖得大自在此名因慧獲諸輕清
悟則无咎非為聖證若作聖解則有一分
好清輕魔入其心府自謂滿足更不求進此
等多作无聞比丘疑謗後生墮阿鼻獄失
於正受當從淪墜
又彼定中諸善男子見色陰銷受陰明白於
明悟中得虛明性其中忽然歸向永滅撥无
因果一向入空空心現前乃至心生長斷滅解
悟則无咎非為聖證若作聖解則有空魔
入其心府乃謗持戒名為小乘菩薩悟空有
何持犯其人常於信心檀越飲酒噉肉廣
婬穢因魔力故攝其前人不生疑謗鬼心久
入或食屎尿與酒肉等一種俱空破佛律儀
誤入人罪失於正受當從淪墜
又彼定中諸善男子見色陰銷受陰明白其
虛明性深入心骨其心忽有无限愛生愛極發
狂便為貪欲此名定境安順入心无慧自持
誤入諸欲悟則无咎非為聖證若作聖解則

BD04402號　大佛頂如來密因修證了義諸菩薩萬行首楞嚴經卷九　（7–1）

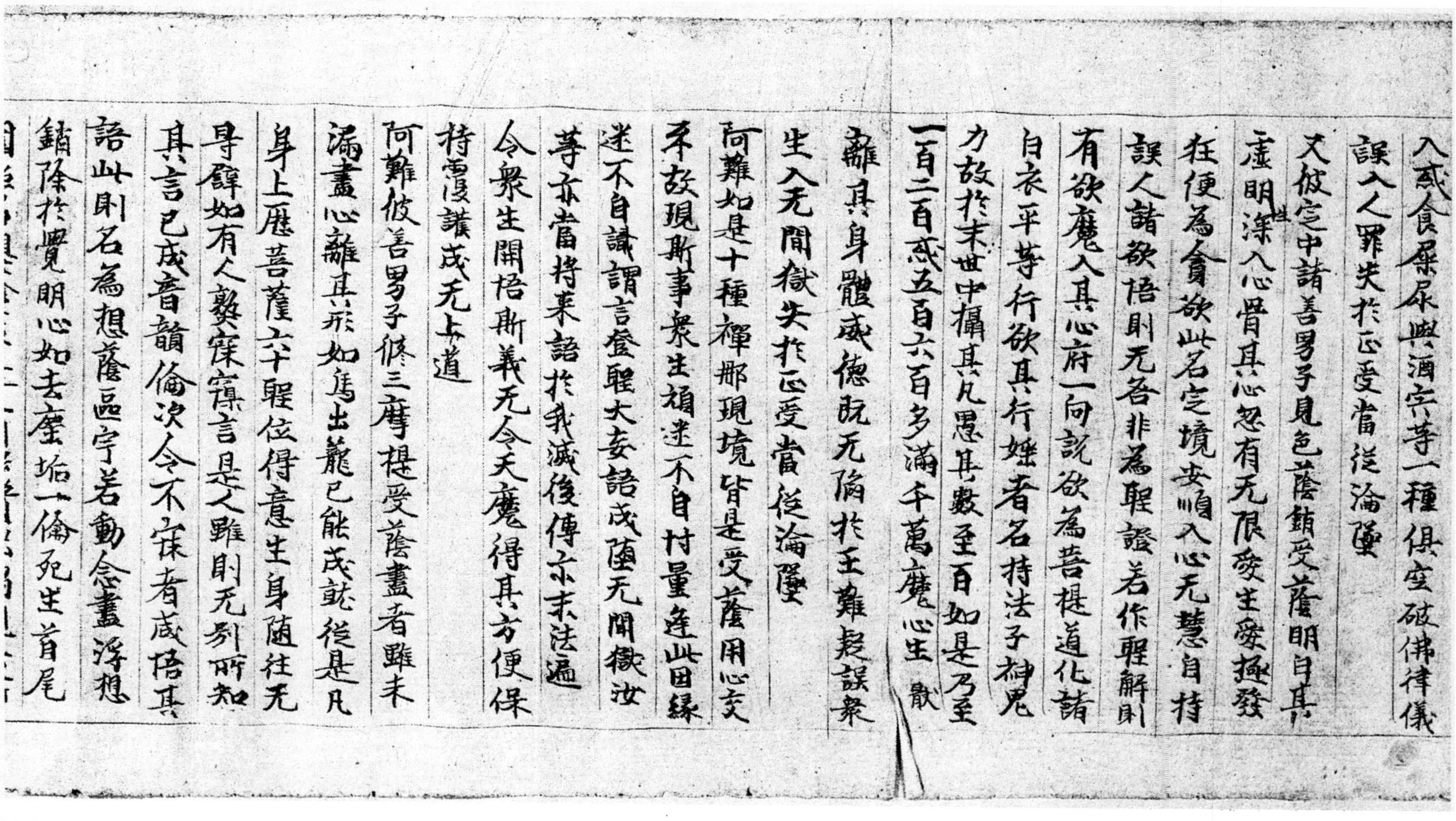
入或食屎尿與酒肉等一種俱空破佛律儀
誤入人罪失於正受當從淪墜
又彼定中諸善男子見色陰銷受陰明白其
虛明性深入心骨其心忽有无限愛生愛極發
狂便為貪欲此名定境安順入心无慧自持
誤入諸欲悟則无咎非為聖證若作聖解則
有欲魔入其心府一向說欲為菩提道化諸
白衣平等行欲其行婬者名持法子神鬼
力故於末世中攝其凡愚其數至百如是乃至
一百二百或五百六百多滿千萬魔心生猒
離其身體威德既无陷於王難疑誤眾
生入无間獄失於正受當從淪墜
阿難如是十種禪那現境皆是受陰用心交
互故現斯事眾生頑迷不自忖量逢此因緣
迷不自識謂言登聖大妄語成墮无間獄汝
等亦當持來語於我滅後傳示末法遍
令眾生開悟斯義无令天魔得其方便保
持覆護成无上道
阿難彼善男子修三摩提受陰盡者雖未
漏盡心離其形如鳥出籠已能成就從是凡
身上歷菩薩六十聖位得意生身隨往无
㝵譬如有人熟寐寱言是人雖則无別所知
其言已成音韻倫次令不寐者咸悟其
語此則名為想陰區宇若動念盡浮想
銷除於覺明心如去塵垢一倫死生首尾

BD04402號　大佛頂如來密因修證了義諸菩薩萬行首楞嚴經卷九　（7–2）

㝵譬如有人𥿤寐寱言是人雖則无别所知
其言已成音韻倫次令不寐者咸悟其
語此則名為想蔭區宇若動念盡浮想
銷除於覺明心如去塵垢一倫死生首尾
圓照名想蔭盡是人則能超煩惱濁觀其所
由融通妄想以為其本
阿難彼善男子受蔭虛妙不遭邪慮圓定
發明三摩地中心愛圓明銳其精思貪求善
巧尒時天魔候得其便飛精附人口說經法
其人不覺是其魔著自言謂得无上涅槃來
彼求巧善男子處敷坐說法其形斯須或作
比丘令彼人見或為帝釋或為婦女或比丘
尼或寢暗室身有光明是人愚迷惑為菩
薩信其教化搖蕩其心破佛律儀潛行貪
欲口中好言災祥變異或言如來某處出世
或言劫火或說刀兵恐怖於人令其家資无
故耗散此名怪鬼年老成魔惱亂是人猒
足心生去彼人體弟子與師俱陷王難汝當
先覺不入輪迴迷惑不知墮无間獄
阿難又善男子受蔭虛妙不遭邪慮圓定發
明三摩地中心愛遊蕩飛其精思貪求經
歷尒時天魔候得其便飛精附人口說經法其
人亦不覺知魔著亦言自得无上涅槃來彼
求遊善男子處敷坐說法自形无變其聽法
者忽自見身坐寶蓮花全體化成紫金光

BD04402 號　大佛頂如來密因修證了義諸菩薩萬行首楞嚴經卷九　（7–3）

明三摩地中心愛遊蕩飛其精思貪求經
歷尒時天魔候得其便飛精附人口說經法其
人亦不覺知魔著亦言自得无上涅槃來彼
求遊善男子處敷坐說法自形无變其聽法
者忽自見身坐寶蓮花全體化成紫金光
聚一衆聽人各各如是得未曾有是人愚迷
惑為菩薩婬逸其心破佛律儀潛行貪欲口
中好言諸佛應世某處某人當是某佛化身
來此某人即是某菩薩等來化人間其人見故
心生傾渴邪見密興種智銷滅此名魃鬼年老
成魔惱乱是人猒足心生去彼人體弟
子與師俱陷王難汝當先覺不入輪迴迷
惑不知墮无間獄
又善男子受蔭虛妙不遭邪慮圓定發明三
摩地中心愛綿㳂澄其精思貪求契合尒
時天魔候得其便飛精附人口說經法其人實
不覺知魔著亦言自得无上涅槃來彼求合
善男子處敷坐說法其形及彼聽法之人外
无遷變令其聽者未聞法前心自開悟念念
移易或得宿命或有他心或見地獄或知人
間好惡諸事或口說偈或自誦經各各歡娛
得未曾有是人愚迷惑為菩薩綿愛其心破
佛律儀潛行貪慾口中好言佛有大小某佛
先佛某佛後佛其中亦有真佛假佛男佛
女佛菩薩亦然其人見故洗滌本心易入邪

BD04402 號　大佛頂如來密因修證了義諸菩薩萬行首楞嚴經卷九　（7–4）

間好惡諸事或口說偈或自誦經各各歡娛
得未曾有是人愚迷惑爲菩薩綿愛其心破
佛律儀潛行貪慾口中好言佛有大小某佛
先佛某佛後佛其中亦有真佛假佛男佛
女佛菩薩亦然其人見故洗滌本心易入邪
悟此名魅鬼年老成魔惱乱是人猒足
心生去彼人體弟子與師俱陷王難汝
當先覺不入輪迴迷惑不知墮无間獄
又善男子受陰虛妙不遭邪慮圓定發明三
摩地中心愛根本窮覽物化性之終始精爽其
心貪求辯析尒時天魔候得其便飛精附
人口說經法其人先不覺知魔著亦言自得
无上涅槃来彼求元善男子處敷坐說法
身有威　神摧伏求者令其坐下雖未聞法
自然心伏是諸人等將佛涅槃菩提法身即是
現前我肉身上父父子子遞代相生即是法身
常住不絕都指現在即爲佛國无別淨居及
金色相其人信受忘失先心身命歸依得未
曾有是等愚迷惑爲菩薩推究其心破佛律
儀潛行貪欲口中好言眼耳鼻舌皆爲淨土
男女二根即是菩提涅槃真處彼无知者
信是穢言此名蠱毒魘勝惡鬼年老成魔惱乱
是人猒足心生去彼人體弟子與師俱陷王
難汝當先覺不入輪迴迷惑不知墮无間獄
又善男子受陰虛妙不遭邪慮圓定發明三
摩地中心愛懸應……

BD04402號　大佛頂如來密因修證了義諸菩薩萬行首楞嚴經卷九　（7–5）

男女二根即是菩提涅槃真處彼无知者
信是穢言此名蠱毒魘勝惡鬼年老成魔惱乱
是人猒足心生去彼人體弟子與師俱陷王
難汝當先覺不入輪迴迷惑不知墮无間獄
又善男子受陰虛妙不遭邪慮圓定發明三
摩地中心愛懸應周流精研貪求冥感尒時
天魔候得其便飛精附人口說經法其人元
不覺知魔著亦言自得无上涅槃来彼求應
善男子處敷坐說法能令聽衆暫見其身
如百千歲心生愛染不能捨離身爲奴僕四事
供養不覺疲勞各各令其坐下人心知是先
師本善知識別生法愛粘如膠漆得未曾有是
人愚迷惑爲菩薩親近其心破佛律儀潛行
貪欲口中好言我於前世於某生中先度某人
當時是我妻妾兄弟今来相度與汝相隨歸
某世界供養某佛或言別有大光明天佛於中
住一切如来所休居地彼无知者信是虛誑遺
失本心此名厲鬼年老成魔惱乱是人猒足
心生去彼人體弟子與師俱陷王難汝當先
覺不入輪迴迷惑不知墮无間獄
又善男子受陰虛妙不遭邪慮圓定發明
三摩地中心愛深入克己辛勤樂處陰寂貪
求靜謐尒時天魔候得其便飛精附人口說
經法其人本不覺知魔著亦言自得无上涅
槃来彼求陰善男子處敷坐說法令其聽
人各知本業或於其處語一人言汝今未死已作

BD04402號　大佛頂如來密因修證了義諸菩薩萬行首楞嚴經卷九　（7–6）

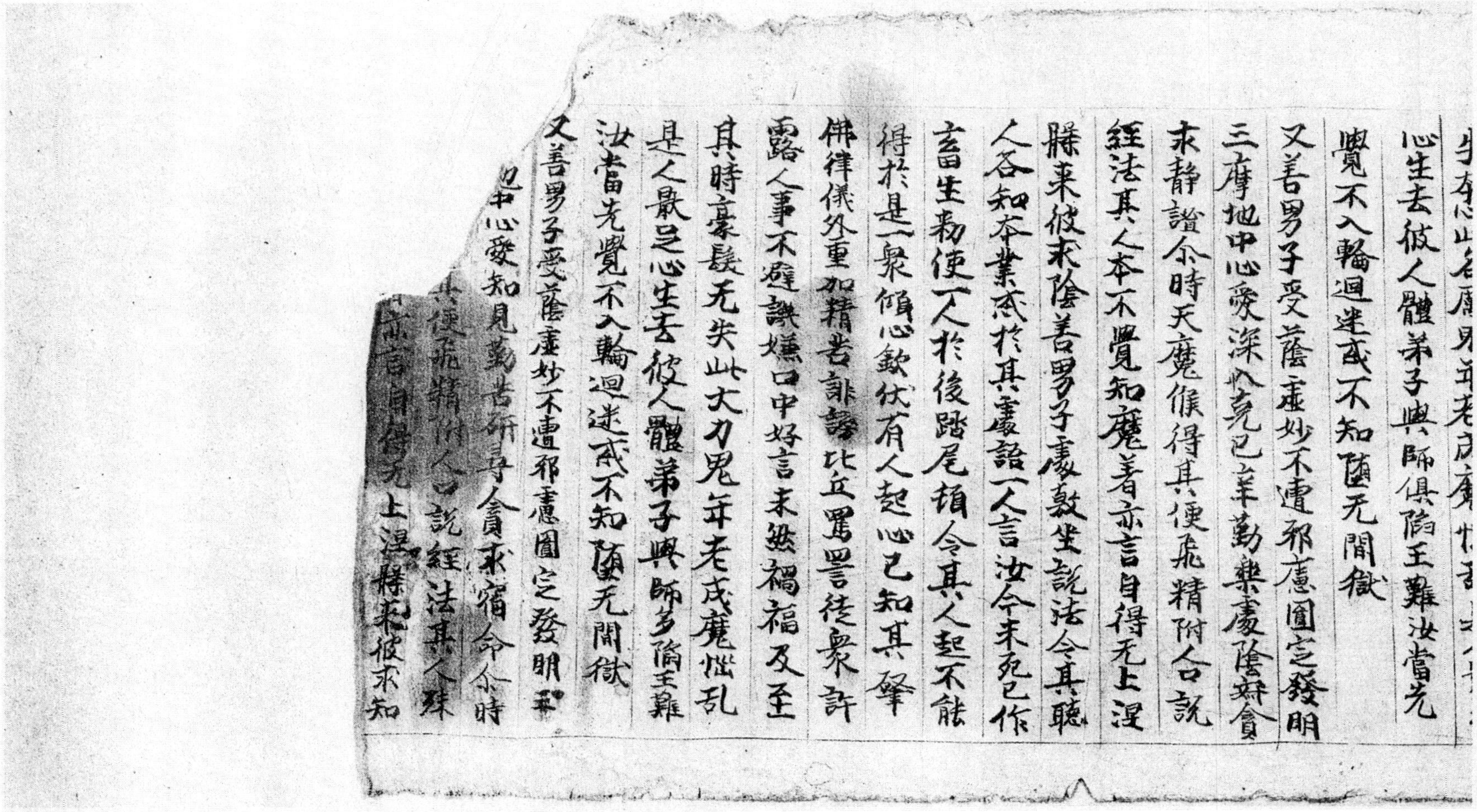

心生去彼人體弟子與師俱陷王難汝當先
覺不入輪迴迷惑不知墮无間獄
又善男子受陰虛妙不遭邪慮圓定發明
三摩地中心愛深入克己辛勤樂處陰寂貪
求靜謐尒時天魔候得其便飛精附人口說
經法其人本不覺知魔著亦言自得无上涅
槃來彼求陰善男子處敷坐說法令其聽
人各知本業或於其處語一人言汝今未死已作
畜生勑使一人於後踏尾頓令其人起不能
得於是一衆傾心欽伏有人起心已知其肇
佛律儀外重加精苦誹謗比丘罵詈徒衆訐
露人事不避譏嫌口中好言未然禍福及至
其時毫髮无失此大力鬼年老成魔惱亂
是人厭足心生去彼人體弟子與師多陷王難
汝當先覺不入輪迴迷惑不知墮无間獄
又善男子受陰虛妙不遭邪慮圓定發明三
摩地中心愛知見勤苦研尋貪求宿命尒時
其便飛精附人口說經法其人殊
亦言自得无上涅槃來彼求知

BD04402號　大佛頂如來密因修證了義諸菩薩萬行首楞嚴經卷九　（7–7）

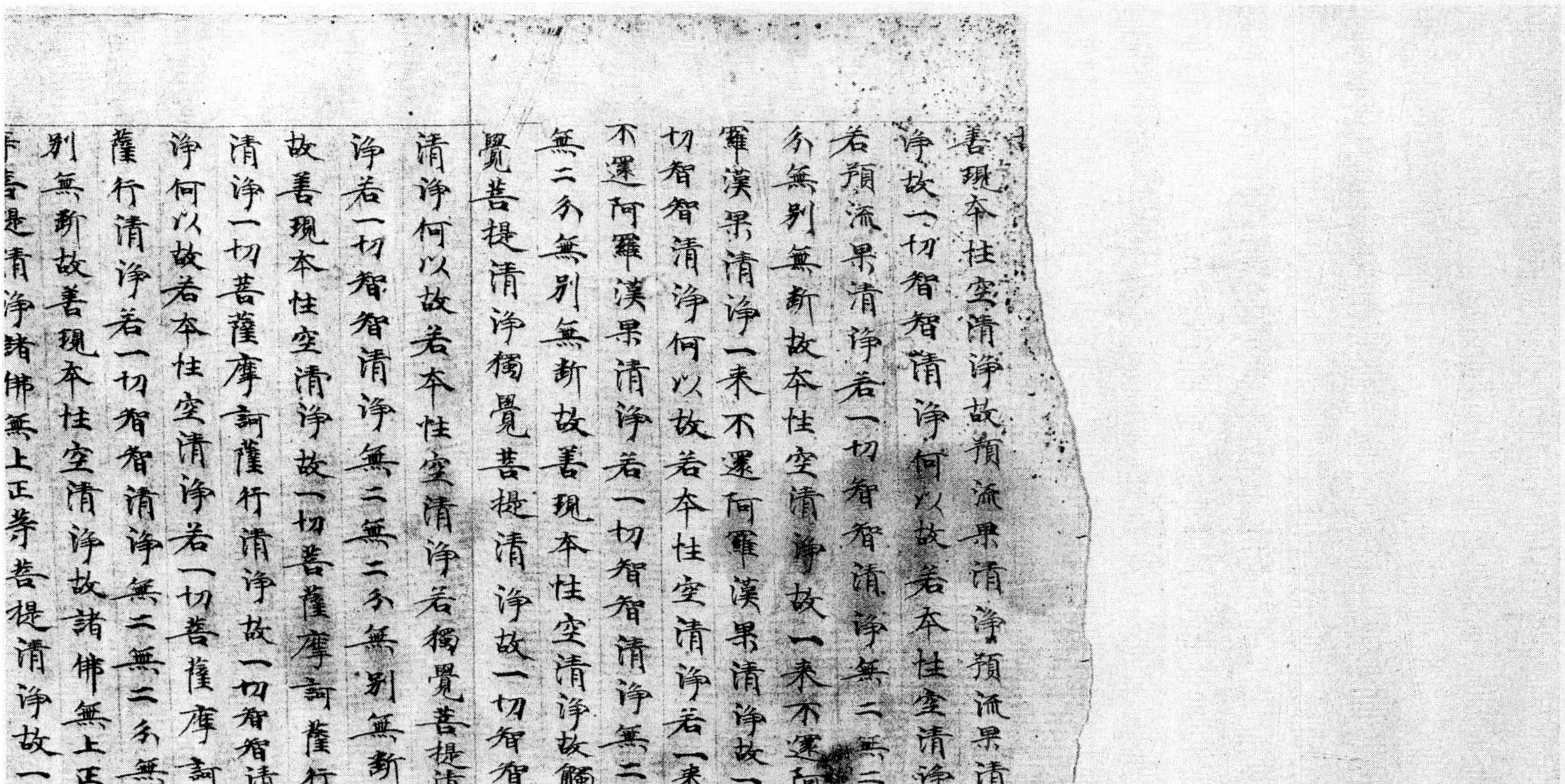

善現本性空清淨故預流果清淨預流果清
淨故一切智智清淨何以故若本性空清淨
若預流果清淨若一切智智清淨無二無二
分無別無斷故本性空清淨故一來不還阿
羅漢果清淨一來不還阿羅漢果清淨故一
切智智清淨何以故若本性空清淨若一來
不還阿羅漢果清淨若一切智智清淨無二
無二分無別無斷故善現本性空清淨故獨
覺菩提清淨獨覺菩提清淨故一切智智
清淨何以故若本性空清淨若獨覺菩提清
淨若一切智智清淨無二無二分無別無斷
故善現本性空清淨故一切菩薩摩訶薩行
清淨一切菩薩摩訶薩行清淨故一切智智清
淨何以故若本性空清淨若一切菩薩摩訶
薩行清淨若一切智智清淨無二無二分無
別無斷故善現本性空清淨故諸佛無上正
等菩提清淨諸佛無上正等菩提清淨故一

BD04403號　大般若波羅蜜多經卷二一三　（7–1）

清淨一切菩薩摩訶薩行清淨故一切智智清
淨何以故若本性空清淨若一切菩薩摩訶
薩行清淨若一切智智清淨無二無二分無
別無斷故善現本性空清淨故諸佛無上正
等菩提清淨諸佛無上正等菩提清淨故一
切智智清淨何以故若本性空清淨若諸
佛無上正等菩提清淨若一切智智清淨無
二無二分無別無斷故
復次善現自相空清淨故色清淨色清淨故
一切智智清淨何以故若自相空清淨若色
清淨若一切智智清淨無二無二分無別無
斷故自相空清淨故受想行識清淨受想
行識清淨故一切智智清淨何以故若自相
空清淨若受想行識清淨若一切智智清淨
無二無二分無別無斷故善現自相空清淨
故眼處清淨眼處清淨故一切智智清淨何
以故若自相空清淨若眼處清淨若一切智
智清淨無二無二分無別無斷故自相空清
淨故耳鼻舌身意處清淨耳鼻舌身意處清
淨故一切智智清淨何以故若自相空清淨
若耳鼻舌身意處清淨若一切智智清淨無
二無二分無別無斷故善現自相空清淨故
色處清淨色處清淨故一切智智清淨何
以故若自相空清淨若色處清淨若一切智
智清淨無二無二分無別無斷故自相空清
淨故聲香味觸法處清淨聲香味觸法處

BD04403號　大般若波羅蜜多經卷二一三　（7–2）

二無二分無別無斷故善現自相空清淨故
色處清淨色處清淨故一切智智清淨何
以故若自相空清淨若色處清淨若一切智
智清淨無二無二分無別無斷故自相空清
淨故聲香味觸法處清淨聲香味觸法處
清淨故一切智智清淨何以故若自相空清
淨若聲香味觸法處清淨若一切智智清淨
無二無二分無別無斷故善現自相空清淨
故眼界清淨眼界清淨故一切智智清淨何
以故若自相空清淨若眼界清淨若一切智
智清淨無二無二分無別無斷故自相空清
淨故色界眼識界及眼觸眼觸為緣所生諸
受清淨色界乃至眼觸為緣所生諸受清淨
故一切智智清淨何以故若自相空清淨若色
界乃至眼觸為緣所生諸受清淨若一切智
智清淨無二無二分無別無斷故善現自相
空清淨故耳界清淨耳界清淨故一切智智
清淨何以故若自相空清淨若耳界清淨
若一切智智清淨無二無二分無別無斷故
自相空清淨故聲界耳識界及耳觸耳觸為
緣所生諸受清淨聲界乃至耳觸為緣所生
諸受清淨故一切智智清淨何以故若自相
空清淨若聲界乃至耳觸為緣所生諸受清
淨若一切智智清淨無二無二分無別無斷
故善現自相空清淨故鼻界清淨鼻界清淨
故一切智智清淨何以故若自相空清淨若

BD04403號　大般若波羅蜜多經卷二一三　（7–3）

緣所生諸受清淨聲界乃至耳觸爲緣所生
諸受清淨故一切智智清淨何以故若自相
空清淨若聲界乃至耳觸爲緣所生諸受清
淨若一切智智清淨無二無二分無別無斷
故善現自相空清淨故鼻界清淨鼻界清淨
故一切智智清淨何以故若自相空清淨若
鼻界清淨若一切智智清淨無二無二分無
別無斷故自相空清淨故香界鼻識界及鼻
觸鼻觸爲緣所生諸受清淨香界乃至鼻觸
爲緣所生諸受清淨故一切智智清淨何以
故若自相空清淨若香界乃至鼻觸爲緣所
生諸受清淨若一切智智清淨無二無二分無
別無斷故善現自相空清淨故舌界清淨舌
界清淨故一切智智清淨何以故若自相空
清淨若舌界清淨若一切智智清淨無二無二
分無別無斷故自相空清淨故味界舌識界
及舌觸舌觸爲緣所生諸受清淨味界乃至舌
觸爲緣所生諸受清淨故一切智智清淨何
以故若自相空清淨若味界乃至舌觸爲緣
所生諸受清淨若一切智智清淨無二無二
分無別無斷故善現自相空清淨故身界清
淨身界清淨故一切智智清淨何以故若自
相空清淨若身界清淨若一切智智清淨無
二無二分無別無斷故自相空清淨故觸界
身識界及身觸身觸爲緣所生諸受清淨觸
界乃至身觸爲緣所生諸受清淨故一切智

分無別無斷故善現自相空清淨故身界清
淨身界清淨故一切智智清淨何以故若自
相空清淨若身界清淨若一切智智清淨無
二無二分無別無斷故自相空清淨故觸界
身識界及身觸身觸爲緣所生諸受清淨觸
界乃至身觸爲緣所生諸受清淨故一切智
智清淨何以故若自相空清淨若觸界乃至
身觸爲緣所生諸受清淨若一切智智清淨
無二無二分無別無斷故善現自相空清
淨故意界清淨意界清淨故一切智智清淨
何以故若自相空清淨若意界清淨若一切
智智清淨無二無二分無別無斷故自相空
清淨故法界意識界及意觸意觸爲緣所生
諸受清淨法界乃至意觸爲緣所生諸受清
淨故一切智智清淨何以故若自相空清淨
若法界乃至意觸爲緣所生諸受清淨若一
切智智清淨無二無二分無別無斷故善現
自相空清淨故地界清淨地界清淨故一切
智智清淨何以故若自相空清淨若地界清
淨若一切智智清淨無二無二分無別無斷故
自相空清淨故水火風空識界清淨水火風
空識界清淨故一切智智清淨何以故若自
相空清淨若水火風空識界清淨若一切智
智清淨無二無二分無別無斷故善現自相
空清淨故無明清淨無明清淨故一切智智
清淨何以故若自相空清淨若無明清淨若

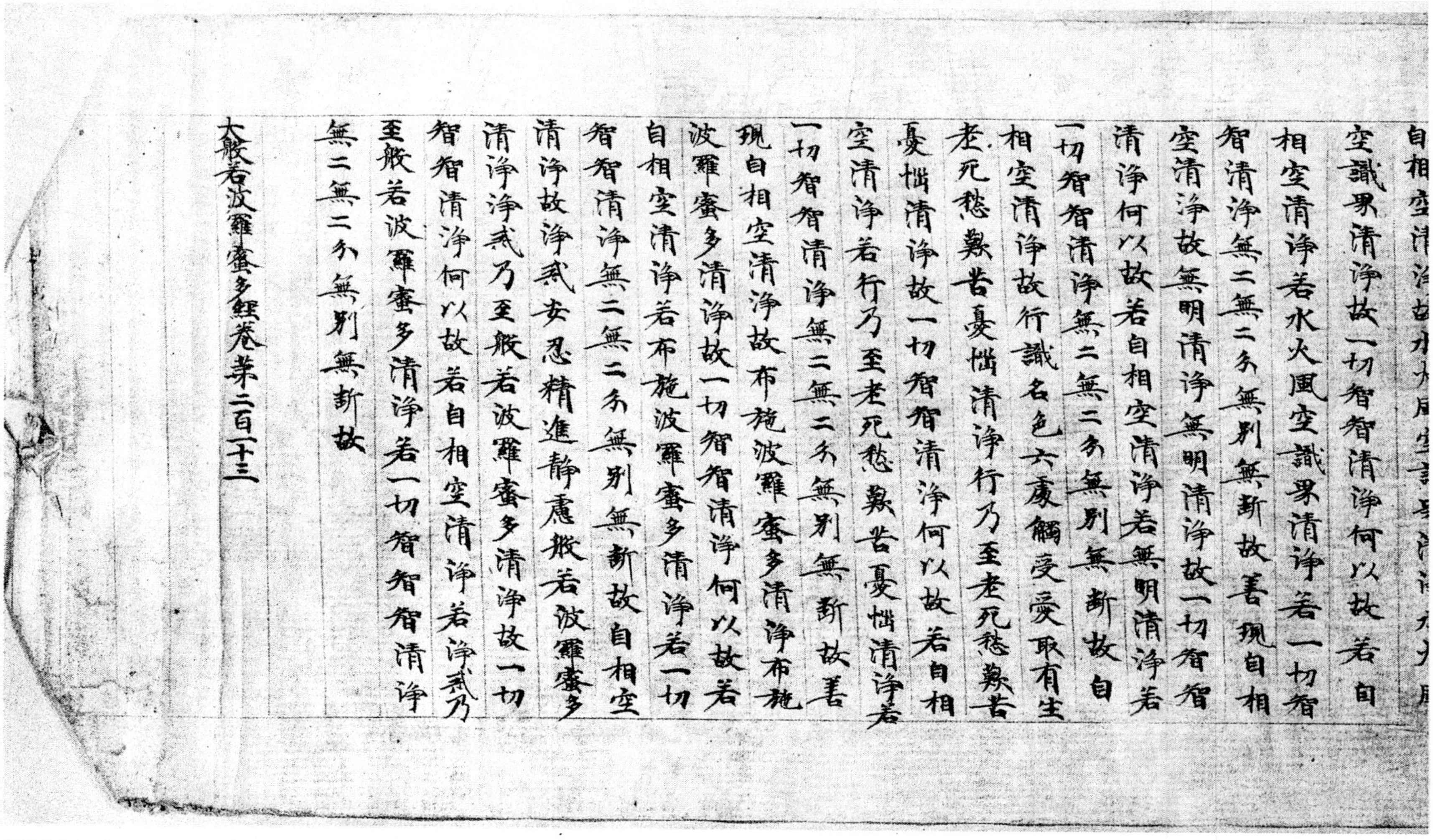

自相空清淨故水火風空識界清淨水火風
空識界清淨故一切智智清淨何以故若自
相空清淨若水火風空識界清淨若一切智
智清淨無二無二分無別無斷故善現自相
空清淨故無明清淨無明清淨故一切智智
清淨何以故若自相空清淨若無明清淨若
一切智智清淨無二無二分無別無斷故自
相空清淨故行識名色六處觸受愛取有生
老死愁歎苦憂惱清淨行乃至老死愁歎苦
憂惱清淨故一切智智清淨何以故若自相
空清淨若行乃至老死愁歎苦憂惱清淨若
一切智智清淨無二無二分無別無斷故善
現自相空清淨故布施波羅蜜多清淨布施
波羅蜜多清淨故一切智智清淨何以故若
自相空清淨若布施波羅蜜多清淨若一切
智智清淨無二無二分無別無斷故自相空
清淨故淨戒安忍精進靜慮般若波羅蜜多
清淨淨戒乃至般若波羅蜜多清淨故一切
智智清淨何以故若自相空清淨若淨戒乃
至般若波羅蜜多清淨若一切智智清淨
無二無二分無別無斷故

大般若波羅蜜多經卷第二百一十三

BD04403號　大般若波羅蜜多經卷二一三　（7–6）

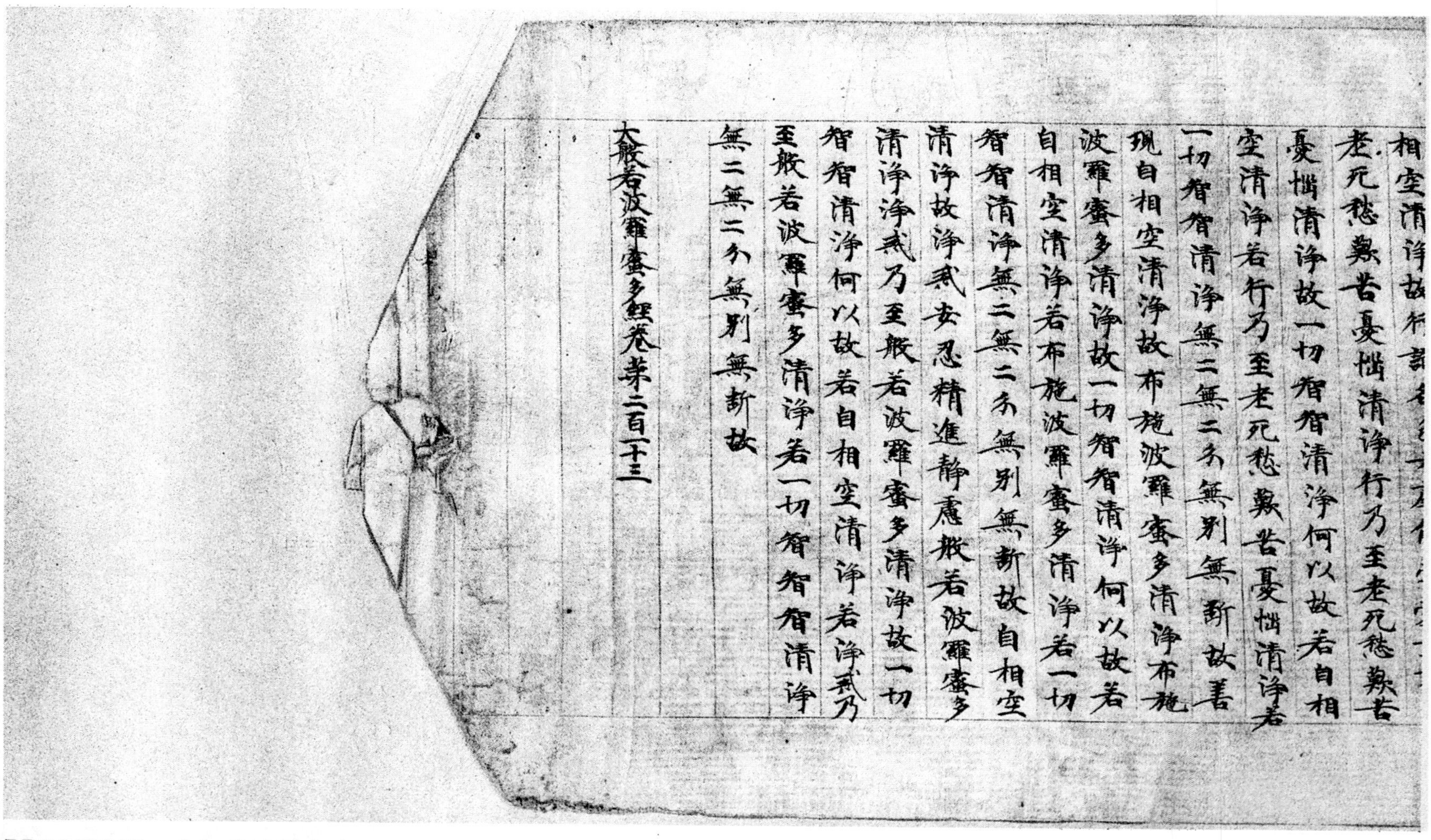

相空清淨故行識
老死愁歎苦憂惱清淨行乃至老死愁歎苦
憂惱清淨故一切智智清淨何以故若自相
空清淨若行乃至老死愁歎苦憂惱清淨若
一切智智清淨無二無二分無別無斷故善
現自相空清淨故布施波羅蜜多清淨布施
波羅蜜多清淨故一切智智清淨何以故若
自相空清淨若布施波羅蜜多清淨若一切
智智清淨無二無二分無別無斷故自相空
清淨故淨戒安忍精進靜慮般若波羅蜜多
清淨淨戒乃至般若波羅蜜多清淨故一切
智智清淨何以故若自相空清淨若淨戒乃
至般若波羅蜜多清淨若一切智智清淨
無二無二分無別無斷故

大般若波羅蜜多經卷第二百一十三

BD04403號　大般若波羅蜜多經卷二一三　（7–7）

圍繞而為
照其國尒時一切淨光莊
名曰妙音久已植衆德本
千万億諸佛而悉成就甚深
三昧法華三昧淨德三昧宿王戲三昧无緣
三昧智印三昧解一切衆生語言三昧集一
切功德三昧清淨三昧神通遊戲三昧慧炬
三昧莊嚴王三昧淨光明三昧淨藏三昧不
共三昧日旋三昧得如是百千万億恒
等諸大三昧釋迦牟尼佛光照其身即白淨
華宿王智佛言世尊我當往詣娑婆世界礼
拜親近供養釋迦牟尼佛及見文殊師利法
王子菩薩藥王菩薩勇施菩薩宿王華菩薩
上行意菩薩莊嚴王菩薩藥上菩薩尒時淨
華宿王智佛告妙音菩薩汝莫輕彼國生下
劣想善男子彼娑婆世界高下不平土石諸
山穢惡充滿佛身卑小諸菩薩衆其形亦小
而汝身四万二千由旬我身六百八十万由

BD04404 號　妙法蓮華經卷七　（6–1）

王子菩薩藥王菩薩勇施菩薩宿王華菩薩
上行意菩薩莊嚴王菩薩藥上菩薩尒時淨
華宿王智佛告妙音菩薩汝莫輕彼國生下
劣想善男子彼娑婆世界高下不平土石諸
山穢惡充滿佛身卑小諸菩薩衆其形亦小
而汝身四万二千由旬我身六百八十万由
旬汝身第一端正百千万福光明殊妙是故
汝往莫輕彼國若佛菩薩及國土生下劣想
妙音菩薩白其佛言世尊我今詣娑婆世界
皆是如來之力如來神通遊戲如來功德智
慧莊嚴於是妙音菩薩不起于座身不動搖
而入三昧以三昧力於耆闍崛山去法座不
遠化作八万四千衆寶蓮華閻浮檀金為莖
白銀為葉金剛為鬚甄叔迦寶以為其臺尒
時文殊師利法王子見是蓮華而白佛言世
尊是何因緣先現此瑞有若干千万蓮華閻
浮檀金為莖白銀為葉金剛為鬚甄叔迦寶
以為其臺尒時釋迦牟尼佛告文殊師利是
妙音菩薩摩訶薩欲從淨華宿王智佛國與
八万四千菩薩圍繞而來至此娑婆世界供
養親近礼拜於我亦欲供養聽法華經文殊
師利白佛言世尊是菩薩種何善本脩何功
德而能有是大神通力行何三昧願為我等
說是三昧名字我等亦欲勤脩行之行此三
昧乃能見是菩薩色相大小威儀進止唯願
世尊以神通力彼菩薩來令我得見尒時釋

BD04404 號　妙法蓮華經卷七　（6–2）

養親近礼拜於我亦欲供養聽法華經文殊
師利白佛言世尊是菩薩種何善本脩何功
德而能有是大神通力行何三昧願為我等
說是三昧名字我等亦欲勤脩行之行此三
昧乃能見是菩薩色相大小威儀進止唯願
世尊以神通力彼菩薩來令我得見尒時釋
迦牟尼佛告文殊師利此久滅度多寶如來
當為汝等而現其相時多寶佛告彼菩薩善
男子來文殊師利法王子欲見汝身于時妙
音菩薩於彼國沒與八万四千菩薩俱共發
來所經諸國六種震動皆悉雨於七寶蓮華
百千天樂不皷自鳴是菩薩目如廣大青蓮
華葉正使和合百千万月其面貌端正復過
於此身真金色无量百千功德莊嚴威德熾
盛光明照曜諸相具足如那羅延堅固之身
入七寶臺上昇虛空去地七多羅樹諸菩薩
衆恭敬圍繞而來詣此娑婆世界耆闍崛山
到已下七寶臺以價直百千瓔珞持至釋迦
牟尼佛所頭面礼足奉上瓔珞而白佛言世
尊淨華宿王智佛問訊世尊少病少惱起居
輕利安樂行不四大調和不世事可忍不衆
生易度不无多貪欲瞋恚愚癡嫉妬慳慢不
无不孝父母不敬沙門邪見不善心不攝五
情不世尊衆生能降伏諸魔怨不久滅度多
寶如來在七寶塔中來聽法不又問訊多寶

BD04404 號　妙法蓮華經卷七

（6–3）

生易度不无多貪欲瞋恚愚癡嫉妬慳慢不
无不孝父母不敬沙門邪見不善心不攝五
情不世尊衆生能降伏諸魔怨不久滅度多
寶如來在七寶塔中來聽法不又問訊多寶
如來安隱少惱堪忍久住不世尊我今欲見
多寶佛身唯願世尊示我令見尒時釋迦牟
尼佛語多寶佛是妙音菩薩欲得相見時多
寶佛告妙音言善哉善哉汝能為供養釋迦
牟尼佛及聽法華經并見文殊師利等故來
至此尒時華德菩薩白佛言世尊是妙音菩
薩種何善根脩何功德有是神力佛告華德
菩薩過去有佛名雲雷音王多陀阿伽度阿
羅呵三藐三佛陀國名現一切世間劫名憙
見妙音菩薩於万二千歲以十万種伎樂供
養雲雷音王佛并奉上八万四千七寶鉢以
是因緣果報今生淨華宿王智佛國有是神
力華德於汝意云何尒時雲雷音王佛所妙
音菩薩伎樂供養奉上寶器者豈異人乎今
此妙音菩薩摩訶薩是華德是妙音菩薩已
曾供養親近无量諸佛久植德本又值恒河
沙等百千万億那由他佛華德汝但見妙音
菩薩其身在此而是菩薩現種種身處處為
諸衆生說是經典或現梵王身或現帝釋身
或現自在天身或現大自在天身或現天大
將軍身或現毗沙門天王身或現轉輪聖王

BD04404 號　妙法蓮華經卷七

（6–4）

沙等百千万億那由他佛華德汝但見妙音
菩薩其身在此而是菩薩現種種身處處為
諸眾生說是經典或現梵王身或現帝釋身
或現自在天身或現大自在天身或現天大
將軍身或現毗沙門天王身或現轉輪聖王
身或現諸小王身或現長者身或現居士身或
現宰官身或現婆羅門身或現比丘比丘尼優
婆塞優婆夷身或現長者居士婦女身或現
宰官婦女身或現婆羅門婦女身或現童男
童女身或現天龍夜叉乾闥婆阿脩羅迦樓
羅緊那羅摩睺羅伽人非人等身而說是經
諸有地獄餓鬼畜生及眾難處皆能救濟乃
至於王後宮變為女身而說是經華德是妙
音菩薩能救護娑婆世界諸眾生者是妙音
菩薩如是種種變化現身在此娑婆國土為
諸眾生說是經典於神通變化智慧无所損
減是菩薩以若干智慧明照娑婆世界令一
切眾生各得所知於十方恒河沙世界中亦
復如是若應以聲聞形得度者現聲聞形而
為說法應以辟支佛形得度者現辟支佛形
而為說法應以菩薩形得度者現菩薩形而
為說法應以佛形得度者即現佛形而為說
法如是種種隨所應度而為現形乃至應以
滅度而得度者示現滅度華德妙音菩薩摩
訶薩成就大神通智慧之力其事如是爾時

BD04404號　妙法蓮華經卷七　（6–5）

羅緊那羅摩睺羅伽人非人等身而說是經
諸有地獄餓鬼畜生及眾難處皆能救濟乃
至於王後宮變為女身而說是經華德是妙
音菩薩能救護娑婆世界諸眾生者是妙音
菩薩如是種種變化現身在此娑婆國土為
諸眾生說是經典於神通變化智慧无所損
減是菩薩以若干智慧明照娑婆世界令一
切眾生各得所知於十方恒河沙世界中亦
復如是若應以聲聞形得度者現聲聞形而
為說法應以辟支佛形得度者現辟支佛形
而為說法應以菩薩形得度者現菩薩形而
為說法應以佛形得度者即現佛形而為說
法如是種種隨所應度而為現形乃至應以
滅度而得度者示現滅度華德妙音菩薩摩
訶薩成就大神通智慧之力其事如是爾時
華德菩薩白佛言世尊是妙音菩薩深種善
根世尊是菩薩住何三昧而能如是在所變
現度脫眾生佛告華德菩薩善男子其三昧
名現一切色身妙音菩薩住是三昧中能如

BD04404號　妙法蓮華經卷七　（6–6）

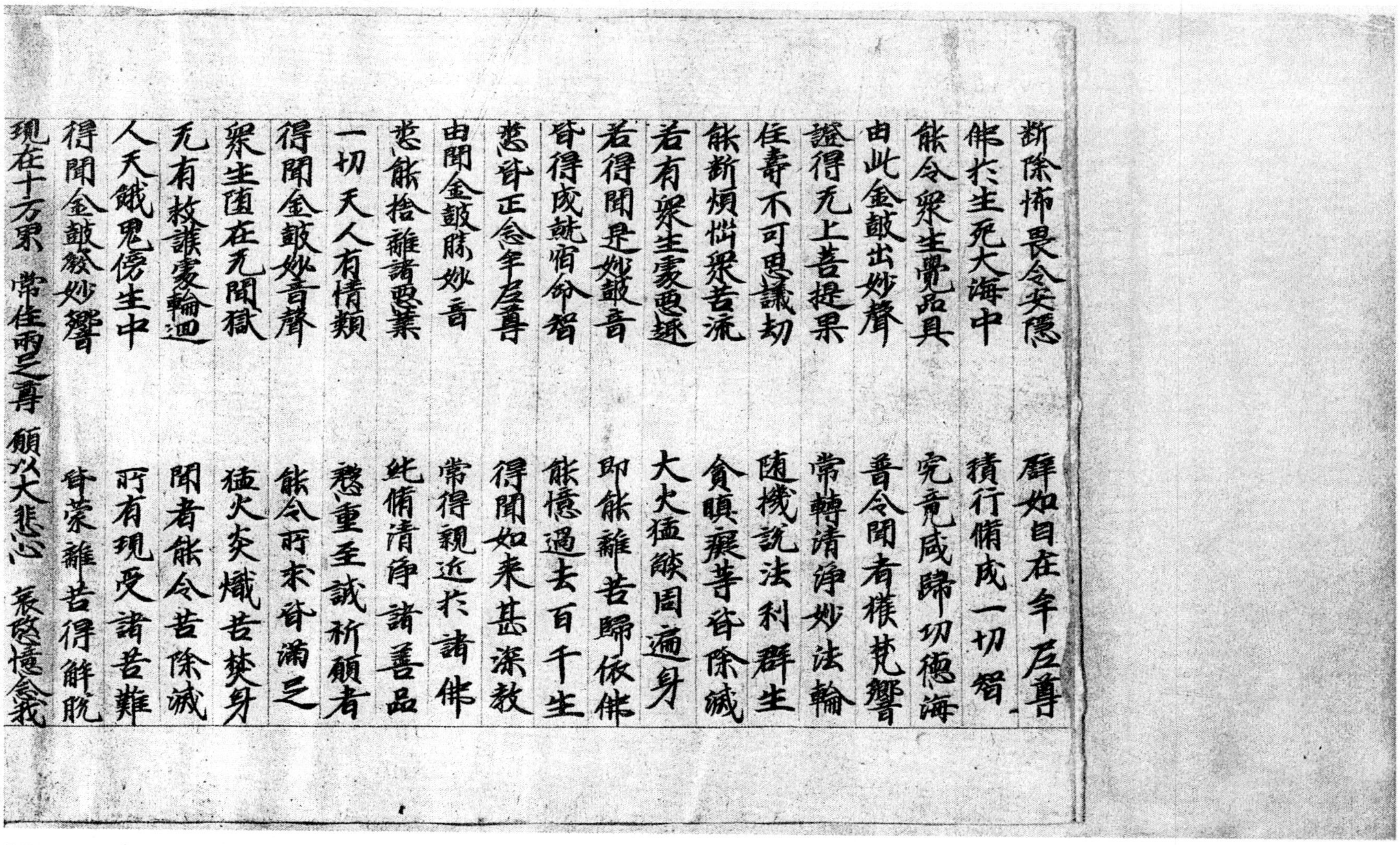

斷除怖畏令安隱　譬如自在牟尼尊
佛於生死大海中　積行脩成一切智
能令衆生覺品具　究竟咸歸功德海
由此金鼓出妙聲　普令聞者獲梵響
證得无上菩提果　常轉清淨妙法輪
住壽不可思議劫　隨機說法利群生
能斷煩惱衆苦流　貪瞋癡等皆除滅
若有衆生處惡趣　大火猛焰周遍身
若得聞是妙鼓音　即能離苦歸依佛
皆得成就宿命智　能憶過去百千生
悉皆正念牟尼尊　得聞如來甚深教
由聞金鼓勝妙音　常得親近於諸佛
悉能捨離諸惡業　純脩清淨諸善品
一切天人有情類　慇重至誠祈願者
得聞金鼓妙音聲　能令所求皆滿足
衆生墮在无間獄　猛火炎熾苦焚身
无有救護處輪迴　聞者能令苦除滅
人天餓鬼傍生中　所有現受諸苦難
得聞金鼓發妙響　皆蒙離苦得解脫
現在十方界　常住兩足尊　願以大悲心　哀愍憶念我

BD04405 號　金光明最勝王經卷二

（2–1）

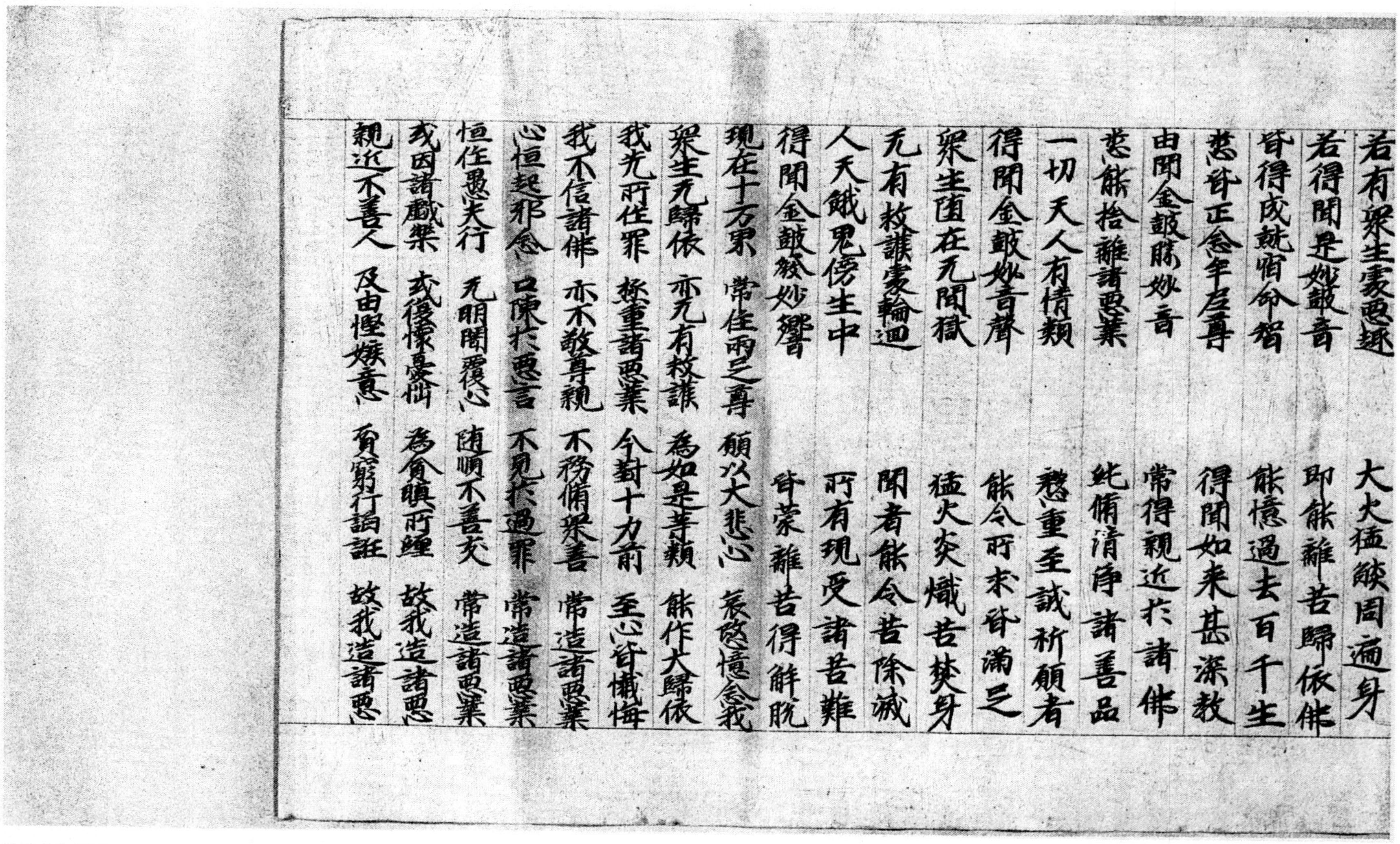

若有衆生處惡趣　大火猛焰周遍身
若得聞是妙鼓音　即能離苦歸依佛
皆得成就宿命智　能憶過去百千生
悉皆正念牟尼尊　得聞如來甚深教
由聞金鼓勝妙音　常得親近於諸佛
悉能捨離諸惡業　純脩清淨諸善品
一切天人有情類　慇重至誠祈願者
得聞金鼓妙音聲　能令所求皆滿足
衆生墮在无間獄　猛火炎熾苦焚身
无有救護處輪迴　聞者能令苦除滅
人天餓鬼傍生中　所有現受諸苦難
得聞金鼓發妙響　皆蒙離苦得解脫
現在十方界　常住兩足尊　願以大悲心　哀愍憶念我
衆生无歸依　亦无有救護　為如是等類　能作大歸依
我先所作罪　極重諸惡業　今對十力前　至心皆懺悔
我不信諸佛　亦不敬尊親　不務脩衆善　常造諸惡業
心恒起邪念　口陳於惡言　不見於過罪　常造諸惡業
恒住愚夫行　无明闇覆心　隨順不善友　常造諸惡業
或因諸戲樂　或復懷憂惱　為貪瞋所纏　故我造諸惡
親近不善人　及由慳嫉意　貧窮行諂誑　故我造諸惡

BD04405 號　金光明最勝王經卷二

（2–2）

……弟七
佛果此二是善
弟二心所中遍行五境具通三性善十一唯是……性非无記染煩惱
六中嗔唯不善餘通有覆又此五中若俱生者助發惡行亦不善攝
若分別者唯是不善正發行故上二界中俱生分別皆是无記定所
伏故隨煩惱中小七中二唯是不善小三大八亦通无記色无色界准理
應知不定四數俱通三性第三色中根香味觸唯是无記由五塵中
色聲兩種據表言之亦通三性約行而言唯是无記法處所攝通
三性若至果位十一皆善第四不相應行中命根名句文身因果合說
通三性攝非是不善二无心定唯是善性異生一種有覆无記及通
不善无相異熟无記无覆餘通三性第五无為中虛空非擇滅性
唯无記相通於善餘四唯善上來弁三性門訖　第五……如
者第一心法中眼耳身三二界二地鼻舌兩識一界一地六七八識通遍
界地若至无漏八非繫攝第二心所中遍行五境通遍界地若无
漏者亦非界繫善十一中輕安一種欲界全无有義亦有微有調暢身
心義故餘通界地此善十一亦通非繫六煩惱中嗔唯欲界餘遍界地
隨煩惱中小七中二一界一地誑諂二種二界二地梵王於身子起諂誑
故憍及大八通遍界地不定四中睡眠惡作一界一地尋伺二種二界二地
若約无漏亦非界繫第三色法根色塵中除香味二界五地法
處所攝通遍界地此十一色亦通非繫第四不相應行中滅定一種非界
地攝无想定報一界一地非上下故名句文身三界五地已上唇根識彼
處无故餘遍界地除異生性无想定報餘亦非繫第五无為非界
地攝上來弁界地門訖　第六有漏无漏者　第一心法通漏无漏第

隨煩惱中[illegible]七中二一界一地[illegible]
故墻及大八通遍界地。不定四中睡眠惡作一界一地，尋伺二種二界二地
若約無漏，並非界繫。第三色法根色塵中除香味二界五界地法
處所攝通遍界地，此十一色並通非繫。第四不相應行中滅定一種非界
地攝，無想定報一界一地，非上下故。名句文身三界五地已上名根識彼
處無故，餘遍界地。除異生性無想定報，餘並非繫。第五無為非界
地攝，上來并界地了記。　第六有漏無漏者　第一心法通漏無漏，第
二心所中初之三位通漏無漏，又此上三位於因位中八九十地及七地以前二
乘異生并地前位通漏無漏，及佛多少如理應思。不定四數及不相
應中六種亦此准，根隨二惑唯是有漏，又此二惑若緣無漏起
同說為無漏。煩惱不定四中初二唯漏，後二通二。第三色法通漏
無漏。第四不相應行中異生性、無想定唯是有漏，滅定一
種唯是無漏遍二種。第五無為中擇滅、真如唯無是漏，非擇滅、不
動、想受滅通漏無漏，虛空一種非漏無漏，或通無漏，亦得上來并
漏無漏門訖。　第七問答分別者。問：何故此五不增不減耶？答：與
此數中有為無為而為勝性，不過此五，故無增減。若諸聖教顯勝
即此心法與彼為勝。若諸教中有法若具四二，一切心所二位而為彼勝。若
此教中有法順益，即善十一而為彼勝。若此教中有法違損，即此根隨而
為彼勝。若諸教中三性不定，即不定四而為彼勝。若諸教中色根積
聚，即眼等五而為彼勝。若可見有對，即色為勝。不可見有對，即
聲香味觸而為彼勝。若有見無見有對無對，即法處色而為
彼勝。若諸教中依他建立，即不相應而為彼勝。若諸教中若法常
住凝然，即六無為而為彼勝。故此五種攝有為無為盡，謂與諸法而
為勝住，過無所立，減無所增，故唯五種。不說六四已下更作問並問
答略陳一二。問：總言依他假百法，別開數長等亦依他一種，齊開數。
答：心數所緣處所緣數別開色法處義乘無所不開數。　問：長
等無所處勝同數，不分為等所處無實議齊開數。　答：為三
分位所以別開數，長等一處收無別不開數。　問：總言依一處所處數
別開五見所處齊，如何不分數？　答：總等相乖殊，所以別為數；五見推
求體同，不分數。　問：已見唯惠假，即說不開數，不言無真假一法不

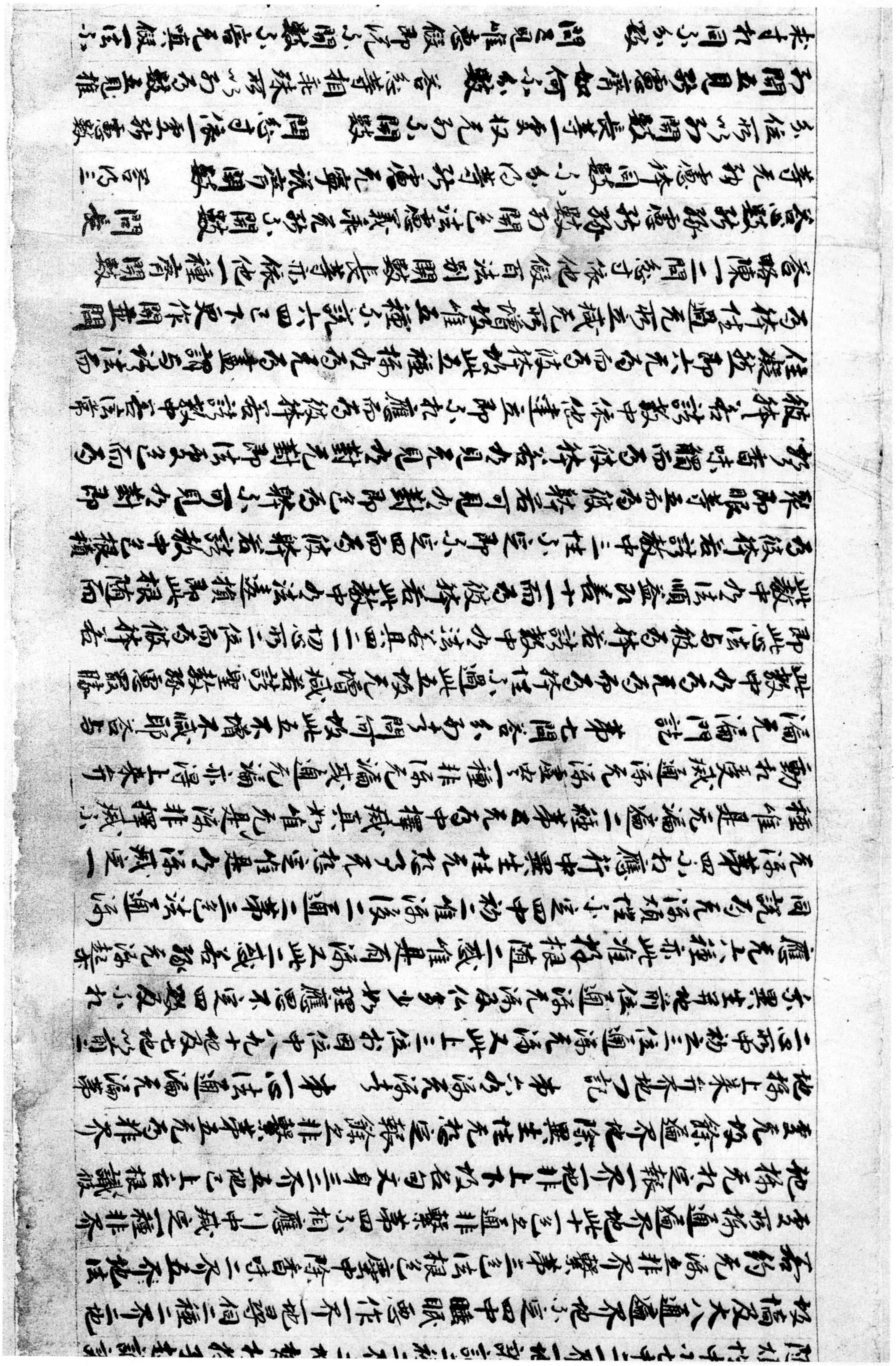

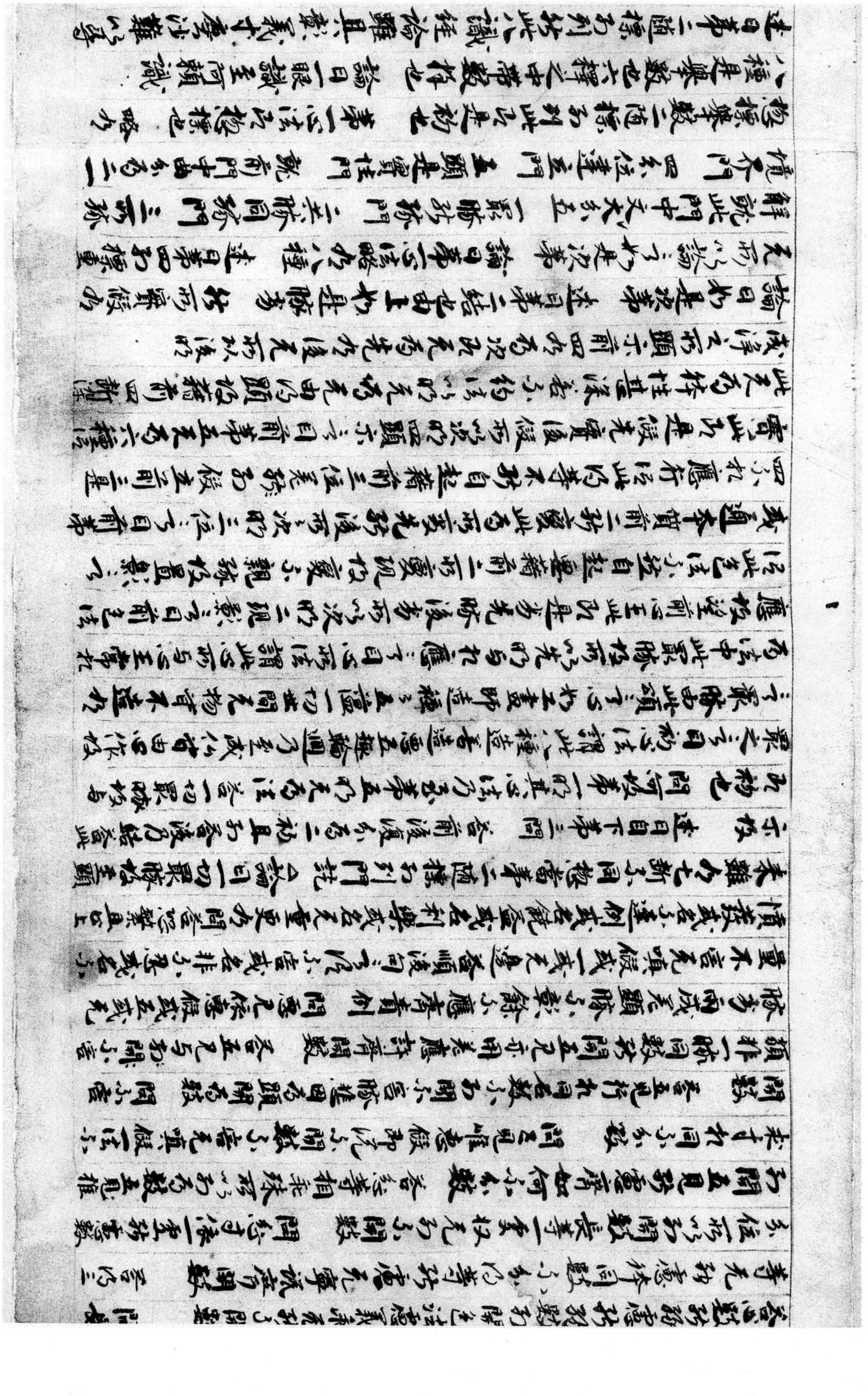

BD04406號　大乘百法明門論述記（擬）　（19–3）

解就此門中文大分五　一顯勝殊門　二共勝同殊門　三所殊
境界門　四分位建立門　五顯是實性門　就前門中曲分為二
總標舉數二隨標別列此即是初也　第一心法即總標也　略乃
八種是舉數也六釋之中帶數釋也　論曰一眼識至阿賴識
述曰第二隨標別列於此八識經論雖具彰義才广涉難以尋
究今乃包羅百像以攝於所諍成雖復義括千衢且以十門分別一釋
名義二出體性三殊境寬狹四諸名通局五遍計有无六或鄣增
減七四殊乃異八心所多少九依殊斤釋十問答料簡此此初也初通
次別通如前釋別名者前六轉識隨六根境種類異故謂名眼
識乃至意識隨根立名具五義故五謂依發屬助如根雖六識身
皆依意轉然隨不共意識名如五識身无有濫過或唯依意故名
意識辨識得名心意非例或名色識乃至法識隨境立名順義識
故謂於六境了別名識色等五識唯了色等法識通能了一切法或能
了別法獨得法識名故六識名无有濫失此後隨境立六識名依色
根未自在說若得自在諸根互用一根發識緣一切境　但可隨根无相
濫失莊嚴論說如來五根一一皆於五境轉者且隨麁顯同類境說佛
地經說如來成所作智決擇有情心行差別起三業化作四記等若
不遍緣无此能故第七末那具足應云訖利瑟吒末那唐云染
汙恒審思量名之為意思量即意持業釋也此名何異第六意
識此持業釋也如藏識名識即意故彼依主釋如眼識等識異意
故然諸聖教恐此濫彼故於第七但立意名又標意名為簡心識
積集了別多餘識故或欲顯此與彼意識為近所依故但名意第
八賴耶唐云藏識之能含藏諸法種故又此賴耶具三藏義能
藏所藏執藏義故謂與雜染互為緣故有情執為自內我故
由斯三義得藏識名藏即是識持業釋也　第二出體性者
此之八種有五重別一唯約自性名而為體性二約三性中識蘊意處
及用七心而為體性三約五法中名及分別而為體性四依三性中以依他
圓成二而為體性五約二諦中俗二真初而為體性更有餘義恐繁
不說下之所約隨此識說更不別陳　第三殊境寬狹者前五轉識五
塵為境是現量故殊齊非假或假從實殊實之時雖不作長才

此之八種乃五重分別唯約自性名而爲緣性二於三科中識蘊意處
及用七心而爲緣性三於五法中名及分別而爲緣性四依三性中以依他
圓成二而爲緣性五於二諦中俗二真初而爲緣性更有餘義恐繁
不說下心所等隨此識說更不分陳 ◎第三緣境寬狹者前五轉識五
塵爲境是現量故緣實非假或假從實緣實之時雖不作長等
狀亦任運緣理亦無失若不緣假直非作青等解由此但任運緣此理
又顯不作長等解亦任運緣此解爲勝　第六意識通緣一切
遍三量故假實俱緣第七末那賴爲境是非量故境假非實若約
本質境亦是實第八賴耶緣於三境種子根身器世間分故又種根
身緣而執受器世間量緣非執受是現量故緣實非假若准五識
亦乃緣假豈現量心皆唯實緣由此理顯亦任運緣假深契道理末轉
依位分若若理皆是現量遍緣不遮 ◎第四詳名通局者前六
轉識名爲了別第七末那名思爲量此上二名通因及果又第七意略
有三種一補特伽羅我見相應二法我見相應三平等性智相應初通
一切異生相續二乘有學七地已前一類并有漏心位緣彼阿賴耶識起
補特伽羅我見次通一切異生聲聞獨覺相續一切菩薩法空智果
不現前位緣異熟識起法我見後通一切如來相續菩薩見道及脩
道中法空智果現在前位緣無垢異熟識等起平等性智補特
伽羅我見起位彼法我見亦必現前我執必依法執而起如要遠無
等方引人等故然第八識雖諸有情皆悉成就而隨義別立種種名或
名爲心或名阿陀那或名所知依或名種子識此等四名通一切位次局名者
或名阿賴耶此名唯在異生有學非無學位不退菩薩或名異熟識此
名唯在異生二乘諸菩薩位或名無垢識此名唯在如來地有 ◎第五遍計
有無者略有四句料簡一遍而非計謂第八識遍緣三境不計度故
亦通無漏二計而非遍謂第七識唯緣賴耶起計度故三亦遍亦計
謂第六識遍緣一切起計度故四非遍非計謂五轉識唯緣五塵
無計度故 ◎第六或部增減者或於根本及隨煩惱且根本中六
通俱生分別起其分別者見道初斷若俱生者脩道方斷除或廿
亦通俱生及分別起隨根本或勢力起故由此亦通見脩二斷此八識
中第八賴耶俱生分別六十全無第七末那唯有俱生癡見慢愛無

亦通无漏二言而非遍又第七識唯緣賴耶起計度故三亦遍亦計
又第六識遍緣一切起計度故四非遍非計五五轉識唯緣五塵
无計度故曰第六或能增減者或依根本及隨煩惱且根本中六
通俱生十分別起其分別者无見道初斷若俱生者修道方斷除或廿
亦通俱生及分別起隨根本或勢力起故由此亦通无漏二斷此八識
中第八賴耶俱生分別六十全无第七末那唯有俱生癡見慢愛无
餘廿俱生分別第六意識一切皆具前五轉識唯有俱生貪嗔癡
三无餘三十分別俱生其隨煩惱如心所多少門中說第二第一
煩惱障二所知障初煩惱與前或不異更不分說其所知障與前煩惱
用雖有殊頭數多少約識分別與前或同或說四障初二如前第
三業障第四報障若障現行在前六識業障種子唯在賴耶第
七末那全无業識障第四報障有二一惣報唯屬第八二別報在
前六識更明此四障與三集氣相攝約識分別如理應思又有五障
如薩遮尼乾子經云破塔壞寺五是此業障所攝无煩更說
第七緣有異者一因緣二等无間緣三所緣緣四增上緣因緣者依
有為法親辨自果此體有二一種子二現行二等无間緣依八識
現及彼心所前聚於後自類无間等而開導令彼定生名等无
間緣三所緣緣依若有法是帶己相或心相應所慮所託此體有
二一親二疏若與能緣體不相離是見分等內所慮託應知彼
是親所緣緣若與能緣體雖相離為質能起內所慮託應知彼是
疏所緣緣四增上緣依若有法有勝勢用能於餘法或順或違雖
屬前三亦有增上而今第四除彼取餘為顯諸緣差別故此順
違用於四處轉生住異滅成四了別故此八識能各從種生具因
緣義又前七識望第八識亦等為因唯前七識展轉相望无為
因緣諸有情類自他展轉容作二緣除等无間自八識聚展轉相
望定有增上緣必无等无間所緣緣義或有或无八於七有
八无餘七非八所仗質故第七於六五无一有餘六於彼一切皆无第六
於五无餘五於彼有五識唯託第八相故自類前後第六容三餘
除所緣取現境故許五後念緣前有等五七前後亦有三緣前七於
八所緣容有能熏成彼相見種故又八種識各有四分由此自類各
[illegible]

BD04406號　大乘百法明門論述記（擬）　（19–6）

□定乃〻僅上地以无等无階不□〻義至乃至〻八本七乃七本

八无餘七非八所仗質故第七有六五无一乃餘六於彼一切皆无第六
有五无餘五有依乃五識唯託第八本故自類前後第六容三餘
除所緣取現境故許五後无緣前有亦乃三緣前七有
八所緣容乃於熏成彼本ㄦ種故又八種識各有四分由此自類各
具三緣問何故前說第六容三餘除所緣答前约後念緣前念故
第六自類乃所緣〻餘識不能並緣前故无所緣故義今约四分三分
本緣同刹那故与前分亦无過失同聚異體展轉本望乃增上
緣謂本應法所仗質同不本緣故或依ㄦ分說ㄦ本緣依本分說乃
本緣或得謂本分亦為質起本識中種為觸等本質不亦无色彼
應无境故設許變色彼應无境故復許變色彼應无境故復
許變色亦定緣種物見分境不同質故 ○第八心所多少者阿賴耶
賴識唯与觸等五數相應如何此識非分境等心所相應乎相違故謂
欲希望所樂事轉此識任運无所希望勝解印持決定事轉此識瞢
昧无所印持念唯明記曾習事轉此識昧劣不能明記定能專注一境此
識任運刹那別緣慧唯簡擇得等事轉此識微昧不能簡擇故此
不与別境相應此識唯是異熟攝故善染汙等亦不相應惡作等四
无記性者乃間斷故定非異熟第七末那心所十八謂遍行五四根本或
八隨煩惱并別境慧煩惱乃十此何唯四乃我見故餘見不生无一心中
乃二慧故如何此識要乃我見二取邪見但分別生唯見所斷此俱煩
惱唯是俱生脩所斷故我所邊見依我見生此相應見不依彼起恒
內執乃我故要乃我見由審決擇疑无容起愛著我故嗔不內生故此
識俱煩惱唯四見慢愛生三如何俱起行相无違俱起何失瑜伽論說貪令
心下慢令心舉寧不相違分別俱生外境內境所陵所恃麁細乃殊故
彼此文義无乖又无別境四所謂欲希望未遂合事此識任運緣遂合
境无所希望故无乃欲勝解印持曾未定境此識无始恒緣定境无所
印持故无勝解念唯明記曾所習事此識恒緣現所受境无所
記憶故无乃念定唯繫心專注一境此識任運刹那別緣記不專注
故无乃定慧即我見更不說別善是淨故非此識俱怠等十數行
本麁重此識審細故非彼俱无慚无愧唯是不善此識无記非

BD04406號　大乘百法明門論述記（擬）　（19–7）

所緣持故無勝解念唯明記曾所習了此識恒緣現所受境無所
記憶故無有念定唯繫心專注一境此識任運剎那別緣記不專注
故無有定慧取家又更不說不善是淨故非此識俱忿等十數行
相麁重此識審細故非彼俱無慚無愧唯是不善此識無記非
相應故惡作追悔先所造業此識任運恒緣現境非悔先業故無惡
作睡眠必依身心重時外衆緣力有時始起此識無始一類內執不假外緣
故彼非有尋伺俱依外門而轉淺深推度麁細發言此識唯內門
而轉一類執家非彼俱故　第六轉識与五十一心所相應前五轉識与卅四
心所相應謂遍行別境善十一煩惱三中隨二大隨八並觸等五數理顯並
唯餘心所稍有差別今應釋之有義五識雖無增減上希望審決
明記專注及簡擇惠而有微細欲等五數由此聖教說眼耳通是眼耳
識相應智性餘三有惠唯此無失未自在位此五或無得自在時此五定
有樂觀諸境欲無減故印持勝解亦無減故境智曾受念無減故
有佛五識緣三世故如來無有不定心故五識皆有作了智故善十一然
五識俱並說輕安定所引者然有調暢故成所作智俱必有輕安故
六煩惱中唯有三種謂貪嗔癡無分別故由稱量等起慢等故隨煩
惱中小十麁轉五識中無中大相通五識容有不定四數五識全無並此
八識心所多少依未轉依作如是說已轉依位具廿一心所相應遍行五別
境五善十一　第九依緣弁釋門者依謂所依緣謂九緣已心心所說彼所
依而藉九緣方能了別作諸了業並所依法總有三種一因緣依謂自
種子諸有為法皆託此依離自因緣必不生故二增上緣依謂內六處諸
心心所皆託此依離俱有根必不轉故三等無間緣依謂前滅意諸
心心所皆託此依離開導根必不轉故唯心心所具三所依名有所依非所
餘法雖復略標三所依法於中且現由隱難知今應審弁配八識種及心
所法已下第二心所門中更不能作依緣分能門以同識故讀者應知初種
子依有作是說要種滅已現果方生無種已生集論說故種与芽等
不俱有故有義彼說為證不成彼依引生後種說故種生芽等非
勝義故種滅芽生非極成故焰炷同時互為因故並種自類因果不
俱種現相生決定俱有故瑜伽說無常法与他性為因亦与後念自性
為因是因緣義自性言顯種子自類前為後因他性言顯種為現行

子依之作是說要種威已現果方生無種已生集論說故種與芽等
不俱之故之義彼說為證不成彼依引生後種說故種生芽等非
勝示故種滅芽生非極成故炳炷同時牙為因故並種自類因果不
俱種現相生決定俱之故瑜伽說无常法與他性為因亦與後念自性
為因是因緣義自性言顯種子自類前為後因他性言顯種為現行
芽為因義攝大乘論作如是說藏識染法互為因緣猶如束蘆俱時
而之又說種子與果必俱故種子依定非前後設之處說種果前
後應知皆是隨轉理門如是八識及諸心所定各別之種子所依次俱
之者依止一切之生滅法仗因託緣而得生住諸所仗託皆說為依
如王與臣互相依等若法決定之境為主令心心所取自所緣乃是
所依即內六處餘非之境定為主故此但如王非如臣等故諸聖教
唯心心所名之所依非色等法无所緣故但說於心為心所依不說心
所為心所依彼非主故然之處說依為所依或所依為依皆隨宜假
說由五識俱之所依定之四種謂五色根六七八識隨闕一種必不轉
故同境分別染淨根本所依別故聖教唯說依五根者是不共根
又必同境近相順故　第六意識俱之所依唯之二種謂第七八識
隨闕一種必不轉故雖五識俱取境明了而不定之故非所依聖
教唯說依第七者染淨依故同轉識攝近相順故第七識俱之
所依但之一種謂第八識藏識若无不定轉故如瑜伽說
阿賴耶為依故之末那轉依心及意餘轉識得生阿賴耶識
俱之所依亦但一種謂第七識彼識若无定不轉故論說藏識
恒與末那俱時轉故又說藏識恒依染汙此即末那而說三位无末
那者依之覆說如說四位无阿賴耶非无第八此亦應爾雖之已
介五依五根而不定非之所依攝識種不能親取自境可之依義
而无所依心心所依隨識應識說復各加自相應之心若作是說妙
符教理開導依者為之緣法為主能作等无間緣此於後生心
心所法開避引導名開導依此但屬心非心所等若此與彼无俱起義
說此於彼之開導力一身八識既容俱起如何異類為開導依
若許為依應不俱起便同異部心不並生又一身中諸識俱起
多少不定若容互作等无間緣色等應爾便違聖說等无間

符教理開導依者，為有緣法為主，能作等無間緣，此於後生心
心所法開避引導，名開導依。此但屬心，非心所等。若此與彼無俱起義，
說此於彼有開導力。一身八識既容俱起，如何異類為開導依。
若許為依，應不俱起，便同異部心不並生。又一身中諸識俱起，
多少不定，若容互作等無間緣，色等應爾，便違聖說等無間
緣唯心心所。然攝大乘說色亦容有等無間緣者，是縱奪言，謂假縱
小乘色心前後有等無間緣，奪因緣故，不爾等言應成無用。各唯自
類為開導依，深契理教。自類必無俱起義故，心所此依應隨識說。雖
心心所異類並生，而互相應和合似一，定俱生滅，事業必同。一開導
時，餘亦開導，故展轉作等無間緣。諸識不然，不應為例。然諸心所非
開導依，於所引生無主義故。若心心所等無間緣，各唯自類，第七八
識初轉依時，相應信等此緣便闕，則違聖說諸心心所皆四緣生。
無心睡眠悶絕等位，意識雖斷，而後起時彼開導依即前自類，間
斷五識應知亦然。無自類心於中為隔，名等無間，故彼先時以於今
識為開導故，何煩異類為開導依。然聖教中說五六識互相引
起，或第七八依六生者，依殊勝增上緣說，非等無間，故不相違。瑜伽論說
若此識無間諸識決定生，說此為彼等無間緣。又此六識為彼六識等無
間緣，即施設此名意根者，言總意別，亦不相違，故自類依深契教理。
九緣者：一空，二明，三根，四境，五意，六根本，七染淨，八分別，九種子。就八識中
眼識一種藉九緣生，耳識唯藉八緣而起，九中除明；鼻舌身三各藉
七緣識方乃轉，八中除空；第六意識依五緣生，七中除染淨分別；第七四緣生，
五中除染淨；或三緣生，以根與境並第八故；第八四緣生，五中除染淨
緣，以第七為所依根故。若加等無間，即如次十九八六四五諸緣而生，如次頌
云：眼識九緣生，耳識唯從八，鼻舌身三七，後三五三四。
若加等無間，於中各增一。問：從生四天眼具九緣不？答：不具，不藉
空明而得起故。又畜中得有肉眼，亦藉於明，由此應作四句分別，於理
應思。又問：若說種子增上開導三依為十緣中種子緣等，無間緣分別
染淨緣根本緣，如何是分攝？雖無別用，有殊分依緣分，餘四非
依，非常有故。又八四何故常恒，眼等六識寧非相續？答：由七八生所藉
[illegible]

空明而生起故又高中生於肉眼不著於明由此應作四句分別於理
應思又同等說種子增上同導三依與十緣中種子緣等無間分別
染淨緣根本緣於何異名義謂雖無分別用於殊分依緣名餘四非
依非常於故又八識何故常恒眼等六識等非相續答由七八生所藉
緣少異辨常恒眼等識生所藉緣多難辨非續由此頌云依止根本
識　五識隨緣現　或俱或不俱　如濤波依水　意識常現起
除生無想天　及無心二定　眠睡與悶絕　更於餘一切百法決中說
◎第十問答料簡者八識之中何識能起我法二執　答依六七識
起非五八也問八識之中三量各具幾種答等五轉識唯是現
量第六意識遍通三量第七末那唯是非量第八賴耶同五
問八識之中幾是能熏幾是所熏　答前七能熏第八所熏七能
熏中前五轉識能熏賴耶相分種子自相見種子復熏成
第六意識能熏　第八相見分種自相見種子復熏成　第七末
那唯熏第八見分種子自相見種子兼熏成又能熏所熏各具四義
如唯識說　問此八識中與彼四智如何相稱　答六七二識從極喜
地乃至佛位轉彼末那以成平等性智轉第六識以成妙觀察智前
至佛果轉彼賴耶以成大圓鏡智轉前五識為成所作智所言轉者
轉心所中惡非轉識得以智依識說轉淺得等　論曰第二心所略
於六種　述曰第二共緣同緣一就此一中分之為三初標章舉數
次隨標別列後隨章重釋此即是初文易可知　論曰隨遍行五
至不定四　述曰此隨列別陳顯此六位略以六門分別第一釋名第二
體性第三名所增藏第四具不具義第五界位對具第六同答一異
第一釋名者遍行五遍四一切為所行旅者遍前所緣行轉於緣
或俱有能緣依主持業二釋如此或於行非遍行故建立名非此中
言持業為勝別境者緣別別境而得生故名為別境是境或別境欲等
名望境別所緣持業於財二釋俱得持業為勝或復解通隣近
依主名得善十一者此世他世俱順益性離穢穢緣通憑法故名為
善此業六釋於本煩惱者能生隨惑名為根本煩惱者擾也惱者亂也擾
亂於情恒處生死名為煩惱根本即煩惱煩即是惱俱持業釋也隨
[illegible]

BD04406號　大乘百法明門論述記（擬）　（19–11）

業持業爲勝所說者稱所了說而得生故所攝是說或所得欲求
和望說自所依持業及財二種俱得持業爲勝或復解通隣近
依主名得善十一者此世他世俱順益故性離穢穢通遍法故名爲
善此等六種根本煩惱者能生隨惑名爲根本煩惱者擾也惱者亂也擾
亂有情恒受生死名爲煩惱根本即煩惱煩即是惱俱持業釋也隨
煩惱者隨他根本煩惱分後分位建立等流性故名之爲隨即忿等十法
放逸失念及不正知此十三法依他根本煩惱而起名之爲隨無慚無愧
掉舉惛沈不信懈怠及散亂七雖非依他根本而起隨彼得
名立名爲隨所隨就依主持業二種如此不定四者三性不定名爲
不定非如觸等定遍心故非如欲等定遍地故非如善染唯一性故名
爲不定此第六種此上六位心所法體各各帶數是帶數釋如理應思
本云遍行有五等者但是寫人加減不同無勞分疏有寧爲勝他先
已有今已者除　第二弁體性者六位心所是用心王同時而在而爲
體性有五重如上應知　第三名數增減者若依此論唯五十一
若依瑜伽本地分中有五十三隨惑位中加於欲勝解二數所以若
依雜集論有五十五不正知中開五見故又依五蘊論開悔爲七即五
十七　問何故諸論多說不同　答且瑜伽論隨惑位中開二數者鄣蔽
是重故開二數唯識雜集論開五見者爲聖行所以開此諸論體
以明更不開數五蘊開悔爲七者如五見應思　第四明此六位與四
一切具不具義及以問答四一切者謂即三性及時地俱三性者一善二不善
三無記地即九地一欲界五趣地二離生喜樂地三定生喜樂地四離喜
妙樂地五捨念清淨地六空無邊處地七識無邊處地八無所有
處地九非想非非想處地時者即同一刹那時也俱者即遍諸心等爲
八識俱也此六位中觸遍行五具四一切別境五數但具初二猶闕後二地
遍行善十一所但遍九地除性時俱猶闕三性地不說根隨二惑
雖闕三性由不遍地非善十一不定四數雖闕後三由三性具地根隨又
具一切所以四說不順益遠損三性不定行利義所不可一一具疑問餘五
位有六種不如理應思　第五眾位數具者如是六位至佛已具
初三位於一切處常遍行故如來樂了所知說故即說勝解熟業識故
於曾習說念無識故如來無有不定心故於一切法常決擇故極淨

斷三[illegible]

具一切種四智所以次第增進積三位不定則亦不可一一具足問餘五

位亦六種不如理簡理　第五果位窮具五位如是六位至佛已具

初三位於一切處常遍行故如來樂了所知境故即境緣彼業識故

於曾習境念無藏故如來無有不定心故於一切法常決擇故極淨

淨信等常相應故闕餘位中善染汙故業睡眠故業追悔故現證一

切業尋伺故由此後三定不相應等三位中惑最勝故與八識俱

而求四智　第六問答辨一異者四如是六位諸心所法為離心體

外別有自性為即是心分位差別設爾何失二俱有過若離心體

別自性如何聖教說唯有識又如何說心遠獨行染淨由心士夫六

界莊嚴論說復云何通如彼頌言許心似二現如是似貪等或

似於信等無別染善法若即是心分位差別如何聖教說心相應他

性相應非自性故又如何說心與心所俱時而轉如日與光瑜伽論說

復云何通彼說心所非即心故如彼頌云五種性不成分位差過失

因緣無別故與聖教相違　應說離心有別自性以心勝故說唯識

等心所依心勢力生故說似彼現非彼即心又識心言亦攝心所恒相

應故唯識等言及現似彼皆無有失此依世俗若依勝義心所與心

非離非即諸識相望應知亦然是謂略辨百法中說

論曰遍行有五者　述曰第三隨章重解又分為六初遍行二別境三

善十一四煩惱六五隨煩惱廿六不定四此即初也分二初總標次

後隨標列此即是初遍行二字即總標也五者是舉數

論一作意至思　述曰第二隨標列亦如五如文云何作意謂能

警心為性於所緣境引心為業謂此警覺應起心種引令趣境故名

作意雖此亦能引起心所心是主故但說引心作即是意持業釋也

或作俱時意隣近為勝云何為觸謂三和分別變異令心心所觸境

為性受想思等所依為業謂根境識更相隨順故名三和觸依彼生令

彼和合故說為彼三和合位皆有順生心所功能說名變異觸似彼

起故名分別根變異力引觸起時勝彼識境故集論等但說分別

根之變異和合一切心及心所令同觸境是觸自性既似順起心所功

能故以受等所依為業起盡經說受想行蘊一切皆以觸為緣故由

[illegible]
住受起思等所依為業。謂根境識更相隨順，故名三和。觸依彼生，令
彼和合，故說為彼。三和合位，皆有順生心所功能，說名變異。觸似彼
起，故名分別根之變異。力引觸起時，勝彼識境，故集論等但說分別
根之變異。和合一切心及心所，令同觸境，是觸自性。既似順起心所功
能，故以受等所依為業。起盡經說受想行蘊一切皆以觸為緣故。由
斯故說識觸受等因二三四和合而生。瑜伽但說與受想思為所依
者，思於行蘊為主勝故，舉此攝餘。集論等說為受依者，以觸生受
近而勝故。謂觸所取可意等相，與受所取順益等相極相鄰近，引發
勝故。云何為受？謂領納順違俱非境相為性，起愛為業，能起合離非
二欲故。云何為想？謂於境取像為性，施設種種名言為業。謂要安立
境分齊相，方能隨起種種名言。云何為思？謂令心造作為性，於善品等
役心為業。謂能取境正因等相，驅役自心令造善等。此後四種，並有
六釋。　論曰：別境五者　述曰：第二文也。於中分二，此即是初。文二
同前。　論曰：一欲至惠　述曰：第二隨標別釋。分五，如文。云何為欲？於
所樂境希望為性，勤依為業。此所樂者，謂可欣境。凡可欣事，可厭事中
容境，又此欲所樂者，謂於所觀境
於一切事欲觀察者，亦希望故，此是六釋。　云何勝解？於決定境印持
為性，不可引轉為業。謂邪正等教理證力，於所取境審決印持，由
此異緣不能引轉，故猶豫境勝解全無。勝解是持業釋也。
云何為念？於曾習境令心明記不忘為性，定依為業。謂數憶持曾所受
境，令不忘失，能引定故。云何三摩地？三摩地者是梵語，此云等持。舊
云三昧，翻云正定者，訛也。於所觀境令心專注不散為性，智依為業。謂
觀得失俱非境中，由定令心專注不散，依斯便有決擇智生。心專
注言顯所欲住即便能住，非唯一境，不爾，見道歷觀諸諦，前後境
別，應無等持。云何為惠？於所觀境簡擇為性，斷疑為業。謂觀得失俱非
境中，由惠推求，得決定故。此後三種並有六釋。此五於四境中俱
不俱者，如義不定。瑜伽說此四一切中無，後二復又說此故，瑜伽說四境生
所緣能緣非定俱，故應說此五或時起一，謂於所樂唯起希望，乃
至或依所觀唯起簡擇。或時起二，謂依所樂決定境中起欲、勝解，乃
[illegible]

BD04406號　大乘百法明門論述記（擬）

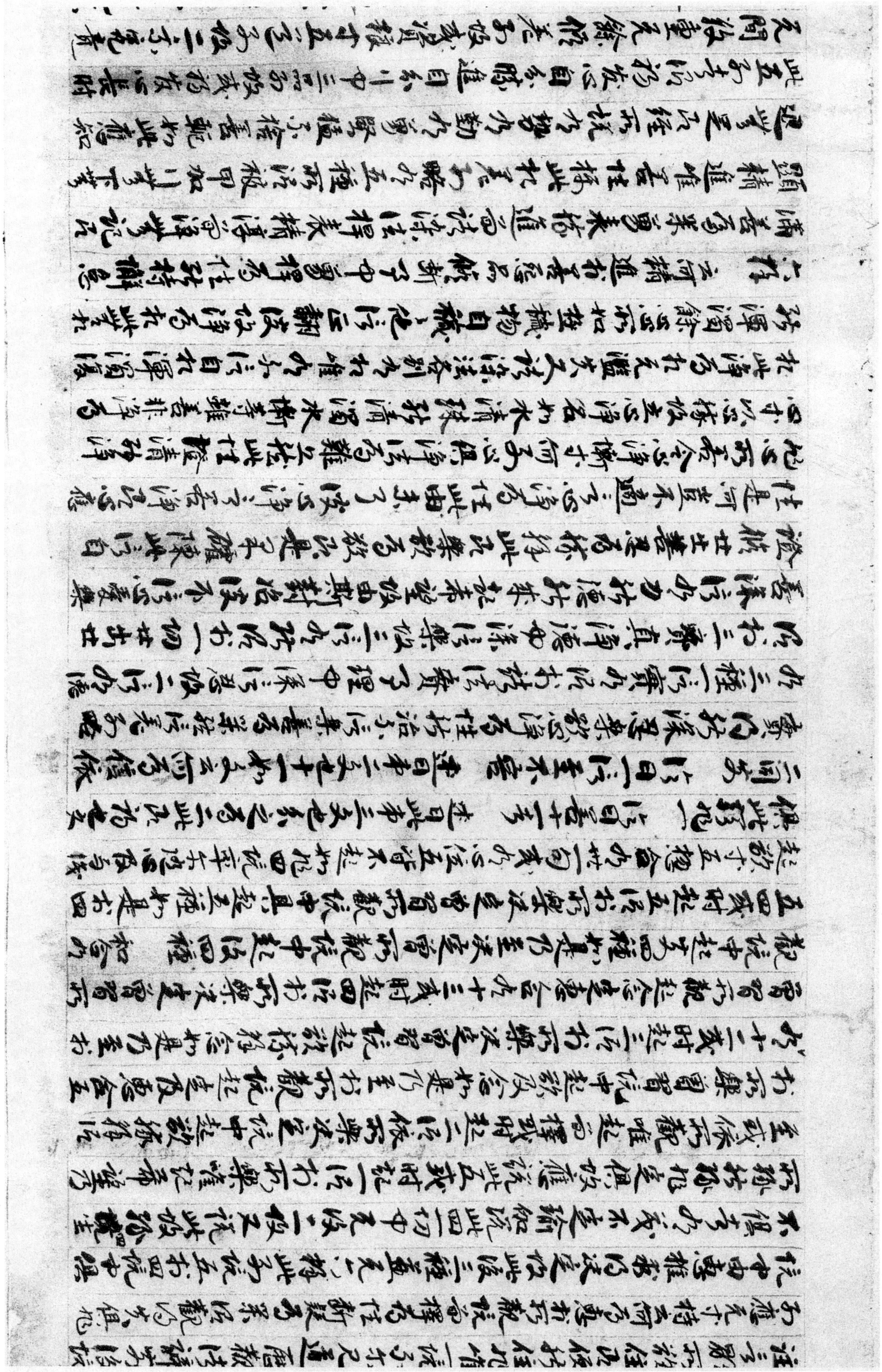

（19–15）

滿善為業。勇表勝進，簡諸染法；悍表精淳，簡淨無記，即
顯精進唯善性攝。此相差別略有五種，所謂被甲、加行、無下、無
退、無足，即經所說有勢、有勤、有勇、堅猛、不捨善軛，如次應知。
此五別者，謂初發心、自分、勝進，自分行中三品別故。或初發心、長時、
無間、殷重、無餘修差別故。或資糧等五道別故，二乘究竟
道欣大菩提故，諸佛究竟道樂利樂他故。或二加行、無間、解脫、勝
進別故。精進即是策持業釋也。云何為慚？依自法力，崇重賢
善為性，對治無慚，止息惡行為業。謂依自法尊貴增上，崇
重賢善，羞恥過罪，息諸惡業。云何為愧？依世間力，輕拒暴惡
為性，對治無愧，止息惡行為業。謂依世間訶厭增上，輕拒暴
惡，羞恥過罪，對治無愧，息諸惡業。羞恥過惡是二通相，故
諸聖教假說為體。云何無貪？於有有具無著為性，對治貪
著作善為業。云何無瞋？於苦苦具無恚為性，對治瞋恚作
善為業。善心起時隨緣何境，皆於有等無著無恚，觀有等立，
處，緣彼如前慚愧，觀善惡立故。此二種俱遍善心。云何無癡？
於諸理事明解為性，對治愚癡作善為業。此等癡者，乃自
性，即是惠，正對等明，如對等貪瞋。善根攝故，此上五種並無
六釋。云何輕安？謂遠離麤重，調暢身心，堪任為性，對治
惛沉，轉依為業。謂此伏除能障定法，令所依止輕安適悅，故輕安
是安持業釋也。不放逸者，精進三根於所斷修防修為性，對
治放逸，成滿一切世出世間善事為業。謂即四法於所斷修了
防防修名不放逸，非別有體，無異相故。於防惡事修善
事中，離四功能無別用故。雖諸慚等亦有此能，而方彼四勢力
微劣，非根遍策，故非此法。一一自言遍策及遍不放正不逸
持業釋也，或業立稱為釋。云何行捨？精進三根令心平等正直
無功用住為性，對治掉舉，靜住為業。謂即四法令心遠
離掉舉等障，靜住名捨。平等正直無功用住，初中後位辨捨
差別。由不放逸先除雜染，捨復令心寂靜而住。此無別體，
如不放逸離彼四法無相用故，能令寂靜，即四法故，所令寂靜
即心等故。行謂行蘊，捨能離障，行之捨故，依主釋。為簡受蘊中

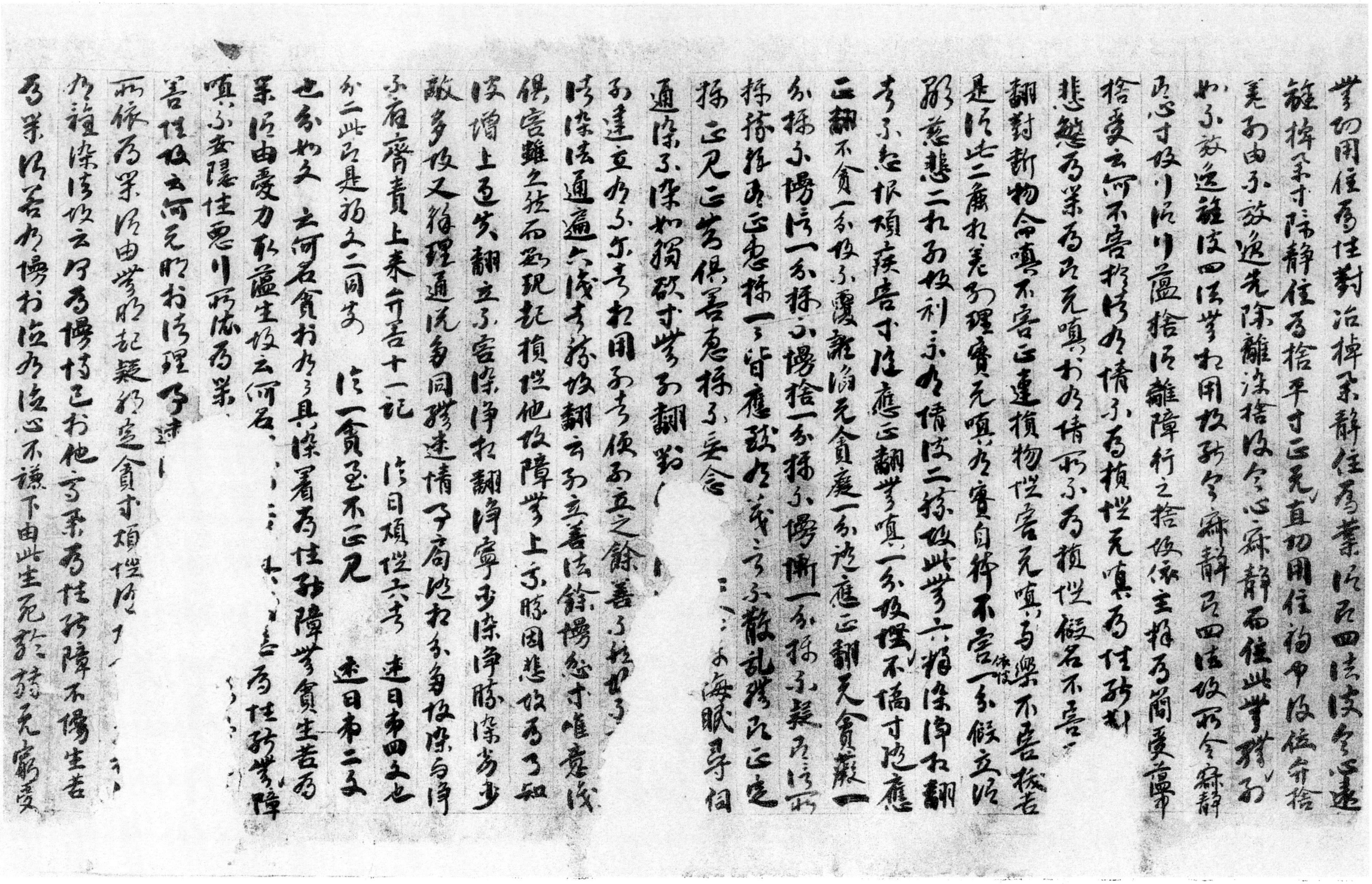

BD04406號　大乘百法明門論述記（擬）

（19–17）

[illegible]

嗔不安隱性惡行所依為業。

善性故。云何无明？於諸理事迷

所依為業。謂由无明起疑邪定貪等煩惱隨

亦雜染法故。云何為慢？恃己於他高舉為性，能障不慢生苦

為業。謂若有慢，於德有德心不謙下，由此生死輪轉无窮受

諸苦故。此慢差別有七九種，謂於三品我德處生，一切皆通見修

所斷。聖位我慢既許現行，慢類由斯起亦无失。云何為疑？於諸諦

理猶豫為性，能障不疑善品為業。謂猶豫者善不生故。述 此疑者

不是自體，令慧不決，非即是慧，故此上五種並名本惑。 云何惡見？於

諸諦理顛倒推度染慧為性，能障善見招苦為業。謂惡見者

多受苦故。此見行相差別有五：一薩迦耶見，謂於五取蘊執我我所，

一切見趣所依為業。此

見差別有二十句六十五等分別起攝。二邊執見，謂即於彼隨執斷常，障處

中行出離為業。此見差別，或執前際四遍常論、一分常論及无想等

非想八論、七斷滅論等分別起攝。三邪見，謂謗因果作用

實事及非四見諸餘邪執，如增上緣名義遍故。此見差別諸見趣中

有執前際二无因論、四有邊等、不死矯亂及計後際五現涅槃，或

計自在世主釋梵及餘物常住，不易，或計自在等是一切

物因，或有橫計諸邪解脫，或有妄執非道為道，諸如是等皆邪見攝。

四見取，謂於諸見及所依蘊，執為最勝，能得清淨，一切鬬諍

所依為業。 五戒禁取，謂於隨順諸見戒禁及所依蘊，執為最

勝，能得清淨，無利勤苦所依為業。然有處說執為最

勝名見取，執能得清淨名戒取者，是影略說，或隨轉門。

或計非滅計滅、非道計道說為邪見，非二取攝。上來並根本煩惱

論曰：隨煩惱廿者。 述曰：第五文也，分二：此初總也，文二同前。

論曰：一忿至慳。 述曰：第二文也，分三：初明小隨，各別起故；次明中隨，不

遍善故；後明大隨，遍染心故。此即是初，分十，如文。一忿者，依對現前

不饒益境，憤發為性，能障不忿，執仗為業。謂懷忿者多發暴

惡身表業故。二恨者，由忿為先，懷惡不捨，結怨為性，能障不恨，

熱惱為業。謂結恨者不能含忍，恒熱惱故。三惱者，忿恨為先，

BD04406號　大乘百法明門論述記（擬）　（19–18）

□□□□□□

多三支等故此見小不□

一切見趣所依為業此□

治五於彼隨執斷常　　一重之了人見於五趣蘊執亦亦爾

中初執前際四遍常論四一分常論無下論

九合為八論七斷滅論十分別起攝三種見者論因果作用

了及九四見論餘種執如增上猶名爲遍故此見者不論見趣中

初執前際二常因論四初邊等不死矯亂及計後際五現涅槃或

計自在世主釋梵及餘物類者常恒不易或計自在等是一切

物因或初橫計論種種總或初妄執九之論如是等皆種見攝

四見取者謂於諸見及所依蘊執為最勝能得清淨一切鬥諍

所依為業　五戒禁取謂於隨順諸見戒禁及所依蘊執為最

勝能得清淨無利勤苦所依為業然有處說執為最

見取執能得清淨名戒取者是影略說或隨轉理亦不相違

或計或他之計並說為邪見二取攝上來辨根本

論曰隨煩惱二十者　述曰第五文也分二此初是總也文二同前

論曰一忿至慳　述曰第二文也分二初明小隨各別起故次明中隨不

遍善故後明大隨遍染心故此初是初分十如文一忿者依對現前

不饒益境憤發為性能障不忿執杖為業懷忿者多發暴

惡身表業故二恨者由忿為先懷惡不捨結怨為性能障不

恨熱惱為業謂結恨者不能含忍恒熱惱故三惱者忿恨為先

追觸暴熱狠戾為性能障不惱蛆螫為業謂追往惡觸現違緣心便

很戾多發囂暴凶鄙麤言蛆螫他故此上三種並嗔一分為體四

覆者於自作罪恐失利譽隱藏為性能障不覆悔惱為業

論第二心所有法略有五十一種　開曰次下第二明心所法於中有三初惣合
舉數次六位類分後隨位別列此初也然此心所諸論合若瑜伽論有五
十三更加邪欲及邪勝解如邪念惠入煩惱中邪欲勝解例亦同故若義
論有五十五其邪欲等入別境開彼惡見以爲五種雖俱是惠行相
此及五蘊唯識顯揚俱約合義說五十一以五見者俱惡惠故雖行相別
異體故以正念惠五善根攝其邪念惠爲鄣乃執過失重故開爲煩惱
其正欲等非善根者鄣輕合在別境小乘依經說卅六更就合義說
如下明　　論謂遍行五別境五善十一煩惱六隨煩惱有廿不定有四
開曰此六位類分也一切心中定可得故緣別別境而得生故唯善心中可得生故
性是根本煩惱攝故唯是煩惱等流性故於善染等皆不定故是
是差別若瑜伽論惣合爲五煩惱隨煩惱俱是染法故以四一切辨其五
切性及地時俱五中遍行具四一切別境唯有初二一切善唯有一謂一切地隨四六
无不定唯一謂一切性由此五位種類差別然此六位諸心所法諸論雜明
明皆不具足唯依論釋既最圓明下文謹依唯識論釋　論遍行五
者一作意二觸三受四想五思　開曰次下隨位別列於六位中分爲六
此即第一遍行相也作意謂能警心爲性於所緣境引心爲業謂此警覺
應起心種令引趣彼境故名作意雖此亦能引起心所心是主故但說引心作謂
警發意即心王意之作故依主釋也觸謂三和分別變異令心心所
觸境爲性受想思等所依爲業謂根境識更相隨順
生令彼和合故說爲彼

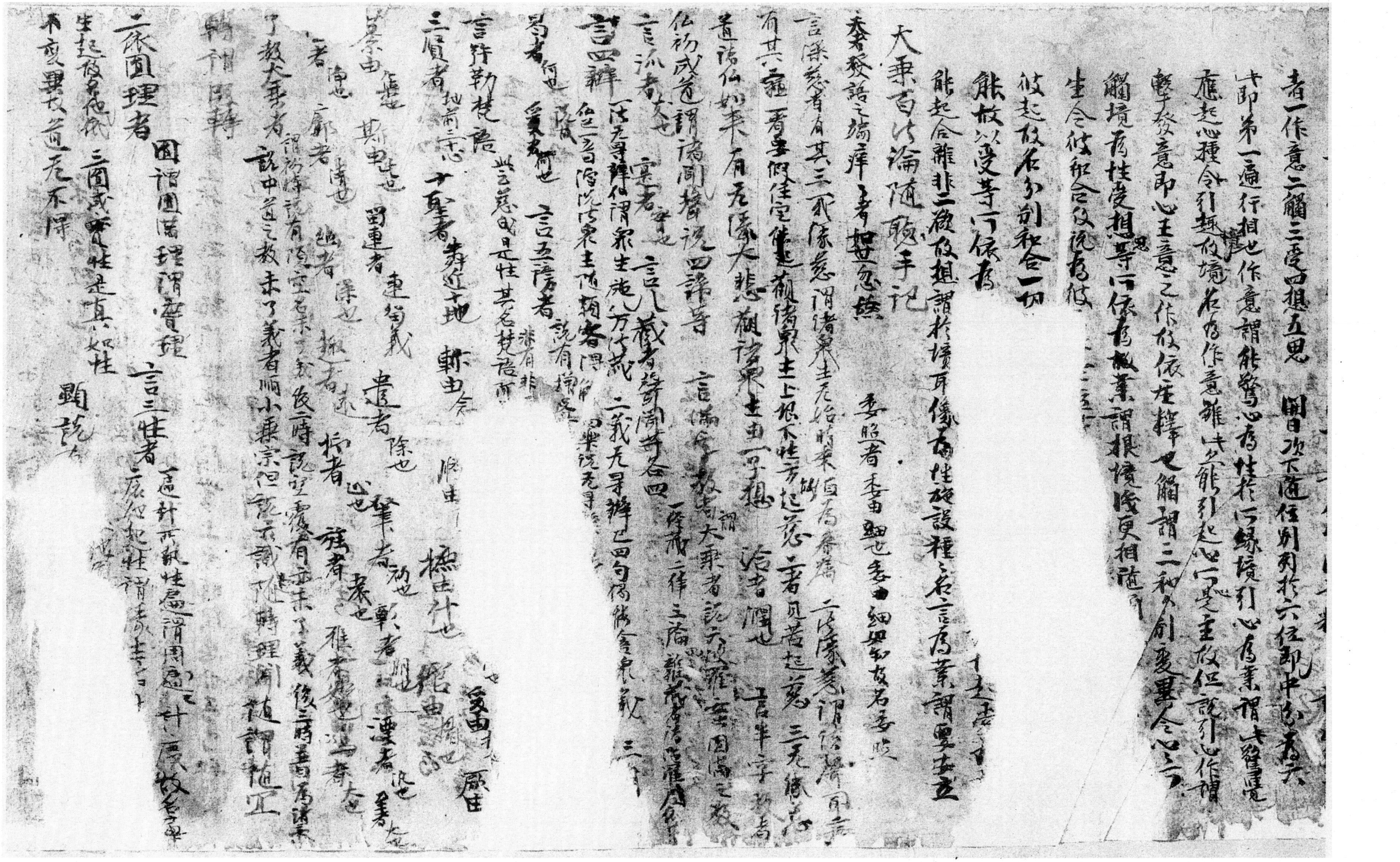

BD04406 號背 1　大乘百法明門論開宗義記　　（6–2）
BD04406 號背 2　大乘百法明門論隨聽手記（擬）

轉相阿轉

二依圓理者　圓謂圓滿理謂實理　言三性者　遍計所執性　依他起性　圓成實性 [illegible]

生起依他依　三圓成實性是真如性

不變異故道無不得　顯說

執者別也

言本後有者　本智是正體智亦名 [illegible]　後得智者似後得故名後得

渠者淨也　有有者人有諸有

言三苦者　苦苦　壞苦　行苦

三苦攝八苦　生苦老苦病苦死苦愛別離苦 [illegible]　五陰熾盛苦行苦所攝 [illegible]

二苦攝三苦　分段生死苦攝苦苦壞苦　變易生死苦攝行苦　有二種 [illegible]

言漏者　流注義亦云漏泄義　然漏者有其三種 [illegible]

言提婆者 [illegible]

言三提者 [illegible]

永斷諸障者 [illegible]

三提義曰 [illegible]

侍者　重也 [illegible]　言三身大乘

三藏者 [illegible]

BD04406號背 2　大乘百法明門論隨聽手記（擬）　（6–3）

BD04406號背2　大乘百法明門論隨聽手記（擬）　（6–4）

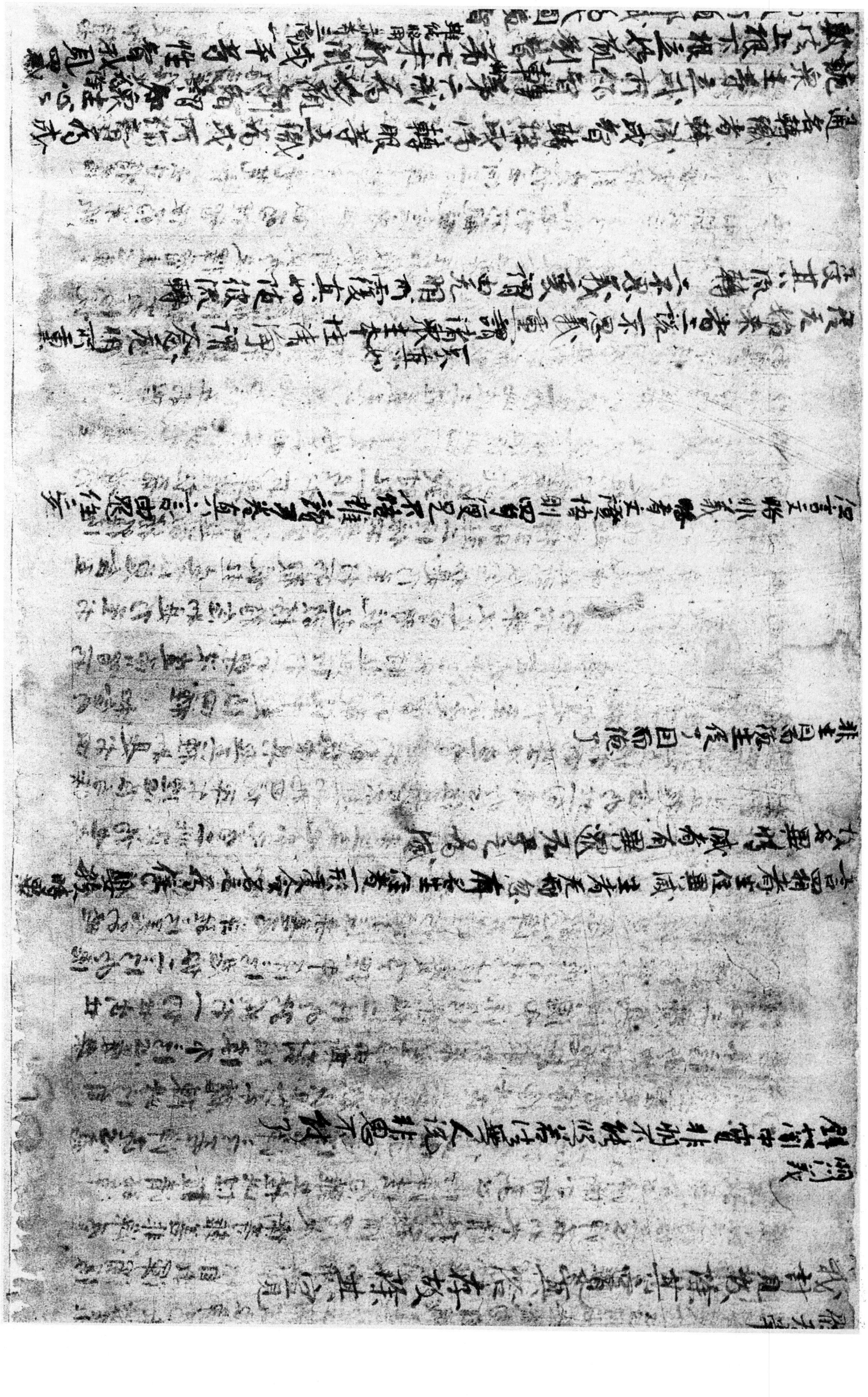

發无學

我執見故除其實[illegible]俗存故除其空見

明門義

譬如闇中寶非明不能照若法無人說非恩不能了

言四相者生住異滅　生者无而忽有名生　住者一形[illegible]名之爲住　變異時異

故名異　時滅者有異還无名之爲滅

非生因而後生復了因而絶了

但言文略非義　略者文隱悟則四句便足不繁雜說乃卷真　言由思往[illegible]

復无始來者二說　一不思義熏　謂諸衆生本性清淨　謂念无明所熏（不覺真如）

受其流轉　二不思義變　謂由无明所覆真如隨彼流轉

通名轉識者　轉[illegible]識成智　轉[illegible]識成[illegible]　轉眼等五識爲成所[illegible]智爲成

謂衆生等五識所[illegible]智轉第六識爲妙觀[illegible]智[illegible]心

[illegible]上根下根立妙觀察智第七末那識成平等性智我見四惑

[illegible]大圓鏡智

（雖說聽用[illegible]三[illegible]）

BD04406號背2　大乘百法明門論隨聽手記（擬）

BD04406號背2　大乘百法明門論隨聽手記（擬）　　（6–6）

□法□□進法位入正真无諸邪僞□
菩提八正覺路
第十願者使我來世若有衆生王法所加臨當
當刑戮无量怖畏愁憂苦惱若復鞭撻枷鎖
其幹種種恐懼切逼其身如是无邊諸苦惱
等悉令解脫无有衆難
第十一願者使我來世若有衆生飢火所惱
令得種種甘美飲食天諸餚饍種種无數悉以
賜與令身充足
第十二願者使我來世若有貧凍裸露衆生即
得衣服窮乏之者施以珍寶倉庫盈溢无所
乏少一切皆受无量快樂乃至无有一人受苦
使諸衆生和顏悅色形相端嚴人所憙見琴
瑟皷吹如是无量最上音聲施與一切无量
衆生是爲十二微妙上願
佛告文殊師利此藥師瑠璃光本願功德如
是
淨土品第三
我今爲汝略說其國土莊嚴之事此藥師瑠
璃光如來國土清淨无五濁无愛欲无意垢

BD04407號　灌頂章句拔除過罪生死得度經　（7-1）

衆生是爲十二微妙上願
佛告文殊師利此藥師瑠璃光本願功德如
是
淨土品第三
我今爲汝略說其國土莊嚴之事此藥師瑠
璃光如來國土清淨无五濁无愛欲无意垢
以白銀瑠璃爲地宮殿樓閣悉用七寶亦如
西方无量壽國无有異也有二菩薩一名日
曜二名月淨是二菩薩次補佛處諸善男子
及善女人亦當願生彼佛國土也
文殊師利白佛言唯願演說藥師瑠璃光佛
无量功德饒益衆生令得佛道佛言若有善
男子善女人新破衆魔來入正道得聞我說
藥師瑠璃光佛如來名字之者魔家眷屬沮
散馳走如是无量拔衆生苦我今說之
佛告文殊師利世間有人不解罪福慳貪不
知布施今世後世當得其福世人愚癡但知
貪惜寧自割身肉而噉食之不肯持錢財布
施求後世之福世又有人身不衣食此大慳
貪命終以後當墮地獄餓鬼及在畜生中聞
我說是藥師瑠璃光如來名字之時无不解
脫憂苦者也皆作信心貪福畏罪人從索頭
與頭索眼與眼乞妻與妻索子與子求金銀
珍寶皆大布施一時歡喜即發无上正真道
意
佛言若復有人受佛淨戒遵奉明法不解罪

BD04407號　灌頂章句拔除過罪生死得度經　（7-2）

與頭崇眼與眼乞妻與□與子求金□
珎寶皆大布施一時歡喜即發无上正真道
意
佛言若復有人受佛淨戒遵奉明法不解罪
福罪知明經不及中義不能分別曉了中事以
自貢高恒常憒憒乃與世間衆魔從事更作
縛著不解行之戀著婦女恩愛之情口爲說
空行在有中不能發覺復不自知但能論說
他人是非如此人輩皆當墮三惡道中聞我
說是藥師琉璃光本願功德无不歡喜念欲
捨家行作沙門者也
佛言世間有人好自稱譽皆自貢高當墮三
惡道中後還爲人作牛馬奴婢生下賤中人
當乘其力負重而行困苦疲極云失人身聞
我說是藥師琉璃光如來本願功德者皆當
一心歡喜踊躍更作謙敬即得解脫衆苦之
患長得歡樂聰明智慧遠離惡道得生善處
與善知識共相值遇无復憂惱離諸魔縛
佛言世間愚癡人輩兩舌鬪爭惡口罵詈更
相燒恨或就山神樹下鬼神日月之神南斗
北辰諸鬼神所作諸呪擔或作人名字或人
形像或作符書以相厭禱呪咀言說聞我說
是藥師琉璃光本願功德无不兩作和解俱
生慈心惡意悉滅各各歡喜无復惡念
佛言若四輩弟子比丘比丘尼清信士清信

BD04407 號　灌頂章句拔除過罪生死得度經　（7–3）

患長得歡樂聰明智慧遠離惡道得生善處
與善知識共相值遇无復憂惱離諸魔縛
佛言世間愚癡人輩兩舌鬪爭惡口罵詈更
相燒恨或就山神樹下鬼神日月之神南斗
北辰諸鬼神所作諸呪擔或作人名字或人
形像或作符書以相厭禱呪咀言說聞我說
是藥師琉璃光本願功德无不兩作和解俱
生慈心惡意悉滅各各歡喜无復惡念
佛言若四輩弟子比丘比丘尼清信士清信
女常脩月六齋年三長齋或晝夜精懃一心
苦行願欲往生西方阿弥陁佛國者憶念晝
夜若一日二日三日四日五日六日七日或
復中悔聞我說是藥師琉璃光本願功德盡
其壽命欲終之日有八菩薩其名曰
跋陁和菩薩　羅隣那竭菩薩　憍日兜菩薩　那羅達菩薩
須深弥菩薩　摩訶薩和菩薩　因坻達菩薩　和輪調菩薩
如是菩薩等八人求道以來无鞅數劫於今
未成佛身願言十方天下人民皆得佛道然
後成佛有人欲終之時皆當飛往迎其精神
不逕八難生蓮華中自然音樂而相娛樂
佛說藥師琉璃光佛呪
南无毗沙闍渠樓　毗琉璃耶　般破阿羅闍耶　多他
伽多耶　多姪他　毗沙是毗沙是　毗沙闍沙摩竭帝
娑婆訶
若人食時先呪七遍能治一切病亦除一切

BD04407 號　灌頂章句拔除過罪生死得度經　（7–4）

南无毗沙闍渠樓　毗琉璃耶　般破阿羅闍耶　多他
伽多耶　多姪他　毗沙是毗沙是　毗沙闍沙摩竭帝
娑婆訶
若人食時先咒七遍能治一切病亦除一切
鄣一切鬼神不得其便
佛言假使壽命自欲盡時臨終之日得聞我
說是藥師琉璃光佛本願功德者命終皆得
上生天上不復經歷三惡道中天上福盡若
下生人間當為帝王家作子或生豪姓長者
居士富貴家生皆當端政聰明智慧高財勇
猛若是女人化成男子无復憂惱患難者也
佛告文殊師利我稱譽顯說琉璃光佛至真
等正覺本所脩集无量行願功德如是文殊
師利從坐而起長跪叉手白佛言世尊佛去
世後當以此法開化十方一切衆生使其受
持如是經典若有善男子善女人愛樂是經
受持讀誦宣通之者復能專念若一日二日
三日四日五日六日乃至七日憶念不忘能
以好素帛書取是經五色雜綵作囊盛之
者其時當有諸天善神四天王龍神八部
常來營衛愛敬此經能日日作礼持是經者
不墮橫死所在安隱惡氣消滅諸魔鬼神亦
不中害佛言如是如是如汝所說文殊師利
言天尊所說言无不善
佛告文殊師利若有善男子善女人等發心

BD04407號　灌頂章句拔除過罪生死得度經　（7–5）

常來營衛愛敬此經能日日作礼持是經者
不墮橫死所在安隱惡氣消滅諸魔鬼神亦
不中害佛言如是如是如汝所說文殊師利
言天尊所說言无不善
佛告文殊師利若有善男子善女人等發心
造立藥師琉璃光如來形像供養礼拜懸雜
色幡蓋燒香散花歌詠讚嘆圍遶百匝還坐
本處端坐思惟念藥師琉璃光佛无量功德
若有善男子善女人七日七夜菜食長齋供
養礼拜藥師琉璃光佛求心中所願者无不
獲得求長壽得長壽求富饒得富饒求安隱
得安隱求男女得男女求官位得官位若命
過已後欲生妙樂天上者亦當礼敬琉璃光
佛至真等正覺若欲上生卅三天者亦當礼
敬琉璃光佛必得往生若欲與明師世世相
值者亦當礼敬琉璃光佛佛告文殊師利若
欲生十方妙樂國土者亦應礼敬琉璃光佛
欲得生兜率天上見弥勒者亦應礼敬琉璃
光佛若欲遠諸耶道者亦當礼敬琉璃光佛
若夜惡夢鳥鳴百恠蜚尸耶忤魍魎鬼神之
所嬈者亦當礼敬琉璃光佛若為水火之所
焚溺者亦當礼敬琉璃光佛若入山谷為虎
狼熊羆蒺梨諸狩爲龍蚖虵蝮蝎種種雜類
若有惡心來相向者心當存念琉璃光佛山
精魅者誰不能為害若他方惡賊偷竊惡人怨

BD04407號　灌頂章句拔除過罪生死得度經　（7–6）

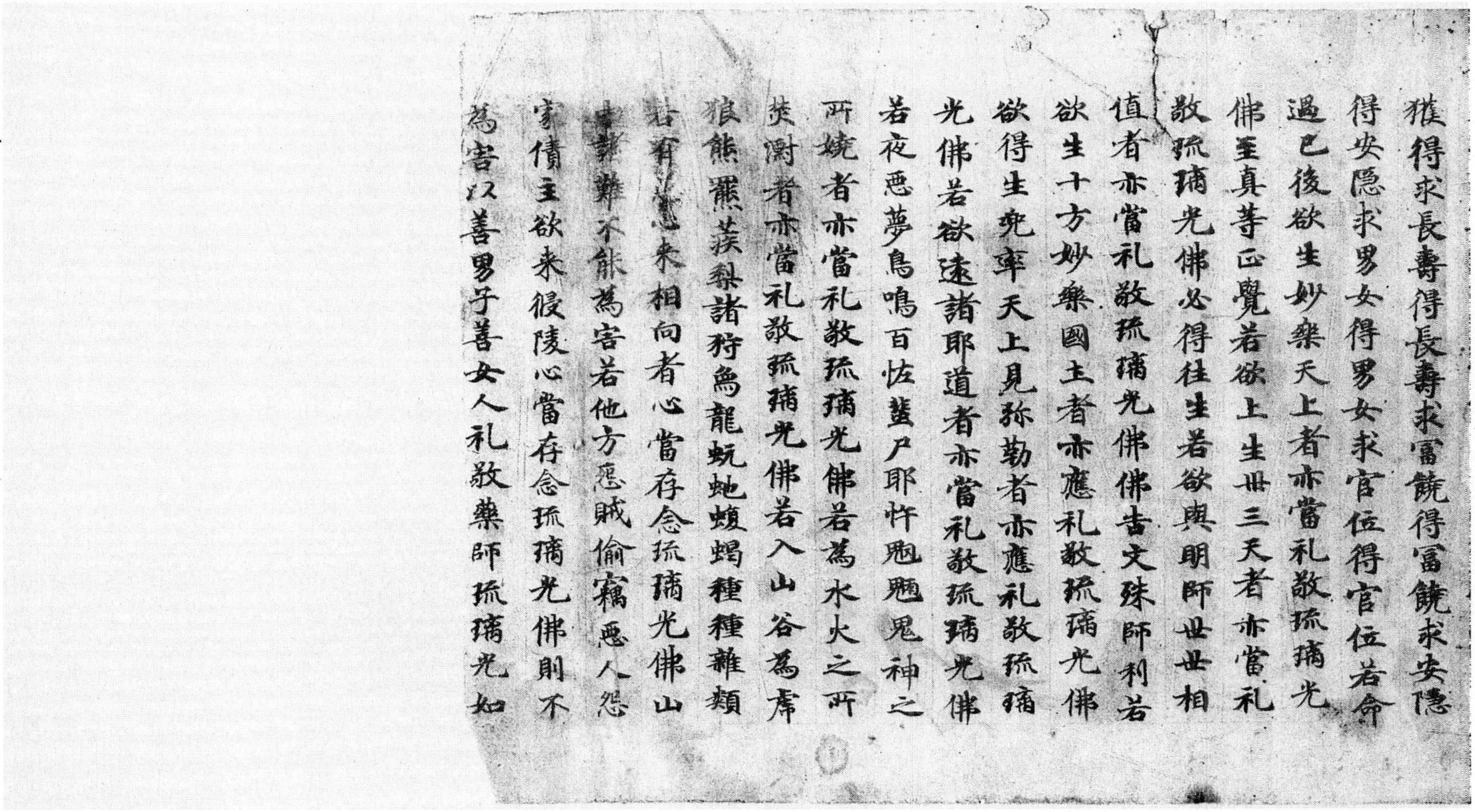
獲得求長壽得長壽求富饒得富饒求安隱
得安隱求男女得男女求官位得官位若命
過已後欲生妙樂天上者亦當礼敬琉璃光
佛至真等正覺若欲上生卅三天者亦當礼
敬琉璃光佛必得往生若欲與明師世世相
值者亦當礼敬琉璃光佛佛告文殊師利若
欲生十方妙樂國土者亦應礼敬琉璃光佛
欲得生兜率天上見彌勒者亦應礼敬琉璃
光佛若欲遠諸耶道者亦當礼敬琉璃光佛
若夜惡夢鳥鳴百怪蜚尸耶忤魍魎鬼神之
所嬈者亦當礼敬琉璃光佛若為水火之所
焚漂者亦當礼敬琉璃光佛若入山谷為虎
狼熊羆蒺蔾諸狩為龍蚖蛇蝮蝎種種雜類
若有惡心來相向者心當存念琉璃光佛山
毒難不能為害若他方惡賊偷竊惡人怨
家債主欲來侵陵心當存念琉璃光佛則不
為害以善男子善女人礼敬藥師琉璃光如

BD04407號　灌頂章句拔除過罪生死得度經　　（7–7）

BD04407號背　殘文書（擬）　　（1–1）

現謂若住此三摩地時能發諸定精進勢力
是故名為精進力三摩地世尊云何名為莊
嚴力三摩地善現謂若住此三摩地時能引
諸定莊嚴勢力是故名為莊嚴力三摩地世
尊云何名為等涌三摩地善現謂若住此三
摩地時令諸等持平等涌現是故名為等涌
三摩地世尊云何名為入一切言詞決定三
摩地善現謂若住此三摩地時普於一切決
定言詞皆能悟入是故名為入一切言詞決定
三摩地世尊云何名為入一切名字決定三摩
地善現謂若住此三摩地時普於一切決定名
字皆能悟入是故名為入一切名字決定三
摩地世尊云何名為觀方三摩地善現謂若
住此三摩地時於諸定方普能觀照是故名
為觀方三摩地世尊云何名為總持印三摩
地善現謂若住此三摩地時總能任持諸妙
定印是故名為總持印三摩地世尊云何名
為諸法等趣海印三摩地善現謂若住此三
摩地時令諸勝定等皆趣入如大海印攝受

BD04408號　大般若波羅蜜多經卷五二　（2–1）

三摩地世尊云何名為入一切言詞決定三
摩地善現謂若住此三摩地時普於一切決
定言詞皆能悟入是故名為入一切言詞決定
三摩地世尊云何名為入一切名字決定三摩
地善現謂若住此三摩地時普於一切決定名
字皆能悟入是故名為入一切名字決定三
摩地世尊云何名為觀方三摩地善現謂若
住此三摩地時於諸定方普能觀照是故名
為觀方三摩地世尊云何名為總持印三摩
地善現謂若住此三摩地時總能任持諸妙
定印是故名為總持印三摩地世尊云何名
為諸法等趣海印三摩地善現謂若住此三
摩地時令諸勝定等皆趣入如大海印攝受
眾流是故名為諸法等趣海印三摩地世尊
云何名為王印三摩地善現謂若住此三摩
地時令諸事業皆得決定如獲王印所欲皆
成是故名為王印三摩地世尊云何名為遍
覆虛空三摩地善現謂若住此三摩地時於
諸等持能遍覆護無所簡別如太虛空是
故名為遍覆虛空三摩地世尊云何名為金
剛輪三摩地善現謂若住此三摩地時普能
任持一切勝定令不散壞如金剛輪是故名

BD04408號　大般若波羅蜜多經卷五二　（2–2）

外空乃至無
薩摩訶薩所擐甲冑
矣如畢竟無所有非菩薩
不屬真如是菩薩摩訶
法界法性不虛妄性不變
性法定法住實際虛空界不思
法界乃至不思議界畢竟無所有非
甲冑故說彼甲冑不屬法界乃至不思
善現是菩薩摩訶薩所擐甲冑不
何以故四念住畢竟無所有非菩薩非
故說彼甲冑不屬四念住是菩薩摩訶薩
擐甲冑不屬四正斷四神足
覺支八聖道支何以故四
支畢竟無所有非菩薩非
不屬四正斷乃至八聖道支善現是菩薩摩
訶薩所擐甲冑不屬苦聖諦何以故苦聖諦
畢竟無所有非菩薩非甲冑故說彼甲冑
屬苦聖諦是菩薩摩訶薩所擐甲冑不屬

BD04409 號　大般若波羅蜜多經卷三一七　（16–1）

擐甲冑不屬四正斷四神足五
覺支八聖道支何以故四
支畢竟無所有非菩薩非
不屬四正斷乃至八聖道支善現是菩薩摩
訶薩所擐甲冑不屬苦聖諦何以故苦聖諦
畢竟無所有非菩薩非甲冑故說彼甲冑
屬苦聖諦是菩薩摩訶薩所擐甲冑不屬
滅道聖諦何以故集滅道聖諦畢竟無
非菩薩非甲冑故說彼甲冑不屬集滅道聖
諦善現是菩薩摩訶薩所擐甲冑不屬四靜
慮何以故四靜慮畢竟無所有非菩薩非甲
冑故說彼甲冑不屬四靜慮善現是菩薩摩
訶薩所擐甲冑不屬四無量何以故四無量
畢竟無所有非菩薩非甲冑故說彼甲冑不
屬四無量善現是菩薩摩訶薩所擐甲冑不
屬四無色定何以故四無色定畢竟無所有
非菩薩非甲冑故說彼甲冑不屬四無色定
善現是菩薩摩訶薩所擐甲冑不屬八解脫
何以故八解脫畢竟無所有非菩薩非甲冑
故說彼甲冑不屬八解脫善現是菩薩摩訶
薩所擐甲冑不屬八勝處何以故八勝處畢
竟無所有非菩薩非甲冑故說彼甲冑不屬
八勝處善現是菩薩摩訶薩所擐甲冑不屬
九次第定何以故九次第定畢竟無所有非
菩薩非甲冑故說彼甲冑不屬九次第定善
現是菩薩摩訶薩所擐甲冑不屬十遍處何
以故十遍處畢竟無所有非菩薩非甲冑故
說彼甲冑不屬十遍處善現是菩薩摩訶薩

BD04409 號　大般若波羅蜜多經卷三一七　（16–2）

菩薩非甲胄故說彼甲胄不屬九次第定善
現是菩薩摩訶薩所擐甲胄不屬十遍處何
以故十遍處畢竟無所有非菩薩非甲胄故
說彼甲胄不屬十遍處善現是菩薩摩訶薩
所擐甲胄不屬空解脫門何以故空解脫門
畢竟無所有非菩薩非甲胄故說彼甲胄不
屬空解脫門善現是菩薩摩訶薩所擐甲胄
不屬無相無願解脫門何以故無相無願解脫門
畢竟無所有非菩薩非甲胄故說彼甲胄不
屬無相無願解脫門善現是菩薩摩訶薩所
擐甲胄不屬五眼何以故五眼畢竟無所 有
非菩薩非甲胄故說彼甲胄不屬五眼善現
是菩薩摩訶薩所擐甲胄不屬六神通何以
故六神通畢竟無所有非菩薩非甲胄故說
彼甲胄不屬六神通善現是菩薩摩訶薩所
擐甲胄不屬三摩地門何以故三摩地門畢竟
无所有非菩薩非甲胄故說彼甲胄不屬
三摩地門善現是菩薩摩訶薩所擐甲胄不
屬陀羅尼門何以故陀羅尼門畢竟無所有
非菩薩非甲胄故說彼甲胄不屬陀羅尼門
善現是菩薩摩訶薩所擐甲胄不屬佛十力
何以故佛十力畢竟無所有非菩薩非甲胄
故說彼甲胄不屬佛十力是菩薩摩訶薩所
擐甲胄不屬四無所畏四無礙解大慈大悲大
喜大捨十八佛不共法何以故四无所 畏
乃至十八佛不共法畢竟無所有非菩薩非
甲胄故說彼甲胄不屬四無所畏乃至十八

BD04409號　大般若波羅蜜多經卷三一七　（16–3）

故說彼甲胄不屬佛十力是菩薩摩訶薩所
擐甲胄不屬四無所畏四無礙解大慈大悲大
喜大捨十八佛不共法何以故四无所 畏
乃至十八佛不共法畢竟無所有非菩薩非
甲胄故說彼甲胄不屬四無所畏乃至十八
佛不共法善現是菩薩摩訶薩所擐甲胄不
屬預流果何以故預流果畢竟無所有非菩
薩非甲胄故說彼甲胄不屬預流果是菩薩
摩訶薩所擐甲胄不屬一來不還阿羅漢果
何以故一來不還阿羅漢果畢竟無所有 非
菩薩非甲胄故說彼甲胄不屬一來不還阿
羅漢果善現是菩薩摩訶薩所擐甲胄不屬
獨覺菩提何以故獨覺菩提畢竟無所有非
菩薩非甲胄故說彼甲胄不屬獨覺菩提善
現是菩薩摩訶薩所擐甲胄不屬一切智何
以故一切智畢竟無所有非菩薩非甲胄 故
說彼甲胄不屬一切智是菩薩摩訶薩所擐
甲胄不屬道相智一切相智何以故道相智
一切相智畢竟無所有非菩薩非甲胄故說
彼甲胄不屬道相智一切相智善現是菩薩
摩訶薩所擐甲胄不屬一切法何以故一切
法畢竟無所有非菩薩非甲胄故說彼甲胄
不屬一切法善現是菩薩摩訶薩行深般若
波羅蜜多能擐如是堅固甲胄謂我當度一
切有情皆令證得究竟涅槃具壽善現白佛
言世尊若菩薩摩訶薩能擐如是堅固甲胄
謂我當度一切有情皆令證得般涅槃者不

BD04409號　大般若波羅蜜多經卷三一七　（16–4）

不屬一切法善現是菩薩摩訶薩行殊勝般若
波羅蜜多能擐如是堅固甲冑謂我當度一
切有情皆令證得究竟涅槃具壽善現白佛
言世尊若菩薩摩訶薩能擐如是堅固甲冑
謂我當度一切有情皆令證得般涅槃者不
墮聲聞獨覺二地世尊若菩薩摩訶薩能擐
如是堅固甲冑謂我當度一切有情皆令證
得般涅槃者是菩薩摩訶薩無處無容當墮
二地謂聲聞地及獨覺地所以者何世尊是
菩薩摩訶薩不於有情安立分限而擐如是
堅固甲冑佛言善現汝觀何義而作是說若
菩薩摩訶薩能擐如是堅固甲冑行深般若
波羅蜜多不墮聲聞獨覺二地善現答言世
尊由是菩薩摩訶薩非為度脫少分有情而
擐甲冑亦非為求少分智故而擐甲冑所以
者何世尊是菩薩摩訶薩普為拔濟一切有
情令般涅槃而擐甲冑是菩薩摩訶薩但為
求得一切智而擐甲冑由此因緣不墮聲聞
及獨覺地佛言善現如是如是如汝所說是
菩薩摩訶薩非為度脫少分有情而擐甲
冑亦非為求少分智故而擐甲冑是菩薩摩
訶薩然為拔濟一切有情令般涅槃而擐甲
冑是菩薩摩訶薩但為求得一切智智而擐
甲冑由此因緣是菩薩摩訶薩不墮聲聞及
獨覺地
尒時具壽善現白佛言世尊如是般若波 羅
蜜多最為甚深無能修者無所修法亦無修

甲冑由此因緣是菩薩摩訶薩不墮聲聞及
獨覺地
尒時具壽善現白佛言世尊如是般若波 羅
蜜多最為甚深無能修者無所修法亦無修
處亦無由此而得修習所以者何世尊 非此
般若波羅蜜多甚深義中而有少分實法可
得名能修者及所修法若修習處若由此修
世尊若修虛空是修般若波羅蜜多世尊若
修一切法是修般若波羅蜜多世尊若修不
實法是修般若波羅蜜多世尊若修無所有
是修般若波羅蜜多世尊若修無攝受是修
般若波羅蜜多世尊若修除遣是修般若波
羅蜜多佛言善現修何除遣為修般若波羅
蜜多善現答言世尊修除遣色是修般若波
羅蜜多修除遣受想行識是修般若波羅蜜多
世尊修除遣眼處是修般若波羅蜜多修
除遣耳鼻舌身意處是修般若波羅蜜多世
尊修除遣色處是修般若波羅蜜多修除遣
聲香味觸法處是修般若波羅蜜多世尊修
除遣眼界是修般若波羅蜜多修除遣耳鼻
舌身意界是修般若波羅蜜多世尊修除遣
色界是修般若波羅蜜多修除遣聲香味觸
法界是修般若波羅蜜多世尊修除遣眼識
界是修般若波羅蜜多修除遣耳鼻舌身意
識界是修般若波羅蜜多世尊修除遣眼觸
是修般若波羅蜜多修除遣耳鼻舌身意觸
是修般若波羅蜜多世尊修除遣眼觸為緣

法界是修般若波羅蜜多世尊修除遣眼識
界是修般若波羅蜜多修除遣耳鼻舌身意
識界是修般若波羅蜜多世尊修除遣眼觸
是修般若波羅蜜多修除遣耳鼻舌身意觸
是修般若波羅蜜多世尊修除遣眼觸為緣
所生諸受是修般若波羅蜜多修除遣耳鼻
舌身意觸為緣所生諸受是修般若波羅蜜
多世尊修除遣地界是修般若波羅蜜多修
除遣水火風空識界是修般若波羅蜜多世
尊修除遣無明是修般若波羅蜜多修除遣
行識名色六處觸受愛取有生老死是修般
若波羅蜜多世尊修除遣我是修般若波羅
蜜多修除遣有情命者生者養者士夫補特
伽羅意生儒童作者受者知者見者是修
般若波羅蜜多世尊修除遣布施波羅蜜多
是修般若波羅蜜多修除遣淨戒安忍精進靜
慮般若波羅蜜多是修般若波羅蜜多世尊
修除遣內空是修般若波羅蜜多修除遣外
空內外空空空大空勝義空有為空無為空
畢竟空無際空散空無變異空本性空自相
空共相空一切法空不可得空無性空自性空
無性自性空是修般若波羅蜜多世尊修除
遣真如是修般若波羅蜜多修除遣法界
法性不虛妄性不變異性平等性離生性法
定法住實際虛空界不思議界是修般若
波羅蜜多世尊修除遣四念住是修般若波
羅蜜多修除遣四正斷四神足五根五力七
等覺支八聖道支是修般若波羅蜜多世尊

BD04409號　大般若波羅蜜多經卷三一七　（16–7）

定法住實際虛空界不思議界是修般若
波羅蜜多世尊修除遣四念住是修般若波
羅蜜多修除遣四正斷四神足五根五力七
等覺支八聖道支是修般若波羅蜜多世尊
修除遣苦聖諦是修般若波羅蜜多修除遣
集滅道聖諦是修般若波羅蜜多世尊修除
遣四靜慮是修般若波羅蜜多世尊修除遣
四無量是修般若波羅蜜多世尊修除遣四
無色定是修般若波羅蜜多世尊修除遣八
解脫是修般若波羅蜜多世尊修除遣八勝
處是修般若波羅蜜多世尊修除遣九次第
定是修般若波羅蜜多世尊修除遣十遍處
是修般若波羅蜜多世尊修除遣空解脫門
是修般若波羅蜜多修除遣無相無願解脫
門是修般若波羅蜜多世尊修除遣五眼是
修般若波羅蜜多世尊修除遣六神通是修
般若波羅蜜多世尊修除遣三摩地門是修
般若波羅蜜多世尊修除遣陀羅尼門是修
般若波羅蜜多世尊修除遣佛十力是修般
若波羅蜜多修除遣四無所畏四無礙解大
慈大悲大喜大捨十八佛不共法是修般若波
羅蜜多世尊修除遣預流果是修般若波
羅蜜多修除遣一來不還阿羅漢果是修般
若波羅蜜多世尊修除遣獨覺菩提是修般
若波羅蜜多世尊修除遣一切智是修般若
波羅蜜多修除遣道相智一切相智是修般
若波羅蜜多

BD04409號　大般若波羅蜜多經卷三一七　（16–8）

羅蜜多脩除遣一來不還阿羅漢果是脩般
若波羅蜜多世尊脩除遣獨覺菩提是脩般
若波羅蜜多世尊脩除遣一切智是脩般若
波羅蜜多脩除遣道相智一切相智是脩般
若波羅蜜多
佛言善現如是如是如汝所說善現脩除遣
色是脩般若波羅蜜多脩除遣受想行識是
脩般若波羅蜜多善現脩除遣眼處是脩般
若波羅蜜多脩除遣耳鼻舌身意處是脩
般若波羅蜜多善現脩除遣色處是脩般若
波羅蜜多脩除遣聲香味觸法處是脩般若波
羅蜜多善現脩除遣眼界是脩般若波羅蜜
多脩除遣耳鼻舌身意界是脩般若波羅蜜
多善現脩除遣色界是脩般若波羅蜜多脩
除遣聲香味觸法界是脩般若波羅蜜多善
現脩除遣眼識界是脩般若波羅蜜多脩除
遣耳鼻舌身意識界是脩般若波羅蜜多善
現脩除遣眼觸是脩般若波羅蜜多脩除遣耳
鼻舌身意觸是脩般若波羅蜜多善現脩
除遣眼觸為緣所生諸受是脩般若波羅蜜
多脩除遣耳鼻舌身意觸為緣所生諸受是
脩般若波羅蜜多善現脩除遣地界是脩般
若波羅蜜多脩除遣水火風空識界是脩般若
波羅蜜多善現脩除遣無明是脩般若波羅
蜜多脩除遣行識名色六處觸受愛取有生
老死是脩般若波羅蜜多善現脩除遣我是
脩般若波羅蜜多脩除遣有情命者生者
養者士夫補特伽羅意生儒童作者受者知

BD04409號　大般若波羅蜜多經卷三一七　（16–9）

波羅蜜多善現脩除遣無明是脩般若波羅
蜜多脩除遣行識名色六處觸受愛取有生
老死是脩般若波羅蜜多善現脩除遣我是
脩般若波羅蜜多脩除遣有情命者生者
養者士夫補特伽羅意生儒童作者受者知
者見者是脩般若波羅蜜多善現脩除遣布
施波羅蜜多是脩般若波羅蜜多脩除遣淨
戒安忍精進靜慮般若波羅蜜多是脩般若
波羅蜜多善現脩除遣內空是脩般若波羅
蜜多脩除遣外空內外空空空大空勝義空
有為空無為空畢竟空無際空散空無變異
空本性空自相空共相空一切法空不可得空
无性空自性空無性自性空是脩般若波羅
蜜多善現脩除遣真如是脩般若波羅 蜜
多脩除遣法界法性不虛妄性不變異性平
等性離生性法定法住實際虛空界不思議
界是脩般若波羅蜜多善現脩除遣四念住
是脩般若波羅蜜多脩除遣四正斷四神足
五根五力七等覺支八聖道支是脩般若波
羅蜜多善現脩除遣苦聖諦是脩般若波羅
蜜多脩除遣集滅道聖諦是脩般若波羅蜜
多善現脩除遣四靜慮是脩般若波羅蜜多
善現脩除遣四無量是脩般若波羅蜜多善
現脩除遣四无色定是脩般若波羅蜜多善
現脩除遣八解脫是脩般若波羅蜜多善現
脩除遣八勝處是脩般若波羅蜜多善現脩
除遣九次第定是脩般若波羅蜜多善現脩
除遣十遍處是脩般若波羅蜜多善現脩除

BD04409號　大般若波羅蜜多經卷三一七　（16–10）

現脩除遣八解脫是脩般若波羅蜜多善現
脩除遣八勝處是脩般若波羅蜜多善現脩
除遣九次第定是脩般若波羅蜜多善現脩
除遣十遍處是脩般若波羅蜜多善現脩除
遣空解脫門是脩般若波羅蜜多善現脩除
遣無相無願解脫門是脩般若波羅蜜多善
現脩除遣五眼是脩般若波羅蜜多善現脩
除遣六神通是脩般若波羅蜜多善現脩除
遣三摩地門是脩般若波羅蜜多善現脩除
遣陀羅尼門是脩般若波羅蜜多善現脩除
遣佛十力是脩般若波羅蜜多脩除遣四无
所畏四無礙解大慈大悲大喜大捨十八佛
不共法是脩般若波羅蜜多善現脩除遣預
流果是脩般若波羅蜜多脩除遣一來不還
阿羅漢果是脩般若波羅蜜多善現脩除遣
獨覺菩提是脩般若波羅蜜多善現脩除遣
一切智是脩般若波羅蜜多脩除遣道相智一
切相智是脩般若波羅蜜多
尒時佛告具壽善現言善現應依甚深般若
波羅蜜多驗知不退轉菩薩摩訶薩若菩薩
摩訶薩於深般若波羅蜜多不生執著當知
是為不退轉菩薩摩訶薩善現應依甚深靜
慮波羅蜜多驗知不退轉菩薩摩訶薩若菩
薩摩訶薩於深靜慮波羅蜜多不生執著當
知是為不退轉菩薩摩訶薩善現應依甚深
精進波羅蜜多驗知不退轉菩薩摩訶薩若
菩薩摩訶薩於深精進波羅蜜多不生執著

BD04409號　大般若波羅蜜多經卷三一七　（16–11）

慮波羅蜜多驗知不退轉菩薩摩訶薩若菩
薩摩訶薩於深靜慮波羅蜜多不生執著當
知是為不退轉菩薩摩訶薩善現應依甚深
精進波羅蜜多驗知不退轉菩薩摩訶薩若
菩薩摩訶薩於深精進波羅蜜多不生執著
當知是為不退轉菩薩摩訶薩善現應依甚
深安忍波羅蜜多驗知不退轉菩薩摩訶薩
若菩薩摩訶薩於深安忍波羅蜜多不生執
著當知是為不退轉菩薩摩訶薩善現應依
甚深淨戒波羅蜜多驗知不退轉菩薩摩訶
薩若菩薩摩訶薩於深淨戒波羅蜜多不生
執著當知是為不退轉菩薩摩訶薩善現應
依甚深布施波羅蜜多驗知不退轉菩薩摩
訶薩若菩薩摩訶薩於深布施波羅蜜多不
生執著當知是為不退轉菩薩摩訶薩善現
應依內空驗知不退轉菩薩摩訶薩若菩薩
摩訶薩於內空不生執著當知是為不退轉
菩薩摩訶薩應依外空內外空空空大空勝
義空有為空無為空畢竟空無際空散空無
變異空本性空自相空共相空一切法空不
可得空無性空自性空無性自性空驗知不退
轉菩薩摩訶薩若菩薩摩訶薩於外空乃
至無性自性空不生執著當知是為不退轉
菩薩摩訶薩善現應依真如驗知不退轉菩
薩摩訶薩若菩薩摩訶薩於真如不生執著
當知是為不退轉菩薩摩訶薩應依法界法
性不虛妄性不變異性平等性離生性法定

BD04409號　大般若波羅蜜多經卷三一七　（16–12）

至無性自性空不生執著當知是為不退轉
菩薩摩訶薩善現應依真如驗知不退轉菩
薩摩訶薩若菩薩摩訶薩於真如不生執著
當知是為不退轉菩薩摩訶薩應依法界法
性不虛妄性不變異性平等性離生性法定
法住實際虛空界不思議界驗知不退轉菩薩
摩訶薩若菩薩摩訶薩於法界乃至不思
議界不生執著當知是為不退轉菩薩摩訶
薩善現應依四念住驗知不退轉菩薩摩訶
薩若菩薩摩訶薩於四念住不生執著當知
是為不退轉菩薩摩訶薩應依四正斷四神
足五根五力七等覺支八聖道支驗知不退
轉菩薩摩訶薩若菩薩摩訶薩於四正斷乃
至八聖道支不生執著當知是為不退轉菩
薩摩訶薩善現應依苦聖諦驗知不退轉菩
薩摩訶薩若菩薩摩訶薩於苦聖諦不生執
著當知是為不退轉菩薩摩訶薩應依集滅
道聖諦驗知不退轉菩薩摩訶薩若菩薩摩
訶薩於集滅道聖諦不生執著當知是為不
退轉菩薩摩訶薩善現應依四靜慮驗知不
退轉菩薩摩訶薩若菩薩摩訶薩於四靜慮
不生執著當知是為不退轉菩薩摩訶薩善
現應依四無量驗知不退轉菩薩摩訶薩若
菩薩摩訶薩於四無量不生執著當知是為
不退轉菩薩摩訶薩善現應依四無色定驗
知不退轉菩薩摩訶薩若菩薩摩訶薩於四
無色定不生執著當知是為不退轉菩薩摩
訶薩善現應依八解脫驗知不退轉菩薩摩

BD04409號　大般若波羅蜜多經卷三一七　（16–13）

現應依四無量驗知不退轉菩薩摩訶薩若
菩薩摩訶薩於四無量不生執著當知是為
不退轉菩薩摩訶薩善現應依四無色定驗
知不退轉菩薩摩訶薩若菩薩摩訶薩於四
無色定不生執著當知是為不退轉菩薩摩
訶薩善現應依八解脫驗知不退轉菩薩摩
訶薩若菩薩摩訶薩於八解脫不生執著當
知是為不退轉菩薩摩訶薩善現應依八勝
處驗知不退轉菩薩摩訶薩若菩薩摩訶
薩於八勝處不生執著當知是為不退轉菩薩
摩訶薩善現應依九次第定驗知不退轉菩
薩摩訶薩若菩薩摩訶薩於九次第定不生
執著當知是為不退轉菩薩摩訶薩善現應
依十遍處驗知不退轉菩薩摩訶薩若菩薩
摩訶薩於十遍處不生執著當知是為不退
轉菩薩摩訶薩善現應依空解脫門驗知不
退轉菩薩摩訶薩若菩薩摩訶薩於空解脫
門不生執著當知是為不退轉菩薩摩訶薩
應依無相無願解脫門驗知不退轉菩薩摩
訶薩若菩薩摩訶薩於無相無願解脫門不
生執著當知是為不退轉菩薩摩訶薩善現
應依五眼驗知不退轉菩薩摩訶薩若菩薩
摩訶薩於五眼不生執著當知是為不退轉
菩薩摩訶薩善現應依六神通驗知不退轉
菩薩摩訶薩若菩薩摩訶薩於六神通不生
執著當知是為不退轉菩薩摩訶薩善現應
依三摩地門驗知不退轉菩薩摩訶薩若菩
薩摩訶薩於三摩地門不生執著當知是為

BD04409號　大般若波羅蜜多經卷三一七　（16–14）

菩薩摩訶薩善現應依六神通驗知不退轉
菩薩摩訶薩若菩薩摩訶薩於六神通不生
執著當知是為不退轉菩薩摩訶薩善現應
依三摩地門驗知不退轉菩薩摩訶薩若菩
薩摩訶薩於三摩地門不生執著當知是為
不退轉菩薩摩訶薩善現應依陀羅尼門驗
知不退轉菩薩摩訶薩若菩薩摩訶薩於陀
羅尼門不生執著當知是為不退轉菩薩摩
訶薩善現應依佛十力驗知不退轉菩薩摩
訶薩若菩薩摩訶薩於佛十力不生執著當
知是為不退轉菩薩摩訶薩應依四無所
畏四無礙解大慈大悲大喜大捨十八佛不
共法驗知不退轉菩薩摩訶薩若菩薩摩訶
薩於四無所畏乃至十八佛不共法不生執著
當知是為不退轉菩薩摩訶薩善現應依一
切智驗知不退轉菩薩摩訶薩若菩薩摩訶
薩於一切智不生執著當知是為不退轉菩
薩摩訶薩應依道相智一切相智驗知不退
轉菩薩摩訶薩若菩薩摩訶薩於道相智一
切相智不生執著當知是為不退轉菩薩摩
訶薩
善現諸有不退轉菩薩摩訶薩行深般若
波羅蜜多不觀他語及他教勑以為真要善
現諸有不退轉菩薩摩訶薩行深般若波羅
蜜多非但信他而有所作善現諸有不退轉菩
薩摩訶薩行深般若波羅蜜多不為貪心之
所牽引不為瞋心之所牽引不為癡心之所
牽引不為憍心之所牽引不為種種餘雜染

BD04409 號　大般若波羅蜜多經卷三一七　（16–15）

薩摩訶薩應依道相智一切相智驗知不退
轉菩薩摩訶薩若菩薩摩訶薩於道相智一
切相智不生執著當知是為不退轉菩薩摩
訶薩
善現諸有不退轉菩薩摩訶薩行深般若
波羅蜜多不觀他語及他教勑以為真要善
現諸有不退轉菩薩摩訶薩行深般若波羅
蜜多非但信他而有所作善現諸有不退轉菩
薩摩訶薩行深般若波羅蜜多不為貪心之
所牽引不為瞋心之所牽引不為癡心之所
牽引不為憍心之所牽引不為種種餘雜染
心之所牽引善現諸有不退轉菩薩摩訶薩
行深般若波羅蜜多不離布施波羅蜜多不
離淨戒波羅蜜多不離安忍波羅蜜多不離
精進波羅蜜多不離靜慮波羅蜜多不離般
若波羅蜜多善現諸有不退轉菩薩摩訶薩
聞說如是甚深般若波羅蜜多其心不驚不
恐不怖不沉不沒亦不退捨於深般若波羅
蜜多歡喜樂聞受持讀誦究竟通利繫念思
惟如說[illegible]無厭倦善現當知如是不退
[illegible]甚深般若波羅蜜
[illegible]以安善

BD04409 號　大般若波羅蜜多經卷三一七　（16–16）

尊云何名為觀頂三摩地善現謂若住此三
摩地時能觀一切三摩地頂是故名為觀頂
三摩地世尊云何名為法界決定三摩地善
現謂若住此三摩地時決定照了一切法界
是故名為法界決定三摩地世尊云何名為
決定幢相三摩地善現謂若住此三摩地時
能決定持諸定幢相是故名為決定幢相三
摩地世尊云何名為金剛喻三摩地善現謂
若住此三摩地時能摧諸定非彼所伏是故
名為金剛喻三摩地世尊云何名為入法印
三摩地善現謂若住此三摩地時普能證入
一切法印是故名為入法印三摩地世尊云
何名為三摩地王三摩地善現謂若住此三
摩地時統攝諸定如王自在是故名為三摩
地王三摩地世尊云何名為善安住三摩地
善現謂若住此三摩地時持諸功德令不傾
動是故名為善安住三摩地世尊云何名為
善立定王三摩地善現謂若住此三摩地時
於諸定王善能建立是故名為善立定王三
摩地世尊云何名為放光三摩地善現謂若

BD04410號　大般若波羅蜜多經卷五二　（2–1）

能決定持諸定幢相是故名為決定幢相三
摩地世尊云何名為金剛喻三摩地善現謂
若住此三摩地時能摧諸定非彼所伏是故
名為金剛喻三摩地世尊云何名為入法印
三摩地善現謂若住此三摩地時普能證入
一切法印是故名為入法印三摩地世尊云
何名為三摩地王三摩地善現謂若住此三
摩地時統攝諸定如王自在是故名為三摩
地王三摩地世尊云何名為善安住三摩地
善現謂若住此三摩地時持諸功德令不傾
動是故名為善安住三摩地世尊云何名為
善立定王三摩地善現謂若住此三摩地時
於諸定王善能建立是故名為善立定王三
摩地世尊云何名為放光三摩地善現謂若
住此三摩地時於諸定光普能開發是故名
為放光三摩地世尊云何名為無忘失三摩
地善現謂若住此三摩地時於諸等持境界
行相皆能記憶令無所遺是故名為無忘失
三摩地世尊云何名為放光無忘失三摩地
善現謂若住此三摩地時放勝定光照有情
類令彼憶持曾所更事是故名為放光無忘
失三摩地世尊云何名為精進力三摩地善

BD04410號　大般若波羅蜜多經卷五二　（2–2）

供養无量諸佛深殖善本得无生忍辯才无
閡遊戲神通逮諸揔持獲无所畏降魔勞怨
入深法門善於智度通達方便大願成就明
了衆生心之所趣又能分別諸根利鈍久於
佛道心已淳淑決定大乘諸有所作能善思
量住佛威儀心大如海諸佛咨嗟弟子釋梵
世主所敬欲度人故以善方便居毗耶離資
財无量攝諸貧民奉戒清淨攝諸毀禁以忍
調行攝諸恚怒以大精進攝諸懈怠一心禪
寂攝諸亂意以決定慧攝諸无智雖為白衣
奉持沙門清淨律行雖處居家不著三界示
有妻子常脩梵行現有眷屬常樂遠離雖服
寶飾而以相好嚴身雖復飲食而以禪悅為
味若至博弈戲處輒以度人受諸異道不毀
正信雖明世典常樂佛法一切見敬為供養
中最執持正法攝諸長幼一切治生諧偶雖
獲俗利不以喜悅遊諸四衢饒益衆生入治
正法救護一切入講論處導以大乘入諸學

BD04411號　維摩詰所說經卷上　（4–1）

寶飾而以相好嚴身雖復飲食而以禪悅為
味若至博弈戲處輒以度人受諸異道不毀
正信雖明世典常樂佛法一切見敬為供養
中最執持正法攝諸長幼一切治生諧偶雖
獲俗利不以喜悅遊諸四衢饒益衆生入治
正法救護一切入講論處導以大乘入諸學
堂誘開童蒙入諸婬舍示欲之過入諸酒肆
能立其志若在長者長者中尊為說勝法若
在居士居士中尊斷其貪著若在剎利剎利
中尊教以忍辱若在婆羅門婆羅門中尊除
其我慢若在大臣大臣中尊教以正法若在
王子王子中尊示以忠孝若在內官內官中
尊化正宮女若在庶民庶民中尊令興福力
若在梵天梵天中尊誨以勝慧若在帝釋帝
釋中尊示現无常若在護世護世中尊護諸
衆生長者維摩詰以如是等无量方便饒益
衆生其以方便現身有病以其疾故國王大
臣長者居士婆羅門等及諸王子并餘官屬
无數千人皆往問疾其往者維摩詰因以身
疾廣為說法諸仁者是身无常无強无力无
堅速朽之法不可信也為苦為惱衆病所集
諸仁者如此身明智者所不怙是身如聚沫不
可撮摩是身如泡不得久立是身如炎從渴
愛生是身如芭蕉中无有堅是身如幻從顛
倒起是身如夢為虛妄見是身如影從業緣
見是身如響屬諸因緣是身如浮雲須臾變

BD04411號　維摩詰所說經卷上　（4–2）

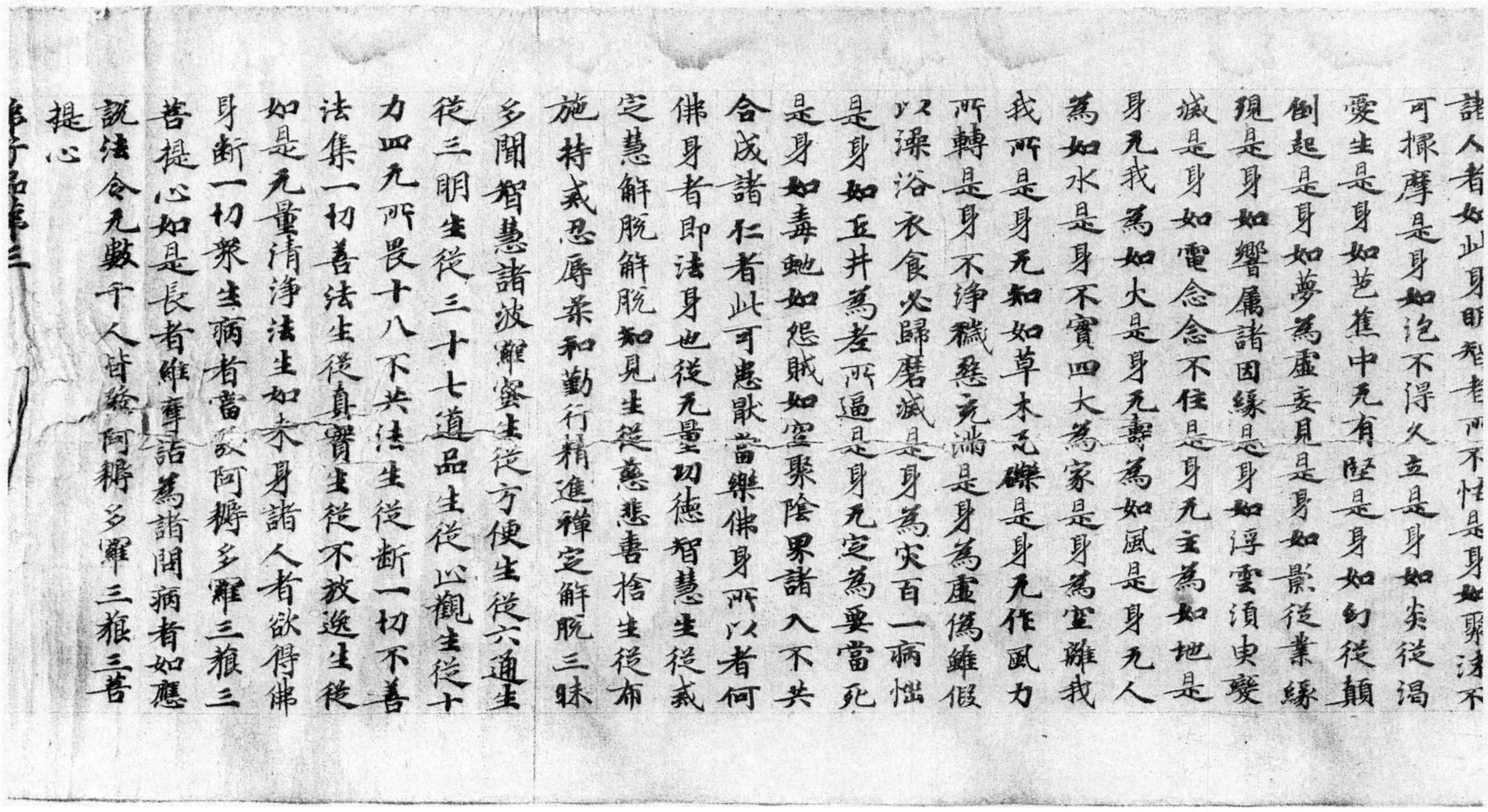

諸人者如此身明智者所不怙是身如聚沫不
可撮摩是身如泡不得久立是身如炎從渴
愛生是身如芭蕉中无有堅是身如幻從顛
倒起是身如夢為虛妄見是身如影從業緣
現是身如響屬諸因緣是身如浮雲須臾變
滅是身如電念念不住是身无主為如地是
身无我為如火是身无壽為如風是身无人
為如水是身不實四大為家是身為空離我
我所是身无知如草木瓦礫是身无作風力
所轉是身不淨穢惡充滿是身為虛偽雖假
以澡浴衣食必歸磨滅是身為災百一病惱
是身如丘井為老所逼是身无定為要當死
是身如毒虵如怨賊如空聚陰界諸入所共
合成諸仁者此可患猒當樂佛身所以者何
佛身者即法身也從无量功德智慧生從戒
定慧解脫解脫知見生從慈悲喜捨生從布
施持戒忍辱柔和勤行精進禪定解脫三昧
多聞智慧諸波羅蜜生從方便生從六通生
從三明生從三十七道品生從止觀生從十
力四无所畏十八不共法生從斷一切不善
法集一切善法生從真實生從不放逸生從
如是无量清淨法生如來身諸人者欲得佛
身斷一切眾生病者當發阿耨多羅三藐三
菩提心如是長者維摩詰為諸問病者如應
說法令无數千人皆發阿耨多羅三藐三菩
提心
弟子品第三

BD04411 號　維摩詰所說經卷上　（4–3）

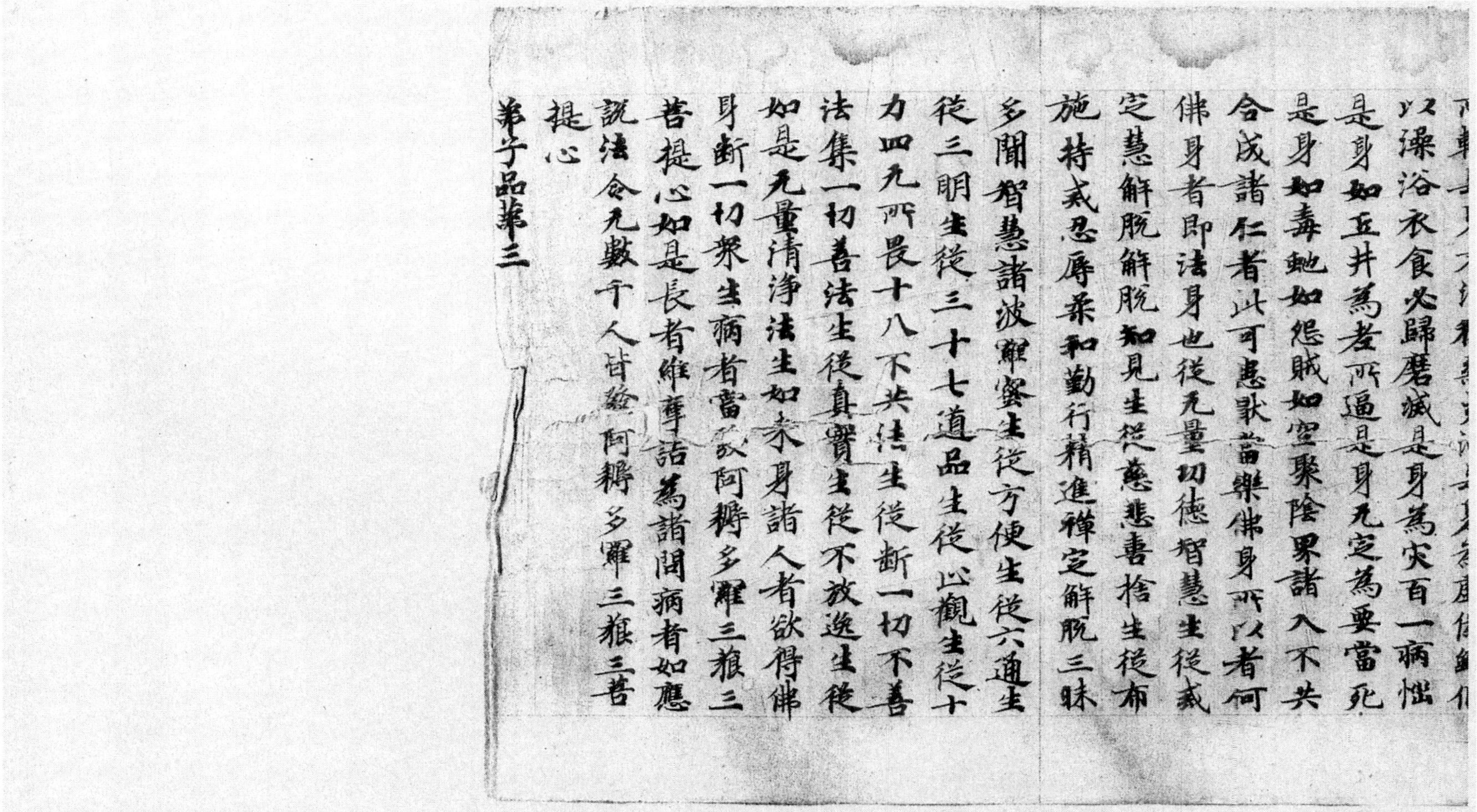

以澡浴衣食必歸磨滅是身為災百一病惱
是身如丘井為老所逼是身无定為要當死
是身如毒虵如怨賊如空聚陰界諸入所共
合成諸仁者此可患猒當樂佛身所以者何
佛身者即法身也從无量功德智慧生從戒
定慧解脫解脫知見生從慈悲喜捨生從布
施持戒忍辱柔和勤行精進禪定解脫三昧
多聞智慧諸波羅蜜生從方便生從六通生
從三明生從三十七道品生從止觀生從十
力四无所畏十八不共法生從斷一切不善
法集一切善法生從真實生從不放逸生從
如是无量清淨法生如來身諸人者欲得佛
身斷一切眾生病者當發阿耨多羅三藐三
菩提心如是長者維摩詰為諸問病者如應
說法令无數千人皆發阿耨多羅三藐三菩
提心
弟子品第三

BD04411 號　維摩詰所說經卷上　（4–4）

□所觀之境　無所得也　無大乘能觀之智也
□□之理　無□遠離兩之不隱於相攝境歸一
無有二相猶如虛空見此理體名為自在觀矣心虛妄相也
自在觀羅性空寄於持戒門中而得自在又至愚癡性空
而自在觀小乘權教於四諦門中而得自在中乘漸教於十二緣
大乘離執於菩提而得自在　見□□生□□□□□　道即內
自在觀境不實即外自　□法□　得是於□□□行者若不用智
惠觀諸法即攀緣心起以取塵作業名之業繫之其聖道不得自在乃
為煩惱鎖無明鎖貪嗔癡鎖之諸衆生於五蘊枉輪轉廿五有循曆
三塗備受諸苦不名自在若能了達人法皆空煩惱所知二障俱盡得
名自在　菩提薩埵者西域名菩提是道質諦名心薩埵名衆生即是
道心衆生道者通達　□□　□障□
世間之道名爲刑轢　狂不名爲道　菩薩若見心外
等境而起貪瞋□度不通一切得□□□名爲道菩提名覺薩埵名

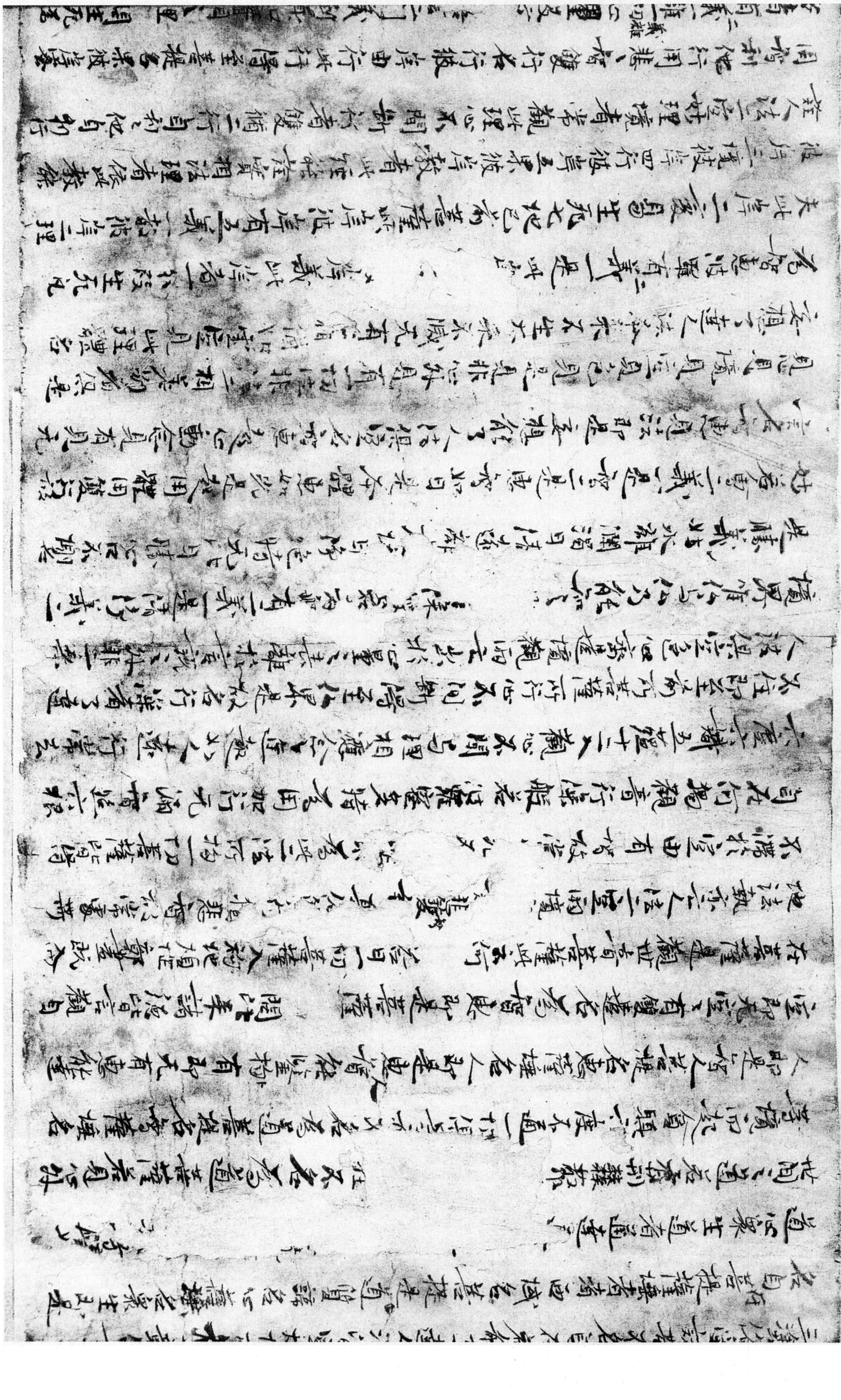

（13–2）

為智惠波羅蜜有義二一是此岸 二彼岸義此岸者一分段生死
夫此岸二變易生死七地已前菩薩此岸彼岸有五義一者彼岸二理
彼岸三境彼岸四行彼岸五果彼岸教者此經能詮實相法理者依此教詮
詮人法二空妙理境者常觀此理心不間斷行者雙循二行自利利他自利行
因智利他行因悲悲智雙行名行彼岸由行此行得至菩提名果彼岸密
多者有義二一離一切心量及云 [illegible]二義到真如實相之理 明生死為
此岸無為彼岸中間體性如何 答若離[illegible]未到稱於其中間為无漏種俱
生煩惱雖未滅盡不能令於衆生墮三惡道習氣疑故名為无漏種既非二
邊之名中道時者即悟入之時譬如千年闇室若明燈纔照其闇則无一切累
生從无始已來被煩惱賊蔽作種業行熏在識中成无量三途種子若智
燈返照一念之間所有業種悉皆消滅作意觀察煩惱性滅時故名為時
聞見覺了觀心可名般若文 問曰俱觀照何得同稱般若 答曰若
无文字衆生依何悟解要假言詮方能悟照是故文字稱般若要因照照
照及實相能照所照之照一合是故實相之名般若故論云明智及智處俱
名為般若智即般若是智處者所照之處即實相是之故三處俱名般若論
曰 二乘雖證人无我 法執迷情猶未除 無生死不能拘 菩薩於中得自在
白來三種不同總明始入觀門緣起分 經曰照見五蘊皆空度一切苦厄照
者惠也如燈破暗惠破无明五蘊者色受想行識質礙名色領納為受取相
名想造作為行了別為識蘊積聚也[illegible] 身即三界四生俱同一體各由過
去无明業愛為因熏成善惡果報差別是无明業愛若生天上及在人間乃
至三界受生無非是苦皆依五蘊而起若了是虛妄觀色如聚沫觀受如
泡想如陽炎行如芭蕉識如幻化一一陰中性不可得故言皆空蘊若是有苦
即不虛了達蘊空苦依何有譬如風擊水成泡即是泡非水泡散作水非泡泡
喻衆生水喻佛性擊喻無明成妄名[illegible] 云妄歸真苦无生處故云照見五
蘊皆空度一切苦厄 問三界衆生有色界蘊為有色蘊可云若无色界无
色蘊應當无八苦 答无色界中雖无麁色仍有細色世尊辯无色界天衆如細
雨若无有色誰猶何來細色未阶識種猶在雖居八定見想未亡來往循環未

即不靈了達蘊空若依何有譬如風擊水成泡即是泡非水泡第八非泡之
喻衆生水喻佛性擊喻妄心成衆名……妄歸真若无生處故言照見五
蘊皆空度一切苦厄　開三界衆生有色界蘊者有色蘊可言若无色界无
色蘊應當无八苦　若无色界中雖无麁色仍有細色世尊瑞无色界天淚如細
雨若无有色淚稱何來細色未除識猶在雖居八定見想未亡未得備羅未
離八苦　頌曰　四大五蘊无非色　人我衆生本性空　若能發更當照　長辭苦海
出煩籠　向來所釋總明了蘊虛通度厄　經曰舍利子色不異空空不異色
知空是自心見空空境是異異即名色故不異色即是空者菩薩了達色性自
色蘊也空即虛通也謂无自性故不異空不異色者爲二乘人滅色取空
即是空空即是色受想行識亦復如是色不異空者色是假色堅濕煖動即
存空非色滅空非是无色名空非因觀故空非心盡故空非斷法故空如
龜毛兔角本无體性故言色即是空　是色者若心外見空還被空碍
故言空即是色空不自空因色故有空色不自色因空故有色以空而有色
以色知有空離空无別色離色无別空諸佛或時說色或時說非色諸法實
相中无色无非色空亦如是華嚴經云心能採畫色採畫色非心離心无
畫色離畫色无心如人无目獨行於道兩邊深坑其人不見或東或西隨落
不見中路迷一人引向中道衆生亦如是煩惱於鬼眼亦是趣執心聞說色不
異空即執空是有說空不異色即執色是空說色即是空還執空爲實有
說空即是色還起色執不除迷諸菩薩迷情不盡令以四重離障心境亏窮
凡夫二乘慧眼未開不見中道喻无兩目執空有斷常二邊見喻兩畔
深坑諸佛如來教離二邊爲說中道正路喻迷一人空与色自心所變了知又
二故言不異受想行識亦復如是色蘊不異空心法亦然略而言之故云亦復
是頌曰　色空虛假何曾實　其中唯有一真如　心境號同如幻夢　逍遙獨步又
无餘此明色空一如无二分　經舍利子是諸法空相不生不滅不垢不淨不
增不減此破生滅等三相舍利身子也母名舍利因母得名是諸法空相者汎指

[illegible]

二故言不異受想行識亦復如是色兼不異空心法亦然略而言之而亦不壞

是頌曰　色空虛假何曾實　其中唯有一真如　心境境同如幻夢　逍遙獨步更

无餘此明色空一如无二分　經舍利子是諸法空相不生不滅不垢不淨不

增不減此破生滅等二相舍利身子也母名舍利因母得名是諸法空相者尚次釋

十八界體性俱空從空故云是諸法空相若見諸法有生即有法滅法本无

生今亦无滅猶如翳目謹見空花妄相蔽於惠眼法體之上起於妄相見有

生死五蘊若是有故可言生了達本來空空中何有生五蘊若有生可言滅

五蘊既无生何有滅不垢不淨者凡夫煩惱未除貪瞋見在而起人執即是

為垢二乘煩惱已盡貪瞋並離而證人空得名為淨垢若有可除乃可名

為淨諸體本來空空中亦无淨不增不減者真如理體從無始來出離

不增多在纏名如來藏出纏名法身出入言語雖殊法體本來无別

法性无異猶如虛空故云不增不減　經曰是故空中无色无受想行識

此破色心二法前舉五蘊皆空恐仍未了重舉色心各无自性故言空中

无有色頌曰　生滅虛緣心轉實　淨識相違識不同　增減了知无損益

即為能作法性同此總明垢淨唯真无更分　經曰无眼耳鼻舌身意无

色聲香味觸法此謂為破十二入如幻緣生无有實體无眼耳等者為破

六根空云何是空眼中文內為地大目淚為水大煖性為火大轉動為風大

問地是眼不　答曰非水火風等眼不　答曰四大並非眼四大各有別名為之自

相和合成眼名之為共相未有四大為自性眼根既有四大為他性若无自

他即根空眼性既空亦无无眼餘根准此无色塵等者六根若是有所對六

塵並不虛推尋根既空所對明非有云何名為根能生諸識故云何名

為塵至汙淨心故曰塵成四大成諸根六根對六塵故稱十二處各從緣生无

明无自性　問舉五蘊或舉十二入十八界三相有何差別　答曰譬如鸚

人雖於一目德鳥不可以一目為羅若能了鳥證望只以一眼不可以一法教人根

有利鈍智有淺深是以世尊道設教門作種種方便法明令其悟入

塵並不虛推尋根既空所對州非有云何名為根能生識識故云何名
為塵至汙淨心故曰塵成四大成諸根六根對六塵故稱十二處各從緣生无
明无自性　問舉五蘊或舉十二入十八界三相有何差別　答曰譬如鸚
鵡雖於一目得鳥不可以一目為羅若能了此遮望只以一法不可以一法教人根
有利鈍發有淺深是故世尊隨機授引作種種方便法門令其悟入
頌曰　堅濕煖動為根本　如幻緣生无實停　内外兩邊雖有對　觀其體性
若乾城　此明根塵兩處不同總結十二入中紛紛　經曰无眼界乃至无意識
界此破十八界以前舉根塵兩處皆空其明中間六識各无自性根塵合故
識隨發生云何發生　答曰因有色塵若明眼識生意識亦以是由不了故即
妄根本能為一切煩惱根本熏本識成无量三界四種子煩惱云何
答以眼緣色名之為煩色來觸眼名之為惱眼根可恚餘根亦貪瞋癡云何
答云眼緣好色即生貪惡色生瞋不分別好惡故名之為癡　問作何觀行
免此煩惱　答行者若能發心照此根體性不可得即名空門　諸塵是塵
妄即无相門　諸識无生滅即是无願門三處无所有即名三空門諸滅俱
滅亦名真如門六識滅即无煩六塵滅即无性塵既不實无好可貪无惡可瞋
无可分別即无癡若能與理相應貪瞋俱滅煩惱水盡即无拘繫今言
无眼耳色聲等乃至无眼及意識等界者破執有我人眾生受者六
界差別義六根緣六塵各各差別名十八界以破我者若眼中有我耳中
應无若一一各有者人即合有十八我若一一无者即十八俱无故出我无實體
五根緣塵並有對可見者是緣於法其狀云何　答五根對五塵中間發五
識唯見聞覺知不分別要種同時意識分別見青黃赤白方圓長短
等名為法塵　問意識能分別亦審有何所用　答意根恒審思量為
用有三熏習差別者名言熏習二我愛熏習三有支熏習　問差別者一
一我慢二愛三我見四无常與四惑煩惱相應作一切善惡種子意識緣五塵

五根緣塵並有對可見意緣於法其狀云何　答五根對五塵中間發五
識唯見聞覺知不分別異稱同時意識分別見青黃赤白方圓等差
等名爲法塵　問意識能分別亦審有何功用　答意根恒審思量爲
用有三薰習差別者一名言薰習二我愛薰習三有支薰習　問差別者一
一我慢二愛三我見四无常与四惑煩惱相應作一切善惡種子意識緣五塵
亦因內緣名遍計所執性七識依識分別向內緣八識名依他起性八識體
是如來藏根本亦名真如之名圓成實性眼緣色識隨發生別眼識即
滅心識執受意識亦滅八識受薰七識之識行者若能發心內照眼
等色意无所分別入地即轉意識爲妙觀察智六識滅七識无可執受
入地轉七識爲平等性智八識不受薰習來藏法淨轉八識爲大圓
鏡智亦轉五識爲成所作智即成所作智妙觀察智爲化身平等性
智爲報身大圓鏡智爲法身束八識以成四智即四智而成三身善
无眼耳等者爲色心兩法分爲十八界了達色即是空三際緣心不可
得此色性本空故无十八界非有執空而言心外非无三處若約理而說
並是一心虛實俱曰　內外中間十八處　又云无角本无形　大聖應機方便說
隨於用處立違名向來所舉根塵等同抱明第六三處體同名異分
經曰无无明亦无无明盡无老死亦无老死盡　此破中乘境觀如幻如夢推求
體性不可得无明及生老死是世俗諦滅盡无明生老死等名真諦凡
夫无智起心緣境即名无明二乘无悲心滅却无明而證涅槃菩薩有大
智心境俱塵不同俗諦故即无无明由有大悲爲化衆生不入涅槃故不盡
无明故云无明盡凡夫无智有生老死並見五蘊皆空即无老死二乘无悲
厭身滅智盡却老死菩薩有大悲爲化衆生同其事業即不盡老死故
云无老死亦无老死盡无明者猶无智直明造諸行謂三行罪福行不動
[illegible]即見[illegible]行[illegible]至布施持戒等名爲[illegible]行[illegible]

智心境俱塵不同俗諦故即无无明由有大悲爲化衆生不入卌留惑不盡
无明故云无明盡凡夫无智有生老死雖見五蘊皆空即无老死二乘无悲
厭身滅智盡却老死菩薩有大悲爲化衆生因其事業即不盡老死故
云无老死亦无老死盡无明者猶无智直明造諸行行謂三行罪福行不動
行雖生偷盜邪見等行名爲罪行禮佛誦經布施持戒等名爲福行坐禪
四禪八定伏心不起名爲不動行所作善惡等業希求未來果報是有爲法
終不免生老病死輪迴三界六道諸業種子薰在識中與生死屬爲一審
之持所應生處境界現前命盡之後受中陰身經七七日入母胎攬父母精祟
自和合成其內團即爲名色即四陰受相行識色即四大堅濕煖動即名六
處覺智　煖若集等境名之爲觸違有領納因之爲受於母生愛於父生嗔
父精出時謂是已有名之爲愛貪著前境因之爲取四大成就受三界果報
身名之爲有卅七日已前業風吹解離其母迮腹名之爲生業命總盡四大離散
名之爲死此是十二因緣无明與行爲過去識名色六入觸受愛取有此八枝在
母腹攝現在生死兩枝名未來无明與行爲能引識名色六處觸受此五果
種子爲所引愛取有此現在三枝感得未來生死中乘人觀无明滅即不造行
以无行故識種亦滅以識滅故乃至老死等悉滅出離三界不受後有喻如諸子
爲求鹿車出於火宅中乘之理有无明等滅般若觀照則不然无明本无明
滅生死不可得即无无老死盡　經曰无苦集滅道此破小乘四諦境觀俱无實
體小見相求之今觀五蘊體寂而證人空舉此四諦以明因果集道二諦是
因苦滅二諦是果苦集是俗諦滅道是真諦五陰等法爲苦果无明愛業
是集因滅盡生死名爲果戒定惠等爲道　問一切因外等法皆以因先後
果若如是者理合先說因後說果今此經中先說五蘊苦果後說集因也
答今世尊說四諦爲小乘下根不了人二空先說集因後言苦果者以凡夫
不得宿命智不了過去无明愛業今觀現在苦果即知過去因故知今日
長命者過去不煞生今日短命者過去煞生來富貴貧賤由因中持戒破戒

BD04412號 般若波羅蜜多心經疏

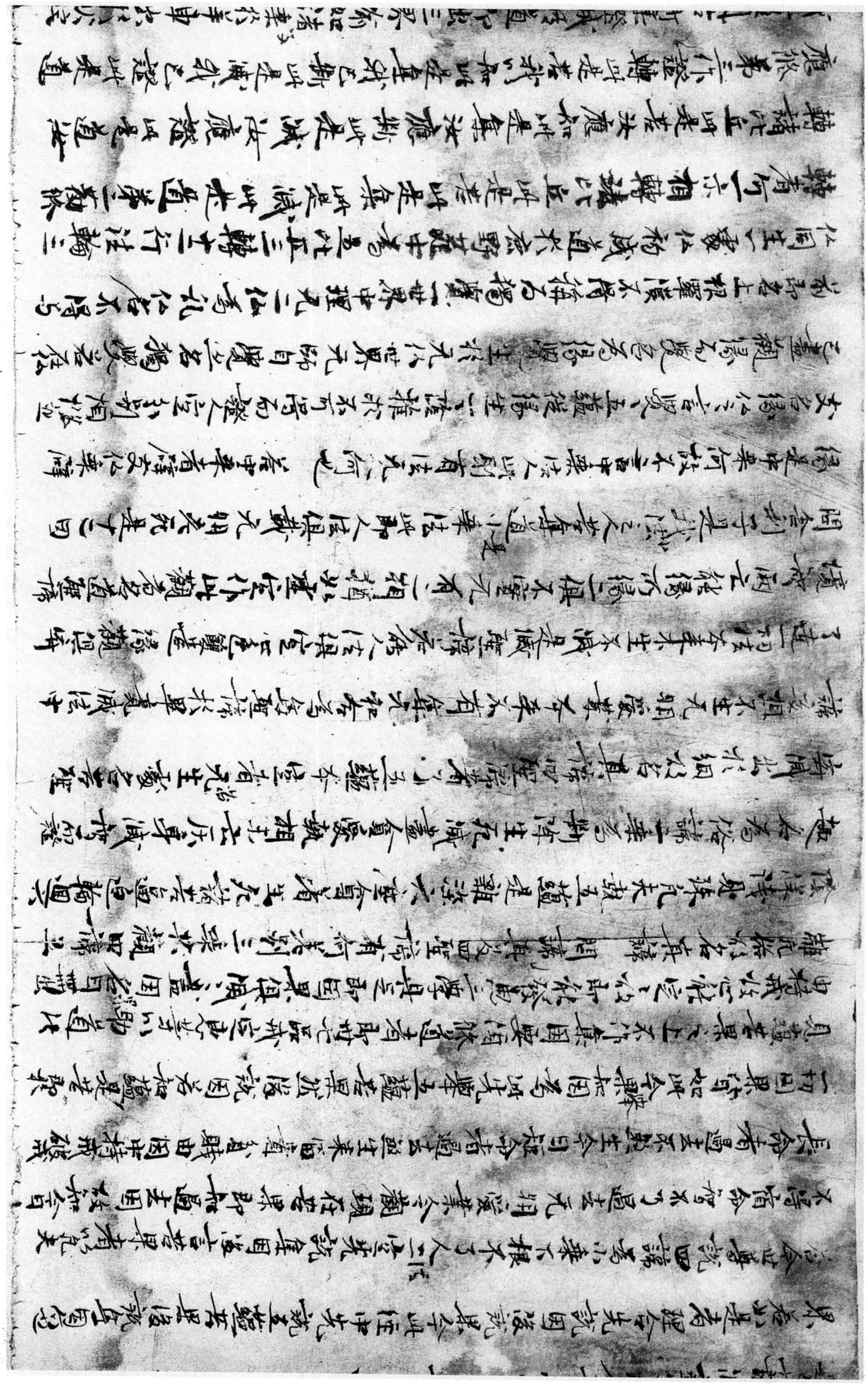

（13–9）

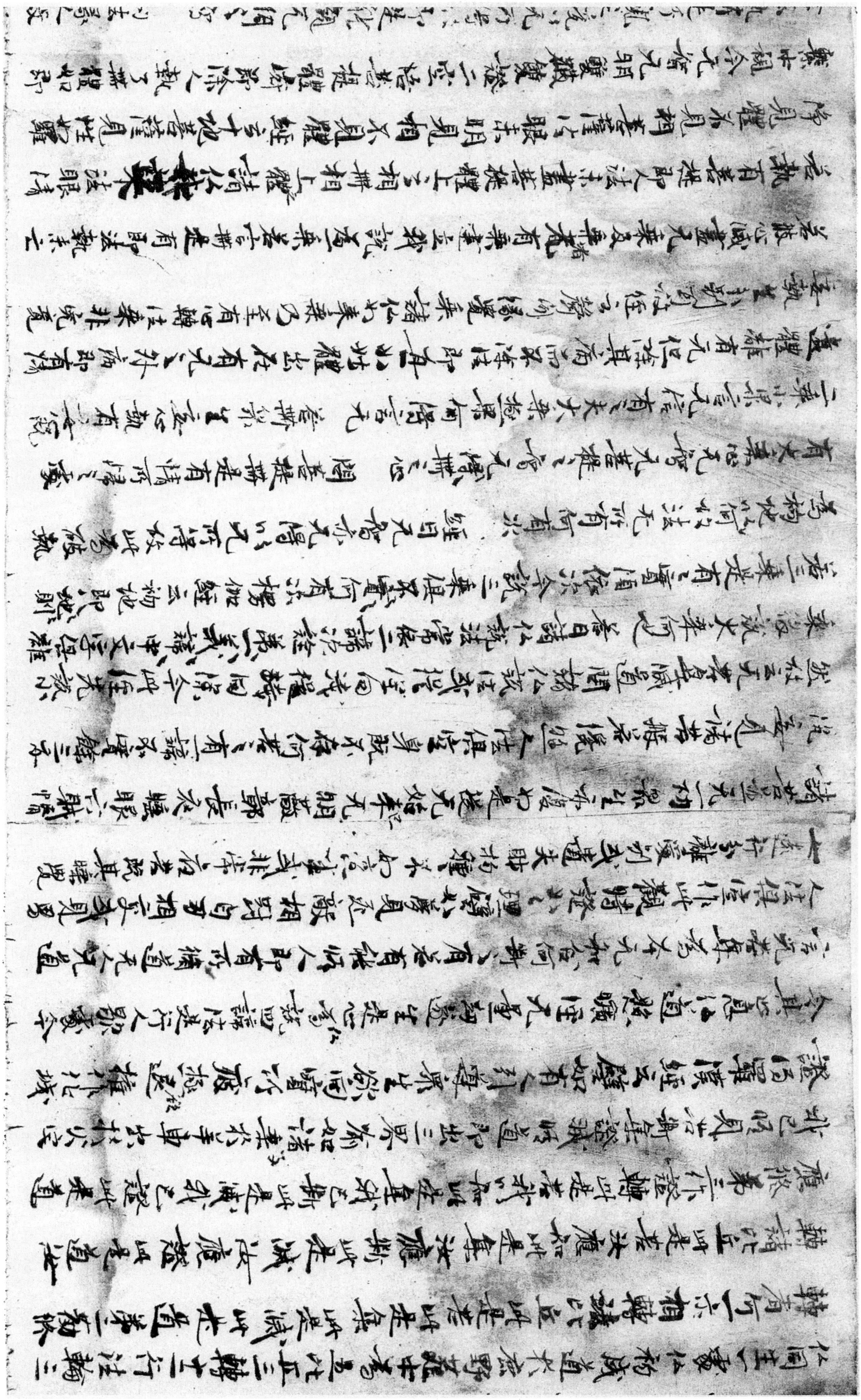

BD04412號　般若波羅蜜多心經疏　（13–10）

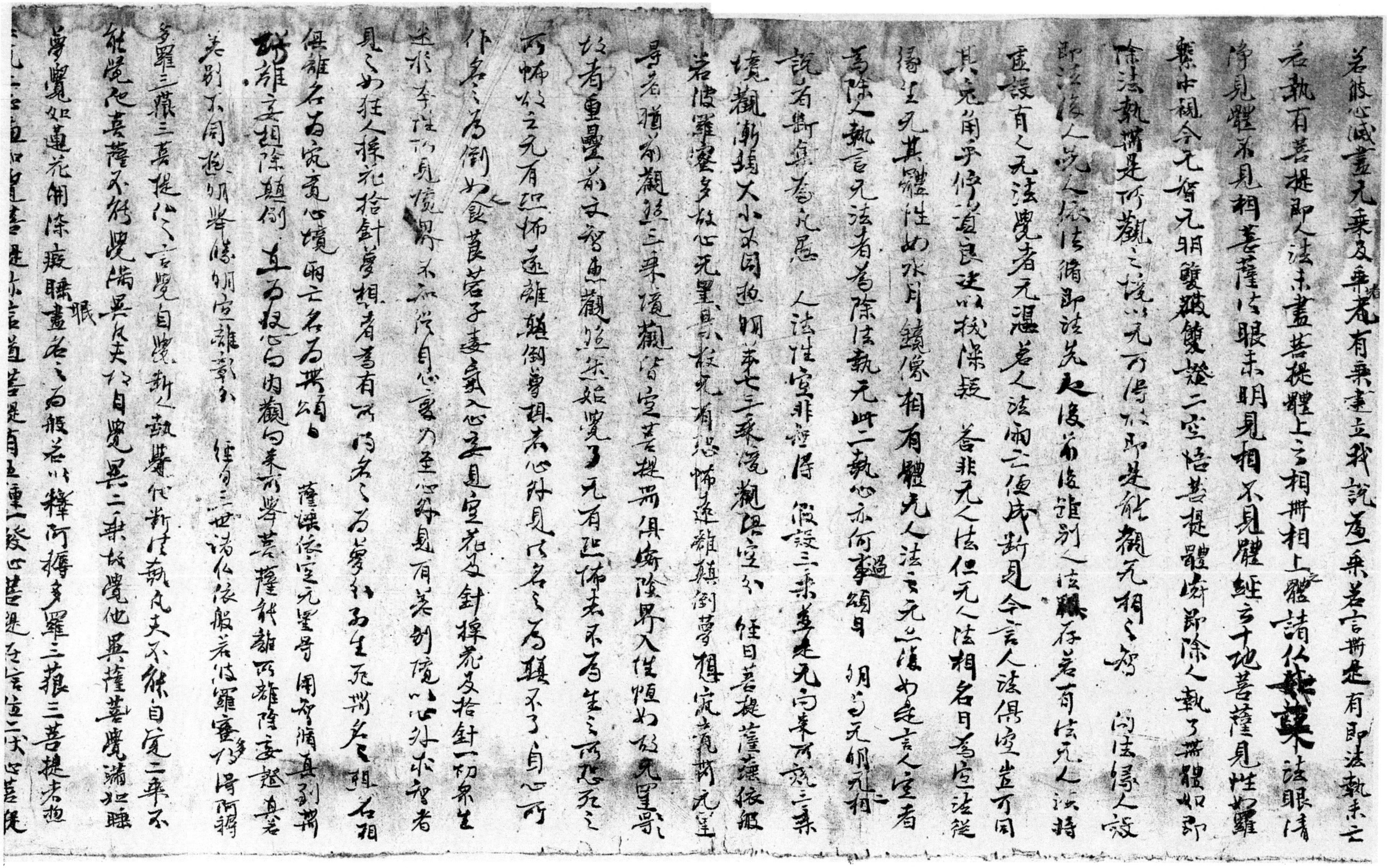

BD04412號　般若波羅蜜多心經疏　　（13–11）

[illegible]
差別不同揔明勝用空離章第八　經曰三世諸佛依般若波羅蜜多得阿耨
多羅三藐三菩提　佛亦云覺自覺覺他斷惑凡夫不能自覺二乘不
能覺他菩薩不能覺滿異凡夫故曰自覺異二乘故覺他異菩薩覺滿如睡
夢覺如蓮花開除癡睡眠盡名之為般若以釋阿耨多羅三藐三菩提者揔
云无上正遍知覺菩提亦言道菩提有五種一發心菩提在信位二伏心菩提
在地前三賢位三明心菩提初地至七地四出到離菩提八地至十地五无上菩提在佛果
平等法中无有上故凡夫非正非真二乘而非真菩薩真而非正諸佛亦正
亦真後二番名正菩提名道凡夫非正非道二乘正而非道菩薩道而非正
諸佛亦正亦道也是諸佛真法界身與一切眾生同體行者若能觀達方顯法
界之身頌曰　過現未來三世佛皆依般若得菩提　凡厥有達悟正忠並與能
仁境智齊元來所舉雖因果不同揔明第九大智業因至果也　經曰故知
般若波羅蜜多是大神呪是明呪是无上呪是无等等呪能除一切苦真實不虛
故說般若波羅蜜多呪即說呪曰　一舉呪勝二舉呪德三舉呪用四舉
呪體　神呪者四魔摧遣三鄣體空人法兩亡心境雙泯神通自在隱顯隨
情還於真通故稱莫測故名神呪　明呪者　无明藥盡習氣消除智光
萬照妄盡俱盡故名是大明呪　是无上呪者超出三界證大涅槃十種二罪智
莫能測故曰无上无等等者證圓鏡智揔攝十方猶如日光无有等匹故曰无
等等　孤標一切苦真實不虛者由究竟清淨法界是法身流出大智大悲大定
名報身依出大悲化身也出生入死教化三界六道皆令入无餘涅槃能除一切
苦真實不虛顯呪用也　故說般若波羅蜜多呪即說呪曰　揭帝揭帝波
羅揭帝　波羅僧揭帝　菩提娑婆訶　頌曰明呪摧殘神呪難般若降魔出
死　諸宗同歸雖若　欲令識並稱行向來所舉神呪四種不同揔明第十
擁難依通神呪分　稽首同體諸大師　劍相釋迦牟尼佛　教理行果兼世代
如理依意真聖界　我從師聞習所解　无有三乘及接觀　今依无生无相理
分別以為十門義　唯願並光護念我　令我道心不退轉　並願學生出明

界〻身領曰　過現未來三世仏等依般若得菩提　乃厭有生慚正恵並皆能
化境智齊亡來所舉雖因果不同總明第九大智乘因至果竟　經曰故知
般若波羅蜜多是大神咒是明咒是无上咒是无等等咒能除一切苦真實不虛
故說般若波羅蜜多咒即說咒曰曰一舉咒勝二舉咒德三舉咒用四舉
咒體神咒者四魔殞遣三鄣體空人法兩亡心境雙泯神通自在隱顯隨
緣通稱真通凡聖莫測故名神咒　明咒〻　无明无盡習气殞除智光
普照妄想俱盡故名是大明咒　无上咒者超出三界證大菩提醒三覺智
莫能測故曰无上无等〻者發圓鏡智照遍十方猶如日光无有等匹故曰无
等〻　能除一切苦真實不虛者由宿清修法界是法身依出大智大悲大
名報身依出大悲化身也出生入死救化三界六道皆令入无餘涅槃能除一切
苦真實不虛顯咒用也
故說般若波羅蜜多咒即說咒曰　揭帝揭帝波
羅揭帝　波羅僧揭帝　菩提薩婆訶　頌明咒攝殘細咒顯　般若降魔出事
死　波羅蜜雖者　欲令含識並滌行所來舉神咒四種不同總明第十
離難流通神咒竟　稽首同體諸大師　剖相釋迦牟尼仏　教理行果殊勝
以理佛音真聖界　我從師聞習所解　无有三乘之境觀　今依无生无相理
分別以為十門義　唯願並光諸含靈　令我道心不退轉　並願群生並聞
了於此般理勤修學

[illegible]无常
見以言之爲常善男子諸因緣相可
亦名无常所謂因眼因色因明因思惟生於
眼識耳識生時所因各異非眼識因緣乃至
意識異亦如是復次善男子壞諸行因緣故
心名无常所謂脩无常心異脩苦空无我心
異心若常者應常脩无常尚不得觀苦空无
我況復得觀常樂我淨以是義故外道法中
不能攝取常樂我淨善男子當知心法必定
无常復次善男子心性異故名爲无常所謂
聲聞心性異緣覺心性異諸佛心性異一切
外道心有三種一者出家心二者在家心三
者在家遠離心樂相應心異苦相應心異不
苦不樂相應心異貪欲相應心異瞋恚相應
心異愚癡相應心異一切外道心相亦異所
謂愚癡相應心異疑惑相應心異邪見相應
心異進止威儀其心亦異善男子心若常者
亦復不能分別諸色所謂青黄赤白紫色善
男子心若常者諸憶念法不應忘失善男子
心若常者凡所讀誦不應增長復次善男子

BD04413號　大般涅槃經（北本）卷一四　（22–1）

心異愚癡相應心異
謂愚癡相應心異疑惑相應心異邪見相應
心異進止威儀其心亦異善男子心若常者
亦復不能分別諸色所謂青黄赤白紫色善
男子心若常者諸憶念法不應忘失善男子
心若常者凡所讀誦不應增長復次善男子
心若常者不應說言已作今作當作若有已
作今作當作當知是心必定无常善男子心
若常者則无怨親非怨非親心若常者則不
應言我物他物若死若生心若常者雖有所
作不應增長善男子以是義故當知心性各
各別異有別異故當知无常善男子我今於
此非色法中演說无常其義已顯復當爲汝
說色无常是色无常本无有生已生滅故内
身處胎歌羅羅時本无有生生已變故外諸
牙莖本亦无生生已變故是故當知一切色
法悉皆无常善男子所有内色隨時而變歌
羅羅時異安浮陀時異伽那時異閉尸時異
諸皰時異初生時異嬰孩時異童子時異乃
至老時各各變異所有外色亦復如是牙異
莖異枝異葉異華異菓異復次善男子内味
亦異歌羅羅異乃至老時各各變異外味亦
尒牙莖枝葉華菓味異歌羅羅力異乃至老
時力異歌羅羅時狀貌異乃至老時狀貌亦
異歌羅羅時果報異乃至老時果報亦異歌
羅羅時名字異乃至老時名字亦異所有内
色壞已還合故知无常外諸樹木亦壞已還
合故知无常次第漸生故知无常次第生歌
羅羅乃至老時次第生牙乃至菓子故知无

BD04413號　大般涅槃經（北本）卷一四　（22–2）

羅羅時名字異乃至老時名字亦異所有内
色壞已還合故知无常外諸樹木亦壞已還
合故知无常次第漸生故知无常次第生歌
羅羅乃至老時次第生牙乃至葉子故知无
常諸色可滅故知无常迦羅羅滅時異乃至
老滅時異牙滅時異乃至葉滅異時故知无
常凡夫无智見相似生計以為常以是義故
名曰无常若无常即是苦若苦即是不淨善
男子我因迦葉先問是事於彼已荅復次善
男子諸行无我善男子㧾一切法謂色非色
色非我也何以故可破可壞可裂可打生增
長故我者不可破壞裂打生長以是義故知
色非我非色之法亦復非我何以故因緣生
故善男子若諸外道以專念故知有我者專
念之性實非我也若以專念為我性者過去
之事則有忘失有忘失故定知无我善男子
若諸外道以憶想故知有我者无憶想故定
知无我如說見人手有六指即復問言我先
何處共相見耶若有我者不應復問以相問
故定知无我善男子若諸外道以遮故有我
者善男子以有遮故定知无我如言調達終
不發言非調達也我亦如是若定是我終不
遮我以遮我故定知无我若以遮故知有我
者汝今不遮定應无我善男子若諸外道以
伴非伴知有我者以无伴故應无有我有法
无伴所謂如來虛空佛性我亦如是實无有
伴以是義故定知无我復次善男子若諸外
道以名字故知有我者无我法中亦有我名

者汝今不遮定應无我善男子若諸外道以
伴非伴知有我者以无伴故應无有我有法
无伴所謂如來虛空佛性我亦如是實无有
伴以是義故定知无我復次善男子若諸外
道以名字故知有我者无我法中亦有我名
如貧賤人名字富貴如言我死若我死者我
則殺我而我實不可殺假名殺我亦如挫人
名為長者以是義故定知无我復次善男子
若諸外道生已求乳知有我者善男子若有
我者切一嬰兒不應執持糞穢火蛇毒藥以
是義故定知无我復次善男子一切衆生於
三法中悉有等智所謂婬欲飲食恐怖是故
无我復次善男子若諸外道以相貌故知有
我者善男子相故无我无相故亦无我若人
睡時不能進止俯仰視眴不覺苦樂不應有
我若以進止俯仰視眴知有我者機關木人
亦應有我善男子如來亦不進不止不俯不
仰不視不眴不苦不樂不貪不恚不癡不行
如來如是真實有我復次善男子若諸外道
以見他食菓口中生涎知有我者善男子以
憶念故見則生涎涎非我也我亦非涎非喜
非悲喜非哭非咲非臥非起非飢非飽以是
義故定知无我善男子是諸外道癡如小兒
无慧方便不能了達常与无常苦樂淨不淨
我无我壽命非壽命衆生非衆生實非實有
非有於佛法中取少許分虛妄計有常樂我
淨而實不知常樂我淨如生盲人不識乳色
便問他言乳色何似他人荅言色白如貝音

无慧方便不能了達常与无常苦樂淨不淨
我无我壽命非壽命衆生非衆生實非實有
非有於佛法中取少許分虛妄計有常樂我
淨而實不知常樂我淨如生盲人不識乳色
便問他言乳色何似他人荅言色白如貝盲
人復問是乳色者如貝聲耶荅言不也復問
貝色為何似也荅言猶稻米末盲人復問乳
色柔滑如稻米末耶稻米末者復何所似荅
言猶如雨雪盲人復言彼稻米末冷如雪耶
雪復何似荅言猶如白鶴是生盲人雖聞如
是四種譬喻猶不能得識乳真色是諸外道
亦復如是終不能識常樂我淨善男子以是
義故我佛法中有真實諦非於外道文殊師
利白佛言希有世尊如來於今臨般涅槃方
更轉於无上法輪乃作如是分別真諦佛告
文殊師利汝今云何於如來生涅槃想善
男子如來實是常住不變不般涅槃善男子
若有計我是佛我成阿耨多羅三藐三菩提
我即是法法即是我所我即是道道我是所我
即世尊世尊即是我所我即聲聞聲聞即是
我所我能說法令他聽受我轉法輪餘人不
能如來終不作如是計是故如來不轉法輪
善男子若有人作如是妄計我即是眼眼即
我所耳鼻舌身意亦復如是我即是色色是
我所乃至法亦如是我即是地地即我所水
火風亦如是善男子若有人言我即是信信
是我所我是多聞多聞即是我所我是檀波
羅蜜檀波羅蜜即是我所我是尸波羅蜜尸
波羅蜜即是我所我是羼提波羅蜜羼提波

我所耳鼻舌身意亦復如是我即是色色是
我所乃至法亦如是我即是地地即我所水
火風亦如是善男子若有人言我即是信信
是我所我是多聞多聞即是我所我是檀波
羅蜜檀波羅蜜即是我所我是尸波羅蜜尸
波羅蜜即是我所我是羼提波羅蜜羼提波
羅蜜即是我所我是毗梨耶波羅蜜毗梨耶
波羅蜜即是我所我是禪波羅蜜禪波羅蜜
即是我所我是般若波羅蜜般若波羅蜜即
是我所我是四念處四念處即是我所四正
懃四如意足五根五力七覺分八聖道分亦
復如是善男子如來終不作如是計是故如
來不轉法輪善男子若言常住无有變易云
何說言佛轉法輪是故汝今不應說言如來
方更轉于法輪善男子譬如因眼緣色緣眼
緣思惟因緣和合得生眼識善男子眼不念
言我能生識色乃至思惟終不念言我生眼
識眼識亦復不作念言我能自生善男子如
是法等因緣和合得名為見善男子如來亦
尒因六波羅蜜三十七助菩提法覺了諸法
復因咽喉舌齒脣口言語音聲為憍陳如初
始說法名轉法輪以是義故如來不名轉法
輪也善男子若不轉者即名為法法即如來
善男子譬如因燧因鑽因手因乾牛糞而得
生火燧亦不言我能生火鑽手牛糞各不念
言我能生火火亦不言我能自生如來亦尒
因六波羅蜜乃至憍陳如名轉法輪如來亦
復如是不生念言我轉法輪善男子若不生
者是則名為轉正法輪是轉法輪即名如來

生火燧亦不言我能生火燧手牛糞各不念
言我能生火火亦不言我能自生如來亦尒
因六波羅蜜乃至憍陳如名轉法輪如來亦
復如是不生念言我轉法輪善男子若不生
者是則名為轉正法輪是轉法輪即名如來
善男子譬如因酪因水因攢因瓶因繩因人
手捉而得出蘇酪不念言我能出蘇乃至人
手亦不念言我能出蘇蘇亦不言我能自出
眾緣和合故得出蘇如來亦尒終不念言我
轉法輪善男子若不出者是則名為轉正法
輪是轉法輪即是如來善男子譬如因子因
地因水因火因風因糞因時因人作業而牙
得生善男子子亦不言我能生牙乃至作業亦
不念言我能生牙牙亦不言我能自生如來
亦尒終不念言我轉法輪善男子若不作
者是則名為轉正法輪是轉法輪即是如來
善男子譬如因鼓因空因皮因人因桴和合
出聲鼓不念言我能出聲乃至桴亦如是聲
亦不言我能自生善男子如來亦尒終不念
言我轉法輪善男子轉法輪者名為不作不
作者即轉法輪轉法輪者即是如來善男子
轉法輪者乃是諸佛世尊境界非諸聲聞緣
覺所知善男子虛空非生非出非作非造非
有為法如來亦尒非生非出非作非造非有
為法如如來佛性性亦尒非生非出非作非
造非有為法善男子諸佛世尊語有二種一
者世語二者出世語善男子如來為諸聲聞
緣覺說於世語為諸菩薩說出世語善男子

有為法如來亦尒非生非出非作非造非有
為法如如來佛性性亦尒非生非出非作非
造非有為法善男子諸佛世尊語有二種一
者世語二者出世語善男子如來為諸聲聞
緣覺說於世語為諸菩薩說出世語善男子
是諸大眾復有二種一者求小乘二者求大
乘我於昔日波羅㮈城為諸聲聞轉于法輪
今始於此拘尸那城為諸菩薩轉大法輪復
次善男子復有二人中根上根為中根人於
波羅㮈轉於法輪為上根人人中象王迦葉
菩薩等於此拘尸那城轉大法輪善男子極
下根者如來終不為轉法輪極下根者即一
闡提復次善男子求佛道者復有二種一中
精進二上精進於波羅㮈為中精進轉於法
輪今於此間拘尸那城為上精進轉大法輪
復次善男子我昔於彼波羅㮈城初轉法輪
八万天人得須陁洹果今於此間拘尸那城
八十万億人不退轉於阿耨多羅三藐三菩
提復次善男子波羅㮈城大梵天王稽首請
我轉於法輪今於此間拘尸那城迦葉菩薩
稽首請我轉大法輪復次善男子我昔於彼
波羅㮈城轉法輪時說无常苦空无我今於
此間拘尸那城轉法輪時說常樂我淨復次
善男子我昔於彼波羅㮈城轉法輪時所出
音聲聞于梵天如來今於拘尸那城轉法輪
時所出音聲遍於東方廿恒河沙等諸佛世
界南西北方四惟上下亦復如是 復次善男
子諸佛世尊凡有所說皆悉名為轉法輪也

音聲聞于梵天如來今於拘尸那城轉法輪
時所出音聲遍於東方廿恒河沙等諸佛世
界南西北方四惟上下亦復如是 復次善男
子諸佛世尊凡有所說皆悉名為轉法輪也
善男子譬如聖王所有輪寶未降伏者能令
降伏已降伏者能令安隱善男子諸佛世尊
凡所說法亦復如是无量煩惱未調伏者能
令調伏已調伏者令生善根善男子譬如聖
王所有輪寶則能消滅一切怨賊如來演法
亦復如是能令一切諸煩惱賊皆悉寂靜復
次善男子譬如聖王所有輪寶上下迴轉如
來說法亦復如是能令下趣諸惡眾生上生
人天乃至佛道善男子是故汝今不應讚言
如來於此更轉法輪尒時文殊師利白佛言
世尊我於此義非為不知所以問者為欲利
益諸眾生故世尊我已久知轉法輪者實是
諸佛如來境界非是聲聞緣覺所知
尒時世尊告迦葉菩薩善男子是名菩薩住
於大乘大涅槃經所行聖行迦葉菩薩白佛
言世尊復以何義名為聖行善男子聖名諸
佛世尊以是義故名為聖行世尊若是諸佛
之所行者則非聲聞緣覺菩薩所能脩行善
男子是諸佛世尊安住於此大般涅槃而作
如是開示分別演說其義以是義故名曰聖
行聲聞緣覺及諸菩薩如是聞已則能奉行
故名聖行善男子是菩薩摩訶薩得是行已
則得住於无所畏地善男子若有菩薩得住
如是无所畏地則不復畏貪恚愚癡生老病

BD04413號　大般涅槃經（北本）卷一四　（22–9）

之所行者則非聲聞緣覺菩薩所能脩行善
男子是諸佛世尊安住於此大般涅槃而作
如是開示分別演說其義以是義故名曰聖
行聲聞緣覺及諸菩薩如是聞已則能奉行
故名聖行善男子是菩薩摩訶薩得是行已
則得住於无所畏地善男子若有菩薩得住
如是无所畏地則不復畏貪恚愚癡生老病
死亦復不畏惡道地獄畜生餓鬼善男子惡
有二種一者阿脩羅二者人中人中有三種
惡一者一闡提二者誹謗方等經典三者犯
四重禁善男子住是地中諸菩薩等終不畏
墮如是惡中亦復不畏沙門婆羅門外道耶
見天魔波旬亦復不畏受二十五有是故此
地名无所畏善男子菩薩摩訶薩住无畏地
得二十五三昧壞二十五有善男子得无垢
三昧能壞地獄有得无退三昧能壞畜生有
得心樂三昧能壞餓鬼有得歡喜三昧能壞
阿脩羅有得日光三昧能斷弗婆提有得月
光三昧能斷瞿耶尼有得熱炎三昧能斷鬱
單曰有得如幻三昧能斷閻浮提有得一切
法不動三昧能斷四天王處有得難伏三昧
能斷三十三天處有得悅意三昧能斷炎摩
天有得青色三昧能斷兜術天有得黄色三
昧能斷化樂天有得赤色三昧能斷他化自
在天有得白色三昧能斷初禪有得種種三
昧能斷大梵天有得雙三昧能斷二禪有得
雷音三昧能斷三禪有得注雨三昧能斷四
禪有得如虛空三昧能斷无想有得照鏡三

BD04413號　大般涅槃經（北本）卷一四　（22–10）

昧能斷化樂天有得赤色三昧能斷他化自
在天有得白色三昧能斷初禪有得種種三
昧能斷大梵天有得雙三昧能斷二禪有得
雷音三昧能斷三禪有得注雨三昧能斷四
禪有得如虛空三昧能斷无想有得照鏡三
昧能斷淨居阿那含有得无㝵三昧能斷空
處有得常住三昧能斷識處有得樂三昧能
斷不用處有得我三昧能斷非想非非想處
有善男子是名菩薩得二十五三昧斷二十
五有善男子是二十五三昧名諸三昧王善
男子諸菩薩摩訶薩入如是等諸三昧王若
欲吹壞須弥山王隨意即能欲知三千大千
世界所有衆生心之所念亦悉能知欲以三
千大千世界所有衆生內於己身一毛孔中
隨意即能亦令衆生无迫迮想若欲化作无
量衆生悉令充滿三千大千世界中者亦能
隨意欲分一身以為多身復令多身以為一
身雖作如是心无所著猶如蓮華善男子菩
薩摩訶薩得入如是三昧王已即得住於自
在之地菩薩得住是自在地得自在力隨欲
生處即得往生善男子譬如聖王領四天下
隨意所行无能鄣㝵菩薩摩訶薩亦復如是
一切生處若欲生者隨意往生善男子菩薩
摩訶薩若見地獄一切衆生有可令得住善
根者菩薩即往而生其中菩薩雖生非本業
果菩薩摩訶薩住自在地力因緣故而生其
中善男子菩薩摩訶薩雖在地獄不受熾然
碎身等苦善男子菩薩摩訶薩所可成就如

BD04413號　大般涅槃經（北本）卷一四

（22–11）

一切生處若欲生者隨意往生善男子菩薩
摩訶薩若見地獄一切衆生有可令得住善
根者菩薩即往而生其中菩薩雖生非本業
果菩薩摩訶薩住自在地力因緣故而生其
中善男子菩薩摩訶薩雖在地獄不受熾然
碎身等苦善男子菩薩摩訶薩所可成就如
是功德无量无邊百千万億尚不可說何況
諸佛所有功德而當可說
尒時衆中有一菩薩名住无垢藏王有大威
德成就神通得大總持三昧具足得无所畏
即從坐起偏袒右肩右膝著地長跪合掌白
佛言世尊如佛所說諸佛菩薩所可成就功
德智慧无量无邊百千万億實不可說我意
猶謂故不如是大乘經典何以故因是大乘
方等經力故能出生諸佛世尊阿耨多羅三
藐三菩提時佛讚言善哉善哉善男子如是
如是如汝所說是諸大乘方等經典雖復成
就无量功德欲比是經不得為喻百倍千倍
百千万億乃至筭數譬喻所不能及善男子
譬如從牛出乳從乳出酪從酪出生穌從生
穌出熟穌從熟穌出提湖提湖最上若有服
者衆病皆除所有諸藥悉入其中善男子佛
亦如是從佛出生十二部經從十二部經出
脩多羅從脩多羅出方等經從方等經出般
若波羅蜜從般若波羅蜜出大涅槃猶如提
湖言提湖者喻於佛性佛性者即是如來善
男子以是義故說言如來所有功德无量无
邊不可稱計迦葉菩薩白佛言世尊如佛所

BD04413號　大般涅槃經（北本）卷一四

（22–12）

脩多羅從脩多羅出方等經從方等經出般
若波羅蜜從般若波羅蜜出大涅槃猶如醍
醐言醍醐者喻於佛性佛性者即是如來善
男子以是義故說言如來所有功德无量无
邊不可稱計迦葉菩薩白佛言世尊如佛所
讚大涅槃經猶如醍醐最上最勝若有能服
衆病悉除一切諸藥悉入其中我聞是已竊
復思念若有不能聽受是經當知是人為大
愚癡无有善心世尊我於今者實能忍剝
皮為紙刺血為墨以髓為水析骨為筆書寫
如是大涅槃經書已讀誦令其通利然後為
人廣說其義世尊若有衆生貪著財物我當
施財然後以是大涅槃經勸之令讀若尊貴
者先以愛語而隨其心然後漸當以是大乘
大涅槃經勸之令讀若凡庶者當以威勢逼
之令讀若憍慢者我當為其而作僕使隨順
其意令其歡喜然後復當以大涅槃而教導
之若有誹謗大乘經者當以勢力摧之令伏
既摧伏已然後勸令讀大涅槃若有愛樂大
乘經者我躬當往恭敬供養尊重讚歎尒時
佛讚迦葉菩薩善哉善哉汝甚愛樂大乘經
典貪大乘經愛大乘經味大乘經信敬尊重
供養大乘善男子汝今以此善心因緣當得
超越无量无邊恒河沙等諸大菩薩在前得
成阿耨多羅三藐三菩提汝亦不久復當如
我廣為大衆演說如是大般涅槃如來佛性
諸佛所說秘密之藏善男子過去之世佛日
未出我於尒時作婆羅門脩菩薩行悉能通

BD04413號　大般涅槃經（北本）卷一四　（22–13）

供養大乘善男子汝今以此善心因緣當得
超越无量无邊恒河沙等諸大菩薩在前得
成阿耨多羅三藐三菩提汝亦不久復當如
我廣為大衆演說如是大般涅槃如來佛性
諸佛所說秘密之藏善男子過去之世佛日
未出我於尒時作婆羅門脩菩薩行悉能通
達一切外道所有經論脩寂滅行具足威儀
其心清淨不為外來能生欲想之所破壞滅
瞋恚火受持常樂我淨之法周遍求索大乘
經典乃至不聞方等名字我於尒時住於雪
山其山清淨流泉浴池樹林藥木充滿其地
處處石間有清流水多諸香華周遍嚴飾衆
鳥禽獸不可稱計甘菓滋繁種種難計復有
无量藕根甘根青木香根我於尒時獨處其
中唯食諸菓食已繫心思惟坐禪逕无量歲
亦不聞有如來出世大乘經名善男子我脩
如是苦難行時釋提桓因諸天人等心大驚
怪即共集會各各相謂而說偈言
各共相指示　清淨雪山中　寂滅離欲主　功德莊嚴王
已離貪瞋慢　永斷諂愚癡　口初未曾說　麁惡等語言
尒時衆中有一天子名曰歡喜復說偈言
如是離欲人　清淨懃精進　將不求帝釋　及以諸天耶
若是外道者　脩行諸苦行　是人多欲求　帝釋所坐處
尒時復有一仙天子即為帝釋而說偈言
天主憍尸迦　不應生是慮　外道脩苦行　何必求帝釋
說是偈已復作是言憍尸迦世有大士為衆
生故不貪己身為欲利益諸衆生故而脩種
種无量苦行如是之人見生死中諸過咎故
設見珎寶滿此大地諸山大海不生貪著

BD04413號　大般涅槃經（北本）卷一四　（22–14）

若是外道者　脩行諸苦行　是人多欲求　帝釋所坐處
尒時復有一仙天子即為帝釋而說偈言
天主憍尸迦　不應生是慮　外道脩苦行　何必求帝釋
說是偈已復作是言憍尸迦世有大士為衆
生故不貪己身為欲利益諸衆生故而脩種
種无量苦行如是之人見生死中諸過咎故
設見珎寶滿此大地諸山大海不生貪著如
視涕唾如是大士棄捨財寶所愛妻子頭目
髓腦手足支節所居舍宅象馬車乘奴婢僮
僕亦不願求生於天上唯求欲令一切衆生
得受快樂如我所解如是大士清淨无染衆
結永盡唯欲求於阿耨多羅三藐三菩提釋
提桓因復作是言如汝言者是人則為攝取
一切世間所有衆生大仙若此世間有佛樹
者能除一切諸天世人及阿脩羅煩惱毒虵
是諸衆生住是佛樹陰涼中者煩惱諸毒悉
得消滅大仙是人若當未來世中作善逝者
我等悉當得滅无量熾燃煩惱如是之事實
為難信何以故无量百千諸衆生等發阿耨
多羅三藐三菩提心見少微緣於阿耨多羅
三藐三菩提即便動轉如水中月水動則動
猶如畫像難成易壞菩提之心亦復如是難
發易壞大仙如有多人以諸鎧杖牢自莊嚴
欲前討賊臨陣恐怖則便退散无量衆生亦
復如是發菩提心牢自莊嚴見生死過心生
恐怖即便退散大仙我見如是无量衆生發
心之後皆生動轉是故我今雖見是人脩於
苦行无惱无熱住於道嶮其行清淨未能信
也我今要自往試之知其實能堪任荷負

欲前討賊臨陣恐怖則便退散无量衆生亦
復如是發菩提心牢自莊嚴見生死過心生
恐怖即便退散大仙我見如是无量衆生發
心之後皆生動轉是故我今雖見是人脩於
苦行无惱无熱住於道嶮其行清淨未能信
也我今要自往試之知其實能堪任荷負
阿耨多羅三藐三菩提大重擔不大仙如車
有二輪則有載用鳥有二翼堪任飛行是苦
行者亦復如是我雖見其堅持禁戒未知其
人有深智不若有深智當知則能堪任荷負
阿耨多羅三藐三菩提之重擔也大仙譬如
魚母多有胎子成就者少如菴羅樹華多菓
少衆生發心乃有无量及其成就少不足言
大仙我當与汝俱往試之大仙譬如真金三
種試已乃知其真謂燒打磨試彼苦行亦當
如是尒時釋提桓因自變其身作羅剎像形
甚可畏下至雪山去其不遠而便立住是時
羅剎心无所畏勇健難當辯才次第其聲清
雅宣過去佛所說半偈
諸行无常　是生滅法
說是半偈已便住其前所現形貌甚可怖畏
顧眄遍視觀於四方是苦行者聞是半偈心
生歡喜譬如估客於嶮難處夜行失伴恐怖
推求還遇同侶心生歡喜踊躍无量亦如久
病未遇良醫瞻病好藥後乃得之如人沒海
卒遇船舫如渴之人遇清冷水如為怨逐忽
然得脫如久繫人卒聞得出亦如農夫炎旱
值雨亦如行人還得歸家家人聞已生大歡

推求還遇同侶心生歡喜踴躍无量亦如久
病未遇良醫瞻病好藥後乃得之如人沒海
卒遇船舫如渴之人遇清冷水如為怨逐忽
然得脫如久繫人卒聞得出亦如農夫炎旱
値雨亦如行人還得歸家家人聞已生大歡
喜善男子我於尒時聞是半偈心中歡喜亦
復如是即從坐起以手舉髮四向顧視而說
是言向所聞偈誰之所說尒時亦更不見餘
人唯見羅刹即說是言誰開如是解脫之門
誰能雷振諸佛音聲誰於生死睡眠之中而
獨悟寤唱如是言誰能於此示道生死飢饉
衆生无上道味无量衆生沉生死海誰能於
中作大船師是諸衆生常為煩惱重病所纏
誰能於中為作良醫說是半偈啓悟我心猶
如半月漸開蓮華善男子我於尒時更无所
見唯見羅刹復作是念將是羅刹說是偈耶
覆復生疑或非其說何以故是人形容甚可
怖畏若有得聞是偈句者一切恐怖醜陋即
除何有此人形貌如是能說此偈不應火中
出於蓮華非日光中出生冷水善男子我於
尒時復作是念我今无智而此羅刹或能得
見過去諸佛從諸佛所聞是半偈我今當問
即便前至是羅刹所作如是言善哉大士汝
於何處得是過去離怖畏者所說半偈大士
復於何處而得如是半如意珠大士是半偈
義乃是過去未來現在諸佛世尊之正道也
一切世間无量衆生常為諸見羅网所覆終
身於此外道法中初不得聞如是出世十力
世雄所說空義善男子我問是已即荅我言

於何處得是過去離怖畏者所說半偈大士
復於何處而得如是半如意珠大士是半偈
義乃是過去未來現在諸佛世尊之正道也
一切世間无量衆生常為諸見羅网所覆終
身於此外道法中初不得聞如是出世十力
世雄所說空義善男子我問是已即荅我言
大婆羅門汝今不應問我是義何以故我不
食來已逕多日處處求索了不能得飢渴苦
惱心亂讇語非我本心之所知也我今力能
飛行虛空至欝單越乃至天上處處求索亦
不能得以是義故我說是語善男子我時即
復語羅刹言大士若能為我說是偈竟我當
終身為汝弟子大士汝所說者名字不終義
亦不盡以何因緣不欲說耶夫財施者則有
竭盡法施因緣不可盡也雖无所盡多所利
益我今聞此半偈法已心生驚疑汝今幸可
為我除斷說此偈竟我當終身為汝弟子羅
刹荅言汝智太過但自憂身都不見念令我
身為飢苦所逼實不能說我即問言汝所食
者為是何物羅刹荅言汝不足問我若說者
令多人怖我復問言此中獨處更无有人我
不畏汝何故不說羅刹荅言我所食者唯人
煗宍其所飲者唯人熱血自我薄福唯食此
食周遍求索困不能得世雖多人皆有福德
兼為諸天之所守護而我无力不能得煞善
男子我復語言汝但具足說是半偈我聞偈
已當以此身奉施供養大士我設命終如此
之身无所復用當為虎狼鵄梟鵰鷲之所噉
食然復不得一毫之福我今為求阿耨多羅

煖其所飲者唯人熱血自我薄福唯食此
食周遍求索困不能得世雖多人皆有福德
兼為諸天之所守護而我无力不能得煞善
男子我復語言汝但具足說是半偈我聞偈
已當以此身奉施供養大士我設命終如此
之身无所復用當為虎狼鵄梟鵰鷲之所噉
食然復不得一毫之福我今為求阿耨多羅
三藐三菩提捨不堅身以易堅身羅剎荅言
誰當信汝如是之言為八字故棄所愛身善
男子我即荅言汝真无智譬如有人施他凡
器得七寶器我亦如是捨不堅身得金剛身
汝言誰當信者我今有證大梵天王釋提桓
因及四天王能證是事復有天眼諸菩薩等
為欲利益无量衆生脩行大乘具六度者亦
能證知復有十方諸佛世尊利衆生者亦能
證我為八字故捨於身命羅剎復言汝若如
是能捨身者諦聽諦聽當為汝說其餘半偈
善男子我於尒時聞是事已心中歡喜即解
己身所著鹿皮為此羅剎敷置法坐白言和
上願坐此坐我即於前叉手長跪而作是言
唯願和上善為我說其餘半偈令得具足羅
剎即說

生滅滅已　寂滅為樂

尒時羅剎說是偈已復作是言菩薩摩訶薩
汝今已聞具足偈義汝之所願為悉滿足若
必欲利諸衆生者時施我身善男子我於尒
時深思此義然後處處若石若壁若樹若道
書寫此偈即便更繫所著衣裳恐其死後身
體露現即上高樹尒時樹神復問我言善哉

尒時羅剎說是偈已復作是言菩薩摩訶薩
汝今已聞具足偈義汝之所願為悉滿足若
必欲利諸衆生者時施我身善男子我於尒
時深思此義然後處處若石若壁若樹若道
書寫此偈即便更繫所著衣裳恐其死後身
體露現即上高樹尒時樹神復問我言善哉
仁者欲作何事善男子我時荅言我欲捨身
以報偈價樹神問言如是偈者何所利益菩
薩荅言如是偈句乃是過去未來現在諸佛
所說開空法道我為此法棄捨身命不為利
養名聞財寶轉輪聖王四大天王釋提桓因
大梵天王人天中樂為欲利益一切衆生故
捨此身善男子我捨身時復作是言願令一
切慳惜之人悉來見我捨離此身若有少施
起貢高者亦令得見我為一偈捨此身命如
棄草木菩薩尒時說是語已尋即放身自投
樹下未至地時虛空之中出種種聲其聲乃
至阿迦尼吒天尒時羅剎還復釋身即於空
中接取菩薩安置平地尒時釋提桓因及諸
天人大梵天王稽首頂禮菩薩足下讚言善
哉善哉真是菩薩能大利益无量衆生欲於
无明黑闇之中然大法炬由我愛惜如來大
法故相嬈惱唯願聽我懺悔罪咎汝於未來
必定成就阿耨多羅三藐三菩提願見濟度
尒時釋提桓因及諸天衆禮菩薩足於是辭
去忽然不現善男子如我往昔為半偈故捨
棄此身以是因緣便得超越足十二劫在弥
勒前成阿耨多羅三藐三菩提善男子我得
如是等无量功德皆由供養如來正法善男

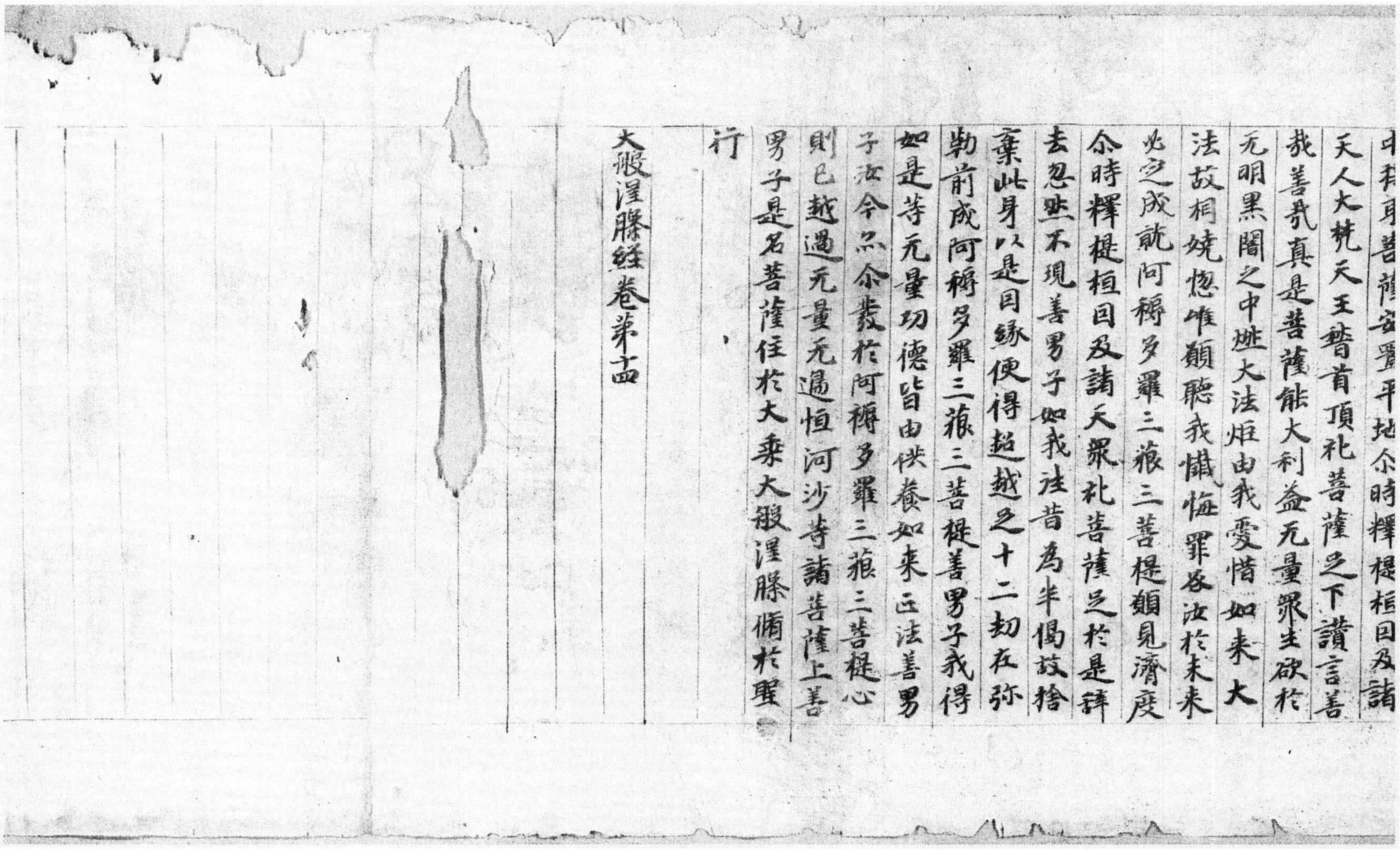
中取身菩薩安置平地尒時釋提桓因及諸
天人大梵天王稽首頂礼菩薩足下讚言善
哉善哉真是菩薩能大利益无量衆生欲於
无明黑闇之中然大法炬由我愛惜如来大
法故相嬈惱唯願聽我懺悔罪咎汝於未来
必定成就阿耨多羅三藐三菩提願見濟度
尒時釋提桓因及諸天衆礼菩薩足於是辭
去忽然不現善男子如我往昔為半偈故捨
棄此身以是因緣便得超越足十二劫在弥
勒前成阿耨多羅三藐三菩提善男子我得
如是等无量功德皆由供養如来正法善男
子汝今亦尒發於阿耨多羅三藐三菩提心
則已超過无量无邊恒河沙等諸菩薩上善
男子是名菩薩住於大乘大般涅槃備於聖
行
大般涅槃經卷第十四

BD04413號　大般涅槃經（北本）卷一四　（22–21）

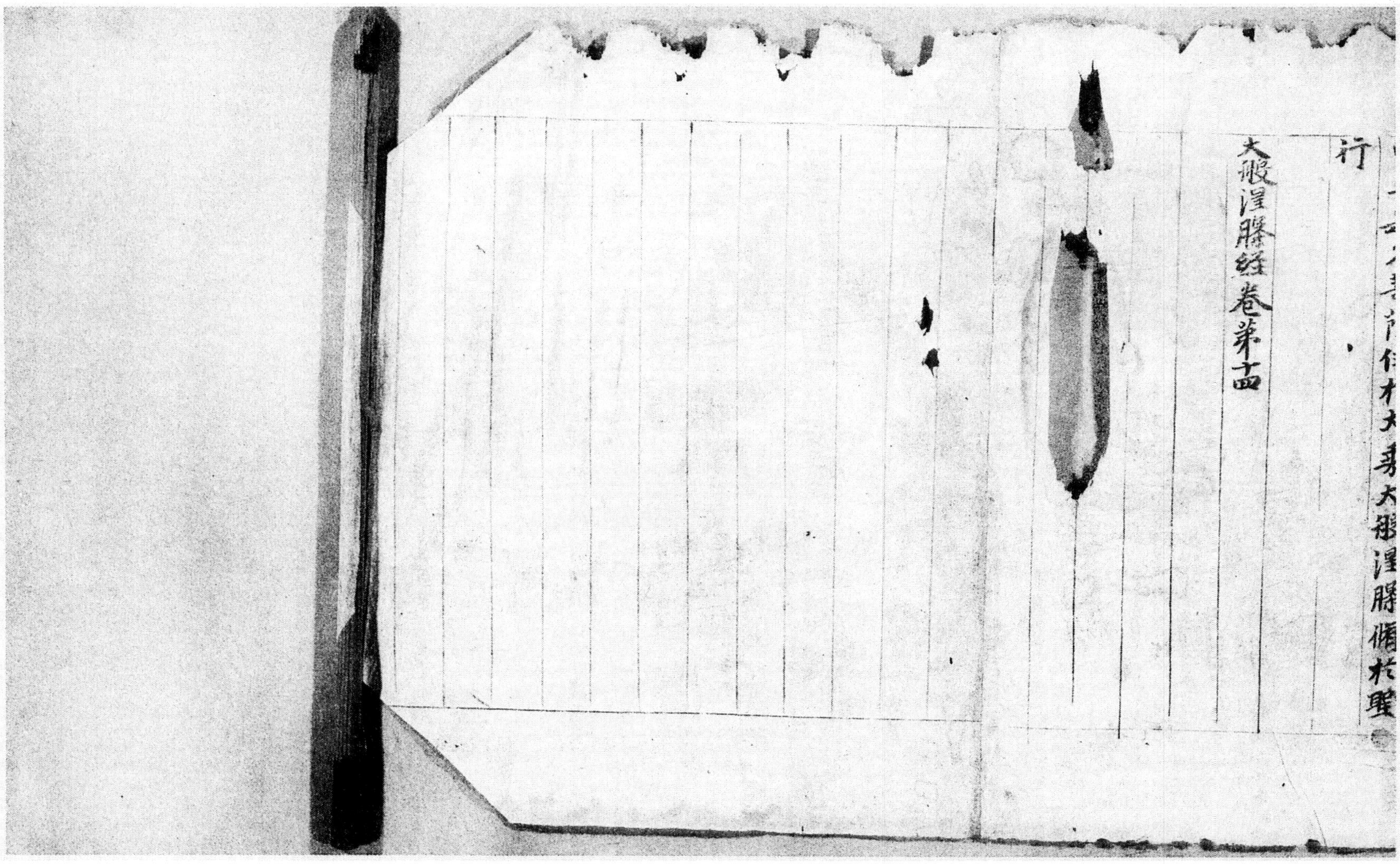
菩薩住於大乘大般涅槃備於聖
行
大般涅槃經卷第十四

BD04413號　大般涅槃經（北本）卷一四　（22–22）

[illegible]則淨
其迴向則有方便隨其方便則成就衆生隨
成就衆生則佛土淨隨佛土淨則說法淨隨
說法淨則智慧淨隨智慧淨則其心淨隨其
心淨則一切功德淨是故寶積若菩薩欲得淨
土當淨其心隨其心淨則佛土淨
尒時舍利弗承佛威神作是念若菩薩心淨
則佛土淨者我世尊本為菩薩時意豈不淨
而是佛土不淨若此佛知其念即告之言於意
云何日月豈不淨耶而盲者不見對曰不也世
尊是盲者過非日月咎舍利弗衆生罪故
不見如來佛國嚴淨非如來咎舍利弗我
見此土清淨而汝不見尒時螺髻梵王語舍
利弗勿作是意謂此佛土以為不淨所以者
何我見釋迦牟尼佛土清淨譬如自在天宮
舍利弗言我見此土丘陵坑坎荊棘沙礫土
石諸山穢惡充滿螺髻梵言仁者心有高下
不依佛慧故見此土為不淨耳舍利弗菩薩
於一切衆生悉皆平等深心清淨依佛智慧
則能見此佛土清淨於是佛以足指案地即
時三千大千世界若干百千珍寶嚴飾譬

BD04414 號　維摩詰所說經卷上　（21–1）

舍利弗言我見此土丘陵坑坎荊棘沙礫
石諸山穢惡充滿螺髻梵言仁者心有高下
不依佛慧故見此土為不淨耳舍利弗菩薩
於一切衆生悉皆平等深心清淨依佛智慧
則能見此佛土清淨於是佛以足指案地即
時三千大千世界若干百千珍寶嚴飾譬
如寶莊嚴佛无量功德寶莊嚴土一切大衆
歎未曾有而皆自見坐寶蓮華佛告舍利
弗汝且觀是佛土嚴淨舍利弗言唯然世尊
本所不見本所不聞今佛國土嚴淨悉現佛
語舍利弗我佛國土常淨若此為欲度斯
下劣人故示是衆惡不淨土耳譬如諸天共
寶器食隨其福德飯食有異如是舍利
弗若人心淨便見此土功德莊嚴當佛現此
國土嚴淨之時寶積所將五百長者子皆
得无生法忍八萬四千人發阿耨多羅三藐三
菩提心佛攝神足於是世界還復如故求聲
聞乘三萬二千天及人知有為法皆悉无常
遠塵離垢得法眼淨八千比丘不受諸法漏
盡意解
方便品第二
尒時毗耶離大城中有長者名維摩詰已曾
供養无量諸佛深植善本得无生忍辯才
无礙遊戲神通逮諸總持獲无所畏降魔勞
怨深入法門善於智度通達方便大願成就
明了衆生心之所趣又能分別諸根利鈍久
於佛道心已純淑決定大乘諸有所作能善
思量住佛威儀心大如海諸佛咨嗟弟子釋

BD04414 號　維摩詰所說經卷上　（21–2）

无礙遊戲神通逮諸揔持獲无所畏降魔勞
怨深入法門善於智度通達方便大願成就
明了衆生心之所趣又能分別諸根利鈍久
於佛道心已純淑決定大乘諸有所作能善
思量住佛威儀心大如海諸佛咨嗟弟子釋
梵世主所敬欲度人故以善方便居毗耶離
資財无量攝諸貧民奉持(戒)清淨攝諸毀禁
以忍調行攝諸恚怒以大精進攝諸懈怠一心
禪寂攝諸亂意以決定慧攝諸无智雖爲
白衣奉持沙門清淨律行雖處居家不著三
界示有妻子常脩梵行現有眷屬常樂遠離
雖復寶飾而以相好嚴身雖復飲食而以禪
悅爲味若至博弈戲處輒以度人受諸異道
不毀正信雖明世典常樂佛法一切見敬爲供養
中最執持正法攝諸長幼一切治生諧偶雖獲
俗利不以喜悅遊諸四衢饒益衆生入治正法
救護一切入講論處導以大乘入諸學堂誘開
童蒙入諸婬舍示欲之過入諸酒肆能立其
志若在長者長者中尊爲說勝法若在居
士居士中尊斷諸貪著若在剎利剎利中尊
教以忍辱若在婆羅門婆羅門中尊除其我慢
若在大臣大臣中尊教以正法若在王子王子
中尊示以忠孝若在內官內官中尊化政宮女
若在庶民庶民中尊令興福力若在梵天梵天
中尊誨以勝慧若在帝釋帝釋中尊示現无
常若在護世護世中尊護諸衆生長者維
摩詰以如是等无量方便饒益衆生其以方

BD04414 號　維摩詰所說經卷上　（21–3）

中尊示以忠孝若在內官內官中尊化政宮女
若在庶民庶民中尊令興福力若在梵天梵天
中尊誨以勝慧若在帝釋帝釋中尊示現无
常若在護世護世中尊護諸衆生長者維
摩詰以如是等无量方便饒益衆生其以方
便現身有疾以其疾故國王大臣長者居士
婆羅門等及諸王子并餘官屬无數人天皆
往問疾其往者維摩詰因以身疾廣爲說
法諸仁者是身无常无強无力无堅速朽之
法不可信也爲苦爲惱衆病所集諸仁者如
此身明智者所不怙是身如聚沫不可撮摩
是身如泡不得久立是身如炎從渴愛生是
身如芭蕉中无有堅是身如幻從顛倒起是
身如夢爲虛妄見是身如影從業緣現是
身如響屬諸因緣是身如浮雲須臾變滅
是身如電念念不住是身无主爲如地是身
无我爲如火是身无壽爲如風是身无人爲如
水是身不實四大爲家是身爲空離我我所
是身无知如草木瓦礫是身无作風力所轉是
身不淨穢惡充滿是身爲虛僞雖假以澡浴
衣食必歸磨滅是身爲災百一病惱是身如
丘井爲老所逼是身无定爲要當死是身如
毒蛇如怨賊如空聚陰界諸入所共合成諸仁者
此可患厭當樂佛身所以者何佛身者即法
身也從无量功德智慧生從戒定慧解脫解脫
知見生從慈悲喜捨生從布施持戒忍辱柔
和勤行精進禪定解脫三昧多聞智慧諸波

BD04414 號　維摩詰所說經卷上　（21–4）

此可患厭當樂佛身所以者何佛身者即法
身也從无量功德智慧生從戒定慧解脫解脫
知見生從慈悲喜捨生從布施持戒忍辱柔
和勤行精進禪定解脫三昧多聞智慧諸波
羅蜜生從方便生從六通生從三明生從卅七
品生從止觀生從十力四无所畏十八不共法生
從斷一切不善法集一切善法生從真實生從
不放逸生從如是无量清淨法生如來身諸仁
者欲得佛身斷一切眾生病者當發阿耨多
羅三藐三菩提心如是長者維摩詰為諸問疾
者如應說法令无數千人皆發阿耨多羅三藐
三菩提心

弟子品第三

介時長者維摩詰自念寢疾于牀世尊大慈
寧不垂愍佛知其意即告舍利弗汝行詣維
摩詰問疾舍利弗白佛言世尊我不堪任詣彼
問疾所以者何憶念我昔曾於林中宴坐樹下
時維摩詰來謂我言唯舍利弗不必是坐為
宴坐也夫宴坐者不於三界現身意是為宴
坐不起滅定而現諸威儀是為宴坐不捨道法而
現凡夫事是為宴坐心不住內亦不在外是為
宴坐於諸見不動而修行卅七品是為宴坐
不斷煩惱而入涅槃是為宴坐若能如是坐者
佛所印可時我世尊聞是語已默然而止不能加
報故我不任詣彼問疾
佛告大目揵連汝行詣維摩詰問疾目連白佛
言世尊我不堪任詣彼問疾所以者何憶念我
昔入毗耶離大城於里巷中為諸居士說法時

BD04414 號　維摩詰所說經卷上

（21–5）

報故我不任詣彼問疾
佛告大目揵連汝行詣維摩詰問疾目連白佛
言世尊我不堪任詣彼問疾所以者何憶念我
昔入毗耶離大城於里巷中為諸居士說法時
維摩詰來謂我言唯大目連為白衣居士說法
不當如仁者所說夫說法者當如法說法无眾
生離眾生垢故法无有我離我垢故法无壽命
離生死故法无有人前後際斷故法常寂然滅諸
相故法離於相无所緣故法无名字言語斷故
法无有說離覺觀故法无形相如虛空故法
无戲論畢竟空故法无我所離我所故法无分
別離諸識故法无有比无相待故法不屬因不
在緣故法同法性入諸法故法隨於如无所隨故
法住實際諸邊不動故法无動搖不依六塵故
法无去來常不住故法順空隨无相應无作法離
好醜法无增損法无生滅法无所歸法過眼
耳鼻舌身心法无高下法常住不動法離一切
觀行唯大目連法相如是豈可說乎夫說法者
无說无示其聽法者无聞无得譬如幻士為幻
人說法當建是意而為說法當了眾生根
有利鈍善於知見无所罣礙以大悲心讚于大
乘念報佛恩不斷三寶然後說法維摩詰說
是法時八百居士發阿耨多羅三藐三菩提心
我无此辯是故不任詣彼問疾
佛告大迦葉汝行詣維摩詰問疾迦葉白佛言
世尊我不堪任詣彼問疾所以者何憶念我昔
於貧里而行乞食時維摩詰來謂我言唯大

BD04414 號　維摩詰所說經卷上

（21–6）

是法時八百居士發阿耨多羅三藐三菩提心
我无此辯是故不任詣彼問疾
佛告大迦葉汝行詣維摩詰問疾迦葉白佛言
世尊我不堪任詣彼問疾所以者何憶念我昔
於貧里而行乞食時維摩詰來謂我言唯大
迦葉有慈悲心而不能普捨豪富從貧乞迦
葉住平等法應次行乞食為不食故應行乞
食為壞和合相故應取揣食為不受故應
受彼食以空聚相入於聚落所見色與盲等
所聞聲與響等所嗅香與風等所食味不分
別受諸觸如智證知諸法如幻相无自性无他
性本自不然今則无滅迦葉若能不捨八邪
入八解脫以邪相入正法以一食施一切供養諸
佛及衆賢聖然後可食如是食者非有煩
惱非離煩惱非入定意非起定意非住世間非
住涅槃其有施者无大福无小福不為益不
為損是為正入佛道不依聲聞迦葉若如是
食為不空食人之施也時我世尊聞說是語
得未曾有即於一切菩薩深起敬心復作是
念斯有家名辯才智慧乃能如是其誰不發
阿耨多羅三藐三菩提心我從是來不復勸人以
聲聞辟支佛行故我不任詣彼問疾
佛告須菩提汝行詣維摩詰問疾須菩提白
佛言世尊我不堪任詣彼問疾所以者何憶念
我昔入其舍從乞食時維摩詰取我鉢盛滿
飯謂我言唯須菩提若能於食等者諸法
亦等諸法等者於食亦等如是行乞乃可取

佛言世尊我不堪任詣彼問疾所以者何憶念
我昔入其舍從乞食時維摩詰取我鉢盛滿
飯謂我言唯須菩提若能於食等者諸法
亦等諸法等者於食亦等如是行乞乃可取
食若須菩提不斷婬怒癡亦不與俱不壞於
身而隨一相不滅癡愛起於明脫以五逆相而
得解脫亦不解不縛不見四諦非不見諦非得
果非不得果非凡夫非離凡夫法非聖人非
不聖人雖成就一切法而離諸法相乃可取食
若須菩提不見佛不聞法彼外道六師富蘭
那迦葉末伽梨拘賒梨子刪闍夜毗羅胝子阿
耆多翅舍欽婆羅迦樓鳩馱迦旃延尼揵陀若
提子等是汝之師因其出家彼師所墮汝亦
隨墮乃可取食若須菩提入諸邪見不到彼
岸住於八難不得无難同於煩惱離清淨法
汝得无諍三昧一切衆生亦得是定其施汝者
不名福田供養汝者墮三惡道為與衆魔共
一手作諸勞侶汝與衆魔及諸塵勞等无有異
於一切衆生而有怨心謗諸佛毀於法不入衆數
終不得滅度汝若如是乃可取食時我世尊
聞此茫然不識是何言不知以何答便置鉢欲
出其舍維摩詰言唯須菩提取鉢勿懼於
意云何如來所作化人若以是事詰寧有懼
不我言不也維摩詰言一切諸法如幻化相汝
今不應有所懼也所以者何一切言說不離是
相至於智者不著文字故无所懼何以故文字
性離无有文字是則解脫解脫相者則諸法也
維摩詰說是法時二百天子得法眼淨故我

不我言不也維摩詰言一切諸法如幻化相汝
今不應有所懼也所以者何一切言說不離是
相至於智者不著文字故无所懼何以故文字
性離无有文字是則解脫解脫相者則諸法也
維摩詰說是法時二百天子得法眼淨故我
不任詣彼疾
佛告富樓那彌多羅尼子汝行詣維摩詰問
疾富樓那白佛言世尊我不堪任詣彼問疾
所以者何憶念我昔於大林中在一樹下為諸
新學比丘說法時維摩詰來謂我言唯富樓那
先當入定觀此人心然後說法无以穢食置於
寶器當知是比丘心之所念无以瑠璃同彼水
精汝不能知衆生根源无得發起以小乘法彼
自无瘡勿傷之也欲行大道莫示小徑无以大海
內於牛跡无以日光等彼螢火富樓那此比丘
久發大乘心中忘此意如何以小乘法而教導之
我觀小乘智慧微淺猶如盲人不能分別一切
衆生根之利鈍時維摩詰即入三昧令此比丘自
識宿命曾於五百佛所殖衆德本迴向阿耨多
羅三藐三菩提即時豁然還得本心於是諸
比丘稽首禮維摩詰足時維摩詰因為說法
於阿耨多羅三藐三菩提不退轉我念聲聞
不觀人根不應說法是故不任詣彼問疾
佛告摩訶迦旃延汝行詣維摩詰問疾迦旃延
白佛言世尊我不堪任詣彼問疾所以者何憶
念昔者佛為諸比丘略說法要我即於後敷演
其義謂无常義苦義空義无我義寂滅義

BD04414 號　維摩詰所說經卷上

（21–9）

不觀人根不應說法是故不任詣彼問疾
佛告摩訶迦旃延汝行詣維摩詰問疾迦旃延
白佛言世尊我不堪任詣彼問疾所以者何憶
念昔者佛為諸比丘略說法要我即於後敷演
其義謂无常義苦義空義无我義寂滅義
時維摩詰來謂我言唯迦旃延无以生滅心行
說實相法迦旃延諸法畢竟不生不滅是无
常義五受陰洞達空无所起是苦義諸法究
竟无所有是空義於我无我而不二是我
義法本不然今則无滅是寂滅義說是法時
彼諸比丘心得解脫故我不任詣彼問疾
佛告阿那律汝行詣維摩詰問疾阿那律白佛
言世尊我不堪任詣彼問疾所以者何憶念我
昔於一處經行時有梵王名曰嚴淨與萬梵
俱放淨光明來詣我所稽首作礼問我言幾
何阿那律天眼所見我即答言仁者吾見釋
迦牟尼佛土三千大千世界如觀掌中菴摩勒
菓時維摩詰來謂我言唯阿那律天眼所見
為作相耶无作相耶假使作相則與外道五
通等若无作相即是无為不應有見世尊
我時嘿然彼諸梵聞其言得未曾有即為
作礼而問曰世孰有真天眼者維摩詰言有
佛世尊得真天眼常在三昧悉見諸佛國
不以二相於是嚴淨梵王及其眷屬五百梵
天皆發阿耨多羅三藐三菩提心礼維摩詰
足已忽然不現故我不任詣彼問疾
佛告優波離汝行詣維摩詰問疾優波離白

BD04414 號　維摩詰所說經卷上

（21–10）

作礼而問曰世孰有真天眼者維摩詰言有
佛世尊得真天眼常在三昧悉見諸佛國
不以二相於是嚴淨梵王及其眷属五百梵
天皆發阿耨多羅三藐三菩提心礼維摩詰
足已忽然不現故我不任詣彼問疾
佛告優波離汝行詣維摩詰問疾優波離白
佛言世尊我不堪任詣彼問疾所以者何憶
念昔者有二比丘犯律行以為耻不敢問佛
来問我言唯優波離我等犯律誠以為耻不
敢問佛願解疑悔得免斯咎我即為其如法
解說時維摩詰来謂我言唯優波離无重
增此二比丘罪當直除滅勿擾其心所以者何
彼罪性不在内不在外不在中間如佛所說心
垢故衆生垢心淨故衆生淨心亦不在内不
在外不在中間如其心然罪垢亦然諸法亦
然不出於如如優波離以心相得解脫時寧有
垢不我言不也維摩詰言一切衆生心相无
垢亦復如是唯優波離妄想是垢无妄相
是淨顛倒是垢无顛倒是淨取我是垢不取
我是淨優波離一切法生滅不住如幻如電諸
法不相待乃至一念不住諸法皆妄見如夢
如焰如水中月如鏡中像以妄想生其知此者
是名奉律其知此者是名善解於是二比丘
言上智哉是優波離所不及持律之上而不
能說我答言自捨如来未有聲聞及菩薩
能制其樂說之辯其智慧明達為若此也
是二比丘疑悔即除發阿耨多羅三藐三菩
提心作是願言令一切衆生皆得是辯故我

BD04414 號　維摩詰所說經卷上　（21–11）

言上智哉是優波離所不及持律之上而不
能說我答言自捨如来未有聲聞及菩薩
能制其樂說之辯其智慧明達為若此也
是二比丘疑悔即除發阿耨多羅三藐三菩
提心作是願言令一切衆生皆得是辯故我
不任詣彼問疾
佛告羅睺羅汝行詣維摩詰問疾羅睺羅
白佛言世尊我不堪任詣彼問疾所以者何
憶念昔時毗耶離諸長者子来詣我所稽首
作礼問我言唯羅睺羅汝佛之子捨轉輪王
王位出家為道其出家者有何等利我即
如法為說出家功德之利時維摩詰来謂我
言唯羅睺羅不應說出家功德之利所以者何
无利无功德是為出家有為法者可說有
利有功德夫出家者為无為法无為法中
无利无功德羅睺羅夫出家者无彼无此
亦无中間離六十二見處於涅槃智者所受聖
所行處降伏衆魔度五道淨五眼得五力
立五根不惱於彼離衆雜惡摧諸外道超
越假名出淤泥无繫著无我所无所受无
擾亂内懷喜護彼意隨禪定離衆過
若能如是是真出家於是維摩詰語諸長
者子汝等於正法中宜共出家所以者何佛
世難值諸長者子言居士我聞佛言父母不
聽不得出家維摩詰言然汝等便發阿耨多
羅三藐三菩提心是即出家是即具足尒時
三十二長者子皆發阿耨多羅三藐三菩提
心故我不任詣彼問疾

BD04414 號　維摩詰所說經卷上　（21–12）

若能如是是真出家於是維摩詰語諸長
者子汝等於正法中宜共出家所以者何佛
世難值諸長者子言居士我聞佛言父母不
聽不得出家維摩詰言然汝等便發阿耨多
羅三藐三菩提心是即出家是即具足尒時
三十二長者子皆發阿耨多羅三藐三菩提
心故我不任詣彼問疾
佛告阿難汝行詣維摩詰問疾阿難白佛
言世尊我不堪任詣彼問疾所以者何憶念
昔時世尊身小有疾當用牛乳我即持鉢詣
大婆羅門家門下立時維摩詰來謂我言
唯阿難何為晨朝持鉢住此我言居士世尊
身小有疾當用牛乳故來至此維摩詰言止
止阿難莫作是語如來身者金剛之體諸惡
已斷衆善普會當有何疾當有何惱嘿
往阿難勿謗如來莫使異人聞此麁言无令
大威德諸天及他方淨土諸來菩薩得聞
斯語阿難轉輪聖王以少福故尚得无病豈
況如來无量福會普勝者哉行矣阿難勿
使我等受斯恥也外道梵志若聞此語當作
是念何名為師自疾不能救而能救諸疾
人可密速去勿使人聞當知阿難諸如來身
即是法身非思欲身佛為世尊過於三界
佛身无漏諸漏已盡佛身无為不墮諸數
如此之身當有何疾時我世尊實懷慙愧
得无近佛而謬聽耶即聞空中聲曰阿難如
居士言但為佛出五濁惡世現行斯法度脫

BD04414 號　維摩詰所說經卷上　（21–13）

人可密速去勿使人聞當知阿難諸如來身
即是法身非思欲身佛為世尊過於三界
佛身无漏諸漏已盡佛身无為不墮諸數
如此之身當有何疾時我世尊實懷慙愧
得无近佛而謬聽耶即聞空中聲曰阿難如
居士言但為佛出五濁惡世現行斯法度脫
衆生行矣阿難取乳勿慙世尊維摩詰智
慧辯才為若此也是故不任詣彼問疾如是
五百大弟子各各向佛說其本緣稱述維
摩詰所言皆曰不任詣彼問疾

菩薩品第四

於是佛告弥勒菩薩汝行詣維摩詰問疾
弥勒白佛言世尊我不堪任詣彼問疾所以
者何憶念我昔為兜率天王及其眷屬
說不退轉地之行時維摩詰來謂我言弥勒
世尊授仁者記一生當得阿耨多羅三藐三
菩提為用何生得受記乎過去耶未來耶
現在耶若過去生過去生已滅若未來生未
來生未至若現在生現在生无住如佛所說
比丘汝今即時亦生亦老亦滅若以无生得受
記者无生即是正位於正位中亦无受記亦
无得阿耨多羅三藐三菩提云何弥勒受一
生記乎為從如生得受記耶為從如滅得受
記耶若以如生得受記者如无有生若以如
滅得受記者如无有滅一切衆生皆如也一切
法亦如也衆聖賢亦如也至於弥勒亦如也若
弥勒得受記者一切衆生亦應受記所以者何

BD04414 號　維摩詰所說經卷上　（21–14）

无得阿耨多羅三藐三菩提云何弥勒受一
生記乎為從如生得受記耶為從如滅得受
記耶若以如生得受記者如无有生若以如
滅得受記者如无有滅一切衆生皆如也一切
法亦如也衆聖賢亦如也至於弥勒亦如也若
弥勒得受記者一切衆生亦應受記所以者何
夫如者不二不異若弥勒得阿耨多羅三藐
三菩提者一切衆生皆亦應得所以者何一切
衆生即菩薩相若弥勒滅度者一切衆生亦當
滅度所以者何諸佛知一切衆生畢竟寂滅
即涅槃相不復更滅是故弥勒无以此法誘
諸天子實无發阿耨多羅三藐三菩提心者
亦无退者弥勒當令此諸天子捨於分別菩提
之見所以者何菩提者不可以身得不可以心得
寂滅是菩提滅諸相故不觀是菩提離諸緣
故不行是菩提无憶念故斷是菩提捨諸見故
離是菩提離諸妄想故鄣是菩提鄣諸願故
不入是菩提无貪著故順是菩提順於如故
住是菩提住法性故至是菩提至實際故不
二是菩提離意法故等是菩提等虛空故无
為是菩提无生住滅故智是菩提了衆生心
行故不會是菩提諸入不會故不合是菩提
離煩惱習故无處是菩提无形色故假名是菩
提名字空故如化是菩提无取捨故无亂是菩
提常自靜故善寂是菩提性清靜故无取是
菩提離攀緣故无異是菩提諸法等故无比

BD04414 號　維摩詰所說經卷上　（21–15）

二是菩提離意法故等是菩提等虛空故无
為是菩提无生住滅故智是菩提了衆生心
行故不會是菩提諸入不會故不合是菩提
離煩惱習故无處是菩提无形色故假名是菩
提名字空故如化是菩提无取捨故无亂是菩
提常自靜故善寂是菩提性清靜故无取是
菩提離攀緣故无異是菩提諸法等故无比
是菩提无可喻故微妙是菩提諸法難知故
世尊維摩詰說是法時二百天子得无生法
忍故我不任詣彼問疾
佛告光嚴童子汝行詣維摩詰問疾光嚴白
佛言世尊我不堪任詣彼問疾所以者何憶念
我昔出毗耶離大城時維摩詰方入城我即作
禮而問言居士從何所來答我言吾從道場
來我問道場者何所是答曰直心是道場无虛
假故發行是道場能辦事故深心是道場增益
功德故菩提心是道場无錯謬故布施是道場
不望報故持戒是道場得願具故忍辱是道
場於諸衆生心无礙故精進是道場不懈退故
禪定是道場心調柔故智慧是道場現見諸
法故慈是道場等衆生故悲是道場忍疲
苦故喜是道場悅樂法故捨是道場憎愛斷
故神通是道場成就六通故解脫是道場能
背捨故方便是道場教化衆生故四攝是道
場攝衆生故多聞是道場如聞行故伏心是
道場正觀諸法故卅七品是道場捨有為法
故諦是道場不誑世間故緣起是道場无明乃

BD04414 號　維摩詰所說經卷上　（21–16）

故神通是道場成就六通故解脫是道場能
背捨故方便是道場教化眾生故四攝法是道
場攝眾生故多聞是道場如聞行故伏心是
道場正觀諸法故卅七品是道場捨有為法
故諦是道場不誑世間故緣起是道場无明乃
至老死皆无盡故諸煩惱是道場知如實故
眾生是道場知无我故一切法是道場知諸法
空故降魔是道場不傾動故三界是道場无
所趣故師子吼是道場无所畏故力无畏不共
法是道場无諸過故三明是道場无餘礙故一
念知一切法是道場成就一切智故如是善男
子菩薩若應諸波羅蜜教化眾生諸有所作
舉足下足當知皆從道場來住於佛法矣說
是法時五百天人皆發阿耨多羅三藐三菩
提心故我不任詣彼問疾
佛告持世菩薩汝行詣維摩詰問疾持世白佛
言世尊我不堪任詣彼問疾所以者何憶念我昔
住於靜室時魔波旬從萬二千天女狀如帝釋鼓
樂絃歌來詣我所與其眷屬稽首我足合掌
恭敬於一面立我意謂是帝釋而語之言善
來憍尸迦雖福應有不當自恣當觀五欲无常
以求善本於身命財而修堅法即語我言正士
受是萬二千天女可備掃灑我言憍尸迦无以此
非法之物要我沙門釋子此非我宜所言未訖時
維摩詰來謂我言非帝釋也是為魔來嬈
固汝耳即語魔言是諸女等可以與我應受

BD04414號　維摩詰所說經卷上

（21–17）

受是萬二千天女可備掃灑我言憍尸迦无以此
非法之物要我沙門釋子此非我宜所言未訖時
維摩詰來謂我言非帝釋也是為魔來嬈
固汝耳即語魔言是諸女等可以與我應受
魔即驚懼念維摩詰將无惱我欲隱形去而
不能隱盡其神力亦不得去即聞空中聲曰波
旬以女與之乃可得去魔以畏故俛仰而與爾
時維摩詰語諸女言魔以汝等與我今汝皆
當發阿耨多羅三藐三菩提心即隨所應而
為說法令發道意復言汝等已發道意有
法樂可以自娛不應復樂五欲樂也天女即問
何謂法樂答言樂常信佛樂欲聽法樂供
養眾樂五欲樂觀五陰如怨賊樂觀四大如
毒蛇樂觀內入如空聚樂隨護道意樂饒
益眾生樂供養師樂廣行施樂堅持戒樂
忍辱柔和樂勤集善根樂禪定不亂樂離
垢明慧樂廣菩提心樂降伏眾魔樂斷諸煩
惱樂淨佛國土樂成就相好故修諸功德樂
莊嚴道場樂聞深法不畏樂三脫門不樂
非時樂近同學樂於非同學中心无恚礙樂
將護惡知識樂近善知識樂心喜清淨樂
修无量道品之法是為菩薩法樂於是波
旬告諸女言我欲與汝俱還天宮諸女言
以我等與此居士有法樂我等甚樂不復樂
五欲樂也魔言居士可捨此女一切所有施於
彼者是為菩薩維摩詰言我已捨矣汝便
將去令一切眾生得法願具足於是諸女問維

BD04414號　維摩詰所說經卷上

（21–18）

脩无量道品之法是爲菩薩法樂於是波
旬告諸女言我欲與汝俱還天宮諸女言
以我等與此居士有法樂我等甚樂不復樂
五欲樂也魔言居士可捨此女一切所有施於
彼者是爲菩薩維摩詰言我已捨矣汝便
將去令一切衆生得法願具足於是諸女問維
摩詰我等云何止於魔宮維摩詰言諸姉有法
門名无盡燈汝等當學无盡燈者譬如一燈然
百千燈冥者皆明明終不盡如是諸姉夫一菩薩
開道百千衆生令發阿耨多羅三藐三菩提心
於其道意亦不滅盡隨所說法而自增益一切
善法是名无盡燈也汝等雖住魔宮以是无
盡燈令无數天子天女皆發阿耨多羅三藐三
菩提心者爲報佛恩亦大饒益一切衆生尒時
天女頭面礼維摩詰足隨魔還宮忽然不現
世尊維摩詰有如是自在神力智慧辯才故
我不任詣彼問疾
佛告長者子善得汝行詣維摩詰問疾善得
白佛言世尊我不堪任詣彼問疾所以者何憶
念我昔自於父舍設大施會供養一切沙門婆
羅門及諸外道貧窮下賤孤獨乞人期滿七日
時維摩詰來入會中謂我言長者子夫大施
會不當如汝所設當爲法施之會何用施財施會
爲我言居士何謂法施之會法施會者无前无後
一時供養一切衆生是名法施之會何謂也謂
以菩提起於慈心以救衆生起大悲心以持正法
起於喜心以攝智慧行於捨心以攝慳貪起檀

時維摩詰來入會中謂我言長者子夫大施
會不當如汝所設當爲法施之會何用施財施會
爲我言居士何謂法施之會法施會者无前无後
一時供養一切衆生是名法施之會何謂也謂
以菩提起於慈心以救衆生起大悲心以持正法
起於喜心以攝智慧行於捨心以攝慳貪起檀
波羅蜜以化犯戒起尸波羅蜜以无我法起羼
提波羅蜜以離身心相起毗梨耶波羅蜜以菩
提相起禪波羅蜜以一切智起般若波羅蜜
教化衆生而起於空不捨有爲法而起无相
示現衆生而起无作護持正法起方便力以度
衆生起四攝法以敬事一切起除慢法於身命
財起三堅法於六念中起思念法於六和敬
起質直心正行善法起於淨命心淨歡喜
起近賢聖不憎惡人起調伏心以出家法起
於深心以如說行起於多聞以无諍法起空閑
處趣向佛慧起於宴坐解衆生縛起脩行地
以具相好及淨佛土起福德業知一切衆生心念
如應說法起於智業知一切法不取不捨入一相
門起於慧業斷一切煩惱一切鄣礙一切不善法
起一切善業以得一切智慧一切善法起於一
切助佛道法如是善男子是爲法施之會若
菩薩住是法施之會者爲大施主亦爲一切
世間福田世尊維摩詰說是法時婆羅門衆
中二百人皆發阿耨多羅三藐三菩提心我時
心得清淨歎未曾有稽首礼維摩詰足即解
瓔珞價直百千以上之不肯取我言居士願
必納受隨意所與維摩詰乃受瓔珞分作

菩薩住是法施之會者為大施主亦為一切
世間福田世尊維摩詰說是法時婆羅門衆
中二百人皆發阿耨多羅三藐三菩提心我時
心得清淨歎未曾有稽首禮維摩詰足即解
瓔珞價直百千以上之不肯取我言居士願
必納受隨意所與維摩詰乃受瓔珞分作
二分持一分施此會中一最下乞人持一分奉
彼難勝如來一切衆會皆見光明國土難勝
如來又見珠瓔在彼佛上變成四柱寶臺四面
嚴飾不相鄣蔽時維摩詰現神變已作是言
若施主等心施一最下乞人猶如如來福田之相
無所分別等于大悲不求果報是則名曰具
足法施城中一最下乞人見是神力聞其所說
即發阿耨多羅三藐三菩提心故我不任詣彼問疾
如是諸菩薩各各向佛說其本緣稱述維摩
詰所言皆曰不任詣彼問疾

維摩詰經卷上

BD04414 號　維摩詰所說經卷上

（21–21）

南無散華難勝佛　南無[illegible]方香[illegible]佛
南無波那他眼佛　南無放炎佛
南無十方稱名佛　南無光明孫留佛
南無寶光明佛　南無毗尸棄佛
南無三界境界勢佛　南無光明輪佛
南無虛空寂境界佛　南無盡境界佛
南無妙寶聲佛　南無普境界佛
南無智稱佛　南無光明輪境界勝王佛
南無善住佛　南無成就住寶功德佛
南無超智功德佛　南無一切功[illegible]
南無佛境界清淨佛　南無起智光明威德積聚佛
南無成就波頭摩佛　南無第一境界法佛
南無半月光明佛　南無香烏佛

南無成就波頭摩功德佛
南無旃檀功德佛　南無寶山佛
南無黠慧行佛　南無能住無畏佛
南無無邊功德勝佛　南無光明難勝佛

BD04415 號　佛名經（十六卷本）卷一五

（34–1）

南无成就波頭摩功德佛
南无旃檀功德佛 南无寶山佛
南无黠慧行佛 南无能住无畏佛
南无无邊功德勝佛 南无光明難勝佛
南无作无邊功德佛 南无成就功勝功德佛
南无住持炬佛 南无勝敵對佛
南无勝王佛 南无星宿王佛
南无无邊山佛 南无虛空輪清淨王佛
南无无邊聲佛 南无无邊光明佛
南无寶弥留佛 南无種種寶佛
南无拘脩摩數佛 南无上首佛
南无垢離垢發行光明佛
南无金色華佛 南无寶窟佛
南无種種華成就佛 南无放光明佛
南无成就華佛 南无華蓋佛
南无不空發脩行佛 南无勝力王佛
南无淨聲王佛 南无无邊上王佛
南无无鄣导眼佛 南无破諸趣佛
南无起離佛 南无无相聲佛
南无畢竟成就无邊功德佛
南无寶成就勝佛 南无波頭摩得勝功德佛
南无寶妙佛 南无三世无导發脩行佛

BD04415 號　佛名經（十六卷本）卷一五　（34–2）

南无起離佛 南无无相聲佛
南无畢竟成就无邊功德佛
南无寶成就勝佛 南无波頭摩得勝功德佛
南无寶妙佛 南无三世无导發脩行佛
南无无邊照佛 南无寶弥留佛
南无照燈勝王佛 南无无上光明佛
南无炬照燈佛 南无成就智德佛
南无功德王光明佛 南无非沙佛
南无梵聲佛
從此以上一万一千五百佛十二部經一切賢聖
南无功德輸佛 南无十方燈佛
南无佛華成就德佛 南无婆羅自在王佛
南无華顯佛 南无寶積佛
南无見種種佛 南无藥王佛
南无最上佛 南无賢勝佛
南无香妙佛 南无香勝難勝佛
南无无邊精進佛 南无過十光佛
南无佛波頭摩妙佛 南无无邊境界佛
南无鹫怖波頭摩成就勝王佛
南无寶羅網佛 南无善住王佛
南无最勝香王佛 南无能與一切樂佛

BD04415 號　佛名經（十六卷本）卷一五　（34–3）

南无……頭摩……佛
南无无邊境界佛
南无鷲怖波頭摩成就勝王佛
南无寶羅網佛　南无善住王佛
南无衆勝香王佛　南无能與一切樂佛
南无能現一切念佛　南无不空名稱佛
南无寶光明佛　南无安隱與一切衆生樂佛
南无无邊虛空莊嚴勝佛
南无普華成就勝佛　南无可樂勝佛
南无善莊嚴佛　南无虛空雞兜佛
南无多寶佛　南无聲相佛
南无无邊境界來佛　南无淨眼佛
南无高山佛　南无不可降伏幢佛
南无可詣佛　南无无邊无際諸山佛
南无月輪莊嚴王佛　南无衆勝弥留佛
南无樂成就德佛　南无清淨諸弥留佛
南无安樂德佛　南无梵德佛
南无无导目佛　南无作无邊功德佛
南无善思惟成就諸願佛　南无清淨輪王佛
南无智高佛　南无勇猛仙佛
南无智積佛　南无作方佛
南无能忍佛　南无離諸有佛
南无智護佛　南无妙功德佛
[illegible]

南无善思惟成就諸願佛　南无清淨輪王佛
南无智高佛　南无勇猛仙佛
南无智積佛　南无作方佛
南无能忍佛　南无離諸有佛
南无智護佛　南无妙功德佛
南无隨衆生心現境界佛　南无鏡佛
南无无邊寶佛　南无離一切憂境界无畏佛
南无无导寶光明佛　南无无导聰佛
南无念一切佛境界佛　南无成就勝功德佛
南无能現一切佛像佛　南无无邊勢力步佛
南无无相體佛　南无化聲佛
南无化聲善聲佛　南无寶成就勝功德佛
南无海弥留佛　南无无始意佛
南无智華成就佛　南无離恨佛
南无窮佛　南无成就不可量功德佛
南无樂成就勝境界佛　南无求无畏香佛
南无高威德山佛　南无斷一切諸道佛
南无无障导香光明佛　南无雲妙鼓聲佛
南无須弥山堅佛　南无勝香須弥佛
南无无邊光明佛　南无普見佛
南无得无畏佛　南无月燈佛
南无大燈佛　南无勢燈佛

南无須弥山堅佛　南无勝香須弥佛
南无无邊光明佛　南无普見佛
南无得无畏佛　南无月燈佛
南无大燈佛　南无勢燈佛
南无高脩佛　南无金剛生佛
南无智自在王佛　南无智力稱佛
南无无畏上佛　南无功德王佛
南无波婆婆佛　南无善眼佛
南无妙莊嚴佛　南无寶蓋佛
從此以上一万一千六百佛十二部經一切賢聖
南无香象佛　南无无邊境界不空稱佛
南无不可思議功德王光明佛　南无種種華佛
南无无畏王佛　南无常猒香佛
南无妙藥樹王佛　南无常求安樂佛
南无无邊意行佛　南无无邊境界佛
南无无邊光佛　南无无邊目佛
南无无邊虛空境界佛
南无聲色境界佛　南无香上勝佛
南无虛空勝佛　南无勝功德佛
南无現諸方佛　南无妙弥留佛
南无无障眼佛　南无沙伽羅佛

BD04415號　佛名經（十六卷本）卷一五　（34–6）

南无虛空勝佛　南无勝功德佛
南无現諸方佛　南无妙弥留佛
南无无障眼佛　南无沙伽羅佛
南无庭燎佛　南无照雞兜佛
南无无垢月威德光佛　南无智山佛
南无稱力王佛　南无功德王光明佛
南无智見佛　南无波頭摩勝成就佛
南无寶火佛　南无寶蓮華勝佛
南无斷諸疑佛　南无領勝衆佛
南无雞兜王佛　南无華勝佛
南无教光明佛　南无照波頭摩光明佛
南无方王法雞兜佛　南无无邊步佛
南无娑伽羅山佛　南无阿讁荷見佛
南无无障㝵吼聲佛　南无无邊功德稱光明佛
南无世間涅槃无差別脩行佛
南无无邊照佛　南无善眼佛
南无一蓋藏佛　南无教光明佛
南无過去未來現在發脩行佛
南无无邊華佛　南无无邊淨佛
南无无邊光佛　南无无邊照佛
南无无邊明佛　南无妙明佛

BD04415號　佛名經（十六卷本）卷一五　（34–7）

南无過去未來現在發偏行佛
南无无邊華佛　南无无邊淨佛
南无无邊光佛　南无无邊照佛
南无无邊明佛　南无妙明佛
南无无邊境界佛　南无无邊步佛
南无平等蓋行佛　南无寶蓋佛
南无星宿王佛　南无蓋星宿佛
南无光明輪佛　南无光明王佛
南无勝光明功德佛　南无不可量光佛
南无勝佛　南无不可量境界步佛
南无閻梨尼山佛　南无佛華光明佛
南无波頭摩勝華山王佛　南无无礙聲吼佛
南无星宿上首佛　南无放光明佛
南无三周羅那堅佛　南无大雲光佛
南无不空見佛　南无頂勝功德佛
南无波頭摩頂勝功德佛　南无无癡佛
南无能度佛　南无无迷步佛
南无離愚境界佛　南无无闇光明佛
南无无邊精進佛　南无娑羅自在王佛
南无寶娑羅佛　南无一蓋佛
南无善蓋莊嚴佛　南无寶聚佛
南无旃聚香佛　南无旃檀屋佛

BD04415號　佛名經（十六卷本）卷一五

（34-8）

南无无邊精進佛　南无娑羅自在王佛
南无寶娑羅佛　南无一蓋佛
南无善蓋莊嚴佛　南无寶聚佛
南无旃聚香佛　南无旃檀屋佛
南无无邊光明佛　南无光輪佛
南无山莊嚴佛　南无无障礙眼佛
南无善眼佛　南无寶成佛

從此以上一万一千七百佛十二部經一切賢聖

南无一切功德勝佛　南无成就佛華功德佛
南无善住意佛　南无无邊方便佛
南无不空功德佛　南无寶勢佛
南无无邊脩行佛　南无莊嚴无邊功德佛
南无虛空輪光佛　南无无相聲佛
南无藥王佛　南无不怯弱佛
南无離諸畏毛竪佛　南无功德王光明佛
南无无礙聲吼佛　南无大雲光佛
南无觀智起華佛　南无虛空家佛
南无虛空聲佛　南无虛空莊嚴佛
南无大眼佛　南无勝功德佛
南无成佛　南无佛波頭摩德佛
南无成功德佛　南无師子勝佛

BD04415號　佛名經（十六卷本）卷一五

（34-9）

南无虛空聲佛　南无虛空莊嚴佛
南无大眼佛　南无勝功德佛
南无成佛　南无佛波頭摩德佛
南无成功德佛　南无師子勝佛
南无成就義佛　南无師子護佛
南无善住王佛　南无梵山佛
南无淨目佛　南无不空跡步佛
南无香象佛　南无香德佛
南无香彌留佛　南无无邊眼佛
南无財屋佛　南无香山佛
南无寶師子佛　南无堅固衆生佛
南无妙勝住王佛　南无无邊境界勝王佛
南无勝精進王佛　南无无疑佛
南无善星宿王佛　南无然燈佛
南无能作光明佛　南无光明山佛
南无光明輪佛　南无妙蓋佛
南无香蓋佛　南无寶蓋佛
南无香去蓋佛　南无旃檀香佛
南无須彌山積聚佛　南无種種寶光明佛
南无堅固自在王佛　南无淨勝佛
南无淨眼佛　南无不弱佛
南无寶勝佛　南无施羅王佛

BD04415號　佛名經（十六卷本）卷一五　（34–10）

南无須彌山積聚佛　南无種種寶光明佛
南无堅固自在王佛　南无淨勝佛
南无淨眼佛　南无不弱佛
南无寶勝佛　南无施羅王佛
南无發脩行轉女根佛　南无發无邊脩行佛
南无衆妙光佛　南无閻浮尼光明山佛
南无因王佛　南无梵勝佛
南无稱身佛　南无華山佛
南无轉胎佛　南无轉難佛
南无斷諸念佛　南无發起諸念佛
南无常脩行佛　南无善住佛
南无一藏佛　南无一山佛
南无无邊身佛　南无无邊精進佛
南无光明輪佛　南无无邊功德王光佛
南无降伏一切諸惡佛　南无過一切魔境界佛
南无不可量華佛　南无不可量香佛
南无不可量聲佛　南无光明頂佛
南无光明勝佛　南无不離二佛

次礼十二部尊經大藏法輪

南无梵聲經　南无須陀洹四功德經
南无特甚而人然王經　南无蓮華女經
南无國王薩經　南无阿毗曇經

BD04415號　佛名經（十六卷本）卷一五　（34–11）

次礼十二部尊經大藏法輪
南无梵聲經　南无須陀洹四功德經
南无持戒而人煞王經　南无蓮華女經
南无國王薩經　南无阿毗曇經
南无金剛密經　南无持世經
南无阿那律八念經　南无等集經
南无迦羅越經　南无阿難問因緣持戒經
從此以上一万二千八百佛十二部經一切賢聖
南无薩和達王經　南无阿難邠坻四時施經
南无阿闍世王經　南无阿閦佛經
南无德光太子經　南无小阿閦經
南无阿陁三昧經　南无胞藏經
南无阿鳩留經　南无衛偷一切智經
次礼十方諸大菩薩
南无滅惡世界儀意菩薩　南无普樂世界華莊嚴菩薩
南无善樂世界大智菩薩　南无安樂世界賢日光明菩薩
南无安樂世界師子孔身菩薩　南无蓮華樹世界實首菩薩
南无安樂世界大勢至菩薩
南无炎氣世界法首菩薩
南无炎氣世界法英菩薩
南无妙樂世界香首菩薩
南无妙樂世界衆首菩薩

BD04415號　佛名經（十六卷本）卷一五　（34-12）

南无炎氣世界法首菩薩
南无炎氣世界法英菩薩
南无妙樂世界香首菩薩
南无妙樂世界衆首菩薩
南无照明世界師子意菩薩
南无照明世界師子菩薩
南无不眴世界道御菩薩
南无光曜世界寶幢菩薩
南无樂御世界慧步菩薩
南无樂御世界慧見菩薩　南无光察世界雨王菩薩
南无光察世界法王菩薩　南无愛見世界退魔菩薩
南无愛見世界右魔王菩薩　南无照曜世界顯青勢王菩薩
南无寶燈須弥山幢世界无上妙德王菩薩
南无一切香集世界虛空藏菩薩
次礼聲聞緣覺一切賢聖
南无優波羅辟支佛　南无波頭辟支佛
南无善賢辟支佛　南无賢德辟支佛
南无須摩辟支佛　南无輪那辟支佛
南无留闍辟支佛　南无優留闍辟支佛
南无非沙辟支佛　南无牛齒辟支佛
南无遍盡辟支佛　南无最後身辟支佛

BD04415號　佛名經（十六卷本）卷一五　（34-13）

南无須摩辟支佛　南无輪那辟支佛
南无留閻辟支佛　南无優留閻辟支佛
南无非沙辟支佛　南无牛齒辟支佛
南无漏盡辟支佛　南无最後身辟支佛
歸命如是等无量无邊辟支佛
礼三寶已次復懺悔
衆等相與即今身心寂靜无諍无障正是生善滅
惡之時復應各起四種觀行以爲滅罪作前方便何
等爲四一者觀於因緣二者觀於果報三者觀我自
身四者觀如來身　苐一觀因緣者知我此罪藉以
无明不善思惟无正觀力不識其過遠離善友諸
佛菩薩隨逐魔道行邪險逕如魚吞鈎不知其患
如蠶作繭自纏自縛如蛾赴火自燒自爛以是因
緣不能自出
苐二觀於果報者所有諸惡不善之業三世流轉
苦果无窮沉溺无邊巨夜不悔爲諸煩惱羅刹所
食未來生死冥然无崖設使報得轉輪聖王王四天
下飛行自在七寶具足命終之後不免惡趣四空果
報三界尊極福盡還作牛領中虫況復其餘无
福德者而復懈怠不懃懺悔此亦譬如抱石沉淵求
出良難　苐三觀我自身雖有正因靈覺之性而

BD04415號　佛名經（十六卷本）卷一五　（34–14）

下飛行自在七寶具足命終之後不免惡趣四空果
報三界尊極福盡還作牛領中虫況復其餘无
福德者而復懈怠不懃懺悔此亦譬如抱石沉淵求
出良難　苐三觀我自身雖有正因靈覺之性而
爲煩惱黑闇叢林之所覆蔽无了因力不能得顯
我今應當發起勝心破裂无明顛倒重障斷滅
生死虛僞苦因顯發如來大明覺慧建立无上涅
槃妙果　苐四觀如來身者无爲寂照離四句絕
百非衆德具足湛然常住雖復方便入於滅度慈
悲救接未曾暫捨如是等心可謂滅罪之良津除障
之要行是故弟子今日至到稽首歸依佛
南无東方勝藏珠光佛　南无南方寶積示現佛
南无西方法界智燈佛　南无北方寂勝降伏佛
南无東南方龍自在王佛　南无西南方轉一切生死佛
西北方无邊智自在佛　東北方无邊功德月佛
南无下方海智神通佛　南无上方一切勝王佛
如是十方盡虛空界一切三寶至心歸命常住三寶
弟子等无始以來至於今日長養煩惱日深日厚日
滋日茂覆蓋慧眼令无所見斷除衆善不得相續
起障不得見佛不聞正法不值聖僧煩惱起障不
見過去未來一切世間善惡業行之煩惱障受人天

BD04415號　佛名經（十六卷本）卷一五　（34–15）

[illegible]无始以來至於今日長養煩惱日深日厚日
滋日茂覆蓋慧眼令无所見斷除衆善不得相續
起障不得見佛不聞正法不值聖僧煩惱起障不
見過去未來一切世間善惡業行之煩惱障受人天
尊貴之煩惱障生色无色界禪定福樂之煩惱障
不得自在神通飛騰隱顯遍至十方諸佛淨土聽法
之煩惱障學安那般那數息不淨觀諸煩惱障學
慈悲喜捨因緣煩惱障學七方便三觀義煩惱
障學四念處煖頂忍煩惱障學聞思修第一法煩
惱障學空平等中道解煩惱障學八正道示相之煩
惱障學七覺枝不示相之煩惱障學於道品因緣觀
煩惱障學八解脫九空之煩惱障學於十智三三昧煩
惱障學三明六通四无礙煩惱障學六度四等煩惱
障學四攝法廣化之煩惱障學大乘心四弘誓願煩
惱障學十明十行之煩惱障學十迴向十願之煩惱障
學初地二地三地四地明解之煩惱障五地六地七地諸知
見煩惱障學八地九地十地雙照之煩惱障如是乃至
障學佛果報百万阿僧祇劫諸行上煩惱如是行障无量
无邊弟子今日至到稽顙向十方佛尊法聖衆慚愧
懺悔願皆消滅至心歸命常住三寶
願弟子等藉此懺悔障於諸行一切煩惱願弟子在在
處處自在受生不為結業之所退轉以如意通於一

无邊弟子今日至到稽顙向十方佛尊法聖衆慚愧
懺悔願皆消滅至心歸命常住三寶
願弟子等藉此懺悔障於諸行一切煩惱願弟子在在
處處自在受生不為結業之所退轉以如意通於一
念頃遍至十方淨諸佛土攝化衆生於諸禪定甚深
境界及諸知見通達无导心能普周一切諸法樂說
无窮而不染著得心自在得法自在智惠自在方
便自在令此煩惱及无知結習畢竟永斷不復相續
无漏聖道朗然如日至心歸命常住三寶
佛說罪業報應教化地獄經
復有衆生吃癈瘖瘂口不能言若有所說不能明了何
罪所致佛言已前世時坐誹謗三尊輕毀聖道論他好
惡求人長短強誣良善憎疾賢人故獲斯罪
復有衆生腹大頸細不能下食若有所食變為膿
血何罪所致佛言已前世時偷盜僧食或為大會
施設餚饍故取麻米屏處食之慳惜己物但貪他
有常行惡心與人毒藥氣息不通故獲斯罪
復有衆生常為獄卒燒熱鐵丁骨之百節釘之以訖
自然火生焚燒其身悉皆燋爛何罪所致佛言以前
世時坐為針師傷人身體不能差病誑取物令苦故
獲斯罪

復有衆生常為獄卒燒熱鐵丁貫之百節釘之以訖
自然火生焚燒其身悉皆燋爛何罪所致佛言以前
世時坐為針師傷人身體不能差病誑取物令苦故
獲斯罪

南无論佛　南无不可量佛華光明佛
南无不可量聲佛　南无光明山佛
南无娑羅自在王佛　南无日面佛
南无善目佛　南无虛空佛
南无寶華佛　南无寶成佛
南无月華佛　南无發諸行佛
南无斷諸世間佛　南无无邊樂說佛
南无離諸覺畏佛　南无樂說一切境界佛
南无善香光明佛　南无香光佛
南无香弥留佛　南无香勝佛
南无香鳥佛　南无香林佛
南无香王佛　南无波頭摩勝王佛
南无佛境界佛　南无寶妙佛
南无妙勝佛　南无散華佛
南无華蓋鬚佛　南无華屋佛
南无金色華佛　南无香華佛
南无弥留王佛　南无導師佛

BD04415號　佛名經（十六卷本）卷一五　（34–18）

南无華蓋鬚佛　南无華屋佛
南无金色華佛　南无香華佛
南无弥留王佛　南无導師佛
南无勝諸衆生佛　南无斷向叉那佛
南无發善行佛　南无善華佛
南无无邊香佛　南无普散香光明佛
南无普散香佛　南无普散光佛
從此以上一万一千九百佛十二部經一切賢聖
南无普散波頭摩勝佛　南无寶閻梨尼手佛
南无起王佛　南无普佛國土一蓋佛
南无善住王佛　南无妙音佛
南无无邊智境界佛　南无不空發佛
南无不空見佛　南无无障目佛
南无不動佛　南无發生菩提心佛
南无无量眼佛　南无有燈佛
南无普照佛　南无光明佛
南无一切佛國土佛　南无不斷慈一切衆生樂說佛
南无无垢步佛　南无无雖步佛
南无離一切憂佛　南无能離一切衆生有佛
南无脩行勝佛　南无无畏王佛
南无勝山佛　南无香面佛

BD04415號　佛名經（十六卷本）卷一五　（34–19）

南无无[illegible]佛　南无无礙步佛
南无離一切憂佛　南无能離一切衆生有佛
南无脩行勝佛　南无无畏王佛
南无勝山佛　南无香面佛
南无俱憐佛　南无大力勝佛
南无寶優波羅勝佛　南无拘牟頭成佛
南无高聲眼佛　南无上首佛
南无華成佛　南无无邊光明佛
南无月出光佛　南无十方稱佛
南无多羅歌王增上佛　南无无邊光明佛
南无最勝香山佛　南无无畏佛
南无成就无畏德佛　南无成就見邊頭功德佛
南无一切功德莊嚴佛　南无華王佛
南无不可降伏幢佛　南无增上護光佛
南无驚怖波頭摩勝佛　南无不畏惡成就勝佛
南无一切上佛　南无虛空輪清淨王佛
南无无相聲乳佛　南无寶起功德佛
南无梵勝佛　南无无障㝵香手佛
南无彌留山光明佛　南无波頭摩勝光佛
南无能作稱名佛　南无稱親佛
南无堅固自在王佛　南无過去如是等无量无邊佛
南无現住積聚无畏佛　南无寶功德光明佛

BD04415號　佛名經（十六卷本）卷一五

（34-20）

南无梵勝佛　南无无障㝵香手佛
南无彌留山光明佛　南无波頭摩勝光佛
南无能作稱名佛　南无稱親佛
南无堅固自在王佛　南无過去如是等无量无邊佛
南无現住積聚无畏佛　南无寶功德光明佛
南无普護佛　南无寶光明佛
南无月莊嚴寶光明智威德聲王佛
南无拘蘇摩樹提不諂王通佛
南无清淨月輪佛　南无寂靜月聲佛
南无阿僧祇住功德精進勝佛
南无善稱名勝佛　南无目阿羅難光幢星宿王佛
南无普光明莊嚴勝佛　南无降伏敵對步佛
南无无㝵樂王樹勝佛　南无普功德光明莊嚴勝佛
南无波頭摩步佛　南无師子王佛
南无寶波頭摩善住娑羅王佛
南无日光佛　南无大光佛
南无无邊光佛　南无波頭摩王佛
南无阿偶多羅佛　南无波頭摩勝佛
南无善華佛　南无寶心佛
南无无礙光佛　南无山幢佛
南无寶幢佛　南无寶炎佛
南无大炎聚佛　南无須彌高佛

BD04415號　佛名經（十六卷本）卷一五

（34-21）

南无阿僧多羅佛 南无波頭摩勝佛
南无善華佛 南无寶心佛
南无无礙光佛 南无山幢佛
南无寶幢佛 南无寶炎佛
南无大炎聚佛 南无旃檀香佛
南无善利光佛 南无波頭摩敷身佛
南无依止无邊功德佛 南无寶體法決定聲王佛
南无阿僧祇精進聚集勝佛 南无智通佛
南无弥留山積佛 南无然燈佛
南无大威德力佛 南无日月佛
從此以上一万二千佛十二部經一切賢聖
南无旃檀佛 南无須弥劫佛
南无月色佛 南无不滌佛
南无降伏龍佛 南无龍天佛
南无金色鏡像佛 南无山聲自在王佛
南无山積佛 南无須弥藏佛
南无供養光佛 南无勝覺佛
南无地山佛 南无琉璃華佛
南无妙琉璃金形像佛 南无降伏月佛
南无日聲佛 南无散華莊嚴佛
南无海山智奮迅通佛
南无水光佛 南无大香鏡像佛

南无妙琉璃金形像佛 南无降伏月佛
南无日聲佛 南无散華莊嚴佛
南无海山智奮迅通佛
南无水光佛 南无大香鏡像佛
南无不動山佛 南无寶集佛
南无勝山佛 南无勇猛山佛
南无多功德法任持得通佛
南无日月琉璃光佛 南无勝琉璃光佛
南无心聞智多拘蘓摩勝佛
南无月光佛 南无日光佛
南无散華王拘蘓摩通佛
南无旃檀月光佛 南无破无明闇佛
南无普蓋波婆羅佛 南无星宿佛
南无非沙佛 南无法惠增長佛
南无師子鵰王山孔佛 南无梵聲龍奮迅佛
南无世間月陁羅佛 南无世間自在王佛
南无可得報佛 南无甘露聲佛
南无樹提光佛 南无那延首龍佛
南无力天佛 南无師子佛
南无毗羅闍光佛 南无世間最上佛
南无山岳佛 南无人自在王佛

南无樹提光佛　南无那迖首龍佛
南无力天佛　南无師子佛
南无毗羅闍光佛　南无世間最上佛
南无山岳佛　南无人自在王佛
南无寶勝威德王劫佛　南无不可嫌身佛
南无稱讃佛　南无稱威德佛
南无稱名聲佛　南无稱聲供養佛
南无勇猛稱佛　南无聲分清淨佛
南无智勝善縣惠佛　南无上智勝成就佛
南无智炎佛　南无妙智佛
南无智炎聚佛　南无智勇猛佛
南无梵聲佛　南无梵勝佛
南无淨天佛　南无善辟佛
南无華勝佛　南无得四无畏佛
南无善淨天佛　南无梵聲佛
南无淨自在佛　南无淨善眼佛
南无淨聲自在王佛　南无善淨德佛
南无威德力增上佛　南无善世自在佛
南无威德大勢力佛　南无勝威德佛
南无毗摩勝佛　南无毗摩意佛
南无善毗摩佛　南无毗摩面佛
南无毗摩成就佛　南无毗摩[illegible]佛

BD04415號　佛名經（十六卷本）卷一五　（34–24）

南无威德力增上佛　南无善世自在佛
南无威德大勢力佛　南无勝威德佛
南无毗摩勝佛　南无毗摩意佛
南无善毗摩佛　南无毗摩面佛
南无毗摩成就佛　南无毗摩妙佛
南无見寶佛　南无須尼多佛
南无善眼清淨佛　南无无邊眼佛
南无普眼佛　南无无等眼佛
南无勝眼佛　南无不可降伏眼佛
南无不動眼佛　南无寂勝佛
南无善寂佛　南无善寂諸根佛
從此以上一万二千一百佛十二部經一切賢聖
南无寂勝佛　南无寂功德佛
南无寂彼岸佛　南无善住佛
南无寂心佛　南无寂意佛
南无寂靜世燈佛　南无自在王佛
南无衆勝佛　南无寂王佛
南无大衆自在勇猛佛　南无衆勝解脫佛
南无法幢佛　南无法難免佛
南无法起佛　南无法體勝佛
南无法力自在勝佛　南无法勇猛佛
南无樂說山佛　南无寶大[illegible]

BD04415號　佛名經（十六卷本）卷一五　（34–25）

南無法幢佛　南無法雞兜佛
南無法趣佛　南無法體勝佛
南無法力自在勝佛　南無法勇猛佛
南無樂說山佛　南無寶火佛
南無樂說莊嚴雲吼佛　南無勝聲佛
南無妙眼佛　南無成就意佛
南無清淨面月勝藏威德佛
南無滿足心佛　南無無比慧佛
南無淨迦羅迦決定威德佛
南無無邊精進佛　南無甘露光佛
南無大威德佛　南無月光佛
南無旃檀香佛　南無須弥劫佛
南無山積佛　南無無垢色佛
南無無染佛　南無龍勝佛
南無金色佛　南無山吼自在王佛
南無金藏佛　南無大光佛
南無大自在佛　南無琉璃華佛
南無月勝佛　南無月聲佛
南無散花莊嚴光佛　南無大香去照明佛
南無離一切染意佛　南無衆集寶佛
南無德山佛　南無勇猛山佛

南無散花莊嚴光佛　南無大香去照明佛
南無離一切染意佛　南無衆集寶佛
南無德山佛　南無勇猛山佛
南無梵聲龍奮迅佛　南無世間勝上佛
南無師子奮迅吼佛　南無華勝佛
南無山勝佛　南無成就娑羅自在王佛
南無吼聲佛　南無普光明佛
南無等蓋佛　南無無憂佛
南無智王佛　南無智山佛
南無月光佛　南無普光佛
南無聲德佛　南無無勿成就佛
南無大幢佛　南無智自在佛
南無大自在佛　南無梵聲佛

次礼十二部尊經大藏法輪

南無菩薩悔過經　南無阿闍世女經
南無曉所諍不解者經　南無菩薩十遍和經
南無阿拔經　南無惡人經
南無菩薩等行分別國經
南無阿毗曇九十八結經
南無越度世道經　南無推權經
南無五十法式經　南無愛欲聲經

南无阿揿　經　南无愚人　經
南无菩薩等行分別國經
南无阿毗曇九十八結經
南无趣度世道經　南无推權經
南无五十法式經　南无愛敬聲經
南无推明經　南无五蓋離疑經
南无一切要義經　南无慧行經
南无五陰喻經　南无思道經
南无王舍城靈鷲山經　南无賢劫五百佛經
南无五百弟子本經　南无權變經

次礼十方諸大菩薩
南无寶燈須弥山幢世界蓋海天子菩薩
南无光明莊世界淨眼菩薩
南无光明世界淨藏菩薩
南无光莊嚴世界妙莊嚴王菩薩
從此以上一万二千二百佛十二部經一切賢聖
南无淨世界光頂菩薩　南无淨世界慧聚菩薩
南无淨世界具足四无閡智菩薩
南无金色世界文殊師利菩薩　南无花色世界財首菩薩
南无衆色世界覺首菩薩
南无青蓮華色世界德首菩薩
南无瞻蔔華色世界寶首菩薩

南无淨世界具足四无閡智菩薩
南无金色世界文殊師利菩薩　南无花色世界財首菩薩
南无衆色世界覺首菩薩
南无青蓮華色世界德首菩薩
南无瞻蔔華色世界寶首菩薩
南无金色世界目首菩薩　南无寶色世界進首菩薩
南无金剛色世界法首菩薩　南无頗梨色世界智首菩薩
南无如實色世界賢首菩薩
南无无量慧世界功德林菩薩
南无幢惠世界林慧菩薩　南无地慧世界勝林菩薩
南无勝慧世界无畏林菩薩　南无燈慧世界慚愧林菩薩
南无金剛慧世界精進林菩薩
南无安樂慧世界力成就林菩薩

次礼聲聞緣覺一切賢聖
南无阿利多辟支佛　南无婆利多辟支佛
南无多伽樓辟支佛　南无稱辟支佛
南无見辟支佛　南无愛見辟支佛
南无覺辟支佛　南无乾陀羅辟支佛
南无无妻辟支佛　南无梨沙婆辟支佛
南无毗邪孫辟支佛　南无俱薩羅辟支佛
南无波藪陀羅辟支佛　南无无妻淨心辟支佛
南无實无垢辟支佛　南无福德辟支佛

南無[illegible]佛　南無[illegible]辟支佛
南無無妻辟支佛　南無梨沙婆辟支佛
南無毗耶孫辟支佛　南無俱薩羅辟支佛
南無波藪陁羅辟支佛　南無妻淨心辟支佛
南無寶無垢辟支佛　南無福德辟支佛
南無黑辟支佛　南無唯黑辟支佛
南無直福德辟支佛　南無識辟支佛
礼三寶已次復懺悔
弟子等略懺煩惱障竟今當次弟懺悔業障夫業
能莊飾世趣在在處處是以思惟求離世解脫所以
六道果報種種不同形類各異當知皆業力所作所以
佛十力中業力甚深凡夫之人多於此中好起疑惑何以
故尒現見世間行善之人觸向轗軻為惡之者是事
諧偶謂言天下善惡無分如此計者皆是不能深
達業理何以故尒經中說言有三種業何等為三
一者現報二者生報三者後報現報業者現在作善
作惡現身受報生報業者此生作善作惡來生受
報後報業者或是過去無量生中作善作惡或於
此生中受或在未來無量生中方受其報向者行惡
之人現在見好此是過去生報後報善業熟故所以現
在有此樂果豈關現在作諸惡業而得好報行善之
人現在見苦者是過去生中生報後報惡業熟故現

此生中受或在未來無量生中方受其報向者行惡
之人現在見好此是過去生報後報善業熟故所以現
在有此樂果豈關現在作諸惡業而得好報行善之
人現在見苦者是過去生中生報後報惡業熟故現
在善根力弱不能排遣是故得此苦報豈關現在作
善而招惡報何以知然現見世間為善之者為人所
讃嘆人所尊重故知未來必招樂果過去既有如此
惡業所以諸佛菩薩教令親近善友共行懺悔善
知識者於得道中則為全利是故弟子等今日至
誠歸依佛
南無東方無量離垢佛　南無南方樹根華王佛
南無西方蓮華自在佛　南無北方金剛能破佛
南無東南方悲檀義勝佛　南無西南方金海自在王佛
南無西北方無邊法自在王佛　南無東北方無㝵香象王佛
南無下方無㝵慧幢佛　南無上方甘露上王佛
如是十方盡虛空界一切三寶至心歸命常住三寶
弟子等無始以來至於今日積惡如恒沙造罪滿天
下捨身與受身不覺亦不知或作五逆深厚濁纏無間
罪業或造一闡提斷善根業輕誣佛語謗方等業
破滅三寶毀正法業不信罪福起十惡業迷真返正痴
惑之業不孝二親反戾之業輕慢師長無礼敬業朋
友無信不義之業或作四重六重

罪業或造一闡提斷善根業輕誣佛語謗方等業
破滅三寶毀正法業不信罪福起十惡業迷真返正癡
惑之業不孝二親反戾之業輕慢師長無礼敬業朋
友無信不義之業或作四重六重
八重障聖道業毀犯五戒破八齋業五篇七聚多缺
犯業優婆塞戒輕重垢業或菩薩戒不能清淨
如說行業前後方便汙梵行業月無六齋懈怠之
業年三長齋不常脩業三千威儀不如法業八万律
儀微細罪業不脩身戒心慧之業春秋八王造衆罪
業行十六種惡律儀業於苦衆生無慈傷業不矜
不念無怜慜業不拔不濟無救護業心懷嫉忌無
慶彼業於怨親境不平等業耽荒五欲不厭離業
或因衣食園林池沼生蕩逸業或以盛年放恣情欲
造衆罪業或有漏迴向三有障出世業如是等業無
量無邊今日發露向十方佛尊法聖衆皆悉懺悔至
心歸命常住三寶
願弟子等承是懺悔無閒等諸業所生福善願生生
世世滅五逆罪除一闡提惑如是輕重諸罪從今以去乃
至道場誓不更犯恒脩出世清淨善法精持律行
守護威儀如度海者愛惜浮囊六度四等常標行
首戒定慧品轉得增明速成如來卅二相八十種好十

BD04415號　佛名經（十六卷本）卷一五

（34–32）

願弟子等承是懺悔無閒等諸業所生福善願生生
世世滅五逆罪除一闡提惑如是輕重諸罪從今以去乃
至道場誓不更犯恒脩出世清淨善法精持律行
守護威儀如度海者愛惜浮囊六度四等常標行
首戒定慧品轉得增明速成如來卅二相八十種好十
力無畏大悲三念常樂妙智得八自在我至心歸命
常住三寶
佛說罪業報應教化地獄經
復有衆生常在鑊中牛頭阿傍手捉鐵叉叉著鑊中
者之令爛還即吹活而復煮之何罪所至佛言以前世
時屠殺衆生湯灌滅毛不可限量故獲斯罪
復有衆生在火城中煻煨齊心四門雖開到則閉之東
西馳走不能自免為大燒盡何罪所致佛言以前世
時焚燒山澤決穴陂池使諸衆生沒溺而死故獲斯罪
復有衆生常行雪山中寒風所吹皮肉剝裂求死不得
何罪所致佛言以前世時攔道作賊剝脫人衣冬月隆
寒令他凍死剝牛羊苦痛難堪故獲斯罪
復有衆生常在刀山劍樹之上若有所捉即便傷割
皮即斷壞何罪所致佛言以前世時屠殺為業烹
宰衆生刀割剝判骨肉分離頭脚星散懸於高格
稱量而賣或復生懸痛不可堪故獲斯罪

BD04415號　佛名經（十六卷本）卷一五

（34–33）

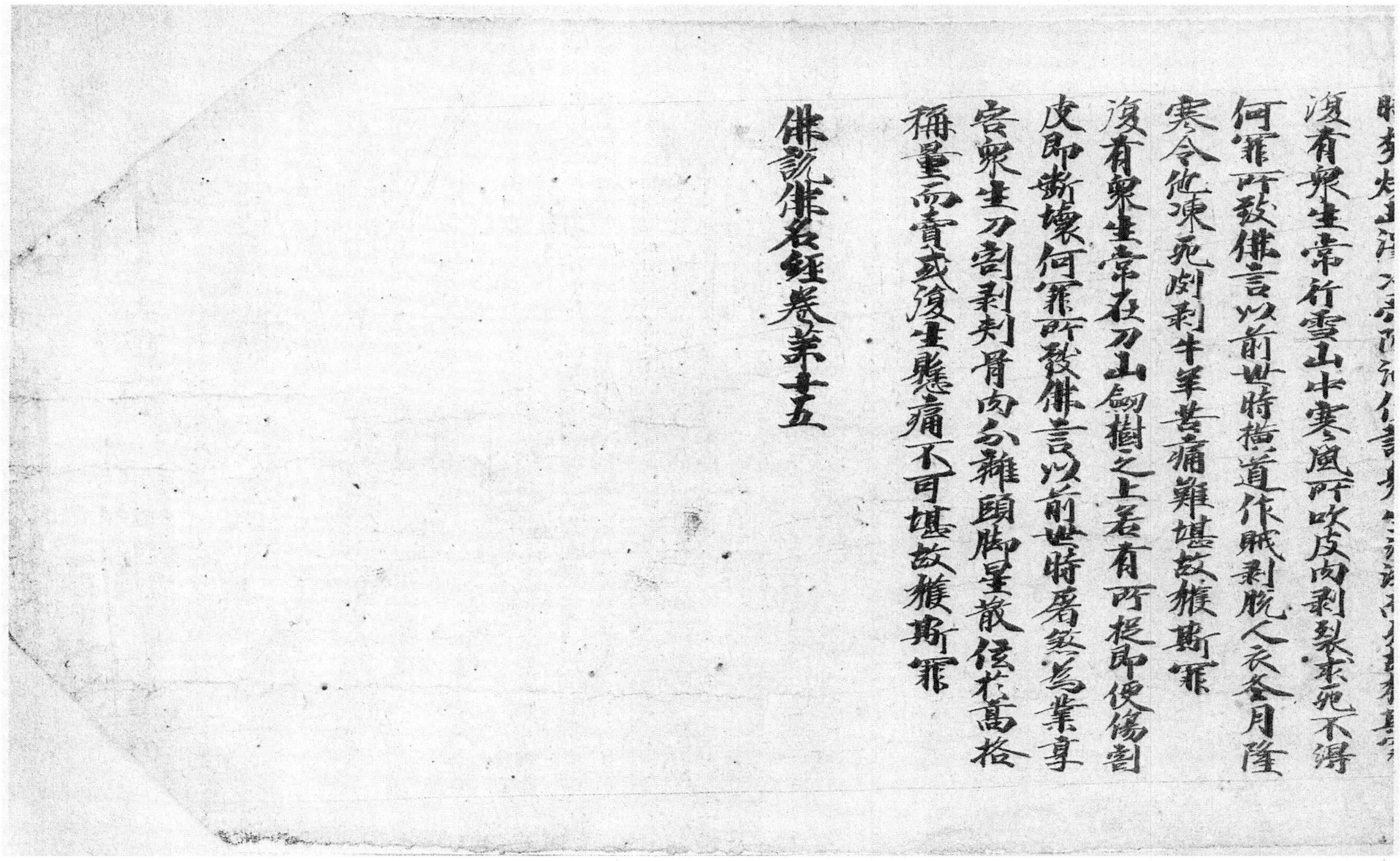

BD04415 號　佛名經（十六卷本）卷一五　（34–34）

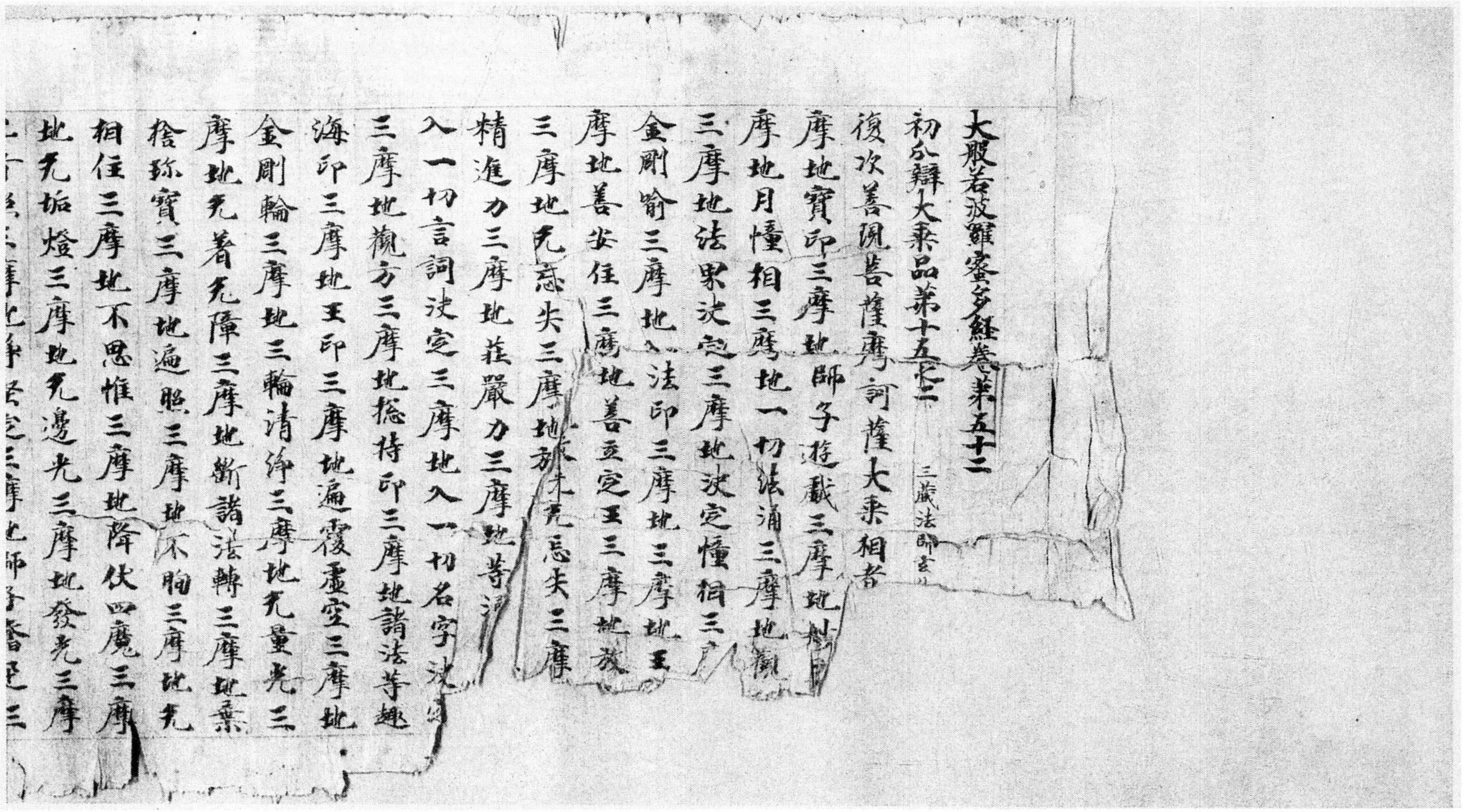

BD04416 號　大般若波羅蜜多經卷五二　（3–1）

三摩地攬方三摩地揔持印三摩地諸法等趣
海印三摩地王印三摩地遍覆虛空三摩地
金剛輪三摩地三輪清淨三摩地无量光三
摩地无著无障三摩地斷諸法轉三摩地棄
捨珎寶三摩地遍照三摩地不眴三摩地无
相住三摩地不思惟三摩地降伏四魔三摩
地无垢燈三摩地无邊光三摩地發光三摩
地普照三摩地淨堅定三摩地師子奮迅三
摩地師子頻申三摩地師子欠呿三摩地无
垢光三摩地妙樂三摩地電燈三摩地无盡
三摩地最勝幢相三摩地帝相三摩地順明
正流三摩地具威光三摩地離盡三摩地不
可動轉三摩地寂靜三摩地无瑕隙三摩地
日燈三摩地淨月三摩地淨眼三摩地淨光
三摩地月燈三摩地發明三摩地應作三
摩地智相三摩地金剛鬘三摩地住心三
摩地普明三摩地妙安立三摩地寶積三摩
地妙法印三摩地一切法平等性三摩地棄
捨慶愛三摩地法涌圓滿三摩地入法頂三
摩地寶性三摩地捨喧諍三摩地飄散三
摩地分別法句三摩地決定三摩地无垢行
三摩地字平等相三摩地離文字相三摩地
斷所緣三摩地无變異三摩地无品類三摩
地入名相三摩地无所作三摩地入決定名三
摩地无相行三摩地離翳闇三摩地具行三
摩地不變動三摩地度境界三摩地集一切

BD04416 號　大般若波羅蜜多經卷五二

（3–2）

摩地分別法句三摩地決定三摩地无垢行
三摩地字平等相三摩地離文字相三摩地
斷所緣三摩地无變異三摩地无品類三摩
地入名相三摩地无所作三摩地入決定名三
摩地无相行三摩地離翳闇三摩地具行三
摩地不變動三摩地度境界三摩地集一切
功德三摩地无心住三摩地決定住三摩地
淨妙華三摩地具覺支三摩地无邊辯三摩
地无邊燈三摩地无等等三摩地超一切法
三摩地決判諸法三摩地散疑三摩地无所
住三摩地一相莊嚴三摩地引發行相三摩
地一行相三摩地離諸行相三摩地妙行三
摩地達諸有底遠離三摩地入一切施設語
言三摩地堅固寶三摩地於一切法无所取
著三摩地電焰莊嚴三摩地除遣三摩地无
勝三摩地法炬三摩地慧燈三摩地趣向不
退轉神通三摩地解脫音聲文字三摩地
炬熾然三摩地嚴淨相三摩地无相三摩
地无濁忍相三摩地具一切妙相三摩地具
揔持三摩地不憙一切苦樂三摩地无盡行
相三摩地攝伏一切正邪性三摩地斷憎愛
三摩地離違順三摩地无垢明三摩地極堅
固三摩地滿月淨光三摩地大莊嚴三摩地

BD04416 號　大般若波羅蜜多經卷五二

（3–3）

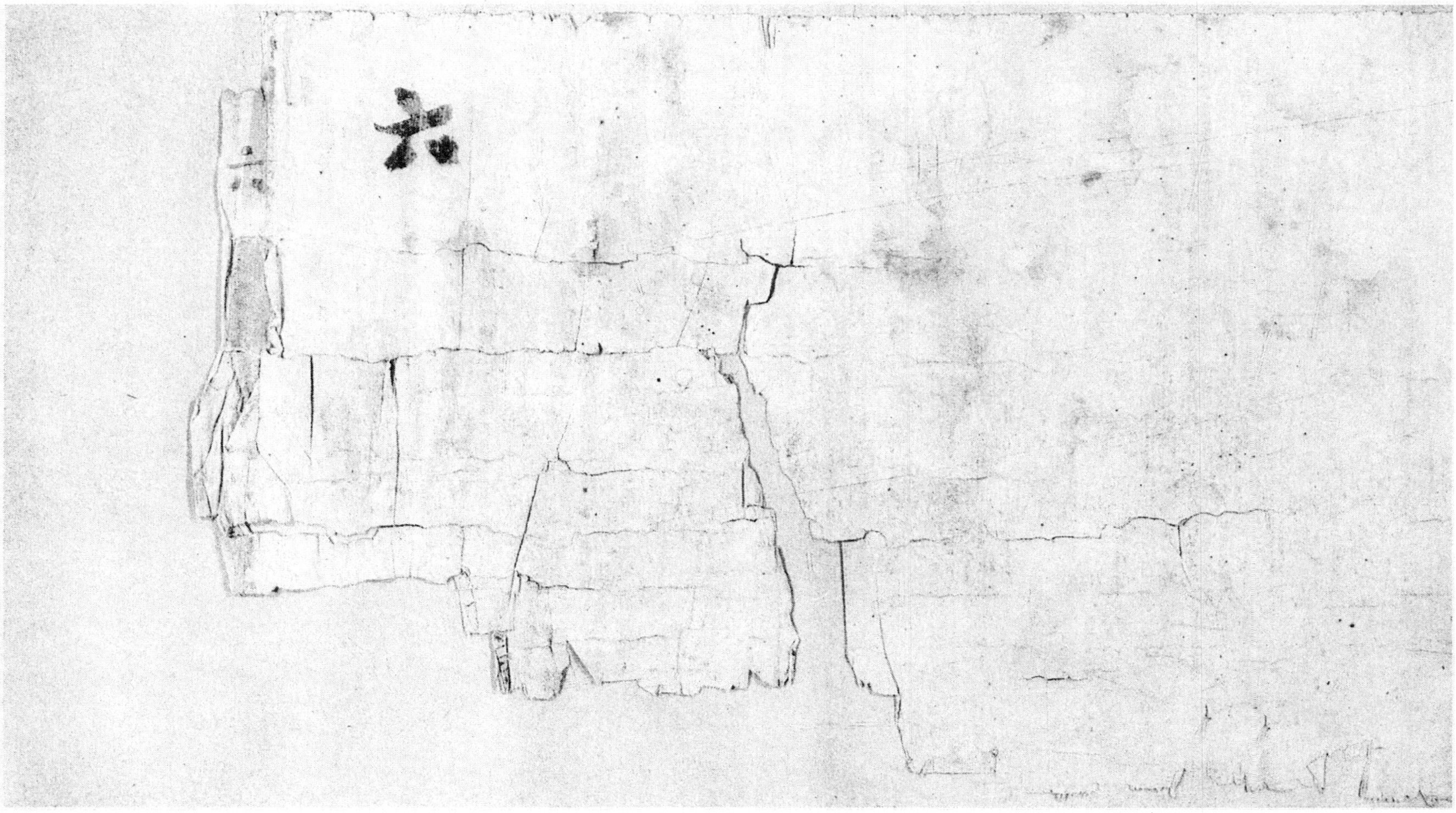
六

BD04416 號背　勘記　（1–1）

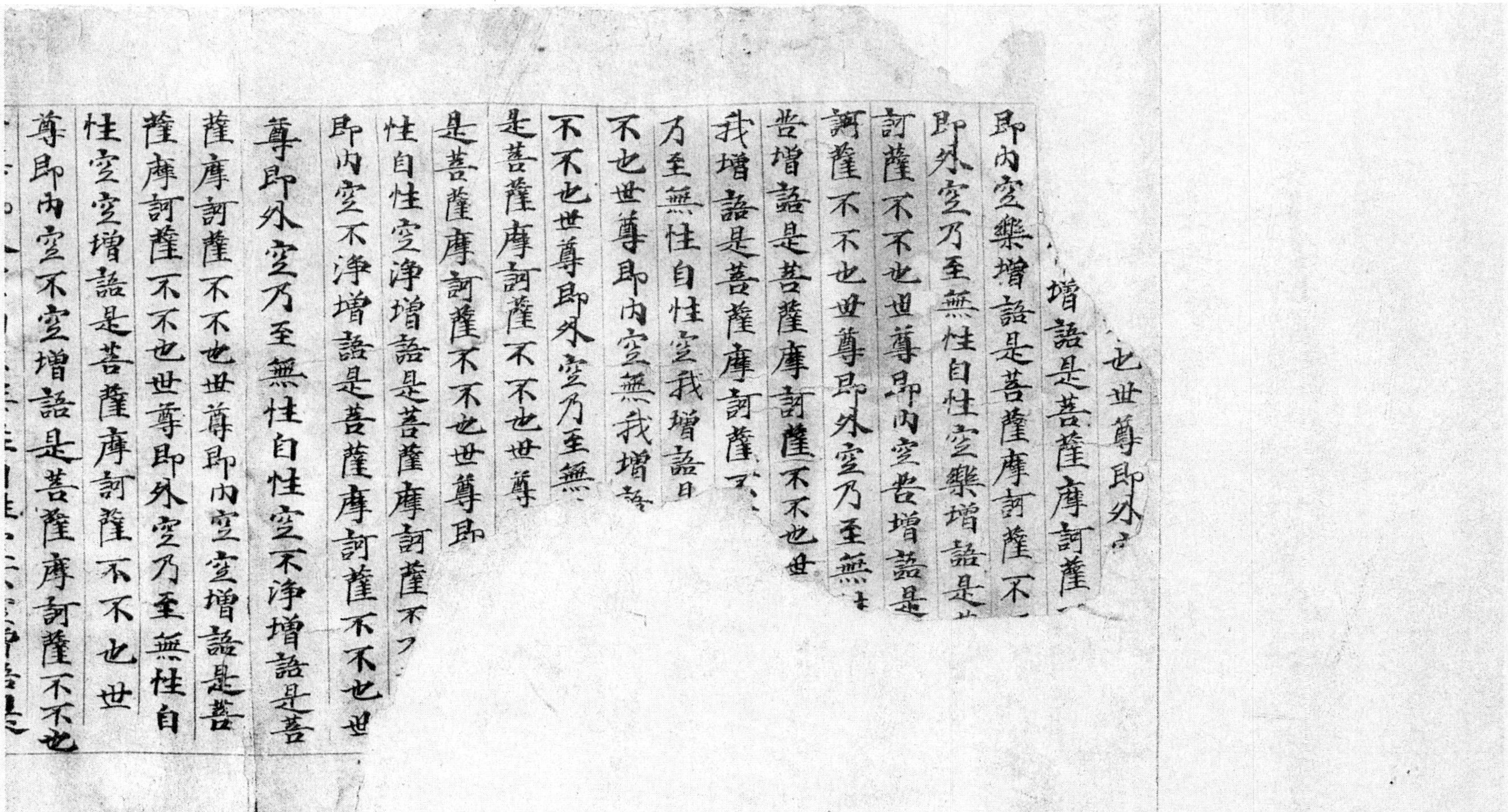
也世尊即外
增語是菩薩摩訶薩
即內空樂增語是菩薩摩訶薩不
即外空乃至無性自性空樂增語是
訶薩不不也世尊即內空苦增語是
訶薩不不也世尊即外空乃至無
苦增語是菩薩摩訶薩不不也世
我增語是菩薩摩訶薩不
乃至無性自性空我增語
不也世尊即內空無我增語
不不也世尊即外空乃至無
是菩薩摩訶薩不不也世尊
是菩薩摩訶薩不不也世尊即
性自性空淨增語是菩薩摩訶薩不
即內空不淨增語是菩薩摩訶薩不不也世
尊即外空乃至無性自性空不淨增語是菩
薩摩訶薩不不也世尊即內空空增語是菩
薩摩訶薩不不也世尊即外空乃至無性自
性空空增語是菩薩摩訶薩不不也世
尊即內空不空增語是菩薩摩訶薩不不也

BD04417 號　大般若波羅蜜多經卷二〇　（25–1）

尊即外空乃至無性自性空不淨增語是菩
薩摩訶薩不不也世尊即內空空增語是菩
薩摩訶薩不不也世尊即外空乃至無性自
性空空增語是菩薩摩訶薩不不也世
尊即內空不空增語是菩薩摩訶薩不不也
世尊即外空乃至無性自性空不空增語是
菩薩摩訶薩不不也世尊即內空有相增語
是菩薩摩訶薩不不也世尊即外空乃至無性
自性空有相增語是菩薩摩訶薩不不也世尊
即內空無相增語是菩薩摩訶薩不不也世
尊即外空乃至無性自性空無相增語是菩
薩摩訶薩不不也世尊即內空有願增語是
薩薩摩訶薩不不也世尊即外空乃至無性
自性空有願增語是菩薩摩訶薩不不也世
尊即內空無願增語是菩薩摩訶薩不不也
世尊即外空乃至無性自性空無願增語是
菩薩摩訶薩不不也世尊即內空寂靜增語
是菩薩摩訶薩不不也世尊即外空乃至無
性自性空寂靜增語是菩薩摩訶薩不不也
世尊即內空不寂靜增語是菩薩摩訶薩不
不也世尊即外空乃至無性自性空不寂靜
增語是菩薩摩訶薩不不也世尊即內空遠
離增語是菩薩摩訶薩不不也世尊即外空
乃至無性自性空遠離增語是菩薩摩訶薩
不不也世尊即內空不遠離增語是菩薩摩
訶薩不不也世尊即外空乃至無性自性空

BD04417號　大般若波羅蜜多經卷二〇　（25–2）

離增語是菩薩摩訶薩不不也世尊即外空
乃至無性自性空遠離增語是菩薩摩訶薩
不不也世尊即內空不遠離增語是菩薩摩
訶薩不不也世尊即外空乃至無性自性空
不遠離增語是菩薩摩訶薩不不也世尊即
內空有為增語是菩薩摩訶薩不不也世尊
即外空乃至無自性空有為增語是菩薩
摩訶薩不不也世尊即內空無為增語是菩
薩摩訶薩不不也世尊即外空乃至無性自
性空無為增語是菩薩摩訶薩不不也世尊
即內空有漏增語是菩薩摩訶薩不不也世
尊即外空乃至無性自性空有漏增語是菩薩
摩訶薩不不也世尊即內空無漏增語是菩
薩摩訶薩不不也世尊即外空乃至無性自
性空無漏增語是菩薩摩訶薩不不也世尊
即內空隱增語是菩薩摩訶薩不不也世尊即
外空乃至無性自性空隱增語是菩薩摩訶
薩不不也世尊即內空顯增語是菩薩摩訶
薩不不也世尊即外空乃至無性自性空顯
增語是菩薩摩訶薩不不也世尊即內空善
增語是菩薩摩訶薩不不也世尊即外空乃
至無性自性空善增語是菩薩摩訶薩不不
也世尊即內空非善增語是菩薩摩訶薩不
不也世尊即外空乃至無性自性空非善增
語是菩薩摩訶薩不不也世尊即內空有罪
增語是菩薩摩訶薩不不也世尊即外空乃

BD04417號　大般若波羅蜜多經卷二〇　（25–3）

至無性自性空善增語是菩薩摩訶薩不不
也世尊即內空非善增語是菩薩摩訶薩不
不也世尊即外空乃至無性自性空非善增
語是菩薩摩訶薩不不也世尊即內空有罪
增語是菩薩摩訶薩不不也世尊即外空乃
至無性自性空有罪增語是菩薩摩訶薩不
不也世尊即內空無罪增語是菩薩摩訶薩
不不也世尊即外空乃至無性自性空無罪
增語是菩薩摩訶薩不不也世尊即內空有
煩惱增語是菩薩摩訶薩不不也世尊即外
空乃至無性自空有煩惱增語是菩薩摩
訶薩不不也世尊即內空無煩惱增語是菩
薩摩訶薩不不也世尊即外空乃至無性自
性空無煩惱增語是菩薩摩訶薩不不也
世尊即內空世間增語是菩薩摩訶薩不不
也世尊即外空乃至無性自性空世間增語
是菩薩摩訶薩不不也世尊即內空出世間
增語是菩薩摩訶薩不不也世尊即外空乃
至無性自性空出世間增語是菩薩摩訶薩
不不也世尊即內空雜染增語是菩薩摩訶
薩不不也尊即外空乃至無性自性空雜
染增語是菩薩摩訶薩不不也世尊即內空
清淨增語是菩薩摩訶薩不不也世尊即外
空乃至無性自性空清淨增語是菩薩摩訶
薩不不也世尊即內空屬生死增語是菩薩摩
訶薩不不也世尊即外空乃至無性自性
空屬生死增語是菩薩摩訶薩不不也世尊

清淨增語是菩薩摩訶薩不不也世尊即外
空乃至無性自性空清淨增語是菩薩摩訶
薩不不也世尊即內空屬生死增語是菩薩摩
訶薩不不也世尊即外空乃至無性自性
空屬生死增語是菩薩摩訶薩不不也世尊
即內空屬涅槃增語是菩薩摩訶薩不不也
世尊即外空乃至無性自性空屬涅槃增語
是菩薩摩訶薩不不也世尊即內空在內增
語是菩薩摩訶薩不不也世尊即外空乃至
無性自性空在內增語是菩薩摩訶薩不不
也世尊即內空在外增語是菩薩摩訶薩不
不也世尊即外空乃至無性自性空在外增
語是菩薩摩訶薩不不也世尊即內空在兩
間增語是菩薩摩訶薩不不也世尊即外空
乃至無性自性空在兩間增語是菩薩摩訶
薩不不也世尊即內空可得增語是菩薩摩
訶薩不不也世尊即外空乃至無性自性空
可得增語是菩薩摩訶薩不不也世尊即內
空不可得增語是菩薩摩訶薩不不也世尊
即外空乃至無性自性空不可得增語是菩
薩摩訶薩不不也世尊
復次善現所言菩薩摩訶薩者於意云何即
真如增語是菩薩摩訶薩不不也世尊即法
界法性不虛妄性不變異性平等性離生性
法定法住實際虛空界不思議界增語是菩
薩摩訶薩不不也世尊即真如常增語是菩
薩摩訶薩不不也世尊即界乃至不思議

真如增語是菩薩摩訶薩不不也世尊即法
界法性不虛妄性不變異性平等性離生性
法定法住實際虛空界不思議界增語是菩
薩摩訶薩不不也世尊即真如常增語是菩
薩摩訶薩不不也世尊即界乃至不思議
界常增語是菩薩摩訶薩不不也世尊即真
如无常增語是菩薩摩訶薩不不也世尊即
法界乃至不思議界无常增語是菩薩摩
訶薩不不也世尊即真如樂增語是菩薩摩訶
薩不不也世尊即法界乃至不思議界樂增
語是菩薩摩訶薩不不也世尊即真如苦增
語是菩薩摩訶薩不不也世尊即法界乃至
不思議界苦增語是菩薩摩訶薩不不也世
尊即真如我增語是菩薩摩訶薩不不也世
尊即法界乃至不思議界我增語是菩薩摩
訶薩不不也世尊即真如无我增語是菩薩
摩訶薩不不也世尊即法界乃至不思議界
无我增語是菩薩摩訶薩不不也世尊即真
如淨增語是菩薩摩訶薩不不也世尊即法
界乃至不思議界淨增語是菩薩摩訶薩不
不也世尊即真如不淨增語是菩薩摩訶薩
不不也世尊即法界乃至不思議界不淨增
語是菩薩摩訶薩不不也世尊即真如空增
語是菩薩摩訶薩不不也世尊即法界乃至
不思議界空增語是菩薩摩訶薩不不也世
尊即真如不空增語是菩薩摩訶薩不不也
世尊即法界乃至不思議界不空增語是菩

語是菩薩摩訶薩不不也世尊即真如空增
語是菩薩摩訶薩不不也世尊即法界乃至
不思議界空增語是菩薩摩訶薩不不也世
尊即真如不空增語是菩薩摩訶薩不不也
世尊即法界乃至不思議界不空增語是菩
薩摩訶薩不不也世尊即真如有相增語是
菩薩摩訶薩不不也世尊即法界乃至不思
議界有相增語是菩薩摩訶薩不不也世尊
即真如無相增語是菩薩摩訶薩不不也世
尊即法界乃至不思議界無相增語是菩薩
摩訶薩不不也世尊即真如有願增語是菩
薩摩訶薩不不也世尊即法界乃至不思議
界有願增語是菩薩摩訶薩不不也世尊即
真如無願增語是菩薩摩訶薩不不也世尊
即法界乃至不思議界无願增語是菩薩摩
訶薩不不也世尊即真如寂靜增語是菩薩
摩訶薩不不也世尊即法界乃至不思議界寂
靜增語是菩薩摩訶薩不不也世尊即真
如不寂靜增語是菩薩摩訶薩不不也世尊
即法界乃至不思議界不寂靜增語是菩薩
摩訶薩不不也世尊即真如遠離增語是菩
薩摩訶薩不不也世尊即法界乃至不思議
界遠離增語是菩薩摩訶薩不不也世尊即
真如不遠離增語是菩薩摩訶薩不不也世
尊即法界乃至不思議界不遠離增語是菩
薩摩訶薩不不也世尊即真如有為增語是
菩薩摩訶薩不不也世尊即法界乃至不思

界遠離增語是菩薩摩訶薩不不也世尊即
真如不遠離增語是菩薩摩訶薩不不也世
尊即法界乃至不思議界不遠離增語是菩
薩摩訶薩不不也世尊即真如有為增語是
菩薩摩訶薩不不也世尊即法界乃至不思
議界有為增語是菩薩摩訶薩不不也世尊
即真如無為增語是菩薩摩訶薩不不也世
尊即法界乃至不思議界无為增語是菩薩
摩訶薩不不也世尊即真如有漏增語是菩
薩摩訶薩不不也世尊即法界乃至不思議
界有漏增語是菩薩摩訶薩不不也世尊即
真如無漏增語是菩薩摩訶薩不不也世尊
即法界乃至不思議界無漏增語是菩薩摩
訶薩不不也世尊即真如隱增語是菩薩摩
訶薩不不也世尊即法界乃至思議界隱增
語是菩薩摩訶薩不不也世尊即真如顯
增語是菩薩摩訶薩不不也世尊即法界乃
至不思議界顯增語是菩薩摩訶薩不不也
世尊即真如善增語是菩薩摩訶薩不不也
世尊即法界乃至不思議界善增語是菩薩
摩訶薩不不也世尊即真如非善增語是菩
薩摩訶薩不不也世尊即法界乃至不思議
界非善增語是菩薩摩訶薩不不也世尊即
真如有罪增語是菩薩摩訶薩不不也世尊
即法界乃至不思議界有罪增語是菩薩摩
訶薩不不也世尊即真如无罪增語是菩薩
摩訶薩不不也世尊即法界乃至不思議界

界非善增語是菩薩摩訶薩不不也世尊即
真如有罪增語是菩薩摩訶薩不不也世尊
即法界乃至不思議界有罪增語是菩薩摩
訶薩不不也世尊即真如无罪增語是菩薩
摩訶薩不不也世尊即法界乃至不思議界
無罪增語是菩薩摩訶薩不不也世尊即真
如有煩惱增語是菩薩摩訶薩不不也世尊
即法界乃至不思議界有煩惱增語是菩薩
摩訶薩不不也世尊即真如無煩惱增語是
菩薩摩語薩不不也世尊即法界乃至不思
議界無煩惱增語是菩薩摩訶薩不不也世
尊即真如世間增語是菩薩摩訶薩不不
也世尊即法界乃至不思議界世間增語是
菩薩摩訶薩不不也世尊即真如出世間增語
是菩薩摩訶薩不不也世尊即法界乃至
不思議界出世間增語是菩薩摩訶薩不不也
世尊即真如雜染增語是菩薩摩訶薩不不
也世尊即法界乃至不思議界雜染增語是
菩薩摩訶薩不不也世尊即真如清淨增語
是菩薩摩訶薩不不也世尊即法界乃至不
思議界清淨增語是菩薩摩訶薩不不也世
尊即真如屬生死增語是菩薩摩訶薩不不
也世尊即法界乃至不思議界屬生死增語
是菩薩摩訶薩不不也世尊即真如屬涅槃
增語是菩薩摩訶薩不不也世尊即法界乃
至不思議界屬涅槃增語是菩薩摩訶薩不
不也世尊即真如在內增語是菩薩摩訶薩

也世尊即法界乃至不思議界屬生死增語
是菩薩摩訶薩不不也世尊即真如屬涅槃
增語是菩薩摩訶薩不不也世尊即法界乃
至不思議界屬涅槃增語是菩薩摩訶薩不
不也世尊即真如在內增語是菩薩摩訶薩
不不也世尊即法界乃至不思議界在內增
語是菩薩摩訶薩不不也世尊即真如在外
增語是菩薩摩訶薩不不也世尊即法界乃
至不思議界在外增語是菩薩摩訶薩不不
也世尊即真如在兩間增語是菩薩摩訶薩
不不也世尊即法界乃至不思議界在兩間
增語是菩薩摩訶薩不不也世尊即真如可
得增語是菩薩摩訶薩不不也世尊即法界
乃至不思議界可得增語是菩薩摩訶薩不
不也世尊即真如不可得增語是菩薩摩訶
薩不不也世尊即法界乃至不思議界不可
得增語是菩薩摩訶薩不不也世尊
復次善現所言菩薩摩訶薩者於意云何即
四念住增語是菩薩摩訶薩不不也世尊即
四正斷四神足五根五力七等覺支八聖道
支增語是菩薩摩訶薩不不也世尊即四念
住常增語是菩薩摩訶薩不不也世尊即四
正斷乃至八聖道支常增語是菩薩摩訶薩
不不也世尊即四念住無常增語是菩薩摩
訶薩不不也世尊即四正斷乃至八聖道支无
常增語是菩薩摩訶薩不不也世尊即四
念住樂增語是菩薩摩訶薩不不也世尊即

BD04417 號　大般若波羅蜜多經卷二〇　　(25-10)

正斷乃至八聖道支常增語是菩薩摩訶薩
不不也世尊即四念住無常增語是菩薩摩
訶薩不不也世尊即四正斷乃至八聖道支无
常增語是菩薩摩訶薩不不也世尊即四
念住樂增語是菩薩摩訶薩不不也世尊即
四正斷乃至八聖道支樂增語是菩薩摩訶
薩不不也世尊即四念住苦增語是菩薩摩
訶薩不不也世尊即四正斷乃至八聖道支苦
增語是菩薩摩訶薩不不也世尊即四念住
我增語是菩薩摩訶薩不不也世尊即四正
斷乃至八聖道支我增語是菩薩摩訶薩不
不也世尊即四念住無我增語是菩薩摩訶
薩不不也世尊即四正斷乃至八聖道支无
我增語是菩薩摩訶薩不不也世尊即四念
住淨增語是菩薩摩訶薩不不也世尊即四
正斷乃至八聖道支淨增語是菩薩摩訶薩
不不也世尊即四念住不淨增語是菩薩摩
訶薩不不也世尊即四正斷乃至八聖道支
不淨增語是菩薩摩訶薩不不也世尊即四
念住空增語是菩薩摩訶薩不不也世尊即
四正斷乃至八聖道支空增語是菩薩摩訶
薩不不也世尊即四念住不空增語是菩薩
摩訶薩不不也世尊即四正斷乃至八聖道
支不空增語是菩薩摩訶薩不不也世尊即
四念住有相增語是菩薩摩訶薩不不也世
尊即四正斷乃至八聖道支有相增語是菩
薩摩訶薩不不也世尊即四念住無相增語

BD04417 號　大般若波羅蜜多經卷二〇　　(25-11)

薩不不也世尊即四念住不空增語是菩薩
摩訶薩不不也世尊即四正斷乃至八聖道
支不空增語是菩薩摩訶薩不不也世尊即
四念住有相增語是菩薩摩訶薩不不也世
尊即四正斷乃至八聖道支有相增語是菩
薩摩訶薩不不也世尊即四念住無相增語
是菩薩摩訶薩不不也世尊即四正斷乃至
八聖道支無相增語是菩薩摩訶薩不不也
世尊即四念住有願增語是菩薩摩訶薩不
不也世尊即四正斷乃至八聖道支有願增
語是菩薩摩訶薩不不也世尊即四念住無
願增語是菩薩摩訶薩不不也世尊即四正
斷乃至八聖道支無願增語是菩薩摩訶薩
不不也世尊即四念住寂靜增語是菩薩摩
訶薩不不也世尊即四正斷乃至八聖道支
寂靜增語是菩薩摩訶薩不不也世尊即四
念住不寂靜增語是菩薩摩訶薩不不也世
尊即四正斷乃至八聖道支不寂靜增語是
菩薩摩訶薩不不也世尊即四念住遠離增
語是菩薩摩訶薩不不也世尊即四正斷乃
至八聖道支遠離增語是菩薩摩訶薩不不
也世尊即四念住不遠離增語是菩薩摩訶
薩不不也世尊即四正斷乃至八聖道支不遠
離增語是菩薩摩訶薩不不也世尊即四
念住有為增語是菩薩摩訶薩不不也世尊
即四正斷乃至八聖道支有為增語是菩薩
摩訶薩不不也世尊即四念住无為增語是
菩薩摩訶薩不不也世尊即四正斷乃至八

離增語是菩薩摩訶薩不不也世尊即四
念住有為增語是菩薩摩訶薩不不也世尊
即四正斷乃至八聖道支有為增語是菩薩
摩訶薩不不也世尊即四念住无為增語是
菩薩摩訶薩不不也世尊即四正斷乃至八
聖道支无為增語是菩薩摩訶薩不不也世
尊即四念住有漏增語是菩薩摩訶薩不不
也世尊即四正斷乃至八聖道支有漏增語
是菩薩摩訶薩不不也世尊即四念住无漏
增語是菩薩摩訶薩不不也世尊即四正斷
乃至八聖道支无漏增語是菩薩摩訶薩不
不也世尊即四念住生增語是菩薩摩訶薩
不不也世尊即四正斷乃至八聖道支生增
語是菩薩摩訶薩不不也世尊即四念住滅
增語是菩薩摩訶薩不不也世尊即四正斷
乃至八聖道支滅增語是菩薩摩訶薩不不
也世尊即四念住善增語是菩薩摩訶薩不
不也世尊即四正斷乃至八聖道支善增語
是菩薩摩訶薩不不也世尊即四念住非善
增語是菩薩摩訶薩不不也世尊即四正斷
乃至八聖道支非善增語是菩薩摩訶薩不
不也世尊即四念住有罪增語是菩薩摩訶
薩不不也世尊即四正斷乃至八聖道支有
罪增語是菩薩摩訶薩不不也世尊即四念
住無罪增語是菩薩摩訶薩不不也世尊即
四正斷乃至八聖道支無罪增語是菩薩摩
訶薩不不也世尊即四念住有煩惱增語是

薩不不也世尊即四正斷乃至八聖道支有
罪增語是菩薩摩訶薩不不也世尊即四念
住無罪增語是菩薩摩訶薩不不也世尊即
四正斷乃至八聖道支無罪增語是菩薩摩
訶薩不不也世尊即四念住有煩惱增語是
菩薩摩訶薩不不也世尊即四正斷乃至八
聖道支有煩惱增語是菩薩摩訶薩不不也
世尊即四念住无煩惱增語是菩薩摩訶薩
不不也世尊即四正斷乃至八聖道支无煩
惱增語是菩薩摩訶薩不不也世尊即四念
住世間增語是菩薩摩訶薩不不也世尊即
四正斷乃至八聖道支世間增語是菩薩摩
訶薩不不也世尊即四念住出世間增語是
菩薩摩訶薩不不也世尊即四正斷乃至八
聖道支出世間增語是菩薩摩訶薩不不也
世尊即四念住雜染增語是菩薩摩訶薩不
不也世尊即四正斷乃至八聖道支雜染增
語是菩薩摩訶薩不不也世尊即四念住清
淨增語是菩薩摩訶薩不不也世尊即四正
斷乃至八聖道支清淨增語是菩薩摩訶薩
不不也世尊即四念住屬生死增語是菩薩
摩訶薩不不也世尊即四正斷乃至八聖道
支屬生死增語是菩薩摩訶薩不不也世尊
即四念住屬涅槃增語是菩薩摩訶薩不不
也世尊即四正斷乃至八聖道支屬涅槃增語
是菩薩摩訶薩不不也世尊即四念住在內
增語是菩薩摩訶薩不不也世尊即四正

BD04417號　大般若波羅蜜多經卷二〇　　(25–14)

支屬生死增語是菩薩摩訶薩不不也世尊
即四念住屬涅槃增語是菩薩摩訶薩不不
也世尊即四正斷乃至八聖道支屬涅槃增語
是菩薩摩訶薩不不也世尊即四念住在內
增語是菩薩摩訶薩不不也世尊即四正
斷乃至八聖道支在內增語是菩薩摩訶薩
不不也世尊即四念住在外增語是菩薩摩訶
薩不不也世尊即四正斷乃至八聖道支
在外增語是菩薩摩訶薩不不也世尊即
四念住在兩間增語是菩薩摩訶薩不不也世
尊即四正斷乃至八聖道支在兩間增語是
菩薩摩訶薩不不也世尊即四念住可得增
語是菩薩摩訶薩不不也世尊即四正斷乃
至八聖道支可得增語是菩薩摩訶薩不不
也世尊即四念住不可得增語是菩薩摩訶
薩不不也世尊即四正斷乃至八聖道支不
可得增語是菩薩摩訶薩不不也世尊
復次善現所言菩薩摩訶薩者於意云何
即苦聖諦增語是菩薩摩訶薩不不也世尊
即集滅道聖諦增語是菩薩摩訶薩不不也世
尊即苦聖諦常增語是菩薩摩訶薩不不也
世尊即集滅道聖諦常增語是菩薩摩訶薩
不不也世尊即苦聖諦无常增語是菩薩摩
訶薩不不也世尊即集滅道聖諦无常增語
是菩薩摩訶薩不不也世尊即苦聖諦樂增
語是菩薩摩訶薩不不也世尊即集滅道聖
諦樂增語是菩薩摩訶薩不不也世尊即苦

BD04417號　大般若波羅蜜多經卷二〇　　(25–15)

訶薩不不也世尊即集滅道聖諦无常增語
是菩薩摩訶薩不不也世尊即苦聖諦樂增
語是菩薩摩訶薩不不也世尊即集滅道聖
諦樂增語是菩薩摩訶薩不不也世尊即苦
聖諦苦增語是菩薩摩訶薩不不也世尊即
集滅道聖諦苦增語是菩薩摩訶薩不不也
世尊即苦聖諦我增語是菩薩摩訶薩不不
也世尊即集滅道聖諦我增語是菩薩摩訶
薩不不也世尊即苦聖諦无我增語是菩薩
摩訶薩不不也世尊即集滅道聖諦无我增
語是菩薩摩訶薩不不也世尊即苦聖諦淨
增語是菩薩摩訶薩不不也世尊即集滅道
聖諦淨增語是菩薩摩訶薩不不也世尊即
苦聖諦不淨增語是菩薩摩訶薩不不也世
尊即集滅道聖諦不淨增語是菩薩摩訶
薩不不也世尊即苦聖諦空增語是菩薩摩
訶薩不不也世尊即集滅道聖諦空增語是
菩薩摩訶薩不不也世尊即苦諦不空增語
是菩薩摩訶薩不不也世尊即集滅道聖諦
不空增語是菩薩摩訶薩不不也世尊即苦
聖諦有相增語是菩薩摩訶薩不不也世尊
即集滅道聖諦有相增語是菩薩摩訶薩不
不也世尊即苦聖諦无相增語是菩薩摩訶
薩不不也世尊即集滅道聖諦无相增語是
菩薩摩訶薩不不也世尊即苦聖諦有願增
語是菩薩摩訶薩不不也世尊即集滅道聖
諦有願增語是菩薩摩訶薩不不也世尊即

不也世尊即苦聖諦无相增語是菩薩摩訶
薩不不也世尊即集滅道聖諦无相增語是
菩薩摩訶薩不不也世尊即苦聖諦有願增
語是菩薩摩訶薩不不也世尊即集滅道聖
諦有願增語是菩薩摩訶薩不不也世尊即
苦聖諦无願增語是菩薩摩訶薩不不也世
尊即集滅道聖諦无願增語是菩薩摩訶薩
不不也世尊即苦聖諦寂靜增語是菩薩摩
訶薩不不也尊即集滅道聖諦寂靜增語
是菩薩摩訶薩不不也世尊苦聖諦不寂靜
增語是菩薩摩訶薩不不也世尊即集滅道
聖諦不寂靜增語是菩薩摩訶薩不不也世
尊即苦聖諦遠離增語是菩薩摩訶薩不不
也世尊即集滅道聖諦遠離增語是菩薩摩
訶薩不不也世尊即苦聖諦不遠離增語是
菩薩摩訶薩不不也世尊即集滅道聖諦不
遠離增語是菩薩摩訶薩不不也世尊即苦
聖諦有為增語是菩薩摩訶薩不不也世尊
即集滅道聖諦有為增語是菩薩摩訶薩不
不也世尊即苦聖諦无為增語是菩薩摩訶
薩不不也世尊即集滅道聖諦無為增語是
菩薩摩訶薩不不也世尊即苦聖諦有漏增
語是菩薩摩訶薩不不也世尊即集滅道聖
諦有漏增語是菩薩摩訶薩不不也世尊即
苦聖諦無漏增語是菩薩摩訶薩不不也世
尊即集滅道聖諦無漏增語是菩薩摩訶薩
不不也世尊即苦聖諦生增語是菩薩摩訶

菩薩摩訶薩不不也世尊即苦聖諦有漏增
語是菩薩摩訶薩不不也世尊即集滅道聖
諦有漏增語是菩薩摩訶薩不不也世尊即
苦聖諦無漏增語是菩薩摩訶薩不不也世
尊即集滅道聖諦無漏增語是菩薩摩訶薩
不不也世尊即苦聖諦生增語是菩薩摩訶
薩不不也世尊即集滅道聖諦生增語是菩
薩摩訶薩不不也世尊即苦聖諦滅增語是
菩薩摩訶薩不不也世尊即集滅道聖諦滅
增語是菩薩摩訶薩不不也世尊即苦聖諦
善增語是菩薩摩訶薩不不也世尊即集滅
道聖諦善增語是菩薩摩訶薩不不也世尊
即苦聖諦非善增語是菩薩摩訶薩不不也
世尊即集滅道聖諦非善增語是菩薩摩訶
薩不不也世尊即苦聖諦有罪增語是菩薩
摩訶薩不不也世尊即集滅道聖諦有罪增
語是菩薩摩訶薩不不也世尊即苦聖諦無
罪增語是菩薩摩訶薩不不也世尊即集滅
道聖諦無罪增語是菩薩摩訶薩不不也世
尊即苦聖諦有煩惱增語是菩薩摩訶薩不
不也世尊即集滅道聖諦有煩惱增語是菩
薩摩訶薩不不也世尊即苦聖諦無煩惱增
語是菩薩摩訶薩不不也世尊即集滅道聖
諦無煩惱增語是菩薩摩訶薩不不也世尊
即苦聖諦世間增語是菩薩摩訶薩不不也
世尊即集滅道聖諦世間增語是菩薩摩訶
薩不不也世尊即苦聖諦出世間增語是菩
薩摩訶薩不不也世尊即集滅道聖諦出世

諦無煩惱增語是菩薩摩訶薩不不也世尊
即苦聖諦世間增語是菩薩摩訶薩不不也
世尊即集滅道聖諦世間增語是菩薩摩訶
薩不不也世尊即苦聖諦出世間增語是菩
薩摩訶薩不不也世尊即集滅道聖諦出世
間增語是菩薩摩訶薩不不也世尊即苦聖
諦雜染增語是菩薩摩訶薩不不也世尊即
集滅道聖諦雜染增語是菩薩摩訶薩不不
也世尊即苦聖諦清淨增語是菩薩摩訶薩
不不也世尊即集滅道聖諦清淨增語是菩
薩摩訶薩不不也世尊即苦聖諦屬生死增
語是菩薩摩訶薩不不也世尊即集滅道聖
諦屬生死增語是菩薩摩訶薩不不也世尊
即苦聖諦屬涅槃增語是菩薩摩訶薩不不
也世尊即集滅道聖諦屬涅槃增語是菩薩
摩訶薩不不也世尊即苦聖諦在內增語是
菩薩摩訶薩不不也世尊即集滅道聖諦在內
增語是菩薩摩訶薩不不也世尊即苦聖諦
在外增語是菩薩摩訶薩不不也世尊即集
滅道聖諦在外增語是菩薩摩訶薩不不也
世尊即苦聖諦在兩間增語是菩薩摩訶薩
不不也世尊即集滅道聖諦在兩間增語是
菩薩摩訶薩不不也世尊即苦聖諦可得增
語是菩薩摩訶薩不不也世尊即集滅道
聖諦可得增語是菩薩摩訶薩不不也世尊即
苦聖諦不可得增語是菩薩摩訶薩不不也
世尊即集滅道聖諦不可得增語是菩薩摩

菩薩摩訶薩不不也世尊即苦聖諦可得增
語是菩薩摩訶薩不不也世尊即集滅道
聖諦可得增語是菩薩摩訶薩不不也世尊即
苦聖諦不可得增語是菩薩摩訶薩不不也
世尊即集滅道聖諦不可得增語是菩薩摩
訶薩不不也世尊
復次善現所言菩薩摩訶薩者於意云何即
四靜慮增語是菩薩摩訶薩不不也世尊即
四無量四無色定增語是菩薩摩訶薩不不
也世尊即四靜慮常增語是菩薩摩訶薩不
不也世尊即四無量四無色定常增語是菩薩
摩訶薩不不也世尊即四靜慮無常增語
是菩薩摩訶薩不不也世尊即四無量四无色
定无常增語是菩薩摩訶薩不不也世尊即
四靜慮樂增語是菩薩摩訶薩不不也世尊
即四无量四无色定樂增語是菩薩摩訶薩
不不也世尊即四靜慮苦增語是菩薩摩訶
薩不不也世尊即四无量四无色定苦增語是
菩薩摩訶薩不不也世尊即四靜慮我增
語是菩薩摩訶薩不不世尊即四无量四无
色定我增語是菩薩摩語薩不不也世尊即
四靜慮无我增語是菩薩摩訶薩不不也世
尊即四无量四无色定无我增語是菩薩摩
訶薩不不也世尊即四靜慮淨增語是菩薩
摩訶薩不不也世尊即四无量四无色定淨
增語是菩薩摩訶薩不不也世尊即四靜慮
不淨增語是菩薩摩訶薩不不也世尊即四
无量四无色定不淨增語是菩薩摩訶薩不

BD04417號　大般若波羅蜜多經卷二〇　（25–20）

尊即四无量四无色定无我增語是菩薩摩
訶薩不不也世尊即四靜慮淨增語是菩薩
摩訶薩不不也世尊即四无量四无色定淨
增語是菩薩摩訶薩不不也世尊即四靜慮
不淨增語是菩薩摩訶薩不不也世尊即四
无量四无色定不淨增語是菩薩摩訶薩不
不也世尊即四靜慮空增語是菩薩摩訶薩
不不也世尊即四无量四无色定空增語是菩
薩摩訶薩不不也世尊即四靜慮不空增
語是菩薩摩訶薩不不也世尊即四无量四
無色定不空增語是菩薩摩訶薩不不也世
尊即四靜慮有相增語是菩薩摩訶薩不
不也世尊即四无量四无色定有相增語是菩
薩摩訶薩不不也世尊即四靜慮无相增語
是菩薩摩訶薩不不也世尊即四无量四无
色定无相增語是菩薩摩訶薩不不也世尊
即四靜慮有願增語是菩薩摩訶薩不不也
世尊即四无量无色定有願增語是菩薩
摩訶薩不不也世尊即四靜慮无願增語是
菩薩摩訶薩不不也世尊即四无量无色
定无願增語是菩薩摩訶薩不不也世尊即
四靜慮寂靜增語是菩薩摩訶薩不不也世尊
即四无量四无色定寂靜增語是菩薩摩訶
薩不不也世尊即四靜慮不寂靜增語是菩
薩摩訶薩不不也世尊即四无量四无色定
不寂靜增語是菩薩摩訶薩不不也世尊即
四靜慮遠離增語是菩薩摩訶薩不不也世尊
即四无量四无色定遠離增語是菩薩摩訶

BD04417號　大般若波羅蜜多經卷二〇　（25–21）

薩不不也世尊即四靜慮不寂靜增語是菩
薩摩訶薩不不也世尊即四无量四无色定
不寂靜增語是菩薩摩訶薩不不也世尊即
四靜慮遠離增語是菩薩摩訶薩不不也世尊
即四无量四无色定遠離增語是菩薩摩訶
薩不不也世尊即四靜慮不遠離增語是菩
薩摩訶薩不不也世尊即四无量四无色定
不遠離增語是菩薩摩訶薩不不也世尊即
四靜慮有為增是菩薩摩訶薩不不也世
尊即四无量四无色定有為增語是菩薩摩訶
薩不不也世尊即四靜慮无為增語是菩
薩摩訶薩不不也世尊即四无量四无色定
無為增語是菩薩摩訶薩不不也世尊即四
靜慮有漏增語是菩薩摩訶薩不不也世尊
即四無量四無色定有漏增語是菩薩摩訶
薩不不也世尊即四靜慮無漏增語是菩薩
摩訶薩不不也世尊即四無量四無色定無
漏增語是菩薩摩訶薩不不也世尊即四靜
慮生增語是菩薩摩訶薩不不也世尊即四
無量四無色定生增語是菩薩摩訶薩不不
也世尊即四靜慮滅增語是菩薩摩訶薩不不
也世尊即四無量四無色定滅增語是菩薩摩
摩訶薩不不也世尊即四靜慮善增語是菩
薩摩訶薩不不也世尊即四無量四無色定
善增語是菩薩摩訶薩不不也世尊即四靜
慮非善增語是菩薩摩訶薩不不也世尊
即四無量四無色定非善增語是菩薩摩訶
薩不不也世尊即四靜慮有罪增語是菩薩摩

摩訶薩不不也世尊即四靜慮善增語
薩摩訶薩不不也世尊即四無量四無色定
善增語是菩薩摩訶薩不不也世尊即四靜
慮非善增語是菩薩摩訶薩不不也世尊
即四無量四無色定非善增語是菩薩摩訶
薩不不也世尊即四靜慮有罪增語是菩薩摩
訶薩不不也世尊即四無量四無色定有罪增
語是菩薩摩訶薩不不也世尊即四靜慮
無罪增語是菩薩摩訶薩不不也世尊即四
無量四無色定無罪增語是菩薩摩訶薩不
不也世尊即四靜慮有煩惱增語是菩薩摩
訶薩不不也世尊即四無量四無色定有煩
惱增語是菩薩摩訶薩不不也世尊即四靜
慮無煩惱增語是菩薩摩訶薩不不也世尊
即四無量四無色定无煩惱增語是菩薩摩
訶薩不不也世尊即四靜慮世間增語是菩
薩摩訶薩不不也世尊即四無量四無色定
世間增語是菩薩摩訶薩不不也世尊即四
靜慮出世間增語是菩薩摩訶薩不不也世
尊即四無量四無色定出世間增語是菩薩
摩訶薩不不也世尊即四靜慮雜染增語是
菩薩摩訶薩不不也世尊即四無量四無色
定雜染增語是菩薩摩訶薩不不也世尊即
四靜慮清淨增語是菩薩摩訶薩不不也世
尊即四無量四無色定清淨增語是菩薩摩
訶薩不不也世尊即四靜慮屬生死增語是
菩薩摩訶薩不不也世尊即四無量四無色

摩訶薩不不也世尊即四靜慮雜染增語是
菩薩摩訶薩不不也世尊即四無量四無色
定雜染增語是菩薩摩訶薩不不也世尊即
四靜慮清淨增語是菩薩摩訶薩不不也世
尊即四無量四無色定清淨增語是菩薩摩
訶薩不不也世尊即四靜慮屬生死增語是
菩薩摩訶薩不不也世尊即四無量四無色
定屬生死增語是菩薩摩訶薩不不也世尊
即四靜慮屬涅槃增語是菩薩摩訶薩不不
也世尊即四無量四無色定屬涅槃增語是
菩薩摩訶薩不不也世尊即四靜慮在內增語
是菩薩摩訶薩不不也世尊即四無量四無色
定在內增語是菩薩摩訶薩不不也世尊即
四靜慮在外增語是菩薩摩訶薩不不也
世尊即四無量四無色定在外增語是菩薩
摩訶薩不不也世尊即四靜慮在兩間增語
是菩薩摩訶薩不不也世尊即四無量四無
色定在兩間增語是菩薩摩訶薩不不世
尊即四靜慮可得增語是菩薩摩訶薩不不
也世尊即四無量四無色定可得增語是菩
薩摩訶薩不不也世尊即四靜慮不可得增
語是菩薩摩訶薩不不也世尊即四無量四
無色定不可得增語是菩薩摩訶薩不不
也世尊

大般若波羅蜜多經卷第廿

BD04417號　大般若波羅蜜多經卷二〇　（25–24）

四靜慮在外增語是菩薩摩訶薩不不也
世尊即四無量四無色定在外增語是菩薩
摩訶薩不不也世尊即四靜慮在兩間增語
是菩薩摩訶薩不不也世尊即四無量四無
色定在兩間增語是菩薩摩訶薩不不世
尊即四靜慮可得增語是菩薩摩訶薩不不
也世尊即四無量四無色定可得增語是菩
薩摩訶薩不不也世尊即四靜慮不可得增
語是菩薩摩訶薩不不也世尊即四無量四
無色定不可得增語是菩薩摩訶薩不不
也世尊

大般若波羅蜜多經卷第廿

BD04417號　大般若波羅蜜多經卷二〇　（25–25）

二袟十苐廿

BD04417 號背　勘記　（1–1）

所悕求文殊師利又菩薩摩訶薩不應於女
人身取能生欲想相而為說法亦不樂見若
入他家不與小女處女寡女等共語亦復不
近五種不男之人以為親厚不獨入他家若
有因緣須獨入時但一心念佛若為女人說
法不露齒咲不現匈臆乃至為法猶不親厚
況復餘事不樂畜年少弟子沙弥小兒亦不
樂與同師常好坐禪在於閑處脩攝其心文
殊師利是名初親近處復次菩薩摩訶薩觀
一切法空如實相不顛倒不動不退不轉如
虗空无所有性一切語言道斷不生不出不
起无名无相實无所有无量无邊无导无障
但以因緣有從顛倒生故說常樂觀如是法
相是名菩薩摩訶薩第二親近處尒時世尊
欲重宣此義而說偈言
若有菩薩　於後惡世　无怖畏心　欲說是經
應入行處　及親近處　常離國王　及國王子
大臣長官　凶險戲者　及旃陁羅　外道梵志
亦不親近　增上慢人　貪著小乘　三藏學者
破戒比丘　名字羅漢　及比丘尼　好戲咲者

BD04418 號　妙法蓮華經卷五　（3–1）

欲重宣此義而說偈言
若有菩薩 於後惡世 无怖畏心 欲說是經
應入行處 及親近處 常離國王 及國王子
大臣長官 凶險戲者 及旃陀羅 外道梵志
亦不親近 增上慢人 貪著小乘 三藏學者
破戒比丘 名字羅漢 及比丘尼 好戲咲者
深著五欲 求現滅度 諸優婆夷 皆勿親近
若是人等 以好心來 到菩薩所 為聞佛道
菩薩則以 无所畏心 不懷悕望 而為說法
寡女處女 及諸不男 皆勿親近 以為親厚
亦莫親近 屠兒魁膾 畋獵漁捕 為利煞害
販肉自活 衒賣女色 如是之人 皆勿親近
凶險相撲 種種戲嬉 諸婬女等 盡勿親近
莫獨屏處 為女說法 若說法時 无得戲咲
入里乞食 將一比丘 若无比丘 一心念佛
是則名為 行處近處 以此二處 能安樂說
又復不行 上中下法 有為无為 實不實法
亦不分別 是男是女 不得諸法 不知不見
是則名為 菩薩行處
一切諸法 空无所有 无有常住 亦无起滅
是名智者 所親近處
顛倒分別 諸法有无 是實是非 是生非生
在於閑處 脩攝其心 安住不動 如須弥頂
觀一切法 皆无所有 猶如虛空 无有堅固
不生不出 不動不退 常住一相 是名近處
若有比丘 於我滅後 入是行處 及親近處
說斯經時 无有怯弱
菩薩有時 入於靜室 以正憶念 隨義觀法

BD04418號 妙法蓮華經卷五 （3–2）

亦不分別 是男是女 不得諸法 不知不見
是則名為 菩薩行處
一切諸法 空无所有 无有常住 亦无起滅
是名智者 所親近處
顛倒分別 諸法有无 是實是非 是生非生
在於閑處 脩攝其心 安住不動 如須弥頂
觀一切法 皆无所有 猶如虛空 无有堅固
不生不出 不動不退 常住一相 是名近處
若有比丘 於我滅後 入是行處 及親近處
說斯經時 无有怯弱
菩薩有時 入於靜室 以正憶念 隨義觀法
從禪定起 為諸國王 王子臣民 婆羅門等
開化演暢 說斯經典 其心安隱 无有怯弱
文殊師利 是名菩薩 安住初法 能於後世
說法華經
又文殊師利如來滅後於末法中欲說是經
應住安樂行若口宣說若讀經時不樂說人
及經典過亦不輕慢諸餘法師不說他人好
惡長短於聲聞人亦不稱名說其過惡亦不
稱名讚歎其美又亦不生怨嫌之心善脩如
是安樂心故諸有聽者不逆其意有所難問
不以小乘法答但以大乘而為解說令得一
切種智尒時世尊欲重宣此義而說偈言

BD04418號 妙法蓮華經卷五 （3–3）

BD04418 號背　勘記　　　　（1–1）

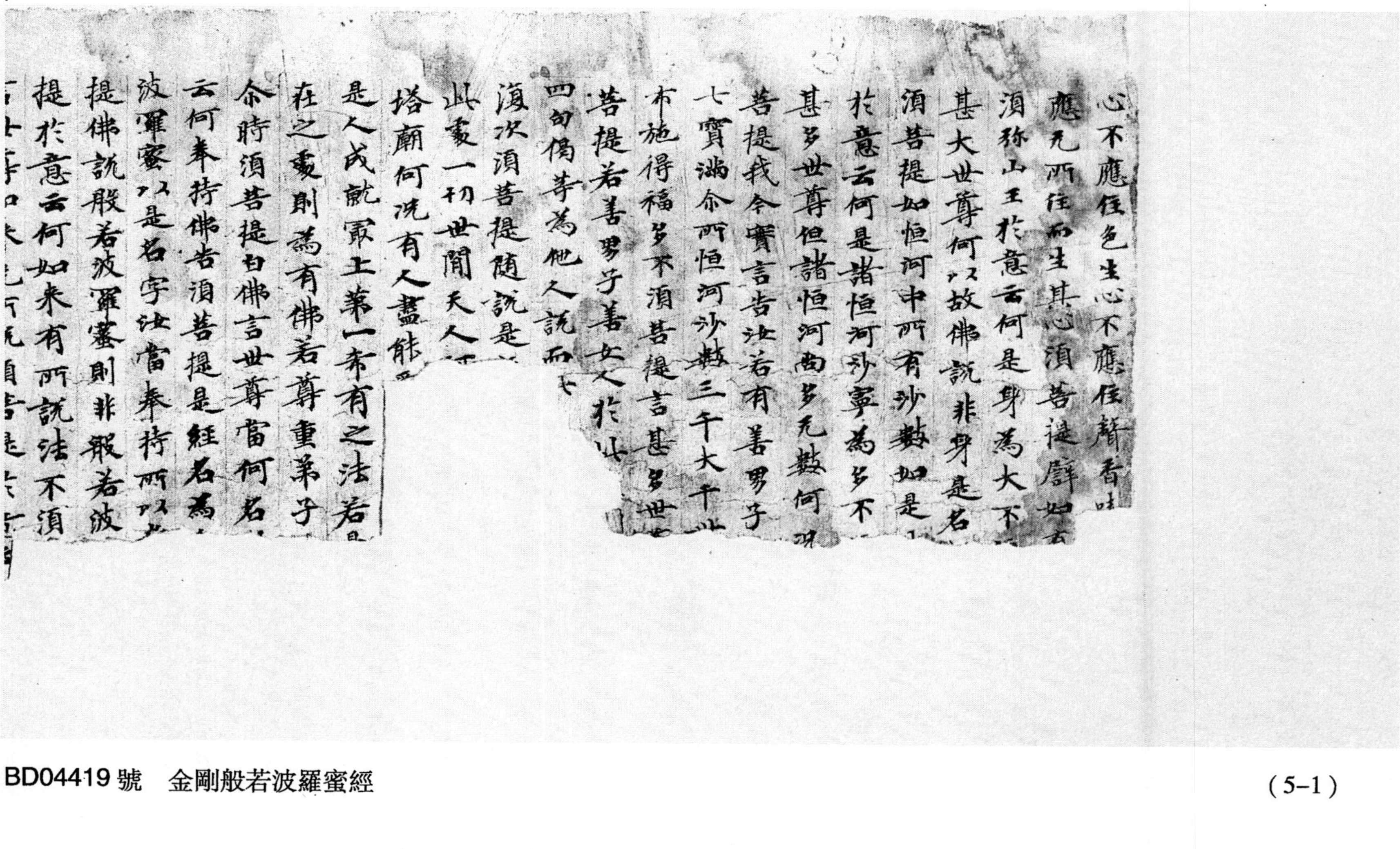

BD04419 號　金剛般若波羅蜜經　　　　（5–1）

尒時須菩提白佛言世尊當何名
云何奉持佛告須菩提是經名為
波羅蜜以是名字汝當奉持所以
提佛說般若波羅蜜則非般若波
提於意云何如來有所說法不須
言世尊如來无所說須菩提於意云
大千世界所有微塵是為多不須菩提言甚
多世尊須菩提諸微塵如來說非微塵是名
微塵如來說世界非世界是名世界須菩提
於意云何可以三十二相見如來不不也世
尊不可以三十二相得見如來何以故如來
說三十二相即是非相是名三十二相
須菩提若有善男子善女人以恒河沙等身
命布施若復有人於此經中乃至受持四句
偈等為他人說其福甚多
尒時須菩提聞說是經深解義趣涕淚悲泣
而白佛言希有世尊佛說如是甚深經典我
從昔來所得慧眼未曾得聞如是之經世尊
若復有人得聞是經信心清淨則生實相當
知是人成就第一希有功德世尊是實相者
則是非相是故如來說名實相世尊我今得
聞如是經典信解受持不足為難若當來世
後五百歲其有眾生得聞是經信解受持是
人則為第一希有何以故此人无我相人相
眾生相壽者相所以者何我相即是非相人
相眾生相壽者相即是非相何以故離一切
諸相則名諸佛佛告須菩提如是如是若復

BD04419號　金剛般若波羅蜜經　（5–2）

聞如是經典信解受持不足為難若當來世
後五百歲其有眾生得聞是經信解受持是
人則為第一希有何以故此人无我相人相
眾生相壽者相所以者何我相即是非相人
相眾生相壽者相即是非相何以故離一切
諸相則名諸佛佛告須菩提如是如是若復
有人得聞是經不驚不怖不畏當知是人甚
為希有何以故須菩提如來說第一波羅蜜
非第一波羅蜜是名第一波羅蜜
須菩提忍辱波羅蜜如來說非忍辱波羅蜜
何以故須菩提如我昔為歌利王割截身體
我於尒時无我相无人相无眾生相无壽者
相何以故我於往昔節節支解時若有我相
人相眾生相壽者相應生瞋恨須菩提又念
過去於五百世作忍辱仙人於尒所世无我
相无人相无眾生相无壽者相是故須菩提
菩薩應離一切相發阿耨多羅三藐三菩提
心不應住色生心不應住聲香味觸法生心
應生无所住心若心有住則為非住是故佛
說菩薩心不應住色布施須菩提菩薩為利
益一切眾生應如是布施如來說一切諸相
即是非相又說一切眾生則非眾生須菩提
如來是真語者實語者如語者不誑語者不
異語者須菩提如來所得法此法无實无虛
須菩提若菩薩心住於法而行布施如人入
闇則无所見若菩薩心不住法而行布施如
人有目日光明照見種種色

BD04419號　金剛般若波羅蜜經　（5–3）

如来是真語者實語者如語者不誑語者不
異語者須菩提如来所得法此法无實无虛
須菩提若菩薩心住於法而行布施如人入
闇則无所見若菩薩心不住法而行布施如
人有目日光明照見種種色
須菩提當来之世若有善男子善女人能於此
經受持讀誦則為如来以佛智慧悉知是人
悉見是人皆得成就无量无邊功德
須菩提若有善男子善女人初日分以恒河
沙等身布施中日分復以恒河沙等身布施
後日分亦以恒河沙等身布施如是无量百
千万億劫以身布施若復有人聞此經典信
心不逆其福勝彼何況書寫受持讀誦為人解說
須菩提以要言之是經有不可思議不可稱
量无邊功德如来為發大乘者說為發冣上
乘者說若有人能受持讀誦廣為人說如来
悉知是人悉見是人皆得成就不可量不可
稱无有邊不可思議功德如是人等則為荷
擔如来阿耨多羅三藐三菩提何以故須菩
提若樂小法者著我見人見衆生見壽者見
則於此經不能聽受讀誦為人解說須菩提
在在處處若有此經一切世間天人阿脩羅
所應供養當知此處則為是塔皆應恭敬作
礼圍遶以諸華香而散其處
復次須菩提善男子善女人受持讀誦此經
若為人輕賤是人先世罪業應墮惡道以今
世人輕賤故先世罪業則為消滅當得阿耨

BD04419號　金剛般若波羅蜜經　（5–4）

心不逆其福勝彼何況書寫受持讀誦為人解說
須菩提以要言之是經有不可思議不可稱
量无邊功德如来為發大乘者說為發冣上
乘者說若有人能受持讀誦廣為人說如来
悉知是人悉見是人皆得成就不可量不可
稱无有邊不可思議功德如是人等則為荷
擔如来阿耨多羅三藐三菩提何以故須菩
提若樂小法者著我見人見衆生見壽者見
則於此經不能聽受讀誦為人解說須菩提
在在處處若有此經一切世間天人阿脩羅
所應供養當知此處則為是塔皆應恭敬作
礼圍遶以諸華香而散其處
復次須菩提善男子善女人受持讀誦此經
若為人輕賤是人先世罪業應墮惡道以今
世人輕賤故先世罪業則為消滅當得阿耨
多羅三藐三菩提須菩提我念過去无量阿
僧祇劫於然燈佛前得值八百四千万億那
由他諸佛悉皆供養承事无空過者若復有
人於後末世能受持讀誦此經所得功德於

BD04419號　金剛般若波羅蜜經　（5–5）

著　録　凡　例

本目錄採用條目式著錄法。諸條目意義如下：

1.1　著錄編號。用漢語拼音首字“BD”表示，意為“北京圖書館藏敦煌遺書”，簡稱“北敦號”。文獻寫在背面者，標註為“背”。一件遺書上抄有多個文獻者，用數字1、2、3等標示小號。一號中包括幾件遺書，且遺書形態各自獨立者，用字母A、B、C等區別。

1.2　著錄分類號。本條記目錄暫不分類，該項空缺。

1.3　著錄文獻的名稱、卷本、卷次。

1.4　著錄千字文編號。

1.5　著錄縮微膠卷號。

2.1　著錄遺書的總體數據。包括長度、寬度、紙數、正面抄寫總行數與每行字數、背面抄寫總行數與每行字數。如該遺書首尾有殘破，則對殘破部分單獨度量，用加號加在總長度上。凡屬這種情況，長度用括弧標註。

2.2　著錄每紙數據。包括每紙長度及抄寫行數或界欄數。

2.3　著錄遺書的外觀。包括：（1）裝幀形式。（2）首尾存況。（3）護首、軸、軸頭、天竿、縹帶，經名是書寫還是貼簽，有無經名號，扉頁、扉畫。（4）卷面殘破情況及其位置。（5）尾部情況。（6）有無附加物（蟲繭、油污、線繩及其他）。（7）有無褾補及其年代。（8）界欄。（9）修整。（10）其他需要交待的問題。

2.4　著錄一件遺書抄寫多個文獻的情況。

3.1　著錄文獻首部文字與對照本核對的結果。

3.2　著錄文獻尾部文字與對照本核對的結果。

3.3　著錄錄文。

3.4　著錄對文獻的説明。

4.1　著錄文獻首題。

4.2　著錄文獻尾題。

5　著錄本文獻與對照本的不同之處。

6.1　著錄本遺書首部可與另一遺書綴接的編號。

6.2　著錄本遺書尾部可與另一遺書綴接的編號。

7.1　著錄題記、題名、勘記等。

7.2　著錄印章。

7.3　著錄雜寫。

7.4　著錄護首及扉頁的內容。

8　著錄年代。

9.1　著錄字體。如有武周新字、合體字、避諱字等，予以説明。

9.2　著錄卷面二次加工的情況。包括句讀、點標、科分、間隔號、行間加行、行間加字、硃筆、墨塗、倒乙、刪除、兑廢等。

10　著錄敦煌遺書發現後，近現代人所加內容，裝褾、題記、印章等。

11　備註。著錄揭褾互見、圖版本出處及其他需要説明的問題。

上述諸條，有則著錄，無則空缺。

為避文繁，上述著錄中出現的各種參考、對照文獻，暫且不列版本説明。全目結束時，將統一編制本條記目錄出現的各種參考書目。

本條記目錄為農曆年份標註其公曆紀年時，未進行歲頭年末之換算，請讀者使用時注意自行換算。

條 記 目 錄

BD04356—BD04419

1.1 BD04356 號
1.3 金剛般若波羅蜜經
1.4 出 056
1.5 094:3604
2.1 （4+485.7）×26.5 厘米；12 紙；301 行，行 17 字。
2.2 01：4+19.5，15； 02：43.2，27； 03：43.1，27；
04：43.8，27； 05：43.8，26； 06：43.4，27；
07：43.6，27； 08：43.6，27； 09：43.7，27；
10：43.4，27； 11：43.8，27； 12：30.8，17。
2.3 卷軸裝。首殘尾全。第 1 紙背有古代裱補。有烏絲欄。已修整。
3.1 首 3 行下殘→大正 235，8/749A2～5。
3.2 尾全→8/752C3。
4.2 金剛般若波羅蜜經（尾）。
5 與《大正藏》本對照，本卷經文無冥司偈，參見《大正藏》，8/751C16～19。
8 8 世紀。唐寫本。
9.1 楷書。
11 圖版：《敦煌寶藏》，79/94B～100B。

1.1 BD04357 號
1.3 金剛般若波羅蜜經
1.4 出 057
1.5 094:3706
2.1 （5.7+422.2+22.5）×27 厘米；11 紙；257 行，行 17 字。
2.2 01：5.7+24，17； 02：42.5，24； 03：42.5，24；
04：42.5，24； 05：42.5，24； 06：42.5，24；
07：42.2，24； 08：42.0，24； 09：42.0，24；
10：42.0，24； 11：17.5+22.5，24。
2.3 卷軸裝。首尾均殘。第 1 紙有橫裂，第 10 紙上有殘裂，第 11 紙有橫裂及豎裂，卷尾左下殘缺，紙張變色。有烏絲欄。已修整。
3.1 首 3 行上下殘→大正 235，8/749A22～24。
3.2 尾 14 行下殘→8/752A27～752B12。
5 與《大正藏》本對照，本卷經文無冥司偈，參見《大正藏》，8/751C16～19。
8 7～8 世紀。唐寫本。
9.1 楷書。
11 圖版：《敦煌寶藏》，79/611A～616B。

1.1 BD04358 號
1.3 大般若波羅蜜多經卷二二六
1.4 出 058
1.5 084:2582
2.1 335.5×23.8 厘米；7 紙；180 行，行 17 字。
2.2 01：48.0，28； 02：48.0，28； 03：48.0，28；
04：48.0，28； 05：48.2，28； 06：47.7，28；
07：47.6，12。
2.3 卷軸裝。首殘尾全。第 1 紙有橫向撕裂，第 1 紙至第 5 紙有橫向破裂，通卷天頭地脚殘破。有烏絲欄。
3.1 首殘→大正 220，6/137A2。
3.2 尾全→6/139A12。
4.2 大般若波羅蜜多經卷第二百廿六（尾）。
6 首→BD04399 號。
7.1 尾題下有題名“左盈達”。
7.3 卷尾背面有一雜寫“連”字。
8 8～9 世紀。吐蕃統治時期寫本。
9.1 楷書。
11 圖版：《敦煌寶藏》，74/135A～139A。

1.1 BD04359 號
1.3 金剛般若波羅蜜經
1.4 出 059
1.5 094:3696
2.1 441.9×25.5 厘米；9 紙；276 行，行 17 字。
2.2 01：49.2，31； 02：49.0，31； 03：49.0，31；

04：49.0，31；　05：49.5，31；　06：49.1，31；
07：49.1，31；　08：49.0，31；　09：49.0，28。
2.3　卷軸裝。首脫尾全。經黄打紙。第1、2紙接縫開裂，第1紙右下角豎裂，卷尾上下有蟲繭。背有古代裱補。有烏絲欄。
3.1　首殘→大正235，8/749A22。
3.2　尾全→8/752C3。
4.2　金剛般若波羅蜜經（尾）。
5　與《大正藏》本對照，本卷經文無冥司偈，參見《大正藏》，8/751C16～19。
8　7～8世紀。唐寫本。
9.1　楷書。
11　圖版：《敦煌寶藏》，79/560B～566A。

1.1　BD04360號
1.3　妙法蓮華經卷七
1.4　出060
1.5　105:6104
2.1　97×26厘米；2紙；56行，行17字。
2.2　01：48.5，28；　02：48.5，28。
2.3　卷軸裝。首尾均脫。有烏絲欄，甚淡。
3.1　首殘→大正262，9/59B6。
3.2　尾殘→9/60A18。
8　8世紀。唐寫本。
9.1　楷書。
11　圖版：《敦煌寶藏》，97/21A～22A。

1.1　BD04361號1
1.3　鳩摩羅什法師誦法
1.4　出061
1.5　148:6784
2.1　（10+65）×26.3厘米；2紙；42行，行17字。
2.2　01：10+18.5，16；　02：46.5，26。
2.3　卷軸裝。首殘尾脫。經黄打紙，砑光上蠟。卷首殘破嚴重。有烏絲欄。
2.4　本遺書包括2個文獻：（一）《鳩摩羅什法師誦法》，17行，今編為BD04361號1。（二）《初受三歸菩薩戒羯磨文》（擬），25行，今編為BD04361號2。
3.4　説明：
本文獻是慧融撰寫的關於鳩摩羅什授《梵網經》菩薩戒之第一手資料。未為歷代大藏經所收。
8　7～8世紀。唐寫本。
9.1　楷書。
11　圖版：《敦煌寶藏》，101/589A～590A。

1.1　BD04361號2
1.3　初受三歸菩薩戒羯磨文（擬）
1.4　出061
1.5　148:6784
2.4　本遺書由2個文獻組成，本號為第2個，25行。餘參見BD04361號1之第2項、第11項。
3.4　説明：
本文獻是對信徒初受三歸時舉行羯磨儀式所用羯磨文。《開元大藏》第526號有《菩薩戒羯磨文》一卷，為彌勒菩薩説，唐玄奘譯（參見《大正藏》第24卷中第1499號），與本文獻不同。本文獻未為歷代大藏經所收。
4.1　菩薩戒羯摩文初受三歸（首）。
8　7～8世紀。唐寫本。
9.1　楷書。

1.1　BD04362號
1.3　金剛般若波羅蜜經
1.4　出062
1.5　094:4385
2.1　71.3×26厘米；2紙；36行，行17字。
2.2　01：48.0，28；　02：23.3，08。
2.3　卷軸裝。首殘尾全。經黄打紙。有烏絲欄。有燕尾。
3.1　首殘→大正235，8/752A24。
3.2　尾全→8/752C3。
4.2　金剛般若波羅蜜經（尾）。
8　7～8世紀。唐寫本。
9.1　楷書。
11　圖版：《敦煌寶藏》，83/89B～90A。

1.1　BD04363號
1.3　妙法蓮華經卷四
1.4　出063
1.5　105:5388
2.1　（15.5+63.5）×25.7厘米；2紙；48行，行17字。
2.2　1：15.5+18，20；　02：45.5，28。
2.3　卷軸裝。首殘尾脫。第1紙有殘洞，第1、2紙接縫脫開撕裂。背有古代裱補。有烏絲欄。
3.1　首9行下殘→大正262，9/33B4～14。
3.2　尾殘→9/33C28。
8　9～10世紀。歸義軍時期寫本。
9.1　楷書。
11　圖版：《敦煌寶藏》，91/265B～266B。

1.1　BD04364號
1.3　金剛般若波羅蜜經
1.4　出064
1.5　094:4145
2.1　（94+10）×29厘米；3紙；53行，行19～21字不等。
2.2　01：24.0，12；　02：42.0，21；　03：28+10，20。
2.3　卷軸裝。首尾均殘。卷面污損嚴重。第2紙中部斷開，左

下部有殘損。有界欄，無上下邊欄。
3.1　首殘→大正 235，8/750C7。
3.2　尾 5 行下殘→8/751B7～12。
8　8 世紀。唐寫本。
9.1　楷書。
11　圖版：《敦煌寶藏》，82/228A～229A。

1.1　BD04365 號
1.3　金剛般若波羅蜜經
1.4　出 065
1.5　094:3953
2.1　（2＋31.6＋4）×29 厘米；2 紙；19 行，行 20 餘字。
2.2　01：2＋4.6，03；　02：27＋4，16。
2.3　卷軸裝。首尾均殘。有界欄，無上下邊欄。
3.1　首行下殘→大正 235，8/749C24～25。
3.2　尾 2 行上殘→8/750A16～19。
8　8 世紀。唐寫本。
9.1　楷書。
11　圖版：《敦煌寶藏》，81/309A。

1.1　BD04366 號
1.3　大般若波羅蜜多經卷一九○
1.4　出 066
1.5　084:2471
2.1　484.4×26.2 厘米；11 紙；283 行，行 17 字。
2.2　01：47.4，28；　02：46.6，28；　03：46.8，28；
04：46.6，28；　05：46.6，28；　06：46.5，28；
07：46.5，28；　08：46.5，28；　09：46.4，28；
10：46.5，28；　11：18.0，03。
2.3　卷軸裝。首殘尾全。第 1 紙有橫向撕裂，接縫處多有脫開。有烏絲欄。有燕尾。
3.1　首殘→大正 220，5/1020A28。
3.2　尾全→5/1023B18。
4.2　大般若波羅蜜多經卷第一百九十（尾）。
7.1　第 1 紙背有勘記“第一百九十，十九”，前者是本文獻卷次，後者是所屬袟次。尾題後有題記“堪了，姚良寫，第一校，第二校，第三校”。
8　8～9 世紀。吐蕃統治時期寫本。
9.1　楷書。
11　圖版：《敦煌寶藏》，73/403A～409A。

1.1　BD04367 號
1.3　阿彌陀經
1.4　出 067
1.5　014:0179
2.1　（10＋98.5）×26.5 厘米；3 紙；56 行，行 17 字。
2.2　01：10＋14，14；　02：42.5，24；　03：42.0，18。
2.3　卷軸裝。首殘尾全。首紙有殘洞，上下邊沿有破損。有烏絲欄。已修整。
3.1　首 6 行上下殘→大正 366，12/347B14～20。
3.2　尾全→12/348A29。
4.2　阿彌陀經（尾）。
7.3　卷背有墨筆字痕。
8　8 世紀。唐寫本。
9.1　楷書。
11　圖版：《敦煌寶藏》，57/68A～69B。

1.1　BD04368 號
1.3　佛名經（十六卷本）卷八
1.4　出 068
1.5　063:0680
2.1　（8.5＋1071.2＋1.5）×26 厘米；23 紙；634 行，行 17 字。
2.2　1：8.5＋39，27；　02：48.0，28；　03：47.8，28；
04：47.8，28；　05：47.8，28；　06：47.8，28；
07：47.8，28；　08：47.5，28；　09：47.8，28；
10：47.8，28；　11：47.6，28；　12，47.6，28；
13：47.8，28；　14：47.8，28；　15：47.8，28；
16：47.8，28；　17：47.6，28；　18：47.5，28；
19：47.6，28；　20：47.6，28；　21：47.6，28；
22：47.8，28；　23：30＋1.5，19。
2.3　卷軸裝。首全尾殘。經黄打紙，研光上蠟。首紙右下殘缺；卷面有水漬，變色；卷尾殘破嚴重，有等距離殘洞。有烏絲欄。
3.1　首 4 行中下殘→《七寺古逸經典研究叢書》，3/380 頁第 1～3 行。
3.2　尾 1 行中殘→《七寺古逸經典研究叢書》，3/427 頁第 612～613 行。
4.1　佛說佛名經卷□…□（首）。
8　8 世紀。唐寫本。
9.1　楷書。
9.2　有刮改。
11　圖版：《敦煌寶藏》，61/215B～230B。

1.1　BD04369 號
1.3　金剛般若波羅蜜經
1.4　出 069
1.5　094:3840
2.1　（47.7＋3.5）×29 厘米；2 紙；24 行，行 20 餘字。
2.2　01：12.2，06；　02：35.5＋3.5，18。
2.3　卷軸裝。首脫尾殘。卷中有焦脆殘破。有烏絲欄。
3.1　首殘→大正 235，8/749B23。
3.2　尾 1 行上殘→8/749C24～25。
8　7～8 世紀。唐寫本。
9.1　楷書。
11　圖版：《敦煌寶藏》，80/534A～B。

1.1 BD04370 號
1.3 妙法蓮華經卷三
1.4 出 070
1.5 105:5161
2.1 (4.3+420.5)×26.6 厘米;10 紙;229 行,行 17 字。
2.2 01:4.3+8.7,7; 02:48.5,28; 03:48.7,28;
04:49.0,28; 05:48.7,28; 06:48.8,28;
07:45.1,26; 08:48.8,28; 09:48.9,27;
10:25.3,01。
2.3 卷軸裝。首殘尾全。卷首殘破嚴重;卷尾上下有等距離殘缺,有殘洞。背有鳥糞。有烏絲欄。
3.1 首 2 行下殘→大正 262,9/23C15~18。
3.2 尾全→9/27B9。
4.2 妙法蓮華經卷第三(尾)。
8 8 世紀。唐寫本。
9.1 楷書。
9.2 有刮改。
11 圖版:《敦煌寶藏》,89/271A~276B。

1.1 BD04371 號
1.3 無量壽宗要經
1.4 出 071
1.5 275:7928
2.1 (12+76)×31 厘米;2 紙;57 行,行 30 餘字。
2.2 01:12+32,28; 02:44.0,29。
2.3 卷軸裝。首全尾脱。卷首殘破嚴重,右下殘缺。背有古代裱補。有烏絲欄。
3.1 首 7 行中下殘→大正 936,19/82A3~16。
3.2 尾殘→19/83B19。
4.1 大乘無量壽經(首)。
8 8~9 世紀。吐蕃統治時期寫本。
9.1 楷書。
11 圖版:《敦煌寶藏》,108/318B~319B。

1.1 BD04372 號
1.3 四分比丘尼戒本
1.4 出 072
1.5 157:6907
2.1 (36+185+3.5)×27.2 厘米;6 紙;145 行,行 24 字。
2.2 01:15.0,10; 02:21+21,27; 03:42.0,27;
04:42.0,27; 05:42.0,27; 06:38+3.5,27。
2.3 卷軸裝。首殘尾脱。卷首殘破嚴重,通卷殘破。有烏絲欄。
3.1 首 23 下殘→大正 1431,22/1033A16~18。
3.2 尾 2 行上殘→22/1035B22~23。
8 9~10 世紀。歸義軍時期寫本。
9.1 楷書。
11 圖版:《敦煌寶藏》,102/489B~492B。

1.1 BD04373 號
1.3 妙法蓮華經卷七
1.4 出 073
1.5 105:5944
2.1 544.3×25.5 厘米;12 紙;297 行,行 17 字。
2.2 01:08.4,01; 02:41.6,24; 03:45.5,20;
04:50.0,28; 05:50.0,28; 06:50.0,28;
07:50.0,28; 08:49.8,28; 09:50.0,28;
10:50.0,28; 11:50.0,28; 12:49.0,28。
2.3 卷軸裝。首斷尾殘。經黄打紙,砑光上蠟。第 1、2 紙接縫上下邊開裂,下邊多處撕裂,卷下邊及卷背有鳥糞。背有古代裱補。首 2 紙為歸義軍時期後補。有烏絲欄。
3.1 首缺→大正 262,9/57A23。
3.2 尾 2 行下殘→9/61A14~15。
7.3 第 1 紙 25 行均爲經文雜寫,内容相當於大正 262,9/57A2~22。
8 7 世紀。唐寫本。
9.1 楷書。
11 圖版:《敦煌寶藏》,96/114A~121A。

原卷 7 世紀唐寫本。其後殘缺,歸義軍時代曾經修補首 2 紙。但修補者未能將殘缺部分補全,故首紙前部有餘空,而卷首經文依然不全。

1.1 BD04374 號
1.3 佛頂尊勝陀羅尼經(佛陀波利本)
1.4 出 074
1.5 229:7342
2.1 (6.2+299.2)×25.7 厘米;7 紙;176 行,行 17 字。
2.2 01:6.2+23.2,18; 02:46.2,28; 03:46.1,28;
04:46.3,28; 05:46.2,28; 06:46.1,28;
07:45.1,18。
2.3 卷軸裝。首殘尾全。經黄打紙。第 1 紙有殘洞,下有横向撕裂。卷背有蟲繭,有古代裱補。有燕尾。有烏絲欄。
3.1 首 4 行上殘→大正 967,19/350A5~8。
3.2 尾全→19/352A26。
4.2 佛頂尊勝陀羅尼經(尾)。
5 與《大正藏》本相比,經中咒語所用為宋本,參見大正 19/352A28~B23。
8 7~8 世紀。唐寫本。
9.1 楷書。
11 圖版:《敦煌寶藏》,105/541A~545A。

1.1 BD04375 號
1.3 無量壽宗要經
1.4 出 075
1.5 275:8022
2.1 (15+153)×39.5 厘米;4 紙;正面 109 行,行 30 餘字;

背面 103 行，行 20 餘字。
2.2　01：15 +24，26；　02：43.0，29；　03：43.0，29；
04：43.0，25。
2.3　卷軸裝。首殘尾全。卷首殘破嚴重。有烏絲欄。
2.4　本遺書包括 2 個文獻：（一）《無量壽宗要經》，109 行，抄寫在正面，今編為 BD04375 號。（二）《觀世音經》，103 行，抄寫在背面，今編為 BD04375 號背。
3.1　首 6 行上下殘→大正 936，19/82C5 ~15。
3.2　尾全→19/84C29。
4.2　佛說無量壽宗要經（尾）。
8　8 ~9 世紀。吐蕃統治時期寫本。
9.1　行楷。
11　圖版：《敦煌寶藏》，108/533A ~537B。

1.1　BD04375 號背
1.3　觀世音經
1.4　出 075
1.5　275:8022
2.4　本遺書由 2 個文獻組成，本號為第 2 個，抄寫在背面，103 行。餘參見 BD04375 號之第 2 項、第 11 項。
3.1　首全→大正 262，9/56C2。
3.2　尾全→9/58B7。
4.1　妙法蓮花經觀世音菩薩普門品第廿五（首）。
4.2　佛說觀世音經一卷（尾）。
8　8 ~9 世紀。吐蕃統治時期寫本。
9.1　行楷。

1.1　BD04376 號
1.3　大般若波羅蜜多經卷七六
1.4　出 076
1.5　084:2215
2.1　（3.6 +287）×25.7 厘米；7 紙；172 行，行 17 字。
2.2　01：3.6 +4，4；　02：46.7，28；　03：47.4，28；
04：47.3，28；　05：47.3，28；　06：47.3，28；
07：47.0，28。
2.3　卷軸裝。首殘尾脫。第 2 紙有殘洞及撕裂，第 5、6 紙有縱橫向撕裂，卷上邊有水漬。背有古代裱補。有烏絲欄。
3.1　首 2 行上下殘→大正 220，5/427B26 ~27。
3.2　尾殘→5/429B26。
6.2　尾→BD00846 號。
7.1　第 1 紙背寫勘記“無◇無”。
8　8 ~9 世紀。吐蕃統治時期寫本。
9.1　楷書。
11　圖版：《敦煌寶藏》，72/308B ~312A。

1.1　BD04377 號
1.3　維摩詰所說經卷中
1.4　出 077
1.5　070:1059
2.1　1041 ×26.5 厘米；23 紙；589 行，行 17 字。
2.2　01：12.0，護首；　02：46.0，27；　03：48.0，28；
04：48.0，28；　05：48.0，28；　06：48.0，28；
07：48.0，28；　08：48.0，28；　09：48.0，28；
10：48.0，28；　11：48.0，28；　12：48.0，28；
13：48.0，28；　14：48.0，28；　15：48.0，28；
16：48.0，28；　17：48.0，28；　18：48.0，28；
19：48.0，28；　20：48.0，28；　21：48.0，28；
22：48.0，28；　23：23.0，02。
2.3　卷軸裝。首尾均全。有護首，已殘破，脫落無字殘片多塊。卷首殘破，多油污；上下邊有撕裂。卷尾多水漬，有蟲繭。有烏絲欄。
3.1　首全→大正 475，14/544A22。
3.2　尾全→14/551C27。
4.1　維摩詰所說經文殊師利問疾品第五，卷中（首）。
4.2　維摩詰經卷中（尾）。
8　8 ~9 世紀。吐蕃統治時期寫本。
9.1　楷書。
9.2　有行間校加字。有刮改。
11　圖版：《敦煌寶藏》，64/549A ~563B。

1.1　BD04378 號 1
1.3　陀羅尼雜集卷一
1.4　出 078
1.5　270:7679
2.1　（2 +253.3）×29.2 厘米；6 紙；169 行，行 25 ~26 字。
2.2　01：2 +25，18；　02：49.3，33；　03：49.5，33；
04：49.6，33；　05：49.4，33；　06：30.5，19。
2.3　卷軸裝。首殘尾脫。第 1 紙下邊殘缺、殘破，卷面有油污及殘洞。有烏絲欄。
2.4　本遺書包括 3 個文獻：（一）《陀羅尼雜集》卷一，26 行，今編為 BD04378 號 1。（二）《護諸童子陀羅尼咒經》，50 行，今編為 BD04378 號 2。（三）《陀羅尼雜集鈔》（擬），93 行，今編為 BD04378 號 3。
3.1　首行中殘→大正 1336，21/583A25。
3.2　尾缺→21/583C9。
8　8 ~9 世紀。吐蕃統治時期寫本。
9.1　楷書。
11　圖版：《敦煌寶藏》，107/299B ~302B。

1.1　BD04378 號 2
1.3　護諸童子陀羅尼咒經
1.4　出 078
1.5　270:7679
2.4　本遺書由 3 個文獻組成，本號為第 2 個，抄寫在正面，50

行。餘參見 BD04378 號 1 之第 2 項、第 11 項。
3.1　首全→大正 1028A，19/741B19。
3.2　尾全→19/742C5。
4.1　佛說護諸童子陀羅尼咒經，三藏菩提流支譯（首）。
8　7～8 世紀。唐寫本。
9.1　楷書。

1.1　BD04378 號 3
1.3　陀羅尼雜集鈔（擬）
1.4　出 078
1.5　270:7679
2.4　本遺書由 3 個文獻組成，本號為第 3 個，抄寫在正面，93 行。餘參見 BD04378 號 1 之第 2 項、第 11 項。
3.4　說明：
本文獻抄寫《陀羅尼雜集》卷四到卷六咒語多條，詳情如下：
第 7 行至 84 行，正語梵天所說陀羅尼，
大正 1336，21/604B15～B27。（第四卷）
第 85 行至 89 行，佛說止女人患血至困陀羅尼，
大正 1336，21/606A17～26。
第 90 行至 98 行，請觀世音菩薩咒，
大正 1336，21/607B28～C13。
第 99 行至 105 行，觀世音菩薩行道求願咒，
大正 1336，21/607C14～26。
第 106 行至 122 行，佛說乞雨咒，
大正 1336，21/607C27～608A27。
第 123 行至 136 行，降雨陀羅尼，出大雲經，
大正 1336，21/609A25～B19。
第 136 行至 142 行，次說擊龍王陀羅尼，
大正 1336，21/609B20～C2。
第 143 行至 152 行，佛說滅除十惡神咒，
大正 1336，21/608B20～C8。
第 153 行至 155 行，佛說小兒中人惡眼者咒經，
大正 1336，21/608C16～21。
第 156 行至 161 行，佛說若欲讀誦一切經曲先誦此陀羅尼，
大正 1336，21/608C28～609A8。
第 161 行至 164 行，結帶禁兵賊陀羅尼，
大正 1336，21/609 頁 A9～15。（以上第五卷）
第 165 行至 168 行，治百病諸毒陀羅，
大正 1336，21/611A29～B7。
第 169 行，觀音菩薩說除一切眼痛陀羅尼，
大正 1336，21/612C27。（以上第六卷）
8　7～8 世紀。唐寫本。
9.1　楷書。

1.1　BD04379 號
1.3　維摩詰所說經卷上
1.4　出 079
1.5　070:0930
2.1　（12＋55.5）×25.5 厘米；2 紙；40 行，行 17 字。
2.2　01：12＋35.5，28；　02：20.0，12。
2.3　卷軸裝。首脫尾殘。第 1 紙右下殘缺，卷面上下有撕裂。有烏絲欄。
3.1　首 7 行下殘→大正 475，14/537B5～12。
3.2　尾殘→14/537C16。
8　8～9 世紀。吐蕃統治時期寫本。
9.1　楷書。
11　圖版：《敦煌寶藏》，64/47A～47B。

1.1　BD04380 號
1.3　摩訶般若波羅蜜經（四十卷本）卷一一
1.4　出 080
1.5　088:3435
2.1　655.1×25.7 厘米；17 紙；407 行，行 17 字。
2.2　01：38.8，25；　02：38.7，25；　03：38.6，25；
04：39.0，26；　05：38.3，24；　06：38.8，24；
07：38.8，24；　08：39.0，25；　09：39.0，24；
10：39.5，25；　11：39.0，23；　12：38.2，25；
13：38.1，25；　14：38.0，25；　15：38.0，26；
16：37.8，24；　17：37.5，12。
2.3　卷軸裝。首脫尾全。薄紙。首紙端有殘洞，上下邊有撕裂殘損，第 3 紙有殘洞，接縫處有開裂，9、10 紙接縫脫斷。前數紙有竪欄，無上下邊欄。
3.1　首殘→大正 223，8/267B2。
3.2　尾全→8/272A27。
4.2　摩訶般若波羅蜜經卷第十一（尾）。
5　與《大正藏》本對照，卷次、品次不同，相當於卷六《十無品》第廿五及《無生品》第廿六前部。應屬四十卷本。
8　7～8 世紀。唐寫本。
9.1　楷書。
9.2　有行間校加字、校加行。有倒乙符號。尾 3 紙有硃筆斷句。
11　圖版：《敦煌寶藏》，77/624A～632A。

1.1　BD04381 號
1.3　金光明最勝王經卷一
1.4　出 081
1.5　083:1445
2.1　（3.7＋444）×27.7 厘米；10 紙；269 行，行 17 字。
2.2　01：3.7＋25，17；　02：46.4，28；　03：46.7，28；
04：46.6，28；　05：46.6，28；　06：46.6，28；
07：46.7，28；　08：46.7，28；　09：46.4，28；
10：46.3，28。
2.3　卷軸裝。首尾均殘。卷尾多漿糊。有烏絲欄。已修整。
3.1　首 2 行上下殘→大正 665，16/403A15～17。

3.2　尾行殘→16/407A5～6。
8　8～9 世紀。吐蕃統治時期寫本。
9.1　楷書。
11　圖版：《敦煌寶藏》，64/610B～616A。

1.1　BD04382 號
1.3　無量壽宗要經
1.4　出 082
1.5　275:7816
2.1　217.5×32 厘米；5 紙；138 行，行 30 餘字。
2.2　01：44.0，28；　02：43.5，29；　03：43.5，30；
04：43.5，30；　05：43.0，21。
2.3　卷軸裝。首尾均全。第 1 紙上下邊殘損。有烏絲欄。
3.1　首全→大正 936，19/82A3。
3.2　尾全→19/84C29。
4.1　大乘無量壽經（首）。
4.2　佛說無量壽宗要經（尾）。
7.1　第 5 紙末有題名"張瀛"。
8　8～9 世紀。吐蕃統治時期寫本。
9.1　楷書。
9.2　有行間加行。
11　圖版：《敦煌寶藏》，108/25B～28A。

1.1　BD04383 號
1.3　妙法蓮華經（兌廢稿）卷七
1.4　出 083
1.5　105:6145
2.1　48.5×28 厘米；1 紙；25 行，行 17 字。
2.3　卷軸裝。首斷尾脫。尾有餘空。有烏絲欄。
3.1　首殘→大正 262，9/61A23。
3.2　尾缺→9/61B21。
8　8 世紀。唐寫本。
9.1　楷書。天頭有"兌"字。
11　圖版：《敦煌寶藏》，97/127B～128A。

1.1　BD04384 號
1.3　大般若波羅蜜多經卷七四
1.4　出 084
1.5　084:2212
2.1　(1.8+344.7)×25.1 厘米；8 紙；208 行，行 17 字。
2.2　01：1.8+19，12；　02：47.0，28；　03：46.8，28；
04：46.9，28；　05：47.0，28；　06：47.0，28；
07：45.5，28；　08：45.5，28。
2.3　卷軸裝。首殘尾脫。第 2 紙下邊殘缺，第 7 紙有縱向撕裂。有烏絲欄。
3.1　首 11 行下殘→大正 220，5/416B2～13。
3.2　尾殘→5/418C11。

6.2　尾→BD01087 號。
7.1　第 1 紙背有勘記"八、四"。前者為本文獻所屬袟次，後者為袟内卷次。"四"字為硃書。
8　7～8 世紀。唐寫本。
9.1　楷書。
11　圖版：《敦煌寶藏》，72/289A～293B。

1.1　BD04385 號
1.3　天地八陽神咒經
1.4　出 085
1.5　256:7620
2.1　(11+399.5)×25 厘米；10 紙；正面 230 行，行 14～15 字；背面 2 行，藏文。
2.2　01：11+32，25；　02：45.0，26；　03：45.0，26；
04：44.8，26；　05：44.8，26；　06：45.4，26；
07：44.8，26；　08：44.2，26；　09：44.7，23；
10：08.8，拖尾。
2.3　卷軸裝。首殘尾全。卷首殘破嚴重，卷面有油污，卷尾殘破。背有古代裱補。有燕尾。有烏絲欄。
2.4　本遺書包括 2 個文獻：（一）《天地八陽神咒經》，230 行，抄寫在正面，今編為 BD04385 號。（二）藏文，2 行，抄寫在背面，今編為 BD04385 號背。
3.1　首 6 行下殘→大正 2897，85/1422B14～16。
3.2　尾全→85/1425B3。
4.1　☐說八陽神咒經（首）。
4.2　佛說八陽神咒經一卷（尾）。
5　與《大正藏》本對照，文字略有不同。
8　9～10 世紀。歸義軍時期寫本。
9.1　楷書。
11　圖版：《敦煌寶藏》，107/114B～120A。

1.1　BD04385 號背
1.3　藏文
1.4　出 085
1.5　256:7620
2.4　本遺書由 2 個文獻組成，本號為第 2 個，2 行，抄寫在背面。餘參見 BD04385 號之第 2 項、第 11 項。
3.4　說明：
背面有兩行藏文。
8　9～10 世紀。歸義軍時期寫本。

1.1　BD04386 號
1.3　四分律比丘戒本
1.4　出 086
1.5　156:6884
2.1　(5+282.5+44)×25.4 厘米；7 紙；191 行，行 17 字。
2.2　01：5+43，28；　02：48.5，28；　03：48.5，28；

04：48.5，28；　05：48.0，28；　06：46+2，28；
07：42.0，23。
2.3　卷軸裝。首尾均殘。卷面水漬變色，有等距離殘洞，第6紙上方撕裂，尾紙左下殘缺。有烏絲欄。
3.1　首4行中殘→大正1429，22/1020B16～19。
3.2　尾24行下殘→22/1022C22～1203A9。
8　8世紀。唐寫本。
9.1　楷書。
11　圖版：《敦煌寶藏》，102/371B～376A。

1.1　BD04387號
1.3　大乘入楞伽經卷四
1.4　出087
1.5　038:0351
2.1　（7.5+805.4）×26厘米；18紙；471行，行17字。
2.2　01：7.5+22，17；　02：47.8，28；　03：48.0，28；
04：47.9，28；　05：48.0，28；　06：47.8，28；
07：48.0，28；　08：48.0，28；　09：47.5，28；
10：47.5，28；　11：47.5，28；　12：47.5，28；
13：47.5，28；　14：47.6，28；　15：47.6，28；
16：47.5，28；　17：47.7，28；　18：20.0，06。
2.3　卷軸裝。首殘尾全。卷面多水漬，多黴點。卷面有鳥糞。有燕尾。有烏絲欄。
3.1　首4行上中殘→大正672，16/608A6～8。
3.2　尾全→16/614C1。
4.2　大乘入楞伽經卷第四（尾）。
7.1　尾題下有硃筆“校記（訖）”兩字。
8　8世紀。唐寫本。
9.1　楷書。
9.2　有刮改。有硃筆點去符號。有硃筆校改。
11　圖版：《敦煌寶藏》，58/277A～288A。

1.1　BD04388號
1.3　妙法蓮華經（兌廢稿）卷三
1.4　出088
1.5　105:5192
2.1　（41.8+4.6）×27.3厘米；1紙；正面23行，行17字；背面2行，行字不等。
2.3　卷軸裝。首脫尾殘。尾有餘空。有烏絲欄。
2.4　本遺書包括2個文獻：（一）《妙法蓮華經（兌廢稿）》卷三，23行，抄寫在正面，今編為BD04388號。（二）《紙歷》（擬），2行，抄寫在背面，今編為BD04388號背。
3.1　首殘→大正262，9/25B6。
3.2　尾殘→9/25C1。
8　8～9世紀。吐蕃統治時期寫本。
9.1　楷書。
11　圖版：《敦煌寶藏》，89/384A～385A。

1.1　BD04388號背
1.3　紙歷（擬）
1.4　出088
1.5　105:5192
2.4　本遺書由2個文獻組成，本號為第2個，2行，抄寫在背面。餘參見BD04388號之第2項、第11項。
3.3　錄文：
□…□一四紙/
□…□貳拾柒張/
（錄文完）
8　8～9世紀。吐蕃統治時期寫本。
9.1　楷書。

1.1　BD04389號1
1.3　維摩詰所說經卷上
1.4　出089
1.5　070:0931
2.1　（5.5+55.5）×24.5厘米；2紙；34行，行17字。
2.2　1：5.5+6，6；　02：49.5，28。
2.3　卷軸裝。首殘尾脫。第2紙有橫撕裂，中間有殘洞，下邊有撕裂。有烏絲欄。
2.4　本遺書包括2個文獻：（一）《維摩詰所說經》卷上，28行，抄寫在正面，今編為BD04389號1。（二）《國家轉經儭施歷等》（擬），6行，倒粘在第1個文獻前，今編為BD04389號2。
3.1　首殘→大正475，14/537C3。
3.2　尾殘→14/538A1。
8　7～8世紀。唐寫本。
9.1　楷書。
11　圖版：《敦煌寶藏》，64/48A～48B。

1.1　BD04389號2
1.3　國家轉經儭施歷等（擬）
1.4　出089
1.5　070:0931
2.4　本遺書由2個文獻組成，本號為第2個，倒粘在第1個文獻前，6行。餘參見BD04389號1之第2項、第11項。
3.3　錄文：
□□十二月已後至辰年二月卅日已前國家□…□/
諸道官吏轉經儭施馳馬牛羊錦帛物色斛□…□/
佰陸拾碩貳㪷/
前年月日諸家念誦衣□…□/
□…□陸仟七佰貳拾捌碩叁□…□/
（下殘）
8　8～9世紀。吐蕃統治時期寫本。
9.1　楷書。

1.1　BD04390號

1.3 維摩詰所說經卷下
1.4 出 090
1.5 070:1302
2.1 (51.5+20.5)×24.5 厘米；3 紙；40 行，行 17 字。
2.2 01：12.5，07； 02：39.0，22； 03：20.5，11。
2.3 卷軸裝。首斷尾全。前 2 紙为經黄紙，接縫處上開裂；卷尾上部殘缺，紙質不同。有燕尾。有烏絲欄。
3.1 首殘→大正 475，14/557A13。
3.2 尾 11 行上殘→14/557B15～26。
4.2 □□□經卷下（尾）。
8 7～8 世紀。唐寫本。
9.1 楷書。
9.2 有硃筆斷句、校改、行間校加字。
11 圖版：《敦煌寶藏》，66/447。

1.1 BD04391 號
1.3 大般涅槃經（北本）卷一三
1.4 出 091
1.5 115:6365
2.1 (1.4+56.9+2.5)×25.3 厘米；2 紙；36 行，行 17 字。
2.2 01：1.4+13.6，09； 02：43.3+2.5，27。
2.3 卷軸裝。首尾均殘。通卷油污嚴重，紙張變色焦脆。有烏絲欄。已修整。
3.1 首行上殘→大正 374，12/441A8。
3.2 尾行下殘→12/441B14。
6.1 首→BD04662 號。
6.2 尾→BD04676 號。
8 8～9 世紀。吐蕃統治時期寫本。
9.1 楷書。
9.2 有行間校加字。
11 圖版：《敦煌寶藏》，98/415B～415A。

1.1 BD04392 號
1.3 妙法蓮華經卷二
1.4 出 092
1.5 105:4845
2.1 (2+348.7)×25.6 厘米；7 紙；196 行，行 17 字。
2.2 01：2+47.8，28； 02：50.1，28； 03：50.3，28；
04：50.1，28； 05：50.3，28； 06：50.1，28；
07：50.0，28。
2.3 卷軸裝。首殘尾脫。經黄打紙，砑光上蠟。首紙有多處殘缺、殘損。卷面有水漬。背有古代裱補。有烏絲欄。
3.1 首行上殘→大正 262，9/11A7～8。
3.2 尾殘→9/13C11。
8 7～8 世紀。唐寫本。
9.1 楷書。
9.2 有行間校加字。
11 圖版：《敦煌寶藏》，87/75B～80A。

1.1 BD04393 號
1.3 金剛般若波羅蜜經
1.4 出 093
1.5 094:3531
2.1 (26+48)×25 厘米；3 紙；43 行，行 17 字。
2.2 01：26.0，14； 02：22.0，13； 03：26.0，16。
2.3 卷軸裝。首全尾殘。第 1 紙下邊被剪去。通卷背有古代托裱。有烏絲欄。已修整。
3.1 首 14 行下殘→大正 235，8/748C17～749A4。
3.2 尾殘→8/749B7。
4.1 金剛般若波羅蜜經，姚秦三□…□（首）。
8 7～8 世紀。唐寫本。
9.1 楷書。
11 圖版：《敦煌寶藏》，78/443A～444A。

1.1 BD04394 號
1.3 大般若波羅蜜多經（兌廢稿）卷一〇三
1.4 出 094
1.5 084:2273
2.1 104.2×26.8 厘米；3 紙；61 行，行 17 字。
2.2 01：46.0，28； 02：46.0，28； 03：12.2，05。
2.3 卷軸裝。首脫尾缺。第 1、2 紙接縫處脫開，第 2、3 紙接縫處下邊開裂。卷下部有水漬。有烏絲欄。尾有餘空。
3.1 首殘→大正 220，5/570B29。
3.2 尾殘→5/571B3。
8 8～9 世紀。吐蕃統治時期寫本。
9.1 楷書。硬筆書寫。
11 圖版：《敦煌寶藏》，72/502B～503B。

1.1 BD04395 號
1.3 大般若波羅蜜多經卷二一三
1.4 出 095
1.5 084:2544
2.1 (1+261.2)×26.1 厘米；6 紙；155 行，行 17 字。
2.2 01：1+40，25； 02：47.5，28； 03：47.7，28；
04：47.0，28； 05：47.0，28； 06：32.0，18。
2.3 卷軸裝。首尾均殘。第 1 紙上下邊殘缺，卷面上邊多黴斑殘洞。有烏絲欄。
3.1 首 1 行上殘→大正 220，6/67B18。
3.2 尾殘→6/69A28。
6.2 尾→BD04403 號。
8 8～9 世紀。吐蕃統治時期寫本。
9.1 楷書。
11 圖版：《敦煌寶藏》，74/28A～31A。

1.1　BD04396 號
1.3　金剛般若波羅蜜經
1.4　出 096
1.5　094:4212
2.1　216×24.5 厘米；5 紙；130 行，行 17 字。
2.2　01：35.5，21；　02：46.0，28；　03：46.0，28；
04：46.0，28；　05：42.5，25。
2.3　卷軸裝。首殘尾全。經黄打紙。通卷下部有水漬，卷尾有等距離蟲蛀殘洞，尾紙破損撕裂嚴重。有烏絲欄。
3.1　首殘→大正 235，8/751A2。
3.2　尾全→8/752C2。
5　與《大正藏》本對照，本卷經文無冥司偈，參見《大正藏》，8/751C16～19。
8　7～8 世紀。唐寫本。
9.1　楷書。
11　圖版：《敦煌寶藏》，82/414B～417A。

1.1　BD04397 號
1.3　維摩詰所說經卷上
1.4　出 097
1.5　070:1024
2.1　97×24.5 厘米；3 紙；56 行，行 17 字。
2.2　01：32.0，18；　02：48.0，28；　03：17.0，10。
2.3　卷軸裝。首尾均殘。經黄紙。卷面脱落 2 塊殘片。有烏絲欄。
3.1　首殘→大正 475，14/539C15。
3.2　尾殘→14/540B17。
8　7～8 世紀。唐寫本。
9.1　楷書。
9.2　有行間加行。
11　圖版：《敦煌寶藏》，64/409A～410A。

1.1　BD04398 號
1.3　大佛頂如來密因修證了義諸菩薩萬行首楞嚴經卷一〇
1.4　出 098
1.5　237:7432
2.1　（20.3＋31.4＋3.4）×23.9 厘米；2 紙；31 行，行 17 字。
2.2　01：20.3＋6.8，15；　02：24.6＋3.4，16。
2.3　卷軸裝。首尾均殘。通卷殘碎嚴重。有烏絲欄。已修整。
3.1　首 11 行上下殘→大正 945，19/153C3～12。
3.2　尾 2 行上下殘→19/154A2～3。
8　9～10 世紀。歸義軍時期寫本。
9.1　楷書。
11　圖版：《敦煌寶藏》，106/247A～B。

1.1　BD04399 號
1.3　大般若波羅蜜多經卷二二六
1.4　出 099
1.5　084:2580
2.1　13.2＋345.5）×22.8 厘米；8 紙；211 行，行 17 字。
2.2　01：13.2＋10.5，15；　02：47.5，28；　03：47.5，28；
04：48.0，28；　05：48.0，28；　06：48.0，28；
07：48.0，28；　08：48.0，28。
2.3　卷軸裝。首殘尾脱。第 1 紙横向撕裂，第 2 紙横向撕裂、下邊殘缺，第 3 紙至第 8 紙有横向破裂，全卷天頭地脚殘破。已修整。有烏絲欄。
3.1　首 8 行下殘→大正 220，6/134B17～25。
3.2　尾殘→6/137A2。
6.2　尾→BD04358 號。
8　9～10 世紀。歸義軍時期寫本。
9.1　楷書。
11　圖版：《敦煌寶藏》，74/129A～133B。

1.1　BD04400 號
1.3　大乘百法明門論開宗義記
1.4　出 100
1.5　205:7224
2.1　（23＋220＋1.5）×27 厘米；6 紙；正面 149 行，行 20 餘字；背面 10 行，行字不等。
2.2　01：23＋5，14；　02：42.5，27；　03：43.0，27；
04：43.0，27；　05：44.0，27；　06：42.5＋1.5，27。
2.3　卷軸裝。首尾均殘。通卷上下邊殘損撕裂，中間有横向撕裂和殘洞。背有古代裱補。折疊欄。已修整。
2.4　本遺書包括 3 個文獻：（一）《大乘百法明門論開宗義記》，149 行，抄寫在正面，今編為 BD04400 號。（二）《張留德索文文等祭師兄文》（擬），8 行，抄寫在背面裱補紙上，今編為 BD04400 號背 1。（三）《殘人名》（擬），2 行，抄寫在背面裱補紙上，今編為 BD04400 號背 2。
3.1　首 11 行中下殘→大正 2810，85/1046A11～20。
3.2　尾殘→85/1048B14。
4.1　大乘百法明門論開宗義記（首）。
8　8～9 世紀。吐蕃統治時期寫本。
9.1　楷書。
9.2　有硃筆斷句、科分、標註數字。有行間校加字。
11　圖版：《敦煌寶藏》，104/625A～629A。

1.1　BD04400 號背 1
1.3　張留德索文文等祭師兄文（擬）
1.4　出 100
1.5　205:7224
2.4　本遺書由 3 個文獻組成，本號為第 2 個，抄寫在背面裱補紙上，共 8 行。餘參見 BD04400 號之第 2 項、第 11 項。
3.3　錄文：
維歲次辛亥十月朔十九，弟/

張留德、索文文，謹以清酌（?）之奠，/
敬祭於故師兄之靈。伏惟靈/
孔懷義重，同氣連枝。將冐（謂）/
受（壽）同山岳，九族尊卑。六親動（慟）/
噢（?），廓外束（來?）味。今晨一別，再會/
無期。路傍單祭，請來歆之。/
惟靈 尚饗！/
（錄文完）
3.4 説明：
該祭文被剪，作為裱補紙使用，現存兩張，可以綴接。錄文按照綴接後的形態進行。但紙張上下也被剪去，故文字恐有脱漏。
8 9～10 世紀。歸義軍時期寫本。
9.1 行書。

1.1 BD04400 號背 2
1.3 殘人名（擬）
1.4 出 100
1.5 205:7224
2.4 本遺書由 3 個文獻組成，本號為第 3 個，抄寫在背面，2 行。餘參見 BD04400 號之第 2 項、第 11 項。
3.3 錄文：
□…□/
□…□閻文通，□…□/
（錄文完）
8 9～10 世紀。歸義軍時期寫本。
9.1 行書。

1.1 BD04401 號
1.3 大般若波羅蜜多經卷一六三
1.4 崑 001
1.5 084:2419
2.1 （7＋768.1）×27.3 厘米；16 紙；436 行，行 17 字。
2.2 01：7＋29.5，20； 02：49.0，28； 03：49.3，28；
04：49.3，28； 05：49.1，28； 06：49.2，28；
07：49.4，28； 08：49.4，28； 09：49.2，28；
10：49.2，28； 11：49.5，28； 12：49.2，28；
13：49.1，28； 14：49.4，28； 15：49.1，28；
16：49.2，24。
2.3 卷軸裝。首殘尾全。第 1 紙上邊殘缺，卷尾上下有蟲繭。背面有古代裱補。有烏絲欄。
3.1 首 4 行上殘→大正 220，5/876A16～19。
3.2 尾全→5/881A12。
4.2 大般若波羅蜜多經卷第一百六十三（尾）。
7.1 卷尾有題名“靈寂”。
8 8～9 世紀。吐蕃統治時期寫本。
9.1 楷書。
9.2 有刮改。
11 圖版：《敦煌寶藏》，73/235A～245A。

1.1 BD04402 號
1.3 大佛頂如來密因修證了義諸菩薩萬行首楞嚴經卷九
1.4 崑 002
1.5 237:7423
2.1 （5.6＋222.5＋5）×24.9 厘米；5 紙；132 行，行 17 字。
2.2 01：5.6＋36.8，24； 02：49.5，28； 03：49.5，28；
04：49.5，28； 05：37.2＋5，24。
2.3 卷軸裝。首尾殘。前 4 紙接縫處下方均有開裂，卷尾略有油污。有烏絲欄。
3.1 首 3 行上下殘→大正 945，19/149A4～7。
3.2 尾 3 行上殘→19/150B19～21。
8 8～9 世紀。吐蕃統治時期寫本。
9.1 楷書。
9.2 有刮改。
11 圖版：《敦煌寶藏》，106/207B～210B。

1.1 BD04403 號
1.3 大般若波羅蜜多經卷二一三
1.4 崑 003
1.5 084:2545
2.1 208.5×26.2 厘米；5 紙；115 行，行 17 字。
2.2 01：17.5，09； 02：48.0，28； 03：47.7，28；
04：47.8，28； 05：47.5，22。
2.3 卷軸裝。首殘尾全。卷首有黴斑。有燕尾。有烏絲欄。
3.1 首殘→大正 220，6/69A29。
3.2 尾全→6/70B28。
4.2 大般若波羅蜜多經卷第二百一十三（尾）。
6.1 首→BD04395 號。
8 8～9 世紀。吐蕃統治時期寫本。
9.1 楷書。
11 圖版：《敦煌寶藏》，74/31B～34A。

1.1 BD04404 號
1.3 妙法蓮華經卷七
1.4 崑 004
1.5 105:5913
2.1 （8.5＋170.9）×25.5 厘米；4 紙；102 行，行 17 字。
2.2 01：8.5＋24.5，18； 02：48.8，28； 03：48.8，28；
04：48.8，28。
2.3 卷軸裝。首殘尾脱。經黄打紙。卷首殘破變色，前 3 紙的接縫上下邊有開裂，第 1 紙背有古代裱補。有烏絲欄。
3.1 首 4 行上下殘→大正 262，9/55A23～27。
3.2 尾殘→9/56B16。
8 7～8 世紀。唐寫本。

9.1　楷書。
11　圖版：《敦煌寶藏》，96/30B～32B。

1.1　BD04405 號
1.3　金光明最勝王經卷二
1.4　崑 005
1.5　083:1557
2.1　48.3×27 厘米；1 紙；27 行，行 14 或 20 字（偈頌）。
2.3　卷軸裝。首尾均脱。有烏絲欄。尾有餘空 1 行。
3.1　首殘→大正 665，16/411B15。
3.2　尾缺→16/411C22。
8　7～8 世紀。唐寫本。
9.1　楷書。
11　圖版：《敦煌寶藏》，68/384。

1.1　BD04406 號
1.3　大乘百法明門論述記（擬）
1.4　崑 006
1.5　208:7238
2.1　（5.5＋654）×28.5 厘米；17 紙；正面 446 行，行 30 餘字；背面 85 行，行 30 餘字。
2.2　01：5.5＋15，14；　02：40.0，27；　03：40.0，27；
04：40.0，27；　05：40.0，27；　06：40.0，27；
07：40.0，27；　08：40.0，27；　09：40.0，27；
10：40.0，27；　11：40.0，27；　12：40.0，27；
13：40.0，27；　14：40.0，27；　15：40.0，27；
16：40.0，27；　17：39.0，27。
2.3　卷軸裝。首尾均殘。第 1、15、17 紙殘破。已修整。有烏絲欄。
2.4　本遺書包括 3 個文獻：（一）《大乘百法明門論述記》（擬），446 行，抄寫在正面，今編為 BD04406 號。（二）《大乘百法明門論開宗義記》，23 行，抄寫在背面，今編為 BD04406 號背 1。（三）《大乘百法明門論隨聽手記》，62 行，抄寫在背面，今編為 BD04406 號背 2。
3.4　説明：
本文獻首 4 行中上殘，尾殘。未為歷代大藏經所收。
8　8～9 世紀。吐蕃統治時期寫本。
9.1　行楷。
9.2　有校改。有行間校加字。有硃筆圓圈科分。有刪除號。有倒乙。
11　圖版：《敦煌寶藏》，105/26B～37B。

1.1　BD04406 號背 1
1.3　大乘百法明門論開宗義記
1.4　崑 006
1.5　208:7238
2.4　本遺書由 3 個文獻組成，本號為第 2 個，23 行，抄寫在背面。餘參見 BD04406 號之第 2 項、第 11 項。
3.1　首殘→大正 2810，85/1055B02。
3.2　尾缺→85/1055C13。
8　8～9 世紀。吐蕃統治時期寫本。
9.1　行楷。
9.2　有校改。有行間校加字。有倒乙。

1.1　BD04406 號背 2
1.3　大乘百法明門論隨聽手記（擬）
1.4　崑 006
1.5　208:7238
2.4　本遺書由 3 個文獻組成，本號為第 3 個，62 行，抄寫在背面。餘參見 BD04406 號之第 2 項、第 11 項。
3.4　説明：
本文獻首全。所記均為名相解釋。與正面的《大乘百法明門論述記》是何關係，待考。
4.1　大乘百法論隨聽手記（首）。
8　8～9 世紀。吐蕃統治時期寫本。
9.1　行楷。
9.2　有校改。有行間校加字。有倒乙。

1.1　BD04407 號
1.3　灌頂章句拔除過罪生死得度經
1.4　崑 007
1.5　250:7489
2.1　（1.4＋210.7）×25.1 厘米；5 紙；正面 119 行，行 17 字；背面 1 行，共 120 行。
2.2　01：1.4＋10.7，07；　02：50.1，28；　03：49.8，28；
04：50.5，28；　05：49.6，28。
2.3　卷軸裝。首殘尾脱。經黄打紙，卷面變色。前 2 紙上下有撕裂殘損；第 3 紙從後部撕斷爲 2 截，尾端下邊有殘損；4 紙下邊有撕損；尾紙上及尾端各有 1 處撕裂。第 3、4 紙接縫處背面有古代裱補，紙上有文字。有烏絲欄。
2.4　本遺書包括 2 個文獻：（一）《灌頂章句拔除過罪生死得度經》，119 行，抄寫在正面，今編為 BD04407 號。（二）《殘文書》（擬），1 行，抄寫在背面裱補紙上，今編為 BD04407 號背。
3.1　首行上下殘→大正 1331，21/532C28。
3.2　尾殘→21/534A23。
7.3　經文空白處有雜寫“淨土品第三”。
8　7～8 世紀。唐寫本。
9.1　楷書。
11　圖版：《敦煌寶藏》，106/458A～461A。

1.1　BD04407 號背
1.3　殘文書（擬）
1.4　崑 007
1.5　205:7224

2.4　本遺書由2個文獻組成，本號為第2個，1行，抄寫在背面第3、4紙接縫處裱補紙上，餘參見BD04047號之第2項、第11項。
3.3　錄文：
　　咨氾判官閣梨，普光寺城南地戶伏請與/
　　（錄文完）
8　9～10世紀。歸義軍時期寫本。
9.1　行書。

1.1　BD04408號
1.3　大般若波羅蜜多經卷五二
1.4　崑008
1.5　084:2138
2.1　（47.7＋1.6）×26厘米；2紙；29行，行17字。
2.2　01：47.7，28；　02：01.6，01。
2.3　卷軸裝。首脫尾殘。有烏絲欄。
3.1　首殘→大正220，5/293A26。
3.2　尾行上殘→5/293B25～26。
6.1　首→BD04410號。
6.2　尾→BD04474號。
8　8世紀。唐寫本。
9.1　楷書。
11　圖版：《敦煌寶藏》，72/103。

1.1　BD04409號
1.3　大般若波羅蜜多經卷三一七
1.4　崑009
1.5　084:2861
2.1　（23.8＋532.8＋4.3）×26厘米；13紙；345行，行17字。
2.2　01：15.8，09；　02：8＋37，28；　03：45.6，28；
04：45.9，28；　05：45.8，28；　06：45.6，28；
07：45.2，28；　08：45.4，28；　09：45.7，28；
10：45.2，28；　11：45.4，28；　12：45.4，28；
13：40.6＋4.3，28。
2.3　卷軸裝。首尾均殘。第2紙下邊殘缺、上邊下邊殘破，第3、4紙下有縱向撕裂，第7、9紙下邊殘破。背有鳥糞。第1～3紙背面有古代裱補。有烏絲欄。
3.1　首14行上下殘→大正220，6/615C13～26。
3.2　尾3行上殘→6/619C2～5。
8　8～9世紀。吐蕃統治時期寫本。
9.1　楷書。有武周新字“正”。
11　圖版：《敦煌寶藏》，75/271A～278A。

1.1　BD04410號
1.3　大般若波羅蜜多經卷五二
1.4　崑010
1.5　084:2137
2.1　47.8×25.7厘米；1紙；28行，行17字。
2.3　卷軸裝。首尾均脫。有烏絲欄。
3.1　首殘→大正220，5/292C27。
3.2　尾殘→5/293A26。
6.1　首→BD04438號。
6.2　尾→BD04408號。
8　8世紀。唐寫本。
9.1　楷書。
11　圖版：《敦煌寶藏》，72/102。

1.1　BD04411號
1.3　維摩詰所說經卷上
1.4　崑011
1.5　070:0962
2.1　100×25厘米；3紙；60行，行17字。
2.2　01：39.0，22；　02：44.0，28；　03：17.0，10。
2.3　卷軸裝。首尾均殘。經黃打紙。通卷中部橫向撕開，第1紙上邊有撕裂。有烏絲欄。
3.1　首殘→大正475，14/539A9。
3.2　尾殘→14/539C14。
6.1　首→BD04421號。
8　7～8世紀。唐寫本。
9.1　楷書。
11　圖版：《敦煌寶藏》，64/175A～176A。

1.1　BD04412號
1.3　般若波羅蜜多心經疏
1.4　崑012
1.5　104:4490
2.1　（14＋420.2）×27.7厘米；11紙；237行，行29字。
2.2　01：14＋27，23；　02：41.5，24；　03：41.5，22；
04：41.5，23；　05：41.5，22；　06：41.5，21；
07：41.5，23；　08：41.7，22；　09：41.5，23；
10：41.5，23；　11：19.5，11。
2.3　卷軸裝。首殘尾斷。通卷有水漬。第1～4紙有等距離殘洞殘損若干處。已修整。
3.1　首4行上下殘→《般若心經譯註集成》，第143頁第16行～第144頁第2行。
3.2　尾殘→《般若心經譯註集成》，第194頁第7行。
8　9～10世紀。歸義軍時期寫本。
9.1　行書。有合體字“涅槃”。
9.2　有校改。有行間校加字。有重文符號。
11　圖版：《敦煌寶藏》，83/326A～331A。

1.1　BD04413號
1.3　大般涅槃經（北本）卷一四
1.4　崑013

1.5　115∶6378
2.1　(3+748.6)×27 厘米；18 紙；451 行，行 17 字。
2.2　01：3+34，24；　02：40.8，26；　03：40.7，26；
04：40.8，26；　05：41.0，26；　06：41.0，26；
07：40.8，26；　08：40.8，26；　09：40.9，26；
10：41.0，26；　11：41.0，26；　12：41.0，26；
13：41.0，26；　14：41.0，26；　15：41.0，26；
16：41.0，26；　17：40.8，26；　18：60.0，11。
2.3　卷軸裝。首殘尾全。卷上部有黴斑。尾紙有殘洞，上邊有破損；第 17 紙上部有撕裂。尾有原軸，兩端塗黑漆，頂端點硃漆，上軸頭已缺。背有古代裱補。有烏絲欄。
3.1　首 2 行下殘→大正 374，12/445C24～26。
3.2　尾全→12/451B6。
4.2　大般涅槃經卷第十四（尾）。
8　6 世紀。南北朝寫本。
9.1　楷書。
11　圖版：《敦煌寶藏》，98/444B～453B。

1.1　BD04414 號
1.3　維摩詰所說經卷上
1.4　崑 014
1.5　070∶0885
2.1　(4+741)×25.5 厘米；17 紙；447 行，行 17 字。
2.2　01：4+11.5，15；　02：49.0，29；　03：49.0，30；
04：49.0，30；　05：49.0，30；　06：49.0，30；
07：49.0，30；　08：49.0，30；　09：49.0，30；
10：49.0，29；　11：49.0，29；　12：49.0，29；
13：49.0，29；　14：49.0，29；　15：49.0，30；
16：31.5，18；　17：12.0，拖尾。
2.3　卷軸裝。首殘尾全。卷面多油污。第 1 紙中間有橫撕裂，第 2、4、5、11 紙上邊有撕裂，第 2、3 紙和第 12、13 紙接縫處上部開裂，第 8、9 紙接縫處中間有開裂，第 15、16 紙下部有開裂。
3.1　首 2 行上下殘→大正 475，14/538B27～29。
3.2　尾全→14/544A19。
4.2　維摩詰經卷上（尾）。
8　9～10 世紀。歸義軍時期寫本。
9.1　楷書。
9.2　有刮改。
11　圖版：《敦煌寶藏》，63/469B～479B。

1.1　BD04415 號
1.3　佛名經（十六卷本）卷一五
1.4　崑 015
1.5　063∶0806
2.1　(2+1221.5)×31.5 厘米；26 紙；574 行，行 21 字。
2.2　01：2+24，13；　02：47.8，23；　03：47.7，23；
04：47.7，23；　05：47.8，23；　06：48.0，23；
07：48.0，23；　08：48.0，23；　09：48.0，23；
10：48.0，23；　11：47.7，23；　12：48.0，23；
13：48.0，23；　14：48.0，23；　15：48.0，23；
16：48.0，23；　17：48.0，23；　18：48.0，23；
19：48.0，23；　20：48.0，23；　21：48.0，23；
22：48.0，23；　23：48.0，23；　24：48.0，23；
25：47.8，23；　26：47.0，09。
2.3　卷軸裝。首殘尾全。首紙下部殘損，第 2 紙下部殘缺，有等距離殘洞，第 3 紙下部殘損，第 22、23 紙接縫下部開裂。有鳥糞。有燕尾。背有古代裱補。已修整。有烏絲欄。
3.1　首 1 行中下殘→《七寺古逸經典研究叢書》，3/746 頁第 10 行。
3.2　尾全→《七寺古逸經典研究叢書》，3/791 頁第 594 行。。
4.2　佛說佛名經卷第十五（尾）。
5　與《七寺古逸經典研究叢書》對照，卷中及卷尾多抄《罪業報應教化地獄經》共 26 行。
8　8～9 世紀。吐蕃統治時期寫本。
9.1　楷書。
11　圖版：《敦煌寶藏》，62/368A～382B。

1.1　BD04416 號
1.3　大般若波羅蜜多經卷五二
1.4　崑 016
1.5　084∶2133
2.1　(20+72.6)×25.4 厘米；2 紙；54 行，行 17 字。
2.2　01：20+25.6，26；　02：47.0，28。
2.3　卷軸裝。首全尾脫。卷首殘破嚴重，卷中脫落殘片 2 塊。有烏絲欄。
3.1　首 11 行下殘→大正 220，5/292A1～13。
3.2　尾殘→5/292B28。
4.1　大般若波羅蜜多經卷第五十二，/初分辯大乘品第十五之二，三藏法師玄□…□/（首）。
7.1　首紙背端寫有勘記 2 個“六”字，為本文獻所屬袟次。
8　8 世紀。唐寫本。
9.1　楷書。
11　圖版：《敦煌寶藏》，72/85A～86A。

1.1　BD04417 號
1.3　大般若波羅蜜多經卷二〇
1.4　崑 017
1.5　084∶2059
2.1　(23+861)×25.8 厘米；20 紙；523 行，行 17 字。
2.2　01：23+4，16；　02：46.8，28；　03：47.0，28；
04：47.0，28；　05：46.5，28；　06：46.5，28；
07：46.5，28；　08：46.5，28；　09：46.3，28；
10：46.3，28；　11：46.6，28；　12：46.5，28；

13：46.5，28； 14：46.3，28； 15：46.5，28；
16：46.5，28； 17：46.5，28； 18：46.5，28；
19：46.5，28； 20：19.2，03。
2.3 卷軸裝。首殘尾全。第1紙有殘洞及橫向撕裂，第1、2紙接縫處下開裂。已修整。有燕尾。有烏絲欄。
3.1 首14行上下殘→大正220，5/108A7~21。
3.2 尾全→5/114A7。
4.2 大般若波羅蜜多經卷第廿（尾）。
7.1 第1紙背面有勘記2行“第廿”、“二袟，十，第廿”，分別為本文獻卷次、所屬袟次與袟内卷次。
8 8~9世紀。吐蕃統治時期寫本。
9.1 楷書。
9.2 有刮改。
11 圖版：《敦煌寶藏》，71/522B~533A。

1.1 BD04418號
1.3 妙法蓮華經卷五
1.4 崑018
1.5 105:5526
2.1 87.2×25.2厘米；2紙；54行，行17字。
2.2 01：45.5，28； 02：41.7，26。
2.3 卷軸裝。首尾均脫。經黄打紙。卷面有水漬。背有古代裱補。有烏絲欄。
3.1 首殘→大正262，9/37B2。
3.2 尾殘→9/38A8。
7.1 首紙背端有勘記“法華經卷第五”。
8 7~8世紀。唐寫本。
9.1 楷書。
11 圖版：《敦煌寶藏》，92/631A~632B。

1.1 BD04419號
1.3 金剛般若波羅蜜經
1.4 崑019
1.5 094:4007
2.1 （36.5+109.1+1.5）×24.5厘米；4紙；91行，行17字。
2.2 01：36.5+8.5，28； 02：45.0，28； 03：46.1，28；
04：9.5+1.5，07。
2.3 卷軸裝。首尾均殘。卷首下部殘缺，上邊有殘洞；第1紙有橫裂；第2紙有橫、豎裂。已修整。有烏絲欄。
3.1 首23行下殘→大正235，8/749C21~750A17。
3.2 尾殘→8/751A1~2。
8 7~8世紀。唐寫本。
9.1 楷書。
11 圖版：《敦煌寶藏》，81/492A~493B。

新舊編號對照表

一、千字文號與北敦號、縮微膠卷號對照表

千字文號	北敦號	縮微膠卷號
出 056	BD04356 號	094：3604
出 057	BD04357 號	094：3706
出 058	BD04358 號	084：2582
出 059	BD04359 號	094：3696
出 060	BD04360 號	105：6104
出 061	BD04361 號 1	148：6784
出 061	BD04361 號 2	148：6784
出 062	BD04362 號	094：4385
出 063	BD04363 號	105：5388
出 064	BD04364 號	094：4145
出 065	BD04365 號	094：3953
出 066	BD04366 號	084：2471
出 067	BD04367 號	014：0179
出 068	BD04368 號	063：0680
出 069	BD04369 號	094：3840
出 070	BD04370 號	105：5161
出 071	BD04371 號	275：7928
出 072	BD04372 號	157：6907
出 073	BD04373 號	105：5944
出 074	BD04374 號	229：7342
出 075	BD04375 號	275：8022
出 075	BD04375 號背	275：8022
出 076	BD04376 號	084：2215
出 077	BD04377 號	070：1059
出 078	BD04378 號 1	270：7679
出 078	BD04378 號 2	270：7679
出 078	BD04378 號 3	270：7679
出 079	BD04379 號	070：0930
出 080	BD04380 號	088：3435
出 081	BD04381 號	083：1445
出 082	BD04382 號	275：7816
出 083	BD04383 號	105：6145
出 084	BD04384 號	084：2212
出 085	BD04385 號	256：7620

千字文號	北敦號	縮微膠卷號
出 085	BD04385 號背	256：7620
出 086	BD04386 號	156：6884
出 087	BD04387 號	038：0351
出 088	BD04388 號	105：5192
出 088	BD04388 號背	105：5192
出 089	BD04389 號 1	070：0931
出 089	BD04389 號 2	070：0931
出 090	BD04390 號	070：1302
出 091	BD04391 號	115：6365
出 092	BD04392 號	105：4845
出 093	BD04393 號	094：3531
出 094	BD04394 號	084：2273
出 095	BD04395 號	084：2544
出 096	BD04396 號	094：4212
出 097	BD04397 號	070：1024
出 098	BD04398 號	237：7432
出 099	BD04399 號	084：2580
出 100	BD04400 號	205：7224
出 100	BD04400 號背 1	205：7224
出 100	BD04400 號背 2	205：7224
崑 001	BD04401 號	084：2419
崑 002	BD04402 號	237：7423
崑 003	BD04403 號	084：2545
崑 004	BD04404 號	105：5913
崑 005	BD04405 號	083：1557
崑 006	BD04406 號	208：7238
崑 006	BD04406 號背 1	208：7238
崑 006	BD04406 號背 2	208：7238
崑 007	BD04407 號	250：7489
崑 007	BD04407 號背	205：7224
崑 008	BD04408 號	084：2138
崑 009	BD04409 號	084：2861
崑 010	BD04410 號	084：2137
崑 011	BD04411 號	070：0962

崑 012	BD04412 號	104：4490	崑 016	BD04416 號	084：2133
崑 013	BD04413 號	115：6378	崑 017	BD04417 號	084：2059
崑 014	BD04414 號	070：0885	崑 018	BD04418 號	105：5526
崑 015	BD04415 號	063：0806	崑 019	BD04419 號	094：4007

二、縮微膠卷號與北敦號、千字文號對照表

縮微膠卷號	北敦號	千字文號
014：0179	BD04367 號	出 067
038：0351	BD04387 號	出 087
063：0680	BD04368 號	出 068
063：0806	BD04415 號	崑 015
070：0885	BD04414 號	崑 014
070：0930	BD04379 號	出 079
070：0931	BD04389 號 1	出 089
070：0931	BD04389 號 2	出 089
070：0962	BD04411 號	崑 011
070：1024	BD04397 號	出 097
070：1059	BD04377 號	出 077
070：1302	BD04390 號	出 090
083：1445	BD04381 號	出 081
083：1557	BD04405 號	崑 005
084：2059	BD04417 號	崑 017
084：2133	BD04416 號	崑 016
084：2137	BD04410 號	崑 010
084：2138	BD04408 號	崑 008
084：2212	BD04384 號	出 084
084：2215	BD04376 號	出 076
084：2273	BD04394 號	出 094
084：2419	BD04401 號	崑 001
084：2471	BD04366 號	出 066
084：2544	BD04395 號	出 095
084：2545	BD04403 號	崑 003
084：2580	BD04399 號	出 099
084：2582	BD04358 號	出 058
084：2861	BD04409 號	崑 009
088：3435	BD04380 號	出 080
094：3531	BD04393 號	出 093
094：3604	BD04356 號	出 056
094：3696	BD04359 號	出 059
094：3706	BD04357 號	出 057
094：3840	BD04369 號	出 069
094：3953	BD04365 號	出 065
094：4007	BD04419 號	崑 019
094：4145	BD04364 號	出 064
094：4212	BD04396 號	出 096
094：4385	BD04362 號	出 062
104：4490	BD04412 號	崑 012
105：4845	BD04392 號	出 092
105：5161	BD04370 號	出 070
105：5192	BD04388 號	出 088
105：5192	BD04388 號背	出 088
105：5388	BD04363 號	出 063
105：5526	BD04418 號	崑 018
105：5913	BD04404 號	崑 004
105：5944	BD04373 號	出 073
105：6104	BD04360 號	出 060
105：6145	BD04383 號	出 083
115：6365	BD04391 號	出 091
115：6378	BD04413 號	崑 013
148：6784	BD04361 號 1	出 061
148：6784	BD04361 號 2	出 061
156：6884	BD04386 號	出 086
157：6907	BD04372 號	出 072
205：7224	BD04400 號	出 100
205：7224	BD04400 號背 1	出 100
205：7224	BD04400 號背 2	出 100
205：7224	BD04407 號背	崑 007
208：7238	BD04406 號	崑 006
208：7238	BD04406 號背 1	崑 006
208：7238	BD04406 號背 2	崑 006
229：7342	BD04374 號	出 074
237：7423	BD04402 號	崑 002
237：7432	BD04398 號	出 098
250：7489	BD04407 號	崑 007
256：7620	BD04385 號	出 085
256：7620	BD04385 號背	出 085
270：7679	BD04378 號 1	出 078
270：7679	BD04378 號 2	出 078
270：7679	BD04378 號 3	出 078
275：7816	BD04382 號	出 082
275：7928	BD04371 號	出 071
275：8022	BD04375 號	出 075
275：8022	BD04375 號背	出 075